D1869811

8,- EH
W24 (2)

URSULA MENDE

Die Bronzetüren des Mittelalters

URSULA MENDE

Die Bronzetüren des Mittelalters

800–1200

Aufnahmen Albert Hirmer
und Irmgard Ernstmeier-Hirmer

HIRMER VERLAG MÜNCHEN

CIP-Kurztitelaufnahme der Deutschen Bibliothek

Mende, Ursula:
Die Bronzetüren des Mittelalters : 800–1200 /
Ursula Mende. Aufnahmen von Albert Hirmer u.
Irmgard Ernstmeier-Hirmer. – München : Hirmer,
1983.
ISBN 3-7774-3530-9

NE: Hirmer, Albert:; Ernstmeier-Hirmer,
Irmgard:

© 1983 Hirmer Verlag München
Lithos: Chemigraphia Gebr. Czech, München
Papier: Papierfabrik Scheufelen, Lenningen
Satz: Passavia, Passau
Druck: Kastner & Callwey, München
Bindearbeiten: Grimm & Bleicher, München
Schutzumschlagentwurf: Dieter Vollendorf, München
Aufnahmen mit Linhof Kardan-Bi und Objektiven von
Schneider, Kreuznach
Printed in Germany

ISBN 3-7774-3530-9

Inhalt

Vorwort

Bronzetüren als Werke der mittelalterlichen Plastik sind individuelle Schöpfungen, die innerhalb bestimmter stilgeschichtlicher Zusammenhänge zu verschiedenen Zeiten an verschiedenen Orten entstanden; stets waren es künstlerisch und technisch anspruchsvolle Großaufträge für einzelne Gußwerkstätten. Diese Türen sind in Erz umgesetzte, zuvor in Wachs modellierte plastische Form. Gemeinsam ist ihnen der kostbare Werkstoff, die Handwerkstechnik und ihre Funktion. Die Türflügel bilden den Eingang zum Kirchengebäude, sie öffnen und verschließen es. Eingebunden in die mittelalterliche Architektursymbolik, bestimmte diese Funktion den Bildinhalt der Türen, der auf die Erlösungsverheißung Christi bezogen ist. Dies wird sichtbar in den umfangreichen Bildzyklen zur biblischen Geschichte, insbesondere zum Neuen Testament, darüber hinaus in symbolischen und allegorischen Darstellungen. Die Türflügel boten reichlich Raum für bildliche Ausgestaltung, ihre gliedernden Rahmenelemente für ornamentalen Schmuck.

Der vorliegende Band beschäftigt sich mit den vorromanischen und romanischen Bronzetüren des Abendlandes, die etwa im Zeitraum zwischen 800 und 1200 in Mittel- und Südeuropa entstanden. Sie sind Teil einer Tradition, die zum einen ins Altertum zurückreicht, zum anderen sich bis in die Gegenwart fortsetzt. Auf antike und byzantinische Vorgänger, auch auf die in Italien erhaltenen byzantinischen Importtüren aus dem 11. und 12. Jahrhundert wird im Text hingewiesen. Eine Abgrenzung gegenüber den jüngeren Exemplaren ergab sich von selbst: Gegen Ende der Romanik fand eine markante Epoche des Bronzegusses ihr Ende. Als künstlerische Aufgabe spielte die Bronzetür erst wieder in der italienischen Renaissance eine Rolle, einsetzend mit Lorenzo Ghiberti. Die vorausgehende älteste Tür des Baptisteriums in Florenz, die Bronzetür des Andrea Pisano von 1333, kann als Wiederaufnahme romanischer Tradition angesehen werden, ist stilgeschichtlich jedoch bedeutsamer als Ausgangspunkt für das Schaffen Ghibertis.

Die meisten der in diesem Buch behandelten Türen sind nicht unbekannt: sie befinden sich an bedeutenden Bauwerken, die das Ziel kunstinteressierter Reisender sind. Die Literatur besteht im wesentlichen aus älteren, längst vergriffenen monographischen Veröffentlichungen zu einzelnen Türen, aus zum Teil ungedruckten Dissertationen und Abhandlungen in Fachzeitschriften, die allenfalls den Spezialisten zugänglich sind. Eine Gesamtdarstellung fehlte bisher. Es ist dem Hirmer Verlag zu danken, daß er das Thema aufgegriffen hat und auf Photoreisen zwischen Palermo und Gnesen – nur Novgorod war wegen Restaurierung nicht zugänglich – das Bildmaterial für diesen Band neu erstellt hat. Insbesondere die Bedeutung der Neuaufnahmen der Gnesener Bronzetür soll hier betont werden, der ersten im Westen veröffentlichten seit 1932. Albert Hirmer und Irmgard Ernstmeier-Hirmer haben unter oft schwierigen Bedingungen die Bilderwände der Kirchentüren photographisch abgetastet; sie waren dabei für jeden meiner speziellen Wünsche aufgeschlossen, wofür ich mich beiden zu großem Dank verpflichtet weiß. Mit der ihnen eigenen Behutsamkeit und Werktreue haben sie Aufnahmen geschaffen, die den Formenreichtum, die Schönheit und den spezifischen Oberflächenreiz der Erzgußwerke adäquat wiedergeben. Dem interessierten Publikum wie auch der wissenschaftlichen Forschung ist damit die Bilderwelt der Türen auf neue Weise erschlossen worden.

Die Anlage des Bandes folgt der bewährten Tradition der Monographien des Hirmer Verlages mit dem Tafelteil als Zentrum, den vorangestellten Textkapiteln und der Dokumentation am Schluß. Die Einführung behandelt die kulturhistorischen und kunsthistorischen Aspekte der Bronzetüren insgesamt. Es folgen Kapitel zu jeder einzelnen Tür, die hier in ihrem historischen und stilgeschichtlichen Kontext dargestellt wird. Der Tafelteil bietet für jede Tür eine Gesamtaufnahme und eine unterschiedliche Anzahl von Details, wobei mehrere Bildfelder, einzelne Felder oder auch Ausschnitte aus diesen gezeigt werden. Die Stellung der Bildfelder auf den Flügeln ist genau bezeichnet, um stets den thematischen Zusammenhang nachprüfen zu können (F = Bildfeld, mit der Zählung entsprechend der Dokumentation). Die Dokumentation enthält für jede Tür eine Beschreibung des Bildprogramms, technische Angaben und die wichtigste Literatur, zusätzlich eine Schemazeichnung mit der Anordnung der bildlichen Darstellungen.

Der Text gibt den gegenwärtigen Forschungsstand wieder, weist auf ungelöste Probleme hin und erörtert Möglichkeiten neuer Beurteilung. Hilfen in Form von Anregungen und Auskünften, von Bereitstellung der Photos für die Vergleichsabbildungen, von Literaturbeschaffung und Übersetzung der Inschriften haben die Arbeit wesentlich unterstützt. Allen Kollegen sei dafür mein herzlicher Dank ausgesprochen. Der Verlag hat wiederum mit den Tugenden *patientia* und *temperantia*, *spes* und *fortitudo* – wie ihm schon vor Jahresfrist bestätigt (A. Legner 1982 S. 10) – das Buch entstehen lassen. Für die außerordentlich harmonische Zusammenarbeit danke ich dem Verleger Albert Hirmer und seinen Mitarbeitern. Margret Haase hat mit großem persönlichen Einsatz das Lektorat besorgt; auf der Grundlage der gemeinsamen Freude an der Bildwelt des mittelalterlichen Erzgusses hat sie es dabei verstanden, das unvermeidliche Maß an Arbeit erträglich zu machen. Die Arbeit selbst hat über längere Zeit das Privatleben bestimmt, was insbesondere der Ehemann, Matthias Mende, durchzustehen hatte. Er tat das nicht nur ohne Murren, sondern zusätzlich mit jeder nur erdenklichen Hilfestellung. Ihm ist deshalb dieser Band in Dankbarkeit gewidmet.

Nürnberg, September 1983 Ursula Mende

Einführung

Der Werkstoff

Bronze gehört zu den unedlen Metallen, darf jedoch als das edelste von ihnen gelten. Wir kennen es auch unter der mehr poetischen Bezeichnung Erz, wenn wir von bronzegegossenen Bildwerken sprechen. Für den Bildguß ist es vorzüglich geeignet; das Material ist immer kostbar gewesen und in der handwerklichen Verarbeitung mit großem Aufwand verbunden. Bronze ist eine Legierung mit dem Hauptbestandteil Kupfer. Die mittelalterlichen Gußwerkstätten haben es als Kupfer-Zinn- und Kupfer-Zink-Legierung verarbeitet. Die Mischungsverhältnisse waren unterschiedlich, jede Werkstatt wird nach eigenen Rezepten gearbeitet haben, war dabei auch abhängig von der Verfügbarkeit und der Herkunft der benötigten Metalle und Metall-Erze, von den Handelsverbindungen und von der Beschaffenheit der Erzlagerstätten. Die Rohstoffe wurden bei hohen Temperaturen geschmolzen, das flüssige Erz in die vorbereiteten Formen gefüllt, und es nahm dort die Gestalt des zuvor aus anderem Stoff gebildeten Gußmodells an. Das sind Vorgänge, wie sie im wesentlichen auch heute in den Werkstätten für Bildguß noch anzutreffen sind, und ebenso hat sich bis in die Gegenwart hinein die Faszination erhalten, die diese Handwerkskunst auf den Laien ausübt. Wer einmal als Besucher die Arbeit in einer solchen Werkstatt miterlebt, findet eine ganz urwüchsige und schöpferische Atmosphäre vor, die vom Element des feurigen flüssigen Metalls bestimmt wird.

Bronzetüren sind Gußwerke von monumentalen Ausmaßen; die kleinste der mittelalterlichen Türen, die
41 Mausoleumstür in Canosa, mißt zwar nur gut zwei
185 Meter, die größte im Hauptportal des Domes in Monreale hat eine Höhe von mehr als sieben Meter. Immer wurden erhebliche Materialmengen benötigt, und die entweder in einem Stück oder in vielen Teilstücken gegossenen Türflügel waren aufwendige Unternehmungen für eine Gußwerkstatt. Nach dem Guß und nach anschließender sorgfältiger Ziselierung verließ das Werk die mittelalterliche Gußhütte mit goldglänzender Oberfläche. Durch ständiges Putzen, also durch Entfernen der sich bildenden Patina, konnte dieser Zustand erhalten bleiben. Wie weit das in der Praxis geschah, läßt sich schwer beurteilen. Die byzantinische Bronzetür von Monte Sant'Angelo besitzt eine Türinschrift, die das jährliche Putzen vorschreibt. Die hell schimmernde Oberfläche der Bronze ist sicherlich immer als goldähnlich empfunden worden. Das mag mit Vorstellungen vom Symbolgehalt der Kirchentür verknüpft gewesen sein, wie sie in einer Inschrift der Bronzetüren Abt Sugers für den Neubau der Kathedrale von Saint-Denis zum Ausdruck kommen: Die leuchtenden Türen wurden als Hinweis auf Christus als das wahre Licht verstanden. Diese Türen Sugers waren sogar vergoldet, was sicherlich eine Ausnahme darstellt.

Die Oberfläche der erhaltenen mittelalterlichen Bronzetüren erleben wir heute im Zustand der in Jahrhunderten gewachsenen Patina. Diese ist ein Produkt aus Material und Geschichte der jeweiligen Tür. Die speziellen Erzmischungen haben unter Einwirkung der Luft an unterschiedlichen Standorten die Bronzehaut verändert und eine natürliche Patina entstehen lassen, die einen Oberflächenschutz darstellt – zusätzlich eine optische Bereicherung des Werkstoffs, die allerdings von den Schöpfern der Türen, den mittelalterlichen Handwerksmeistern, kaum beabsichtigt gewesen sein wird. In lebhafter Farbigkeit bieten sich die Türen heute dar, vor allem in grünen Tönen bei allen weiterhin im Freien befindlichen Exemplaren. Daneben gibt es Varianten von Braun, bis zu Grau und Schwarz hin. Wo die Flächen keiner Berührung ausgesetzt sind, erscheinen sie matt, sogar rauh; abgegriffene Stellen lassen blankes braunes, rötliches bis goldglänzendes Metall sichtbar werden. Es gehört zu den besonderen Materialeigenschaften der Bronze, daß ständiges Berühren mit der Hand die schönsten Oberflächeneffekte erzielt. Das sieht man auf den Türen in Form von jahrhundertealten Gebrauchsspuren durch Öffnen und Schließen oder auch durch Angreifen bestimmter Stellen in erreichbarer Höhe. Zwar handelt es sich hier auch um einen Materialverlust, denn Feinheiten der Formgebung sind durchaus abgegriffen. Die Glätte und Geschmeidigkeit der Oberfläche, dazu ihr Farbenspiel werden hier jedoch als besondere Reize empfunden. Der spezifische Materialcharakter des Erzes bestimmt ganz wesentlich das Erscheinungsbild der Türen sowohl in ihren großen Flächen als auch in den figürlichen und ornamentalen Bestandteilen.

Für die Türen gilt inzwischen ebenso wie für andere im Freien aufgestellte Bronzebildwerke, daß Umwelteinflüsse weniger die erwünschte Patinabildung, sondern nun auch Materialschäden zur Folge haben; damit ist leider die jahrhundertealte Vorstellung von der Dauerhaftigkeit bronzegegossener Werke überholt. Auch Bronzetüren bedürfen in jüngster Zeit stärker der Pflege von Restauratoren, und vielleicht wird künftig zu ihrem Schutz häufiger die Versetzung ins Innere der Bauten erfolgen, was bedeutet, daß sie ihre eigentliche Funktion verlieren. Die Bronzetür der mittelalterlichen Kirchenbauten ist eine Außentür; sie bildet den Eingang ins Gotteshaus und ist mit ihrer Schauseite nach außen, zum Eintretenden hin konzipiert.

Die Hervorhebung bestimmter Teile des Außenbaus durch kostbare Materialien und besondere Schmuckformen und dabei die Verwendung von Bronze war im Altertum in verschiedenen Kulturen bekannt. Das Dach und der Eingang waren bevorzugt diese Bereiche, der Eingang dabei nicht nur mit der Tür selbst, sondern das ganze Portal mit Pfosten, Türsturz und Schwelle, das Dach mit Dachbalken und Dachziegeln. Das Material Bronze bedeutete dabei einerseits Schutz und Festigkeit – eherne Türflügel als unüberwindlich für den, der nicht eindringen sollte – und andererseits Reichtum und Pracht. Vom Pantheon in Rom wissen wir von den verlorenen vergoldeten Dachziegeln der Vorhalle und ihrem Bronzedachstuhl, und erhalten hat sich hier eine eherne Portalausstattung. Mit den bronzegegossenen Türflügeln christlicher Kirchenbauten wird diese antike Tradition fortgeführt. Aus schriftlicher Überlieferung hören wir zwar auch von edleren Tür-Materialien, von Gold, Silber, Elfenbein und Edelsteinen. Mit Goldblech überzogen waren die Türen des salomonischen Tempels in Jerusalem, Papst Honorius (625–628) stiftete eine silberverkleidete und später noch mit Edelsteinen bereicherte Tür für Alt-St.-Peter in Rom; Silbertüren gab es auch in Konstantinopel und gleich mehrere Silber-Gold- und Silber-Elfenbein-Türen an der karolingischen Basilika von Saint-Denis. Für Außentüren blieb Bronze das bevorzugte Material, in seiner schimmernden Oberfläche von prächtiger Wirkung, mit vielen Möglichkeiten der bildlichen und ornamentalen Gestaltung und dazu in seiner Robustheit auch zweckmäßig als äußerer Schutz des Bauwerks.

Bronzetüren waren im Mittelalter von hohem Wert und darum ein außergewöhnlicher Bestandteil der Bauausstattung, auf Kirchen beschränkt, im Ausnahmefall von Canosa an einem Mausoleum vorkommend. Daß sie selten waren, geht aus der geringen Zahl der erhaltenen und auch der schriftlich überlieferten Exemplare hervor. Das Außergewöhnliche drückt sich auch darin aus, daß häufiger als bei mittelalterlichen Kunstwerken sonst üblich die Stifter- und Meisternamen genannt sind. Sowohl der Auftraggeber, der die finanzielle Last trug, als auch der ausführende Meister wollten als Persönlichkeit mit ihrer Leistung verbunden gesehen werden. Nach den Türinschriften und anderen schriftlichen Quellen kennen wir als Stifter Karl den Großen, Erzbischof Willigis von Mainz, die Bischöfe Bernward von Hildesheim, Wilhelm II. von Tróia, Alexander von Płock, auch Erzbischof Wichmann von Magdeburg, Abt Suger von Saint-Denis, schließlich den Bürger Sergius Musetula in Ravello, wobei zusätzlich auf die reichen bürgerlichen Stiftungen der in diesem Band nicht behandelten byzantinischen Bronzetüren in Italien hingewiesen werden soll. Den Stiftern von Bronzetüren hinzuzurechnen sind die Könige von Sizilien Roger II. und Wilhelm II., jeweils im Zusammenhang mit der Ausstattung ihrer Bauten in Palermo und Monreale. Der hohe Rang dieser Personen kennzeichnet den Umkreis, in dem die Werkgruppe der Türen entstand.

Daß späteren Zeiten der Wert dieser Gußwerke bewußt blieb, davon zeugt der bis in unsere Zeit erhaltene Bestand, das heißt, die Pflege der Denkmäler am Ort. Die mit nur geringem Verlust auf uns gekommene reiche Türausstattung der Aachener Pfalzkapelle, zum Teil in der zugehörigen ursprünglichen Portalöffnung, erscheint wie ein Wunder nach dem zeitlichen Abstand von mehr als einem Jahrtausend und nach vielfachen baulichen Veränderungen. In Saint-Denis wurde in den Neubau Abt Sugers um 1140 eine Tür des karolingischen Vorgängerbaus übernommen, in Gnesen befindet sich die Tür des späten 12. Jahrhunderts in einem Portal des gotischen Dom-Neubaus. In Mainz und in Hildesheim sind die Türen möglicherweise innerhalb des Ortes an andere Kirchenbauten versetzt worden, sicherlich aus Achtung vor dem kostbaren Werk. Vielfach sind die Türen repariert, restauriert und ergänzt worden, und auch die Auftraggeber dieser Arbeiten fügten gelegentlich ihren Namen dem Werk hinzu. In Canosa wurde zu Beginn des 12. Jahrhunderts anscheinend ein älterer Türflügel wiederverwandt und durch einen neugeschaffenen vervollständigt; eine Wiederverwendung antiker Bronzetüren wird für das 8. Jahrhundert in Rom vermutet – durch Papst Hadrian I. für Alt-St.-Peter – und hat vielleicht auch in St. Alban in Mainz stattgefunden. Noch im 17. Jahrhundert wurde in Rom die antike Tür von der Curie auf dem Forum Romanum an ihren neuen Standort im Hauptportal der Lateransbasilika versetzt. Der Materialwert und die Wertschätzung der handwerklichen Arbeit, auch der Spoliencharakter – bewußter Rückgriff auf eine Tradition – und vielleicht auch technisches Unvermögen, etwas Gleiches zu schaffen, waren die unterschiedlichen Gründe für solche Übernahmen älterer Gußwerke, ebenso allerdings für den Raub und die Entführung von Kirchentüren. Vieles wird dabei verlorengegangen sein. Erhalten hat sich ein Zeuge dafür in der russischen Tür von Aleksandrov, die durch den Großfürsten für seine neue Residenz aus Novgorod entführt worden ist. Auf welche Weise die romanische Bronzetür in Novgorod, die aus der Magdeburger Gußhütte stammt und eigentlich für den Dom in Płock bestimmt war, an ihren jetzigen Standort gelangt ist, wissen wir dagegen nicht, müssen auch nicht unbedingt gewaltsame Umstände annehmen. Bemerkenswert ist, mit welcher Sorgfalt diese Tür am neuen Ort ergänzt und mit Inschriften versehen worden ist.

Durch die Dauerhaftigkeit des Erzes war die Kirchentür als Schriftträger für bestimmte Texte geeignet, die hier in einer besonderen Form fixiert und veröffentlicht wurden. Die Domtür in Mainz erhielt nachträglich einen umfangreichen Urkundentext eingemeißelt und wurde damit selbst zur monumentalen Urkunde. Ähnliches ist von einer der verlorenen Bronzetüren der Peterskirche in Rom bekannt; als Papst Hadrian die vermutlich antike Tür dort aufstellte, erhielt diese Inschriften mit Aufzählung der Territorien, die zuvor dem Papst durch Karl den Großen zugesprochen worden waren. In dieser Tradition folgen später Aufzeichnungen territorialer Besitzungen auf den Bronzetüren von Montecassino und San Clemente a Casauria. Nicht allein der Werkstoff der Türen, auch das Kirchenportal als Ort der Rechtsprechung im Mittelalter mag diese zusätzliche Funktion der Kirchentür als Träger rechtlicher Inhalte bedingt haben. In diesem Zusammenhang ist auch eine thematisch andere Inschrift zu sehen, das politische Bekenntnis des Erzbischofs von Tróia auf der Südtür des dortigen Domes.

Dauerhaft war das Erz freilich nicht unbegrenzt. Das Material konnte eingeschmolzen und für einen neuen Guß wiederverwendet werden. Der ständige Materialbedarf war zu allen Zeiten eine Gefahr auch für die monumentalen Türen. Die frühchristlichen Bronzetüren von Alt-St.-Peter und mit ihnen auch die Hadrians-Tür mit der Besitz-Inschrift wurden 1588 eingeschmolzen, als das Metall für den Guß der Paulus-Statue auf der Antoninus-Pius-Säule benötigt wurde. Nach der Französischen Revolution verschwand auf diese Weise spurlos die kostbare Türausstattung der Kathedrale von Saint-Denis. Feuer war die einzige wirkliche Gefahr für die Türen. Dazu gehörte auch die Zerstörung der Kirchenbauten durch Brand in Kriegs- und Friedenszeiten. Manche Erztür wird dabei das Opfer der Flammen geworden sein. Wir wissen, daß beim Dombrand in Pisa von 1595 die Haupttür des Bonanus von 1179 und eine byzantinische Bronzetür zugrundegegangen sind. Die Metallreste wurden sorgfältig geborgen und als Rohstoff für die neuen Domtüren aus der Werkstatt des Giovanni da Bologna wiederverwandt. Ein ergreifendes Zeugnis der Zerstörung in jüngster Zeit ist die Domtür in Benevent in ihrem heutigen, nur aus Bruchstücken bestehenden Zustand. Der Dom fiel 1943 fast vollständig einem Bombenangriff zum Opfer, der auch die erzgegossene Bilderwand seines Hauptportals zerstörte. Von dieser spätesten und zugleich einer der größten und formenreichsten der romanischen Bronzetüren verblieben nur Fragmente, die von der Einwirkung des Feuers teilweise schwer gezeichnet sind.

Das Gußhandwerk

Das Wachsausschmelzverfahren, das für den Bildguß auch heute noch eine große Rolle spielt, war das übliche Verfahren mittelalterlicher Gußwerkstätten. Es wird auch als Guß in der verlorenen Form bezeichnet. Beide Begriffe sprechen charakteristische Details desselben handwerklichen Vorganges an: Ein aus Wachs gebildetes Gußmodell wird in Ton und Lehm fest eingebettet und bildet nun die Gußform; diese wird erwärmt und gebrannt, das Wachs schmilzt und muß durch ein zuvor sorgfältig angelegtes und im Ton mit eingebettetes System aus Anguß- und Luftkanälen vollständig ausfließen. Es läßt einen Hohlraum zurück, der später mit dem Metall ausgefüllt wird. Die Gußform muß zunächst von außen gesichert werden, damit der Druck des einfließenden Metalls sie später nicht sprengt. Bei großen Objekten geschieht das dadurch, daß sie in der gemauerten Gießgrube mit Sand fest eingestampft wird. Das Metall wird geschmolzen und legiert; bei kleineren Objekten wird es mit dem Gußtiegel in die Gußform gefüllt, bei größeren fließt der Metallstrom vom Anstich des Schmelzofens direkt in die Gießgrube. Jetzt muß es sich erweisen, ob die Anguß- und Luftkanäle die vollständige Verteilung des flüssigen

Erzes bis in alle Feinheiten der Form hin ermöglichen. Das Metall muß erstarren, dann wird die Form zerschlagen, um das fertige Gußstück zu erhalten. Dieses Verfahren erlaubt eine genaue Übertragung aller Feinheiten vom Gußmodell in das gegossene Werk selbst. Es ist allerdings sehr aufwendig. Sowohl das Gußmodell als auch die Gußform gehen verloren. Mißlingt der Guß, so muß der ganze Vorgang, angefangen von der Herstellung des Gußmodells, wiederholt werden.

Wir besitzen eine mittelalterliche Quelle, die alle Schritte vom Modellieren in Wachs über die Vorbereitung der Form bis zum Guß und der Nachbehandlung des Gusses detailliert beschreibt; sie ist im Handbuch der künstlerischen Techniken des Mönches Theophilus vom Beginn des 12. Jahrhunderts enthalten. Sein Text bezieht sich allerdings auf die Herstellung eines kleinen Geräts, eines Rauchfasses, ist im wesentlichen jedoch ebenso auf monumentale Gußwerke, also auch auf Kirchentüren anzuwenden. Die Inschrift eines Löwenkopf-Türziehers des 13. Jahrhunderts vom Trierer Dom bringt die handwerklichen Vorgänge und den Materialwechsel des Objekts auf eine kurze Formel: Quod fore cera dedit tulit ignis et es tibi regdit (Was das Wachs vorgebildet hat, nahm das Feuer, und das Erz hat es dir wiedergegeben). Noch knapper heißt es auf der Bronze-Grabplatte des Bischofs Wolfhart von Roth (gest. 1302) im Augsburger Dom: Otto me cera fecit Cunratque per era (Otto hat mich in Wachs gebildet und Konrad in Erz). Hier lagen also die beiden Teilbereiche, die Fertigung des Gußmodells – die künstlerische Form der Grabmalsfigur – und die Durchführung des Gusses in der Hand zweier Meister.

Unter den mittelalterlichen Kirchentüren gibt es Gußwerke von sehr unterschiedlicher Art. Entweder sind die Türen massiv gegossen, d.h. die Türflügel in ganzer Wandungsstärke bestehen aus Metall, oder hölzerne Türflügel sind mit Metallplatten von geringerer Stärke verkleidet. Im ersteren Fall ist zu unterscheiden, ob der ganze Türflügel als einheitliches Stück gegossen ist – wie bei den frühmittelalterlichen Exemplaren in Aachen, Mainz und Hildesheim, auch jeweils bei einem Flügel in Canosa und Gnesen – oder in mehreren Teilen, die nach dem Guß zusammengefügt wurden – wie in Palermo und bei dem jeweils anderen Flügel in Canosa und Gnesen. Am häufigsten ist der Typus der Holzrückwand mit Metallverkleidung, die immer aus Einzelplatten besteht; dazu gehört ein System aus Rahmenleisten – auch diese in Teilstücken gegossen –, das der Gliederung der Tür und der sinnvollen Montierung der Platten auf dem Holzträger dient. Es wird ergänzt durch Appliken in Form von Knäufen, Masken oder Rosetten, die den Nägeln Platz bieten und zugleich schmückende Funktion haben. Jedem Gußstück ging ein aus Wachs gebildetes Gußmodell voraus, das der gewünschten Form genau entsprach. Es waren sehr unterschiedliche Formate und Formen, wenn man etwa an einen Flügel der großen Aachener Wolfstür denkt, einen der figurenreichen Hildesheimer Flügel, eine zart reliefierte Einzelplatte in Augsburg, ein durchbrochenes Rahmenstück in Verona oder eine Rosetten-Applike in Pisa.

Für einen Türflügel oder eine Einzelplatte wurde zunächst eine Wachsplatte von der beabsichtigten Wandungsstärke gefertigt, auf der dann die ornamentalen und figürlichen Elemente, wiederum in Wachs, aufmodelliert werden konnten. Die Möglichkeiten des Reliefstils reichten von den zarten, flächigen Formen
der Augsburger Tür und dem feinteiligen Flachrelief 28
des Meisters Barisanus (seine Türen in Ravello, Trani 137, 156
und Monreale) bis zu außerordentlich voluminösen 161
Figuren und Figurenteilen wie etwa in Hildesheim und 9
Benevent. Für solche Reliefebhebungen mit den häufig 209
vorkommenden völlig freiplastisch gebildeten Einzelheiten bedurfte zunächst die Bildung des Gußmodells besonderer Sorgfalt – dabei wurden einzelne Teile wohl über einem eigenen Tonkern modelliert und die Rückseite des Modells stellenweise ausgehöhlt –, dann mußten ebenso sorgfältig die Form und das System der Anguß- und Luftkanäle erstellt werden. Diese waren so geschickt zu führen, daß aus allen Teilen der komplizierten Form das Wachs vollständig ausfließen und in alle Teile das Erz einfließen konnte. Man stelle sich dabei Gußmodell und Gußform eines Flügels der Hildesheimer Tür vor, in seiner ganzen Größe und mit den zahlreich aus der Fläche herausgereckten Figuren!

Die künstlerische Form, die einzelnen Bildelemente, die Bildzyklen und die Ornamentik der Türen waren das Werk der Modelleure. Ihre im geschmeidigen Wachs ausgeführte Arbeit haben wir in Metall umgesetzt vor Augen. Ein sorgfältig vorbereiteter Guß erlaubt beim Wachsausschmelzverfahren die Übertragung selbst der diffizilsten Feinheiten vom Modell in den Guß. So läßt sich die Unmittelbarkeit der künstlerischen Handschrift bewahren. Modelleur und Gießer können – entsprechend der Signatur auf der Grabplatte in Augsburg – zwei verschiedene Meister sein, beide als Spezialisten für einen bestimmten Bereich zuständig; denkbar ist jedoch auch, daß der Gießer selbst seine Modelle fertigte oder zumindest Teile davon, beispielsweise nur die ornamentalen. Über die personelle Ausstattung der Gußwerkstätten und eine Arbeitsteilung dort wissen wir sehr wenig, aber wir können einzelne Informationen aus der genauen Beobachtung der Gußwerke selbst gewinnen. Bei Aufträgen größerer Dimension wie bei den Türen waren in den meisten Fällen offenbar mehrere Kräfte mit der Formgebung, also bei der Arbeit am Gußmodell beschäftigt. Wir erkennen innerhalb der Bildzyklen vieler Türen Formunterschiede, die als persönliche Handschriften, auch als Qualitätsunterschiede zu deuten sind und auf eine Hierarchie zwischen Meistern und untergeordneten Kräften schließen lassen.

Es gab die Möglichkeit, mit Hilfe von Modeln Formelemente auf einer Tür mehrfach mechanisch zu wiederholen. Eine solche Model war eine Negativform, die mit Wachs gefüllt wurde; das Wachsgebilde – nun die Positivform – wurde entnommen und konnte in das Gesamtmodell der Tür oder der Türplatte eingearbeitet werden. Mechanisch reproduziert wurden damit also einzelne Teile des Wachsmodells. Das Verfahren eignete sich nur für Formen ohne Unterschneidungen – wegen der Abhebbarkeit der Model – und in der Regel für flache Reliefteile. Je nach Feinheit der Model und Sorgfalt bei der Ausführung bedurfte das einzelne Wachs-Positiv einer nachträglichen Bearbeitung; die entsprechenden Teile der gegossenen Tür unterscheiden sich allenfalls durch solche individuelle Überarbeitung. Bei der Größe der Kirchentüren bedeutete dieses Verfahren eine Vereinfachung vor allem da, wo Formen sich ständig wiederholten, also bei der Rahmenwerk-Ornamentik. Tatsächlich wurde es jedoch selten angewandt; in Mitteleuropa begegnet es nur in Ausnahmen, häufiger in Italien und dort anscheinend vorwiegend im Bereich byzantinischer Einflüsse. Die Werkstatt des Barisanus von Trani hat Modeln in umfassender Weise eingesetzt, für alle figürlichen und ornamentalen Teile ihrer Türen, und zwar dieselben Modeln nicht nur innerhalb einer Tür, sondern auch für andere Türen. Es gibt bei Barisanus keine frei modellierten Elemente, nicht einmal die voluminösen Löwenkopf-Türzieher. Auch in Palermo geht der gesamte Schmuck der Türen auf Modeln zurück; in der Werkstatt des Bonanus von Pisa sind es nur einzelne figürliche Details, das Ornamentwerk der Rahmung jedoch vollständig; dies war wohl auch in Benevent der Fall. Bei den Bronzetüren nördlich der Alpen ist der Gebrauch von Modeln nur in Aachen – dort beschränkt auf zwei der kleinen Türen – und intensiv in Augsburg festzustellen.

Die Durchbildung der plastischen Form im Wachsmodell ist je nach Fähigkeit der Modelleure mehr oder weniger detailliert erfolgt. Sie konnte so unterschied-
62 lich ausfallen wie bei den späteren Teilen der Tür von
San Zeno in Verona mit ihrem feinteiligen Relief oder
63 bei den früheren Teilen mit den nur summarisch
gebildeten Figuren, die einer zusätzlichen graphischen Binnenzeichnung bedurften. Das graphische Element als Bestandteil der Oberflächenstruktur prägt sehr wesentlich viele der mittelalterlichen Gußwerke. Die Ausführung kann bereits im Wachsmodell erfolgt sein – die Linien oder Musterungen werden dann in das weiche Wachs eingezeichnet –, ist vorwiegend aber erst nach dem Guß geschehen, in die glatte Bronzehaut eingegraben mit Meißel, Stichel und Punzen. Völlig darauf verzichtet wurde selten, selbst nicht bei sehr feinteiligen plastischen Bildungen, etwa für Einzelheiten wie Haare oder Gewandmusterungen. Bei schlichteren plastischen Formen, vor allem bei den deutschen Bronzen und in Verona, spielt die graphische Durchzeichnung, flächenfüllend und vielfältig in ihren Motiven, eine große Rolle. Soweit sie nach dem Guß ausgeführt wurde, war sie Bestandteil des Ziselierens, all der Verrichtungen, die zur Herausarbeitung der Feinheiten der Bronzeoberfläche dienten. Die Teile wurden gereinigt, das System der Luft- und Eingußkanäle abgeschnitten, ein bestimmtes natürliches Maß an Unregelmäßigkeiten überarbeitet, mit Meißel und Stichel die nötige graphische Vervollständigung der Form hergestellt, schließlich die Oberfläche geglättet und poliert. Eine künstliche Patinierung fand im Mittelalter wohl nicht statt. Zu erwähnen ist noch die Technik der Gravierung und Tauschierung, die – in Nachahmung byzantinischer Bronzetüren – auf Teilen der Türen von
Canosa und Tróia vorkommt, auch in der Stifterin- 43, 52,
schrift in Ravello. Die gewünschte Zeichnung wurde 53, 140
tief in die Fläche eingegraben, größere Stellen für Gesichter, Hände und Füße wurden ausgestemmt und mit Silberplatten, die Umrißzeichnungen – auf den italienischen Türen nur teilweise – mit Silberfäden ausgelegt.

Es ist auffällig, daß von den wenigen erhaltenen Bronzetüren so viele von unregelmäßiger Gestalt sind. Gemeint ist hier nicht die gestörte Abfolge von Bildfeldern, die bei späteren Restaurierungen offenbar häufig vorkam, sondern gemeint sind Unregelmäßigkeiten, die auf die Entstehungszeit direkt zurückgehen.
So besteht die Tür in Canosa aus zwei unterschiedlichen 41
Flügeln, diejenige in Augsburg hat eine zusätzliche 28
Bildachse im verbreiterten linken Türflügel, bei der
Novgoroder Tür sind die Bildfelder durch schmale 101
Ergänzungsstücke auf ein neues Maß gebracht worden,
bei den Domtüren in Gnesen und Benevent gibt es 123, 209
jeweils zwei in der künstlerischen Handschrift abweichende Komplexe – die Gnesener ist in beiden Flügeln zudem gußtechnisch unterschiedlich –, und die größten
Rätsel gibt seit jeher die Tür von San Zeno in Verona 57
auf mit ihren Bestandteilen aus zwei vermeintlich unterschiedlichen Stilepochen. Nicht alle diese Widersprüche lassen sich aufklären. Insgesamt scheint sich

hier jedoch etwas auszudrücken, das bezeichnend ist für diese Türen als Werkgruppe. Wir dürfen davon ausgehen, daß nicht Nachlässigkeit der Grund für die – nach heutigem Verständnis – fehlende Perfektion ist; vielmehr galt diesen kostbaren und von hochgestellten Personen in Auftrag gegebenen Objekten sicherlich jede mögliche Sorgfalt. Daß das Werk dennoch oftmals nicht so fertiggestellt werden konnte wie ursprünglich geplant, daß Meister und sogar Werkstätten wechselten, daß neue Portalmaße zu berücksichtigen waren und daß im Verlauf der Arbeit auch gußtechnisch variiert wurde, läßt auf längere Entstehungszeiten und auf hohe und höchste Anforderungen an die Kräfte der Werkstätten schließen. Großaufträge wie die Türen waren außergewöhnlich und brachten einzelne Werkstätten an die Grenzen ihrer Leistungsfähigkeit.

Daneben hat es allerdings auch routinierte Unternehmen gegeben, vor allem die spätromanischen Werkstätten in Italien. Bonanus von Pisa rühmt sich in der Inschrift der Haupttür des Pisaner Domes, daß er diese im Verlauf eines Jahres gearbeitet habe; das war eine Besonderheit, sonst hätte er nicht darauf hingewiesen. Als erfolgreich kann namentlich Barisanus von Trani gelten, von dem aus einem kurzen Zeitraum gleich drei Türen erhalten sind. Eines seiner rationellen Arbeitsmittel kennen wir: den intensiven Gebrauch von Modeln.

Die Gußhandwerker waren nicht nur im Mittelalter seltene und darum besonders geachtete Meister. Sie wurden für große Aufträge an den Ort gerufen und richteten dort den aufwendigen Betrieb ihrer Gießhütte ein, oder die Gußwerke wurden entfernt vom zukünftigen Standort, am Ort der bereits bestehenden Hütte ausgeführt. Für beides gibt es unter den Türen Belege. Je schwieriger ein Gußstück zu transportieren war, um so eher wird man die Arbeit am Bestimmungsort vorgezogen haben. In Aachen kennen wir durch
Abb. 9 Grabungsfunde sogar den genauen Standort der Werkstatt nördlich des Domes. In Hildesheim gehörte sie zu den künstlerischen Werkstätten Bischof Bernwards. In Mainz und Gnesen ist für die massiven Gußstücke ebenfalls die Einrichtung eigener Gußhütten anzunehmen, in Palermo läßt darauf zusätzlich die enge Beziehung zur übrigen Ausstattung des Bauwerks schließen. In Teilen und in schwächeren Platten gegossene Türen waren leicht transportabel. Die Werkstatt des Bonanus in Pisa hat für den dortigen Dom und für den Dom in Monreale gearbeitet, die Werkstatt des Barisanus in Trani hat ebenfalls an fremde Orte geliefert, ebenso die Magdeburger Hütte, in Deutschland wohl die bedeutendste des 12. Jahrhunderts. Ihr maßgeblicher Meister war Riquin, der die Tür für den Dom in Płock signiert
und zusätzlich mit seinem stolzen Abbild versehen hat, 100
ausgestattet mit den Utensilien des Gußhandwerks und zusammen mit seinem jüngeren Mitarbeiter Waismuth, der ebenfalls als Gießer dargestellt ist. Auch Barisanus
erscheint als Figur auf zwei seiner Türen, in Trani und 57
Monreale, jedoch ganz anders charakterisiert, nämlich 163
in demütiger Haltung zu Füßen einer Heiligenfigur, genauso wie das Stifterbild auf seiner Tür in Ravello.
In Verona findet sich ein zweites Meisterbildnis in 95
Ausübung seines Handwerks, hier jedoch nicht als Gießer, sondern als Bildhauer. Es ist vielleicht mit der plastischen Ausführung der jüngeren Teile der Veroneser Tür in Zusammenhang zu bringen. Ob auf dieser Tür auch ein Gießer-Bildnis vorhanden war? Nach allem, was wir vom Gußhandwerk des Mittelalters wissen, galt der Ausführung des Gusses die höchste Anerkennung, war also der Gießer und nicht der Modelleur die wichtigste Meisterpersönlichkeit. Ihn wird man auch in allen Signaturen vermuten dürfen.

Die plastische Form

Der heutige Betrachter nimmt die Türen vor allem als Bildschöpfungen wahr, ihn fesseln Form und Inhalt der Darstellungen auf den Türflügeln. Der besondere Materialreiz wird als Bestandteil der Form empfunden, die Frage nach dem speziellen Anteil des mittelalterlichen Gußhandwerkers stellt sich dagegen kaum. Sichtbar und erlebbar ist stattdessen die auf den Modelleur zurückgehende Formgebung. Dieser wird als der eigentliche Schöpfer der Türen empfunden. Damit hat sich die zu ihrer Entstehungszeit gültige Wertschätzung umgekehrt.

Von handwerkstechnischen Aspekten der Erztüren war bereits die Rede. Hier sollen einige Bemerkungen zu den Türen als Werke der mittelalterlichen Plastik folgen. Selbst wenn die Türen bildlos sind, wie in Aachen, Mainz und Palermo, besitzen sie mit ihren Löwenköpfen und Rahmenwerkelementen plastisch gestaltete Einzelheiten. In der überwiegenden Zahl sind sie reliefiert, bestehen aus Bildfeldern mit Einzelfiguren und szenischen Darstellungen. Die selten angewandte zweidimensionale Technik, wie die gravierten und tauschierten Teile der Türen von Canosa und Tróia, steht in Abhängigkeit von byzantinischen Türen und ist stilistisch eher mit der Buchmalerei verwandt.

Von einer Entwicklungsgeschichte der Bronzetüren, auch einer Entwicklungsgeschichte monumentalplastischer Bronzewerke im Mittelalter überhaupt, kann eigentlich kaum die Rede sein. Dafür sind diese Werke zu selten – zumindest im erhaltenen Bestand; sie befinden sich zumeist in großen zeitlichen und räumli-

chen Abständen voneinander, erscheinen als individuelle Schöpfungen und sind untereinander kaum vergleichbar. Nur selten lassen sich mehrere Türen einer gemeinsamen Gußwerkstatt zuordnen. Das trifft zu für die italienischen Gußhütten der Meister Oderisius, Barisanus und Bonanus. Vielleicht waren diese speziell auf Türen eingestellt; weitere Werke, auch in kleinerem Format, kennen wir von diesen Werkstätten nicht. In Deutschland zeichnet sich für die Magdeburger Gießhütte eine Vielfalt der Erzeugnisse ab, die vom monu-
Abb. 71 mentalen Grabmal des Erzbischofs Friedrich von Wettin über Türzieher bis zu Aquamanilien reicht. Ähnlich scheint auch die ältere Werkstatt in Verona monumentale und kleinformatige Objekte, auch Gerät, hergestellt zu haben.

Stilgeschichtliche Verwandtschaft besteht zwischen den figürlichen Darstellungen der Erztüren und zahlreichen Werken aus anderen Materialien und anderen Kunstgattungen. Dabei reicht die Spanne von der Steinskulptur bis zur Elfenbeinschnitzerei. Bronzetüren sind Werke auf der Grenze zwischen der Monumental- und der Kleinplastik. Als Gesamtwerk von monumentalem Ausmaß sind sie durch die Untergliederung in einzelne Bildfelder in ihren figürlichen Darstellungen eher kleinformatig.

Die erhaltenen Bronzetüren des Früh- und Hochmittelalters verteilen sich regional und zeitlich so, daß in der Frühzeit, bis zum 11. Jahrhundert, das Schwergewicht in Deutschland liegt, im 12. Jahrhundert dagegen in Italien. Die frühesten deutschen Exemplare, die
1–5 karolingischen Türen der Pfalzkapelle in Aachen und
7 die um 1000 entstandene Mainzer Domtür greifen auf antikes Erbe zurück. Ihre Löwenköpfe sind bedeuten-
9 de Tierplastiken nach antikem Vorbild. Die Hildesheimer Bronzetür, die mit dem frühesten mittelalterlichen Reliefzyklus in größerem Format überrascht, gehört in den Zusammenhang der Bernwardinischen Kunst.
28 Nicht viel später muß die Domtür in Augsburg entstanden sein. Die unterschiedliche Gestaltung der drei zeitlich eng benachbarten Türen in Mainz, Hildesheim und Augsburg ist ein erstaunliches Phänomen. Nördlich der Alpen folgt dann erst sehr viel später die
101 Tür der Novgoroder Sophienkirche, in Magdeburg gegossen und mit einem festen Platz innerhalb der dortigen Stein- und Bronzeplastik des mittleren 12. Jahrhunderts. Von der Kunst des Maaslandes ab-
123 hängig ist die um 1170 gegossene Tür des Gnesener Domes. Verloren sind die Türen Abt Sugers für die Kathedrale von Saint-Denis um 1140, die man sich im Zusammenhang mit der dortigen Portalskulptur vorstellen darf. Ein enger Bezug zwischen der Fassadenskulptur und den Darstellungen der Türreliefs besteht auch in Verona, jedenfalls für die jüngeren Teile der Tür 57
von San Zeno um 1138. Dagegen sind die älteren Teile in ihrem eigenwilligen Stil schwerer einzuordnen; sie gehören in die Zeit unmittelbar davor. Die ältesten bodenständigen Bronzetüren in Italien, die Türen von 41
Canosa und Tróia, entstanden im frühen 12. Jahrhun- 45, 51
dert. Sie zeigen sich in ihren plastischen und graphischen Bestandteilen geprägt von apulischen, byzantinischen und islamischen Elementen. Es folgen mit erneuter Rückbesinnung auf antikes Formengut die Türen der Cappella Palatina in Palermo um 1140. 55
Konzentriert im späten 12. Jahrhundert gab es eine Blütezeit des Bronzegusses in Italien mit den bedeuten- 137, 156, 161
den Werkstätten des Barisanus und des Bonanus, von 164, 185
denen der erstere auf der Grundlage byzantinischer Kunst einen eigenen Reliefstil entwickelt, der zweite aus der Pisaner Skulptur der Mitte des 12. Jahrhunderts hervorwächst. Um 1200 oder zu Beginn des 13. Jahrhunderts entsteht die letzte der großen romanischen Bildtüren, die im Zusammenhang mit der Skulptur Campaniens zu sehen ist: die Domtür in Benevent. 209

Die Verwandtschaft zur gleichzeitigen Steinskulptur ist selten so eng, daß die Bronzereliefs deren Formen nahezu unverändert in Erz umgesetzt wiedergeben. Häufiger stellt sich die Bronze-Version so abweichend dar, daß Vergleichsbeispiele schwierig zu fassen sind. Die älteren Teile der Tür von San Zeno in Verona sind das prominenteste Beispiel dafür. Hier stellt sich die Frage nach den Modelleuren der Gußwerkstatt. Offenbar hat es aber Fälle gegeben, in denen der Mitarbeiter einer Bauhütte, dessen Aufgabenbereich sonst die Steinskulptur war, auch mit der Anfertigung eines Gußmodells beauftragt wurde. Er modellierte nun in geschmeidigem Wachs, arbeitete also in einem anderen Material und dazu auch in kleinerem Format. Seine Handschrift wurde dadurch in bestimmter Weise verändert, im wesentlichen jedoch müßte das vollendete Gußwerk mit seinen Arbeiten in Stein vergleichbar sein. Im jüngeren Bestand der Bronzetür von San Zeno in Verona scheint dieser Fall vorzuliegen.

In der Regel ist die Distanz zwischen gleichzeitig und auch räumlich benachbart entstandenen Werken der Skulptur und der Bronzeplastik größer. Andererseits ist auch – bis auf eine später zu nennende Ausnahme – eine nähere Beziehung zu den plastischen Künsten im kleinen Format nicht festzustellen, zwischen der Goldschmiedekunst und der Elfenbeinschnitzerei einerseits und den Reliefs der Erztüren andererseits. Wohl gibt es eine generelle Verwandtschaft, Elfenbeintafeln beispielsweise als ikonographische Quellen oder als Vorlage für den Reliefstil, auch eine allgemeine stilgeschichtliche Vergleichbarkeit. Es fehlt in der plastischen Form der Bronzen in der Regel an Feinheit und Schärfe der Einzelheiten, so daß man sich kaum Goldschmiede oder Elfenbeinschnitzer direkt als Modelleure in der Gußwerkstatt vorstellen kann. Die Ausnahme unter den Türen – und allein von diesem Bereich der Bronzeplastik ist ja hier die Rede – sind die Gußwerke des Barisanus von Trani. Das feine Relief der Figuren und der Ornamentik läßt tatsächlich an die Beteiligung eines Goldschmiedes denken. Normalerweise jedoch war das Gußmodell als plastische Arbeit schlichter. Es hat den Anschein, als ob die für den Guß arbeitenden Modelleure zumeist stärker durch handwerksspezifische Besonderheiten geprägt waren, daß sie im engen Kontakt zur Werkstatt standen, wohl zumeist dazu gehörten.

Die Bronzeplastik hat gegenüber der gleichzeitigen Skulptur ihre eigenen Gesetze. Von der plastischen Form her ist sie oftmals vereinfacht, derber, urwüchsig erscheinend – wie im Extrem bei den frühen Teilen der Veroneser Tür. Eingeschlossen waren in dieser spezifischen Formensprache zugleich die Möglichkeiten einer ganz individuellen Ausdruckskraft und unorthodoxer Bildformulierungen. Schlichtheit und Naivität, auch die oft bewahrt gebliebene Handschrift des Modellierens in Wachs machen den besonderen Reiz dieser Schöpfungen aus.

Hier soll indessen nicht der Eindruck erweckt werden, als sei die mittelalterliche Bronzeplastik und damit auch die Bildkunst der Kirchentüren vor allem eine ins Kunsthandwerkliche abgestiegene, sozusagen volkstümliche Version der sogenannten hohen Kunst. Vielmehr sind gerade in der Werkgruppe der mittelalterlichen Erztüren ein Bilderreichtum und eine plastische Formenvielfalt geschaffen worden, die als Bestandteil der mittelalterlichen Plastik deren Erscheinungsbild ganz wesentlich bereichern.

Der Bildinhalt

Eine im wesentlichen einheitliche Thematik bestimmt die bronzegegossenen Bilderwände der Kirchentüren; es ist die Erlösungsverheißung des Neuen Testaments – Menschwerdung, Kreuzopfer und Auferstehung Christi. Grundlage bildet die Architektur- und speziell die Türsymbolik des mittelalterlichen Kirchenbaus. Das Gebäude selbst galt als das Haus und Reich Gottes in einem ganz konkreten Sinn, als irdisches Abbild des himmlischen Jerusalem, als Gottesstadt, als himmlisches Paradies. Die Erlangung des Paradieses, die ersehnte Erlösung der Gläubigen wurde im Betreten des Kirchenraumes gleichsam vorweggenommen. Die Mauern, Türme und Türen schlossen diese Gottesstadt nach außen hin ab, dabei waren die Türen die Grenze, die Einlaß boten oder verwehrten. Dieses Einlaßgewähren der Kirchentür, die Kirchentür selbst, wurde mit der Person Christi gleichgesetzt. Denn er allein bestimmt beim Jüngsten Gericht, wer die Pforte zum himmlischen Paradies durchschreiten darf, wem Erlösung zuteil wird, da er als Opfer für die sündige Menschheit am Kreuz gestorben ist und dadurch den Weg für die Erlösung frei gemacht hat. Die Identifikation Christi mit der Kirchentür geschah in Berufung auf den Evangelientext: Ich bin die Tür, so jemand durch mich eingehet, der wird selig werden, und wird ein- und ausgehen und Weide finden (Johannes 10,9).

Diese Vorstellungen waren im hohen Mittelalter nicht gelehrte theologische Spekulation, sondern verbreitetes, auf einer langen Tradition biblischer Auslegung seit frühchristlicher Zeit beruhendes Gedankengut; es drückte sich ganz konkret auch in Bauform und Ausstattung des Kirchenbaus aus, nahm Gestalt an in Skulpturenschmuck und Inschriften der Portale und ebenso in den bildlichen Darstellungen der Kirchentüren. Wir dürfen davon ausgehen, daß diese Zusammenhänge zur Entstehungszeit der mittelalterlichen Erztüren dem einzelnen Gläubigen bewußt waren, wenn er die Türen durchschritt und deren Darstellungen betrachtete.

Die bildliche Formulierung der christlichen Erlösungsverheißung, das Bildprogramm der Tür, kommt in unterschiedlicher Ausprägung vor: als umfangreicher Zyklus oder in komprimierter Form, mit erzählenden Darstellungen oder mit Bildsymbolen. Bei der Beschreibung der Türen ist darauf im einzelnen eingegangen. Das Wirken Christi als das zentrale Thema erscheint in ausführlichster Bilderzählung auf der Domtür von Benevent, reduziert auf wenige Darstellungen bei Barisanus auf seinen Türen in Ravello, Trani und Monreale und schließlich konzentriert allein auf das Lebensbaumkreuz als Erlösungssymbol auf der Westtür in Tróia. Auf den Barisanus-Türen bildet die
Majestas Domini, die Darstellung Christi in seiner 143
Herrlichkeit, den bildlichen Höhepunkt ganz oben auf den Türflügeln; im aufgeschlagenen Buch Christi ist der Textbeginn einer weiteren für die mittelalterliche Türsymbolik bezeichnenden Bibelstelle zu lesen: Ich bin der Weg und die Wahrheit und das Leben; niemand kommt zum Vater, denn durch mich (Johannes 14,6). Repräsentationsdarstellungen Christi gleichsam als Schlußakkord des Bildprogramms gibt es auch auf anderen Türen, ebenfalls als oberer Abschluß der Türflügel und dort in der Größe noch zusätzlich
herausgehoben (Novgorod, Pisa, Monreale West). 101, 184,
Durch die Inschrift der verlorenen Tür Abt Sugers für 204, 205

Saint-Denis wissen wir auch, daß im leuchtenden
Metall des vergoldeten Erzes – zusätzlich zu den
bildlichen Darstellungen der Tür – eine besondere Art
der Vergegenwärtigung Christi gesehen wurde.

Auf die Person Christi sind alle Darstellungen der
Kirchentür bezogen, die neutestamentlichen Bildzy-
klen, deren Ergänzungen aus dem Alten Testament mit
Gegenüberstellung von Sündenfall und Erlösung und
mit Ereignissen und Personen, die auf das Wirken
Christi vorausweisen, weiterhin allegorische und sym-
bolische Darstellungen mit der Konfrontation von Gut
und Böse, schließlich die Darstellungen von Aposteln
und Heiligen. Diese Themenbereiche kommen in
unterschiedlicher Weise kombiniert auf den einzelnen
Türen vor; vielfältig und komplex sind die Bildpro-
gramme vor allem auf den Türen von Verona und
Novgorod, auch auf der Westtür von Monreale.

Eine ikonographische Besonderheit ist die Gnese-
ner Tür mit der Legende des hl. Adalbert, also des
Kirchenpatrons des dortigen Domes. Von eigenem
Charakter sind ebenfalls die Südtür des Domes in Tróia
mit dem kirchenpolitischen Programm ihres Bischofs
und die Mausoleumstür in Canosa. Diese dient anschei-
nend der Verherrlichung des dort bestatteten Fürsten.
Von bildgeschmückten Türen des Altertums, und zwar
sowohl von Palast- als auch von Tempeltüren ist
bekannt, daß bevorzugt der jeweilige Herrscher oder
Gott auf den Türflügeln dargestellt war. In dieser
Tradition ist die Mausoleumstür zu sehen, in derselben
Tradition befindet sich auch das auf Christus bezogene
Bildprogramm der mittelalterlichen Kirchentüren.

Als Bestandteil des Bildinhalts haben auch die
Türzieher zu gelten. Sie sind nicht etwa lediglich
Gebrauchsgerät zum Bewegen der Türflügel oder gar
zum Klopfen, auch kein dekoratives Element, selbst
nicht in der auf italienischen Türen häufigen Vielzahl
der Exemplare. Der Gebrauchswert ist sogar erheblich
eingeschränkt. Zum Klopfen wäre auf der Tür eigent-
lich ein Widerlager erforderlich, zum Ziehen sind die
Appliken zumindest im Falle der schweren massiv
gegossenen Bronzetüren nicht zweckmäßig. Diese frü-
her als Türklopfer, heute besser als Türzieher bezeich-
neten Bestandteile, die im Mittelalter nicht nur auf
Bronzetüren, sondern zahlreich auch als isolierte ge-
gossene Beschläge von Holztüren vorkamen, sind als
Bildsymbol zu verstehen. Ihre Bedeutung ist allerdings
nicht einfach zu erschließen, sie scheint sogar recht
vielschichtig zu sein. Die geläufigste Form ist der
Löwenkopf mit Ring; so kommen die Türzieher auch
auf den Bronzetüren vor, mit Ausnahme der Paare
57 Löwenkopf/Menschenkopf in Verona und Löwen-
209 kopf/Greifenkopf in Benevent. Der Löwe ist innerhalb
der christlichen Tiersymbolik doppeldeutig. Er kann
einerseits positive Bedeutung haben, kann sogar Chri-
stus-Symbol sein, wofür es als Beleg vor allem einen
Türzieher des 12. Jahrhunderts in Dietkirchen gibt:
hier sind um den Löwenkopf die Evangelistensymbole
angeordnet. Der Löwenkopf-Türzieher in der Bedeu-
tung als Christus-Symbol hat auf der Kirchentür einen
sinnvollen Platz. Andererseits kann der Löwe auch
negative Bedeutung haben, was für das Löwenkopf-
Paar auf der Novgoroder Bronzetür zutrifft. Hier 120
stecken Menschenköpfchen im Löwenrachen, der da-
mit als Höllenrachen gekennzeichnet ist. Als Drachen
mit eindeutig negativer Bedeutung sind die beiden
prachtvoll gebildeten und als Türbeschläge einmaligen
Tiere auf der Westtür in Tróia einzuordnen; diese sind 48, 49
sogar als Klopfer eingerichtet. Möglich ist auch, daß
Türzieher-Paare eine Gegenüberstellung von Symbo-
len positiver und negativer Bedeutung zum Ausdruck
bringen sollen, vergleichbar der mehrfach auf Türen
dargestellten Konfrontation von Gut und Böse. Das
Türzieher-Paar auf der Tür von San Zeno in Verona
könnte so zu deuten sein. Es ist schwierig im Einzelfall,
den Sinn genau zu fassen, wenn keine zusätzlichen
bildlichen oder inschriftlichen Elemente als Hilfe zur
Verfügung stehen. Die Lebensbaum-Motive, die um 136
die Löwenköpfe der Türen des Barisanus gruppiert
sind, möchte man als Indizien für deren Deutung als
Symbol Christi sehen. Zusätzlich mögen bestimmte
Bedeutungskomponenten immer eine Rolle gespielt
haben, so der Löwenkopf als Rechtssymbol und der
Löwenkopf als Apotropaion. In apotropäischer Bedeu-
tung gehörte er zur Ausstattung der Tür im Altertum.
Als übelabwehrendes Zeichen schützte er den Eingang
vor dem Eindringen von Feinden; er war somit Symbol
für die Stärke und Festigkeit der Tür. In der Vielzahl
von Löwenmasken auf italienischen und auch auf 45, 51
byzantinischen Türen hat man einen Hinweis darauf, Abb. 28
daß die Vorstellung von der apotropäischen Wirksam-
keit dieses Bildsymbols auch im Mittelalter noch eine
gewisse Gültigkeit hatte. Dies erscheint zunächst be-
fremdlich, ist aber im Zusammenhang zu sehen mit
weiteren Schutz- und Wächtermotiven im Bild-
schmuck der Bronzetüren, so den Reiterheiligen und 150–153
den Kämpfer-Darstellungen auf den Türen des Bari-
sanus und den ganzfigurigen Löwen und Greifen über 190, 191
der Türschwelle der Westtür in Monreale. Auch aus der
Portalskulptur sind Darstellungen dieses Inhalts ja
geläufig, gerade auch in Gestalt von Reitern und
Tieren. Bestandteile der Bronzetüren mit diesem Be-
deutungsgehalt fügen sich ein in die Vorstellung von
der Kirchentür als dem Eingang der befestigten Him-
melsstadt.

Antike und frühchristliche Tradition

Aus römischer Bautradition gelangte die Erztür ins Kirchenportal, früh mit dem Namen der Päpste als Stifter verbunden, vor allem als Ausstattung der Peterskirche, aber auch der Bauten auf dem Lateran. Papst Hilarius (461–468) stiftete ein Erztüren-Paar für das Laterans-Baptisterium, für die beiden Kapellen San Giovanni Battista und San Giovanni Evangelista. Nur
Abb. 1 die erstgenannte der Türen ist erhalten. Sie ist massiv gegossen und zeigt jeden der beiden Flügel mit zwei übereinander liegenden Füllungen von unterschiedlicher Höhe. Die oberen, die niedriger sind, enthalten in Nachahmung von Gittertüren ein reliefiertes Schuppenmuster mit kleinen in Silber eingelegten Kreuzen. Jeweils ein größeres Kreuz, dessen Silbereinlage verloren ist, befindet sich auch in den unteren, sonst glatten Feldern. Durch die Stifterinschrift, auch diese silbertauschiert, und durch Nennung im Liber Pontificalis sind wir über die Stiftung durch Papst Hilarius unterrichtet. In ihrer Form folgt die Tür dem Typus der bilderlosen antiken Tür, wie sie z. B. in einem Exemplar im Eingang des sogenannten Romulus-Tempels, eines Rundbaues auf dem Forum Romanum, erhalten ist. Die Hilarius-Tür ist allerdings nicht mehr bilderlos; das vielfach auftretende Kreuzsymbol weist auf die Person Christi hin. Große Kreuzappliken von ganzer Höhe der Türfelder bilden die Ausstattung dreier Bronzetüren der Hagia Sophia in Konstantinopel, die sonst in ihrer Gliederung dem gleichen Tür-Typus folgen. Sie gehören in die Bauzeit der Kirche unter Kaiser Justinian (527–565).

Die Hilarius-Tür hat mehr als ein halbes Jahrtausend später eine Nachahmung gefunden. Anstelle der verlorenen zweiten Tür befindet sich im Eingang der Cappella San Giovanni Evangelista eine Bronzetür mit Abb. 2
Signatur der Meister Umbertus und Petrus aus Piacenza. Sie ist ebenfalls massiv gegossen, Größe und

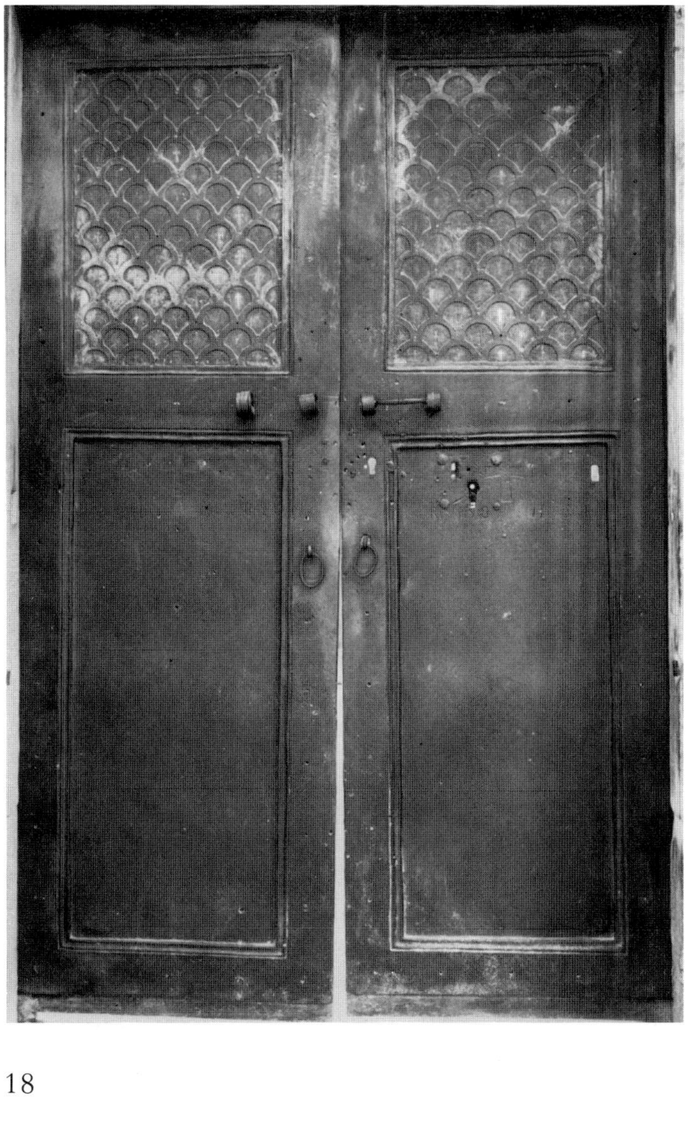

1 Rom, Bronzetür im Lateransbaptisterium, Cappella S. Giovanni Bapt. Stiftung des Papstes Hilarius (461–468)

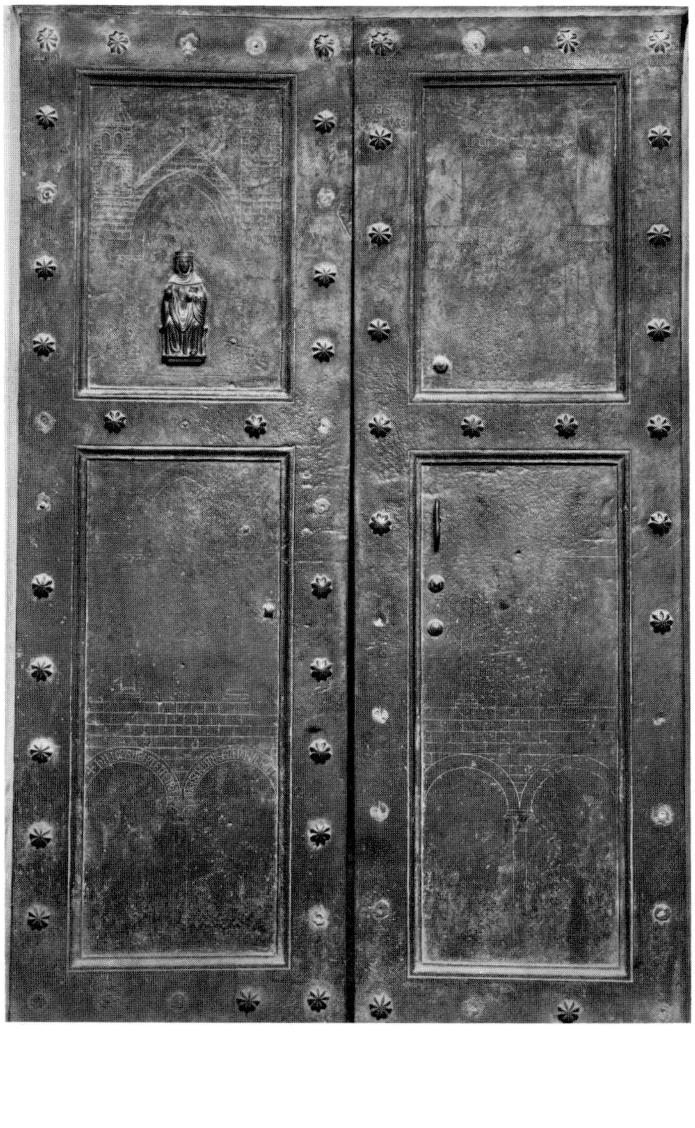

2 Rom, Bronzetür im Lateransbaptisterium, Cappella S. Giovanni Ev. Umbertus und Petrus von Piacenza, 1195/96

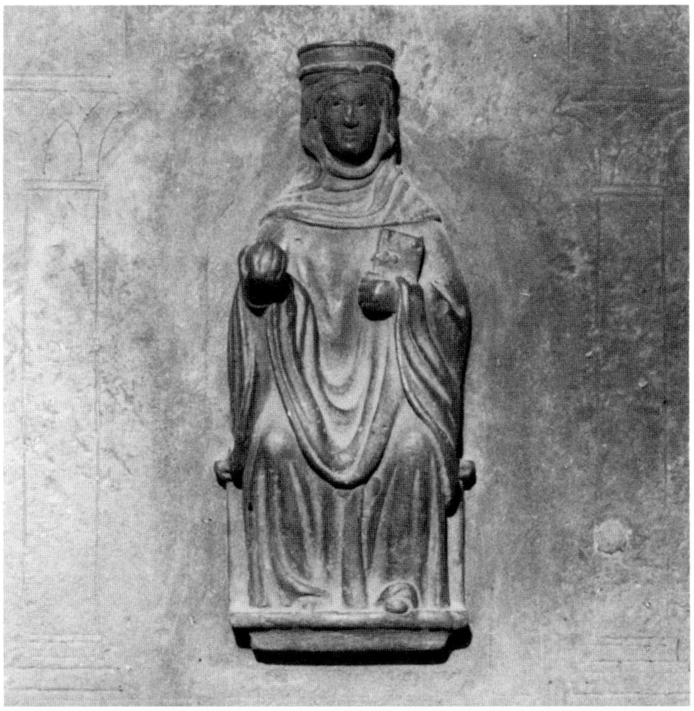

3 Figur der Ecclesia auf der Bronzetür im Lateransbaptisterium, 1195/96 (vgl. Abb. 2)

Gliederung stimmen mit der Hilarius-Tür überein, die Türfüllungen und das Rahmenwerk sind jedoch reicher ausgestattet. Rosetten in dichter Folge bilden die Appliken der Rahmenleisten, die eingetieften Felder sind mit fein gravierten und mit Niello ausgefüllten Architekturdarstellungen versehen. Diese zeigen sich in den beiden unteren Feldern zweigeschossig, mit einer Doppelarkade und einem Portikus darüber. In den beiden oberen Feldern befindet sich ein Portikus, der auf dem rechten Türflügel in Art eines Stadttores zinnenbekrönt und mit Türmen versehen ist, auf dem linken Flügel mit einem Giebel und seitlichen Türmen in Art einer Kirchenfassade. Diesem Feld ist außerdem
Abb. 3 die plastische Figur einer sitzenden Frauengestalt appliziert, die als Ecclesia, als Personifikation der Kirche zu deuten ist. Sie ist thronend und gekrönt dargestellt und mit einem Buch und einer Kugel in Händen. Auch die kirchenartige Baugestalt, in deren Zentrum sie sich befindet, ist als Symbol der christlichen Kirche zu verstehen. Das profane Stadttormotiv weist auf die Bedeutung des mittelalterlichen Kirchenbaus als Gottesstadt hin, als himmlisches Jerusalem.

Die Tür besitzt außer der Signatur auch eine Stifterinschrift und geht demnach auf Kardinal Cencio Savelli zurück, den späteren Papst Honorius III. (1216–1227); durch Angabe der päpstlichen Amtsjahre seines Vorgängers ist sie auf 1195/1196 datiert. Eine zweite sehr ähnliche Tür befindet sich im östlichen Kreuzgangflügel der Lateransbasilika. Sie ist ohne bildlichen Schmuck, etwas höher und ebenfalls mit Signatur und Stifterinschrift versehen. Meister und Stifter sind dieselben, als Datum ist das Jahr 1196 angegeben. Das ausgehende 12. Jahrhundert ist in Italien die Zeit der bilderreichen, reliefierten Türen aus den Werkstätten des Barisanus, des Bonanus und der Meister von Benevent. In Rom entstand in bewußtem Rückgriff auf die lokale frühchristliche Tradition diese Bronzetür in einer sonst nicht mehr üblichen Form. Neben der Hilarius-Tür war dafür sicherlich die damals noch vorhandene Bronzetür-Ausstattung der alten Peterskirche von Bedeutung. Die Tradition der bilderlosen antiken Tür lebt nördlich der Alpen in Aachen
fort, mit den frühesten mittelalterlichen Bronzetüren. 1–5

Ein weiterer antiker und frühchristlicher Türen-Typus ist weit ins Hochmittelalter hinein zu verfolgen: die Transennen-Tür, deren Türflügel aus Gitterwerk bestehen, also durchbrochen sind. Ein zartgliedriges Bronzegitter von über vier Metern Höhe – wohl aus dem 6. Jahrhundert – ist in Venedig um oder vor 1200 wiederverwandt worden als Haupttür der Markuskirche. Es befindet sich im mittleren und in seiner Größe betonten Außenportal des Narthex. Die Gitterstruktur zeigt das gleiche Schuppenmuster wie der obere Teil der Hilarius-Tür in Rom. Nicht als Gitter fand es jedoch Aufstellung, sondern es wurde einer mit Bronzeplatten verkleideten massiven Holztür aufgelegt und zusätzlich mit Rahmenelementen und mit Rosetten versehen. Eindrucksvoll ist die große Zahl der in einer Reihe über beide Türflügel reichenden Türzieher. Es sind insgesamt zehn Exemplare, dicht aneinandergereihte Bestienköpfe, die wohl noch ins 12. Jahrhundert weisen. Eine Ausnahme bildet der in seiner schönen Form abweichende Kopf auf der Türschlußleiste des linken Flügels; er stellt eine Ergänzung dar und ist um 1230 in Deutschland, vielleicht in Sachsen entstanden. Diese alte Gittertür ist um 1300 nachgeahmt worden für die drei übrigen Außenportale des Narthex von San
Marco. Sie zeigen das gleiche Schuppenmuster und Abb. 5
sind hier nun, dem ursprünglichen Charakter entsprechend, als wirkliche Transennen, also ohne Rückwand aufgestellt worden. Eine der Türen trägt Signatur und Datum, nennt die Jahreszahl 1300 und den Venezianer Goldschmied Magister Bertucius. Im Gegensatz zum alten Gitter hat er die Türen anders gegliedert, hat durch ein Rahmenwerkkreuz vier Kompartimente gebildet. Auf den Rahmenleisten befinden sich im Wechsel plastische Rosetten und Heiligenbüsten byzantinischen Charakters, auf einer der Türen auch antike Motive, nämlich weibliche Köpfe und Figuren mit Füllhörnern. Diese plastischen Rahmenwerkmotive sind nicht nachträglich aufgesetzt, sondern mitgegos-

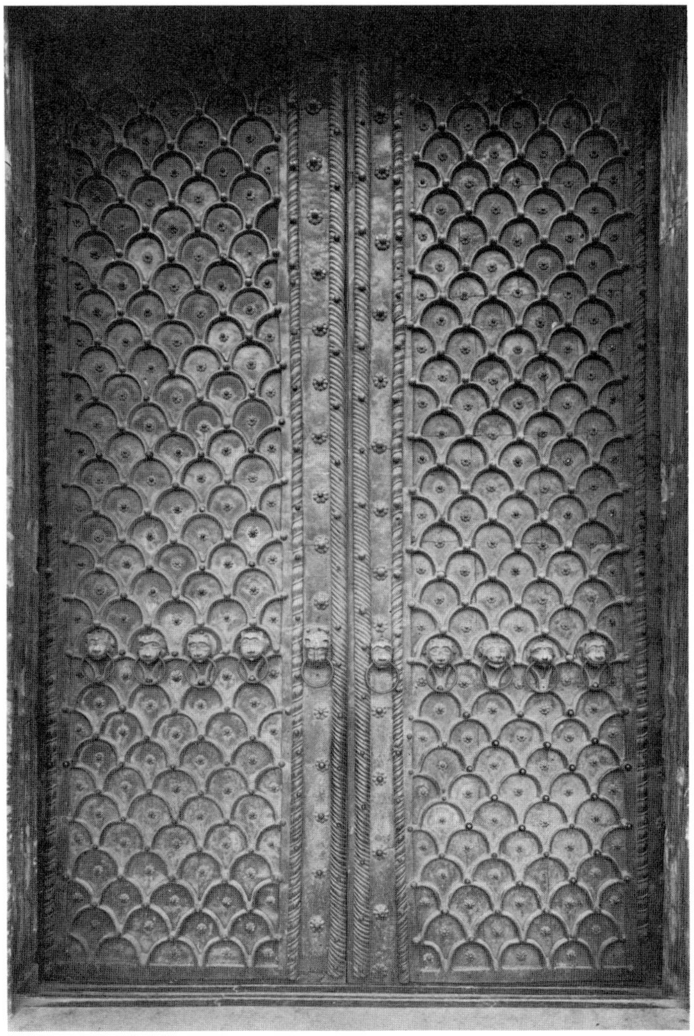

4 Venedig, San Marco: Bronzetür im mittleren Narthexportal (außen). 12. Jh., mit einem Gitter des 6. Jh.

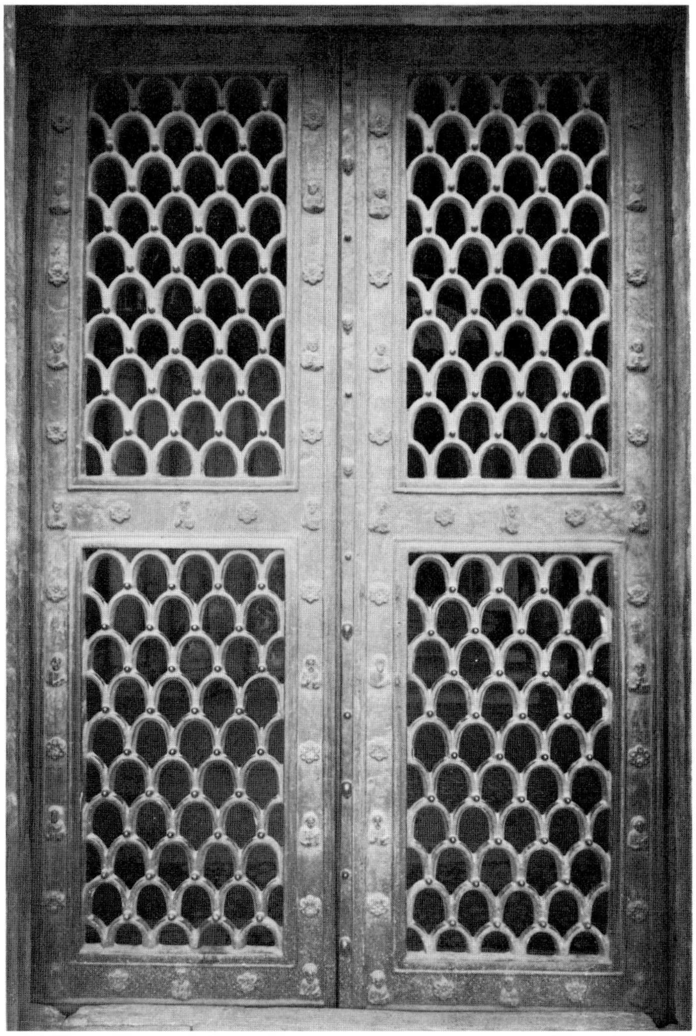

5 Venedig, San Marco: Bronzetür von einem der äußeren Narthexportale (2. Portal von links). Meister Bertucius, 1300

sen. Die Türen sind massiv, jeder Flügel ein Gußstück. Es war ganz offenbar lokale Tradition, das Vorhandensein der ehrwürdigen Gittertür, die in Venedig diese Türform zu dem späten Zeitpunkt veranlaßt hat.

Für den im Mittelalter wichtigsten Typus der Bronzetür, die vielfach untergliederte und reliefierte Bilderwand, besitzen wir weder aus römischer noch aus frühchristlicher Zeit einen erzgegossenen Vorgänger, wenngleich es solche sicherlich gegeben hat. Unsere Kenntnisse früher plastischer Kunstwerke unter den Kirchentüren beschränkt sich auf Exemplare aus anderen Materialien. Aus dem späten 4. Jahrhundert stammt die Holztür von San Ambrogio in Mailand, die in Bildfeldern von wechselnder Größe einen David-Zyklus enthält, der alttestamentliche David dabei in seiner Bedeutung als Vorläufer Christi. Die Holztür von Santa Sabina in Rom zeigt alt- und neutestamentliche Szenen und ist deshalb ikonographisch als Vorgänger für die auf mittelalterlichen Türen häufige thematische Gegenüberstellung beider Bereiche von besonderem Interesse. Sie ist um 430 entstanden. Eine Marmor-Scheintür des 6. Jahrhunderts in der Kariye Camii in Konstantinopel, die als Nachbildung wirklicher Türen zu verstehen ist, zeugt weiterhin für das frühe Vorkommen plastischer Christus-Zyklen auf Türflügeln. Ihre abgeschlagenen, nur in Fragmenten erhaltenen Reliefdarstellungen lassen erkennen, daß auf dem einen Flügel die Jugendgeschichte, auf dem anderen die Passion Christi dargestellt war. Als erste mittelalterliche Erztür mit einem Reliefzyklus entstand um 1015 die
Bernwardstür in Hildesheim, mit einem alt- und einem 9
neutestamentlichen Türflügel. Die wenig später, um 1050 in Köln geschnitzte Holztür von St. Maria im Kapitol ist ein wichtiges Zeugnis für die Kraft der Tradition. Ihre Gliederung mit verschieden großen Bildfeldern, die Form des Rahmenwerks und der Bildinhalt mit der Lebensgeschichte Christi steht einerseits in Verbindung zu den frühchristlichen Denkmälern und weist andererseits vorauf bis zu den spätromanischen Kirchentüren.

Aachen
Die Türen der Pfalzkapelle Karls des Großen

Die Pfalzkapelle Karls des Großen, die als Kernbau des Aachener Domes erhalten ist, wurde von den Zeitgenossen als Wunder gerühmt, als neuer Tempel Salomos. Dieser, mit dem ganzen Reichtum seiner Ausstattung ausführlich im Bibeltext geschildert, besaß mit Gold verkleidete Türen (1. Buch der Könige 6, 32; 2. Buch der Chronica 3, 7). Gold-ähnlich muß die Wirkung der Türen gewesen sein, die die Aachener Pfalzkapelle
Abb. 6 erhielt, in massiver Bronze gegossene Türflügel für alle
1, 2 fünf Eingänge: für das große Hauptportal im Westen
3–5 und die vier Nebenportale im Norden und Süden. Die Gußwerke zählen zum Kostbarsten ihrer Ausstattung. Die einzigartige Gestalt der Pfalzkapelle, die den Höhepunkt der Kirchenbaukunst im fränkischen Reich bildet, ist durch antikes und frühchristliches Erbe geprägt; sie folgt in Architektur und Ausstattung bestimmten Traditionen aus Rom, Byzanz und Ravenna. Eine solche Rückbesinnung war nicht allein durch künstlerische Interessen bedingt; sie war hier in Aachen vor allem Ausdruck eines ganz bewußten Machtanspruchs. Der fränkische Herrscher Karl trat das Erbe des römischen Imperiums an, als er zu Weihnachten des Jahres 800 in Rom durch Papst Leo III. zum Kaiser gekrönt wurde. Zu diesem Zeitpunkt war die Kapelle in der Pfalz zu Aachen, jener mächtige überkuppelte Zentralbau, anscheinend weitgehend fertiggestellt.

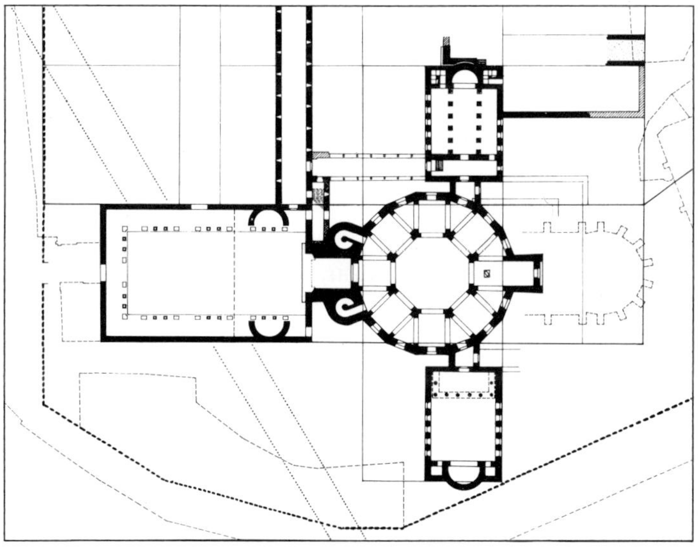

6 Die Pfalzkapelle Karls des Großen in Aachen mit Atrium und seitlichen Annexbauten. Rekonstruktion nach L. Hugot

Der christliche Kirchenbau hatte aus der Antike die Bronzetür als besonders prächtige Portalausstattung übernommen. Sie blieb ihres hohen Aufwandes wegen immer ein seltenes Objekt, wenigen Bauten und wenigen Stiftern vorbehalten. Das gilt auch für die Zeit, in der die Türen der Aachener Pfalzkapelle entstanden. Ein Blick auf die wenigen erhaltenen Exemplare und die zusätzlichen Nachrichten von verlorenen Türen aus dem 8. und 9. Jahrhundert mag das verdeutlichen.

Alt-St.-Peter in Rom, bereits aus frühchristlicher Zeit mit mehreren Erztüren ausgestattet, erhielt durch Papst Hadrian I. (772–795) damals eine weitere Tür für eines der Portale im Atrium; sie stammte aus Perugia und wird als antike Arbeit vermutet, die hier Wiederverwendung fand.[1] Diese Tür ist nicht erhalten. In Konstantinopel wurde die Hagia Sophia kurz vor der Mitte des 9. Jahrhunderts mit einer besonders reich ornamentierten Tür geschmückt, zusätzlich zu den bereits vorhandenen Erztüren aus der Bauzeit unter Justinian. Als kaiserliche Stiftung trägt sie die Namen des letzten ikonoklastischen Kaisers Theophilos (829–842), der Kaiserin Theodora und ihres Sohnes Michael (geboren 838, als Kaiser Michael III. 842–867) und ist demnach um 840 entstanden.[2] Karl der Große läßt sich in Mainz mit einer Tür aus römischer Zeit in Zusam-
menhang bringen; ihr linker Flügel wurde 1845 auf der Abb. 7
Albansschanze in Mainz ausgegraben.[3] Diese ursprünglich zweiflügelige Tür, die aus unterschiedlichen Formen von Gitterwerk mit einer zarten Kymation-Rahmung besteht, ist in die Zeit um 40–70 n. Chr. zu datieren. Ihr Fundplatz befand sich im Bereich des ehemals bedeutenden, im 17. Jahrhundert untergegangenen Benediktinerklosters St. Alban, das eine der größten karolingischen Kirchen besaß. Bau und Aus-

stattung erfolgten hier unter persönlicher Anteilnahme Karls des Großen, dessen Gemahlin Fastrada 794 dort bestattet wurde. Es ist durchaus möglich, daß die antike Bronzetür in sekundärer Verwendung zur Ausstattung des Albansklosters gehört hat, von der schriftliche Quellen eine »porta aurea« und eine »speciosa porta templi« nennen.

Eine andere Bronzetür, ein zeitgenössisches Werk, das Karl bekannt gewesen sein wird, ist verloren und nur aus späteren Schriftquellen zu fassen. Sie bildete den Haupteingang des karolingischen Kirchenbaues von Saint-Denis, der 745 unter Karls Vater Pippin begonnen und 775 durch Karl vollendet wurde. Saint-Denis war als Königsabtei mit dem Herrscherhaus besonders verbunden, Abt Fulrad hatte zudem bis zu seinem Tode 784 das hohe Amt des Vorstehers der Hofkapelle inne. Die zweiflügelige Tür besaß figürliche Reliefs mit den namentlich bezeichneten Darstellungen des hl. Dionysius und des Stifters, des Mönches Airardus. Ein Träger dieses seltenen Namens ist aus den »Miracula Sancti Dionysii« durch eine wunderbare Errettung bei einem Bauunfall zum Zeitpunkt der Vollendung der Kirche bekannt; er scheint einer der maßgeblich am Bau beteiligten Meister gewesen zu

7 Römische Bronzetür, um 40–70 n. Chr. Fund von der Albansschanze in Mainz. Rekonstruktion nach F. J. Hassel. (Der linke Flügel befindet sich im Städtischen Museum Wiesbaden)

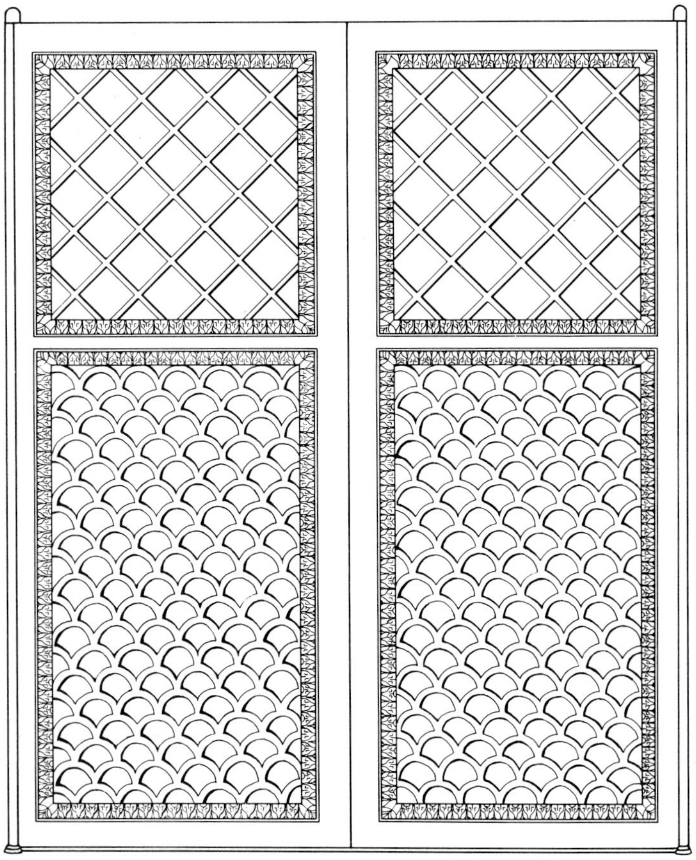

sein. Die Stiftung der kostbaren, dem Titelheiligen der Kirche dargebrachten Tür mag mit diesem Geschehen in Zusammenhang stehen. Fast drei Jahrhunderte später galt dieses Gußwerk noch so viel, daß es von Abt Suger für seinen Kirchenneubau übernommen wurde (Weihe 1140) als nördliches Nebenportal der Westfassade, während die Türen für das Mittelportal und das südliche Nebenportal damals neu gegossen wurden. Alle drei Bronzetüren gingen 1794 verloren.[4]

Ein Schriftzeugnis von einer kostbaren Portalausstattung der Karolingerzeit enthält das Lobgedicht des Ermoldus Nigellus auf Kaiser Ludwig den Frommen (826). Bei Beschreibung der kaiserlichen Pfalz Ingelheim heißt es: »Dort ist ein Tempel des heiligen Gottes, geschmückt mit Metallen, die Pfosten daran von Erz, aber die Türen von Gold«.[5] Allerdings muß angenommen werden, daß es sich hierbei eher um das Idealbild eines reich geschmückten Gotteshauses handelt als um eine echte Baubeschreibung. Eine eigentliche Pfalzkapelle hat es in Ingelheim nicht gegeben. Die diese Funktion mit erfüllende Kirche St. Remigius, nahe der Pfalz gelegen, scheint in Architektur und Ausstattung eher bescheiden gewesen zu sein.

Die Türen in Aachen haben seit ihrer Entstehung in besonderem Ansehen gestanden. In zeitgenössischen Äußerungen über die Pfalzkapelle als architektonische Schöpfung Karls des Großen werden von deren Ausstattung vor allem diese Türen und die ebenfalls bronzegegossenen Emporengitter hervorgehoben. So heißt es bei Einhard in der Lebensbeschreibung Karls: »... ac propter hoc plurimae pulchritudinis basilicam Aquisgrani exstruxit auroque et argento et luminaribus atque ex aere solido cancellis et ianuis adornavit« (... und deshalb erbaute er die wunderschöne Kirche in Aachen, die er mit Gold und Silber, mit Leuchtern und mit Gittern und Türen aus massivem Metall ausschmückte).[6]

Von den fünf Bronzetüren der karolingischen Abb. 6
Pfalzkapelle in Aachen bildet die große für das Hauptportal im Westen, die sogenannte Wolfstür, auch heute 1, 2
noch den Haupteingang, allerdings in etwas veränderter Position, innerhalb des barocken Westportals. Die vier kleinen Portale stellten die Verbindung her zu zwei Annexbauten, die im Norden und Süden, symmetrisch einander gegenüberliegend, an die Pfalzkapelle anschlossen. Diese Bauten, die ihrer Zweckbestimmung nach zum sakralen Bereich der Pfalz gehörten, besaßen zwei Geschosse und waren an den ebenfalls doppelgeschossigen Umgang der Pfalzkapelle so angegliedert, daß zwei gleichartige Portale jeweils in einer Achse übereinander lagen. Bis auf eine sind diese Portalöffnungen – und mit ihnen die Türen – erhalten geblieben,

zwischen dem Zentralbau und seinen spätgotischen Nebenkapellen. Auf der Nordseite stehen beide Bronzetüren am alten Platz, unten am Eingang zur Huber-
3, 4 tuskapelle, oben am Eingang zur Karlskapelle. Beide Türen sind als Außenportale der Pfalzkapelle zu verstehen, denn ihre mit Rahmenleisten und Löwenkopf-Appliken versehenen Schauseiten befinden sich – unzweifelhaft ursprünglich – jetzt innerhalb der gotischen Nebenkapellen, waren ehemals also den Annexbauten zugewandt. Auf der Südseite ist der Bestand weniger gut erhalten. Portal und Tür im Untergeschoß sind
5 verloren. Die der Annakapelle zugehörige Bronzetür im Obergeschoß ist im 18. Jahrhundert entfernt und seitdem mehrfach versetzt worden; sie soll jedoch an ihren alten Standort zurückkehren.

Aus dem ganzen Mittelalter ist uns kein weiterer Kirchenbau bekannt, der so umfassend wie die Aachener Pfalzkapelle mit Erztüren ausgestattet gewesen wäre. Abgesehen von dem beeindruckenden Gestaltungswillen, der diese formal einheitliche Gruppe von fünf großen Gußwerken veranlaßt hat, liegt das Außergewöhnliche der Aachener Portalaustattung ebenso in der technischen Leistung wie im materiellen Aufwand. Der Auftrag für die Gußwerkstatt ging sogar noch über die Türen hinaus; denn gleichzeitig mit ihnen entstanden auch jene acht monumentalen Bronzegitter, die im Inneren der Pfalzkapelle über den Hauptarkaden eine umlaufende Brüstung bilden. Der Reichtum dieses Kirchenbaues kam also insbesondere in den Bronzen zum Ausdruck, wie ihre mehrfache Erwähnung in den zeitgenössischen Quellen verdeutlicht.

Die Gliederung der Türen und ihre Ausstattung mit Löwenkopf-Türziehern folgt grundsätzlich antiken Vorbildern, wie auch die Einzelmotive der Rahmenleisten römisches Formengut wiedergeben und variieren. Obwohl bei der großen Westtür einerseits und bei den kleinen Türen andererseits unterschiedlich ausgeführt, gilt das für beide Lösungen. Dennoch bestehen wesentliche Unterschiede zu antiken Beispielen. Das betrifft bereits das Rahmengefüge: in Aachen einzeln gerahmte Felder mit einem äußeren Gesamtrahmen jedes Flügels, bei antiken Türen ein einheitliches Rahmengerüst aus sich kreuzenden Sprossen mit den dazwischen eingetieften Füllungen, die allenfalls schmale Eigenrahmungen besitzen. Ebensowenig lassen sich antike Beispiele nennen für die kleinteilige Flächengliederung der Wolfstür in gleichgroße Felder und für das auf dieser Tür harte Nebeneinander von flachen ornamentierten Leisten und stark eingetieften Füllungen. Auch die Abfolge der Ornamentmotive auf den Leisten sowohl bei der Wolfstür wie auch bei den kleinen Türen ist gegenüber antiken Vorbildern eigenwillig. Die Ver-

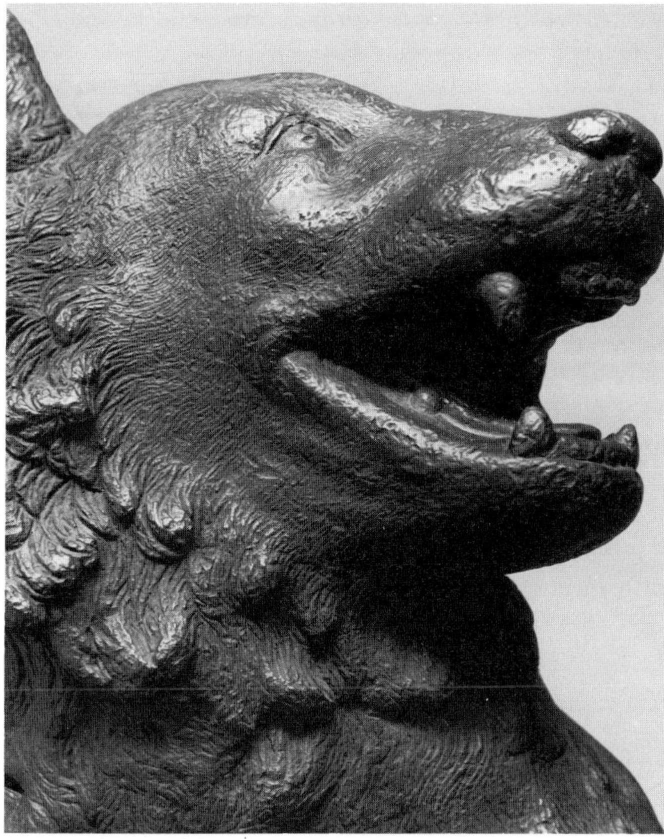

8 Römische Bärin, sogenannte Wölfin, ca. 150–200 n. Chr. Aachen, Dom-Vorhalle

arbeitung antiker Anregungen in den Aachener Gußwerken ist geistige und künstlerische Leistung im Umkreis des kaiserlichen Hofes zur Zeit Karls des Großen. Diese Türen sind keinesfalls wiederverwandte römische Bronzen, wie gelegentlich früher vermutet wurde.

Die Wolfstür könnte sogar ihrer kleinteiligen Kom- 1, 2
position und der graphischen Härte des Liniengerüsts wegen eher antikenfern genannt werden. Möglicherweise nahm man bei ihrer Formgebung jedoch Rücksicht auf den vorgesehenen Standort, auf die ungünstigen Lichtverhältnisse in der Tiefe der offenen Vorhalle. Als Bestandteil der alten Westfassade, von der wir uns allerdings nur durch Rekonstruktionen eine Vorstellung machen können, mag das vielgliedrige Bronzetor in der Rückwand der Vorhalle einen besonderen Akzent gebildet haben, für den die harten Konturen der Rahmungen wesentliche Voraussetzung gewesen sind. Im Gegensatz zum Gesamtgefüge dieser Tür sind ihre schönen Löwenköpfe außerordentlich eng an römischen Vorbildern orientiert. Es ist nicht undenkbar,
daß die römische Bronze-Bärin in der Münstervorhalle, Abb. 8
die sich vielleicht bereits seit karolingischer Zeit in Aachen befindet und anscheinend sogar namengebend für die »Wolfstür« war, als direktes Vorbild für deren

naturnah modellierte Tierköpfe gedient hat. Bei den
3–5 kleinen Türen sieht das Verhältnis zur Antike anders aus. Vom Gesamtgefüge her scheinen sie mit dem Wechsel unterschiedlich großer Kompartimente und mit den feinen Übergängen zwischen Rahmungen und Flächen dem antiken Formenkanon näher zu sein. Sie besitzen jedoch mit ihren flachen Löwenmasken das am stärksten stilisierte, typisch mittelalterliche Detail. Das Variieren antiker Elemente bezeugen auch die Gitter der Pfalzkapelle, die zusammen mit den Türen entstanden sind, hier noch vermischt mit Motiven fränkischer Herkunft. In der Aufnahme und Verarbeitung überkommenen Formengutes zeigt sich damit die Gußwerkstatt im Rahmen jener Stilprinzipien, die damals auch alle übrigen künstlerischen Bereiche in Aachen bestimmten.

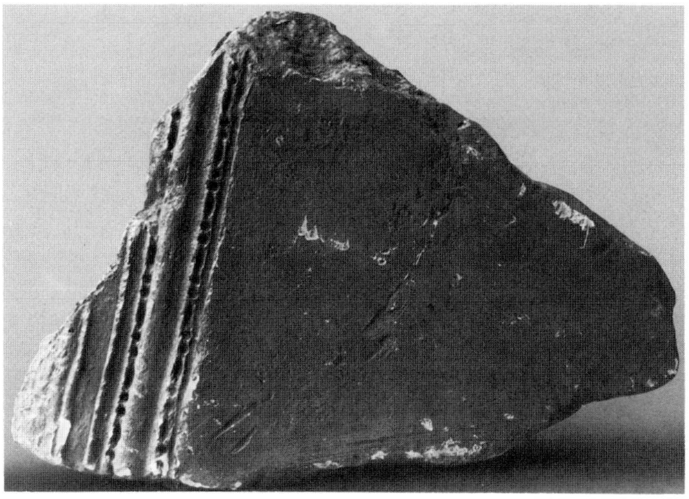

9 Gußform-Fragment. Fund vom Standort der Gußwerkstatt in Aachen, nördlich des Domes gelegen, im Katschhof. Ehemals Aachen, Dommuseum (Kriegsverlust)

Der Standort dieser Werkstatt in Aachen befand sich im unmittelbaren Bereich der Pfalz, nördlich zwischen Pfalzkapelle und Palastaula; ihre Spuren konnten 1911 ergraben werden. Reste eines Gußofens,
Abb. 9 Bronzeschlacken und ein Formstück mit Perlstableisten ähnlich denen der Türen werden jedenfalls mit gutem Grund mit den monumentalen Bronzen der Pfalzkapelle in Verbindung gebracht. Unbekannt ist die Herkunft dieser Werkstatt und ihrer maßgeblichen Kräfte, denn weder im fränkischen Reich noch in Italien – etwa in der Lombardei, wie vorgeschlagen[7] – sind vergleichbare Werke aus unmittelbar voraufgehender Zeit bekannt. Die an antiken Vorbildern orientierte Formgebung ist aus dem künstlerischen Klima am Hof in Aachen verständlich; für die Ausführung der großen und – zumindest was die Gitter betrifft – auch technisch komplizierten Gußwerke waren jedoch erfahrene Fachkräfte nötig. Wir wissen nicht, wo sie geschult wurden und welche Arbeiten sie vor jenem umfangreichen Auftrag in Aachen ausgeführt haben. Wir wissen ebensowenig, ob es sich um einen Werkstattverband gehandelt hat, der in im wesentlichen gleicher Zusammensetzung längere Zeit fortbestand und im Verlauf seiner Tätigkeit eine bestimmte Entwicklung durchlief, was eine Erklärung für die Verschiedenartigkeit der einzelnen Aachener Bronzen wäre. Vielleicht hat es aber auch mehrere bestimmende Meister nebeneinander oder nacheinander gegeben.

Das umfangreiche Ausstattungsprogramm hat die Gußwerkstatt sicherlich über viele Jahre beschäftigt, vermutlich seit Baubeginn nach 787 oder 794 bis zur Fertigstellung des Bauwerks um das Jahr 800. Für alle Bronzen, die Türen und die Gitter, ist eine chronologische Abfolge vorgeschlagen worden.[8] Dabei sind innerhalb eines zunehmenden Verständnisses für antike Formen und im Verlauf des sich entwickelnden Hofklassizismus die kleinen Türen um 796–798 datiert worden, die Wolfstür etwas später, um 800. Da in beiden Fällen jedoch sowohl antikenferne wie antikennahe Elemente vorhanden sind, ist eine solche zeitliche Abfolge nicht unbedingt zwingend. Die abweichenden Formulierungen könnten auch als gleichzeitiges Experimentieren mit unterschiedlichen Formvorlagen zu erklären sein oder mit der Beteiligung mehrerer Künstlerpersönlichkeiten.

Mainz
Die Tür des Erzbischofs Willigis

Auf die Türen der Aachener Pfalzkapelle beruft sich zwei Jahrhunderte später Erzbischof Willigis in Mainz (975–1011); nach der Inschrift auf der Bronzetür des Mainzer Domes war er der erste seit Karl dem Großen, der eine Erztür hat gießen lassen. Es gibt jedenfalls keinen hinreichenden Grund, diese Inschrift anders als auf die seit ihrer Entstehungszeit berühmten Aachener Bronzen zu beziehen.[9] Auch in Mainz handelte es sich um die Ausstattung für einen Bau von besonderer Bedeutung und architektonischem Rang: für den von Willigis in der Zeit von ca. 978 bis 1009 errichteten Dom-Neubau.

Willigis' Motivation für ein Anknüpfen an künstlerische und handwerkliche Leistungen unter Karl dem Großen erklärt sich aus seiner engen persönlichen Beziehung zum Kaiserhaus und aus den hohen Ämtern, die er innehatte. Nacheinander diente er seit 971 den drei Kaisern Otto I., Otto II. und Otto III. als Kanzler und Erzkanzler. Seit 975 war er als Erzbischof von Mainz der ranghöchste deutsche Kirchenfürst, mit dessen Amt die Königskrönung verknüpft war. Insbesondere in Zusammenhang mit dieser Krönungszeremonie ist sein ehrgeiziges Projekt des Dom-Neubaus zu verstehen. Begonnen bald nach seinem Amtsantritt, wurde dieser monumentale Bau durch Brand bereits am Tage seiner Weihe 1009 zerstört und neu geweiht erst unter Willigis' Nachfolger Bardo im Jahre 1039. Es wird allgemein angenommen, daß die Bronzetür zur Ausstattung des Willigis-Domes gehörte. Von dessen Portalen jedoch, auch etwa von einem besonderen Haupteingang, sind keine Einzelheiten bekannt. Bis 1804 befand sich die Tür in einem Portal der in unmittelbarer Nähe des Domes gelegenen, östlich vorgelagerten Liebfrauenkirche. Vorgänger dieses gotischen Baus war die zum Komplex des Willigis-Domes gehörende Vorkirche St. Maria ad Gradus (Mariengreden), die in Anlage und vermutlich auch in Funktion einem Vorbild bei Alt-St.-Peter in Rom folgte. Demnach wäre diese Vorkirche von besonderer Bedeutung gewesen als Empfangsstätte im Zusammenhang mit dem Krönungsritus der deutschen Könige. Als ursprünglicher Standort der Bronzetür ist jedenfalls auch dieser Komplex in Erwägung zu ziehen. Eine schriftliche Quelle von 1274 weist die Tür im baulichen Zusammenhang dieser »ecclesie sancte Marie ad Gradus« nach. Die Liebfrauenkirche wurde 1793 bei den Kämpfen um die französisch besetzte Stadt Mainz schwer beschädigt und anschließend, bis 1807, abgerissen. Ihre Tür jedoch wurde 1804 in den ebenfalls beschädigten, aber schrittweise wieder instandgesetzten Dom übernommen. Sie fand damals Aufstellung im Marktportal (um 1200), das überraschenderweise nicht nur der Größe nach, sondern sogar mit den vorhandenen Angeln zu den bronzegegossenen Flügeln paßte. Daraus wurde der naheliegende Schluß gezogen, Tür und Portal hätten bereits früher zusammengehört, die Tür sei also schon vor 1274 und somit wohl seit ihrem Entstehen am Dom selbst befindlich gewesen.

Der Mainzer Tür liegt ebenso wie den Türen in 7
Aachen das antike Gliederungssystem von Rahmen und Füllungen zugrunde, das jedoch – auch dies vergleichbar mit Aachen – nicht konsequent durchgeführt worden ist. Auch die Löwenkopf-Appliken fol- 6
gen antiker Tradition. An den Aachener Köpfen selbst 2, 3
zeigen sie sich nicht orientiert, sie gehen anscheinend direkt auf ältere Vorstufen zurück. Der Gesamteindruck in der Vorderansicht wird zwar wesentlich vom strengen Ornament des Mähnenkranzes und von den stilisierten Einzelheiten des Tiergesichts bestimmt und zeigt darin mittelalterliche Züge; die voluminöse plastische Form jedoch hat Naturnähe, Körperlichkeit und Ausdrucksstärke antiker Tierplastik zu einem guten Teil bewahrt. Das wird deutlich sichtbar erst in der Seitenansicht, die eine überraschende Verwandtschaft Abb. 10, 11
zu spätantiken Löwen zeigt. Die Polsterbildungen der Schnauze und die gekrauste Nase stehen hier glaubhaft in einem organischen Zusammenhang mit dem weit geöffneten Rachen, und die Faltung über den Augen ist Bestandteil der grimmigen Physiognomie. Plastizität und Lebendigkeit der Modellierung und die Intensität

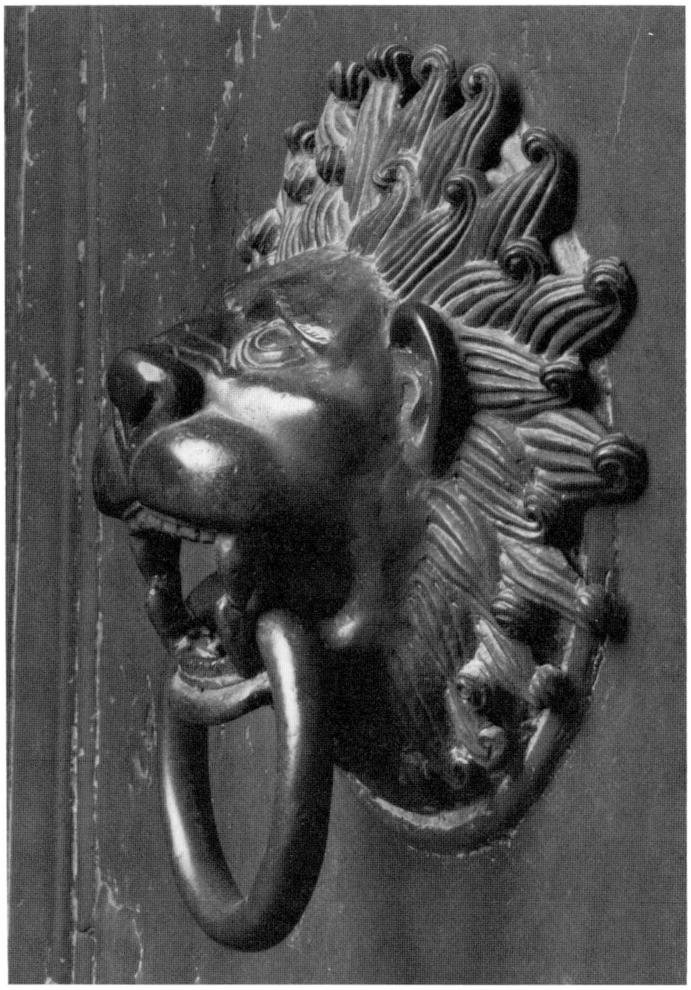

10 Mainz, Bronzetür im Marktportal des Domes: Löwenkopf-Türzieher des linken Flügels. Um 1000

des Ausdrucks sind bisher als Indizien für eine Entstehung um 1200 oder im beginnenden 13. Jahrhundert angenommen worden; die Löwenköpfe galten somit als spätere Ergänzungen der Tür. Tatsächlich jedoch gehören sie zum ursprünglichen Bestand. Mit den Tierköpfen der Zeit um 1200, die eine neugewonnene Naturnähe auszeichnet, haben die Mainzer Löwen nichts zu tun. Ihre Zugehörigkeit zur Tür zeigt sich auch in der fein aufeinander abgestimmten Anordnung der Masken und ihrer Rahmenmotive. Vergleicht man übrigens die außerordentlich naturfernen Löwenmas-
8 ken der Hildesheimer Tür, so scheint, daß jene trotz ihrer erheblich reduzierten Formen nach Vorbildern von der Art der Mainzer Köpfe modelliert worden sind, wenn nicht gar nach diesen selbst.

Erzbischof Willigis hat mehrmals im kaiserlichen Gefolge Italien besucht. Werke der spätantiken Kunst waren ihm hier zugänglich, und ebenso mögen die Bronzetüren von St. Peter in Rom – neben denen in Aachen – als Anregung für die Domtür in Mainz eine Rolle gespielt haben. Die Türinschrift, die Willigis als Stifter und den Meisternamen Berenger nennt, ebenso wie die Berufung auf Karl den Großen zeugen vom stolzen Bewußtsein, mit diesem Gußwerk eine bedeutende Leistung erbracht zu haben.[10]

Die Person des Meisters Berenger, vermutlich des Gießers, bleibt im Dunkeln. Etwa gleichzeitig, um das Jahr 1000, war ein gleichnamiger Goldschmied und Erzgießer im Kloster Tegernsee tätig; jedoch gibt es keine Indizien dafür, daß beide identisch sind. Vielleicht können wir den Mainzer Gießer Berenger oder einen anderen Mitarbeiter seiner Werkstatt fassen in zwei Bronzen, die mit der Mainzer Tür verwandt sind.
Das ist zum einen das Türzieherpaar vom Würzburger Abb. 12
Dom, das eine kleinteilige Variante der Mainzer Löwenmasken darstellt und wohl etwas später, um die Mitte des 11. Jahrhunderts, entstanden ist. Das andere Beispiel ist das Einzelstück eines Türziehers in der
Kirche von Dickschied (Untertaunuskreis, Hessen) aus Abb. 13
der Mitte oder der zweiten Hälfte des 11. Jahrhunderts, das zwar im Tierkopf wesentlich verändert, in der Anordnung der Mähnenzotteln jedoch den Mainzer Vorbildern erstaunlich nah ist.[11] Jeder dieser Köpfe bleibt in der Qualität der plastischen Form hinter den Mainzer Löwen zurück. Diese sind Meisterwerke der monumentalen Plastik, wie sie im Bildschmuck mittelalterlicher Bronzetüren selten anzutreffen sind.

Im 12. Jahrhundert gewann die Mainzer Tür eine zusätzliche Funktion: sie wurde zur monumentalen

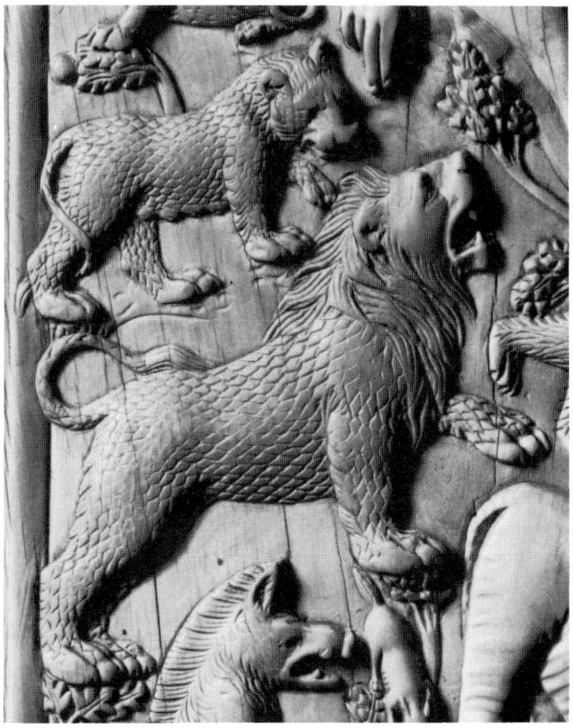

11 Löwen von einer Elfenbeintafel mit Adam im Paradies. Rom, um 430. Florenz, Museo Nazionale del Bargello

Urkunde. Damals ist der umfangreiche Text eingemeißelt worden, der die beiden oberen Türfelder fast vollständig ausfüllt. Erzbischof Adalbert I. (1111–1137) verlieh um 1119/22 den Bürgern der Stadt Mainz ein Privileg, das er im Jahre 1135 erneuert und bestätigt hat. Das Datum 1135 ist in der Türinschrift genannt, die Privilegbestätigung wird also der Anlaß für ihre Ausführung gewesen sein, als eine besondere, dauerhaft in Erz gegrabene Form der Veröffentlichung. Die Originalurkunde, ausgefertigt auf Pergament, hat die Zeiten tatsächlich nicht überdauert. Eine Urkundenabschrift von spätestens 1137 ist bereits als Kopie der Türinschrift zu erkennen, denn sie enthält deren Unregelmäßigkeiten. Damit wird die Arbeit an der Bronzetür zeitlich eingegrenzt auf etwa 1136/37.

Der historische Hintergrund für die Privilegienverleihung sind Auseinandersetzungen zwischen dem Erzbischof und Kaiser Heinrich V.; nicht lange nach der Übernahme des erzbischöflichen Amtes war es zum Bruch zwischen dem Kaiser und seinem vormaligen Kanzler gekommen, Adalbert wurde auf dem Trifels gefangengesetzt und kam erst 1115 durch den Einsatz der Bürger von Mainz wieder in Freiheit. Das Privileg ist somit als Gegenleistung des Erzbischofs zu verstehen. Inhaltlich zerfällt es in zwei Bestandteile: zum einen die Zusicherung, daß alleiniger Gerichtsstand für

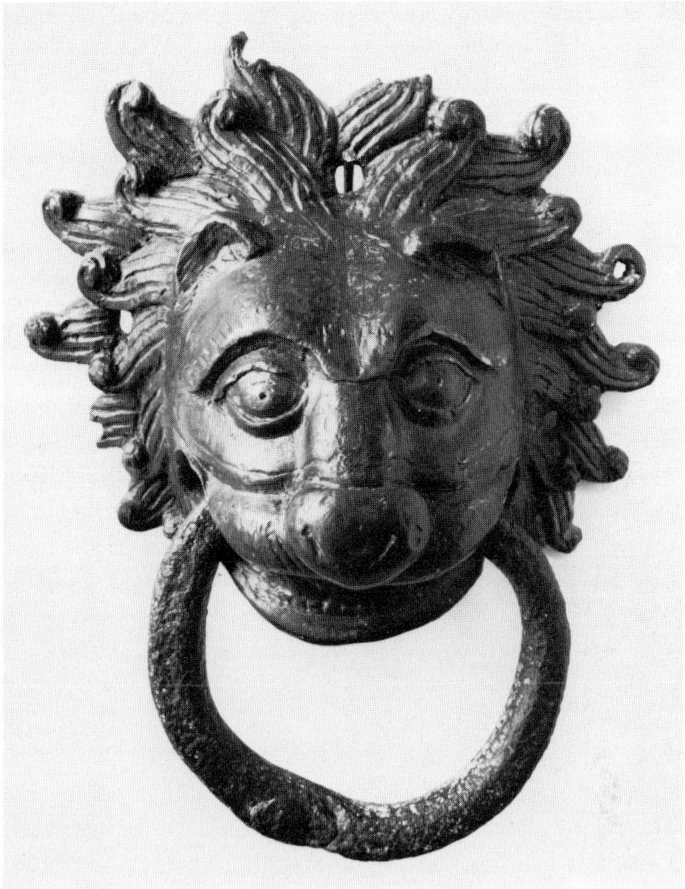

13 Türzieher. Mitte bis 2. Hälfte 11. Jh. Dickschied/Untertaunuskreis, Ev. Pfarrkirche

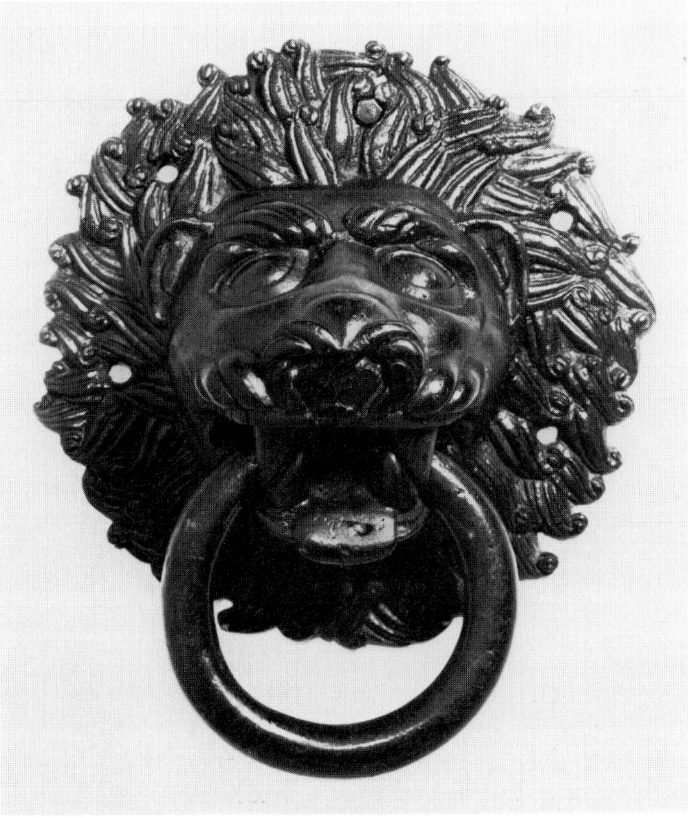

12 Türzieher vom Würzburger Dom. Um Mitte 11. Jh. Würzburg, Mainfränkisches Museum

Mainzer Bürger die Stadt selbst sei, zum anderen die Bestimmung, daß Mainzer Bürger Abgaben nur innerhalb der Stadt zu leisten hätten, und zwar ohne zusätzliche Gebühren. Bei beiden Teilen handelte es sich anscheinend nicht um neue Vergünstigungen, sondern um die Codifizierung bestehender Gewohnheitsrechte. Auch aus Speyer und Straßburg sind derartige Privilegien aus dieser Zeit bekannt.

Als Mainzer Rechtsdenkmal besitzt die Domtür eine besondere Bedeutungskomponente, die sicherlich auch mit ihrem damaligen Standort in Zusammenhang steht. Tatsächlich wissen wir ja nicht, in welchem Portal sie sich um 1135 befand, denn vor der Versetzung 1804 von der Liebfrauenkirche an den Dom ist ihr Schicksal ungewiß. Die Inschrift aus der Entstehungszeit mit dem Namen des Erzbischofs und der Berufung auf Karl den Großen wie auch die erzbischöfliche Privilegieninschrift des 12. Jahrhunderts – ganz abgesehen von der allgemeinen Wertschätzung einer Bronzetür – lassen jedenfalls darauf schließen, daß diese Tür immer zu einem Portal von hervorragender Bedeutung gehört haben muß. Diesem Rang entspricht auch ihre jetzige Aufstellung im Marktportal auf der Nordseite des Domes, der Stadt zugekehrt.

Hildesheim
Die Bernwards-Tür

Wie die Mainzer Tür auf die Bronzen der Aachener Pfalzkapelle Bezug nimmt, so ist auch ein direkter
7 historischer Zusammenhang zwischen der Mainzer und
9 der zeitlich nur wenig später folgenden Hildesheimer Tür zu konstatieren. Bischof Bernward von Hildesheim (993–1022) besaß vielfältige Beziehungen zum erzbischöflichen Stuhl in Mainz. Er hatte einen Teil seiner Ausbildung dort absolviert und von Erzbischof Willigis alle geistlichen Weihen, 993 auch die Bischofsweihe empfangen, wurde dann bis 1007 im Streit um die Zuständigkeit für das Damenstift Gandersheim allerdings dessen Gegner. Für 1007 ist wieder ein Aufenthalt in Mainz überliefert, ein weiterer für 1011, als Bernward die Weihe des neuen Erzbischofs – des mit ihm verwandten Erkanbald – selbst vollzog. Mit Sicherheit hat er, der stets ein außergewöhnliches Interesse für künstlerische Tätigkeit zeigte, die erste bronzegegossene Kirchentür seit der Zeit Karls des Großen als Herausforderung empfunden, in Hildesheim Gleichartiges zu schaffen.

Zum Auftraggeber und zum Zeitpunkt der Entstehung, zur Frage nach dem ursprünglichen Standort und der nachträglichen Verbringung in den Dom existieren zwei Schriftquellen, die im wesentlichen von der Forschung übereinstimmend interpretiert werden. Eine ist die auf der mittleren Querleiste der Tür
10, 11 befindliche Inschrift, die in Übersetzung lautet: »Im Jahre des Herrn 1015 ließ Bischof Bernward – seligen Angedenkens – diese gegossenen Türflügel an der Fassade des Engelstempels zu seinem Gedächtnis aufhängen«. Die zweite Quelle ist ein Passus in der Vita des nachfolgenden Bischofs Godehard (1022–1038) über dessen Tätigkeit für den Hildesheimer Dom: »Auch in unserem Dome ließ er an der dunklen Stelle auf der westlichen Seite Öffnungen machen und dort die Türflügel, welche der Herr Bernward hatte gießen lassen, aufs schönste zusammenstellen. Vor ihnen begann er den Bau eines herrlichen Paradieses mit schönen Toren und hohen Türmen, das er im dreizehnten Jahr seiner Erhebung vollendete«.[12]

Aus diesen Texten ist zu entnehmen, daß die Hildesheimer Bronzetür auf Veranlassung Bischof Bernwards geschaffen und im Jahre 1015 aufgestellt worden ist. Der Kirchenbau wird allerdings nicht eindeutig bezeichnet. Überwiegend wird St. Michael in Hildesheim mit dem genannten Engelstempel identifiziert. Das Benediktinerkloster St. Michael, damals vor den Toren der Stadt gelegen, war eine Gründung Bernwards, die er durch besondere persönliche und materielle Zuwendungen ausgezeichnet hat; in seinen letzten Lebensjahren zog er sich selbst dorthin zurück, und in der Krypta von St. Michael wurde er 1022 bestattet. Als Datum der Kryptaweihe ist dasselbe Jahr 1015 überliefert, in dem nach dem Inschrifttext auch die Bronzetür vollendet war und zur Aufstellung kam. Nach heutigen Kenntnissen und Vermutungen über den Urzustand dieses Kirchenbaues war weder auf der Südseite, die in Art einer Fassade der Stadt zugekehrt ist, noch im Westen Raum für ein Portal mit der hohen und zweiflügeligen Bronzetür. Sollte diese also wirklich für St. Michael geschaffen worden sein, bleiben wir bis heute im Unklaren über das zugehörige Portal. Von hier wäre sie dann – im Zusammenhang mit den in der Godehard-Vita geschilderten Baumaßnahmen – in den Dom verbracht worden. Die genauen Hintergründe für eine solche eventuelle Versetzung kennen wir nicht. Zwischenzeitlich hatte es Differenzen zwischen Bischof Godehard und dem Konvent von St. Michael gegeben; 1030 mußte der Konvent sogar in das neugegründete Kloster Holthusen umziehen, durfte jedoch in demselben Jahr wieder zurückkehren. In diesem Jahr 1030 starb auch der erste, noch von Bernward eingesetzte Abt, Goderamnus. Für 1034 ist eine Brandkatastrophe für St. Michael überliefert. Beide Ereignisse könnten für eine Überführung der Tür in den Dom von Bedeutung gewesen sein.

Am Westwerk des Domes und am Westeingang hatte Bernwards Nachfolger wesentliche Veränderungen vorgenommen, die in seinem 13. Amtsjahr als Bischof, also 1035 abgeschlossen waren. Die von ihm dort neu aufgestellten bernwardinischen Türflügel erhielten vermutlich damals die Stifterinschrift. Diese Inschrift kann erst nach Bernwards Tod aufgebracht worden sein (dive memorie), ist ihrem Schriftduktus nach jedoch nur wenig jünger, also der Godehard-Zeit zuzuschreiben. Sie verbindet dauerhaft dieses monumentale und kühne Gußwerk mit dem Namen seines Schöpfers, des Auftraggebers und Stifters Bernward, und ist als pietätvoller Akt durch seinen Nachfolger Godehard zu werten.

Bei den Vermutungen über den ersten Standort der Tür gibt es jedoch auch gewichtige Gründe dafür, daß Bernwards Tür nicht für St. Michael, sondern von Anfang an für den Dom bestimmt war. Die Ortsangabe »Engelstempel« ist nämlich auch auf das Westwerk des Domes zu beziehen, das dem Erzengel Michael und allen Engeln geweiht war. Godehard hätte dann die Tür nicht erst von St. Michael herübergenommen, sondern sie innerhalb des alten Raumes belassen und nur im veränderten Westportal neu wiederaufgerichtet.

Auffallenderweise findet die als Bildwerk wie als gußhandwerkliche Leistung für ihre Entstehungszeit außergewöhnliche Tür keine Erwähnung in der Lebensbeschreibung Bernwards, verfaßt von seinem Lehrer Thangmar, der auf Bernwards persönlichen Anteil an künstlerischen Belangen sonst mehrfach eingeht. Eine Erklärung ist im chronologischen Ablauf zu suchen. Thangmars Text gilt im wesentlichen als abgeschlossen im Jahre 1008. Vermutlich war damals mit den Arbeiten für die Tür noch nicht begonnen und vielleicht noch nicht einmal das Projekt beschlossen. Wir gewinnen daraus eine ungefähre Eingrenzung des Zeitraumes für Modell und Guß der Türflügel, nämlich die Jahre zwischen 1008 und 1015.

9 In der Gliederung der Türflügel in vier gleich große
Kompartimente mit dem Löwenmaskenpaar in den
unteren Feldern nimmt die Hildesheimer Tür das
7 Schema der Mainzer Tür auf, verändert es allerdings in
entscheidender Weise: Das Rahmenwerk ist optisch ganz zurückgedrängt, es besteht aus schmalen Leisten ohne eindrucksvolles Profil; die regelmäßige vertikale Abfolge von acht Bildfeldern auf jedem Türflügel bestimmt den Gesamteindruck. Das antike Gliederungsprinzip aus Rahmenwerk und Füllungen ist praktisch zur Bedeutungslosigkeit herabgemindert worden, was sich auch in der ungewöhnlichen Plazierung der beiden ringhaltenden Löwenköpfe ausdrückt. Sie nehmen keine Rücksicht auf die Untergliederung in Bildfelder und Rahmenwerk. Eine derartige unstatische Existenz, weder eindeutig zum Rahmenskelett noch zur Fläche der Füllungen gehörig, gibt es kein zweites Mal. Abkehr von antiker Form bedeuten auch die
Löwenköpfe selbst, höchst stilisierte, naturferne Mas- 8
ken. Verglichen mit denen von Mainz sind in Einzelhei- 6
ten zwar verwandte Züge zu finden: die Rundungen von Backen und Schnauze, die Nase, die Augenhöhlen, die abstehenden Ohren, die versetzten Mähnenzotteln. Es mögen Einflüsse von dort tatsächlich für diese Löwenköpfe verarbeitet worden sein; es fehlte in Hildesheim aber offensichtlich das Verständnis für eine naturnahe plastische Form, das die Mainzer Köpfe auszeichnet und mit der Antike verbindet.

Die Hildesheimer Tür ist die älteste mittelalterliche Tür mit einem plastischen Bilderzyklus. Ihre Reliefs zeigen auf dem linken Flügel Darstellungen des Alten, auf dem rechten Darstellungen des Neuen Testaments. Als bildgeschmückte Tür nimmt sie eine Tradition aus Antike und Frühchristentum wieder auf, hat daraus aber kaum mehr als die allgemeine Anregung geschöpft, denn in Gesamtanlage und Bildinhalt ist sie weitgehend eigenständig und ohne erkennbares Vorbild. Bernward von Hildesheim hat vielleicht die Holztür von San Ambrogio in Mailand aus dem späten 4. Jahrhundert kennengelernt, und mit einiger Sicherheit können wir annehmen, daß er während eines Aufenthaltes in Rom die um 430 entstandene hölzerne Bildtür von Santa Sabina auf dem Aventin gesehen hat, die ebenfalls Darstellungen des Alten und Neuen Testaments vereinigt, allerdings in anderer Auswahl und Gruppierung. Nördlich der Alpen entsteht bald nach Bernwards Tür, in der Jahrhundertmitte, mit der Holztür von St. Maria im Kapitol in Köln eine weitere Bilderwand als Schmuck eines Kirchenportals. Diese folgt in ihrer Gesamtstruktur jedoch wieder dem spätantiken Gliederungsschema aus Rahmen und Füllungen.

Innerhalb der Entwicklungsgeschichte der mittelalterlichen Plastik bedeutet die Hildesheimer Tür eine wesentliche Leistung. In der Zeit der Herausbildung monumentaler Bildwerke wird hier mit bis zu 40 cm großen Figuren das erzählende Relief erstmals in ein größeres Format übertragen. Dabei entstand ein sehr eigenwilliger Reliefstil mit äußerst bewegter Szenerie und voluminösen, lebhaft agierenden Einzelfiguren. Erzählfreudigkeit, Deutlichkeit und Drastik von Gesten und Ausdruck, aber auch das sichtbare Ringen um die Wiedergabe von Bewegungen und Raumverhältnissen sind hier Züge einer jugendlichen, ihre Ausdrucksmöglichkeiten abtastenden Formensprache.

Charakteristisch für den Bildvortrag ist die nachdrückliche Sprache der Gesten zwischen den handelnden Personen, die Bewegung von Armen und Händen, die Kopfwendung oder die ganze Körperhaltung. Auf diese Weise wird der Szeneninhalt anschaulich wieder-

gegeben, wird das geschriebene Wort in Bildsprache
übersetzt, werden Spannungsmomente herausgearbei-
tet und einzelne Personen in ihren unterschiedlichen
Temperamenten und Empfindungen gekennzeichnet.
Auch die insbesondere auf dem alttestamentlichen
Flügel vorkommenden Pflanzen nehmen in der Bewe-
gung ihrer Zweige am Bildgeschehen teil und korre-
spondieren mit den Figuren, während auf dem neu-
testamentlichen – rechten – Türflügel manche architek-
tonischen Details in ähnlichem Verhältnis zum Bewe-
gungsablauf der Handlung stehen.

Einige Beispiele sollen die Lebendigkeit der Er-
12, 14 zählweise deutlich machen. Die Szene der Zuführung
Evas zu Adam konzentriert die ganze Spannung auf die
ausgestreckten Arme, mit denen das erste Menschen-
paar sich einander nähert: Adam mit stärker ausgreifen-
den Schritten, Eva zögernd und dabei von Gottvater,
der maßstäblich größer dargestellt ist, behutsam an der
15 Schulter geführt. Im Bildfeld mit dem Sündenfall wird
das Weiterreichen des Apfels vom Baum der Erkennt-
nis durch mehrfache Wiederholung der Frucht bildlich
dargestellt. Die Schlange am Baum rechts hat ihn Eva
angeboten, diese, eigentlich der Schlange noch zuge-
kehrt, wendet sich einladend zu Adam um, der ihr seine
15 Hand entgegenstreckt. Bei Verhör und Verurteilung
durch Gottvater liegt die ganze Schwere und Wucht des
Vorwurfs in seiner hochgereckten und mit ausge-
strecktem Zeigefinger auf das Menschenpaar eindrin-
genden Figur, während die Sünder im Wissen um ihre
Schuld zusammenknicken, sich aber dennoch durch
Weiterreichen des Vorwurfs von einem zum anderen
herauszuwinden versuchen. Köstlich ist die Naivität in
16 der Schilderung dieser Szene. Die folgende Vertrei-
bung aus dem Paradies zeigt links den Erzengel Uriel
mit erhobenem Schwert in ausgreifender Bewegung
und rechts das bereits zum Ausgang gedrängte
Menschenpaar. Eva wendet sich noch einmal zurück;
ihre klagende Gebärde findet ein Echo in den abwärts
gebogenen Zweigen der Staude in der Bildmitte. Die
17 Darstellung der Opferszene bringt die unterschiedli-
chen Charaktere von Kain und Abel deutlich zum
Ausdruck. Beide reichen ihre Gaben empor; Abels
frommer Sinn wird durch die verhüllten Hände, Kains
ungestümes Temperament durch den auffliegenden
Mantel bezeichnet. Die aus den Wolken kommende
Hand Gottes wendet sich Abel zu. Aufnahme und
Ablehnung des Opfers sind zusätzlich an den Pflanzen
ablesbar, die sich auf Abels Seite zur Hand Gottes hin
öffnen, auf Kains Seite zusammenkrümmen. Drama-
17 tisch ist in drei Phasen der Brudermord vorgetragen.
Kain, wieder charakterisiert durch die Bewegung
seines Mantels, holt mit hocherhobener Keule zum
Schlag aus; dessen Wucht verdeutlicht das asymmetri-
sche Standmotiv. In der Mitte wirbelt Abel, den
größten Teil der Bildfläche einnehmend, bereits getrof-
fen kopfüber zu Boden. Links weicht Kain, an den
Rand gedrängt und wie schutzsuchend in seinen Mantel
gehüllt, vor dem Fluch Gottes zurück.

In der ersten Szene des neutestamentlichen rechten
Türflügels, der sich von unten nach oben liest, steht die
Botschaft des Engels der Verkündigung im Raum – in 20, 26
genauer Wortbedeutung – zwischen den beiden weit
voneinander entfernten, aber in Körperwendung und
Gesten aufeinander bezogenen Figuren von Maria und
Engel Gabriel. Ein Mauerbogen vermittelt zwischen
ihnen. Die Könige der Anbetung sind weit ausschrei- 21
tend auf dem Wege dargestellt, der erste bereits dem
Ziele zugewandt, der nächste auf den Stern deutend,
der dritte aus dem Bildfeld herausschauend. Ihre
Wegrichtung wird aufgenommen durch drei flach
geführte Bogen eines Mauerzuges, der wie ein Balda-
chin über der Szene aufgespannt ist und der schließlich
den Bildraum links, mit der thronenden und das
Christkind vorweisenden Marienfigur – das Wande-
rungsziel der drei Weisen – als ein gesondertes Kom-
partiment kennzeichnet. Lebhaftes Gestikulieren
durchzieht wie eine Kette von einer Person zur näch-
sten das Bildfeld mit der Vorführung Christi vor Pilatus 22, 24, 25
oder Herodes. Nur Christus selbst ist passiv und ohne
Reaktion dargestellt. Von den beiden die Anschuldi-
gung vorbringenden Schergen über den Thronenden
und das ihm assistierende Teufelchen bis zur Gestalt des
Bewaffneten am rechten Bildrand reicht der Bewe-
gungs- und Redefluß. Mit sechs Personen ist dieses
Relief das figurenreichste der Tür.

Alle Figuren bewegen sich vor dem Reliefgrund in
einer flachen Raumzone. Sie balancieren stellenweise
auf den Rahmenleisten und machen damit deutlich, daß
sich ihnen nach hinten kein Raum öffnet. Bewegungs-
freiheit verschaffen sie sich stattdessen durch volumi-
nöses Herauswachsen aus der Bildfläche: von der
Standfläche schräg nach vorn zu den stark plastischen
Oberkörpern und den bei fast allen Figuren vollrund
modellierten Köpfen. Der Bildgrund, dem die zarten
vegetabilischen und architektonischen Elemente zuge-
ordnet sind, bildet eine gleichmäßige Folie. Ebenso wie
die großen Flächen der Goldgründe in der Buchmalerei
derselben Zeit ist auch hier der leere Grund Ausdrucks-
träger; er ist wichtig als Spannungsraum zwischen den
Figuren, als Wirkungsradius ihrer Gesten und Worte.
Beispiele dafür sind das Vakuum zwischen den aufein-
ander zustrebenden Stammeltern, dem verhörenden 12
und strafenden Gottvater gegenüber dem Menschen- 15
paar nach dem Sündenfall, die Isolation des vor dem

17 Fluch Gottes zurückweichenden Kain, die Distanz in
26 der Verkündigungsszene.

Vor dem Hintergrund der stilgeschichtlich einheitlichen Bildsprache in den 16 Reliefs der Tür lassen sich im einzelnen Unterschiede erkennen, die die Komposition, die Beweglichkeit und Plastizität der Figuren und die Feinheit der Modellierung betreffen. Eine bestimmte Rolle wird dabei die Verarbeitung von unterschiedlichen Vorlagen gespielt haben, im wesentlichen jedoch zeigt sich die individuelle Handschrift der Künstlerpersönlichkeiten, die an der Herstellung des Gußmodells beteiligt waren. Wir sind über Einzelheiten der Organisation in mittelalterlichen Gießwerkstätten leider kaum unterrichtet. Die Dimension der Hildesheimer Tür wird für Vorbereitung der Gußform und für den Guß selbst eine ganze Anzahl von Fachkräften erforderlich gemacht haben, und unter ihnen befanden sich offensichtlich mehrere Modelleure. Die Bronzetür als plastisches Bildwerk ist ihre Leistung, in Wachs modelliert und dann unmittelbar in Metall umgesetzt. Sicherlich hat es eine Hierarchie unter diesen Kräften gegeben, mit einem Hauptmeister, der in Verbindung mit dem Auftraggeber die Gestaltung im wesentlichen bestimmte und in dessen – wie auch immer gearteter – Abhängigkeit sich alle anderen Mitarbeiter befanden.

Detaillierte Beobachtungen an den Bildfeldern der Tür, die unterschiedliche Formprinzipien und auch erhebliche Qualitätsschwankungen festgestellt haben, führten zu mehrfach und mit unterschiedlichen Ergebnissen durchgeführten Versuchen, die Reliefolge auf mehrere Meisterpersönlichkeiten aufzuteilen. Bis zu sechs verschiedene Modelleure sind in ihrer Handschrift charakterisiert und in möglicherweise untereinander bestehenden Lehrer-Schüler-Verhältnissen aufgespürt worden.[13]

Auffällig ist die formale Überlegenheit gerade bei der Darstellung der Hauptpersonen des Bildgeschehens. Die Arbeitsteilung ist demnach auch durch inhaltliche Gesichtspunkte bestimmt gewesen. Der
27 Christus der Himmelfahrt ist eine dieser herausragenden Figuren, mit gelungener Darstellung der gegensätzlichen Bewegungsrichtungen, mit höchst eindrucksvollen Gesichtszügen und feiner Stofflichkeit der Gewänder, die die Plastizität des Körpers unterstreichen. Die in aufsteigender Bewegung wiedergegebene Figur ist keine Bilderfindung des Hildesheimer Meisters, sondern läßt sich in karolingischer Elfenbeinschnitzerei nachweisen, nahezu wörtlich auf einer Tafel im Museum von Weimar.[14] Damit ist eine wesentliche Stilquelle des Hildesheimer Bildwerks genannt, das auf den Erfahrungen zeitlich vorausgehender kleinplastischer Arbeiten aufbaut. Zusammen mit dem Christus der Himmelfahrt befindet sich auf demselben Bildfeld die ganz offensichtlich von einem weniger geübten Meister geschaffene Figur der Maria Magdalena, hilflos in der Wiedergabe der Verkürzung der 23
parallel hintereinander liegenden Beine, gleichsam verpackt in ein starres Gewand und undifferenziert in der Gesichtsbildung. Zu den überlegenen Figuren gehören 22
weiter der Christus der Kreuzigungsszene und insbesondere der Gottvater der Zuführung Evas. Mit 14
äußerster handwerklicher Feinheit ist dieser in seiner voranschreitenden Bewegung modelliert; die reiche, organisch empfundene und differenzierte Fältelung des Gewandes ist – einmalig auf der Tür – durch graphische Schmuckborten zusätzlich bereichert. Die hohe künstlerische Qualität dieser Gestalt und des ganzen Bildfeldes, auch die in besonderer Zartheit gebildeten nackten Menschenfiguren, sind immer wieder hervorgehoben worden und berechtigen zu der Annahme, daß hier der maßgebliche und führende Meister der Hildesheimer Tür-Werkstatt faßbar ist.

Eine der berühmtesten Figuren ist die Eva der 19
Erdenszene, die ihren erstgeborenen Sohn stillende Mutter Eva, nicht jedoch wegen der handwerklichen Durchbildung, die eher derb ist, sondern wegen der Bilderfindung. Die gegenseitige Zuneigung von Mutter und Kind, Evas beidhändiges Umfassen des quer über ihrem Schoß liegenden Knaben und die Neigung ihres Kopfes sowie die Bewegung der zur Mutter ausgestreckten Kinderhand sind von großer Eindringlichkeit. Diese Figur spiegelt Naturbeobachtung unmittelbar wider und überrascht durch das hohe Maß an psychologischer Ausdrucksfähigkeit. Als »Urmutter aller plastischen Madonnen«[15] ist ihre Bedeutung auf eine treffende Formel gebracht worden.

Werke der Kleinplastik sind in Hildesheimer Werkstätten seit der Frühzeit des Episkopats von Bischof Bernward entstanden, auch diese zum Teil als Metallgüsse, zunächst in Silber, spätestens seit etwa 1010 auch in Bronze. Die Relieffiguren der Tür stehen in engem Zusammenhang mit ihnen, haben wesentliche Einflüsse aber auch von der Goldschmiedekunst und Elfenbeinschnitzerei der bedeutendsten westlichen Kunstzentren verarbeitet und zeigen sich insbesondere den Darstellungen auf Metzer Elfenbeinen des 9. und 10. Jahrhunderts verwandt. Eine besondere Rolle hat die Kölner Monumentalskulptur des ausgehenden 10. Jahrhunderts gespielt, die uns im Gero-Kruzifixus des Kölner Domes und in Fragmenten vom Fassadenschmuck der Kirche St. Pantaleon überliefert ist. Ver- Abb. 14
gleicht man die besten Köpfe der Tür – etwa den des
Himmelfahrts-Christus, des Gottvaters der Zuführung Abb. 15, 16

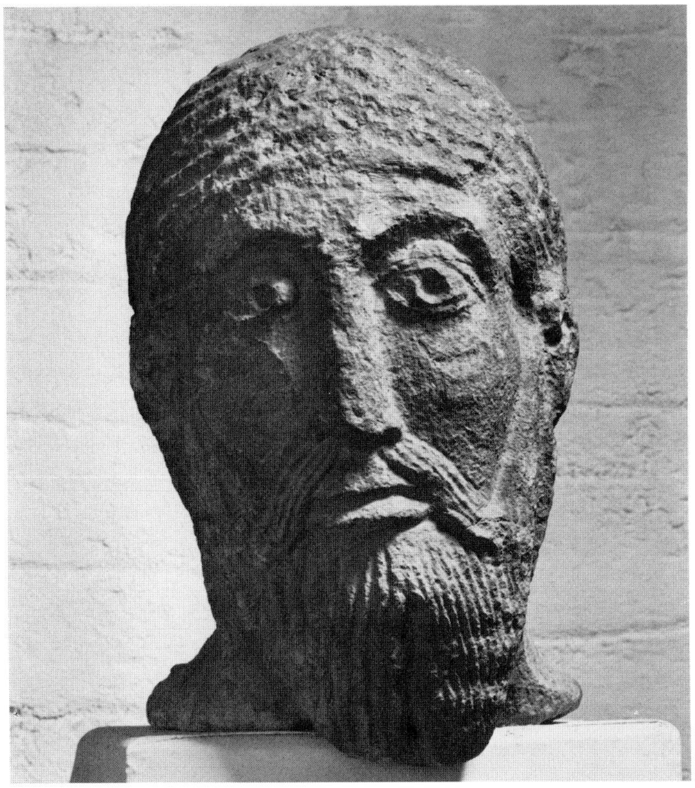

14 Christuskopf (?). Köln, zwischen 984 und 991 (996). Köln, Schatzkammer von St. Pantaleon

Evas oder der Maria der Anbetung – mit diesen Skulpturen, so überrascht einerseits die bis ins Detail reichende Ähnlichkeit, andererseits kommt die monumentale Wirkung der Hildesheimer Figuren zum Bewußtsein. Wie bei diesen sind auch die Köpfe der Fassadenfiguren von St. Pantaleon freiplastisch aus der Fläche gelöst. Bischof Bernward hat im Jahre 996 den Propst des Benediktinerstiftes St. Pantaleon, Goderamnus, zusammen mit mehreren Brüdern nach Hildesheim gerufen und ihn später zum ersten Abt seiner Lieblingsgründung St. Michael gemacht. Damals muß die Kölner Fassade bereits vollendet gewesen sein, und der Skulpturenstil wurde von Köln nach Hildesheim exportiert.[16]

Wichtig als Quelle für die Tür war auch die Buchmalerei. Bereits angesprochen wurde die Vergleichbarkeit der freien Flächen der Reliefgründe mit den Goldgründen ottonischer, insbesondere der Reichenauer Buchmalerei. Viele Details sind in ihren Verkürzungen so wiedergegeben – beispielsweise die jeweils rückwärtigen Flügel aller Engelfiguren –, daß daraus auf zweidimensionale Vorbilder geschlossen werden muß. Detailvergleiche haben besondere formale Übereinstimmungen mit Miniaturen aus der Werkstatt des Trierer Meisters des Registrum Gregorii aufgedeckt. Auch für den Bildinhalt liegen teilweise die Wurzeln in gemalten Vorlagen. Die alttestamentlichen

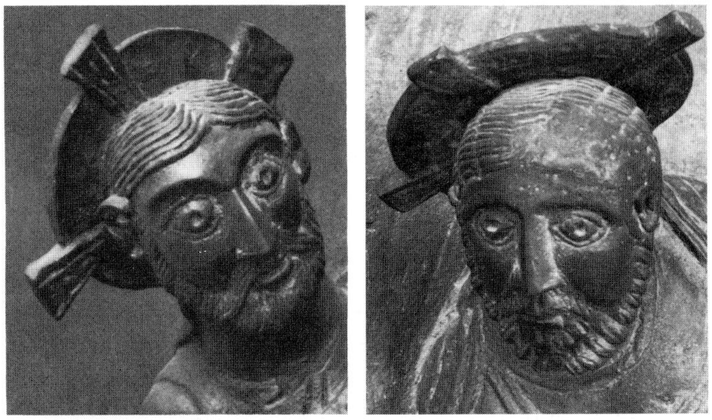

15, 16 Hildesheim, Bronzetür des Domes: Kopf Gottvaters, Detail aus der Zuführung Evas. Kopf Christi, Detail aus Himmelfahrt/Noli me tangere

Szenen auf dem linken Türflügel folgen – mit Ausnahme derjenigen von Kain und Abel – weitgehend der Genesis-Illustration in karolingischen Bibelhandschriften aus Tours,[17] die ihrerseits in einer langen ikonographischen Tradition stehen, zurückzuverfolgen bis in frühchristliche Buch- und Wandmalereien der Zeit Papst Leos des Großen.

Auch mit der Hildesheimer Buchmalerei, die gleichzeitig mit der Bronzetür entstand, gibt es Gemeinsamkeiten. Die Bibel Bischof Bernwards im Hildesheimer Dom (Cod. 61) ist gleichfalls von touronischer Bibelillustration abhängig; hier wurde vermutlich dasselbe Bibelexemplar als Vorlage benutzt wie für die Tür. Und das sogenannte Kostbare Evangeliar des
Hildesheimer Domschatzes (Cod. 18) enthält Motiv- Abb. 17
übereinstimmungen bis in Nebensächlichkeiten hinein – beispielsweise den genau vor einer Türöffnung
stehenden Faltstuhl der Verkündigungsszene (Nr. 9) –, 20
wie dies nur bei Werken vorkommt, die in unmittelbarem Kontakt miteinander entstanden.

17 Die Heimsuchung aus dem sogenannten Kostbaren Evangeliar. Hildesheim, Anfang 11. Jh. Hildesheim, Domschatz, Cod. 18, fol. 111v

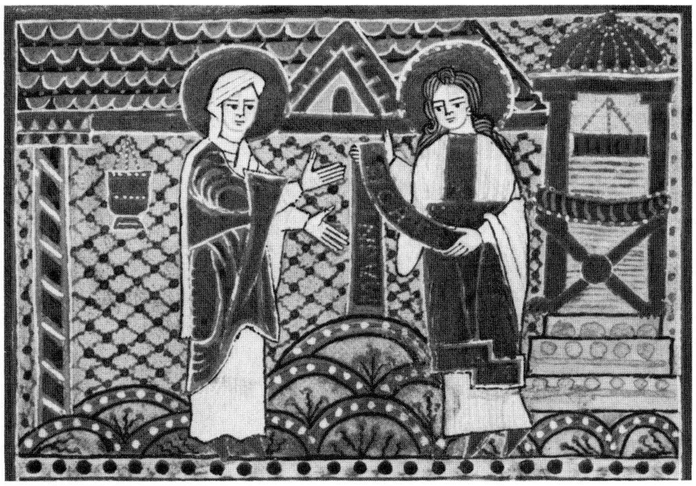

Dieser kurze Abriß der stilgeschichtlichen Verflechtungen der Bronzetür mit Werken der bildenden Kunst unterschiedlicher Gattungen innerhalb und außerhalb Hildesheims soll das künstlerische Klima beleuchten, in dem die Schöpfung eines solchen Werkes möglich war. Es ist mit Sicherheit in Hildesheim selbst ausgeführt worden; das legen auch die Maße der in einem Stück gegossenen Türflügel nahe, für die ein Transport über längere Strecken hinweg schwer möglich gewesen wäre. Unbeantwortet bleiben vorläufig alle Fragen nach den Gußfachleuten der Hildesheimer Werkstatt, deren handwerkliche Leistung erstaunlich ist. Möglicherweise ist hier ein ganzer Werkstattverband, vielleicht sind aber auch nur einzelne Kräfte nach Hildesheim berufen worden oder zugewandert. Als Herkunftsort ist mehrfach vermutungsweise Mainz genannt worden, wo kurz zuvor die dortige Bronzetür fertiggestellt worden war. Auch deren Gießer Berenger hätte in Hildesheim seine Tätigkeit fortsetzen können. In der äußeren Gestalt beider Türen gibt es jedoch kein Detail, das darauf schließen läßt, hier seien dieselben Handwerkskräfte beteiligt gewesen. Als Anregung hat die Mainzer Tür mit Sicherheit eine Rolle für Hildesheim gespielt, die Modelleure waren aber offensichtlich nicht dieselben, über die Gießer läßt sich keine Aussage machen. Zu erinnern ist, daß bald nach der Tür ein weiteres Gußwerk in derselben Hildesheimer Werkstatt entstand: die Bronzesäule mit Reliefdarstellungen der Taten Christi, die sich heute im Dom befindet. Sie war für die Ausstattung der Michaelskirche bestimmt und wird zum Zeitpunkt von Bernwards Tod 1022 vollendet gewesen sein. Ihr Figurenstil ist der Tür nah verwandt, wenn auch in den Formen härter erscheinend und oftmals vereinfacht.

Eindrucksvoll ist das theologische Programm des Bilderzyklus. Es schließt die Darstellungen beider Türflügel zu einer sinnvollen Einheit zusammen und begründet die gegenläufige Anordnung der Szenenfolge, auf dem linken Türflügel von oben nach unten, auf dem rechten von unten nach oben. Innerhalb eines Gesamtthemas von Sündenfall und Erlösung sind die einzelnen Darstellungen des Alten Testaments unmittelbar mit den nebenstehenden des Neuen Testaments zu Bildpaaren zusammengeschlossen. Auf die Heilsbotschaft des Neuen Testaments bezogen ist jedes Ereignis des Alten Bundes ein Vorläufer, der auf das neutestamentliche Geschehen hinweist. Dieses Prinzip der »Concordatio veteris et novi testamenti« hat eine lange theologische Tradition seit den frühesten Zeiten christlicher Exegese. In der bildenden Kunst hat es vor dem 12. Jahrhundert nur gelegentlich eine Rolle gespielt und bildete erst damals, mit der Entstehung des typologischen Bilderkreises, ein festes Schema von paarweisen Zuordnungen einzelner Szenen aus. Im frühen 11. Jahrhundert fehlte eine solche bildliche Überlieferung noch. Hingewiesen sei in diesem Zusammenhang noch einmal auf den Reliefzyklus der frühchristlichen Holztür von Santa Sabina in Rom, die ebenfalls antithetisch Altes und Neues Testament miteinander verknüpft, jedoch in anderer Szenenauswahl und somit ohne direkte Vorbildmöglichkeit für die Hildesheimer Tür. Welche anderen bildlichen oder schriftlichen Quellen das spezielle Bildprogramm dieser Tür bestimmt haben könnten, entzieht sich unserer Kenntnis. Vielleicht war es doch eine weitgehend eigenständige Formulierung, die als geistige Leistung Bischof Bernward zuzuschreiben ist. Die Gegenüberstellung der sündigen Stammeltern und der Kain-und-Abel-Szenen auf dem linken Türflügel mit der Menschwerdung und der Passion Christi auf dem rechten Flügel ist grundsätzlich als bildlicher Ausdruck des christlichen Erlösungswerkes verständlich. Deutlich sind die Bezüge von alt- und neutestamentlichen Szenen in einzelnen Bildpaaren, so in Sündenfall und 10, 11
Kreuzigung, Verhör nach dem Sündenfall und Verhör Christi, Vertreibung aus dem Paradies und Darbringung im Tempel und insbesondere in der Parallelität der beiden Mütter Eva und Maria. Das Eva-Maria-Thema ist gleichzeitig auch auf einer Bildseite des Kostbaren Evangeliars im Hildesheimer Domschatz zur Darstellung gekommen und zeigt damit, daß die Beschäftigung mit antithetischer Interpretation in Hildesheim nicht einmalig war.[18]

Die künstlerische Blüte Hildesheims zu Beginn des 11. Jahrhunderts ist weitgehend das persönliche Verdienst Bischof Bernwards, der nicht nur theoretisches Interesse an diesen Belangen hatte, sondern sogar praktische Erfahrung. Zumindest aus seiner Schulzeit weiß man von persönlicher Übung in Malerei und Goldschmiedekunst. Als Bischof von Hildesheim pflegte er direkten Kontakt mit den Werkstätten, deren Arbeiten er prüfte. Kaum als ausführenden Künstler, jedoch als Organisator seiner bischöflichen Werkstätten haben wir ihn uns vorzustellen, der sich bemühte, die verschiedenen Kunstzweige in Hildesheim heimisch zu machen und Anregungen und Fachleute von den bedeutendsten Kunstzentren hier zusammenzuziehen.[19] Die Hildesheimer Bronzetür mit ihren aus verschiedenen Quellen stammenden formalen und inhaltlichen Elementen ist Ergebnis dieser Bemühungen. Zusammen mit der Bronzesäule gehört sie zu den bedeutendsten Leistungen der Hildesheimer Kunst dieser Zeit, die wir mit dem Begriff „Bernwardinische Kunst" bezeichnen.

Augsburg
Die Bilderwand des Domes

28 Unter den mittelalterlichen Bronzetüren ist diejenige des Augsburger Domes ein Werk von besonderer Anonymität. Ohne Inschrift, ohne zugehörige Schriftquellen, ohne archäologischen Befund zum genauen Standort ist sie darüberhinaus auch stilgeschichtlich schwer einzuordnen. Bei den Fragen wann, in welchem baulichen Zusammenhang, durch welchen Auftraggeber, wo und von wem diese Tür gegossen wurde, bewegen wir uns mehr als bei monumentalen Bronzen dieser Art üblich im Ungewissen. Zu den Rätseln, von denen im Zusammenhang mit der Augsburger Tür immer wieder die Rede war, gehört auch die ungewöhnliche Asymmetrie, denn zwei Bildachsen bilden den rechten, drei jedoch den linken Flügel. Die Tür ist demnach in anderer Form fertiggestellt worden, als sie ursprünglich geplant war. Problematisch bleibt auch das inhaltliche Programm dieser aus isolierten Darstellungen bestehenden Bilderwand, da einzelne Bildtafeln bis heute nicht eindeutig benannt werden können. Erst seit 1863 befindet sich die Tür an ihrem heutigen Platz, im neugotischen Marienportal, dem Brautportal auf der Südseite des Domes. Über das ursprüngliche Portal gibt es nur Vermutungen, die Zugehörigkeit zum Augsburger Dom gilt indessen als sicher. Nachrichten darüber gibt es allerdings erst seit dem Ende des 16. Jahrhunderts, als die Tür – wohl im Zusammenhang mit umfassenden Arbeiten im Innern des Domes – restauriert wurde.

Die Tür ist zumeist im Zusammenhang mit der überlieferten Domweihe von 1065 gesehen worden. Diese Datierung ließ sich stilistisch zwar nicht ganz begründen und geschah wohl vor allem aus Mangel an anderweitigen Anhaltspunkten. Demgegenüber hat die jüngste formgeschichtliche Untersuchung auf die unmittelbare Nähe zur ottonischen Kunst hingewiesen und die Tür in die erste Hälfte des 11. Jahrhunderts datiert, wie das auch früher von namhaften Forschern bereits gesehen wurde.[20] In jedem Falle besteht ein Zusammenhang mit dem ottonischen Neubau des Augsburger Domes, der sich allerdings über eine lange Zeitspanne erstreckte, vom Baubeginn 995 bis zum Weihedatum von 1065 und noch darüber hinaus.

Es ist nicht ganz ausgeschlossen, daß eine Schriftquelle aus dem 13. Jahrhundert auf die Bronzetür zu beziehen ist. Prior Adilbert von St. Ulrich und Afra in Augsburg geht in seinem um 1230 geschriebenen Abtskatalog auf die Bautätigkeit des Bischofs Heinrich II. (1047–1063) mit folgenden Worten ein: »Iste novam fecit ecclesiam Dei genetricis Marie cum porticibus et atrio et palatio«.[21] Leider ist darin die Benennung der Bauteile wenig eindeutig: »Dieser (d. h. Bischof Heinrich II.) schuf die neue Kirche der Gottesmutter Maria mit Säulenhallen (? Portalen? Türen?) und einem Atrium und einem Palast«. Von der Augsburger Bauforschung wird das Atrium an der Ostseite des ottonischen Domes rekonstruiert, mit zwei Portalen seitlich der Apsis, also in der Ostwand der Seitenschiffe. Es gilt als möglich, daß hier die Bronzetür aufgestellt war, als zweiflügelige Tür in einem der beiden Portale, wohl dem des südlichen Seitenschiffes. Wenn die Anlage dieser Portale allerdings erst unter Bischof Heinrich II. geschah, so ergibt sich eine zeitliche Divergenz zwischen dem architektonischen Rahmen und der Bronzetür, deren Stil älter zu sein scheint als 1047.

Die Augsburger Tür ist vielfeldrig gegliedert; sie 28
besitzt eine schlichte Rahmenkonstruktion und in den Reliefs der Türfüllungen einen Zyklus von Bildsymbolen. Sie ist in Form und Inhalt keinesfalls eine Nachahmung der Türen von Aachen und Mainz oder der spätantiken von Alt-St. Peter in Rom – soweit letztere durch Überlieferung bekannt ist –, ebensowenig ist eine Verwandtschaft zur Hildesheimer Tür erkennbar. Bei der Suche nach den Quellen wurde mehrfach auf die Bronzetüren des Barisanus in Ravello, Trani und 137, 156, 161
Monreale hingewiesen, die in der Gesamtkomposition, in den Einzelfiguren, dem teilweise symbolischen Charakter der Darstellungen und im flächenhaften Reliefstil tatsächlich Ähnlichkeit haben. Diese süditalienischen Türen sind jedoch wesentlich jünger (1179

bis ca. 1185). Eine Verwandtschaft mit der Augsburger
Bronzetür ist nur denkbar in Form von gemeinsamen
älteren Vorbildern, über die wir lediglich Vermutungen
anstellen können, da sich kein Exemplar dieser Art
erhalten hat. Nördlich der Alpen gibt es gar keine
Parallelen für die Augsburger Tür. Mit italienischen
und byzantinischen Bronzetüren bestehen Gemeinsam-
keiten insofern, als auch hier die horizontalen Bildrei-
hen über beide Türflügel hinweg abzulesen sind, die
Bildmotive im Sinne einer symmetrischen Anordnung
auf beiden Flügeln doppelt auftreten und die Wieder-
holung der Gußmodelle mechanisch geschah, mit Hilfe
von Modeln.

Der spezifische Gesamteindruck dieser Tür ist der
einer betont flächenhaften großen Bilderwand. Das
Rahmenwerk setzt sich wenig gegenüber den Füllun-
gen ab; seine breiten und ganz flachen Leisten haben ein
nur geringes Profil und sind ohne jede Ornamentik.
Plastische Akzente bilden die wie Knäufe auf die
38 Rahmenkreuzungen gesetzten menschlichen Köpfe
und – wesentlicher noch – die Türziehermasken. Die
bildlichen Darstellungen in den Feldern der Türfüllun-
gen sind in überaus zartem Relief ausgeführt, bei dem
lediglich einige der Köpfe ein kräftigeres Volumen
erreichen. Abgesehen von der schmalen mittleren
Bildfeldreihe auf dem linken Türflügel besitzen alle
Figuren einen reichlich bemessenen Raum. Es ist der
glatte Reliefgrund ohne Hintergrundmotive, selten mit
Bodenwellen als Standfläche, also ein weitgehend
undefinierter Raum. Die Figuren befinden sich wie
schwebend vor der Folie dieses Grundes, der oftmals
allerdings eine gewisse Illusion von Tiefe vermittelt.

Kaum eine der Figuren ist von statuarischer Ruhe,
ein geschlossener Umriß ist überhaupt vermieden. Mit
ausgreifenden Bewegungen in Schrittstellung, Aktion
und Gesten sind sie – und das gilt sowohl für die
menschlichen Figuren wie für die dargestellten Tiere –
in ihr jeweiliges Bildfeld hineingesetzt. Auffällig ist das
Interesse an lebendigen Formen von Standmotiv und
Schrittstellung, die in Varianten den antiken Kontra-
post wiedergeben. Geradezu mit Nachdruck ist das ins
Bild gesetzt, mit der Unterscheidung zwischen dem
geradlinig vorgesetzten Bein mit verkürztem Fuß und
dem zurückgestellten, angewinkelten Bein bei seitwärts
gedrehtem Fuß. Auch die nackten und von kurzen
Mänteln nur knapp verhüllten Figuren sind klassisches
Erbe, ebenso wie die Gewandfiguren, deren Körper-
modellierung deutlich unter den zarten Stoffen sichtbar
wird. Wir dürfen somit bewußt gewählte Vorbilder
voraussetzen, die freilich mit unterschiedlichem Erfolg
und mit wechselndem Verständnis für organische
Zusammenhänge verarbeitet worden sind. Das zeigt
sich vor allem in der Bildung der Gewänder von zarter
Stofflichkeit, die mit ganz flachen Faltenschichten,
seitlich ausschwingend, zum lebhaften Figurenumriß
wesentlich beitragen. Beispiele für die unterschiedlich
bewältigte Form sind die elegante Figur des vor der
Schlange zurückweichenden Moses, die mit merkwür- 34, 35
dig reduzierter Mantelform bekleideten Könige und 30, 31
der Traubenesser mit seinem Überwurf. Generell ist bei
den Gewändern festzustellen, daß der Umriß oftmals
eine reiche Faltenkombination andeutet, für die die
entsprechende Binnenzeichnung dann jedoch fehlt
oder nur unzureichend ausgeführt ist; auch das zeugt
von Vorbildern, die allerdings nicht in allen Einzelhei-
ten wiedergegeben wurden.

Auf den Figurenstil der sieben schmalen Bildfelder 36, 37
des linken Türflügels muß gesondert hingewiesen
werden, denn bei genereller Übereinstimmung mit den
übrigen Tafeln weicht er in wesentlichen Punkten ab.
Die Figuren erscheinen stärker vom Grund abgesetzt
und mit mehr körperlichem Volumen. Ihre schlankeren
Proportionen werden durch das Bildformat noch un-
terstrichen.[22] In den Bewegungen sind sie enger,
verhaltener, weniger in die Fläche ausgreifend, dabei
jedoch zumeist von stärkerer Raumwirkung. Haltung
und Bewegung erscheinen insgesamt organischer, na-
türlicher als bei den übrigen Figuren, sogar von einer
besonderen Anmut. Die faltenreichen, detailliert
durchgebildeten Gewänder unterstreichen den Bewe-
gungsfluß. Diese schmalen Platten sind von besonderer
Schönheit und wohl die qualitätvollsten der ganzen
Tür, das gilt zumindest für so sorgfältig modellierte
Figuren wie den Mann mit dem runden Gegenstand, 37
Moses mit der aussätzigen Hand und den Gottvater 36
der Beseelung. Bei den nackten Figuren des ersten
Menschenpaares gibt es allerdings keine Anklänge an
antike Körperformen. Ein wesentliches Merkmal die-
ser Bildreihe besteht darin, daß mit Ausnahme des
Gottvaters der Erschaffung Evas in allen Bildfeldern
eigentlich die gleiche Figur wiedergegeben ist, variiert
nur durch Gesten und Attribute, Kopfhaltung oder
Seitenverkehrung.

Bisher galten die schmalen Platten als später ent-
standen, ihre kräftigere Plastizität als eine Verfestigung
der Form, die in der stilgeschichtlichen Entwicklung
einen Schritt hin zur romanischen Plastik bedeutet. Bei
den Versuchen, einzelne Meisterpersönlichkeiten in
den verschiedenen Bildreliefs der Tür zu erkennen,
wurden diese Platten dem sogenannten Mosesmeister
zugeschrieben – benannt nach der besonders qualität-
vollen Moses-Platte (Nr. 25) –, und zwar als dessen 35
spätere Arbeiten.[23] Diese schmalen Platten mögen
tatsächlich zuletzt entstanden sein, da sie als Erweite-

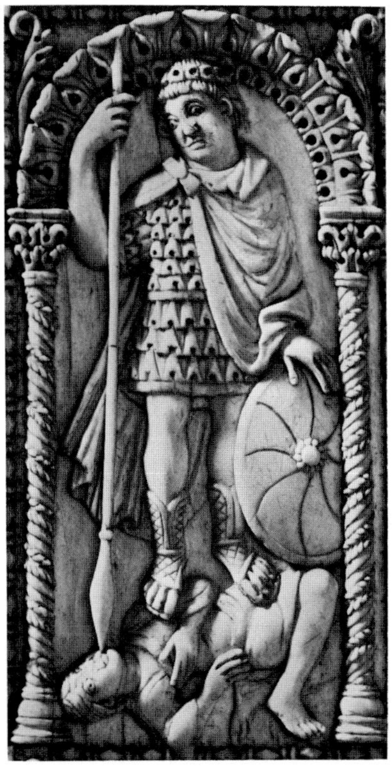

18 Triumphierender Herrscher von einer Elfenbeintafel. 9./10. Jh. Florenz, Museo Nazionale del Bargello

rung der ursprünglich schmaler geplanten Tür zu verstehen sind. Sie brauchen jedoch nicht in einem wesentlichen zeitlichen Abstand gesehen zu werden, vertreten auch keinesfalls eine jüngere Entwicklungsstufe. Vielmehr werden hier zwei Modelleure mit individueller Handschrift sichtbar, die offensichtlich – jeder auf seine Weise – dieselben Formvorlagen benutzt haben.

Das Verhältnis der schmalen Bildplatten zu den übrigen wird deutlich bei einem Vergleich zwischen
der Moses-Platte (Nr. 25) und dem schmalen Feld mit 35
dem unbekannten Mann, der einen runden Gegenstand 37
hält (Nr. 22). Beide geben im Grunde die gleiche Figur wieder, jedoch in unterschiedlicher Auffassung und Ausführung. Sie gehen ganz offensichtlich auf dieselbe Quelle zurück, aus der sie jeweils unterschiedliche Elemente naturnaher, d. h. antiker Figurenbildung übernommen haben. Moses zeigt sich in temperamentvoller Bewegung und mit den Oberflächenreizen zart modellierter Rundungen bei gleichzeitiger Reduzierung des plastischen Volumens und der detaillierten Binnenzeichnung; bei dem Unbekannten auf der schmalen Platte sind Plastizität und Räumlichkeit zusammen mit dem Reichtum der Detailzeichnung bewahrt.

Charakteristisch für beide Gruppen ist ein geringes Formenvokabular, für die einzelnen Figuren variiert, unterschiedlich kombiniert oder auch gegengleich angeordnet. Auf den breiten Bildplatten beispielsweise ist das an bestimmten Übereinstimmungen zwischen dem
lanzentragenden König und beiden Samsonszenen 31, 29
(Nr. 14, 6, 9, 10, 16) zu beobachten. Beim König fällt zudem die Kombination einzelner, ursprünglich nicht

19 Elfenbeintafel eines Reliquiars mit Aposteln und Tierkreiszeichen. 9. oder 10. Jh. München, Bayerisches Nationalmuseum

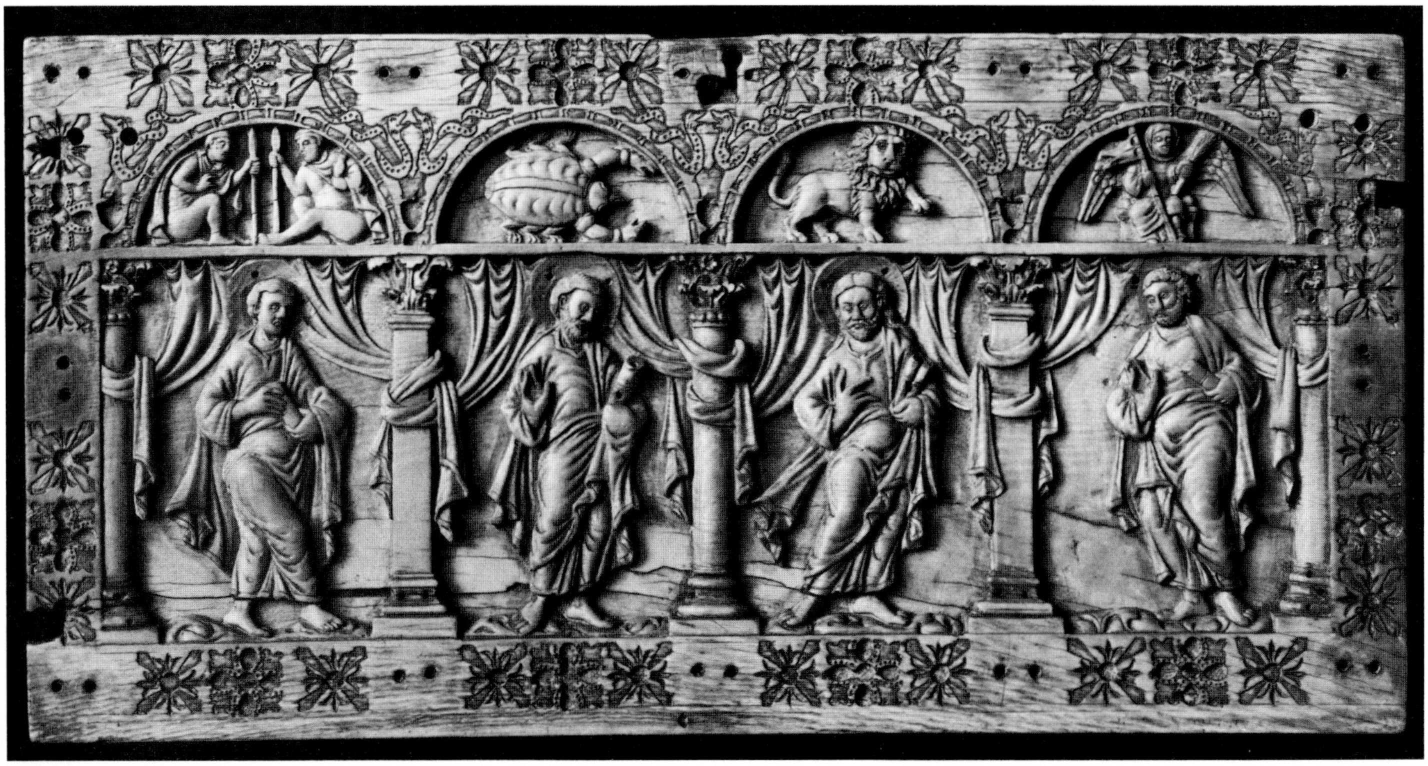

zusammengehöriger Elemente auf: das Gespreizte seines Standmotivs, die Eleganz des lanzenhaltenden Arms, der maßstäblich zu große und wohl auf Münzbilder zurückgehende Kopf. Ähnlich konstruiert, jedoch
30 gegengleich, ist die zweite Königsfigur (Nr. 18), mit gleicher, allerdings zum Führen des Schwertes nicht ganz zweckmäßiger Armhaltung.

Diese Einzelheiten der Formbeschreibung sollen die wesentliche Rolle antiken Formengutes als Quelle für die Reliefs in Augsburg deutlich machen. Nicht nur die bereits angesprochenen Darstellungen, sondern weitgehend alle Figuren und Motive sind dadurch bestimmt. Es scheint keinen Raum gegeben zu haben für eigene Bilderfindungen, die Selbständigkeit beschränkte sich auf das Kombinieren einzelner Elemente
31 wie bei der Königsfigur (Nr. 14) oder das Variieren mit wenigen Figurentypen. Wohl jedes Relief ist ein bildliches Zitat. Das Formengut der antiken Kunst ist vermutlich durch karolingische und ottonische, auch durch byzantinische Werke vermittelt worden, durch Goldschmiedearbeiten, Elfenbeinschnitzereien und Buchmalerei. Vergleichbare Figurenmotive aus der Zeit vom 9. bis zum frühen 11. Jahrhundert sind in
Abb. 18 Elfenbein eine Tafel mit triumphierenden Herrschern
Abb. 19 und ein Reliquiar mit Aposteldarstellungen[24] und als Goldtreibarbeit die Judasfigur aus der Abendmahlssze-
Abb. 20 ne der Pala d'oro im Aachener Dom.[25] Die betont seitlichen Wendungen der Gestalten auf der Bronzetür weisen auf einen ursprünglichen szenischen Zusammenhang hin; auf den Bildfeldern der Tür isoliert, agieren sie zumeist ins Leere, da ihnen nun ein Gegenüber fehlt. In gleichartiger Isolierung, in gerahmten Einzelfeldern, begegnen Figuren dieser Art
Abb. 21 auf byzantinischen Elfenbeinkästen des 10. bis 11. Jahrhunderts,[26] und zwar zum Teil tatsächlich die gleichen Bildmotive: von kurzen Mänteln nur knapp verhüllte nackte Krieger, Parallelen für die Königsfiguren mit Schwert und Lanze, der Löwenkämpfer und der Kentaur. Auch für den Münzbild-Kopf des lanzentragenden Königs gibt es hier Vergleichbares. Die charakteristischen Rosettenleisten dieser Kästen zeigen häufig die Rosetten alternierend mit großen, auf Münzbilder zurückgehenden Medaillon-Köpfen. Es scheint, als hätten für die Bildmotive der Augsburger Tür insbesondere byzantinische Quellen eine Rolle gespielt.

Die ottonische Kunst ist in Teilen durch eine erneute Hinwendung zur Antike bestimmt, die sogenannte ottonische Renaissance, die eigentlich eine Wiedererweckung der karolingischen Antikenrezeption ist. Die formalen Quellen der Augsburger Tür, auch die Besonderheit in der Verarbeitung dieser Quellen, legen eine Datierung in diese Zeit nahe. Auch

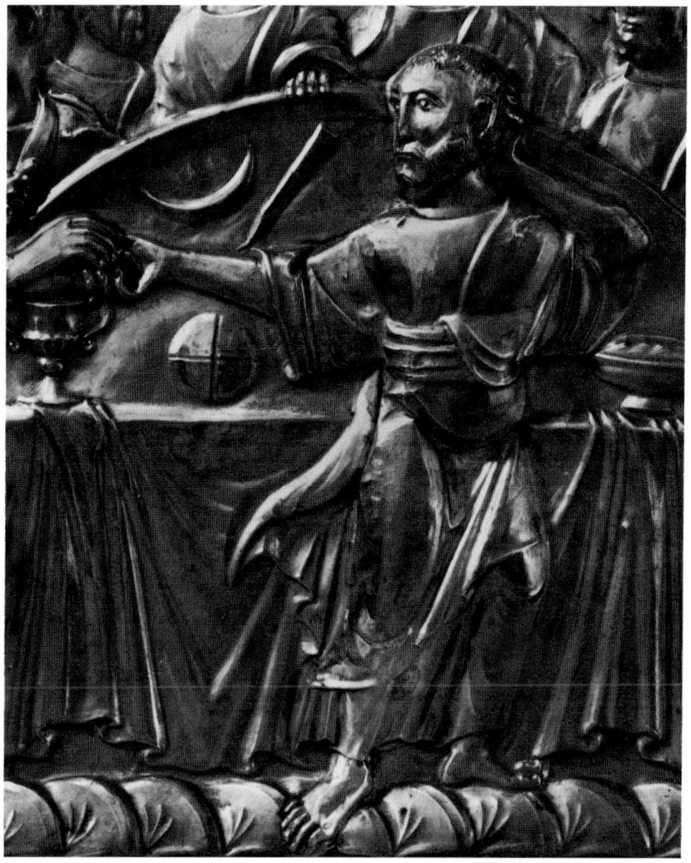

20 Judas aus der Abendmahlsdarstellung der Pala d'oro. Fulda oder westdeutsch, um 1020. Aachen, Dom

der zarte, nahezu malerische Reliefstil mit den weiten Gründen weist ins frühe 11. Jahrhundert. Die Datierung in den Zusammenhang mit dem Weihedatum des Augsburger Domes von 1065 ist daher vom Stil der bildlichen Darstellungen her zu spät; das gilt auch für die schmalen Bildfelder auf dem linken Flügel. Die Arbeiten für die ganze Tür, einschließlich ihrer Erweiterung, müssen in einem Zuge erfolgt sein, und zwar kaum über die dreißiger Jahre des 11. Jahrhunderts hinausreichend.

Mit einer solchen Datierung gelangt die Tür in
Augsburg in die zeitliche Nähe der Hildesheimer Tür. 9
Gelegentlich sind beide Gußwerke miteinander verglichen worden, was stets zu Ungunsten des Augsburgers ausging. Seine insgesamt verhaltene Bildsprache, das zarte Relief, die Vereinzelung der Motive, die unselbständige, auf das Zitieren von Vorbildern beschränkte Formgebung müssen enttäuschen gegenüber der Hildesheimer Tür mit ihrer kraftvollen Plastizität und dem Reichtum der Bilderfindung in den szenischen Darstellungen. Beide Werke dürfen jedoch nicht mit der Frage nach der größeren künstlerischen Leistung einander gegenübergestellt werden. Sie gehen beide von unterschiedlichen Voraussetzungen aus und arbeiten mit unterschiedlichen Bildmitteln. Das Ergebnis in Augs-

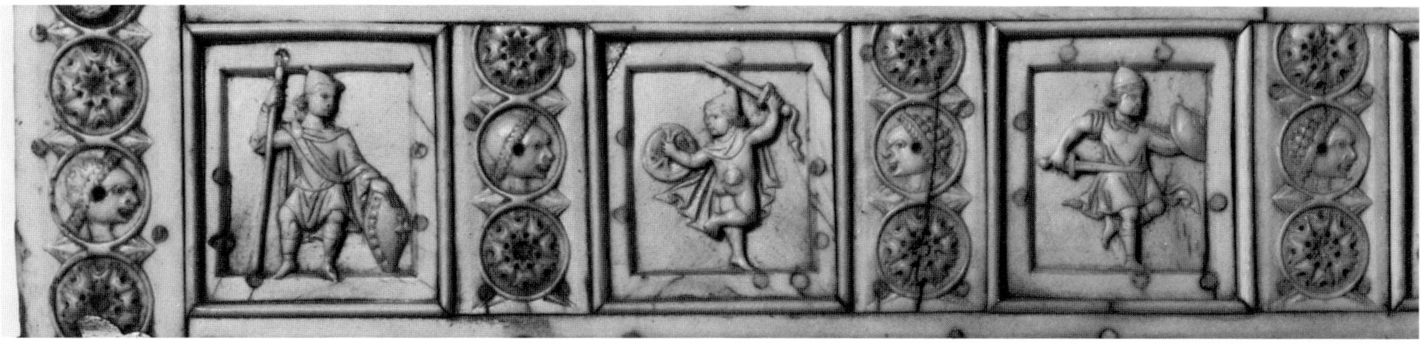

21 Kämpfer auf einem byzantinischen Elfenbeinkästchen. 11. Jh. Paris, Musée de Cluny

burg ist dabei von überzeugender Einheitlichkeit, mit qualitätvollen Details in der plastischen Formgebung und mit einem besonderen Oberflächenreiz der Bronzetafeln. Hildesheim und Augsburg kennzeichnen die Bandbreite der Möglichkeiten für Reliefdarstellungen im monumentalen Bronzeguß des frühen 11. Jahrhunderts. Zu erinnern ist hier auch an die Löwenkopf-
6, 8 Türzieher der Bronzetüren in Mainz und Hildesheim, um zu unterstreichen, wie unterschiedlich zeitlich benachbarte Werke sein können.

Modelleur und Gießer in Augsburg sind offensichtlich unabhängig von der Gußwerkstatt Bernwards in Hildesheim, und auch nach Mainz zurück scheint es keine Verbindung zu geben. Im süddeutschen Raum sind aus etwa der gleichen Zeit Nachrichten zum Gußhandwerk aus Freising und Tegernsee überliefert. Abt Gozbert von Tegernsee schrieb 1011 an den Freisinger Bischof Gottschalk, er hätte seit drei Jahren die fertige Gußform und das nötige Material für eine Glocke, und daher erbitte er aus Freising den im Bronzeguß bewanderten Adalrich, damit dieser den Guß ausführe. Vielleicht ist damit zugleich einer der in Augsburg beteiligten Meister namentlich genannt, der von Tegernsee nach Augsburg weitervermittelt sein könnte.[27]

Es ist indessen nicht sicher, ob die Tür in Augsburg selbst ausgeführt worden ist. Bei den einzeln gegossenen Bildplatten wäre ohne Schwierigkeiten ein Transport von einem anderen Gußort nach Augsburg möglich gewesen. Auch daß in offenbar genauer Kenntnis der baulichen Situation die Gußwerkstatt eine zusätzliche schmale Bildachse fertigte, bezeugt nicht unbedingt, daß sie wirklich da arbeitete, wo die Tür dann
101 aufgestellt wurde. Bei der Novgoroder Bronzetür ist ebenfalls durch zusätzliche Kompartimente eine Erweiterung vorgenommen worden; dabei war die Gußhütte in Magdeburg tätig, die Tür jedoch für den Dom in Płock bestimmt.

Die Erweiterung wurde vermutlich notwendig, als sich herausstellte, daß das vorgesehene Portal breiter wurde als ursprünglich geplant oder als überhaupt ein anderes Portal zum Standort bestimmt wurde. Nach denselben Bildvorlagen, die bisher bereits der Werkstatt gedient hatten, wurden daraufhin die schmalen Platten gearbeitet – allerdings von einem Meister, der die Formen weniger vereinfachte, wie bereits beschrieben. Einen interessanten Einblick in den Werkstattbetrieb erhalten wir durch die stets unterschiedlich ausgeführten Stücke der Bilddoubletten. Fast alle 34, 35
Motive der breiten, also zum ursprünglich geplanten Bestand gehörigen Platten kommen doppelt vor, bestimmt für beide Türflügel. Mit Hilfe einer Model wurde die plastische Form mechanisch von einem Gußmodell auf das nächste übertragen, mußte hier – noch vor dem Guß – überarbeitet werden, was immer von einer anderen, schwächeren Hand geschah, so daß regelmäßig ein Exemplar als das formal bessere, das andere als das schwächere zu erkennen ist. Offensichtlich gab es in der Werkstatt eine Arbeitsteilung zwischen zwei in der Hierarchie unterschiedlichen Kräften; ein Meister modellierte das erste Gußmodell in Wachs, ein untergeordneter Mitarbeiter formte es ab und benutzte das entstandene Negativ als Model für das zweite Exemplar des Gußmodells. Da durch den Vorgang des Abformens bestimmte Feinheiten der Plastik nicht übertragen wurden, mußte dieses zweite Wachs-Gußmodell überarbeitet werden, ebenfalls von jenem zweiten Mitarbeiter, dessen persönliche Handschrift es damit erhielt.[28] Es hat nicht nur ein einziges Meister-Mitarbeiter-Paar in der Werkstatt der Augsburger Tür gegeben; mindestens zwei modellierende Meister waren mit den breiten Bildplatten beschäftigt, ein weiterer dann mit den schmalen. Diese schmalen Platten sind derartig unterschiedlich in der Ausführung, daß mehr als eine zusätzliche Gehilfenhand beteiligt gewesen zu sein scheint. Eine erhebliche Variationsbreite gibt es schließlich bei den menschlichen Köpfen auf den Rahmenkreuzungen, die zu 38
verschiedenen Typen gehören – was mit unterschiedlichen Vorlagen zu erklären ist –, die aber auch sehr

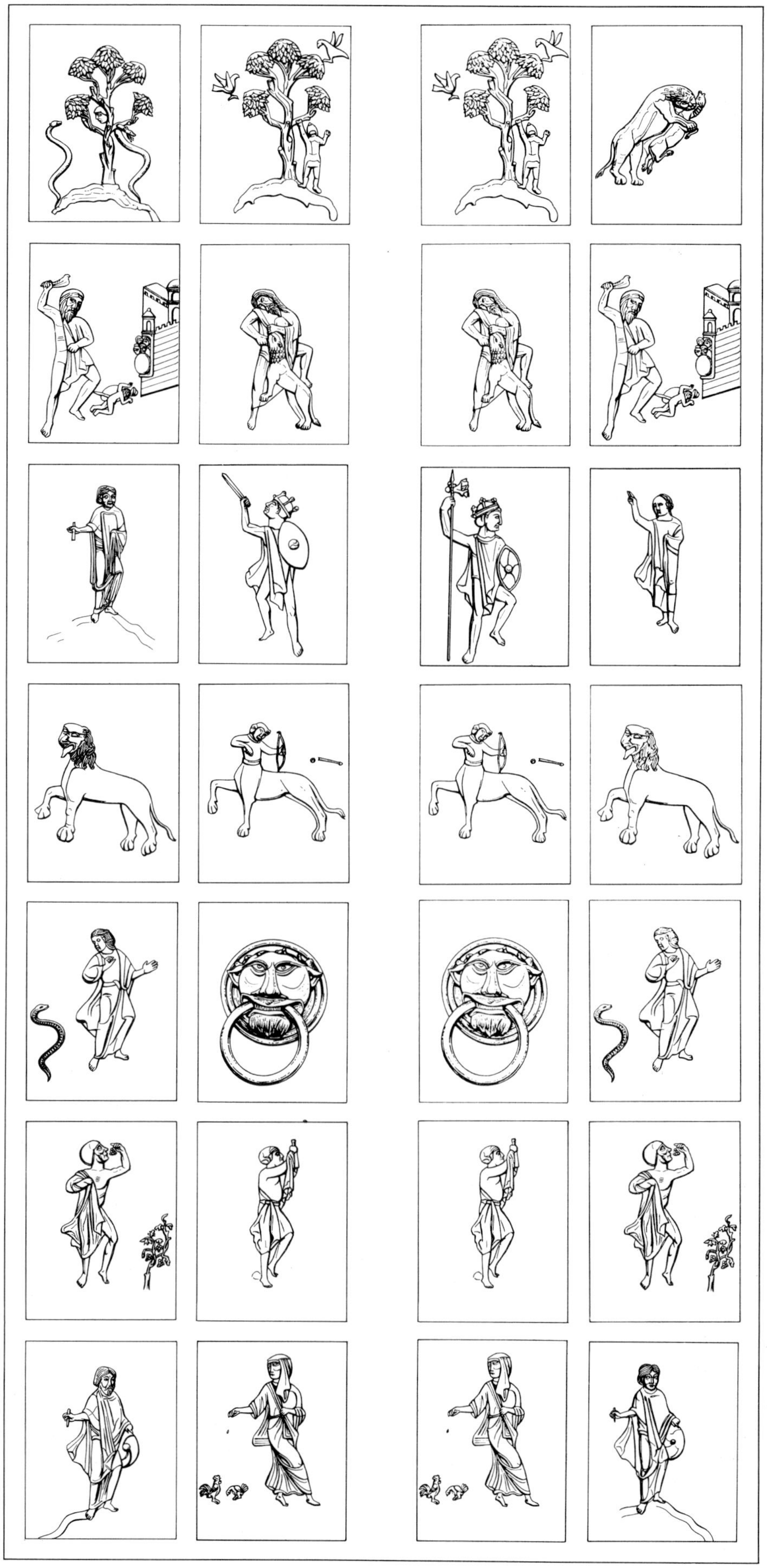

22 Augsburg, die Bronzetür des Domes im ursprünglich geplanten Zustand. Neuer Rekonstruktionsvorschlag (Zeichnung: Octavian Catrici)

abweichend in der Feinheit der Ausführung sind. Ein breitflächiger Gesichtstypus gleicht vielen Köpfen auf den Reliefs der breiten Platten, ein davon sehr abweichender bärtiger Typus scheint zu beiden Gruppen zu gehören; gerade bei ihm allerdings sind die einzelnen Exemplare besonders wechselnd in der handwerklichen Qualität.[29]

Aussagen zum Bildinhalt der Reliefs, besonders auch zum ikonographischen Programm der ganzen Tür sind schwierig. Zu erkennen ist eine Gesamtthematik mit dem weitgespannten Rahmen der Polarität zwischen Gut und Böse. Der Mensch war nach dem Verständnis des christlichen Mittelalters ständig diesem Konflikt ausgesetzt, zwischen den Versuchungen des irdischen Lebens und der Verheißung einer Erlösung. Christus, der durch seinen Tod am Kreuz als Sieger aus dem Kampf mit den Mächten der Finsternis hervorgegangen ist, hat den Weg geöffnet für die Erlösung, für den Einzug ins himmlische Paradies. Das Kirchenportal, der Eingang ins Gotteshaus, wurde im Mittelalter mit der Pforte zu diesem Paradies gleichgesetzt, durch die die bösen Mächte nicht eindringen konnten und wo auch die Sünder abgewiesen wurden, durch die aber Christus selbst die Gläubigen und die reuigen Sünder zum ewigen Leben führte. Im Skulpturenschmuck der mittelalterlichen Kirchenportale spielen diese Motive – die Mächte der Finsternis, der Kampf zwischen Gut und Böse, die Erlösungsverheißung durch Christus – eine große Rolle, und in diesem Zusammenhang ist auch die Bilderwand der Augsburger Bronzetür zu verstehen.

Aus drei thematischen Bereichen sind die Einzeldarstellungen der Tür entnommen: der Genesis mit der Erschaffung des Menschen und dem Sündenfall, dem Alten Testament mit bestimmten, als Vorläufer Christi geltenden Personen (Moses, Aaron, Samson, David) und schließlich der mittelalterlichen Tiersymbolik (Löwe, Bär, Kentaur, Vögel, Hühner).[30] Die Darstellung jedes Bildfeldes ist innerhalb des Gesamtprogramms ein verschlüsseltes Bildzeichen, ein Symbol, das einen bestimmten Bedeutungsgehalt besitzt. Dieser ist zu erschließen aus den biblischen Texten und den exegetischen Schriften des Mittelalters wie auch aus vergleichbaren Bilddarstellungen. Manche der Figuren auf der Augsburger Tür sind allerdings durch das Fehlen eindeutiger Attribute nicht zu benennen (Nr. 3, 15, 21, 35), und auch für andere verbirgt sich bisher ihr Sinn (Nr. 1, 22, 29). Als symbolischer Bilderzyklus ist diese Tür ein sehr frühes Denkmal aus einer Zeit, da bestimmte Bildtraditionen noch nicht entwickelt waren.

Wesentlich für die Verständlichkeit und Ablesbarkeit des Bildinhalts war sicherlich die Anordnung der einzelnen Motive in einer sinnvollen Reihenfolge und mit bestimmten Kombinationen jeweils zweier Platten nebeneinander. Die Anordnung im gegenwärtigen Zustand geht wohl auf die Restaurierung der Tür von 1593 zurück; damals mag die genaue Bedeutung der Tafeln nicht mehr bekannt und auch für das Bildprogramm insgesamt kein Verständnis mehr vorhanden gewesen sein. Daß die Anordnung nicht ursprünglich ist, zeigt schon die Unregelmäßigkeit, mit der die Bilddoubletten verteilt sind. Für den ursprünglich geplanten Zustand mit gleich breiten Flügeln hat Adolph Goldschmidt eine Rekonstruktion vorgeschlagen, die davon ausgeht, daß der ganze rechte Türflügel unverändert ist. Auf dem linken Flügel ordnete er die Platten so, daß rechter und linker Flügel weitgehend einander entsprechen, also die Bilddoubletten in gleicher Höhe zu stehen kommen. Wo keine Doubletten existieren, stellte er ähnliche Motive als Paare einander gegenüber. Lediglich für die oberste Bildreihe gelang das nicht.[31] Die senkrechte Reihe der schmalen Platten war nach Goldschmidt in zeitlicher Abfolge, entsprechend dem Bibeltext geordnet, mit der Beseelung Adams oben beginnend, dann erst folgend die Platten mit Moses und Aaron.

Zum Rekonstruktionsvorschlag für den ersten Plan wird hier eine Variante angeboten. Sie verändert die Abb. 22
Anordnung von Goldschmidt nur insofern, als sie noch stärker die Symmetrie beider Flügel berücksichtigt: Bei den in gleicher Höhe liegenden Bildplatten sind stets die beiden benachbarten am Türschluß von gleicher Form, ebenso die beiden außen liegenden. Wir kennen das von den Bronzetüren des Barisanus aus dem späten 137, 156,
12. Jahrhundert mit identischen Bilddarstellungen 161
auf beiden Flügeln. Vollkommen läßt sich eine solche Symmetrie in Augsburg jedoch nicht herstellen. Die einzelnen Figuren haben hier eine zumeist deutliche Bewegungsrichtung; sie müßten für den jeweils anderen Türflügel eigentlich gegengleich wiederholt werden – wie das im Fall der beiden Könige tatsächlich geschehen ist (Nr. 14,18). Bei allen anderen Paaren entsteht durch die mechanische Verdoppelung ein sehr merkwürdiger Effekt. Die Figuren agieren in dieselbe Richtung, über die doppelte Leiste des Türschlusses hinweg. Wie vieles im Zusammenhang der Augsburger Bronzetür, ist auch die Anordnung der Einzeltafeln ungewöhnlich, und das Problem der ursprünglich geplanten Form bleibt letztlich als Frage bestehen.

Canosa
Die Tür des Boemund-Mausoleums

41 Die kleine Tür in Canosa, die älteste erhaltene italienische Bronzetür des Mittelalters, ist in mehrfacher Hinsicht außergewöhnlich. Auffallend erscheint zunächst die Ungleichheit ihrer beiden Flügel, die an der Zusammengehörigkeit zweifeln läßt. Beispiellos im ganzen europäischen Mittelalter bleibt vor allem die Verwendung einer Bronzetür an einem Grabbau statt an einer Kirchenpforte. Diese Tatsache bestimmt schließlich auch den Sonderfall des Bildprogramms mit der Darstellung profaner Personen.

Abb. 23 Das Mausoleum des normannischen Fürsten Boemund I., dessen Eingang die Bronzetür verschließt, ist ein eigenständiger Bau am Südquerhaus des Doms von Canosa, ohne direkten Zugang zu ihm. Auch der Bautypus hat keine Parallelen in der europäischen Kunst des Mittelalters; er läßt sich jedoch mit orientalischen Denkmälern in Zusammenhang bringen – ein Bezug, der in der Person des hier Bestatteten in seiner Eigenschaft als Fürst von Antiochien begründet sein mag – und steht zusammen mit diesen in der Tradition antiker und spätantiker Grabbauten. Aus frühchristli-
Abb. 24 cher Zeit kann eine Elfenbeintafel in London mit dem Abbild eines Mausoleums und seiner bildgeschmückten Tür als eine Art historisches Bindeglied dienen:[32] Dargestellt ist das Grab Christi, ein kleiner überkuppelter Bau mit einem Sarkophag im Innern, der durch die halb geöffnete Tür zu erkennen ist. Die Tür selbst besitzt auf jedem Flügel zwei Reliefdarstellungen und auf der breiten Mittelleiste dazwischen einen mächtigen Löwenkopf-Türzieher. Dieser hat als apotropäischer Bestandteil antiker Türen eine lange Ahnenreihe. Unversehrt erhalten ist nur der rechte Türflügel, der linke zur Hälfte weggebrochen und so lediglich in seiner Gliederung zu erkennen. Von den beiden Reliefbildfeldern rechts ist zumindest das obere als Auferweckung des Lazarus zu identifizieren. Die Darstellungen der Tür sind also – auch darin eine Parallele zu Canosa – offensichtlich auf den Inhaber des Grabes bezogen.

Grabbau und Bronzetür in Canosa sind Denkmäler der sich kreuzenden verschiedenartigen Kulturen im südlichen Italien in der Zeit der Normannenherrschaft und in der Zeit des ersten Kreuzzuges. Boemund I. (bald nach 1050–1111) war der älteste Sohn des Robert Guiscard (um 1015–1085) aus dem Normannengeschlecht Altavilla (Hauteville), das mit seinen zahlreichen Mitgliedern entscheidend in die Kämpfe der Normannen um die Herrschaft im südlichen Italien eingegriffen hatte, gegen die Byzantiner in Apulien und Kalabrien, die Araber in Sizilien und wechselnd bald im Bunde mit den langobardischen Fürstentümern, den Seestädten Campaniens und dem Papst, bald gegen sie. Die bedeutendsten Erfolge gelangen Robert Guiscard, den der Papst zum Herzog von Apulien erhob, und seinem jüngeren Bruder Roger I. (gest. 1101), Graf von Sizilien, nach Unterwerfung der Araber. Nicht Boemund, sondern sein jüngerer Halbbruder Roger Borsa (gest. 1111) wurde Robert Guiscards Nachfolger als Herzog von Apulien; Boemund, der lediglich Gebiete um Tarent und Otranto erhielt und sich wegen der Herrschaftsansprüche im Konflikt mit seinem Bruder befand, erschloß sich schließlich mit seiner Teilnahme am ersten Kreuzzug 1095 einen neuen Wirkungsbereich. Er wurde einer der bedeutendsten Heerführer des Kreuzzuges und hat als Fürst von Antiochien die meiste Zeit im Orient verbracht. Während eines Aufenthaltes in Bari starb er am 7. März 1111. Der Überlieferung nach errichteten seine Mutter Alberada oder seine Gemahlin Constanze, eine französische Prinzessin, den Grabbau in Canosa, der erstmals 1118 genannt wird. Dieses Datum ist für die Entstehungszeit der Bronzetür ein Anhaltspunkt.

Der Bau selbst ist ein zierliches und kostbares Abb. 23
Gehäuse, ein Kubus mit aufgesetzter Kuppel, ganz mit weißem Marmor verkleidet, mit antiken Spolien in den Kapitellen und mit einer Ruhminschrift auf den hier Bestatteten, die den Tambour der Kuppel außen umzieht. Im Innern befindet sich im Boden eingelassen die Abb. 25
schlichte Grabplatte Boemunds.

Die Tür des Mausoleums erscheint auf den ersten 41
Blick als ein auffallend uneinheitliches Gebilde; beide

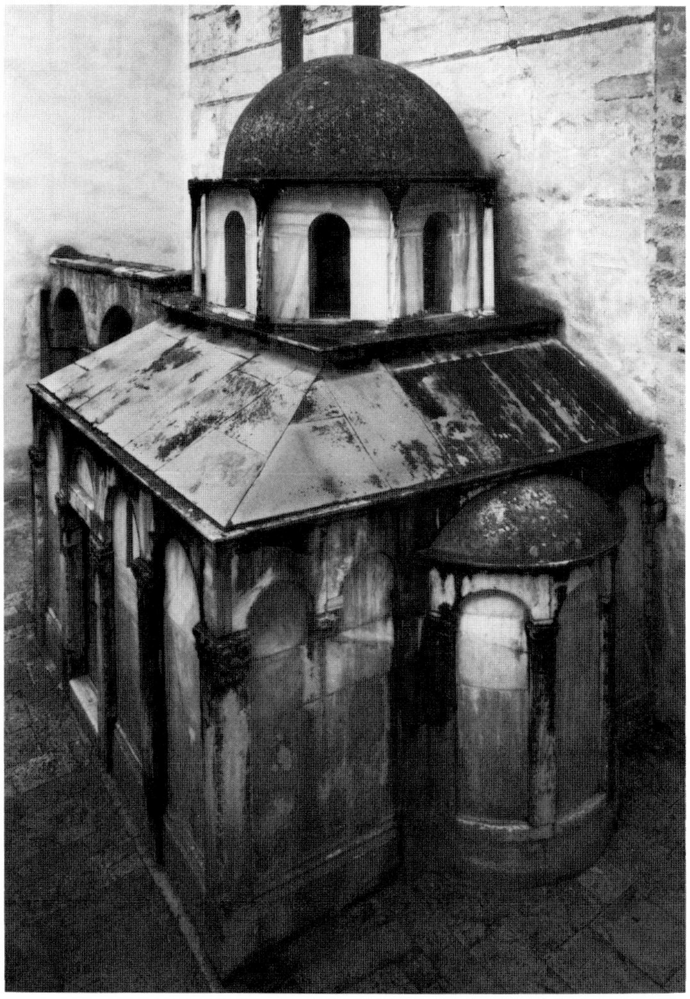

23 Canosa, Mausoleum Boemunds I. an der Südseite des Domes San Sabino. Um 1111–1118

Türflügel sind unterschiedlich gegliedert und geschmückt. Auch gußtechnisch differieren sie: der linke Flügel wurde in einem Stück gegossen, der rechte aus vier Teilen zusammengesetzt. Gemeinsam ist beiden Flügeln die Mischung byzantinischer und islamischer Formelemente, wobei besonders die letzteren mit ihrem großen dekorativen Reiz nachdrücklich das Bild bestimmen. Dazu gehören vor allem die breiten pseudokufischen Rahmungen der drei Rundfelder des lin-
42 ken und die beiden großen Arabeskenscheiben des rechten Flügels, ein dichtes, zartes Liniengeflecht, in das Tiere und Pflanzenmotive einkomponiert sind. Orientalischen Charakter zeigen auch die Rahmenleisten in der zarten, flächigen Reliefierung ihrer Ornamentik. Die Ornamentmotive selbst sind auch aus der byzantinischen Kunst geläufig, insbesondere die Doppelranken der schmalen Innenleisten. Eine solche Ornamentleiste bildet in Canosa auch den einzigen
Abb. 25 Schmuck der Grabplatte Boemunds im Innern des Mausoleums.

An byzantinische Form und Technik schließen die beiden figürlichen Bildfelder an, indem sie zweidimen- 43
sional nur auf die Fläche beschränkt sind wie die tauschierten Darstellungen byzantinischer Bronzetüren. In Canosa waren die Gesichter, Hände und Füße tauschiert, d. h. in Silber eingelegt, auf dem die Binnenzeichnung durch feine Gravuren ausgeführt war, wie

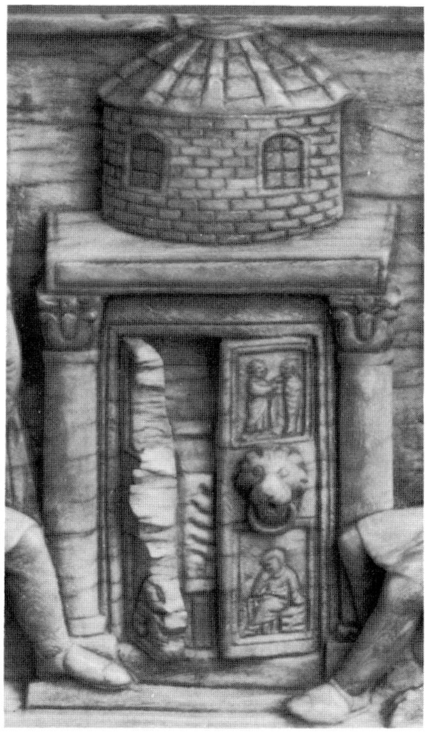

24 Grabbau Christi auf einer Elfenbeintafel. Italien, frühes 5. Jh. London, British Museum

das von byzantinischen Türen her bekannt ist. Die Silberbestandteile sind heute verloren und haben leere vertiefte Flächen zurückgelassen. Im Gegensatz zu byzantinischer Tradition ist die übrige Zeichnung der Figuren in Canosa nicht tauschiert; sie ist nur graviert, ist damit viel zarter im Strich und lebendiger in der Linienführung. Auch der Figurentypus ist anders als auf den byzantinischen Türen. Er zeigt große und kräftige Gestalten, überlängt in den Proportionen, dabei breitschultrig und sehr beweglich. Die Plastizität des Körpers wird durch das zarte Liniengefüge der Gewandformen hindurch deutlich spürbar. Die überaus qualitätvollen gravierten Darstellungen erscheinen recht isoliert und haben sich bis heute nicht überzeugend mit anderen Werken, etwa denen der Buchmalerei aus Byzanz oder Montecassino, in einen festen Zusammenhang bringen lassen.

Dem geläufigen byzantinischen Türzieher-Typus folgt der kleine plastische Löwenkopf auf dem rechten Abb. 26
Türflügel, als ein etwa kreisrunder stilisierter Kopf mit einer Reihe rahmender Mähnenlöckchen. Er ist – wie bei byzantinischen Türen üblich – mit einem durch die Kopfmitte geführten Stift befestigt und zwar auf der

Rahmenleiste, nicht inmitten der Türfläche. Die beiden anderen als Türzieher dienenden Köpfe – wenn man ehemals vorhandene Ringe voraussetzen darf – sind von anderer Form. Stilgeschichtlich interessant ist vor
Abb. 26 allem das dicht benachbarte Exemplar auf der linken Türschlußleiste, das nicht nachträglich befestigt, sondern mit dem Türflügel in einem Stück gegossen wurde. Es hat ausgesprochen anthropomorphe Züge. Die eindrucksvoll phantastische Form ist mit ihrer weich und fleischig erscheinenden Oberfläche differenziert modelliert, darin Werken der apulischen Skulptur um 1040 vergleichbar, zum Beispiel einer Maske vom Bischofsthron in Siponto und dem besonders schönen
Abb. 27 Kopf vom Lesepult in Monte Sant' Angelo.[33] Der
40, 41 große Löwenkopf der Bronzetür, beherrschendes Element des linken Türflügels, erscheint wie ein stilisierter, ins Rund ausgebreiteter Nachfolger jenes schmalen anthropomorphen Kopfes. Der besondere Grad seiner Stilisierung verbindet ihn andererseits mit Tierköpfen, wie sie auf orientalischen und byzantinischen Seidenstoffen vorkommen.[34]

Dieses früheste Beispiel byzantinischer Elemente auf einer italienischen Bronzetür gibt Anlaß, einen Blick auf die zeitlich vorausgehenden Importtüren aus Konstantinopel zu werfen, die zahlreich in Italien vorhanden sind.[35] Die älteste ist die Domtür in Amalfi; ihrem Vorbild folgte die 1066 datierte Tür für den Kirchenneubau der Benediktinerabtei Montecassino, durch Abt Desiderius veranlaßt. In dichter zeitlicher Folge schließen weitere an: 1070 für San Paolo fuori le mura in Rom, 1076 für die Grottenkirche des Michaelsheiligtums von Monte Sant'Angelo, 1087 für den Dom in Atrani (bei Amalfi) und wohl etwa gleichzeitg für den Dom in Salerno (Weihe des Neubaues 1084). Zwei dieser Türen befinden sich in San Marco in Venedig, die südliche Nebentür des Narthex (Porta San Clemente, Abb. 28
um 1080) und die mittlere Narthextür (Anfang Abb. 29
12. Jahrhundert; mit Inschrift des Leo da Molino). Die meisten dieser Türen tragen Inschriften und überliefern Stifternamen, Daten und auch Meisternamen. Sie sind Zeugnisse der geistigen, wirtschaftlichen und politischen Verbindungen nach Byzanz, getragen vor allem von Rom und Montecassino, Amalfi und Venedig. Die Stifter der meisten in Süditalien befindlichen Exemplare waren Mitglieder eines bedeutenden Handelsgeschlechts in Amalfi mit Niederlassung in Byzanz selbst. Die eigentlichen Auftraggeber jedoch, die auch das jeweilige Bildprogramm bestimmten, sind auf seiten der Geistlichkeit zu sehen – so wie das für Montecassino überliefert ist in der Person des bedeutenden Abtes

25 Detail von der Grabplatte Boemunds I. Um 1111–1118. Canosa, Mausoleum Boemunds I.

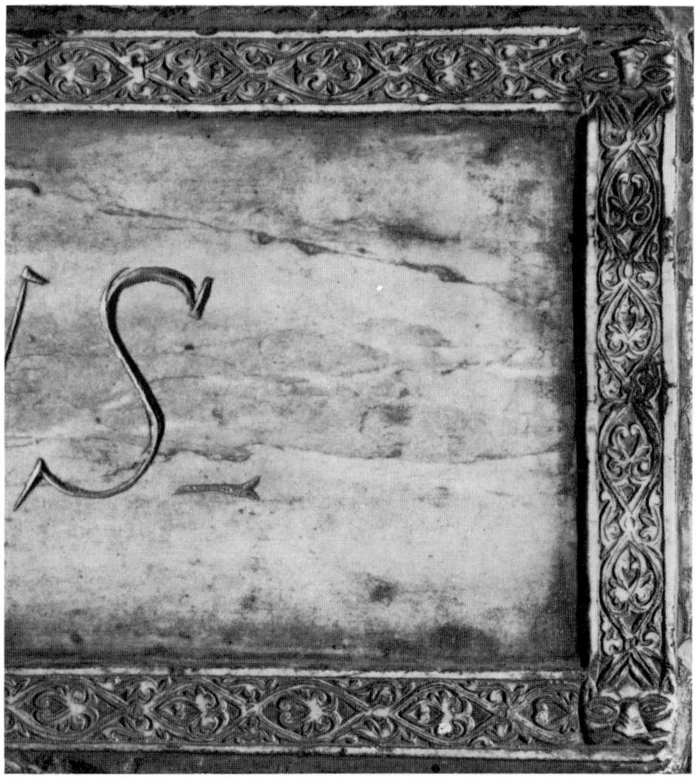

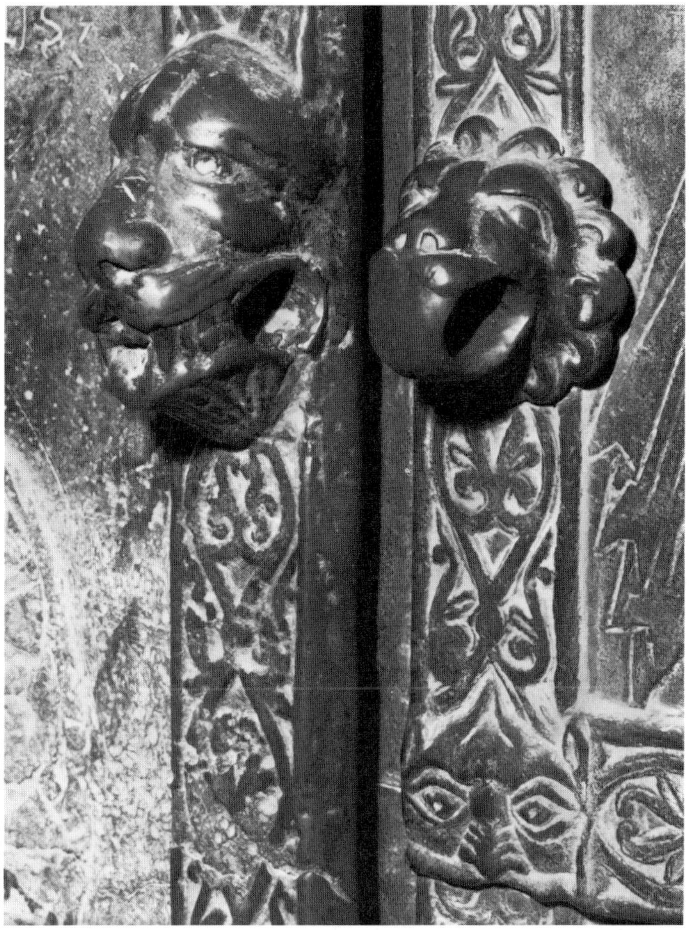

26 Canosa, Bronzetür des Boemund-Mausoleums: Die beiden Türzieher am Türschluß

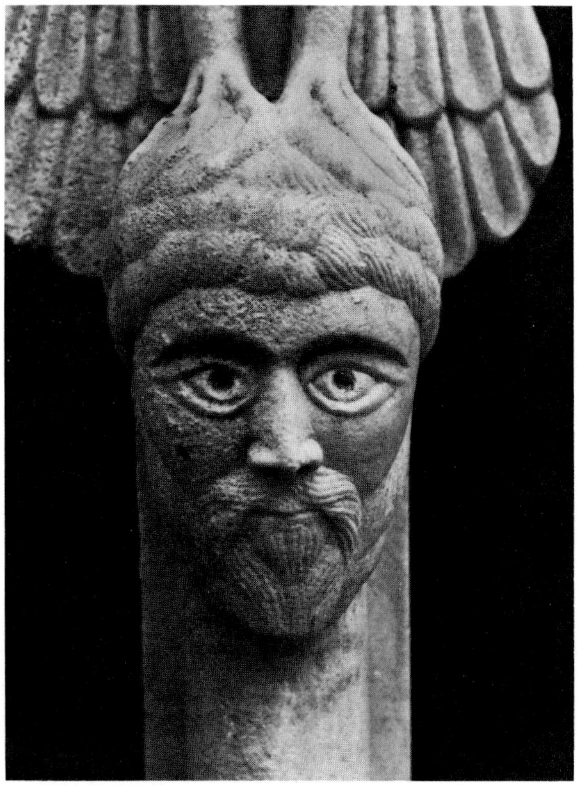

27 Maske am Lesepult-Fragment des Meisters Acceptus von 1041. Monte Sant'Angelo, Grottenkirche des Michaelsheiligtums

Desiderius. Immer handelt es sich um Ausstattungsstücke von besonderem materiellen Wert, über den kostbaren Werkstoff hinaus um handwerkliche Arbeiten, wie sie nur aus der Kaiserstadt Konstantinopel bezogen werden konnten. Obwohl unterschiedlich in Einzelheiten des Bildschmucks wie der handwerklichen Ausführung bilden diese Türen eine geschlossene Gruppe, einen Typus, der sich wesentlich von westeuropäischen Bronzetüren des Mittelalters abhebt. Es sind Bilderwände ohne plastischen Schmuck, wenn man von gelegentlich vorhandenen Löwenkopf-Türziehern absieht. Die flachen Platten der Türfüllungen und die Rahmenleisten sind auf Holzträgern montiert, das Metall ist eine Kupfer-Zink-Legierung, also eigentlich Messing. Den Türfüllungen sind entweder völlig flächige Kreuze aufgenagelt, oder sie tragen tauschierte Darstellungen und Inschriften. Die Tauschierung ist in Silber unterschiedlicher Legierung ausgeführt, in größeren Flächen für das Inkarnat der Figuren und in feinen Fäden, ergänzt durch Farbpasten und gelegentlich sogar durch Gold für die Konturen und die Binnenzeichnung der Gewänder, ebenso für Ornamentik und Inschriften. Die Farbigkeit der unterschiedlichen Materialien, eine Art Zeichnung in Metall, bestimmt die Darstellungen, überwiegend Einzelfiguren – Christus, Maria, Apostel, Heilige, Stifter –, aber auch szenische Darstellungen der Heilsgeschichte. Wenn Türzieher vorhanden sind, befinden sie sich direkt auf den Rahmenleisten; sie sind dadurch in der Größe eingeschränkt, immer jedoch in größerer Anzahl vorhanden, nicht unter vier Exemplaren. Der diffizile Oberflächencharakter kommt heute trotz sorgfältiger Restaurierung der meisten Türen kaum in der beabsichtigten Perfektion zur Geltung. Rasch eintretende Verfärbungen und Verschmutzung beeinträchtigen das Bild, vor allem jedoch der im Lauf der Jahrhunderte eingetretene Verlust vieler der kostbaren Silbereinlagen.[36] Merkwürdig ist, daß dieser Typus byzantinischer Türen nur aus den heute noch in Italien befindlichen Exemplaren bekannt ist. Weder in der Kaiserstadt Konstantinopel noch im Bereich des östlichen Mittelmeeres haben sich weitere Beispiele erhalten.[37] In

28 Venedig, San Marco: Byzantinische Bronzetür in der Porta San Clemente (Narthexportal innen, Süd). Um 1080

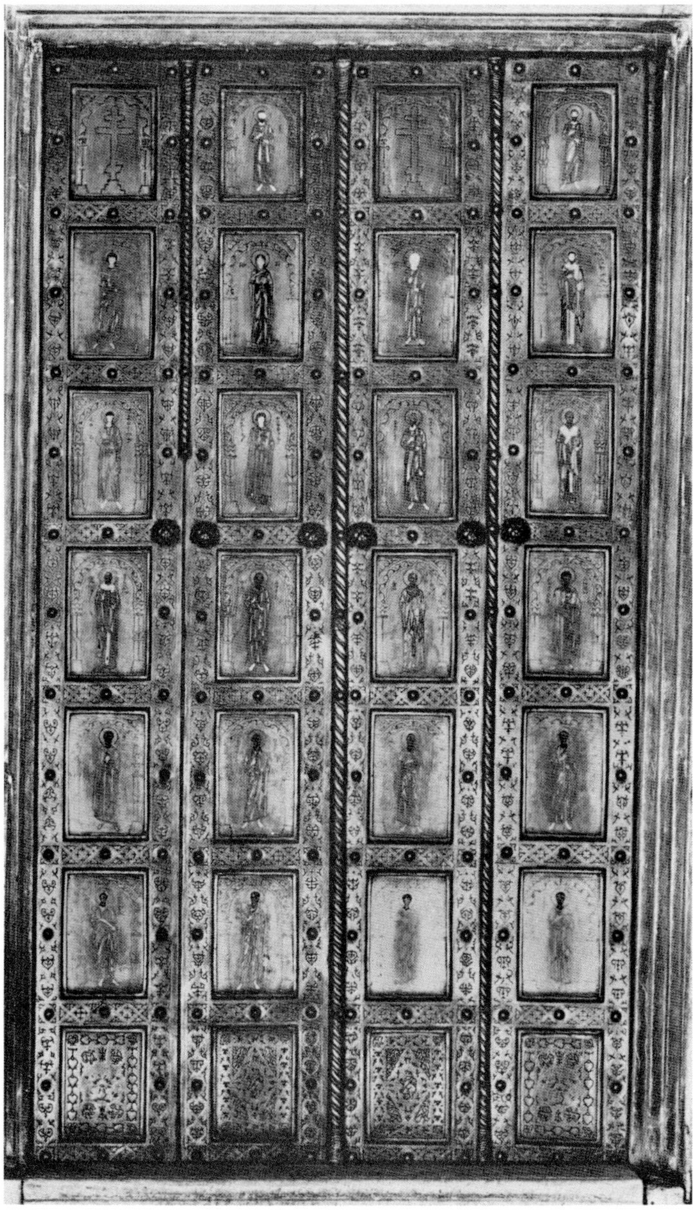

Italien haben sie zu Nachahmungen angeregt, selten jedoch in ihrer gesamten Erscheinungsform,[38] vielmehr auf einzelne Elemente beschränkt.

Das trifft auch zu für die Tür in Canosa, für die graphische Flächenkunst ihrer figürlichen Darstellungen, die technisch allerdings abweichen, und die kleinen Kopf-Appliken auf den Rahmenleisten. Auch die gesondert gefertigten und aufgehefteten Appliken, eine Muttergottes auf dem linken Flügel und eine vermutete Christusdarstellung rechts, wird man sich in byzantinischer Tradition vorzustellen haben, wohl als flache Reliefs. Relief-Appliken sind von den byzantinischen Türen des 11. Jahrhunderts allerdings nicht bekannt. Unabhängig von byzantinischen Exemplaren ist die Tür in Canosa außerdem durch ihre Ausführung in massivem Guß.

Die orientalischen Ornamentmotive können direkt mit der Person Boemunds in Zusammenhang stehen, mit dem Import von Erzeugnissen islamischen Kunsthandwerks, die durch die Kreuzfahrer nach Europa gelangten. Allerdings zeigt die Kunst Apuliens lange vorher schon, bereits vor der Mitte des 11. Jahrhunderts, islamische Elemente. Die stilisierten Elefanten, die den Thron des Bischofs Urso (1079–89) im Dom von Canosa tragen, sind eines der eindrucksvollsten Beispiele. Insofern ist der orientalisierende Charakter der Tür auch aus apulischer Tradition zu erklären, aus dem kulturellen Austausch, der einerseits mit dem unter arabischer Herrschaft stehenden Sizilien und andererseits über Handelsverbindungen mit den islamischen Ländern direkt bestand. Es wird allgemein angenommen, ist jedoch nicht sicher, daß das flache Relief der Arabeskenscheiben und der pseudokufischen Rahmenbänder einst in Art der speziellen islamischen Einlegearbeit, des Keft, mit andersfarbigen Metallen – vor allem mit Silber – tauschiert war. Das würde die Verwandtschaft zu islamischen Metallarbeiten noch stärker betonen.

Ein besonderes Problem bedeutet die Entstehungsgeschichte der Tür, da beide Flügel auf so merkwürdige Weise unterschiedlich sind. Es ist nicht recht glaubhaft, daß eine zweiflügelige Tür derart asymmetrisch konzipiert wurde. Deshalb muß man wohl davon ausgehen, daß hier zwei unterschiedliche Teile miteinander kombiniert worden sind, ein älterer, in einem Stück gegossener Türflügel links mit einem jüngeren, aus vier Teilen zusammengesetzten Flügel rechts. Auf nachträgliche Veränderungen am linken Flügel deutet hin, daß hier die große Löwenmaske offensichtlich erst aufgesetzt worden ist, nachdem die in dieser Höhe den ganzen Türflügel überquerende Beschädigung entstanden war.

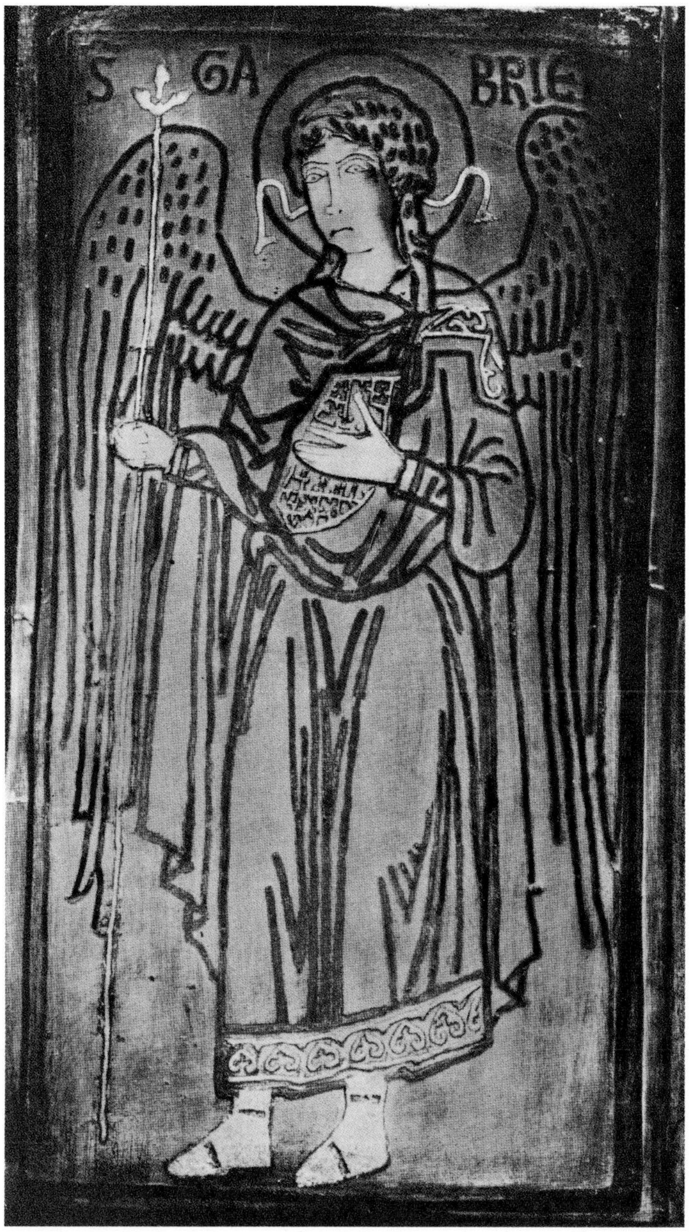

29 Venedig, San Marco: Erzengel Gabriel von der byzantinischen Bronzetür im mittleren Narthexportal (innen), Stiftung des Leo da Molino. Anfang 12. Jh.

Eine Meisterinschrift im untersten Feld des rechten 43
Flügels gibt Auskunft, daß Roger aus Melfi, ein Meister des Glockengusses, diese »Türen« (d. h. eine zweiflügelige Tür) zusammen mit einem Leuchter für den Dom San Sabino gefertigt hat. Dem Namen nach war dieser Meister ein Normanne, und er stammte aus Melfi, dem frühesten Zentrum einer normannischen Grafschaft Apulien. Es ist möglich, daß dieser Meister Roger bereits den linken Flügel vorgefunden hat, als Rest eines ehemaligen Flügelpaares, das für einen unbekannten Aufstellungsort bestimmt war. Sein Anteil für die Tür des Mausoleums (nach 1111, um 1118) hätte dann darin bestanden, in Anlehnung an dieses vorgefundene

Stück den rechten Flügel neu zu gießen und den wiederverwandten zu ergänzen auf seine neue Zweckbestimmung als Grabtür hin. Die Angleichung beider Flügel einerseits und andererseits ein bewußter Verzicht auf symmetrische Gestaltung sind bemerkenswert. Der rechte Flügel ist zwar in vier Teilen gegossen, jedoch ebenfalls massiv; er wiederholt in den Motiven und im Reliefcharakter sehr weitgehend die Form der
Abb. 30 Rahmenleisten, zusätzlich ist er auch rückwärts ornamental gestaltet. Große Medaillons islamischer Formgebung bilden auch auf diesem Flügel wichtige Akzente, sind zwar von anderer Gestaltung und verschoben gegenüber den benachbarten auf dem linken Flügel. Dessen kleine Maske auf der Türschlußleiste erhielt ein Pendant. Möglicherweise ist auch die verlorene Madonnendarstellung ein Zusatz erst aus dieser Zeit, als die Ruhminschrift auf Boemund nachträglich aufgebracht wurde. Das könnte ebenso für den großen Löwenkopf zutreffen; andererseits weist dieser mit seinen stilisierten Formen auf eine frühere Zeit, noch ins 11. Jahrhundert, und er wäre somit denkbar als eine frühere Ergänzung dieses Flügels, nach seiner Beschädigung, aber noch vor der Versetzung an das Mausoleum durch Roger von Melfi. In diese Überlegungen ist
Abb. 31 ein weiterer Löwenkopf-Türzieher mit einzuschließen, der sich als Einzelstück in Canosa befindet und erst seit jüngerer Zeit bekannt ist.[39] In der Größe stimmt er mit dem Exemplar auf der Tür überein, und seine Formen variieren nur soweit – besonders deutlich in den Mähnenzotteln zu erkennen –, wie dies im Mittelalter für zusammengehörige Bronzen nicht unüblich war. Erhalten hat sich hier auch der Griffring. Beide Löwenköpfe sind sicherlich gleichzeitig entstanden, möglicherweise direkt als Gegenstücke für eine zweiflügelige Tür. Ihre eventuelle Zusammengehörigkeit und ursprüngliche Verwendung, d.h. die Zugehörigkeit zu einer bestimmten Tür, sind gegenwärtig allerdings noch ungelöste Fragen.

30 Rückseite der Bronzetür in Canosa (Ausschnitt aus dem rechten Flügel)

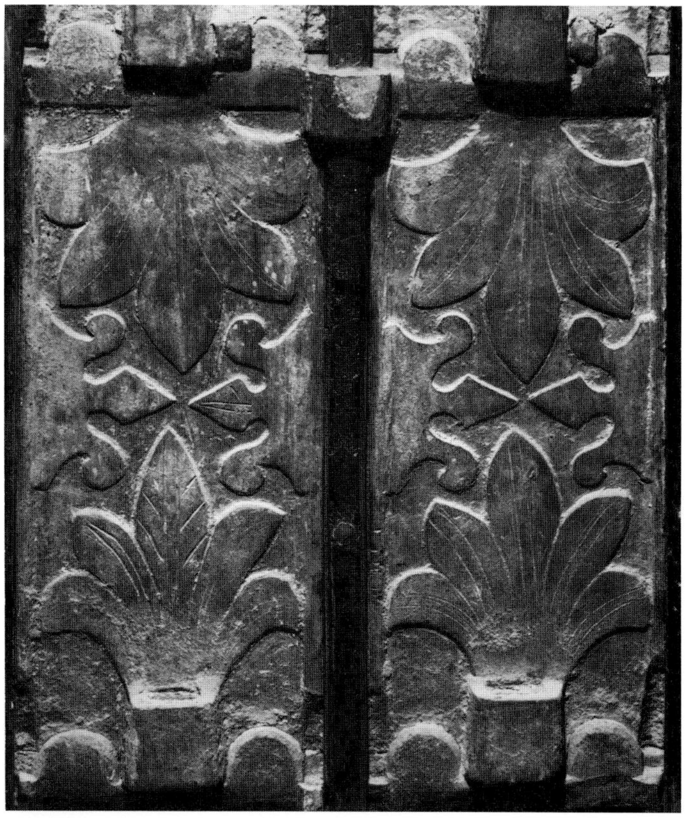

Der linke Flügel der Mausoleumstür könnte bereits im 11. Jahrhundert entstanden sein, was vor allem die Form der mitgegossenen kleinen Maske nahelegt. Trotz der elementaren Diskrepanzen beider Türflügel ist allerdings nicht auszuschließen, daß beide doch zusammengehörig sind und daß die Unterschiede in Form und Gußtechnik mit den Anfängen des monumentalen Bronzegusses im mittelalterlichen Italien zu tun haben, mit technischen und formalen Unsicherheiten, mit Experimenten. Ähnliches ist aus späterer Zeit an der Bronzetür in Gnesen zu beobachten; auch dort ist ein Flügel in einem Stück, der andere in Teilen gegossen. In der künstlerischen Formgebung differieren beide Flügel dort allerdings nicht.

Meister Rogers Herkunft vom Glockenguß macht verständlich, daß für ihn der massive Guß eine übliche Technik war, im Gegensatz zum Guß dünner Platten wie bei den byzantinischen Türen, die auf Holz montiert wurden. Von seinem in der Inschrift genannten Leuchter hat sich keine Spur erhalten; zu vermuten ist er als ein monumentaler Osterleuchter. Daß die Inschrift den Dom San Sabino nennt, hat Überlegungen veranlaßt, ob die Tür ursprünglich etwa für den Dom selbst bestimmt war, nicht für das Boemund-Mausoleum am Dom. Für den Dombau, auch für eine Nebentür, wäre diese Bronzetür allerdings sehr klein. Damit bleibt die Frage, wofür denn die vermutete Tür des 11. Jahrhunderts, deren linker Flügel hier vielleicht wiederverwendet wurde, bestimmt gewesen sein könnte. Bei so vielen ungelösten Problemen bleibt die Entstehungsgeschichte der Mausoleumstür in Canosa letztlich ungewiß.

Unsicherheiten bestehen auch in bezug auf die auf
dem rechten Türflügel dargestellten Personen in den 41, 43
beiden mittleren und in der Größe betonten Bildfeldern. Nach einer ersten Deutung als Verklärung Christi ist auf die Kostümform hingewiesen worden – Tunika und asymmetrisch über der Schulter geschlossener Mantel –, nach der es sich um historische Personen weltlichen Standes aus der Entstehungszeit der Tür

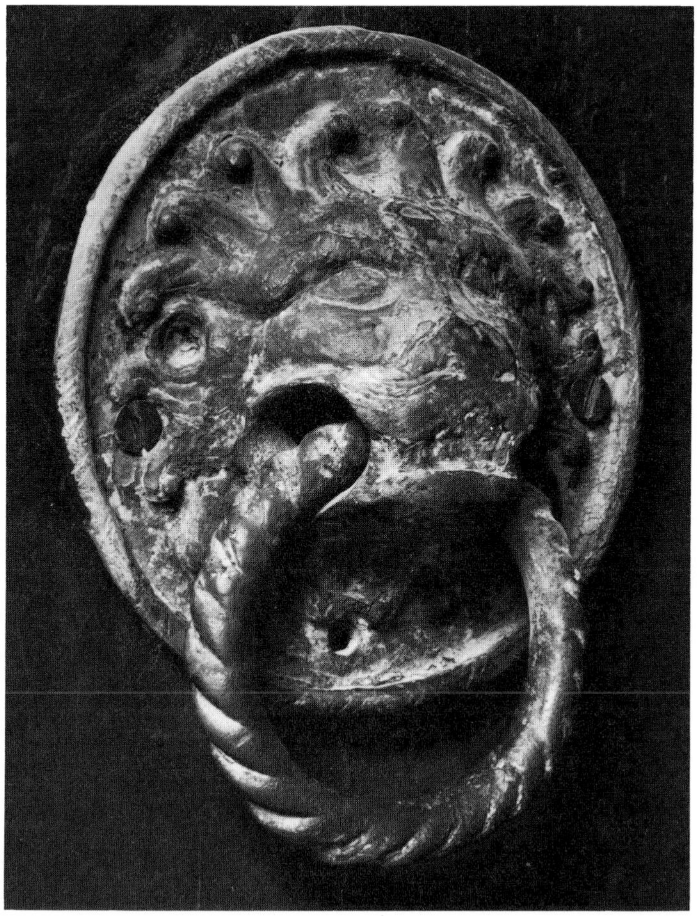

31 Canosa, Dom: Türzieher an der Innentür des mittleren Westportals. Um 1111–1118 (?)

handeln muß. Das ist außerordentlich bedeutsam, denn auf keiner mittelalterlichen Bronzetür sonst nehmen weltliche Personen einen so bestimmenden Raum ein. In einer der beiden knienden Figuren auf dem oberen Bildfeld wird der hier bestattete Normannenfürst und Kreuzfahrer Boemund I. gesehen, in den übrigen weitere Mitglieder der Sippe Altavilla. Sie wären hier auf der Grabtür in einem Zustand friedlicher Gemeinschaft dargestellt, der sich durchaus im Gegensatz befindet zu den tatsächlichen, von machtpolitischen Auseinandersetzungen bestimmten Verhältnissen. Im Angesicht des Todes und vor dem Thron Christi – eine Christusdarstellung wird als Gegenstand der Verehrung im oberen Bildfeld vermutet – wären die irdischen Differenzen aufgehoben, die Kontrahenten brüderlich vereint. Daß zwei dieser Männer sich an den Händen halten, ist eine sehr nachdrückliche Geste. Nach dieser Deutung wäre der zweite Kniende der jüngere Bruder Boemunds, Roger Borsa, Herzog von Apulien, der jenem als Nachfolger Robert Guiscards Vorgezogene. Er starb wenige Tage vor Boemund, am 22. Februar 1111, wäre also ebenfalls posthum dargestellt.

Im Bildfeld darunter werden die Vertreter der nächsten Generation gesehen, die Söhne der beiden Toten, die im Jahre 1111 allerdings noch unmündige Kinder waren, Boemund II. (1109–1131) und Herzog Wilhelm von Apulien (gest. 1127). Der Dritte wird benannt als Tankred von Altavilla (gest. 1112). Dieser, eine Neffe Boemunds I., war mit ihm zusammen einer der Helden des Kreuzzuges und folgte ihm auch anstelle des damals erst zweijährigen Boemund II. als Fürst von Antiochien. Er starb dort bereits ein Jahr später, wäre auf der Bronzetür in Canosa also auch nicht mehr als Lebender dargestellt. In Tassos Epos vom befreiten Jerusalem ist er literarisch zu Nachruhm gekommen. 43

Diese inzwischen allgemein üblich gewordene Benennung der eindrucksvollen Gestalten auf den Bronzetafeln in Canosa entbehrt nicht eines gewissen romantischen Effektes. Eine derartige, in dauerhaftem Erz ausgeführte bildliche Verherrlichung eines Fürstengeschlechts in bewegter Zeit, zwischen Abendland und Orient stehend, erscheint dem modernen Betrachter eher wie eine Heldendichtung. Es gibt jedoch keinen besseren Deutungsvorschlag. Die bildliche Präsenz dieser – oder auch möglicherweise anderer – am historischen Geschehen beteiligter Personen macht die Bronzetür jedenfalls in besonderem Maße zu einem historischen Denkmal. Ihre Entstehung aus einem Klima der Berührung zwischen dem Abendland, das im damaligen Unteritalien byzantinisch geprägt war, und dem islamischen Osten wird in der gesamten künstlerischen Erscheinungsform deutlich.

Tróia
Die Türen des Oderisius von Benevent

45, 51 Die beiden Bronzetüren der Kathedrale in Tróia, die größere, reich ausgestattete Tür des Hauptportals im Westen und die kleinere in der Form schlichtere Tür des Nebenportals auf der Südseite setzen einerseits byzantinische Türen voraus, sind andererseits jenen gegenüber wesentlich verändert. Zeugnisse eines monumentalen Erzgusses im frühen 12. Jahrhundert in Italien, besitzen sie darüber hinaus – wie die nur wenig ältere Bronzetür in Canosa – als historische Denkmäler der Normannenzeit Bedeutung. Beide Türen in Tróia sind inschriftlich datiert: die Westtür 1119, die Südtür 1127. Die letztere trägt zudem den Meisternamen Oderisius von Benevent.

In der Gliederung, in manchen Motiven und in technischen Einzelheiten schließen sie an die Erztüren an, die als Erzeugnisse byzantinischer Werkstätten ab etwa 1060 nach Italien kamen.[40] Wie jene sind sie aus Teilstücken auf einer Holzrückwand zusammengesetzt, in viele kleine Felder unterteilt und mit kräftigem Rahmenwerk geschmückt, das jedoch bei beiden Türen unterschiedlich ist. Die glatten, regelmäßig mit runden Nagelköpfen versehenen Leisten der Südtür stehen dabei den byzantinischen Vorbildern besonders nahe. Byzantinische Elemente in Form und Technik sind vor allem die figürlichen Darstellungen, zumeist Einzelfiguren, die nicht plastisch, sondern in ihren Umrissen mit dem Meißel in das Metall eingegraben wurden, hier in Tróia allerdings nur teilweise mit Silber tauschiert.
45 Auf der Westtür haben sich nur vier solcher Platten erhalten, in der obersten Reihe, mit den Darstellungen des thronenden Christus in der Mandorla, der beiden Stadtpatrone Petrus und Paulus, des Stifters Bischof Wilhelm II. und möglicherweise zweier weiterer Stifter mit den Namen Oderisius und Berardus (Bernardus). Vielleicht haben wir uns auch die Platten in der vorletzten Reihe unten so vorzustellen, anstelle der jetzt dort sichtbaren Heiligenfiguren aus der Zeit der
51 Restaurierung von 1573 (Nr. 21–24). Auf der Südtür nimmt das figürliche Element einen größeren Raum
52, 53 ein, mit den Stadtpatronen und dem Stifter – es ist derselbe Bischof Wilhelm II. – in der oberen Felderreihe und den Vorgängern Wilhelms als Bischöfe von Tróia in den beiden Reihen darunter. Der Figurenstil der Südtür wird durch eine außerordentlich lockere, skizzenhaft wirkende Zeichenweise geprägt. Die Gestalten sind schmal, vielfältig variiert in ihren Standmotiven und Schrittstellungen und dabei gelegentlich von bizarrer Beweglichkeit. Vermieden ist jede Gleichförmigkeit in der Sprache der Gesten und der Bildung der Gewänder.

Ein geläufiges Motiv byzantinischer Türen begegnet in den großen Kreuzdarstellungen der Westtür 46, 47
(Nr. 13, 16). Wie dort üblich, sind sie durch Blattwerk als Lebensbaumkreuze gekennzeichnet, allerdings in anderer Form. In Tróia erhebt sich das Kreuz nicht zwischen symmetrischen Ranken, sondern Ranken und Blattwerk wachsen am Schnittpunkt der Kreuzarme hervor. Diese Platten sind in flacher Relieftechnik gegossen, auch dies anders als bei byzantinischen Türen, wo die Kreuze entweder als gesondert gefertigte flache Appliken aufgesetzt oder graphisch, in Tauschierung ausgeführt wurden.

Ihren besonderen Charakter erhalten beide Türen durch die mächtigen und in größerer Anzahl vorhandenen plastischen Teile, die den Türfeldern aufgeheftet sind: stilisierte Löwenköpfe und Drachen, eindrucksvolle Beispiele mittelalterlicher Tierplastik, von Stück zu Stück variiert in den Einzelheiten ihrer plastischen Form, wirkungsvoll aber vor allem in ihrer Gruppierung. Als drohende Bestien dringen sie auf den Beschauer ein, dabei durch den Gegensatz zu den sonst flächigen Türfeldern in ihrem mächtigen Volumen noch gesteigert. Die von Blattwerk gerahmten Löwenmasken füllen jeweils ein ganzes Türfeld. Sie sind in waagerechter Reihung, über beide Türflügel hinweg, angeordnet. Auf der Südtür bilden sie nur eine Reihe, auf der Westtür zwei Reihen von jeweils vier Masken. Zusätzlich befinden sich auf dieser Tür zwei prachtvolle, vollplastisch gegossene Drachen, mit ihren beweg- 48, 49
ten Schlangenleibern diagonal das Türfeld durchque-

rend, die Köpfe dem Beschauer entgegengereckt. Alle Löwen und die Drachen halten Ringe und Griffe zwischen den Zähnen; sie gehören zum Typus der Türzieher oder Türklopfer, machen durch ihre Vielzahl aber deutlich, daß sie weniger als praktisches Gebrauchsgerät zum Öffnen, Schließen oder Klopfen auf der Tür befestigt sind, sondern einen Symbolgehalt besitzen. Türzieher in größerer Anzahl – mehr als ein Exemplar auf jedem Türflügel – kennen wir auch von den byzantinischen Importtüren in Italien. Sie sind dort jedoch immer klein und zurückhaltend, da stets auf den schmalen Rahmenleisten angebracht. Die ganz kleinen Tiermasken, die in senkrechter Anordnung auf der Türschlußleiste der Südtür in Tróia sitzen, sind Nachfolger von ihnen, ebenso auf der Westtür die zusätzlich ganz oben auf der letzten Querleiste montierten zwei kleinen Tierköpfe mit Ringen. In der Vervielfältigung des Maskenmotivs auf byzantinischen und italienischen Türen wird man denselben apotropäischen Bedeutungsgehalt sehen dürfen. Neben verschiedenen Komponenten christlicher Symbolik, die mit dem mittelalterlichen Türzieher verbunden waren, hat das apotropäische Element immer eine Rolle gespielt. Die Löwenmaske als Symbol des Bösen dient auf der Tür, am Eingang zum Kirchenraum, zur Abwehr des Bösen. Die Vielzahl der Masken bedeutet dann Vervielfältigung der Schutzwirkung. Keineswegs sind diese aufgereihten Masken lediglich dekoratives Element.

Die Löwenkopf-Appliken von West- und Südtür sind unterschiedlich, jedoch von gleichem Typus. Die stilisierten schmalen Köpfe, die eher an Hunde denn an Löwen erinnern, werden auf beiden Türen umrahmt von durchbrochen gearbeitetem Blattwerk. Die Unterschiede wird man mit dem Zeitabstand beider Türen zwischen 1119 und 1127, sicherlich aber auch mit der Handschrift zweier Modelleure erklären müssen. Phantastisch in ihrer Gestaltung sind insbesondere die
44, 46 Beschläge der Westtür: spitzschnauzige Tierköpfe von geringerem Volumen, dicht umwuchert von üppigen fleischigen Blattformen. Bei zwei Exemplaren, denen in der Mitte der unteren Reihe, bilden zudem vier vollplastisch sich vorwölbende Akanthusblätter ein zusätzliches Rahmenmotiv. Die Griffringe sind unterschiedlich durch Schaftringe gegliedert, die schmalen Randstreifen mit graphischen Musterungen versehen, die fein reliefierten Blattformen und auch die Mähnenzotteln in immer wieder anderer Weise arrangiert. Die Feinheit der modellierten Form wird durch Reihen feinster Punktpunzen bereichert, wie sie auch auf allen anderen plastischen Teilen dieser Tür vorkommen: auf den Rahmenleisten, den Reliefkreuzen und auch den Drachen-Appliken.

Die Tierköpfe der Südtür sind von herberem 50
Charakter, weniger reich und feinteilig im einzelnen, jedoch von kraftvollerer plastischer Form, mit mächtiger Schnauze und energisch geführten Mähnenzotteln. Die Blattrahmung ist zurückhaltender, Kopf und Ornament sind voneinander abgesetzt. Das Blattwerk ist, im Gegensatz zu dem der Westtür, nicht modelliert, sondern bleibt völlig flach, beschränkt auf die Silhouettenwirkung der Durchbrucharbeit. An zwei Griffringen hängt ein zusätzlicher kleiner Tierkopf (Nr. 14, 15).

Die Formvorlagen für die außerordentlich eindrucksvollen Tierkopf-Beschläge in Tróia sind schwer zu benennen. Im besonderen Charakter der Blattwerkrahmungen jedenfalls, und zwar sowohl der reicheren und plastisch differenzierten auf der Westtür als auch der schlichteren auf der Südtür scheinen orientalische Einflüsse wirksam gewesen zu sein. Islamische Reliefornamentik mit ihrer spezifischen Silhouettenwirkung, oftmals durchbrochen gearbeitet und mit vergleichsweise weichen und üppigen Pflanzenformen, bildet den Hintergrund für solche Formulierungen. Es müssen jedoch nicht unbedingt importierte Objekte direkt als Vorlage gedient haben, denn auch der apulischen Skulptur, die seit dem 11. Jahrhundert wesentliche Impulse aus der islamischen Kunst empfangen hatte, waren damals solche Formen bekannt.

32 Türklopfer. Nordmesopotamien, Anfang 13. Jh. Berlin, Staatliche Museen Preußischer Kulturbesitz, Museum für Islamische Kunst

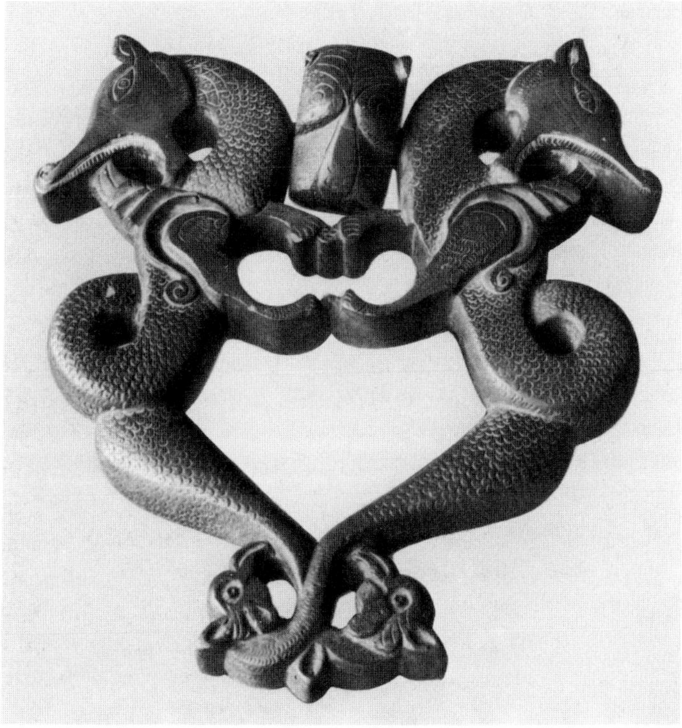

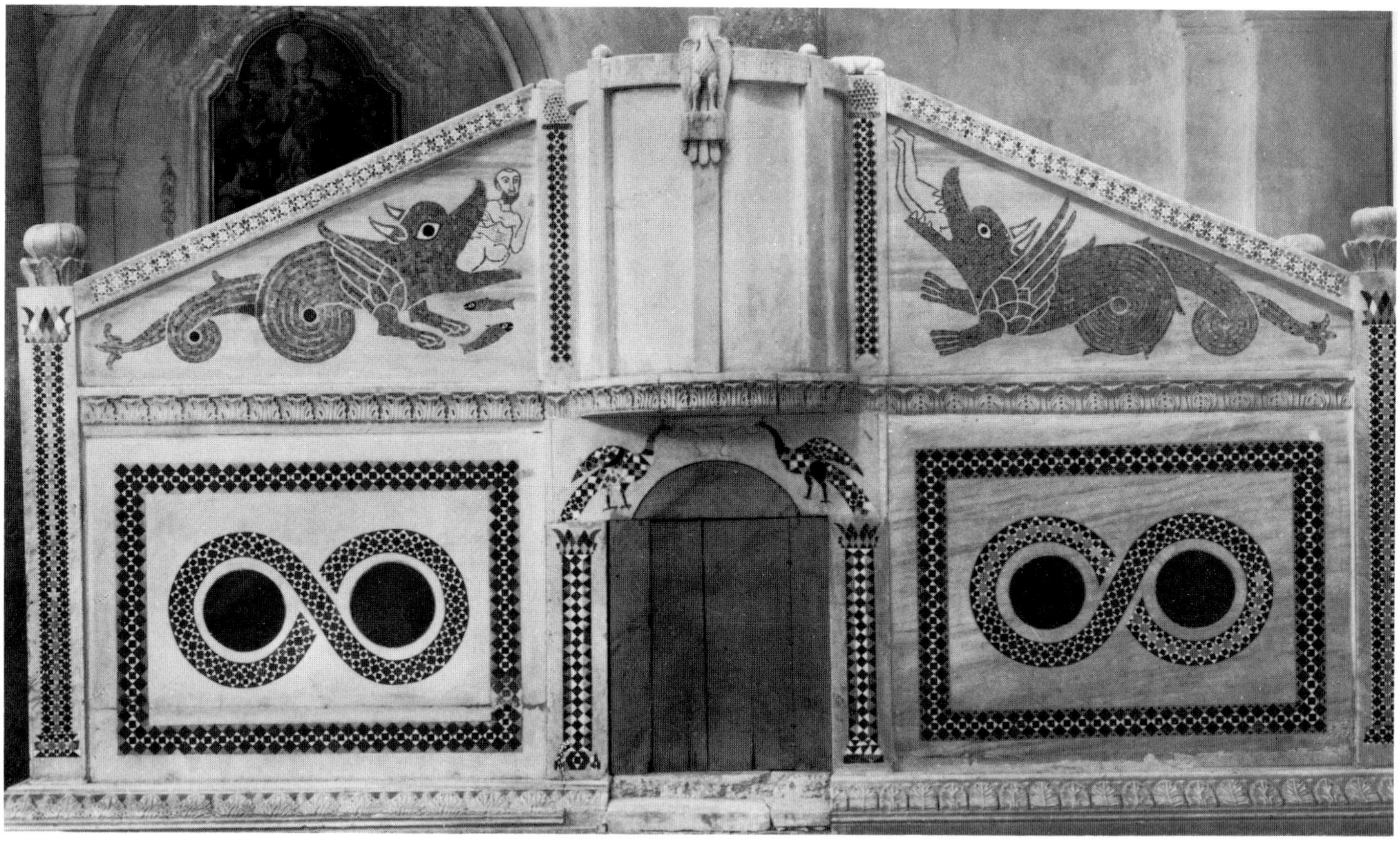

33 Kanzel für die Epistel-Lesung. Campanien, 1. Hälfte 12. Jh. Ravello, Dom

Islamische Vorbilder waren vermutlich für das
48, 49 Motiv des Drachenpaares auf der Westtür von Bedeutung. Diese sind in der Ausstattung mittelalterlicher Kirchentüren völlig singulär; gegenständige Drachen spielen jedoch als Türbeschlag und in der Portalplastik islamischer Bauten eine Rolle. In der Funktion als Türklopfer ist als Vergleichsbeispiel ein prächtiges
Abb. 32 Bronzegerät des Museums für Islamische Kunst in Berlin zu nennen.[41] Es ist jünger und wird ins 13. Jahrhundert datiert; ältere Stücke dieser Art könnten die Tróianer Bronzen angeregt haben, sowohl in der Funktion als auch in Einzelheiten der Form, mit ihrem geflügelten und mehrfach gewundenen Schlangenleib. Ungewöhnlich unter den europäischen Türbeschlägen des Mittelalters ist das Gerät des figürlichen Klopfers als solches. In Tróia handelt es sich eigentlich nicht um sinnvoll konstruierte Klopfer, da ihnen ein Widerlager auf der Tür fehlt. Das an langem Bügel beweglich hängende Gebilde, das ein Klopfgewicht zu sein scheint, ist eine mit Schallöchern ausgestattete Schelle, die im Innern eine Kugel birgt.

Unabhängig von Tür und Portal gibt es aber auch eine süditalienische Parallele für die spezielle Form des geflügelten Schlangenungeheuers, ebenfalls als Paar in
Abb. 33 gegenständiger Anordnung. Die Epistelkanzel im Dom von Ravello, in der ersten Hälfte des 12. Jahrhunderts entstanden, zeigt eine solche Darstellung, die mehrfach auf süditalienischen, insbesondere campanischen Kanzeln bis hinein ins 13. Jahrhundert vorkommt.[42] Es ist die Geschichte von Jonas, der vom Fisch verschlungen und nach drei Tagen wieder ausgespien wird, durch Verdoppelung des Meerwesens in beiden Phasen dargestellt. Jonas gilt als alttestamentlicher Vorläufer Christi, seine Errettung weist hin auf Christi Auferstehung. Auf der Tür in Tróia verkörpern die Drachen das Böse, in Gegenüberstellung zur christlichen Heilsbotschaft, die im Lebensbaumkreuz der jeweils benachbarten Türfelder zum Ausdruck kommt.

Auf dem Rahmenwerk der Südtür ist ihr Schöpfer
Oderisius von Benevent genannt. Die Westtür ist nicht 50, 51
signiert, und die Frage, ob sie auf denselben Meister zurückgehen könnte, ist oftmals negativ beantwortet worden. Daß die Südtür insgesamt schlichter ist als die reicher ausgestattete Westtür, kann in den unterschiedlichen Funktionen als Haupt- und Nebentür begründet sein. Darüber hinaus gibt es handschriftliche Unterschiede im Stil der Figuren und der Löwenköpfe, auf die bereits hingewiesen ist, und dasselbe gilt auch für die völlig unterschiedliche Art der Rahmenleisten.

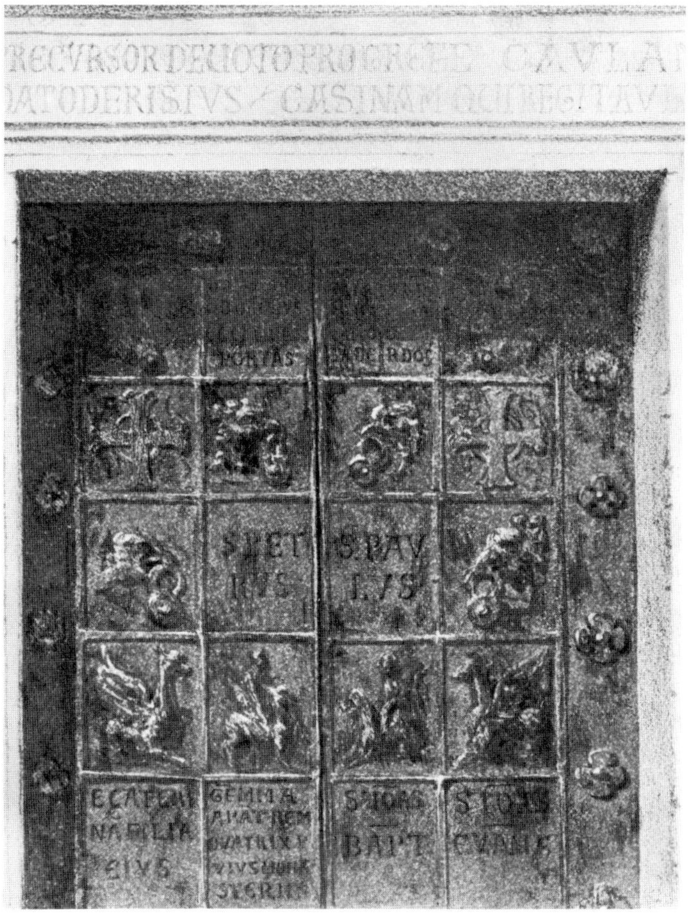

34 Zeichnung der verlorenen Bronzetür von S. Giovanni in Capua. Nach D. Salazaro, Studi sui monumenti ... Bd. 2, 1877 Taf. 13

Dennoch ist Oderisius als Urheber beider Türen anzusehen.

Das entscheidende Argument dafür liefert die bildliche Darstellung der verlorenen Bronzetür der
Abb. 34 Benediktinerinnen-Klosterkirche San Giovanni in Capua. Sie war ebenfalls von einem Oderisius signiert – er nennt sich hier Magister Oderisius – und war in ihrer Ausstattung mit Appliken der Westtür in Tróia sehr verwandt. Nach einer Zeichnung des 17. Jahrhunderts ist sie uns wenigstens in ihren oberen Teilen bildlich überliefert.[43] Zu erkennen sind Türfelder mit Inschriften und Türfelder mit plastischen Motiven, bei einer grundsätzlich mit den Tróianer Türen übereinstimmenden Gesamtgliederung. Die plastischen Motive sind zwei flach aufgelegte Kreuze, sechs im Profil dargestellte Greifenköpfe mit Ringen und anhängendem Klopfgewicht (?) im Schnabel und vier in einer Reihe versetzte ganzfigurige Tiere, die äußeren Greifen, die inneren andere Tiere, anscheinend mit reitenden menschlichen Figuren. Eine äußere, besonders breite Rahmenleiste ist mit flachen Rosetten besetzt. Diese plastische Ausstattung der Tür zeigt zwar nicht dieselben Motive wie die Westtür von Tróia, jedoch denselben Typus einer phantasievoll mit Tierkopf- und Tier-Appliken besetzten Tür. Ihrem Magister Oderisius, der für identisch gehalten wird mit dem Oderisius, der die Südtür in Tróia signiert hat, kann deshalb mit guten Gründen auch die reich ausgestattete Westtür dort zugeschrieben werden. Die in der bildlichen Wiedergabe nur mit Inschriften gefüllten Türfelder haben vermutlich figürliche Darstellungen mit diesen Namensinschriften enthalten, wohl graviert und teilweise tauschiert wie in Tróia. Auch der auf der Tür in Capua dargestellte Kreis heiliger und historischer Personen entspricht etwa dem in Tróia. Das sind in der obersten Reihe der Meister Oderisius selbst (mit der Signatur) und der Propst des Klosters, Johannes Latenanus, in der dritten Reihe die beiden Apostel Petrus und Paulus, in der fünften Reihe – unterhalb der ganzfigurigen Tiere – auf dem rechten Türflügel die beiden Johannes, auf dem linken Flügel die beiden Stifterinnen, die Äbtissin Gemma und ihre Tochter Ekaterina. Auch die im unteren Teil der Tür befindlich gewesene zusätzliche Stifterinschrift der Äbtissin Gemma mit dem Datum 1122 ist überliefert.

Eine weitere verlorene, allerdings sehr viel spätere Bronzetür mit Oderisius-Signatur wird mit demselben Meister in Verbindung gebracht. Sie gehörte der Kirche San Bartolomeo in Benevent und wurde anscheinend zusammen mit diesem Bau beim Erdbeben von 1688 zerstört.[44] Von ihr ist nur der Text der Inschriften bekannt, der sie als OPUS ODERISI bezeichnet, mit den Daten 1150 auf dem rechten und 1151 auf dem linken Türflügel und mit der Namensnennung des Gismundus, der zusammen mit seiner Familie diese Tür gestiftet hat. Wie sie allerdings ausgesehen hat, ist leider nicht überliefert. Zum einen wegen dieser Unsicherheit, zum anderen wegen des zeitlichen Abstandes und auch, weil der Name Oderisius im damaligen südlichen Italien nicht selten war, bleibt die Frage offen, ob die Tür von San Bartolomeo in Benevent ein späteres Werk desselben Meisters Oderisius war, der 1119 und 1127 die Tróianer Türen gegossen hat. Nach den drei für ihn relativ gesicherten, innerhalb eines knappen Jahrzehnts entstandenen Werken zu urteilen, muß es sich um eine hoch bedeutende Gußwerkstatt gehandelt haben. Oderisius stand ihr vermutlich als Leiter vor, als der maßgebliche Gießer, unter dem mehrere Personen, auch mehrere Modelleure gearbeitet haben. So sind letztlich auch die zwischen West- und Südtür in Tróia bestehenden Formunterschiede erklärlich.

Beide Türen in Tróia sind durch ihren Stifter, Bischof Wilhelm II. (Amtszeit um 1106–1141), mit ausführlichen Inschriften versehen worden, die die Türen zu interessanten historischen Zeugnissen aus der

Zeit der Normannenherrschaft machen. In der Stif-
47 tungsinschrift der Westtür nennt Bischof Wilhelm den Bau der Kathedrale als sein Werk, und er charakterisiert den Zeitpunkt durch Angabe seiner eigenen Amtsjahre und derer des Papstes und des weltlichen Herrschers, des Herzogs von Apulien. Die Stadt Tróia war erst zu Beginn des 11. Jahrhunderts wiederbegründet worden, an der Stelle der antiken Stadt Aecae, durch den bedeutendsten Statthalter der byzantinischen Gebiete in Süditalien, den Katapan Basilio Boioannes. Sie erhielt eine byzantinische Festung und war durch ihre Hügellage in der apulischen Ebene von besonderer strategischer Wichtigkeit. Seit Eroberung dieser Festung durch die Normannen 1059 wurde Tróia Teil des normannischen Herzogtums Apulien. Zum Zeitpunkt der Vollendung des Domes um 1120 (Baubeginn 1093) und der 1119 datierten Bronzetür der Westfassade regierte Herzog Wilhelm von Apulien, der Sohn Roger Borsas und Enkel Robert Guiscards, derselbe Wilhelm, der möglicherweise einer der Dargestellten auf der etwa gleichzeitigen Mausoleumstür in Canosa ist.

Damals, auch unter direkter Begünstigung durch Herzog Wilhelm, erlebte Tróia eine besondere Blütezeit, sogar mit einer bestimmten politischen Eigenständigkeit, die die Stadt vor allem der starken Persönlichkeit ihres Bischofs Wilhelm II. verdankte. Die Lage änderte sich, als der Herzog 1127 in Salerno starb, ohne einen natürlichen Nachfolger zu hinterlassen. Roger II., Herzog von Sizilien, und Papst Honorius II. als Gegner rüsteten sich zur Übernahme des Herzogtums Apulien. Tróia hatte traditionell besondere Bindungen zum päpstlichen Stuhl und setzte nun auf den Papst. Diese Situation ist auf der Südtür der Kathedrale von Tróia festgehalten, die somit ein Zeugnis des Wider-
51 standes gegen die Normannen ist. In der Stifterinschrift genannt sind der Tod des Herzogs, die Erhebung der Stadt, das Niederlegen der landesfürstlichen Festung und stattdessen die Befestigung der Stadt selbst mit Mauer und Wall. Der Bischof nennt sich »liberator patriae«, Befreier des Vaterlandes. In dieser Rolle ist er
52 bildlich auf einem Feld ganz oben auf der Südtür dargestellt, vor der von hoher Mauer umgebenen Stadt Tróia, in deren Mitte sich ein Kirchenbau, wohl die Kathedrale erhebt. Wie im nebenstehenden Inschriftfeld ausgesagt, übergibt der Bischof die Stadt dem
53 Apostelfürsten Petrus, der ebenfalls im Bild erscheint, auf der rechts folgenden Tafel. Gemeint ist hier der politische Akt der Unterstellung Tróias unter den päpstlichen Stuhl zum Zwecke der Befreiung von der normannischen Herrschaft. Diese Freiheit hat Tróia letztlich nicht erlangen können. Die kriegerischen Auseinandersetzungen des Papstes Honorius gegen die Normannen gingen unglücklich aus. 1128 mußte Honorius den Herzog von Sizilien, Roger II., auch als Herzog von Apulien anerkennen, und dieser erlangte durch Unterstützung des Gegenpapstes Anaklet II. 1130 sogar die Königswürde. Sizilien und Apulien bildeten fortan einen geschlossenen Machtbereich, die »Monarchia Sicula«, und damit hatte sich auch das Schicksal Tróias entschieden, vor dessen Mauern Roger im Jahre 1128 noch erfolglos hatte abziehen müssen. Das Schutzbündnis mit Rom blieb ohne Wirkung, die Tür jedoch als eherne Urkunde hat die Zeiten überdauert. Die Darstellung aller Amtsvorgänger Bischof Wilhelms, die breiten Raum auf der Südtür einnimmt, wird man in diesen historischen Zusammenhängen interpretieren müssen: sie stehen hier gleichsam als Zeugen für sein patriotisches Wirken.

Das Bildprogramm des Hauptportals in Tróia, der
Westtür, bleibt im traditionellen, ausschließlich sakra- 45
len Rahmen. Es folgt – mit bestimmten Veränderungen – dem Vorbild byzantinischer Bronzetüren, die mit der Darstellung Christi und hierarchisch geordneter Heiligenreihen, dazu mit dem wichtigen Symbol des Lebensbaumkreuzes, die Kirchentür als den Eingang ins himmlische Paradies kennzeichnen. In Tróia ist ganz oben Christus als Pantokrator dargestellt, dem die Apostelfürsten Petrus und Paulus zugeordnet sind. In derselben Reihe, und sogar in übereinstimmendem Größenmaßstab, erscheinen die Figuren der Stifter, wohl unter der Fürbitte von Petrus und Paulus stehend, die zugleich Patrone der Stadt Tróia waren. Von weiteren Heiligendarstellungen sind nur die vier ergänzten Platten von 1573 vorhanden, denen vermutlich jedoch dieselben Darstellungen aus der Entstehungszeit der Tür voraufgehen. Sie zeigen in besonderer Weise mit Tróia verbundene heilige Personen. Auch die jetzt mit Bischofswappen von den Restaurierungen 1573 und 1691 besetzte Felderreihe weiter oben könnte ursprünglich weitere Heiligendarstellungen enthalten haben. Die durch Blattwerk als Lebensbaumkreuze charakterisierten großen Reliefkreuze sind Sinnbild für die Überwindung des Todes durch das Kreuzopfer Christi, Sinnbild für die Erlösung, für das himmlische Paradies. Ihre unmittelbare räumliche Nachbarschaft mit den mächtigsten Bestien auf der Tür, den vollplastischen Drachenfiguren, ist sicherlich nicht zufällig, sondern als Gegensatzpaar zu verstehen, als Symbole für Erlösung und Verdammnis. Zusammen mit den zahlreichen Löwenköpfen fungieren diese Drachen als apotropäische Zeichen, die die bösen Mächte vom Kirchenportal, dem Eingang in das Haus und Reich Gottes, fernhalten.

Palermo
Die Türen der Cappella Palatina

Das Jahr 1130 markiert einen Gipfelpunkt der normannischen Herrschaft im südlichen Italien. Roger II. hatte kurz zuvor – 1128 – zu Sizilien auch Apulien in seinen Besitz gebracht und erreichte nun die Erhebung beider normannischer Herzogtümer zum Königreich Sizilien. Die besondere Prachtentfaltung bei Errichtung der gleich darauf begonnenen Cappella Palatina, der Kirche im Stadtpalast der Normannenherrscher in Palermo, ist architektonischer Ausdruck dieser Zeit. Sie wurde 1132 begonnen und 1140 geweiht. Daß zu ihrer reichen
55 Ausstattung auch zwei Erztüren gehören, ist weitgehend unbekannt. Es sind relativ kleine, auf eine sehr köstliche Weise mit Schmuckelementen versehene Türen. Von der Westvorhalle aus, die kein zentrales Portal besitzt, bilden sie zwei gleichrangige Seiteneingänge, die in das nördliche und das südliche Seitenschiff des Kirchenraumes führen.

Baugestalt und Ausstattung der Cappella Palatina spiegeln die besondere künstlerische Situation der normannischen Hofkunst unter König Roger II. wider, eine Aneignung aller Leistungen unterschiedlicher Herkunft, die an diesem geographisch und historisch zwischen Abendland und islamischem Osten gelegenen Ort zusammenflossen. Nebeneinander entstanden Werke arabisch-islamischer und byzantinischer Ausprägung, aber auch Werke, die auf antike Quellen zurückgehen.

Die Bronzetüren der Cappella Palatina sind Zeugnisse der Wiederaufnahme antiken Formengutes jener Zeit. Ohne bildliche Darstellungen, mit kräftigen Rahmenleisten und eingetieften Füllungen stehen sie in der Tradition antiker Türen, die sie allerdings erheblich verändert wiedergeben. Das übliche Gefüge aus Rahmenleisten ist hier ersetzt durch große aneinandergereihte Blätter. Mehr als nur Musterung von Rahmenleisten, ersetzen sie das Stabwerk und bilden in kraftvoller Modellierung selbst das Gliederungssystem. Die prachtvollen schlanken Akanthusblätter lassen als Motiv und in ihrer speziellen Formgebung das antike Erbe erkennen. Vor allem als Bestandteil des korinthischen Kapitells, aber auch aus der Friesornamentik war diese Blattform überall dort bekannt, wo Reste römischer Architektur vorhanden waren. In der Cappella Palatina selbst finden sich solche Kapitelle als Spolien wiederverwendet, und Blattfriese nach antikem Vorbild sind in den Marmorarbeiten von Osterleuchter und Kanzel, auch in den Portalrahmungen kopiert worden. Ebenso begegnet das Akanthusmotiv auch auf den Bronzetüren. Seine spezielle Anordnung hier, die Bildung des Rahmenwerks, geschieht jedoch in einer von antiken Vorlagen abweichenden Weise. Die Blätter sind vor allem hintereinander, wie Kettenglieder aufgereiht.

Auf Vorbilder aus römischer Zeit läßt sich auch die spezifische Löwenkopfform dieser Türen zurückführ- Abb. 35, 36
ren, die auf den ersten Blick fern von antiker Tierplastik zu sein scheint. Die Köpfe sind von relativ geschlossener Form und wirken seltsam stilisiert. Die Geschlossenheit ergab sich dabei aus einer technischen Notwendigkeit. Für die Vielzahl gleichartiger Tierköpfe – insgesamt vier große und sechzehn kleine – wurden Modeln benutzt, je eine für die beiden unterschiedlichen Größen. Dasselbe Verfahren ist für die Akanthusblätter auf den Türen angewandt worden: Mit einer Negativmodel konnte beliebig oft das Wachsmodell für den Guß ausgeformt werden. Die plastische Form mußte relativ unkompliziert und kompakt, vor allem ohne Unterschneidungen gebildet sein, da sonst Model und ausgeformtes Wachs nicht voneinander abzuheben waren. Dieses rationelle Vorgehen bei der Herstellung von Mehrfachexemplaren hatte also zur Folge, daß die Tierköpfe als plastische Schöpfungen bestimmten Beschränkungen unterworfen waren. Das muß berücksichtigt werden, wenn man die Tiergesichter betrachtet. Sie erscheinen grimmig oder zumindest erregt, was sich bei einem Löwen in bewegter Stirnmuskulatur und gekrauster Nase äußert. Diese Bewegung bleibt nun – aus den geschilderten handwerkstechnischen Gründen – vor allem auf die Oberfläche beschränkt. Ihr ist ein Gefüge aus Faltenlinien aufgelegt, das wenig organisch, eher wie ein Ornament wirkt. Wesentliche Elemente

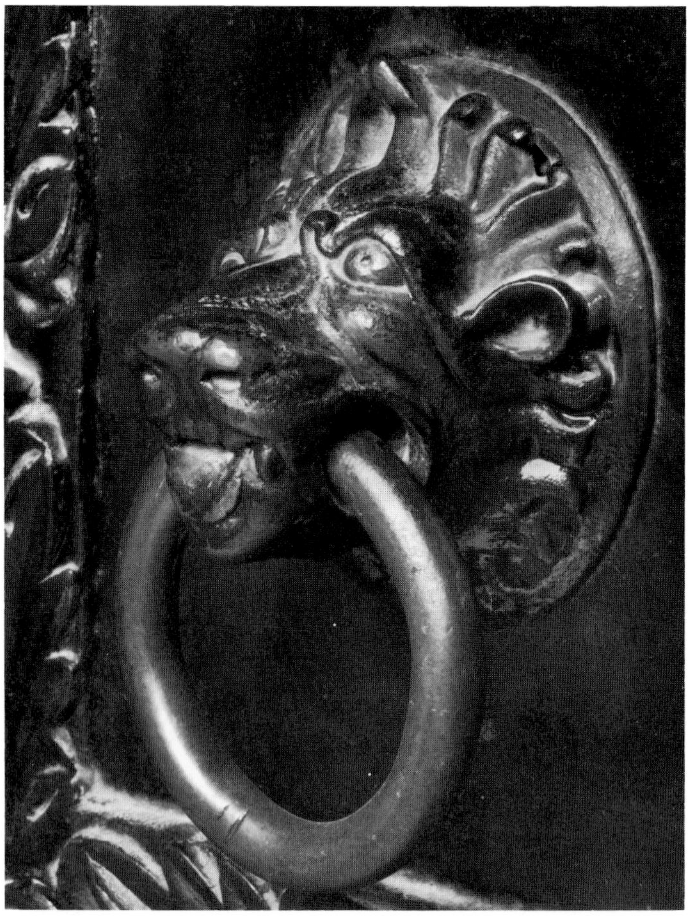

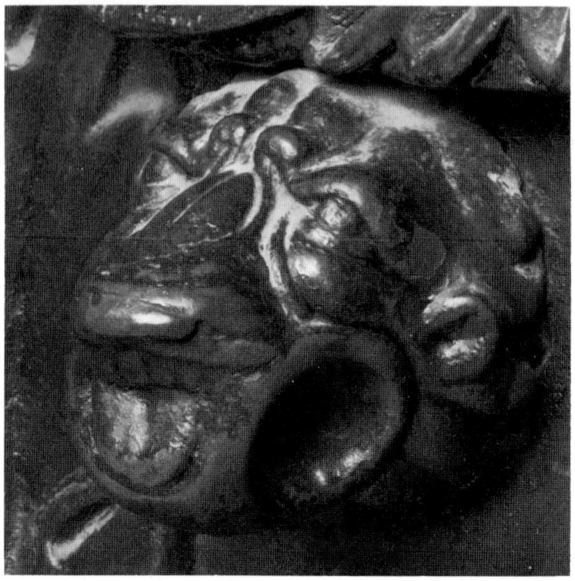

35, 36 Palermo, Cappella Palatina, südliche Tür der Westvorhalle: Großer Löwenkopf des rechten Flügels. Einer der kleinen Löwenköpfe vom rechten Flügel

sind dabei eine enge Faltenbildung über dem inneren Augenwinkel und ein umrandeter, in der Mitte gefurchter Nasenrücken. Genau diese stilisierten Bildungen haben die Löwenköpfe in Palermo gemeinsam
Abb. 37 mit einem bestimmten antiken Löwenkopftypus. Löwenköpfe dieser Art sind geradezu das Markenzeichen einer Sarkophagwerkstatt, die im dritten nachchristlichen Jahrhundert in der Stadt Rom gearbeitet hat, und

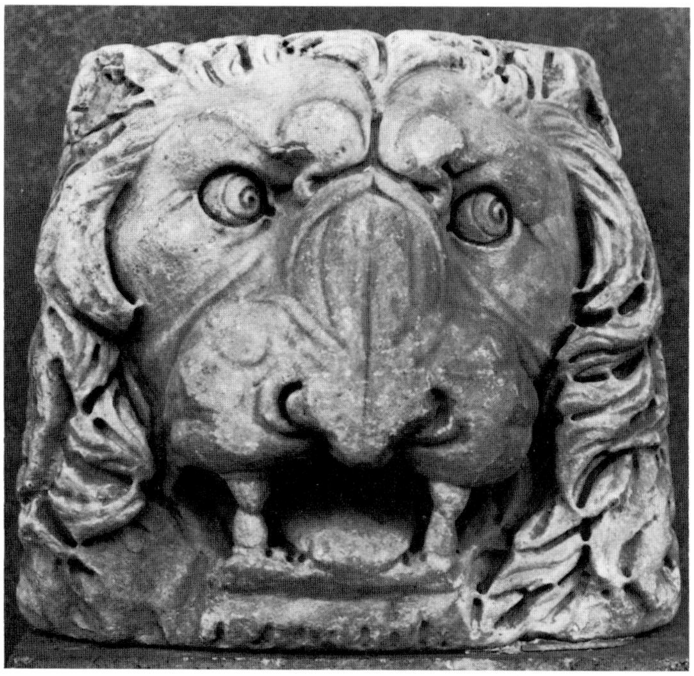

37 Löwenkopf. Fragment von einem römischen Sarkophag. 1. Hälfte 3. Jh. n. Chr. Rom, Vatikanische Museen

38 Löwe an der Kanzel. Um 1140. Palermo, Cappella Palatina

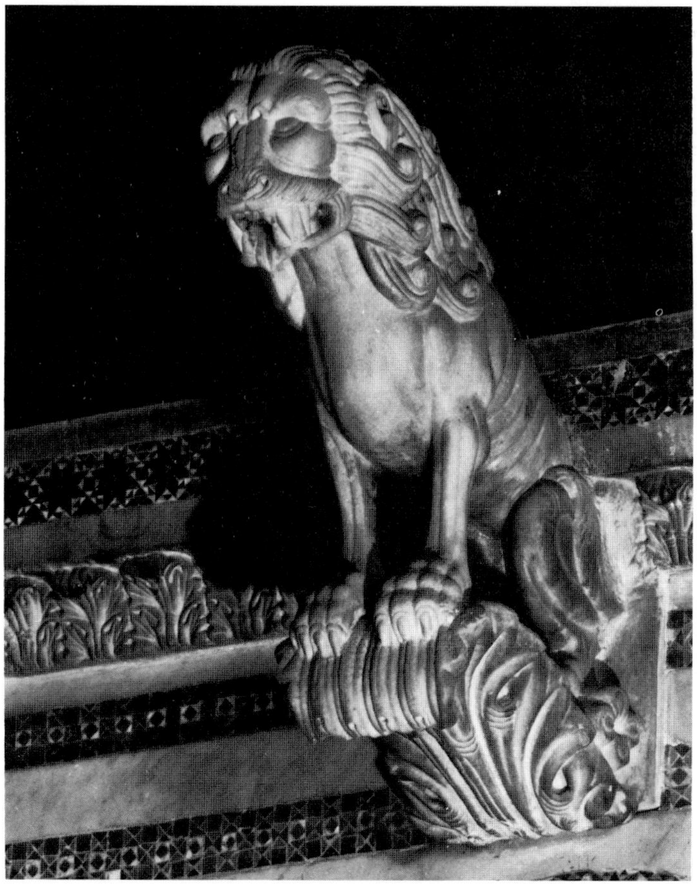

deren offenbar reiche Produktion damals weite Verbreitung fand.[45] Ein Sarkophag mit Löwenköpfen dieses Typus befindet sich heute noch, in einen Brunnentrog umgewandelt, in Monreale. Dieser und auch weitere mögliche Exemplare – seit ihrer Entstehungszeit auf sizilianischem Boden – könnten im 12. Jahrhundert den Modelleuren und Bildhauern als Vorbild gedient haben. Es waren nämlich nicht nur die Modelleure der Gußwerkstatt, die damals für die Türen auf diese antike Form zurückgriffen; auch in der Skulptur hat dieser Typus eine Rolle gespielt. Das bezeugen der Löwe an
Abb. 38 der Kanzel der Cappella Palatina, die bereits wegen ihres Akanthusfrieses als Vergleich genannt worden ist,
Abb. 39 der aus Löwen gebildete Fuß des Osterleuchters dort
Abb. 40 und auch drei der Tragelöwen am Sarkophag Friedrichs II. im Dom von Palermo.[46]

Die spezifischen Formen von Akanthusblattwerk und Löwenköpfen verbinden die Türen also mit anderen Werken der Ausstattung dieses Bauwerks. Für die Diskussion um die Antikennachahmung in der Plastik der normannischen Zeit sind sie bisher jedoch übergangen worden, während der Osterleuchter seit langem in diesem Zusammenhang gesehen wird. Die Vermittlung antiker Vorbilder kann durch aus Rom zugewanderte Künstler erfolgt sein, ebenso ist aber denkbar, daß eine unmittelbare Wirkung von den am Ort erhaltenen antiken Denkmälern ausging. Palermo war im Mittelalter reich an sichtbaren Zeugnissen der Römerzeit.[47]

Die Auseinandersetzung mit antikem Formengut seit der Zeit Rogers II. (1101–1154) und bis ins 13. Jahrhundert hinein war ein Prozeß zunehmenden Verständnisses für das organische Gefüge und die inneren Gesetzmäßigkeiten der überlieferten Formen. Das in unklassischer Weise verwandte Akanthusmotiv auf den Türen und auch die Löwenköpfe vertreten in dieser Entwicklung wohl eher eine frühe Stufe. Die Türen sind deshalb – was auch der Vergleich mit der sehr verhaltenen Figur des Kanzel-Löwen am Ort nahelegt – in die Bau- und Ausstattungszeit der

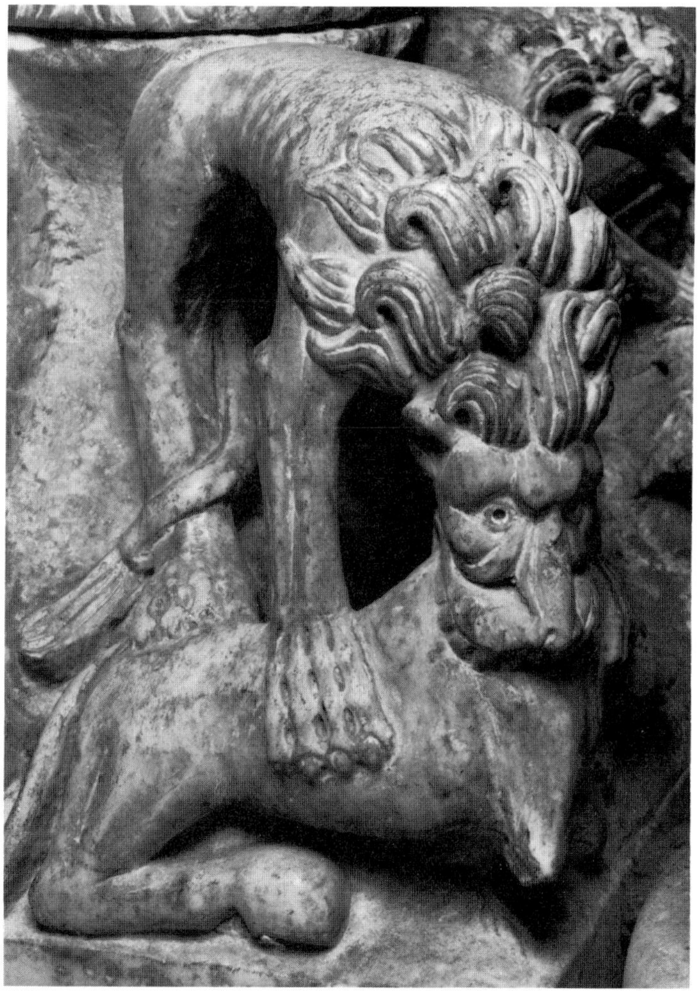

39 Löwe am Fuß des Osterleuchters. Um oder nach 1140. Palermo, Cappella Palatina

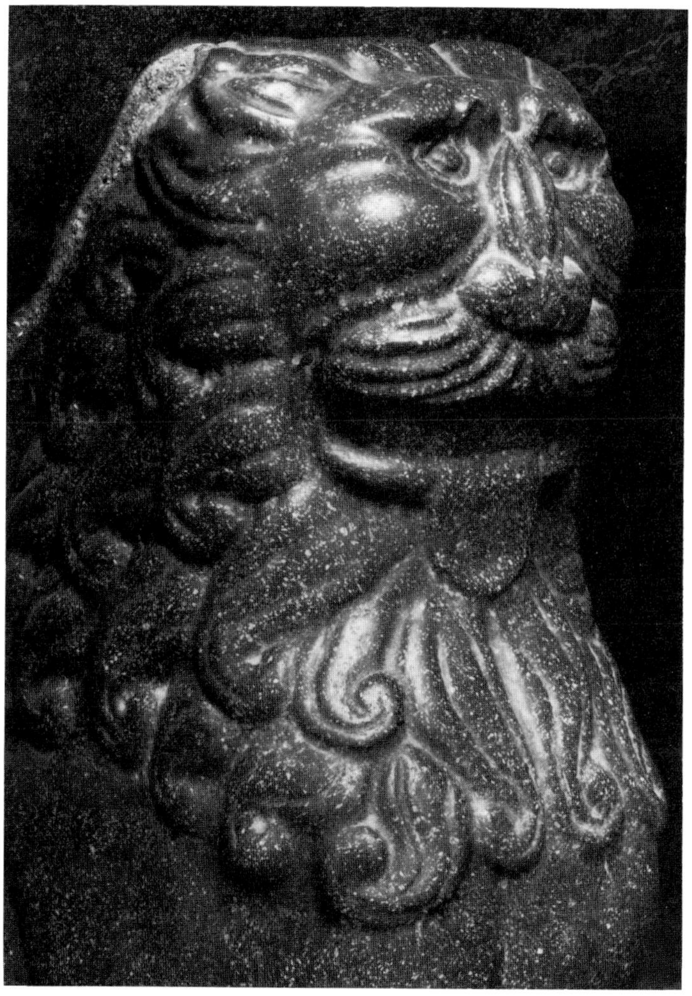

40 Löwe am Sarkophag Friedrichs II., geschaffen für Roger II. Um 1145–1154. Palermo, Dom

Cappella Palatina zu setzen und können um 1140, zum Zeitpunkt der Weihe, oder bald anschließend, gegossen worden sein. Offensichtlich am Ort entstanden, in enger Verbindung zur Marmorskulptur, sind sie die einzigen Zeugnisse für den Erzguß im normannischen Sizilien um die Mitte des 12. Jahrhunderts.[48]

Diese Türen sind massiv gegossen, und zwar, wie beim rechten Flügel in Canosa, aus mehreren Teilen, wobei die Nähte durch das Rahmenwerk geschickt kaschiert sind und die Montierung von der Rückseite her geschah. Als Tierkopf-Appliken gibt es – auch darin Canosa vergleichbar – große, inmitten der Türfüllungen sitzende Exemplare und zusätzlich kleine, die hier allerdings nicht direkt auf den Rahmenleisten plaziert sind, was wohl mit Rücksicht auf die schönen Akanthusformen vermieden wurde, jedoch in ihrer unmittelbaren Nähe. Vielzahl und Verteilung dieser kleinen Köpfe in Palermo mag eine Nachwirkung byzantinischer Türen sein, kann aber auch auf antike Türen direkt zurückgehen. Was die Verbindung zur Bronzetür in Canosa betrifft, so ist vielleicht weniger eine direkte Abhängigkeit anzunehmen, als vielmehr ein gemeinsamer Prototyp, dem beide Gußwerkstätten folgten.

Verona
Die Tür von San Zeno

57 Die Tür von San Zeno in Verona übertrifft an Reichtum und Vielfalt der plastischen Ausstattung alle übrigen romanischen Bronzetüren. Die Anzahl der Reliefplatten ist zwar bei der späteren Domtür in Benevent insgesamt größer; ohne die Reihe der gleichförmigen Bischofsfiguren jedoch bleibt der Bestand szenischer Darstellungen im Umfang hinter dem von Verona zurück. Sechsundvierzig Bildfelder werden hier ergänzt durch Platten kleineren Formats mit Einzelfiguren und durch eine Vielzahl von Tier- und Menschenkopfmasken auf dem Rahmenwerk, von denen zwei vergrößerte Varianten als Türzieher dienen.

Entstehungszeit und stilgeschichtliches Umfeld der Tür von San Zeno konnten nach mehrfachen Untersuchungen, die zu unterschiedlichen Ergebnissen führten, bis heute nicht vollständig und überzeugend geklärt werden. Die Voraussetzungen für eine Klärung erweisen sich allerdings auch als reichlich verwirrend. Die Reliefs sind stilistisch uneinheitlich. Sie lassen sich deutlich in zwei Komplexe scheiden, einen älteren und einen jüngeren Bestand, auch als Stil 1 und Stil 2 bezeichnet. Nicht nur die großen Reliefplatten, auch die zu vertikalen Randleisten zusammengesetzten kleineren Platten, ebenso die Rahmenleisten und deren Masken können diesen beiden Werkgruppen zugeordnet werden. Die Teile des sogenannten ersten Stils befinden sich vorwiegend auf dem linken Türflügel, diejenigen des zweiten Stils auf dem rechten, beide jedoch mit Unregelmäßigkeiten. Die Flügel selbst sind asymmetrisch durch jene vertikalen Randleisten. Die chronologische Abfolge der Bildtafeln zur biblischen Geschichte ist auf beiden Flügeln gestört.

Es ergeben sich Fragen nach dem ursprünglichen Aussehen der Tür bzw. nach einem ursprünglichen Plan, sowie nach dem Umstand und der zeitlichen Abfolge späterer Veränderungen. Die Tür besitzt keine Inschrift, die ein Datum oder eine historische Person überliefert, und ebensowenig sind sonstige schriftliche Zeugnisse bekannt geworden, die zu ihrer Entstehungsgeschichte beitragen können. Sicher scheint lediglich, daß Tür und Portal zusammengehören, und zwar die Tür in ihren heute sichtbaren Ausmaßen, aus beiden Werkgruppen zusammengesetzt und mit asymmetrischen Randleisten auf beiden Flügeln. Sie befindet sich im Westportal von San Zeno, das eine ungewöhnlich breit proportionierte Türöffnung besitzt, mit geradem Türsturz und einer breiten umlaufenden Profilrahmung. Das Datum des Westportals wird somit als Anhaltspunkt auch für die Entstehung der Bronzetür wichtig.

Eine Inschrift auf der Südseite der Kirche besagt, daß der Bau von San Zeno um 1138 wiederhergestellt und erweitert worden ist.[49] Der aufwendige Skulpturenschmuck des Portals auf der Westseite ist durch zwei Inschriften als Werk des damals bedeutendsten oberitalienischen Bildhauers Nicolaus gesichert. Dieser hat auch das westliche Skulpturenportal des 1139 begonnenen Domes in Verona geschaffen, das gleichfalls signiert ist. Das Datum 1138 kann auf die neue Westfassade von San Zeno bezogen werden, jedenfalls in ihren unteren Teilen, einschließlich der Portalanlage. Die plastische Formensprache gleicht der des Domportals. Sie ist allerdings nicht ganz einheitlich, denn neben Nicolaus wird mindestens ein weiterer Mitarbeiter seiner Werkstatt mit abweichender Handschrift faßbar: Meister Guillelmus, der die Fassadenreliefs links vom Portal signiert hat.

Die rechtwinklige Portalöffnung und das Gefüge der gesamten Anlage des Westportals sind nicht ohne Unstimmigkeiten. Nicht ganz sinnvoll zueinander stehende Teile und auch die Unterschiede der künstlerischen Handschrift innerhalb der Portalskulptur haben immer wieder Überlegungen veranlaßt, die auf unterschiedliche Entstehungszeiten der einzelnen Bestandteile hinausliefen und dabei eine Abfolge von späteren Veränderungen konstruierten. Die gesamte Skulpturenausstattung von Portalrahmung, Tympanon, Portikus und seitlichen Wandfeldern erscheint grundsätzlich jedoch als eine stilgeschichtliche Einheit, und bestimmte Unterschiede lassen sich durch mehrere in der

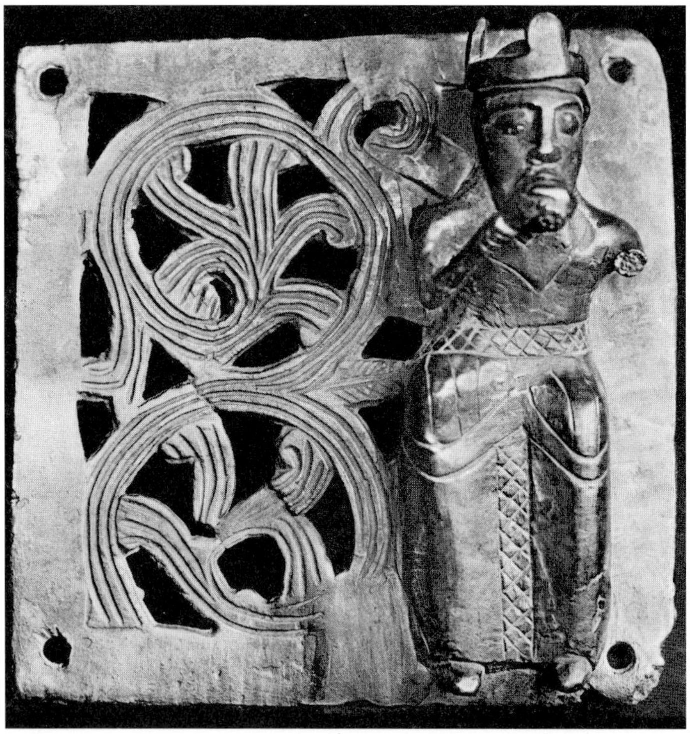

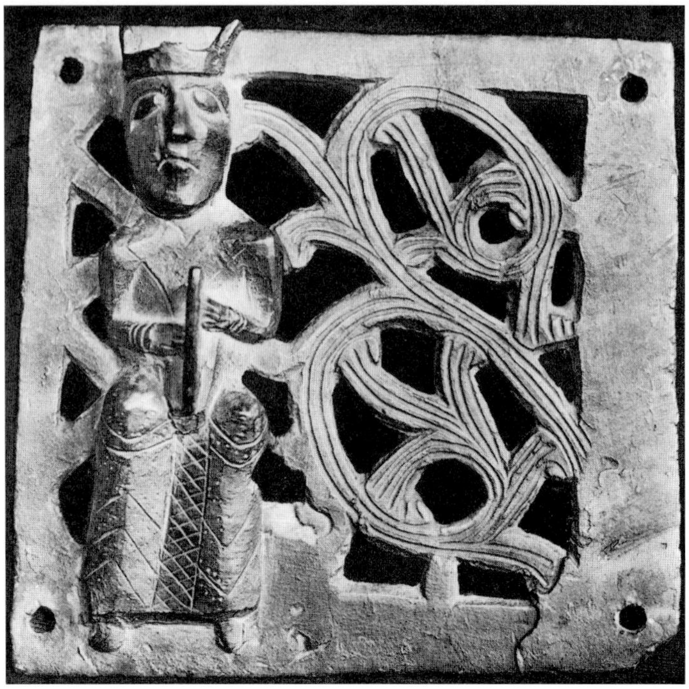

41, 42 Zwei Platten mit Königen von der Bronzetür in Verona (y, z). Ehemals Berlin, Kaiser Friedrich Museum (Kriegsverlust)

Werkstatt tätige Kräfte erklären. Auch die Portaleinfassung selbst muß kein späterer Einbau sein. Vermutlich haben sich lediglich während des Bauvorganges – dessen gesamte Dauer wir freilich nicht kennen – bestimmte Planänderungen ergeben. Das überlieferte Datum 1138 wird einen Zeitpunkt markieren, zu dem das Portal in seinen Bauteilen und im Skulpturenschmuck in Arbeit befindlich, wenn nicht gar vollendet war. Das erscheint auch sinnvoll im Verhältnis zum Domportal, das bald nach 1139 entstanden sein muß, praktisch fast gleichzeitig. Für die Bronzetür von San Zeno bedeutet das zumindest einen zeitlichen Anhaltspunkt für ihre architektonische Rahmung.

Der Reliefstil des älteren Bestandes, der sogenannte 58, 59
Stil 1, ist gekennzeichnet durch Lebendigkeit und Eindringlichkeit der Bilderzählung bei archaischer Schlichtheit der Formgebung im einzelnen. Viele Szenen sind figurenreiche Kompositionen; mitunter wurden mehrere Szenen – mit kaum vorhandenen trennenden Raumangaben – auf einer Platte vereint. Die Kennzeichnung eines Handlungsraumes oder Hintergrundes geschieht sehr zurückhaltend; der glatte Reliefgrund erscheint als undefinierbarer Raum. Innenräume sind gelegentlich durch schlichte architektonische Rahmenformen angedeutet, mit Kuppeln geschlossen und von Türmchen bekrönt. Die Figuren, fast immer ohne eigene Standflächen, bewegen sich wie freischwebend vor dem glatten Grund. Die untersetzten, kompakten Körper werden umhüllt von den schweren und faltenlosen Stoffen ihrer Gewänder. Faltenlos sind diese allerdings nur insoweit, als bis auf wenige Ausnahmen plastische Differenzierungen und Schichtungen fehlen. Diese werden ersetzt durch graphische Mittel, durch schlichte, mit dem Meißel eingeschlagene Bogenformen und Winkel. Auch andere graphische Gewandmusterungen kommen zahlreich vor, Punzreihen, Schraffuren und Kreuzschraffuren. Durch solche Binnenzeichnung besonders betont sind Gewandborten und Gürtel, die fein gesträhnten Frisuren und die Flügel der Engel. Die Körper haben zumeist wenig plastisches Volumen, die mächtigen Köpfe jedoch sind vorgereckt und erheben sich freiplastisch vor dem Grund. Auch die dünnen und im Verhältnis zum Körper viel zu schmächtigen Arme sind mitunter völlig aus der Fläche gelöst. Die Gesichter erscheinen durchweg derb, mit hoch liegenden, übergroßen Augen und schwerem Kinn. Ihre uneinheitliche Handschrift läßt erkennen, daß mehrere Meister als Modelleure der Relieftafeln tätig waren. Die physiognomischen Ausdrucksmöglichkeiten der Gesichter sind gering, vielfältig jedoch ist die Sprache der Gesten und Bewegungen. Insbesondere bei Gruppen gleichartiger Figuren fällt das Bemühen um feine Differenzierung auf, etwa bei den Schriftgelehrten, die mit dem
zwölfjährigen Christus disputieren, bei den Jüngern 61
der Fußwaschung und des Abendmahls und bei den 63
Figuren an der Tafel des Herodes und der Herodias. 75
Ungewöhnlich und kühn sind manche Raumprobleme gelöst. Hervorzuheben ist hier besonders die kniende Figur Christi in der Szene der Fußwaschung. Sie ist

vom Rücken her gesehen und dabei größtenteils freiplastisch der Fläche angeheftet.

Bei fünf Bildfeldern ist der Grund vollständig in
60, 68 durchbrochenes Rankenwerk aufgelöst (Nr. 4, 15, 22,
98, 99 43, 48), dessen Wellenranken in engen oder weiteren
Abb. 51 Windungen geführt sind und nach beiden Seiten Blattgruppen aussenden. Stiele und Blätter bleiben fast völlig flächig, von etwa gleichbleibender Breite und zudem gleichmäßig längsgerippt. Wo auf diesen Tafeln zwischen den Figuren und zu den Rändern hin der Raum nicht ausreicht, geht das Rankenornament in ein schlichtes Zickzackmuster über. Das feingliedrige offene Netzwerk der Platten verrät in seiner großzügigen Ornamentform und in der gußtechnisch komplizierten Struktur eine Werkstatt von hohem künstlerischen und handwerklichen Niveau. In einem gewissen Gegensatz dazu steht die derbe Bildung der menschlichen Figur auf allen Bildtafeln. Hinsichtlich der Formgebung lagen die Stärken der ersten Veroneser Werkstatt ganz offenbar im Bereich des Ornamentalen, während sie im Figürlichen sehr viel weniger Erfahrung zeigt, sich jedoch mit Mut dieser ungewohnten Aufgabe stellte.

Ein Teil der kleinen, annähernd quadratischen
58, 59 Platten am Türschluß des linken Flügels zeigt die gleiche Wellenrankenornamentik in Kombination mit jenem schlichten Figurentypus – hier sind es die Vorfahren Christi, thronend und teilweise gekrönt (h, r
Abb. 41, 42 bis x, auch y, z). Sie stammen ebenso von der ersten
60, 69; Veroneser Werkstatt wie zwei durchbrochene Orna-
Abb. 56 mentplatten am linken Gewände (a, g) und wie schließlich eine Reihe von Rahmenleisten des linken Türflügels, wieder mit den bekannten Wellenranken und Zickzackbändern, hier auch mit Flechtwerk und Rosetten. Es sind hohl gegossene Rundstäbe, ebenfalls durchbrochen, gering in der Wandungsstärke, mit feingliedrigen Ornamentformen und kräftigen Parallelgravuren als Binnenzeichnung. Wieder ist hier die handwerkliche Leistung hervorzuheben, mit der diffizile Wachsmodelle in Erz gegossen und anschließend sorgfältig ziseliert wurden. Das Rahmengefüge insgesamt ist einfach konstruiert, es besteht aus kurzen Teilstücken jeweils von der Länge und Breite der Bildtafeln, und aus Kopf-Appliken, die über den Rahmenwerkkreuzungen aufgenagelt sind. Die meisten Köpfe, – Menschen- und Löwenköpfe – die sich im heutigen Zustand der Tür auf dem linken Flügel befinden, stammen ebenfalls aus jener ersten Werkstatt. Die menschlichen Köpfe sind von eindrucksvoller Herbheit, mit glatten gewölbten Gesichtsflächen, übergroßen und von Bandlidern vollständig gerahmten Augen, mit einer kräftigen Nase und schmalen Lippen; die Frisur ist gescheitelt und durch Gravuren fein

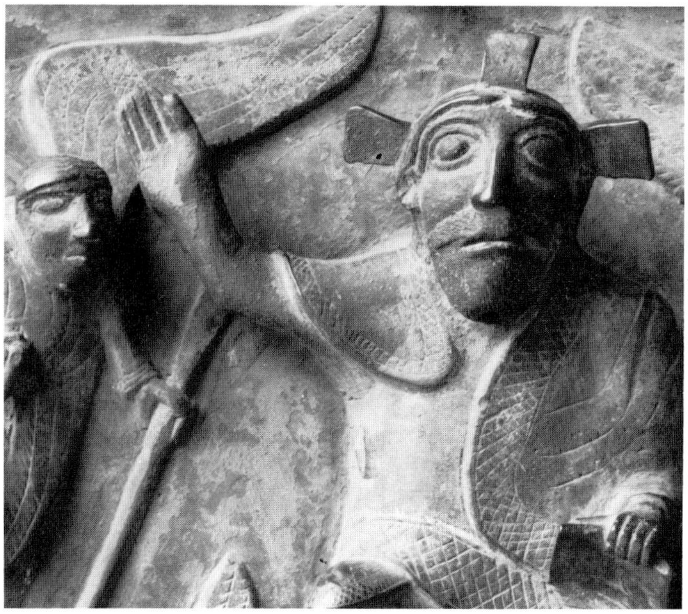

43 Verona, Bronzetür von San Zeno: Christus als Weltenrichter

gesträhnt. Der Kopftypus kommt in zwei Versionen vor: mit glattem Kinn und mit einem in Strähnen sorgfältig geordneten Kinn- und Schnurrbart. Auf den Reliefplatten der Tür sind die menschlichen Figuren um so vieles kleiner und die Köpfe entsprechend schlichter, daß sie nicht unmittelbar mit den Masken des Rahmenwerks verglichen werden können. In einem Beispiel jedoch wird die Verwandtschaft deutlich: im Antlitz der etwas größer dargestellten Figur des Weltgericht-Christus (Nr. 17), das bis in die Details diesen 71; Abb. 43
Masken vollständig entspricht. Eine größere Version Abb. 44
des bärtigen Männerkopfes ist schließlich die Türziehermaske auf dem linken Türflügel. Ihr Gegenstück auf 56; Abb. 47
dem rechten Flügel ist ein Löwenkopf, anthropomorph Abb. 45
in den Gesichtsformen, mit dünnen Bartsträhnen und dicht über den Augen ansetzenden Mähnenzotteln. Auch dieser Typus kommt in kleinerem Format als Rahmenwerkmaske vor, zusammen mit einer zweiten Abb. 46
Version ohne Mähnenzotteln.

Der schlichte Figurenstil, kompakt, ungelenk und insgesamt archaisch wirkend, wurde zunächst als Zeichen für besonders frühe Entstehung dieses Gußwerkes gesehen. Seitdem jedoch Albert Boeckler 1931 in seiner großen Monographie über die Veroneser Tür den größeren Abstand zur ottonischen Plastik deutlich charakterisiert und den Reliefstil in die Entwicklungsgeschichte vom späten 11. zum frühen 12. Jahrhundert eingeordnet hatte, ist seine Datierung um 1100 allgemein anerkannt, aber wohl immer noch zu früh angesetzt. Sie ließ sich auch weniger durch Zusammenstellung stilistisch verwandter und dabei sicher bestimmbarer Vergleichsstücke belegen. Die zur Verfü-

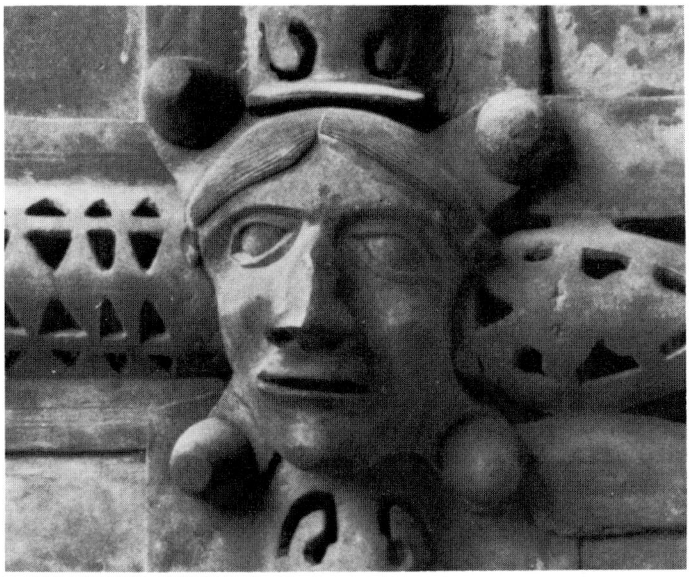

44 Verona, Bronzetür von San Zeno: Rahmenwerk-Maske am linken Flügel

gung stehenden Argumente betrafen mehr die allgemeinen Stilmerkmale der plastischen Kunst jener Zeit, wie die Darstellung der menschlichen Figur, das Verhältnis von Figur und Reliefgrund, das Verhältnis von Körper und Gewand und die Funktion des Ornaments. Eine detaillierte Untersuchung der ikonographischen Quellen, die wichtige Anhaltspunkte für die Entstehung der Tür bieten könnte, liegt bisher noch nicht vor. Die Komposition einzelner Tafeln und auch bestimmte Einzelmotive sind jedoch für die Zeit um 1100 als bekannt nachgewiesen und beruhen teilweise auf langer Tradition. Für die Vermittlung sind vor allem Werke der Buchmalerei anzunehmen, möglicherweise auch als direkte Vorlagen für die Modelleure der Bronzetür. Wesentlich für die Bildsprache der Tür ist jedoch, daß die überlieferten Kompositionen und Einzelformulierungen ganz entscheidend variiert und bereichert worden sind, und zwar durch Details, die unmittelbare Naturbeobachtung verraten, oder kühnen Erfindergeist. Der frische und anschauliche Erzählstil der Bildtafeln ist ganz wesentlich durch diese individuelle schöpferische Leistung der Gußwerkstatt geprägt worden. Das lebhafte Agieren der handelnden Personen und die bis ins Psychologische reichende Ausdruckskraft ihrer Gebärden stehen dabei in einem deutlichen Gegensatz zur vergleichsweise primitiven plastischen Formgebung der menschlichen Figur selbst.

45 Verona, Bronzetür von San Zeno: Löwenkopf-Türzieher des rechten Flügels

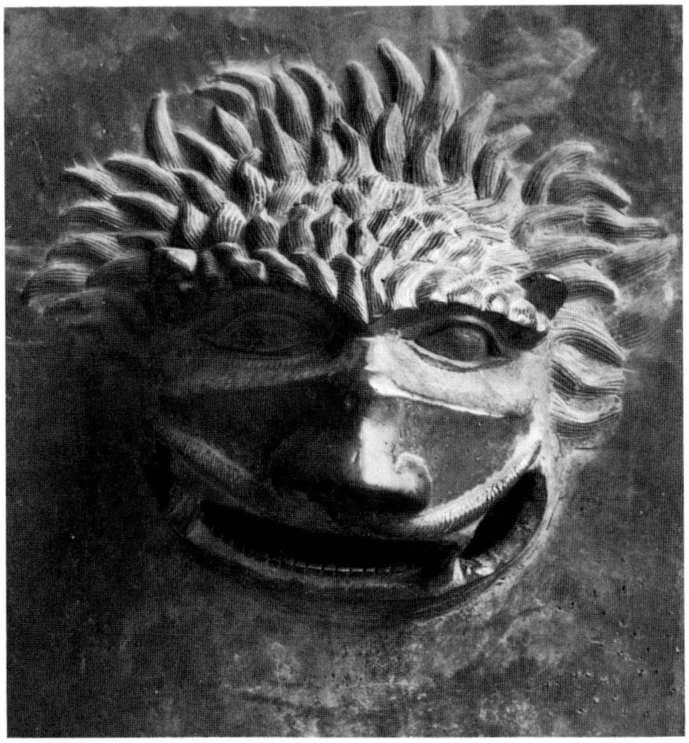

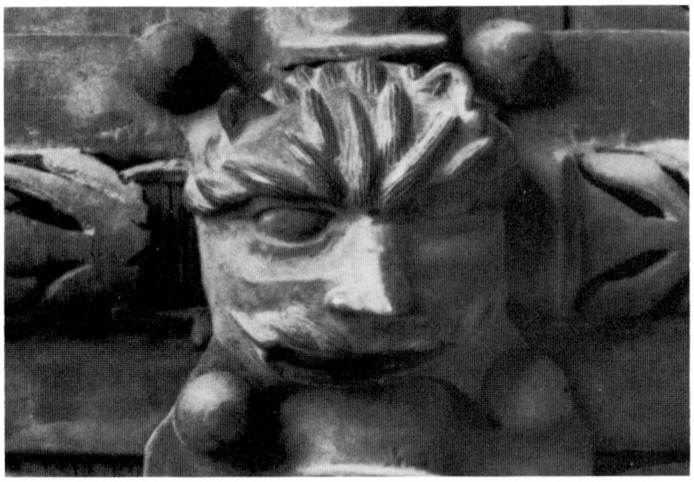

46 Verona, Bronzetür von San Zeno: Rahmenwerk-Maske (Löwenkopf) am linken Flügel

Die Schwierigkeit, die Veroneser Reliefs in die Stilgeschichte der hochmittelalterlichen Plastik einzuordnen, berührt ein grundsätzliches Problem mittelalterlicher Bronzen. Für Formvergleiche können nur bedingt andere plastische Arbeit herangezogen werden, von monumentalen Steinskulpturen bis zu kleinplastischen Goldschmiedearbeiten. Nur selten nämlich ergibt sich ein so naher Grad von Verwandtschaft, daß die aus der Skulptur oder Goldschmiedeplastik bekannte Form unmittelbar in Bronze umgesetzt erscheint. Wir wissen nicht viel über den Personenkreis und die Arbeitsteilung zwischen Modelleuren und Gießern in mittelalterlichen Gußhütten. Aus den erhaltenen Werken – zumindest der romanischen Zeit – läßt sich jedoch schließen, daß es eher die Ausnahme war, wenn ein fremder Meister, ein Mitglied einer Bauhütte etwa, für eine Gußhütte gewonnen werden konnte, um hier für ein Gußwerk das Wachsmodell zu schaffen. Abgesehen von Ausnahmen, insbesondere von bestimmten Kleinbronzen, die sich in direktem Zusammenhang mit der Goldschmiedekunst befinden, sind mittelalterliche Bronzearbeiten im Vergleich zu zeitgenössischer Plastik fast immer – streng genommen – von einer geringeren Formqualität. Sie sind geschlossener in Umriß und Oberfläche, weniger feinteilig in der Modellierung, reduziert in vielen Einzelheiten, unbeholfen in den Bewegungsmotiven. Offenbar besaßen die Gußhütten weitgehend eigene Modelleure, die zwar vor dem Hintergrund zeitgenössischer Plastik arbeiteten, jedoch bescheidener in ihren Möglichkeiten waren. Als ein künstlerischer Mangel ist dies anscheinend nicht empfunden worden, was damit zusammenhängen mag, daß vor allem die technische Bewältigung des Erzgusses als die besondere Leistung der mittelalterlichen Gußhütten galt, weniger die Formgebung. Die Vereinfachung entwickelter Formen erscheint in gewisser Weise primitiv, roh und unbeholfen, in der Aufteilung von Raum und Fläche unbekümmert und oftmals kühn, in der Bilderzählung naiv und von großer Unmittelbarkeit. Charakteristisch ist immer eine starke Ausdruckskraft solcher Werke. Nicht Perfektion der Form und besondere Schönheit, sondern gerade die eher schlichte, dabei aber kraftvolle Formensprache macht den besonderen Reiz und die Wertschätzung romanischer Bronzen gerade in heutiger Zeit aus. Nicht umsonst ist deshalb die Veroneser Tür speziell mit ihren Bestandteilen der ersten Werkstatt eines der berühmtesten romanischen Gußwerke.

Die Vereinfachung und Veränderung gegenüber dem Zeitstil ist nicht selten so beträchtlich, daß romanische Bronzen älter erscheinen als sie tatsächlich sind. So können auch diese Teile der Bronzetür von Verona nicht um 1100 entstanden sein, zeitlich voraufgehend den Werken der ostlombardischen Bildhauerschule, die mit Meister Wiligelmus wohl um 1106 am Dom von Modena beginnt und um 1138/39 mit Meister Nicolaus auch in Verona vertreten ist in den Westportal-Skulpturen von Dom und San Zeno. Vielmehr bildeten diese Werke erst die stilgeschichtlichen Grundlagen und Voraussetzungen für die lebendige, wenn auch in der plastischen Durchbildung schlichte Formensprache der Türreliefs. Die Berührungspunkte sind nicht einfach aufzuzeigen. Neue Beobachtungen haben darauf aufmerksam gemacht, daß zum einen die Beweglichkeit der Veroneser Figürchen zumindest die Stilstufe der Plastik in Modena um 1120 voraussetzt, und daß zum anderen der Typus des schönen menschli-

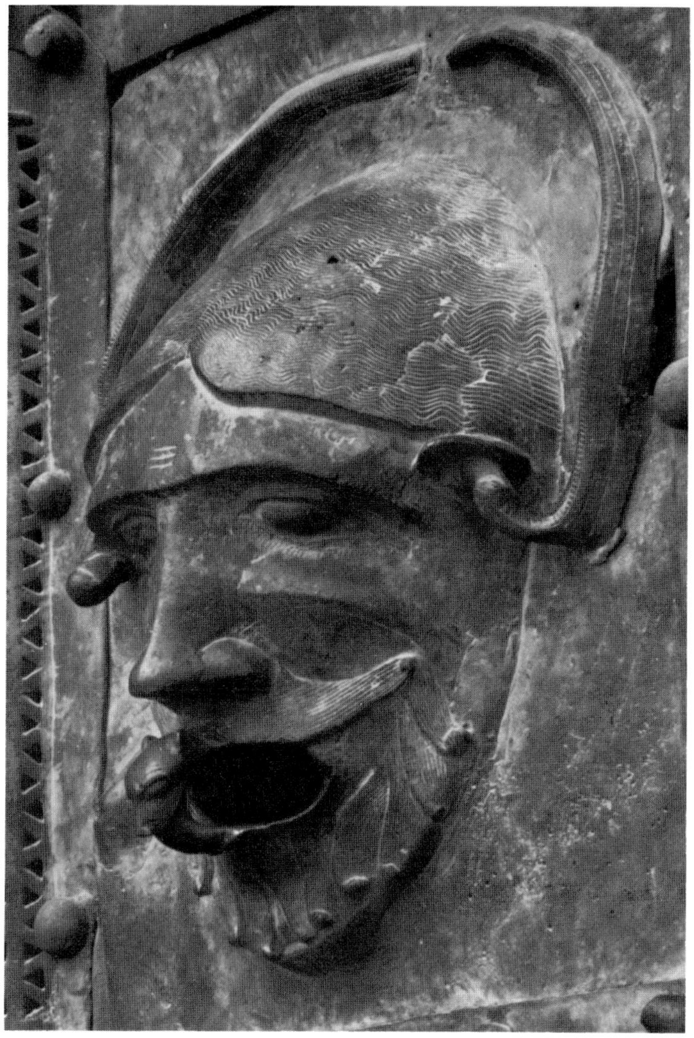

47 Verona, Bronzetür von San Zeno: Menschenkopf-Türzieher des linken Flügels

48 Kopf des sterbenden Kain. Relief des Meisters Wiligelmus an der Westfassade des Domes in Modena. Anfang 12. Jh.

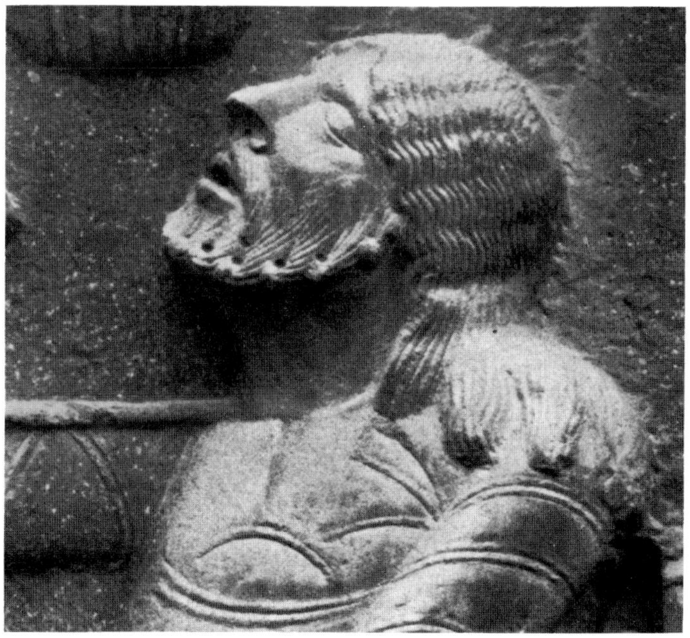

56; Abb. 47 chen Kopfes, wie er als Türzieher auf dem linken Flügel Abb. 44 und auch in den Rahmenwerkmasken vorkommt, nicht denkbar ist ohne die großen ovalen Gesichter von Abb. 48 Wiligelmus bis Nicolaus mit ihrer fein gezeichneten Haar- und Barttracht und mit ihrer herben Ausdruckskraft.[50] Damit rückt die Bronzetür in die zeitliche Nähe der Westportalskulptur von San Zeno, deren Beginn durch Meister Nicolaus zwar nicht bekannt ist, die um 1138 aber in Arbeit befindlich oder bereits vollendet war. Für dieses Portal speziell muß die Bronzetür bestimmt gewesen sein, und ihre frühen Teile sind vor 1138 entstanden zu denken.

Mehrere Bronzen sind mit diesen frühen Teilen der Veroneser Tür verwandt. Zweifellos aus derselben Werkstatt stammt die sitzende Figur einer Prudentia im Museum von Baltimore; für die Lokalisierung der Abb. 49 Werkstatt von Interesse ist eine kniende nackte Frauengestalt, eine ehemalige Tragefigur mit der Meisterinschrift STEF(A)N(U)S LAGER(ENSIS) ME FECIT.[51] Der Name wird in Beziehung zum Valle Lagarina gesehen, einem Teil des unteren Etschtales zwischen Bozen und Verona; der Meister wäre hier also beheimatet. Nun ist jedoch nicht sicher, ob mit ihm tatsächlich ein Meister der Bronzetür namenlich faßbar wird, oder ob er

49 Kniende Frau als Tragefigur. Norditalien, 2. Viertel 12. Jh. Ehemals Sammlung Robert von Hirsch, Basel

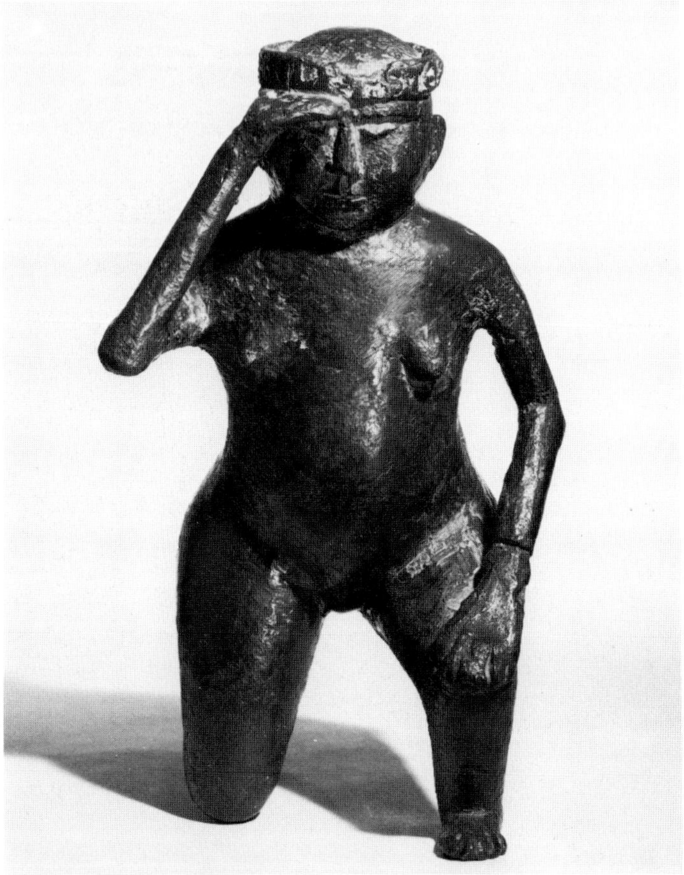

lediglich ihrem Umkreis zuzurechnen ist. Die formale Nähe zu den Türreliefs ist nicht unerheblich, wenn sich zum Vergleich auch nur die wenigen unbekleideten Figuren der Adam-und-Eva-Szenen eignen. Gleichar- 72, 73 tig sind die massigen Proportionen, wie auch manche Einzelheiten von Körperbau und Gesicht. Das plastische Volumen geht weit über das hinaus, was in den Relieffiguren angedeutet wird. Abweichend ist der runde, breite Schädel mit den vergleichsweise kleinen Augen. Twraphische Element, das sich bei dieser Aktfigur nur auf die Haarzeichnung beschränkt, bleibt sehr zurückhaltend. Für die Bildung der Inschrift fehlen Vergleichsmöglichkeiten auf der Veroneser Tür überhaupt.

Der monumentale Siebenarmige Leuchter im Stift Abb. 50 Klosterneuburg dagegen ist der ersten Veroneser Werkstatt direkt zuzuweisen.[52] Leider existiert er nur als Fragment; der Fuß fehlt und damit möglicherweise figürliches Beiwerk, das im Verhältnis zur Bronzetür besonders interessant gewesen wäre. Genügend Vergleichsmöglichkeiten jedoch bietet die Ornamentik des Leuchterschaftes und seiner Arme. Die Stammabschnitte und Knäufe sind durchbrochen gegossen wie 60, 68, die Rankenleisten und einige Plattengründe der Bron- 98, 99 zetür, und sie zeigen die gleiche Art von Wellenranken Abb. 51 und geradlinigem Netzwerk. Dabei wechseln Reichtum der Form und Feinheit der Ausführung. Auf manchen Teilen ist das Blattwerk vielteiliger, mehrschichtig und ineinander verflochten, aufwendiger also als an der Tür. Viele Rankenstücke und auch die schlichten Netzwerkteile stimmen jedoch unmittelbar überein. Wie in Verona bildet die tief eingegrabene parallele Strichführung der Binnenzeichnung ein wesentliches Element. Vier kleine, freiplastisch gebildete Halbfiguren von Engeln am unteren Knauf entsprechen in ihrem geschlossenen Umriß und mit den schlichten Formen ungefähr dem Figurenstil der Tür. Leuchter und Tür müssen etwa gleichzeitig und in derselben Werkstatt entstanden sein, und zwar unter Beteiligung derselben Meister. Da der große Leuchter aus vielen Einzelteilen besteht und so leicht transportabel war, ist seine Entstehung an anderem Ort, also auch in Verona, gut denkbar. Wann und unter welchen Umständen er nach Klosterneuburg gelangte, darüber gibt es keine Nachrichten. Mit gutem Grund wird jedoch vermutet, daß er zu den Ausstattungsstücken gehörte, mit denen Markgraf Leopold III. (gest. 1136) die Stiftskirche reich beschenkte, deren Neubau in den Jahren 1114 bis 1136 entstand. Die so anzunehmende Entstehungszeit des Leuchters vor oder um 1136 ist auch als Argument für die Datierung der Bronzetür vor 1138 von Bedeutung.

Seit langem ist auch ein durchbrochen gearbeitetes Abb. 53 Kästchen im Museum für Kunst und Gewerbe in Hamburg in Zusammenhang mit dem Klosterneuburger Leuchter und mit der Tür in Verona gesehen worden.[53] Über seine Herkunft ist leider nichts bekannt. Die Wellenrankenornamentik der Kastenseiten, blattreich, schönlinig und sehr fein in der Ausführung, ist eine besonders reiche Variante gegenüber den beiden anderen Gußwerken. Eine Verbindung zur Tür besteht auch durch die architektonischen Formen der Deckelbekrönung; Schlüsselloch-Fensteröffnungen und

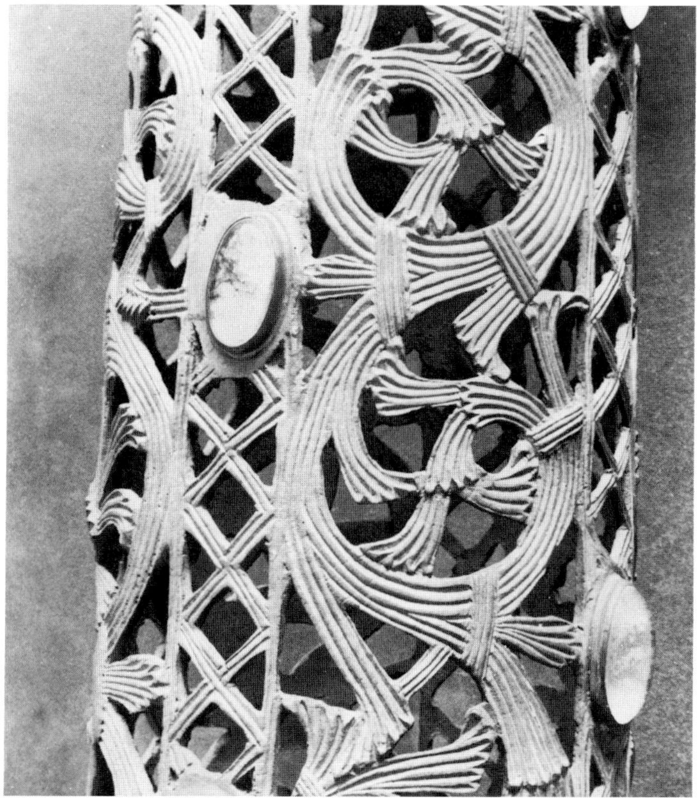

50 Detail vom Schaft des Siebenarmigen Leuchters. Um 1136. Klosterneuburg, Stiftsmuseum

kreuzschraffierte Dächer mit Knäufen kommen gleich-
58, 65, artig auf den Reliefdarstellungen vor (Bildfelder 5, 6, 9,
70, 75 11, 16, 20). Wieder ist das figürliche Element bemerkenswert schlicht. Vier kniende männliche Gestalten dienen als Träger, winzig in den Ausmaßen, sehr reduziert in der Durchbildung, jedoch von großer Beweglichkeit.

Dem Kästchen in Hamburg und dem Siebenarmigen Leuchter in Klosterneuburg sind mehrere Kleinbronzen mit durchbrochener Ornamentik nah verwandt – zweifellos alle deutsche Arbeiten – für die stellvertretend hier das aus Gandersheim stammende
Abb. 52 Leuchterpaar im Braunschweiger Museum genannt werden soll.[54] Für die Bronzetür in Verona ist deshalb zeitweise sogar vermutet worden, sie sei selbst nördlich

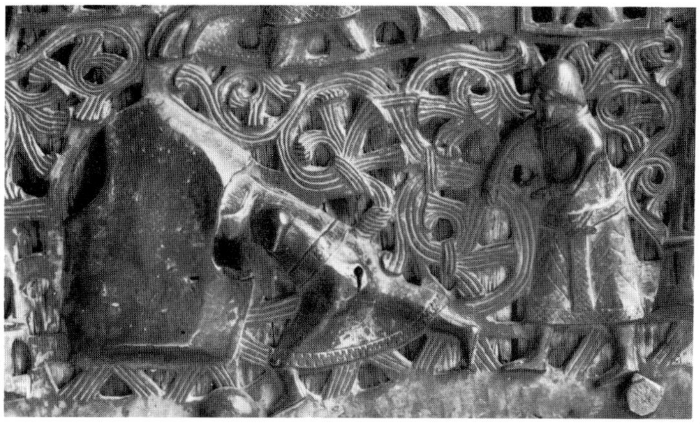

51 Verona, Bronzetür von San Zeno: Durchbrochenes Rankenwerk (Detail aus Feld 43)

der Alpen oder aber von nach Verona zugewanderten deutschen Kräften geschaffen. Der Ortswechsel von Gußhandwerkern, die im Mittelalter gesuchte Spezialisten waren, und auch der über größere Distanzen erfolgte Export von Gußwerken haben sicherlich eine wichtige Rolle für den künstlerischen Austausch gespielt. Wieweit jedoch spezifisch deutsche Elemente die Bildersprache oder die handwerkliche Ausführung der Veroneser Tür bestimmt haben und auf Beteiligung deutscher Kräfte direkt zurückzuführen wären, ist

52 Leuchter aus Gandersheim, Detail vom Fuß. Deutschland (Magdeburg?), Mitte 12. Jh. Braunschweig, Herzog Anton Ulrich-Museum

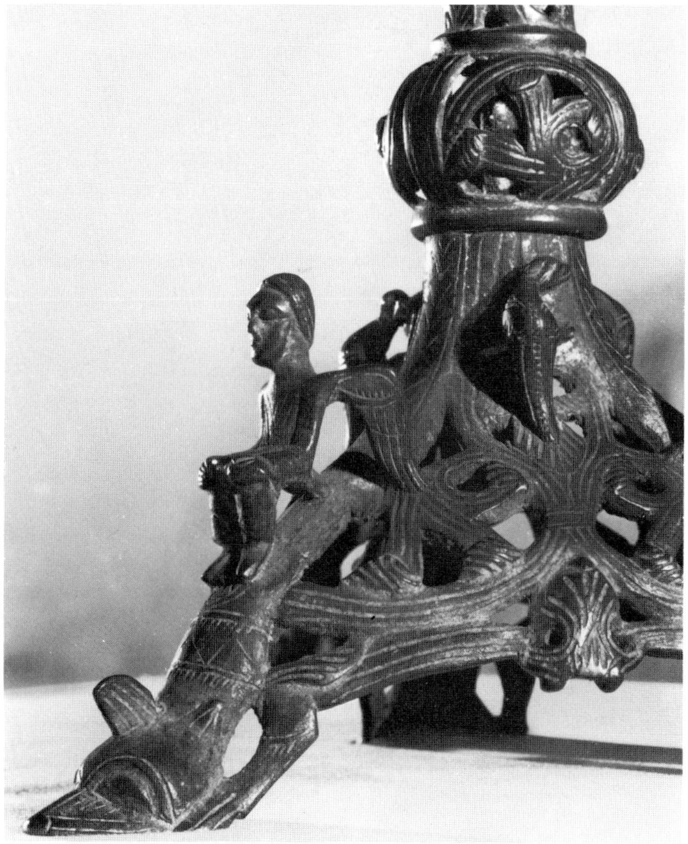

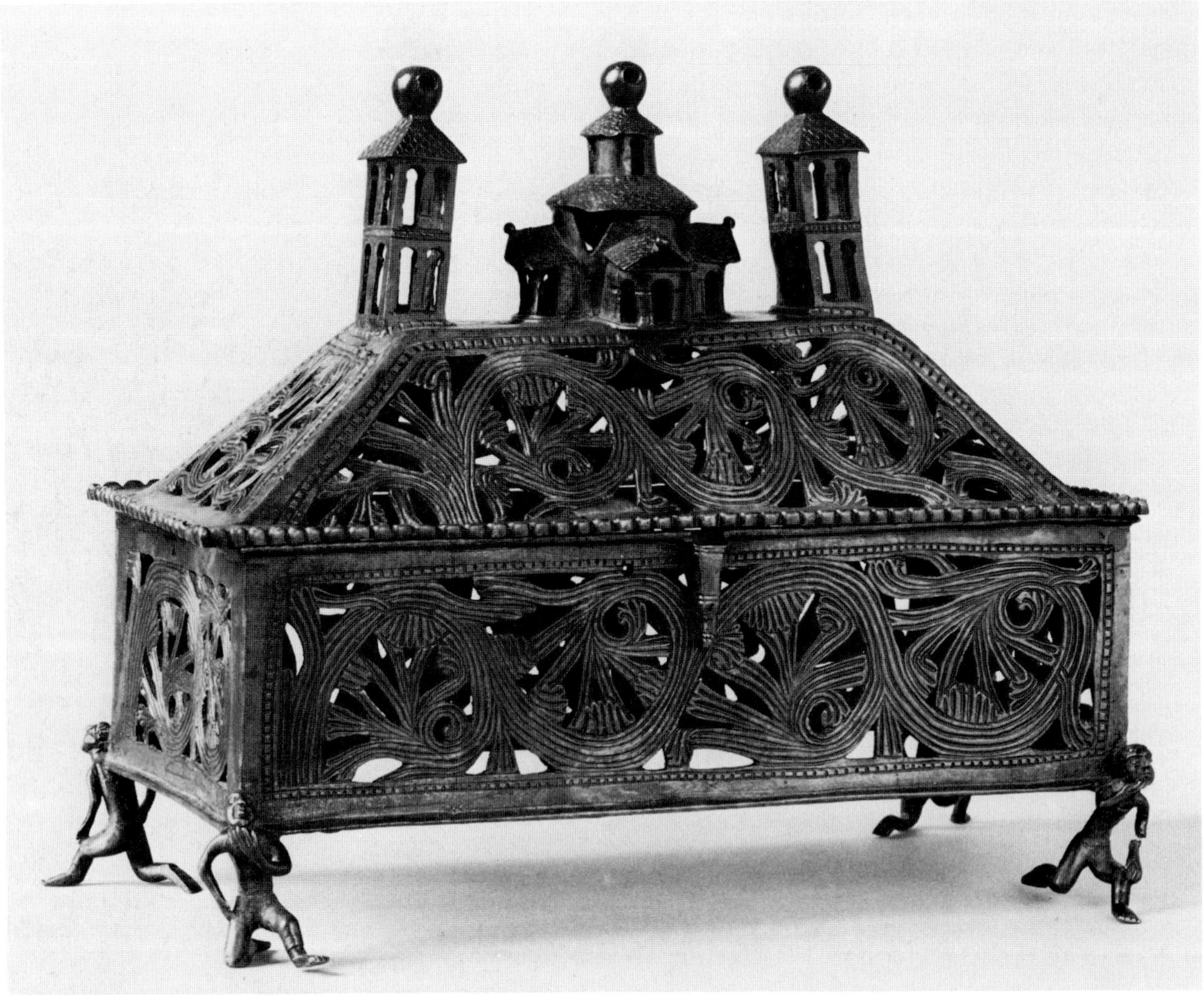

53 Reliquienkästchen. Deutschland, 2. Viertel 12. Jh. Hamburg, Museum für Kunst und Gewerbe

immer noch schwer zu beantworten.[55] Nachweisbar
sind jedenfalls Beziehungen in umgekehrter Richtung,
von Verona her zu Bronzearbeiten des Nordens.

101 Daß zur Bronzetür in Novgorod, dem umfang-
reichsten Gußwerk der Magdeburger Hütte, Verbin-
dungen bestehen, ist seit langem gesehen worden, war
im einzelnen aber immer schwierig zu definieren.[56] Der
Figurenstil ist wesentlich anders, wenn auch einzelne
Elemente vergleichbar sind, etwa die feine Differenzie-
rung der Figuren untereinander oder der starke Anteil
graphischer Oberflächenbehandlung. Die Komposi-
tion einzelner Bildfelder und auch das Gesamtpro-
gramm haben Gemeinsamkeiten, ebenso das Ranken-
werk, das hier jedoch nicht durchbrochen ist. Das alles
könnte jedoch auch auf gemeinsame Vorbilder zurück-
gehen und wäre ohne direkte Beziehung erklärbar. An
untergeordneter Stelle, im ornamentalen Bereich, gibt
es jedoch Motive, die auf eine solche direkte Beziehung
117; hindeuten. Eines davon ist das merkwürdige Bäum-
Abb. 54 chen auf der Platte mit den Tugenden und Lastern in
Novgorod, das kaum zufällig in Form und Anordnung
von fein geäderten Blättchen an dicken Ästen den Abb. 55
Bäumchen gleicht, die in Verona auf den Tafeln mit der
Vertreibung aus dem Paradies und der Opferung Isaaks 72, 96
vorkommen. Nicht die Gestalt des Bäumchens allein,
das als Motiv von Albert Boeckler in mozarabischer
Buchmalerei nachgewiesen worden ist, sondern die
spezifische Art der handwerklichen Ausführung stellt
die Verbindung her. Das trifft auch zu bei zwei
Ornamentmotiven, die in Verona auf einem Rahmen- 60; Abb. 6
stück rechts von der Austreibung der Händler vorkom-
men. Die Abfolge kleiner Quadrate mit schlichter
Sternmusterung aus radialen Strichen kommt in glei-
cher Handschrift auf der Novgoroder Tür mehrfach als
Musterstreifen vor. Als ein aufwendiges Gewandmu- Abb. 58
stermotiv finden sich dort auch die großen vierblättri-
gen Rosetten, die in Verona auf demselben Rahmen- 110; Abb.
stück vorkommen. Ein weiteres Detail auf der Novgo-
roder Tür ist in der Ausführung zwar abweichend, als
Motiv selbst jedoch so ungewöhnlich, daß es kaum
ohne direkte Beziehung nach Verona hin denkbar ist.
Gemeint ist eine schmale Blattform mit Mittelrippe und

feiner Äderung, die wie ein Fremdkörper sich gelegentlich inmitten der längsgerippten Wellenranken befindet. In Verona kommt sie mehrfach in den durchbro-
60; chenen Plattengründen vor (Bildfeld 4, Ornamentplat-
Abb. 56, 41 te a, Königsplatten u, w, y), in Novgorod im Ranken-
Abb. 57 werk der Rahmenleisten. Überall sonst, wo diese isolierte Blattform auftaucht, gibt es bestimmte Argumente für einen Zusammenhang mit der Magdeburger Gießhütte.

Aus diesen Beobachtungen möchte man den Schluß ziehen, daß bestimmte Kräfte der ersten Veroneser Werkstatt später in Magdeburg tätig waren, dort jedoch nicht verantwortlich für die plastische Formgebung, als Modelleure, sondern für untergeordnete Ornamentmotive und für die Ziselierung nach dem Guß – also als Gußhandwerker.

Für die Entstehungszeit der älteren Teile der Bronzetür in Verona folgt aus diesen Beobachtungen, daß der zeitliche Abstand zur Novgoroder Tür nicht allzu groß gewesen sein kann. Letztere ist durch ihre Bischofsdarstellungen sicher in die Zeit um 1152/56 zu datieren. Im Verhältnis dazu kann die Tür von San Zeno kaum bereits um 1100 entstanden sein, während das vorgeschlagene Datum vor 1138 auch unter diesem Aspekt wahrscheinlicher ist.

Es sind viele Vermutungen angestellt worden, warum die Bronzetür in Verona aus Bestandteilen zweier so unterschiedlich arbeitender Gußwerkstätten zusammengefügt ist, warum der Bestand der ersten Werkstatt sich als Fragment darstellt. Ob ursprünglich eine kleinere Tür geplant war, ob eine erste große Tür zur Hälfte Opfer einer Zerstörung wurde und durch neugeschaffene Platten dann ergänzt wurde, ob eine Vergrößerung des Westportals Grund für eine solche Ergänzung war – die Versuche zur Beantwortung dieser Fragen und zur Rekonstruktion eines früheren Zustandes haben letztlich keine Klärung der Entstehungsgeschichte und des Schicksals dieser Tür erbracht.

Geht man vom erhaltenen Bestand des ersten Stils aus, so war eine zweiflügelige Tür geplant (zwei Türzieher), mit einem Bildzyklus zum Neuen Testament, der fast vollständig erhalten ist, und einem nur in wenigen Teilen erhaltenen zum Alten Testament. Ergänzt wurde dieses Programm durch Szenen aus dem
Leben Johannes des Täufers und durch Darstellungen 74, 75

54 Novgorod, Bronzetür der Sophienkathedrale: Pflanzenmotiv (Detail aus Feld 19)
55 Verona, Bronzetür von San Zeno: Pflanzenmotiv (Detail aus Feld 23)

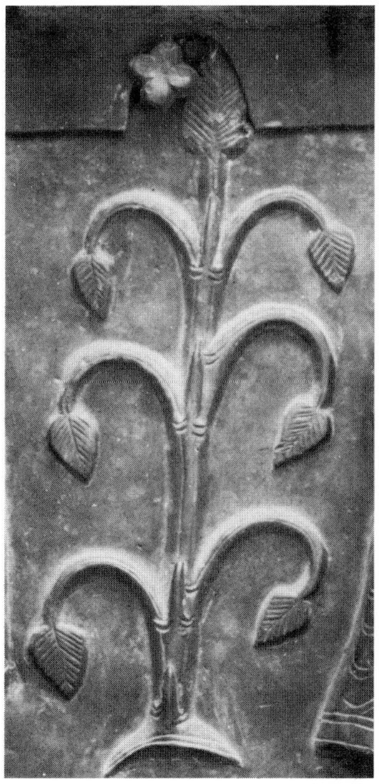

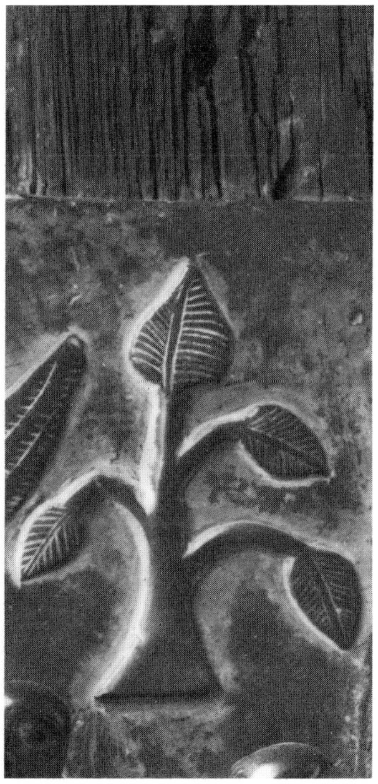

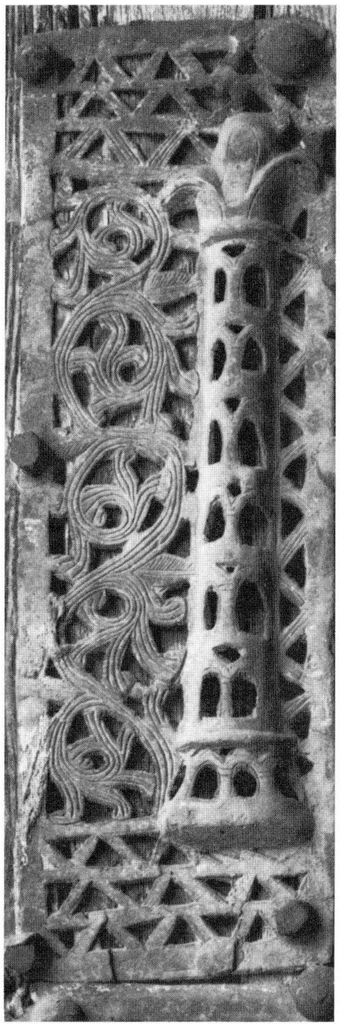

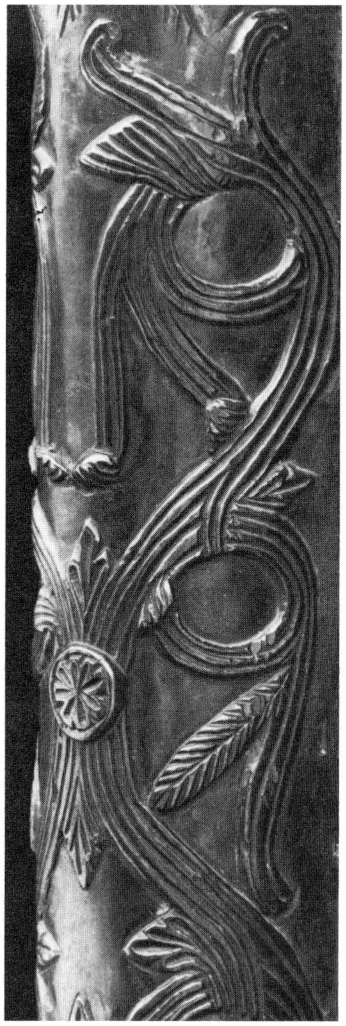

56 Verona, Bronzetür von San Zeno: Rankenwerk und Säule (Ornamentplatte a)
57 Novgorod, Bronzetür der Sophienkathedrale: Rahmenleiste mit Rankenwerk

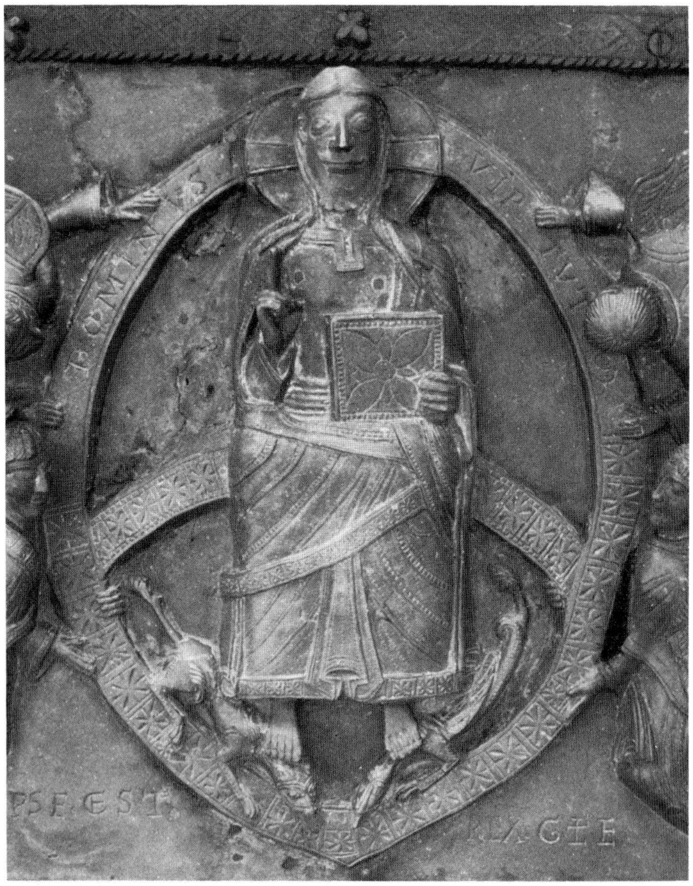

58 Novgorod, Bronzetür der Sophienkathedrale: Christus in der Mandorla mit Sternmusterungen

allegorischen Inhalts, mit der häufig auf Türen vor-
kommenden Thematik des Gegensatzes zwischen Gut
98, 99 und Böse (Nr. 22, 48). Die Montierung auf einem
Holzträger sowie Form und Konstruktion des Rah-
menwerks waren in der heute vorliegenden Weise
vorgesehen, mit durchbrochenen Leisten und mit Tier-
und Menschenkopfmasken, die zahlreich aus dem
ersten Bestand erhalten sind. Ebenso gab es von
58, 59 Anfang an zusätzlich schmale Elemente, die offenbar
für eine äußere Rahmung beider Flügel bestimmt
waren, die im heutigen Zustand aber wohl nicht
zutreffend plaziert sind, nämlich nur entlang des linken
Flügels (Säulenplatten a, g, Figurenplatten h, r–z). Sei
es nun, daß eine im Zusammenhang mit den Bauarbei-
ten und dem Skulpturenschmuck des Westportals bis
etwa 1138 entstandene Bronzetür durch einen Un-
glücksfall zur Hälfte zerstört wurde, oder sei es, daß die
Gußwerkstatt die Arbeiten plötzlich einstellte und
vielleicht an einen anderen Ort gerufen wurde – eine
zweite Werkstatt übernahm anschließend den fragmen-
tarischen Bestand und vervollständigte ihn. Das ge-
schah weitgehend in der ursprünglich vorgesehenen
76–91, Weise. Es entstand der alttestamentliche Bildzyklus,
96, 97 wobei es Überschneidungen gab (Vertreibung aus dem
Paradies und Opferung Isaaks, in gewisser Weise auch
die Arche Noah); eine fehlende Szene des Neuen
Testaments wurde eingefügt (Nr. 7). Mit den Szenen 62
aus dem Leben des hl. Zeno fand – wohl in Entspre- 92–94
chung zu den Szenen Johannes des Täufers – ein
weiterer Heiliger, hier der Titelheilige der Kirche, Platz
auf der Tür. Die durchbrochenen Rahmenleisten und
Kopf-Appliken wurden dem vorhandenen Bestand
nachempfunden, ebenso wurde die Folge der schmalen 58, 59,
Platten mit den Säulen (b–f) und mit den kleinen 68
Figuren weitergeführt, letztere mit einer thematischen
Ergänzung durch die Darstellung von Tugenden (i–q).
Mit den Einzelfiguren unter Arkaden, die sich am
Türschluß des rechten Flügels befinden, wurde formal
und inhaltlich ein neues Element eingebracht (A–G).
Daß beide Flügel schließlich seitlich an Türschluß und 76, 95
Gewände unterschiedlich sind, kann auf Maßunstim-
migkeiten während der Entstehung und Ergänzung
zurückgehen, wenn auch spätere Veränderungen eine
Rolle gespielt haben mögen.

Beide Werkkomplexe sind im Stil ihrer Bildtafeln in hohem Maße gegensätzlich; sie sind nicht einmal verwandt in der Weise, daß der eine als Weiterentwicklung des anderen gelten könnte. Erscheint der eine urtümlich, mit eindrucksvoll schlichten Formen, kann der andere geradezu schön genannt werden, im Sinne eines klassischen Formenkanons. Für den modernen Betrachter bleibt es schwer verständlich, wie diese zweite Werkstatt sich hier in eine Pflicht fügte, einen Bestand komplettierte und vollendete, der ihr von der Formensprache her eigentlich als unvollkommen erscheinen mußte. Solche formalen Wertungen haben aber offensichtlich eine geringe Rolle gespielt. Wesentlich müssen andere Argumente gewesen sein, etwa der Respekt vor der gußtechnischen Leistung. Um den Materialwert des kostbaren Werkstoffes Bronze zu erhalten, hätte man den als Fragment vorliegenden Bestand einschmelzen und völlig neu gestalten können.

Die Formunterschiede sind für das heutige Verständnis so groß, daß es schwer fällt, beide Komplexe zugleich gerecht zu beurteilen. In der Fachliteratur werden sie beinahe zwangsläufig gegeneinander ausgespielt, wird dem einen eine höhere Wertschätzung entgegengebracht auf Kosten des anderen. Dabei bevorzugt der heutige Betrachter, der ein besonderes Empfinden für urtümliche, unverbildete und naive Kunst besitzt, ganz eindeutig die Bildplatten des ersten Stils. Auch die Forschung hat sich viel stärker mit diesen Teilen beschäftigt. Die Begeisterung für die Ausdruckskraft dieses ersten Bestandes hat in gewisser Weise den Blick getrübt gegenüber der außerordentlichen Formqualität des zweiten.

Der Figurenstil der zweiten Werkstatt von San
Zeno zeigt sich hoch entwickelt in der Bildung des
menschlichen Körpers, des Gewandes, der Raumver-
hältnisse. Er ist lebendig, reich in der plastischen
Durchbildung der Einzelheiten, schönlinig, sogar von
gewisser Eleganz. Stoffreiche Gewänder, die bis in alle
Einzelheiten in feinster Modellierung wiedergegeben
sind, mit engen parallelen Faltenstegen und feinen
Schichtungen, umhüllen die Figuren. Die Körperfor-
men bleiben darunter sehr deutlich sichtbar, als plasti-
sches Volumen und in den Bewegungen. Der Bewe-
gungsfluß wird sogar sehr wesentlich durch diese
feinen Stoffe unterstrichen, die bald einzelne plastische
Rundungen unter glatter Oberfläche besonders heraus-
modellieren, bald – entsprechend den Bewegungsmoti-
ven – sich zu Falten zusammenschieben oder auch frei
ausschwingen. Zusätzliche Gravuren waren für den
Gewandstil nicht notwendig; wo dennoch gelegentlich
solche auftreten, handelt es sich um ganz zart ausge-
führte Musterungen von Stoffen und Borten, die für die
plastische Formgebung meist unwesentlich sind und
erst bei ganz geringer Distanz überhaupt sichtbar
werden. Die unbekleidete Figur ist naturgemäß weni-
ger souverän, im Menschenpaar der Szene mit dem
78 Verhör Gottes und im ruhenden Adam des benachbar-
ten Bildfeldes, aber ebenfalls nicht ohne Feinheiten. Der
Darstellung nackter Körperteile sind die Modelleure
nicht aus dem Weg gegangen; auf vielen Bildfeldern
80, 86, 87 werden ausgreifende Schrittstellungen dadurch betont,
daß unter dem seitlich offenen kurzen Rock der bloße
Schenkel sichtbar wird (Nr. 30, auch Nr. 28, 35, 36).
Hände und Füße sind groß und kräftig, die Hände fest
zupackend oder mit deutlich hinweisenden Gesten.
Betont im Verhältnis zum eher zierlichen Körper sind
vor allem die Köpfe, auf kaum sichtbarem Hals in etwas
abrupten Wendungen auf das Bildgeschehen ausgerich-
tet. Große und oftmals kreisrunde Augen, eine lange
Nase und schmale waagerechte Lippen bestimmen den
Gesichtsausdruck, der – trotz bestimmter handschriftli-
cher Unterschiede – von einem gleichmäßig ernsten
Pathos ist.

Das Verhältnis von Figur und Raum ist deutlich
definiert. Die handelnden Personen bewegen sich auf
einer schmalen Raumbühne vor der Folie des glatten
Reliefgrundes, zumeist auf deutlich gekennzeichneter
Standfläche. Sie sind einzeln nebeneinander gesetzt,
zuweilen jedoch mit feinen Schichtungen und Über-
schneidungen zu Gruppen zusammengefügt, am
80 schönsten im Bildfeld mit der Schande Noahs. Zahl-
reich sind landschaftliche oder architektonische Anga-
ben zum Handlungsraum. Auf mehreren Tafeln bildet
eine Arkade den Rahmen für die ganze Darstellung.
Groß ist der Motivreichtum der Architekturglieder; 78, 86, 87, 90
ihre detaillierte plastische Durchbildung entspricht der
Feinheit des ganzen Reliefstils. Es gibt glatte und
gedrehte Säulenschäfte, als Kapitelle Kelchformen,
menschliche Köpfe und eine Maske; die Archivolten
sind glatt oder profiliert. Eine Rolle spielen schlanke
Rundtürmchen in den Arkadenzwickeln oder als seitli-
che Begrenzungen: mehrgeschossig, durch Gesimse
und Fenster feinteilig gegliedert und oftmals bekrönt
von radial gemusterten Kegeldächern mit einem
Knauf. Eine Zwillingskuppel bildet den – auch inhalt-
lich passenden – Rahmen für die Szene der Vertreibung
aus dem Paradies. Das Gehäuse für den Propheten
Bileam besitzt kannelierte Giebelschrägen, die die Nähe 88
zu antikem Formengut verraten, ebenso wie der
Dreiecksgiebel und der zierliche Blattfries der Arche
Noah. Von großer Schönheit sind die übrigen Pflan- 79
zenmotive, vor allem die Rankenkompositionen des
Baumes der Erkenntnis, der Wurzel Jesse und der 78, 80
Weingewächse im Bildfeld mit Noah und seinen Söh- 89
nen. Sie wirken wie freie, spielerisch die Fläche füllende

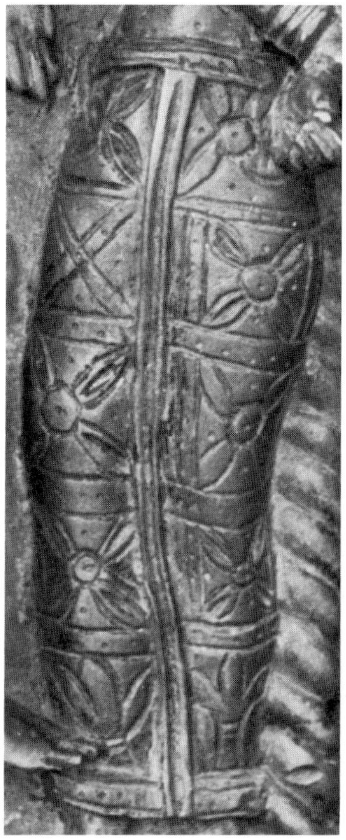

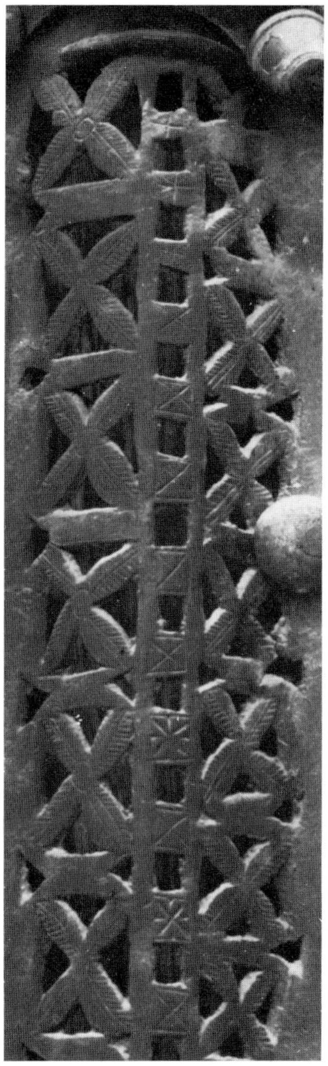

59 Novgorod, Bronzetür der Sophienkathedrale: Rosettenmuster am Gewand eines Schergen der Geißelung
60 Verona, Bronzetür von San Zeno: Rahmenstück mit Rosetten- und Sternmusterung

Ornamentformen, sind dabei jedoch überaus streng gebaut, weitgehend symmetrisch, mit energisch geführten Windungen der Zweige und Blätter. Auch die Baumdarstellungen in den Szenen mit dem Paradies,
62 mit Kain und Abel und mit dem Einzug Christi in Jerusalem werden durch solche Formstrenge und Abstraktion bestimmt. Das gilt ähnlich auch für den reichen Faltenstil der figürlichen Darstellungen auf diesen Reliefs. Das schönste Beispiel dafür ist die Figur
89 des schlafenden Jesse auf seinem Lager mit lang herabhängendem, fein gefältelten Bettuch und bedeckt mit einer ebensolchen Decke. Was hier wie freier, spielerischer Umgang mit Falten und Saumlinien wirkt – köstlich auch mit dem Motiv des herausschauenden nackten Fußes –, ist in Wirklichkeit ein streng organisiertes Formgefüge.

Die Reliefplatten der zweiten Veroneser Werkstatt sind untereinander nicht so einheitlich, daß sie auf einen einzigen Modelleur zurückgehen könnten. Unterschiede in der Feinheit der Modellierung gibt es bereits bei den Bildtafeln; insgesamt schlichter sind die schmalen Platten mit Einzelfiguren am Türschluß des rechten Flügels; eine individuelle Stilvariante bilden schließlich die vier Platten mit Darstellungen aus dem Leben des hl. Zeno. Alle Teile hängen jedoch miteinander zusammen. Von schwächerer Hand ist beispielsweise die Bildplatte mit Kain und Abel, deren Figuren besonders in der oberen Bildhälfte ungelenk und in der Gewandbildung reduziert sind. Unbeweglich und auffallend
schlicht ist auch die Figur des Aaron neben dem Altar 85; Abb. 6
mit dem blühenden Stab. Diese steht nun in engem
Zusammenhang mit der Bischofsdarstellung am Tür- Abb. 62
schluß (C), die zwar noch weiter vereinfacht ist, in den schematischen Faltenzügen der Kasel und im gravierten Rautenmuster der Dalmatika aber die handwerklichen Gemeinsamkeiten einer Werkstatt erkennen läßt. In
allen Einzelheiten sind diese schmalen Randplatten 76, 95
vereinfacht gegenüber den großen Bildfeldern: in der rahmenden Arkatur, in den Figuren mit ihrem reduzierten Körpervolumen, den schlichten Faltenmotiven und den derben Gesichtern (A–G). Derselbe Gesichtstypus findet sich wieder in größerem Maßstab bei vielen der Maskenköpfe auf den Rahmenwerkkreuzungen. Von diesen Köpfen sind wiederum Verbindungen zu erkennen zu den vier Platten mit Darstellungen aus der
Zeno-Legende (Nr. 41–42, 44–45). Hier sind die Figu- 92–94
ren im Verhältnis zum Bildfeld größer, sie sind weniger feinteilig modelliert, stattdessen aber großzügiger und freier in Körperhaltung und Bewegung sowie in ihrem Verhältnis zum Bildgrund. Das wird besonders deutlich beim fischenden Zeno, dem rückwärts auf dem Wagen balancierenden besessenen Fuhrmann und der sich windenden besessenen Kaisertochter. Auch inner-

61, 62 Verona, Bronzetür von San Zeno: Aaron (Detail aus Feld 34). Bischofsfigur (Feld C)

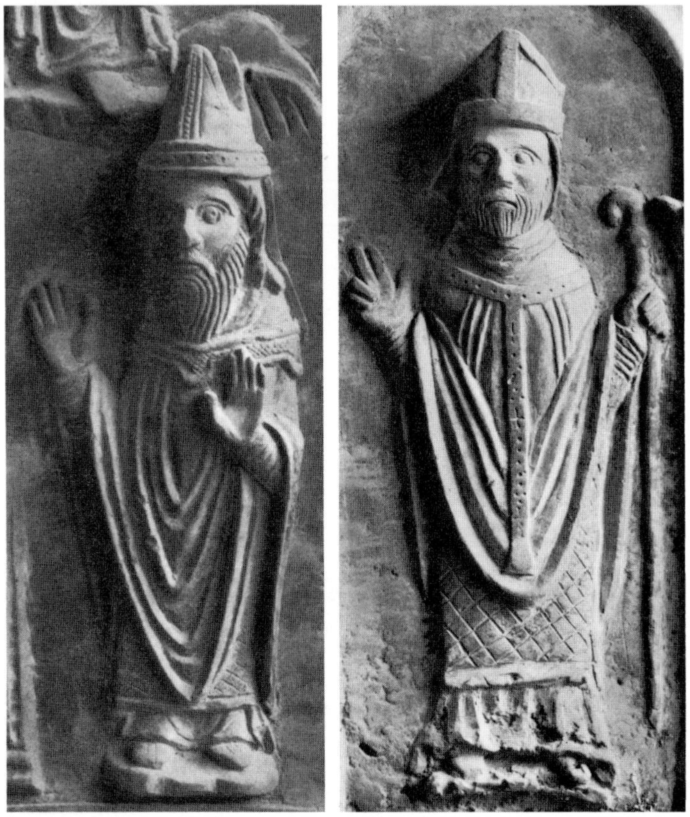

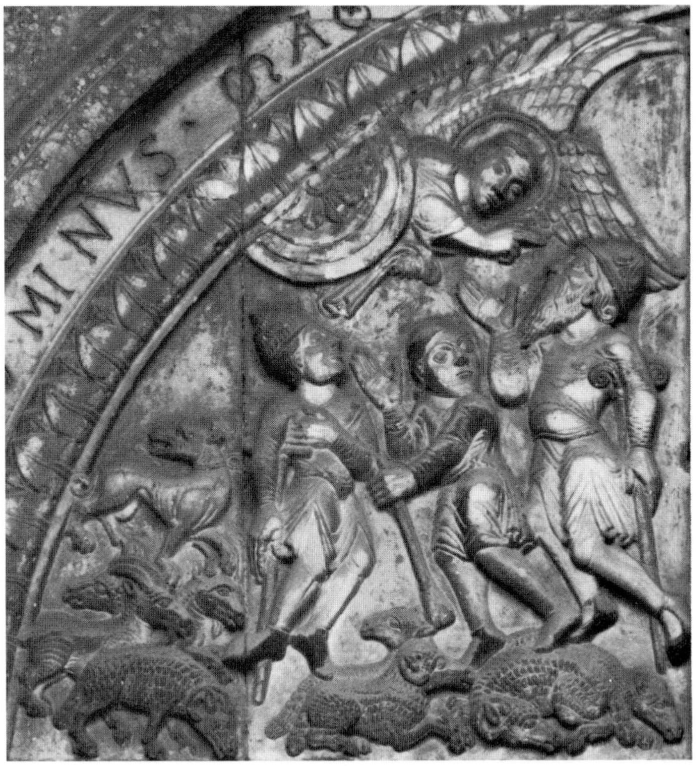

63 Verkündigung an die Hirten. Detail vom Tympanon des Westportals. Nach 1139. Verona, Dom

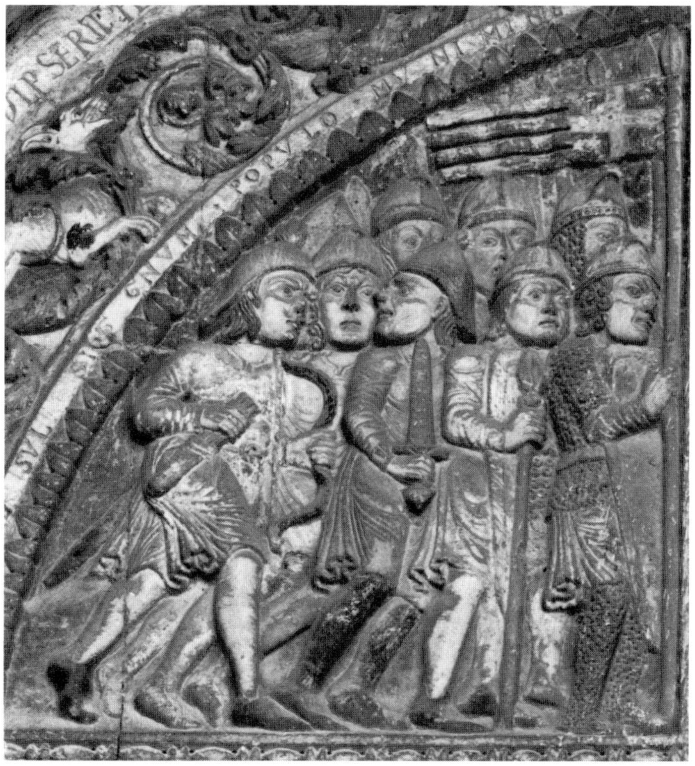

64 Stadtmiliz. Detail vom Tympanon des Westportals. Um 1138. Verona, San Zeno

halb dieser Tafeln gibt es handschriftliche Unterschiede, wie ein Blick auf die viel schlichteren Figuren des Kaisers Galienus mit dem hl. Zeno lehrt. Obwohl die Zeno-Platten insgesamt moderner wirken, ist ein wesentlicher zeitlicher Abstand von den übrigen Tafeln der zweiten Werkstatt nicht anzunehmen.

Eine weitere handschriftliche Besonderheit der zweiten Werkstatt, und zwar ein handwerkstechnischer Mangel, wird sichtbar in den kleinen quadratischen
68 Platten mit den Vorfahren Christi und den Tugenden am Türschluß des linken Flügels (i–q). Die Figürchen selbst mit ihren engen Parallelfalten gleichen denen auf den großen Bildplatten. Die Bildgründe sind in Anlehnung an die vorhandenen Stücke der ersten Werkstatt (h, r–z) durchbrochen gearbeitet, offenbaren aber die Mühen, die diese Aufgabe nun bereitete. Das Rankenwerk ist kunstvoll komponiert, jedoch wenig exakt in der Ausführung und vor allem in seiner Binnenzeichnung. Teilweise ist diese völlig unterblieben, teilweise besteht sie nur aus äußerst zarten Zickzacklinien, dünnlinig und in dichter Abfolge graviert (geflechelt), ist also praktisch kaum sichtbar. Wie schwierig Durchbrucharbeit für diese Werkstatt war, zeigt sich auch in
68, 69, den zahlreichen Rahmenstücken und in den schmalen
76, 77 Platten ganz links am Gewände mit den durchbrochenen Säulchen (b–f). Auch sie sind nach den vorhandenen Teilen der ersten Werkstatt gearbeitet, jedoch in viel einfacheren Ornamentformen und weniger feingliedrig. Zumeist handelt es sich bei den Rahmenstücken um ein schematisches Netzwerk, wiederum nur mit jener geflechelten Musterung anstelle einer wirklichen, die Grundform ergänzenden Binnenzeichnung.[57]

Als zusammenfassende Charakterisierung von plastischer Formgebung und handwerklicher Ausführung der Gußteile der zweiten Werkstatt von San Zeno läßt sich folgendes festhalten: Die Reliefs sind plastische Werke von hohem Rang, feinteilig modelliert in den figürlichen Darstellungen wie in den architektonischen und pflanzlichen Motiven. Alle Feinheiten des Wachsmodells erscheinen adäquat durch den Erzguß wiedergegeben. Gelegentlich vorkommende freiplastische Einzelheiten, wie Köpfe und Gliedmaßen, auch das in Türöffnung und Bogenstellung durchbrochen gearbeitete Haus der Hagar (Nr. 32) sind dabei gußtechnisch 83
anspruchsvolle Details. Die Ziselierung nach dem Guß geschah mit großer Sorgfalt, dabei jedoch weitgehend auf Herausarbeitung und Verdeutlichung der modellierten Form konzentriert. Flächenfüllende graphische Musterungen sind selten und dann eher zurückhaltend. In der Feinheit der plastischen Form gibt es erhebliche Unterschiede, so daß neben einem Hauptmeister – dem maßgeblichen Modelleur – mehrere Modelleure beteiligt gewesen sein müssen. Unter ihnen ist mit individueller Handschrift, und dabei mit einer neuen plastischen Qualität, der Meister der Zeno-Platten zu erkennen. Das Gewicht liegt insgesamt im Figürlichen; die Ornamentik bleibt auf wenige, zudem inhaltlich bedingte Motive beschränkt, dabei anscheinend auch auf den Anteil des Hauptmeisters (Nr. 26, 30 38). Wo darüber hinaus Ornamentformen erforderlich waren – in den kleinen Quadratplatten und den Rahmenleisten – zeigt sich die Werkstatt ungeübt. Das gilt auch für die gußtechnisch komplizierte Durchbrucharbeit dieser Teile. Im Vergleich mit dem Bestand der ersten Veroneser Werkstatt ergibt sich daraus, daß nicht nur die plastische Form, sondern auch die gußhandwerkliche Ausführung in allen Bereichen wesentlich abweicht. Es gibt kein Detail, an dem erkennbar wäre, daß Werkleute der ersten Werkstatt auch in der zweiten noch tätig waren.

Der Zeitpunkt der Vollendung der Bronzetür von San Zeno, d. h. der Tätigkeit der zweiten Werkstatt, die den vorhandenen älteren Bestand ergänzte, ist nicht durch schriftliche Quellen überliefert. Die Datierungsvorschläge sind unterschiedlich und reichen von der ersten Hälfte des 12. bis zum Beginn des 13. Jahrhunderts. Für stilkritische Vergleiche finden sich die nächst verwandten Werke nun in unmittelbarer räumlicher Nähe; es sind die Portalskulpturen des Meisters Nico-

laus und seiner Werkstatt an der Abteikirche San Zeno
selbst und am Dom von Verona. Für beide existieren
nur ungefähre Daten: 1138 war das Portal von San
Zeno in Arbeit oder vollendet, 1139 wurde der
Domneubau begonnen. Als Orientierung können auch
die Skulpturen vom Westportal des Domes in Ferrara
dienen, die zwischen 1135 und 1141 entstanden sind.
Betrachtet man im Tympanon des Domes von Verona
Abb. 63 die Darstellung der Verkündigung an die Hirten und
Abb. 64 im Tympanon von San Zeno die Gruppe der Stadtmi-
80, 82, 87; liz, so wird die enge Verwandtschaft zum Figurenstil
Abb. 65, 66 der Bronzetür deutlich (besonders Nr. 30, 31, 36). Es
handelt sich um die gleichen Gestalten mit großen
Köpfen, scheinbar ohne Hals, mit kräftigen Händen
und Füßen, bewegt agierend mit ausgreifenden Schritten, Kopfwendungen und deutlichen Gesten. Die
dünnen Stoffe der Gewänder sind wie bei den Bronzefiguren fein gefältelt, lassen die Körperformen sichtbar
werden, zeigen entblößte Schenkel oder schwingen in
Faltenbahnen entsprechend der Bewegungsrichtung.
Das staunende Aufblicken der Hirten im Domtympanon, mit der besonderen Art des zurückgelegten
Kopfes und der in die Fläche gedrehten ausgestreckten
Hand ist vergleichbar der Darstellung des die Sterne
zählenden Abraham und der des Schlangenopfers in der
Szene der Aufrichtung der Ehernen Schlange. Die
zusammengedrängt eilenden Milizmitglieder mit den
vielen sich überschneidenden Beinpaaren sind eine
Parallele zur Gruppenbildung der Söhne Noahs. Von
dem hier unter einem Weinstock liegenden Noah gibt
es andererseits eine Verbindung zur Erschaffung Abb. 68
Adams auf einem Wandfeld rechts vom Portal von San
Zeno; trotz unterschiedlicher Pflanzenformen ist die
Komposition der Figur vor Rankengrund vergleichbar. Die Proportionen der nackten Menschen auf den
Schöpfungsszenen dieser Wandfelder sind die gleichen
wie auf der Sündenfall-Platte der Tür. Als Motiv und in
Einzelheiten vergleichbar sind schließlich die Arkaden
der Monatsdarstellungen am Portikus von San Zeno, Abb. 67
die als architektonisches Rahmenelement bis auf Wiligelmus in Modena zurückzuführen sind und mit
unterschiedlichem Reichtum mehrfach im Werk des
Nicolaus vorkommen; auch sie wechseln in den Formen von Säulenschäften und Kapitellen und zeigen
ebenfalls jene mehrgeschossigen Türmchen in den
Bogenzwickeln. Die Beziehungen sind an vielen weiteren Einzelheiten abzulesen; so gibt es auch bei Nicolaus
antike Ornamentmotive oder – in Ferrara und am Dom
in Verona – Parallelen für das prachtvolle Pferd des 90, 91
reitenden Propheten.

Gegenüber den Skulpturen sind die Figuren der Bronzetür freier, beweglicher, weicher, was vor allem als materialbedingter Unterschied zu werten ist. Denn das weiche Wachs war leichter zu bearbeiten als ein Steinblock; auch das kleinere Format mag für die lockere Handschrift eine Rolle gespielt haben. Die

65

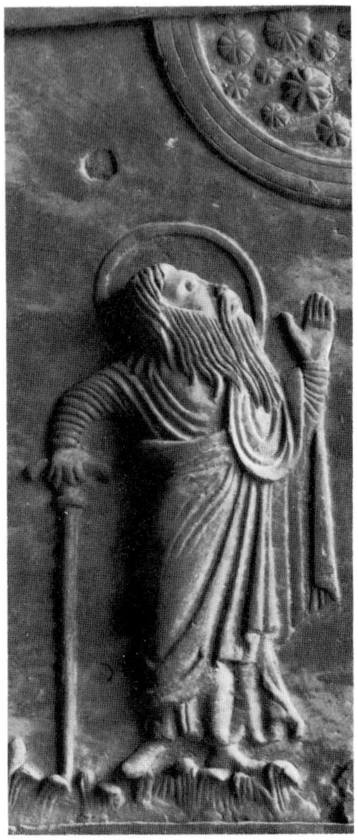

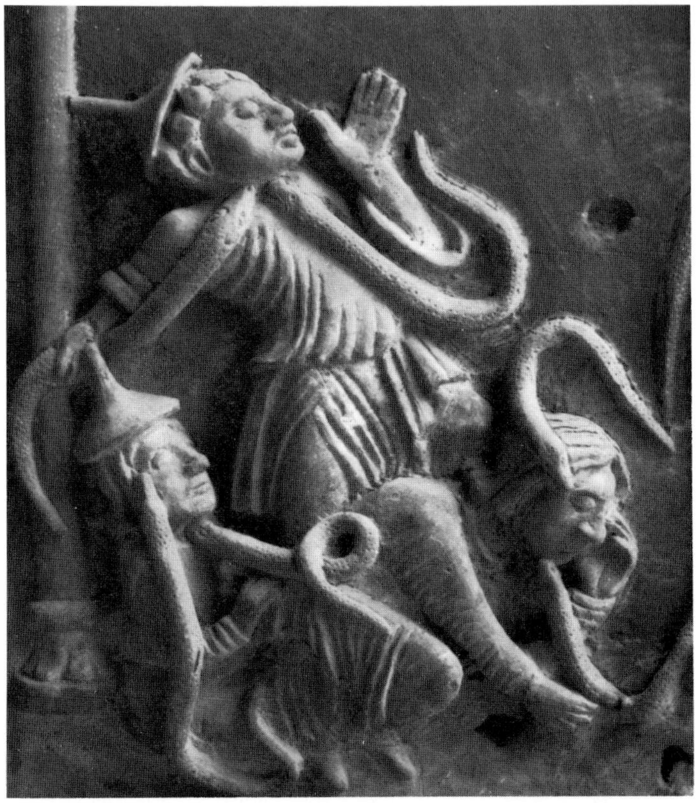

65 Verona, Bronzetür von San Zeno: Gottvater läßt Abraham die Sterne zählen, Detail

66 Verona, Bronzetür von San Zeno: Aufrichtung der Ehernen Schlange, Detail

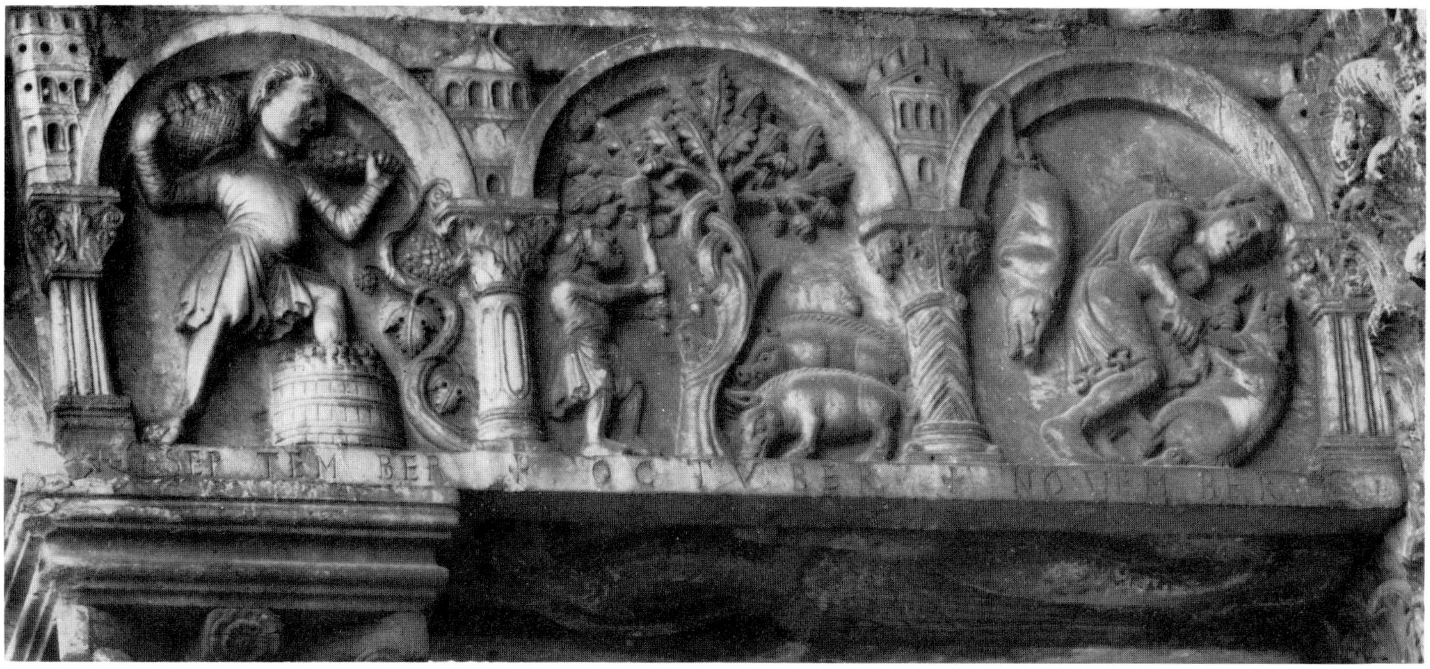

67 Monatsdarstellungen am Portikus des Westportals. September, Oktober, November. Um 1138. Verona, San Zeno

Verwandtschaft erscheint jedenfalls so eng, daß nur ein Mitarbeiter der Nicolaus-Werkstatt selbst der Hauptmeister der Tür gewesen sein kann, d.h. der maßgebliche Modelleur der zweiten Werkstatt von San Zeno, und daß die Tür gleichzeitig mit den Portalskulpturen, also um 1138, fertiggestellt worden sein muß. Es handelt sich um einen der seltenen Fälle, wo Monumentalplastik im Mittelalter unmittelbar in Erz umgesetzt erscheint. Das kann auch die Erklärung abgeben für die
95 Handwerkerdarstellung der Tür, eine Figur, die mit Hammer und Meißel einen Block bearbeitet (G). Es könnte der führende Modelleur sein, der hier jedoch bei seiner eigentlichen Tätigkeit dargestellt ist, als Steinbildhauer.

Schwierig stellt sich nun das zeitliche Verhältnis zwischen den Arbeiten der ersten und der zweiten Veroneser Werkstatt dar. Der eher primitive erste Stil ist ja nur scheinbar mit einem wesentlich frühen Entstehungsdatum zu verbinden, gehört vielmehr in die zwanziger bis dreißiger Jahre des 12. Jahrhunderts, d.h. er ist nur wenig älter als die Teile der zweiten Werkstatt. Die enormen Unterschiede der beiden kurze Zeit nacheinander am gleichen Ort entstandenen Komplexe müssen mit den unterschiedlichen Voraussetzungen erklärt werden, unter denen beide Werkstätten gearbeitet haben. Die gesamte Entstehungsgeschichte der Bronzetür von San Zeno wäre etwa in folgender Weise vorstellbar:

Unmittelbar mit der Verlängerung des Kirchenbaues von San Zeno und der neuen Westfassade – deren Baubeginn unbekannt ist – könnte der Auftrag zur Bronzetür ergangen sein, den die erste Werkstatt übernahm. Diese Werkstatt arbeitete mit Modelleuren, denen figürliche Darstellungen in größerem Format ungewohnt waren und die mit ihren bescheidenen Mitteln vor allem nach gemalten Vorlagen arbeiteten.

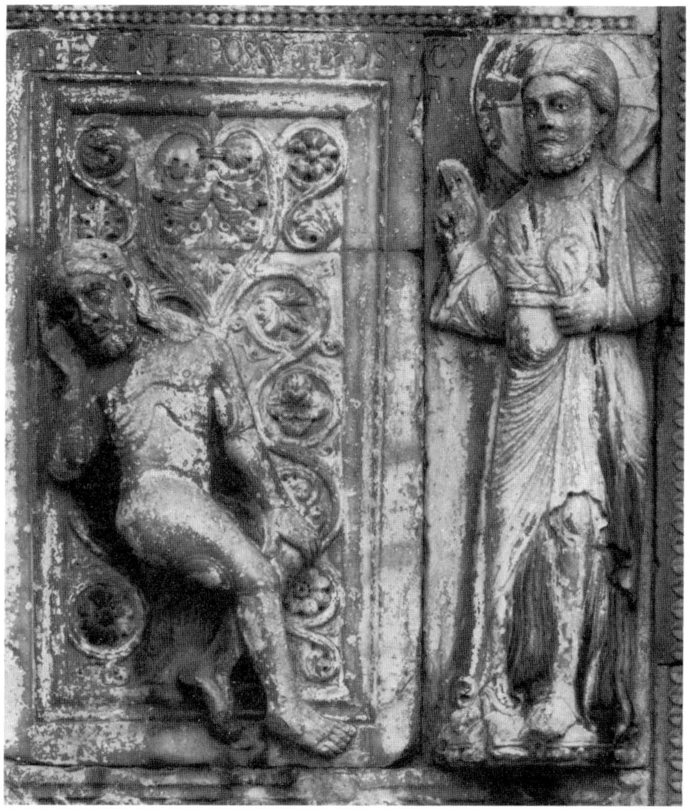

68 Erschaffung Adams. Relief der Westfassade, rechts vom Portal. Um 1138. Verona, San Zeno

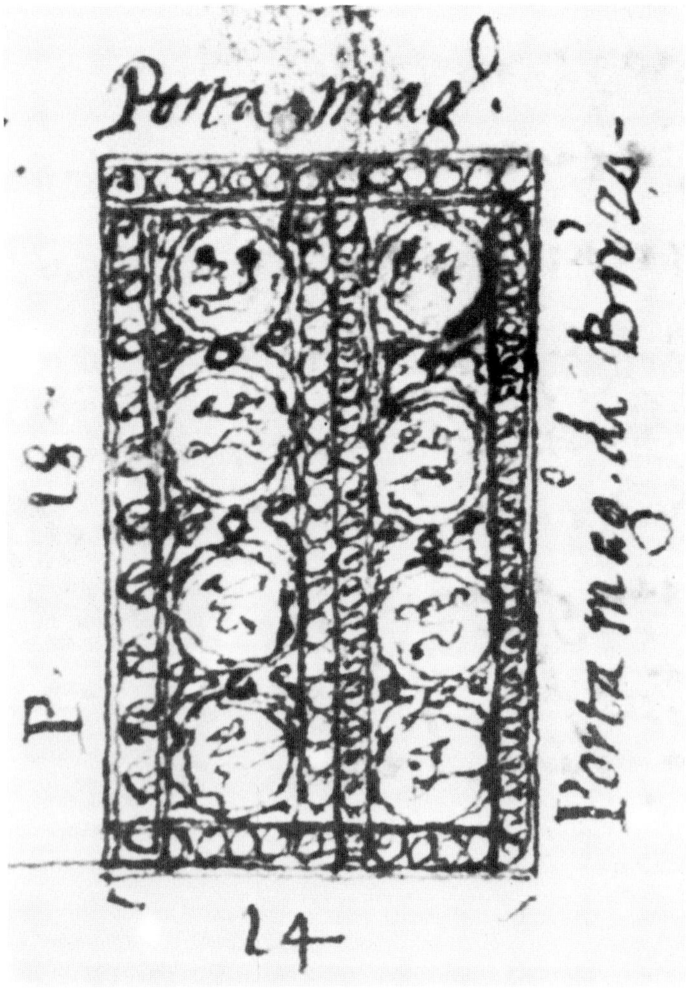

69 Skizze der verlorenen Bronzetür von Saint-Denis im Reiseskizzenbuch des Vincenzo Scamozzi, um 1600 (vergrößert). Vicenza, Museo Civico

Von der zeitgenössischen Skulptur, der ostlombardischen Schule von Wiligelmus bis Nicolaus, hatten sie geringe Kenntnis, deren Spuren u. a. in den menschlichen Rahmenwerkmasken der Tür sichtbar werden. Routine besaß diese Gußhütte für durchbrochene Ornamentteile. Zu diesem Zeitpunkt war Nicolaus mit seiner Werkstatt vermutlich noch nicht in Verona tätig. Das Werk blieb unvollendet, und die erste Gußwerkstatt verschwand anscheinend vollständig aus der Stadt. Als die Nicolaus-Werkstatt mit den Skulpturen für das Portal von San Zeno – und möglicherweise gleichzeitig für das Domportal – beschäftigt war, wurde die Arbeit wieder aufgenommen. Dabei übernahm mindestens einer dieser Bildhauer selbst die Anfertigung der Gußmodelle. Woher die anscheinend neu gewonnenen Gußfachleute damals kamen, ist unbekannt. Zusammen mit den Portalskulpturen, die mit der Jahreszahl 1138 in Zusammenhang zu bringen sind, oder zeitlich unmittelbar an diese anschließend, wurde die Bronzetür fertiggestellt.

An weit entferntem Ort, aber etwa gleichzeitig, erhielt der Kirchen-Neubau der französischen Königsabtei St. Denis, dessen Westfassade drei Portale besitzt und 1140 geweiht wurde, gleich drei Bronzetüren. Zwei von ihnen entstanden damals neu, die große Haupttür für das Mittelportal und die kleinere südliche Tür. Im nördlichen Seitenportal fand die vom Vorgängerbau übernommene karolingische Erztür ihren neuen Standort.[58] Alle drei Türen wurden 1794 im Gefolge der Französischen Revolution eingeschmolzen, und so beschränkt sich unsere Kenntnis vor allem auf eine zeitgenössische Quelle, auf die Aufzeichnungen des Bauherrn, des Abtes Suger.[59] Einzelheiten zur kleinen südlichen Tür sind nicht bekannt. Die große Mitteltür war vergoldet und besaß Reliefs mit Darstellungen aus der Passion und Auferstehung Christi. Abt Suger, der selbst in der Emmaus-Szene dargestellt war, versäumte nicht, auf die Kosten für dieses Werk hinzuweisen. Eine kleine Skizze der Tür, von Vincenzo Scamozzi um 1600 zusammen mit weiteren Reisenoti- Abb. 69
zen aufgenommen, kann zwar keine Einzelheiten der Form, jedoch zumindest eine Vorstellung von der Gesamtanlage wiedergeben.[60] Die zweiflügelige Tür besaß eine umlaufende, wohl ornamentale Rahmung für jeden Flügel und jeweils vier übereinander angeordnete große Medaillons mit den genannten bildlichen Darstellungen. Eine Türinschrift kennzeichnete die Tür – nach der im Mittelalter geläufigen Vorstellung – als Symbol für die Person Christi und stellte darüber hinaus eine spezielle Verbindung her von der goldglänzenden Beschaffenheit der Tür zu Christus als dem wahren Licht. Angesprochen waren in dieser Inschrift aber auch die irdischen Aspekte dieses Gußwerkes, nämlich das Gußmaterial, der Kostenaufwand und die künstlerische und handwerkliche Schöpfung: »Wer immer du seist, wenn du strebst, zu erheben den Ruhm dieser Tore, / Staune nicht an das Gold und den Aufwand, sondern die Arbeit. / Edel erstrahlt das Werk, doch das Werk, das edel erstrahlet, / Möge erleuchten die Geister, daß sie eingehen durch die wahren Lichter / Zum wahren Licht, wo Christus das wahre Tor ist ...«.[61]

Die Erwähnung der Türen von Saint-Denis im Zusammenhang mit der Bronzetür von San Zeno in Verona geschieht nicht deshalb, weil eine direkte Beziehung zwischen beiden konstruiert werden soll. So gibt es keinen konkreten Anlaß zu der Vermutung, die vor 1138 aus Verona verschwundene erste Gußhütte sei eventuell nach Saint-Denis berufen worden. Es ist jedoch auf eine interessante Parallele zwischen beiden Werken hinzuweisen. Abt Suger berichtet von Gießern und Bildhauern, die zur Anfertigung der Türen gewonnen wurden, und er unterscheidet zwischen beiden dadurch, daß er bei den Bildhauern von ausgesuchten Kräften spricht.[62] Der künstlerischen Formgebung galt hier offenbar die gleiche Aufmerksamkeit wie in der zweiten Gußwerkstatt von San Zeno. Durch die ausführenden Kräfte bestand ebenfalls eine direkte Verbindung zur gleichzeitigen Bauplastik. Für ein bestimmtes Gußwerk wurden an beiden Orten Modelleure und Gießer unterschiedlicher Herkunft zu gemeinsamer Arbeit in der Gußhütte verpflichtet.

In den bildlichen Darstellungen der Bronzetür von San Zeno ist trotz der verschiedenen Themenkreise ein ikonographisches Gesamtprogramm zu erkennen. Zentrales Thema ist der christologische Bildzyklus, von der Verkündigung an Maria über Jugendgeschichte, öffentliches Wirken und Passion Christi bis zur Auferstehung, Höllenfahrt und der Darstellung Christi als Weltenrichter. Diese Bildtafeln befinden sich in fortlaufender Reihenfolge auf dem linken Türflügel, und zwar in einer solchen Anordnung, daß die drei jeweils nebeneinander stehenden Reliefs sinnvolle Zusammenhänge bilden. Gelegentlich ist allerdings durch spätere Vertauschung die Abfolge gestört. Zwei alttestamentliche Bildkomplexe sind dem Christus-Zyklus zugeordnet, beide in jeweils unterschiedlicher Beziehung zu ihm. Eine Gegenüberstellung bilden die Darstellungen des ersten Menschenpaares und Kains und Abels: der Sündenfall und seine Folgen als auslösender Faktor für die Notwendigkeit des Erlösungswerkes Christi. Die Teile dieses Komplexes befinden sich auseinandergerissen auf dem linken Flügel ganz unten und auf dem rechten Flügel ganz oben, als Arbeiten beider Werkstätten, wobei die Vertreibung aus dem Paradies doppelt vorkommt. Hier hat es beim Wechsel von der ersten zur zweiten Werkstatt wohl Unklarheiten gegeben. Die übrigen Darstellungen aus dem Alten Testament, die Bildtafeln mit Noah, Abraham, Moses und Aaron, mit der Wurzel Jesse und den reitenden Propheten sind als Bestandteile des typologischen Bilderkreises aufzufassen. Nach diesem Prinzip, das – nach älteren Vorstufen – in der exegetischen Literatur des 12. Jahrhunderts entwickelt und vervollkommnet wurde, hatten bestimmte Ereignisse des Alten Testaments einen speziellen symbolischen und allegorischen Gehalt in Beziehung zu Ereignissen des Neuen Testaments: sie kündigen jene an und galten als deren Vorläufer. So enthalten die entsprechenden alttestamentlichen Darstellungen auf der Veroneser Tür Bezüge zu Menschwerdung, Opfertod und Sieg Christi. Diese Relieftafeln sind auf dem rechten Türflügel vereint, ebenfalls zum Teil in sinnvollen Dreiergruppen, und dem Christus-Zyklus auf dem linken Flügel gegenübergestellt, in der Anzahl allerdings weniger umfangreich. Unterhalb beider Themenkomplexe befinden sich Teile zweier Heiligenviten: links drei Tafeln zum Tod Johannes des Täufers – der als neuer Prophet Elias ebenfalls in Beziehung zum Christus-Zyklus gesehen werden könnte –, rechts vier Tafeln zum Wirken des hl. Zeno, des Titelheiligen dieser Kirche. Diese Zeno-Szenen kommen in weitgehend übereinstimmender Bildformulierung auch als Reliefs im Architrav des Westportals von San Zeno vor, wie ebenso die alt- und neutestamentlichen Darstellungen auf den Wandfeldern seitlich des Portals Parallelen bilden zur Ikonographie der Bronzetür. Auf der Tür selbst, an ganz untergeordneter Stelle, rechts und links außen am Gewände jeweils ganz unten, befinden sich die beiden Einzeltafeln mit dem Drachenkampf des Erzengels Michael und mit dem Tugend- und Lasterbaum. Beide sind in ihrem allegorischen Gehalt – Konfrontation von Gut und Böse, von Sünde und Erlösung – auf den Bildinhalt der ganzen Tür bezogen. Tugenden, in Form von Personifikationen, befinden sich auch in den Rahmenelementen am Türschluß des linken Flügels, sicherlich ebenso unvollständig in der Anzahl erhalten wie die Vorfahren Christi, die im heutigen Zustand der Tür mit ihnen zusammen eine Reihe bilden. Thematisch in gewisser Weise isoliert sind die Platten mit Einzelfiguren am Türschluß des rechten Flügels, sicher erkennbar die Heiligen Petrus und Paulus, Margaretha und Helena. Darüber hinaus scheint es sich um historische Personen zu handeln. In der Bildhauerdarstellung ist ein Meister der Bronzetür zu vermuten, in dem mit weltlichem Kostüm dargestellten Mann und vielleicht auch in der Figur des Bischofs Auftraggeber und Stifter der Tür.

Auch die nur wenig jüngere Bronzetür der Magdeburger Gußhütte in Novgorod zeigt einen umfangreichen Bildzyklus zum Neuen Testament, der durch alttestamentliche Darstellungen ergänzt wird, darüber hinaus allegorische Motive (Kampfszenen, Sieg der Tugenden über die Laster), den für Magdeburg bedeutsamen hl. Mauritius und schließlich mit besonderem Gewicht die Personen der Stifter und Handwerksmeister der Tür. Neben den erwähnten formalen Beziehungen zwischen beiden Türen scheint also auch durch das Bildprogramm eine Verwandtschaft zu bestehen.

Novgorod
Die Tür der Magdeburger Gußhütte

Für deutsche Gußwerkstätten des 12. und frühen 13. Jahrhunderts, von deren Tätigkeit eine Fülle der verschiedenartigsten Bronzegeräte zeugt, sind monumentale Türen offenbar eine höchst seltene Aufgabe gewesen. Erhalten hat sich nur ein Exemplar, von weiteren existieren keine schriftlichen Nachrichten. Dieses eine Stück befindet sich seit langem weit entfernt vom Ursprungsort, wobei völlig unklar bleibt, durch welche Umstände es seinen Weg dorthin gefunden hat.
101 Es ist die Tür im Hauptportal der Sophienkirche in Novgorod. Über Auftraggeber und Meister und damit auch über Zeit und Ort der Entstehung geben Darstellungen und Inschriften der Tür Auskunft. Zwei Bischofsfiguren sind namentlich bezeichnet. Die eine, größer dargestellt und von zwei Diakonen begleitet, ist
121 Bischof Alexander von Płock (Amtszeit 1129–1156), die andere, zurückhaltender als Einzelfigur, ist Erz-
118 bischof Wichmann von Magdeburg (1152–1192, inschriftlich als Bischof bezeichnet). Die Tür war demnach für den Dom in Płock bestimmt, den polnischen Bischofssitz an der Weichsel (BLVCICH nach der Türinschrift; deutsche Namensform Plozk). Welche Rolle der Magdeburger Erzbischof für ihre Ausführung hatte, wird gesondert zu fragen sein. Im Vergleich mit anderen Magdeburger Gußwerken scheint jedenfalls sicher, daß diese Tür in der Gußhütte in Magdeburg
100 entstanden ist. Mit zwei Meisterdarstellungen ist diese Werkstatt in ungewöhnlich aufwendiger Weise auf der Tür präsent: mit dem durch die Signatur besonders hervorgehobenen Riquin und mit dem Jüngling Waismuth. Beide sind durch spezifische Gerätschaften des Metallgusses gekennzeichnet. Für die Entstehungszeit der Tür bieten zwei Daten ungefähre Anhaltspunkte: der Amtsantritt Wichmanns 1152 und der Tod Alexanders 1156.

Durch ein mächtiges Rahmengerüst ist die Tür vielteilig gegliedert und enthält in den Türfüllungen auf ganz gedrängtem Raum figurenreiche Darstellungen. Sie bilden einen Bildzyklus zum Leben Christi, der von Darstellungen aus anderen Bereichen ergänzt wird. Den Gesamteindruck bestimmt das enorme plastische Volumen des Reliefstils wie auch der ornamentierten Rundleisten der Rahmung.

Die einzelnen Reliefs zeigen blockhaft geschlossene Figuren vor neutralem Grund, der keine Illusion von Tiefenraum vermittelt. Sie sind von insgesamt kräftiger Plastizität, oftmals mit vollplastisch ausgebildeten Köpfen und auch Gliedmaßen. Die Köpfe sind groß, haben einen zumeist langgestreckten, sehr ausdrucksvollen Gesichtstypus mit betont großen, gerundeten Wangenflächen, unter kurzer Stirn sehr hoch liegenden Augen, kantiger Nase und einem überaus kräftigen Kinn; der Mund ist ganz schmal, die Lippen abwärts gezogen oder wie schmollend geschürzt. Große Sorgfalt wurde auf eine feinlinige und dichte Haarzeichnung verwandt, als Gegensatz zu den glatten Gesichtsflächen; die Frisuren sind gescheitelt, oder Frisur und Bart sind in einzelne, in wechselnden Richtungen schraffierte Strähnen unterteilt. Das besondere Interesse galt der Ausgestaltung der Gewänder, wenngleich mit relativ einfachen Mitteln: nur in den Grundzügen plastisch modelliert, umspannen sie zumeist faltenlos als glatte Flächen die Körperformen. Die Binnenzeichnung für die meisten Faltenzüge und für alle Musterungen geschieht durch Gravuren. Diese sind in unterschiedlicher Dichte ausgeführt, jedoch mit einem großen Motivreichtum. Der Musterkatalog reicht von einfachen Schraffuren bis zu vegetabilischen Formen, die Schmuckborten oder auch ganze Gewandflächen füllen, einzelne Gewandteile voneinander absetzen, und die auch dazu dienen, gleichrangige Figuren unterschiedlich zu charakterisieren und besonders wichtige Gestalten durch aufwendige Ausstattung hervorzuheben. Für Bewegungen bleibt wenig Raum. Zumeist herrscht räumliche Enge, sowohl in den szenischen Darstellungen wie auf den schmalen Platten mit Einzelfiguren. Vermieden sind ausgreifende Gebärden; die Arme mit ihren knappen Gesten bleiben eng am Körper, der Umriß der Figuren ist möglichst geschlossen.

Dennoch sind die Figuren nicht unbeweglich, nur bleiben sie in ihren Aktionen eher verhalten, sind wenig gewandt, oder sie wirken ungeschickt in gleichfalls vorkommenden abrupten und heftigen Aktionen. Das Bemühen um eine lebendige Darstellung ist ganz offenkundig, wenn dabei auch oftmals die schöpferischen Möglichkeiten der hier tätigen Meister überfordert waren. Die menschliche Figur in ihrem plastischen Volumen, in ihren Bewegungen und im Verhältnis zum Raum war für die Modelleure offenbar eine komplizierte Aufgabe. Das Ergebnis ist jedoch gerade in seinen Vereinfachungen, in der teils zurückhaltenden, teils drastischen Formensprache von großer Eindringlichkeit. Es ist eine insgesamt lebendige Bilderzählung, mit einer Fülle köstlicher Details.

Ein Blick auf einzelne Bildtafeln mag die spezifischen Gestaltungsmittel dieser Werkstatt deutlich machen. Das Bemühen um Differenzierung innerhalb einer Gruppe gleichartiger Figuren veranschaulicht
102 beispielhaft die Apostelgruppe mit Petrus an der Spitze. Die Darstellung zeigt die Apostel verwundert und überrascht von dem Geschehen, das sich vor ihnen vollzieht. Zu bemerken ist allerdings, daß sich das Staunen eigentlich auf das Wunder der Himmelfahrt Christi bezieht, denn um diesen ikonographischen Typus handelt es sich bei dieser und der zugehörigen Apostelgruppe. Beide sind offenbar von der Bildvorlage einer Himmelfahrt übernommen für einen anderen ikonographischen Bildtypus: als flankierende Apostelgruppen der Gesetzesübergabe und der Schlüsselübergabe. Die Reaktion des Staunens und der Verwunderung kommt sehr lebhaft in der zusammengedrängten Gruppe zum Ausdruck, und zwar durch unterschiedliche Bewegung, Haltung und Gestik der einzelnen Figuren. Petrus als erster verkörpert in seiner Haltung halb Hinwendung, halb Zurückweichen. Der zweite Apostel ist mit ausgreifender Schrittstellung der Mitte zugewandt, auch sein Nebenmann ist mit gekreuzten Beinen, also schreitend dargestellt. Die schwingenden Falten und Saumlinien der langen Gewänder unterstreichen diese Bewegungen. Zwei Apostel im Hintergrund recken die Köpfe, um am Geschehen teilzuhaben. Einer legt die Hand an die Wange, ein vielfach auf den Bildfeldern der Tür benutztes Motiv zur Darstellung von Betroffenheit. Die wenigen anderen Gesten sind so wirkungsvoll, daß die Personen mit ihren Händen gleichsam zu sprechen scheinen. Differenziert sind die Gesichter durch Jugendlichkeit und Alter, vor allem durch ihre unterschiedliche Barttracht. Differenziert sind auch die Mantelformen: außerordentlich reduzierte, knappe und völlig faltenlose Gebilde, formenreich allerdings in ihren verschiedenartigen Borten und Flächenmusterungen, was soweit geht, daß ein Mantel in seinen beiden Hälften auch zwei unterschiedlich gemusterte Borten besitzt.

Eine andere dicht gedrängte Szene ist die Gefan- 108
gennahme Christi; in den scheinbar bewegungslos aufgereihten Figuren wird das Geschehen anhand weniger charakteristischer Details deutlich: Die Bildmitte bilden die bereits gefesselten Hände Christi. Die Gruppe Christi mit den Jüngern Judas und Petrus ist durch gleiche Kleidung und gleichartiges Standmotiv als zusammengehörig gekennzeichnet. Judas hat sich Christus in verräterischer Umarmung genähert, dieser wendet sich von ihm ab, Petrus steht betroffen daneben. Von dieser in sich widerspruchsvollen Gruppe noch einmal abgesetzt sind die Kriegsknechte, rein äußerlich schon durch ihre Gewandung. Der Kontrast ist darüber hinaus eindrucksvoll ins Bild gesetzt: Christus steht in völliger Ruhe da, die gefesselten Hände vorgestreckt, das Haupt dem ersten der Kriegsknechte zugewandt; dieser ist in raschem Lauf herbeigeeilt und hält mit starkem Griff die Fessel.

Eine Komposition mit ungewöhnlich viel Raum ist
die Höllenfahrt. Durch diesen Raum scheint Christus 114
niederzuschweben, schräg abwärts gerichtet, in großer Eile und Bewegung, mit gekreuzter Schrittstellung. Mit dem Arm holt er weit aus und stößt die Lanze unter Einsetzen seiner ganzen Körperkraft dem Höllentier in den Rachen.

Auf der Bildtafel der Himmelfahrt reicht der 115
aufwärts schwebende Christus bis an die obere Bildkante und veranschaulicht die Bewegung – auch die Schwerelosigkeit – durch die leicht gekurvte Haltung, bei einer schräg stehenden Bodenplatte. Man spürt die Mühe und den Ernst, mit denen auf diesen beiden Tafeln versucht wurde, den schwer darstellbaren Bewegungsvorgang in der Höhendistanz bildlich zum Ausdruck zu bringen. Für beide Szenen gab es bewährte überlieferte Vorbilder, die den Meistern der Tür auch ganz offensichtlich bekannt waren, die jedoch vereinfacht wiedergegeben sind. Dieses Verhältnis zur Bildtradition kennzeichnet den Reliefzyklus insgesamt, was damit zusammenhängen wird, daß kleinfigurige und zweidimensionale Vorlagen – Buchmalereien, vielleicht auch Elfenbeintafeln – als Bildquelle zur Verfügung standen.

Die Himmelfahrtsdarstellung gibt Gelegenheit, auf typische Merkmale des Gewandstils hinzuweisen. Der zum Himmel Auffahrende als Hauptperson ist durch reichere Musterungen ausgezeichnet, die beiden Engel tragen unterschiedliche Kleidung, der eine die Dalmatika, der andere den asymmetrisch über den Schultern liegenden Mantel. Die langen Untergewänder der drei

Figuren zeigen – wie auf der Tür üblich – in schematischer Anordnung drei Falten und sind in den Zwischenräumen unterschiedlich gemustert. Eigentlich handelt es sich dabei um über den Rundungen der Beine liegende Schüsselfalten, die jedoch so vervielfältigt sind, daß sie regelmäßige Muster bilden, hier sogar dreifach unterschiedlich. Das Bemühen um variantenreiche Musterbildung gipfelt in anderen Bildfeldern darin, daß jede einzelne Falte ihr individuelles Ornamentmotiv erhält. So ist es beim thronenden Christus zwischen Petrus und Paulus, und in besonders sorgfäl-
104 tiger Ausführung im Bildfeld der Geburt Christi, wo die Decke über dem Lager der Maria in regelmäßige Falten gelegt ist. Gelegentlich gibt es auch vereinzelte, in freie Zwischenräume eingravierte Ornamentmotive,
114 so beim Christus der Höllenfahrt eine große vierblättrige Blüte über dem Gewandsaum, kleinere Motive beim
111 Johannes unter dem Kreuz.

Zahlreich sind in dem Reliefstil mit nur flacher Bildebene die Schwierigkeiten bei tiefenräumlicher Darstellung und bei Wiedergabe einer Bewegung im Raum. Hier zeigen sich besonders die gestalterischen Grenzen der Modelleure der Bronzetür; dabei überraschen sie aber andererseits mit ungewöhnlichen, naiv formulierten Lösungen, die ganz wesentlich die Ausdruckskraft ihrer Bildsprache bestimmen. Beispiele
119 dafür sind in der Szene der Erschaffung Evas die beiden Engel, die von oben herabzufliegen scheinen, in Wirklichkeit an der oberen Bildkante hängen und sich kopfüber in das Geschehen stürzen, wobei einer zusätzlich mit Spruchband und achtungsvoller Gebärde agiert. Von den Engeln, die die Mandorla Christi tragen, sind die beiden oberen – anstelle einer Verkürzung – in ähnlichem Sturzflug dargestellt. Andere Beispiele sind der vor Schmerz über die Trennung von
117 seinem Vater niederstürzende Elisäus, gerade im Begriff des Fallens und mit ausgestreckter Hand, und auch die beiden Besiegten im nebenstehenden Bildfeld der Zweikämpfe zwischen Tugenden und Lastern: zu Boden gestürzt, gebrochen und leblos. Die Schilderung solcher schwierig zu bewältigender räumlicher Verhältnisse kennzeichnet den Gestaltungswillen der ausführenden Meister. Selbst wenn dafür keine passenden Bildmuster vorhanden waren, oder wenn verfügbare nur unzureichend wiedergegeben werden konnten, haben diese Künstler es verstanden, sich ihren Fähigkeiten entsprechend bildlich auszudrücken.

»Mit schlichter, unbekümmerter Drastik sind die Begebenheiten erzählt; Schmerz, Andacht, Erstaunen und Furcht haben überzeugenden Ausdruck gefunden. Aber der Hauptreiz dieser bei aller Derbheit sehr anziehenden Reliefs beruht weniger hierauf als auf der spezifischen plastischen Art, mit der sowohl die Architekturen wie die Körper und besonders die Köpfe mit den einfachsten Mitteln in geschlossener Masse und glatten Flächen, in die die Einzelformen eingeschnitten sind, gegeben werden. Wieder ist es wie in Hildesheim und Verona die junge, von der Tradition unbeschwerte Kunst des Bronzegusses, die uns hier erfreut und unsere Vorstellungen von der romanischen Plastik bereichert.« Dieses Zitat von Erich Meyer, dem besten Kenner der mittelalterlichen Bronzekunst, soll – obwohl vor einem halben Jahrhundert geschrieben – hier wiederholt werden, weil die Bedeutung der Novgoroder Tür als Bildwerk seitdem nicht zutreffender gewürdigt worden ist.[63]

Gemessen an der zeitgenössischen Skulptur, erscheinen die Reliefs leicht – zu Unrecht – als mindere und provinzielle Arbeiten. Die Tür muß jedoch als Schöpfung einer Metallgußwerkstatt gewertet werden. Wir wissen auch hier keine Einzelheiten über die Arbeit der Modelleure. Die Hauptleistung wurde in den mittelalterlichen Gußwerkstätten üblicherweise in der Kunst des Metallgießens gesehen. Das bezeugt für die Novgoroder Tür eindrucksvoll die Darstellung des
Meisters Riquin, der durch die Signatur als Schöpfer 100
der Tür bezeichnet ist. Als Attribute sind ihm Gerätschaften beigegeben, die ihn eindeutig als Gießer ausweisen. Er hält eine große Zange geschultert und trägt in der anderen Hand die Waage, die wichtig war zum Abmessen der einzelnen Bestandteile für die Erzmischung. Auch der zweite Meister, der Jüngling Waismuth, ist als Gießer gekennzeichnet. Er benutzt eine gleichartige lange Zange zum Tragen eines Tiegels für flüssiges Erz. Nach den Prinzipien, mit denen die Figuren auf der Tür durch unterschiedliche Kleidung in ihrer Wichtigkeit charakterisiert sind, erscheint Riquin sogar besonders hervorgehoben: Sein Rock ist sorgfältig mit Rauten und Rosetten gemustert, mit Borten an Ausschnitt und Saum versehen und dazu mit einem ebenfalls gemusterten und in Fransen endenden Gürtel. Frisur und Bart sind in einzelnen Strähnen geordnet, in der kunstvollsten Version, die auf der Tür vorkommt. Unter allen Meisterdarstellungen des mittelalterlichen Bronzegusses gibt es keine, die an Stolz und Selbstbewußtsein diesen Meister Riquin übertrifft. Vielleicht hatte er als der Hauptmeister der Werkstatt auch persönlichen Anteil an der plastischen Formgebung der Tür. Vielleicht war der maßgebliche Modelleur jedoch ein anderer, der – da in seinem Rang weniger angesehen – nicht auf der Tür zur Darstellung gekommen ist.[64]

Die Figur des Bischofs Alexander von Płock weist 121; Abb. 7
den Weg zu einem anderen Gußwerk derselben Werk-

statt. Diese Bischofsfigur beeindruckt besonders durch das mächtige, scheinbar individuelle Züge tragende Haupt. In Wirklichkeit gehören jedoch die betonten Rundungen von Backenknochen und Kinn und der dagegen wie eingefallen wirkende Mund zum üblichen Gesichtstypus der Türreliefs, was auch an den Diakonen abzulesen ist, die den Bischof begleiten. Das Bischofshaupt ist allerdings besonders sorgfältig modelliert. In gewisser Weise großzügig, d. h. nicht korrekt in der Wiedergabe der Details sind dagegen die Pontifikalgewänder. Die Kasel ist unregelmäßig gemustert, das schmale Band des Skapuliers liegt über dem falschen Arm, nämlich rechts, und der Bischof trägt das Pallium, das seinem Rang eigentlich nicht zukommt.

Eine monumentale Version dieser Bischofsfigur ist
Abb. 71 die Grabplatte des Erzbischofs Friedrich von Wettin (gest. 1152) im Magdeburger Dom, des Amtsvorgängers von Wichmann.[65] Vor allem der Vergleich beider Köpfe zeigt die enge Verwandtschaft, da sie nicht nur demselben Typus angehören, sondern bis in Einzelheiten hinein – etwa die Regelmäßigkeit des Haarkranzes unter der Mitra – und sogar bis in die Physiognomie einander gleichen. Wenn man durch die Inschriften beider Werke nicht genau wüßte, daß es sich um zwei verschiedene Personen handelt, würde man – nach den modernen Vorstellungen von Porträtähnlichkeit – die Darstellung ein und derselben Person vermuten. In der Bildung der ganzen Figur gibt es durchaus Unterschiede, die vor allem durch das Format bedingt sind. Das monumentale Grabmal zeigt den Körper in seinen bischöflichen Gewändern von blockhaft geschlossenem Umriß, eine voluminöse plastische Form; der Segensgestus ist dabei von gleichartig enger, linkisch erscheinender Bewegung wie beim Bischof der Bronzetür. Interessant ist ein Vergleich der Pontifikalgewänder: Beim Grabmal sind sie in allen Bestandteilen detailliert und außerordentlich sorgfältig wiedergegeben bei nur geringer plastischer Differenzierung, beschränkt auf ganz flache Schichtungen und auf gravierte Falten und Musterungen. Die große Fläche der Kasel mit ihren parallel gravierten Faltenbogen zeigt frei in die Zwischenräume gezeichnete Tiere, Zweige und geometrische Figuren sowie einen am Innenrand verlaufenden Musterstreifen. In feiner Schichtung sind die schmalen Ärmelränder abgesetzt, das gemusterte Skapulier über dem linken Arm und das über der Schulter liegende und vorn lang herabhängende, mit einem Rosettenbesatz endende Pallium. Unter der Kasel wird die Dalmatika sichtbar, von einer breiten Borte eingefaßt und seitlich geschlitzt, darunter die Albe, die in ihrer dünnen Stofflichkeit deutlich charakterisiert ist

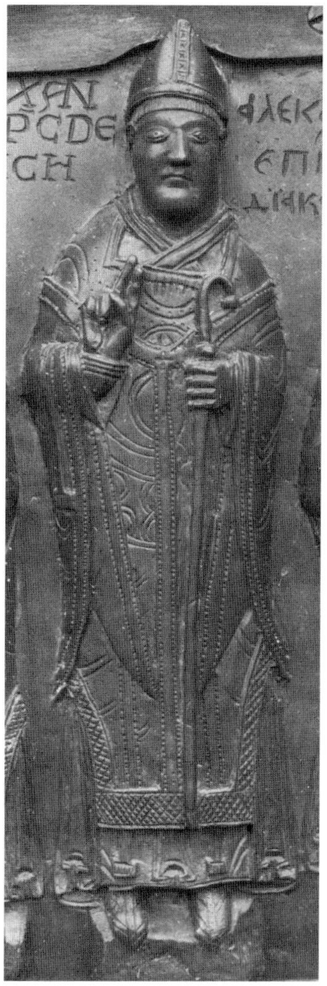

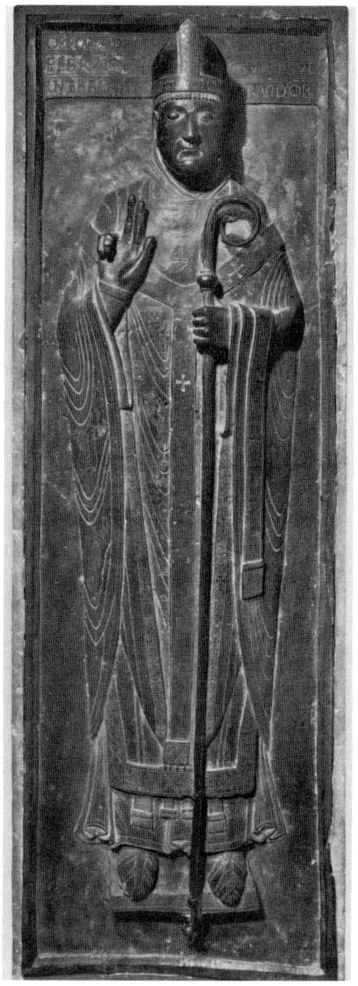

70 Novgorod, Bronzetür der Sophienkathedrale: Bischof Alexander von Plock, Detail
71 Grabplatte des Erzbischofs Friedrich von Wettin. Magdeburg, um 1152. Magdeburg, Dom

und mit symmetrischen Faltenbildungen seitlich leicht ausschwingt. Darauf liegen die fransenbesetzten Enden von Cingulum und Stola. Die Bischofsfigur der Grabplatte, ein Bildwerk von hohem künstlerischen Rang, zeigt die große plastische Form, die graphisch harten Konturen der Gewandteile und die Fülle der überaus sorgfältigen Musterungen in einem Verhältnis besonderer Harmonie. Die Relieffiguren der Tür sind nur knapp ein Fünftel so hoch; das bedeutet, daß die mit denselben Werkzeugen ausgeführten flächenfüllenden Musterungen ein viel stärkeres Gewicht haben gegenüber der modellierten Form. Die Modellierung und die Gravuren sind im kleineren Format zudem flüchtiger, weniger sorgfältig. Das zeigen auch die beiden den
Bischof flankierenden Diakone. In der asymmetrischen 121
Musterung ihrer Dalmatiken entdeckt man ganz links eine aufwachsende Wellenranke, die ebenso unvermittelt die freie Fläche füllt wie manche Ornamentmotive bei der Grabmalsfigur des Friedrich von Wettin.

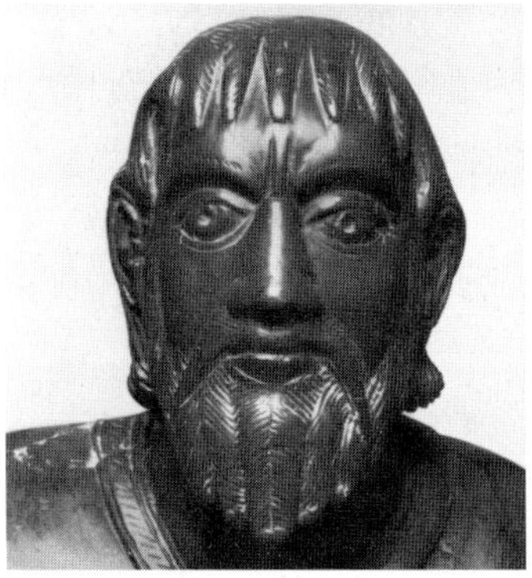 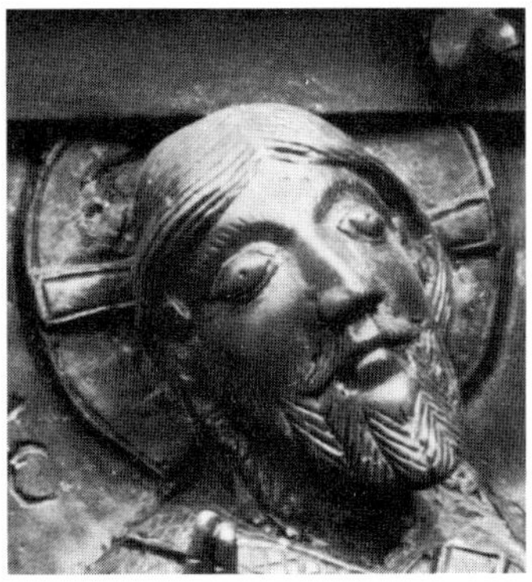

72 Kopf des sogenannten Wolfram-Leuchters. Magdeburg, um 1160. Erfurt, Dom
73 Novgorod, Bronzetür der Sophienkathedrale: Kopf Christi aus der Himmelfahrt

Die einzelnen Bildtafeln der Tür sind unterschiedlich in der Ausführung, d. h. es waren unterschiedlich befähigte Kräfte daran beteiligt. Gegenüber der Alexander-Tafel zeigt das die zweite Bischofsdarstellung der
118 Tür. Wichmann von Magdeburg ist eine sehr viel schlichtere Figur. Der Kopf ist weniger eindrucksvoll, die Gewandung unpräzise und teilweise mißverstanden; so ist etwa die Saumlinie der Dalmatika bis zu den Seiten geradlinig durchgezogen, und das Pallium ist völlig sinnwidrig gemustert. Geht man davon aus, daß beide monumentalen Gußwerke, das Bischofsgrabmal und die Bronzetür, in Zusammenarbeit jeweils mehrerer Kräfte entstanden sind, unter denen es besondere Zuständigkeiten für das Gußmodell, die Ausführung des Gusses und die Ziselierung gegeben haben könnte, dann sind die beobachteten Gemeinsamkeiten in der plastischen Formgebung und in der besonderen Art der graphischen Oberflächenbehandlung als ein gemeinsamer Werkstattstil zu bezeichnen. Die heute in Novgorod befindliche Tür und die Grabplatte im Magdeburger Dom sind also zusammen entstanden, und zwar in der Gußwerkstatt, die in Magdeburg unter Erzbischof Wichmann gearbeitet hat. Wegen der festgestellten Ähnlichkeit der Bischofsköpfe möchte man sogar annehmen, daß der maßgebliche Modelleur des Friedrichs-Grabes auch an den Reliefs der Bronzetür beteiligt war.

Für den stilgeschichtlichen Hintergrund der Bronzereliefs sind interessante Verbindungen zur monumentalen Skulptur in und um Magdeburg aufgedeckt worden. Die Marmorreliefs mit den Figuren der Seligpreisungen im Magdeburger Dom, die von einem ehemaligen Ambo stammen, und die Kapitelle mit Seligpreisungs-Darstellungen in der benachbarten Klosterkirche von Hamersleben kennzeichnen die Situation figürlicher Plastik, von der die Modelleure der Gußwerkstatt ausgingen.[66] Beide Werke sind nicht ohne italienische Einflüsse denkbar, was als Folge jener wohl aus Verona, aus dem Umkreis des Meisters Nicolaus stammenden Werkstatt zu erklären ist, die um 1140 für die plastische Ausstattung der Abteikirche Königslutter ins Land gerufen wurde. Der vereinfachte, viel schlichtere Figurenstil der Bronzetür ist ohne erkennbare italienische Elemente. Dennoch hat es den Anschein, als ob bestimmte Kräfte der ersten Gußwerkstatt der Bronzetür von San Zeno in Verona später hier in Magdeburg tätig waren. Im Zusammenhang der Veroneser Tür ist darauf bereits hingewiesen
worden. Bestimmte Ornamentmotive, sogar in ihrer Abb. 54–60
spezifischen handwerklichen Ausführung, können nicht zufällig an beiden Gußwerken vorkommen. Es waren also nicht die Modelleure der figürlichen Teile, sondern es waren die für das ornamentale Beiwerk und für die nach dem Guß auszuführenden Gravuren zuständigen Kräfte, die offenbar aus Verona – vielleicht nach mehreren Zwischenstationen – zugewandert sind.

Die Anfänge der Magdeburger Gußhütte kennen wir nicht. Daß die für einen entfernten Ort, für den Dom in Płock bestimmten mächtigen Türflügel hier ausgeführt wurden, muß doch wohl als Zeichen dafür gewertet werden, daß die Werkstatt sich durch frühere Tätigkeit hierfür empfohlen hatte. Sie hat dann offenbar lange Zeit, bis ins 13. Jahrhundert hinein, Bestand gehabt. Ein spätes monumentales Gußwerk, eine weitere Bischofs-Grabplatte im Magdeburger Dom, wurde früher allgemein für das Grabdenkmal Wichmanns (vor 1116–1192) gehalten, wird aber inzwischen mit dessen Amtsnachfolger Ludolf (um 1140–1205) in Zusammenhang gebracht.[67] Eine hinreichende Vorstellung von der Tätigkeit der Magdeburger Gußwerkstatt von der Mitte des 12. bis zum Anfang des 13. Jahrhunderts muß noch erarbeitet werden. Es hat den Anschein, als ob diese Werkstatt außerordentlich produktiv gewesen ist, insbesondere auch im kleinen Format, denn viele Kleinbronzen und auch nichtfigürliche Bronzegeräte, die heute allerdings oftmals noch anders lokalisiert werden, deuten in ihren gegenseitigen formalen Beziehungen auf eine solche Herkunft hin. Manches davon hat sich in räumlicher Nähe erhalten, im Gebiet des Erzbistums Magdeburg oder des alten Herzogtums Sachsen, anderes ist über große Distanzen exportiert oder auch später erst fortgeschafft worden. Die Novgoroder Tür ist ein Beispiel dafür.

Der Wolfram-Leuchter im Erfurter Dom, ein mo- Abb. 72
numentales Werk, fast lebensgroß und von außerordentlicher Qualität, sowohl als plastische Figur wie auch als gußhandwerkliche Leistung, darf mit einiger Sicherheit der Magdeburger Hütte zugeschrieben werden.[68] Die Beziehung ist nachprüfbar u. a. durch einen

Vergleich des Kopfes der Leuchterfigur mit einem
5; Abb. 73 Detail der Novgoroder Tür: dem Christus der Himmel-
fahrt. Stellvertretend für verwandte Kleinbronzen
kann hier nochmals das aus Gandersheim stammende
Abb. 52 Leuchterpaar des Braunschweiger Museums genannt
werden, das auch im Zusammenhang mit der Bronzetür
von San Zeno in Verona steht. Es könnte als früher
Guß in Magdeburg entstanden sein, und zwar ausge-
führt durch jene aus Verona zugewanderten Kräfte.
Durch ortsfest verbliebene Türzieher im Magdeburger
Umkreis, und zwar durch Exemplare in Halle, Helm-
stedt, Lüne und Hadmersleben, besitzen wir weitere
nach Magdeburg lokalisierbare Bronzen, die einerseits
zu den Löwenköpfen auf der Novgoroder Tür, ande-
rerseits zu verschiedenen Löwen-Aquamanilien in Be-
Abb. 74 ziehung stehen.[69] Eines dieser Aquamanilien, ein Löwe
im Kunstgewerbemuseum Köln, läßt sich direkt mit
Abb. 75 dem Markus-Löwen der Novgoroder Tür verglei-
chen.[70] Ein Gießtier desselben Typus, vielleicht nur
wenig jünger, ist 1961 bei Ausgrabungen in Magde-
burg selbst ans Licht gekommen.[71]

Durch die namentlich bezeichneten Bischofsdar-
stellungen – den 1152 in sein Amt berufenen Magde-
118 burger Erzbischof Wichmann und den 1156 verstorbe-
121 nen Alexander, Bischof von Płock – ist die Bronzetür
ungefähr in die Zeit um 1152 bis 1156 zu datieren. Eine
genauere zeitliche Eingrenzung wurde anhand der
Darstellung Wichmanns versucht, der in der Inschrift
nur als Bischof, nicht als Erzbischof bezeichnet ist und
dem angeblich auch das Pallium fehlt.

74 Löwen-Aquamanile. Magdeburg, 2. Hälfte 12. Jh. Köln, Kunstgewerbemuseum

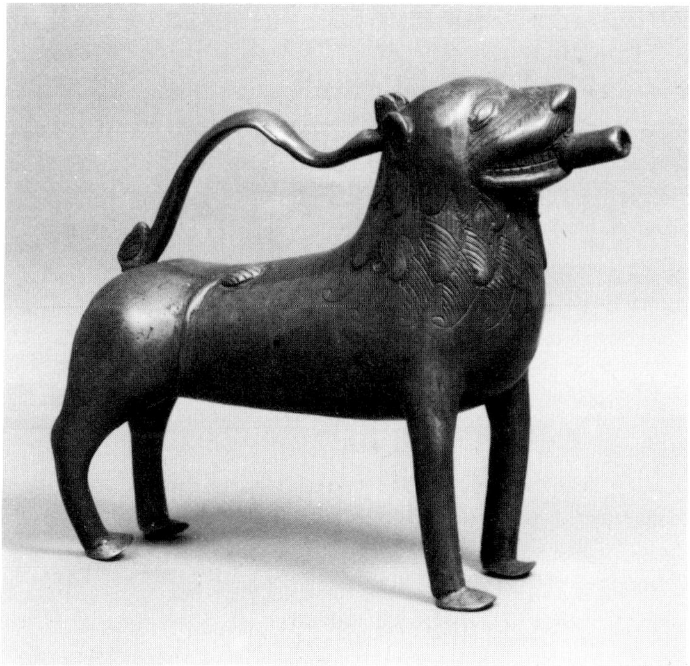

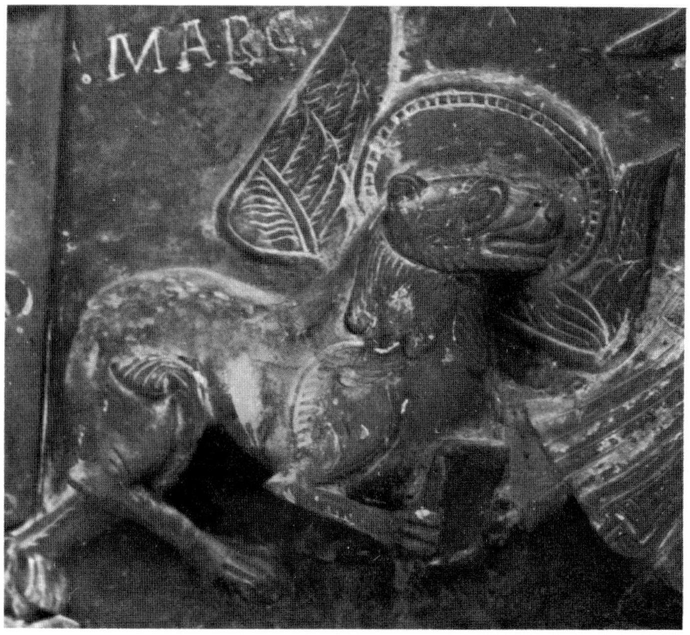

75 Novgorod, Bronzetür der Sophienkathedrale: Markus-Löwe aus der Majestas Domini

Da Wichmann das Pallium erst 1154 erhielt, wurde daraus auf eine genaue Entstehungszeit der Tür zwischen 1152 und 1154 geschlossen. Mehrfach ist inzwischen jedoch darauf hingewiesen worden, daß eine solche Genauigkeit in Inschriften und in der Wiedergabe von Bestandteilen geistlicher Tracht nicht vorausgesetzt werden darf und daß die Wichmann-Darstellung als exakte historische Quelle somit überfordert wäre. Gerade die Jahre 1152 bis 1154 brachten zudem für den erzbischöflichen Sitz Magdeburg eine komplizierte Situation, die kaum günstig gewesen sein dürfte für die vollständige Ausführung eines so umfangreichen Werkes innerhalb von nur zwei Jahren. Grund für die mit zweijähriger Verspätung erfolgte Pallium-Verleihung an Wichmann war ein ernster machtpolitischer Konflikt. Nach dem Tode des Erzbischofs Friedrich von Wettin wurde Wichmann, Graf von Seeburg und damals Bischof von Naumburg und Zeitz, durch Kaiser Friedrich Barbarossa als Nachfolger berufen, gegen den Willen des Magdeburger Domkapitels und auch des Papstes Eugen III. Dieser verweigerte ihm die Anerkennung und damit die Verleihung des Palliums und forderte das Domkapitel zum Widerstand gegen den nach seiner Auffassung nicht rechtmäßigen Erzbischof auf. Papst Eugen und nach seinem Tode im Sommer 1153 dessen Nachfolger Anastasius IV. versuchten mehrfach und vergeblich, den Kaiser zur Rücknahme seines Entscheids zu bewegen. Wichmann selbst verhielt sich, solange die päpstliche Anerkennung fehlte, anscheinend zurückhaltend und trat in dieser Zeit vornehmlich nur als Bischof auf, jedoch nicht als Magdeburger, sondern in seinem alten Amt als Bischof von Naumburg und Zeitz.[72] Erst im Frühjahr 1154 scheint die Situation für eine Lösung des Konflikts vorbereitet gewesen zu sein. Zu Ostern waren Friedrich Barbarossa und ein päpstlicher Legat in Magdeburg anwesend. Einer Gesandtschaft an den Papst folgte eine zweite mit Wichmann selbst, der schließlich – wohl im Juni 1154 – in Rom die päpstliche Anerkennung und das Pallium erhielt. Die zweijährige Auseinandersetzung zwischen Kaiser und Papst um die Investitur des Magdeburger Erzbischofs erregte damals erhebliches Aufsehen.

Es folgte eine lange und glückliche Amtszeit Wichmanns bis zu seinem Tode 1192, die als die absolute Blütezeit des Erzstifts Magdeburg gilt und in der Wichmann auch außerhalb seines kirchlichen Amtes auf politischer Ebene tätig war, insbesondere als einer der maßgeblichen Berater Friedrich Barbarossas. Was über höfische Kultur aus seinem Umkreis bekannt ist, ermutigt durchaus dazu, ihm auch als Förderer der Künste den aufwendigen Betrieb einer Gußhütte zuzutrauen. Nur dürfte er kaum in seinen Anfangsjahren 1152 bis 1154 Gelegenheit dazu gehabt haben. Da die Tür sicherlich noch zu Lebzeiten Alexanders von Płock, also spätestens 1156 fertiggestellt war, ist eher daran zu denken, daß der Beginn der Arbeiten noch in die Amtszeit Friedrichs von Wettin fiel. Die Magdeburger Hütte wäre somit zunächst seine Gußhütte gewesen, von ihm vermutlich eingerichtet und für einen Großauftrag hinreichend ausgestattet. Sie goß auch seine Grabplatte für den Magdeburger Dom. Dieser Werkstatt hat Wichmann vielleicht bereits 1152, wahrscheinlicher aber doch erst ab 1154 seine persönliche Aufmerksamkeit zugewandt, speziell der in Arbeit befindlichen Bronzetür, was sich darin äußert, daß sein Bild eingefügt wurde bzw. seine Namensinschrift auf der Tafel mit der Bischofsdarstellung. Diese Inschrift ist, wie mehrere andere der Tür, nicht im Wachsmodell angelegt, sondern erst nach dem Guß eingeschlagen. Die eigentlich unkorrekte Bezeichnung als Bischof bedeutet keinen Widerspruch, denn derartiges kommt auch bei anderen mittelalterlichen Erzbischofsdarstellungen vor.

Die Funktion des Magdeburger Erzbischofs für die Ausführung dieser Bronzetür – ursprünglich mag das Friedrich von Wettin gewesen sein, dann übernahm Wichmann diese Rolle – ist nicht ganz deutlich. Denn nach der wichtigeren Bischofs-Tafel dieser Tür war sie als Gußwerk ja für den Dom in Płock bestimmt, und der eigentliche Auftraggeber war der dortige Bischof Alexander. Daß das Bistum Płock zum Erzbistum Magdeburg gehörte, wie häufig als Begründung angeführt, und woraus sich dann eine besondere Berechtigung für die Darstellung des Magdeburger Kirchenfürsten ableiten ließe, ist nicht zutreffend. Abgesehen von einer kurzen Zeit unter dem Magdeburger Erzbischof Norbert (Amtszeit 1125–1134) war Płock ein Teil des Erzbistums Gnesen. Das Abbild des Magdeburgers muß wohl in irgendeiner Weise als Stifter der Tür verstanden werden, als Stifter neben dem Bischof von Płock. Für die Ausführung wurde ja auch die unter den Magdeburger Erzbischöfen arbeitende Gußwerkstatt zur Verfügung gestellt. Eine Rolle für eine solche Gabe mögen die politischen und kirchenpolitischen Beziehungen des Erzstifts zu den benachbarten polnischen Gebieten gespielt haben.

Die Stadt Płock an der Weichsel, etwa 100 Kilometer nordwestlich von Warschau gelegen, wurde 1075 Bischofssitz und erhielt anschließend einen Dombau, der 1144 geweiht wurde. Vollender des Baues als Bauherr war Alexander von Malonne, der bedeutendste der Płocker Bischöfe im Mittelalter (Amtszeit 1129–1156). Im Zusammenhang mit der Ausstattung dieses Baues muß es zu den Kontakten zwischen Alexander und den Magdeburger Erzbischöfen gekommen sein und zur Ausführung der Bronzetür in der dortigen Gußhütte. War Magdeburg kirchenpolitisch für den ganzen Osten sicherlich von großer Wichtigkeit, so überrascht doch, daß es auch in der Rolle eines künstlerischen Zentrums nach Płock wirkte. Denn für Bischof Alexander lagen die künstlerischen Quellen bevorzugt in einem ganz anderen Gebiet, was sich aus seiner Herkunft erklärt. Er stammt aus dem Maasland, aus Malonne – zwischen Namur und Floreffe, nicht weit von Huy und Dinant –, und er hat immer enge Beziehungen zu seinem Herkunftsland unterhalten. So ist es nicht verwunderlich, daß der Dombau von Płock vor allem durch maasländische, auch niederrheinische und französische Architekturformen bestimmt wurde und daß wir von mehreren Handschriften maasländischer Herkunft in der Dombibliothek Kenntnis haben. Für den in höchstem Maße anspruchsvollen Auftrag einer Erztür würde man deshalb auch eher vermuten, daß Alexander sich im Westen um ausführende Kräfte oder um eine Werkstatt bemüht hätte, mit einem Ergebnis ähnlich der etwas jüngeren Bronzetür in Gnesen. Gerade das Rhein-Maas-Gebiet war Zentrum 123 eines künstlerisch hochbedeutenden, zumeist in enger Beziehung zur Goldschmiedekunst stehenden Bronzegusses. Zu erinnern ist hier auch an die Bronzetüren Abt Sugers für die 1140 geweihten Westteile der Abteikirche Saint-Denis. Daß Alexander von Płock trotzdem seine Tür in Magdeburg ausführen ließ, muß bestimmte Gründe gehabt haben, zumindest den, daß

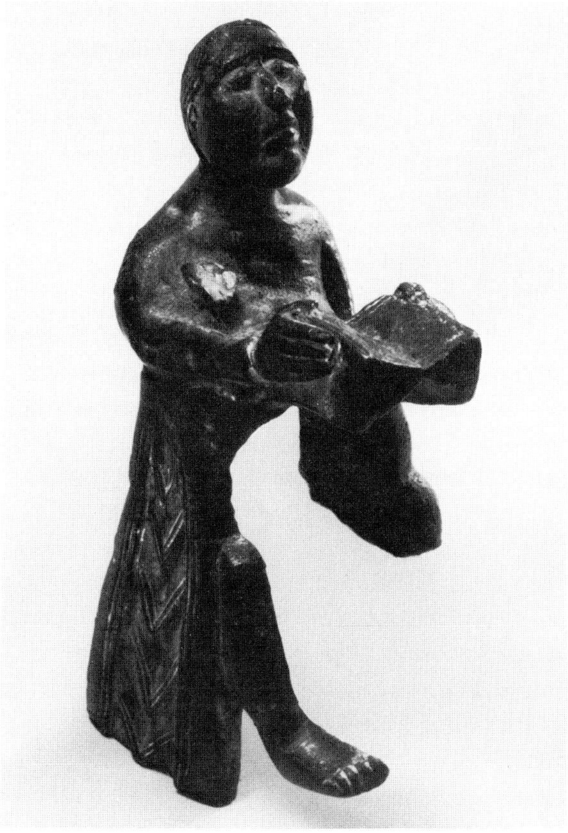

76 Männliche Figur mit aufgeschlagenem Buch. Magdeburg, Mitte 12. Jh. Płock, Muzeum Diecezjalne

hier eine leistungsfähige Werkstatt vorhanden war. Auch weitere Erzeugnisse der Magdeburger Gußhütte haben sich aus Alexanders Umkreis erhalten. Im Di-
Abb. 76 özesanmuseum von Płock wird die Bronzefigur eines sitzenden Mannes mit einem aufgeschlagenen Buch aufbewahrt, die zunächst als Teil der Novgoroder Tür galt – als einziges am Ort verbliebenes Zeugnis.[73] Zur Tür selbst wird sie allerdings nicht gehört haben, sondern Fragment eines verlorenen Gerätes sein, wohl eine Tragefigur. In Kopftypus, Körperformen und Gewandung gehört sie deutlich in den Umkreis der Bronzetür. Dieselbe Herkunft gilt für den Löwenkopf-Türzieher der Prämonstratenser-Klosterkirche Czerwińsk.[74] Dieses Kloster, unweit von Płock gelegen, war eine Gründung Bischof Alexanders aus dem Jahre 1148. Daß auch hier eine Magdeburger Bronze zur Ausstattung gehörte, verwundert daher nicht, wenngleich sie möglicherweise etwas jünger ist, nicht mehr zu Lebzeiten des Bischofs ausgeführt wurde. Über den schon genannten Löwenkopf-Türzieher in Halle ist sie mit dem Türzieherpaar der Novgoroder Tür eng verwandt und hält auch, wie gerade bei den Magdeburger Löwen vorkommend, ein Menschenköpfchen im Rachen.

Die Bestimmung dieser Bronzetür für die Bischofskirche in Płock ergibt sich allein aus der Namensinschrift der Bischofsplatte. Am Ort selbst existiert keine schriftliche Nachricht, daß sich diese Tür dort befunden hat, auch nicht, wann und unter welchen Umständen sie entfernt und nach Novgorod – oder auch zunächst an einen anderen Ort – verbracht worden ist. Auch die Novgoroder Quellen schweigen darüber. Eine erst jüngst unternommene paläographische Untersuchung der russischen Inschriften auf der Tür hat für diese eine Datierung in den Zeitraum ca. 1435 bis 1460 ergeben.[75] Da die russischen Inschriften Bilderklärungen darstellen, oftmals in direkter Übersetzung der lateinischen Inschriften, stammen sie sicherlich aus der Zeit, als die Tür in Rußland eine neue Aufstellung fand. Wenn die Tür damals direkt nach Novgorod kam, ist es kaum wahrscheinlich, daß das durch Raub oder kriegerische Handlungen geschah; aber auch von einem eventuellen Geschenk ist nichts bekannt. Die historische Situation für Novgorod, die unabhängige Stadtrepublik mit dem Erzbischof als ihrem eigentlichen Herrscher, war damals bereits von den Schwierigkeiten durch die Expansionsbestrebungen des Großfürsten von Moskau bestimmt. Bevor Novgorod diesem gegenüber 1471 und endgültig 1478 seine Selbständigkeit verlor, war es allerdings noch zu Verträgen mit dem König von Polen und Großfürsten von Litauen gekommen.

Die Tür, die ihren Platz im Hauptportal der Sophienkathedrale, der Metropolitankirche von Novgorod hat, wurde von ihren neuen Besitzern mit großer Sorgfalt behandelt, wie die russischen Inschriften zeigen und auch zwei figürliche Ergänzungen (a, Nr. 39), von denen eine den russischen Gußhandwerker Abraham darstellt. Diese Meister-Figur ist eine 100
weitgehend detailgetreue Nachahmung der beiden Meister der Magdeburger Hütte, Riquin und Waismuth, und stellt damit ein bemerkenswertes denkmalpflegerisches Zeugnis dar.

Die Platte mit dem Kentauren und die ergänzten Rahmenteile beider Flügel – die untere waagerechte Außenleiste und jeweils ein links anschließendes senkrechtes Rahmenstück – stammen nicht aus dieser Zeit, sondern offensichtlich aus einer etwas späteren russischen Restaurierung. Das System der mächtigen Rahmenwülste ist beibehalten, die Ornamentik jedoch ist unabhängig von den Magdeburger Formen, ebenso wie die plastische Figur des Kentauren. Beide sind in der russischen Formenwelt beheimatet. Für den schlanken, gespannten Pferdeleib und den Kentaurenkopf mit der aus Buckeln gebildeten Frisur gibt es Parallelen vor allem in der russischen Ikonenmalerei und Reliefkunst des späteren 15. bis 16. Jahrhunderts.[76] Das Ranken- und Blütenwerk der Rahmenleisten folgt byzantinischen Vorlagen, ist zeitlich jedoch schwer einzuordnen und kommt in ähnlicher Ausprägung ebenfalls noch im 16. Jahrhundert vor.[77]

Die Sophienkathedrale in Novgorod besaß bereits zwei weitere Erztüren, als – wie anzunehmen ist – die Magdeburger bzw. die Płocker Tür um 1435/60 hier aufgestellt wurde. Das ältere Exemplar ist eine kleine byzantinische Tür ohne figürliche Darstellungen, die den Eingang der Seitenkapelle Zur Geburt der Muttergottes bildet. Sie ist im 12. oder auch 13. Jahrhundert entstanden und zwar entweder in Byzanz oder in Rußland selbst.[78] Die jüngere Novgoroder Erztür ist bezeichnet als eine Stiftung des Novgoroder Erzbischofs Vasilij aus dem Jahre 1336. In Typus und Technik stellt sie eine Nachfolgerin der berühmten russischen Türen der Kathedrale von Suzdal' dar, um 1230 entstanden, mit vergoldeten figürlichen Darstellungen auf Kupfertafeln.[79] Die Novgoroder Tür von 1336 enthält einen in dieser Technik ausgeführten Bildzyklus zum Leben Christi mit ergänzenden Darstellungen.[80] Sie befindet sich seit 1570 nicht mehr am alten Ort, sondern wurde durch den Moskauer Großfürsten Ivan IV. entführt für seine neu gegründete Residenzstadt Aleksandrovskaja Sloboda, das heutige Aleksandrov. Dort ist sie erhalten und bildet den Südeingang der Dreifaltigkeitskathedrale. Für die Geschichte der aus Magdeburg stammenden Bronzetür ist bemerkenswert, daß nicht sie als Opfer Ivans weggeschafft wurde. Mit ihrer gedrängten Figurenfülle mag sie für russische Verhältnisse damals befremdend gewirkt haben. In der russischen Tradition heißt sie übrigens »Korsun'sche Tür«. Angeblich sei sie aus Cherson (russisch: Korsun) auf der Krim nach Novgorod gesandt worden, also aus byzantinischem Gebiet, und zwar durch Vladimir den Großen (gest. 1015). Dieser Großfürst von Kiev, auch Fürst von Novgorod, hatte mit seiner Taufe das Christentum in Rußland eingeführt und unterhielt rege Beziehungen zu Byzanz. In diese Überlieferung mag etwas von der tatsächlichen Herkunft der byzantinischen Bronzetür der Sophienkirche eingeflossen sein. Für diese wie auch für die Magdeburger Tür gab es eine weitere legendäre Provenienz. Beide galten zeitweise als die ehemaligen Stadttore der schwedischen Stadt Sigtuna, die im Jahre 1187 von den Novgorodern geplündert und dabei auch ihrer Stadttore beraubt worden war.

101 Das Bildprogramm der Magdeburger Tür scheint in seiner Vielfalt verwirrend und ist auch durch spätere Umgruppierungen gestört. Diese nachträglichen Veränderungen sind jedoch relativ geringfügig, und im wesentlichen ist der Bildinhalt in seiner beabsichtigten Form ablesbar. Verunklärend hat allerdings eine Programm-Änderung gewirkt, die bereits während der Ausführung eingetreten ist. Offenbar wegen veränderter Portalmaße mußten die Türflügel breiter werden. Deshalb wurden zu den bereits fertiggestellten szenischen Reliefs schmale Platten hinzugefügt, die entweder mit diesen einen inhaltlichen Zusammenhang bilden oder selbständig sind. Die dargestellten Figuren können jedoch nur selten durch Inschriften oder eindeutige Attribute identifiziert werden und sind auch unregelmäßig bald rechts, bald links den Bildplatten zugeordnet.

Den Kern des Programms bildet der Reliefzyklus zum Leben Christi, auf dem linken Flügel die Jugendgeschichte von der Verkündigung bis zur Taufe, auf dem rechten die Passion, vom Einzug in Jerusalem bis zur Himmelfahrt. Als antithetische Gegenüberstellung zum Christus-Zyklus sind die beiden Paradiesdarstellungen zu sehen: Sündenfall und Erlösung als Gegensatz-Paar; diese Tafeln sind sicherlich richtig ganz unten über der Türschwelle plaziert. Die beiden Bildplatten darüber, eine alttestamentliche und eine allegorische, bilden jeweils ein Bezugspaar mit den auf gleicher Höhe befindlichen Christus-Szenen auf dem rechten Flügel: außen Himmelfahrt des Elias – Himmelfahrt Christi, innen Kampf der Tugenden und Laster – Kampf Christi gegen den Höllenrachen. Der obere Abschluß beider Türflügel bildet den inhaltlichen Höhepunkt und ist formal dadurch hervorgehoben, daß hier die beiden Bildfelder in der Größe verdoppelt, auf die ganze Breite des Flügels ausgedehnt sind. Ähnlich ist dieses Gliederungsprinzip auf den Bronzetüren des Bonanus in Pisa und Monreale und auf 164, 185
der viel älteren Holztür von St. Maria im Kapitol in Köln zu beobachten; die Novgoroder Tür folgt also einer Tradition inhaltlicher und formaler Gestaltung monumentaler Türen. Hier nehmen zwei Repräsentationsdarstellungen Christi den bevorzugten Platz der Bilderwand ein, auf dem linken Flügel Traditio legis und Traditio clavis mit zwei Apostelgruppen, auf dem rechten Flügel die Majestas Domini. Als Randfiguren zu diesem heilsgeschichtlichen Programm schließlich sind Personen aus der Entstehungsgeschichte der Tür dargestellt. Die Handwerksmeister befinden sich an ihrem ursprünglichen Platz in der Nähe des Sündenfalls links unten, während die Stifter Alexander von Płock und Wichmann von Magdeburg ebenfalls unten, nämlich auf dem rechten Flügel zu erwarten wären, letzterer wohl im Zusammenhang mit dem hl. Mauritius. Falls sich unter den Einzelfiguren der schmalen Platten weitere Stifter befinden, sind sie schon vom Bildformat

her als Randfiguren gekennzeichnet. Einige dieser Platten können wohl als weitere Tugendallegorien gedeutet werden. Innerhalb des Christus-Zyklus, der sich geschlossen zwischen den ganz oben und ganz unten konzentrierten ergänzenden Darstellungen befindet, ist die Abfolge mehrmals gestört. Auf dem linken Flügel sind Heimsuchung und Taufe Christi falsch plaziert, der Kindermord vom rechten Flügel gehört in die Jugendgeschichte auf die andere Seite, und eine ganze Szene scheint hier verlorengegangen zu sein, anstelle der Alexanderplatte, die den Platz des ergänzten Kentauren rechts gehabt haben könnte. Auf dem rechten Flügel müßte wohl Petrus im Kerker aus der Abfolge der Christusdarstellungen herausgelöst und anders plaziert werden. Wie die genaue Abfolge aller Bildtafeln der Tür in der ursprünglichen Aufstellung ausgesehen hat, kann nicht vollständig rekonstruiert werden, vor allem wegen der Unsicherheit bei der Zuordnung der schmalen Tafeln. Im wesentlichen aber ist das ikonographische Programm, das Gemeinsamkeiten mit der Bronzetür von San Zeno aufweist, auch im gegenwärtigen Zustand deutlich.

Gnesen
Die Domtür des hl. Adalbert

Wenig später als die für den Dom in Płock geschaffene Novgoroder Tür ist wiederum für einen polnischen Kirchenbau eine Erztür entstanden – die Domtür in
123 Gnesen, die sich am Ort erhalten hat. Stilistisch hat sie mit der Płocker Tür nichts zu tun; beide gehen auf verschiedene künstlerische Zentren zurück. Auch der Bildinhalt ist ein anderer.

Der gesamte Reliefzyklus der Tür in Gnesen ist dem hl. Adalbert gewidmet, dem Nationalheiligen von Polen, dessen Patronat bei der Herausbildung des polnischen Nationalstaates und der polnischen Nationalkirche eine wichtige Rolle gespielt hat. Damit ist diese Tür ein bedeutendes historisches Denkmal und zugleich, in der Konzentration des Bildprogramms auf eine Heiligenfigur, eine ikonographische Besonderheit.

Adalbert fand als Missionar bei den heidnischen Preußen, wohin er von Gnesen aufgebrochen war, im Jahre 997 den Märtyrertod. Sein Leichnam wurde von den Preußen freigekauft durch den Herzog und späteren ersten König von Polen, Bolesław Chrobry, der ihn in Gnesen, seiner Hauptstadt, bestatten ließ. Bereits zwei Jahre später wurde er heiliggesprochen. Als Kaiser Otto III. im Jahre 1000 zum Grab des Heiligen nach Gnesen pilgerte, war das mehr als eine Übung der Frömmigkeit, vielmehr ein politischer Akt, der den polnischen Herrscher aufwertete. Das Ereignis war verbunden mit der Gründung des ersten polnischen Erzbistums in Gnesen. So ist der Bildinhalt dieser Kirchentür durch die Person des Heiligen von einer spezifisch nationalen, für Gnesen selbst von besonderer lokaler Bedeutung.

Der Bildzyklus gliedert sich, entsprechend seiner Verteilung auf beide Türflügel, in zwei Komplexe. Auf
124–126 dem linken Flügel sind alle Ereignisse vor der Preußen-Mission zusammengestellt, während auf dem rechten
127–129 Flügel in breiter Bilderzählung die Missionstätigkeit bei den Preußen, der Märtyrertod, Bergung des Leichnams und seine feierliche Bestattung in Gnesen geschildert werden. Diese Zweiteilung, die Auswahl der Szenen und damit die Bildung von Schwerpunkten zeugen von einer ganz bewußten Gestaltung des Programms. Es zeigt Abweichungen gegenüber den im 12. Jahrhundert bekannten Legendenversionen des hl. Adalbert und bildet stattdessen eine individuelle Variante, die ganz bestimmte Tendenzen erkennen läßt.[81] Betont sind das Wirken Adalberts – der als Böhme eigentlich ein Fremder war – von Polen aus bei den Preußen und anschließend die Ehrungen, die ihm als Märtyrer durch den Herzog von Polen und den Bischof von Gnesen zuteil wurden. Auffallend häufig ist die Darstellung weltlicher Herrscher in diesem Bildzyklus: vor allem der den Heiligen verehrende polnische Herzog und spätere König Bolesław Chrobry, zuvor der böhmische Herzog Boleslav II., den der Heilige zu christlichem Handeln mahnt, und Kaiser Otto II., durch den Adalbert seine Legitimation als Bischof von Prag erhält.

Es wird angenommen, daß die politische und kirchenpolitische Situation Polens im 12. Jahrhundert auf die Gestaltung des Programms eingewirkt hat. Die Ausdehnung des polnischen Herrschaftsbereichs bis an die Ostsee und die erneute Missionierung bei den Pommern und Preußen ließen das Wirken Adalberts in einem neuen, aktuellen Licht erscheinen. Im Innern erlebte Polen seit 1138 und für das ganze 12. Jahrhundert eine unglückliche Zeit, die durch Rivalitäten zwischen den Piasten-Fürsten um die Vormachtstellung bestimmt wurde. Die Erinnerung an die große Zeit des frühen polnischen Königtums – dargestellt in der Person Bolesław Chrobrys, der dem Heiligen huldigt – muß als Bekenntnis gewertet werden. Die Kirche in Polen hat als einigende Klammer damals eine bestimmte Rolle gespielt, sie hat auch ihre besondere Verantwortlichkeit für den weltlichen Herrscher zum Ausdruck gebracht. Das scheint auf der Tür in der Szene mit der Christenbefreiung anzuklingen. Gnesen war weiterhin das einzige Erzbistum in Polen, die Hauptstadt war inzwischen jedoch Krakau. Während der kurzen Regierungszeit von Mieszko III. dem Alten, 1173–1177 von Gnesen aus, kam die alte Hauptstadt noch einmal zu Bedeutung. Es ist denkbar, daß in dieser Zeit der Auftrag für die Bronzetür des Doms erteilt worden ist oder zumindest ein Anstoß für ein solches Bildwerk gegeben wurde. Das Bildprogramm, das die große Vergangenheit Gnesens als geistliche und weltliche Metropole beschwört, ist sicherlich im Umkreis der Erzbischöfe formuliert worden. Das waren gegen Ende des 12. Jahrhunderts, das auch aus stilistischen Gründen für die Entstehung der Tür in Frage kommt, die Erzbischöfe Jan (gest. 1167), Zdzisław (um 1170–1187) und Piotr (Petrus, um 1187).

Der hl. Adalbert als historische Person war Sproß der bedeutenden böhmischen Fürstenfamilie der Slavnikiden, um 956 geboren und auf den Namen Vojtěch getauft. Er wurde in der Domschule in Magdeburg erzogen, unter Erzbischof Adalbert, dessen Namen er bei der Firmung annahm. Der Gelehrte Octricus war sein Lehrer. Bald nach Gründung des Bistums Prag, das dem Erzbistum Mainz unterstellt war, wurde Adalbert dort der zweite Bischof. Auf dem linken Türflügel der
124 Bronzetür, unten beginnend, ist mit dem Lager der
130 Mutter und dem Bad des Neugeborenen die Geburt
Adalberts dargestellt, darauf das Wunder der Heilung
131 des kranken Kindes, das dem geistlichen Stand geweiht
132 wurde und der Eintritt in die Domschule von Magde-
125, 133 burg. Das Gebet an den Gräbern der Märtyrer kennzeichnet die besondere Intensität seiner Frömmigkeit bereits während seiner Ausbildung in Magdeburg. Auf dem folgenden Bildfeld ist nicht die Bischofsweihe dargestellt, die Erzbischof Willigis von Mainz vollzo-
125 gen hat, sondern die Investitur durch Kaiser Otto II.
Aus dessen Hand, der thronend und mit seinen Insignien dargestellt ist, empfängt Adalbert den Bischofsstab. Investitur und Weihe fanden 983 in Verona statt. Die folgenden Bildszenen schildern das Wirken und die Wunder des Heiligen während seiner Amtszeit als Bischof von Prag. Er heilt einen Besessenen, ihm er-
126, 134 scheint Christus im Schlaf, und er verwendet sich für
die Befreiung gefangener Christen. Die nächstfolgende und damit letzte Szene auf dem linken Türflügel, die das Weinkrug-Wunder schildert, zeigt Adalbert nicht mehr als Bischof von Prag, sondern als Mönch im Kloster der Heiligen Alexius und Bonifatius in Rom. Schwierigkeiten mit der Bevölkerung in Böhmen, die teilweise noch heidnischen Bräuchen anhing, hatten ihn veranlaßt, 989 sein geistliches Amt zu verlassen und sich nach Rom zu begeben, zuletzt als Mönch in das wegen seiner Bestrebungen zur Erneuerung christlichen Lebens hoch bedeutende Benediktinerkloster auf dem Aventin. Auf Drängen von Erzbischof Willigis und nach einem förmlichen Synodenbeschluß mußte er 992 in sein Amt nach Prag zurückkehren, tat das jedoch nur vorübergehend, um sich 995 wiederum in das römische Kloster zurückzuziehen. Als Otto III. 996 zur Kaiserkrönung in Rom weilte, traten beide in freundschaftliche Beziehung. Der junge Kaiser war von der Frömmigkeit Adalberts beeindruckt, und dieser schloß sich ihm an. Von Mainz aus, wo zusammen mit dem Erzbischof und dem Kaiser ein Kompromiß zur Wiederaufnahme seiner geistlichen Pflichten beschlossen wurde, und zwar in Form von Missionstätigkeit, wandte Adalbert sich nach Osten. Auf Veranlassung des polnischen Herzogs Bolesław Chrobry (der Tapfere, 992–1025, im letzten Jahr König) und zunächst im Schutz von dessen Kriegern reisend, zogen Adalbert und seine geistlichen Begleiter – in der Legende werden zwei genannt, auf den Bildfeldern sind jeweils drei dargestellt – zunächst nach Danzig, dann in das feindliche Land der heidnischen Preußen.

Mit der Landung seines Schiffes setzt die Bilderzäh- 127
lung auf dem rechten Flügel der Bronzetür wieder ein, nun gegenläufig von oben nach unten geführt. Es folgen Bildfelder, die dem missionarischen Wirken Adalberts gewidmet sind, zunächst die Taufe eines Heiden, dann ein Disput zwischen dem Bischof und einer Gruppe preußischer Krieger, deren lebhaftes Agieren deutlich gegensätzliche Meinungen zum Aus-
druck bringt, schließlich die letzte Messe und in einer 128, 135
dramatischen Schilderung der Tod des Missionars. Die Breite, mit der diese Vorgänge in Preußen bildlich ausgeführt sind, steht in keinem Verhältnis zum tatsächlichen Ergebnis seiner geistlichen Mission dort. Das Geschehen spielte sich überdies innerhalb eines ganz kurzen Zeitraumes ab; wohl im März oder Anfang April 997 brach Adalbert von Gnesen nach Danzig auf, bereits am 23. April fand er den Tod. Der in der Einöde ausgesetzte Leichnam – aufgebahrt hoch oben zwischen Baumwipfeln, auf einem kahlen Stamm der abgetrennte Kopf, der von einem Adler bewacht wird – ist eine der eindrucksvollsten Darstellungen auf der
Tür. Im unteren Teil des rechten Türflügels folgen drei 129
Szenen mit dem polnischen Herrscher, der von den Heiden den Leichnam freikauft und ihn in Begleitung des Bischofs nach Gnesen überführen läßt, wo er in feierlicher Zeremonie durch den Bischof bestattet wird.

Bereits 999 hat Papst Silvester II., besonderer Förderer der Ostmission und mit Adalbert persönlich bekannt aus dem Kreis um Kaiser Otto III. in Rom, den Märtyrer heiliggesprochen. Der junge Kaiser suchte im Jahre 1000 sein Grab auf. Gnesen, das damals zum Erzbistum erhoben wurde, und Prag, die ehemalige Wirkungsstätte Adalberts, wurden die Zentren der Verehrung, die jedoch keineswegs auf den Osten beschränkt blieb. Hohe weltliche und geistliche Würdenträger, die dem frommen Mann zu Lebzeiten nahegestanden hatten, trugen entscheidend zur Verbreitung seines Kultes bei. Von dem Mitbruder und späteren Abt im römischen Kloster Alexius und Bonifatius, Johannes Canaparius, wurde 999 die erste Version der Adalbert-Vita verfaßt. Die Einzelheiten über den Aufenthalt bei den Preußen und den Märtyrertod sind vermutlich von einem Augenzeugen vermittelt worden, dem jüngeren Bruder des Heiligen, Gaudentius. Dieser hatte ihn als Vertrauter überallhin begleitet, wie nach Rom, so auch auf seine gescheiterte Missionsreise. Dort war er in Gefangenschaft geraten, wurde von dem polnischen Herzog freigekauft – nach einer anderen Legendenversion konnten die Begleiter fliehen –, wurde 999 Bischof von Gnesen und bei Erhebung des Bistums zum Erzbistum im Jahre 1000 dessen erster Erzbischof. Der Gnesener Dom, der Muttergottes geweiht, erhielt das zusätzliche Patrozinium des hl. Adalbert.

Als im Jahre 1039 böhmische Truppen Gnesen besetzt hielten, wurde die Gruft des Heiligen geöffnet, die Gebeine wurden geraubt und hielten feierlichen Einzug in Prag. Die Nachricht von der Wiederauffindung des Kopfes in Gnesen 1127 gab der Verehrung neue Impulse.

Das Bildthema der Tür ist speziell auf den Dom in Gnesen bezogen, die genaue Festlegung des Bildprogramms kann eigentlich nur von dort erfolgt sein. Auch die Ausführung des Gusses am Ort selbst kann nicht ernstlich in Zweifel gezogen werden. Ausschlaggebend dafür sind technische Argumente. Die Tür ist – abweichend von den meisten Erztüren des 12. Jahrhunderts – ein massiver Guß, wobei der linke Flügel wohl in einem Stück gegossen ist. Bei den Dimensionen eines solchen Gußstücks ist ein Transport unwahrscheinlich; vielmehr wird man die Gießwerkstatt am Ort des Auftrages eingerichtet haben. In Gnesen befand man sich allerdings weit entfernt von den künstlerischen Zentren der Zeit. Wichtig ist deshalb die Frage nach der Herkunft der Kräfte, die dort zusammengewirkt haben, um einen solch anspruchsvollen Auftrag zu erfüllen, und nach den künstlerischen Quellen, auf die dabei zurückgegriffen wurde.

123 Die Gesamtanlage der Tür erinnert an die viel ältere
9 Bronzetür in Hildesheim. Die vertikale und dabei gegenläufige Abfolge queroblonger Bildfelder auf beiden Flügeln kommt sonst auf keiner der erhaltenen Bronzetüren vor. Auch die Art der Rahmenleisten, die eigentlich kein architektonisches Gliederungsgerüst bilden, ist vergleichbar, ebenso die Anordnung der Löwenköpfe, die sich den Raum mit den figürlichen Kompositionen teilen müssen. Wenn kein gemeinsamer Typus hinter beiden Türen steht, muß als möglich angesehen werden, daß die Kenntnis der Hildesheimer Tür für die Gesamtkomposition derjenigen in Gnesen eine Rolle gespielt hat. Vielleicht ist auch der massive Guß von dort angeregt worden.

Als Gußwerk ist die Gnesener Tür voller technischer Mängel. Bei allem Respekt vor der handwerklichen Leistung ist nicht zu übersehen, daß der Bildzyklus stellenweise recht unvollkommen in Erz umgesetzt worden ist. So ist die Architektur im Bildfeld der
Magdeburger Domschule verdrückt. Viele auf guten 124
Vorlagen beruhende und in manchen Details auch fein modellierte Figuren sind durch derbe Strichführungen einer noch vor dem Guß ausgeführten Binnenzeichnung entstellt, die ohne Verständnis für die plastische
Form ist. Beispiele dafür sind die Figuren der Eltern in 130–132
den Bildfeldern 1 bis 3, ebenso die Gruppe der
Geistlichen im Bildfeld mit der Investitur. Der ganze 125
rechte Flügel hat eine ganz weiche, wie verschliffen
wirkende Oberfläche, die die Einzelheiten nur noch in 127–129
Andeutungen wiedergibt. Das ist kaum auf nachträgliche mechanische Abnutzung zurückzuführen, obwohl die Tür möglicherweise jahrhundertelang goldglänzend geputzt worden ist – im 17. Jahrhundert wird sie goldene Tür genannt, porta aurea. Vielmehr wird hier der Eindruck vermittelt, als ob die in Wachs modellierten Reliefs, die Gußmodelle, beschädigt waren, noch bevor sie zum Guß gelangten.

Der Bildguß konnte von dieser Werkstatt offenbar nicht routiniert durchgeführt werden; es muß sich um eine ungewohnte Aufgabe gehandelt haben. Auch mit der Bewältigung der monumentalen Form hat sie gerungen. Ein Flügel – der rechte, der vielleicht zuerst entstand – besteht aus Einzelteilen, die nachträglich zusammengelötet wurden. Das heißt, hier wurden in einem zweiten Arbeitsgang und mit Hilfe einer gering veränderten Bronzelegierung, deren Schmelzpunkt niedriger lag, die einzelnen Gußstücke zusammengeschmolzen. Der andere Türflügel, der linke, ist anscheinend von vornherein als einheitliches Gußstück entstanden. Gesondert gegossen und aufgeschmolzen sind in beiden Fällen die Löwenköpfe. Ein weiteres Mal wurde diese Art von Lötung bei beiden Türflügeln angewandt, als lange Risse zu reparieren waren, die möglicherweise bei einem Sturz entstanden.

Die Technik des Lötens von Bronze war im Mittelalter wohl bekannt, ist offenbar jedoch selten angewandt worden; unter den Türen ist Gnesen der einzig bekannte Fall.[82] Auch darin zeigt sich, daß die Gnesener Werkstatt unübliche Wege ging, daß sie experimentierte. Bei allen Veränderungen an den Türflügeln, die durch detaillierte technische Untersuchungen festgestellt worden sind,[83] hat immer das für monumentale Gußwerke sonst ungewohnte Löten eine Rolle gespielt. Daraus möchte man schließen, daß alle diese Veränderungen noch während des Herstellungsprozesses der Tür vor sich gegangen sind: Das Zusammenlöten des rechten Flügels, dann ein Sturz beider Flügel, dabei die Entstehung von Rissen, die verlötet werden mußten, ebenso wie der damals gelöste Löwenkopf-Türzieher des linken Flügels. Die Geschichte der Herstellung der Gnesener Tür wäre demnach eine Geschichte von Experimenten und auch von Unglücksfällen gewesen. Für die Gießer war die Ausführung dieses Auftrages offenbar eine besondere Herausforderung mit bisher unbekannten Problemen. Waren sie vielleicht von Hause aus Glockengießer? Das könnte erklären, warum sie die Tür als starkwandiges, massives Gußstück ausgeführt haben.

Die plastische Formgebung der Bildfelder und der Ornamentstreifen war das Werk der Modelleure. Es müssen mehrere und dabei unterschiedlich gute Kräfte mit den Reliefs beschäftigt gewesen sein. Die Unterschiede sind trotz des gegenwärtigen Erhaltungszustandes, der die ursprüngliche Formgebung nur verändert und oftmals wesentlich beeinträchtigt wiedergibt, deutlich erkennbar.

Eine Bildtradition speziell zur Vita des hl. Adalbert hat es damals noch nicht gegeben; die meisten Bildfelder und Einzelmotive gehen dennoch auf Vorbilder zurück. Diese sind den Bildzyklen anderer heiliger Personen und Märtyrer entlehnt oder auch den geläufigen Darstellungen zum Leben Christi. Aus solchen Zusammenhängen stammen Kompositionen wie beispielsweise die Geburt und das Bad des Kindes, die Darbringung am Altar, die Einführung in die Domschule, die Überreichung des Bischofsstabes und Heilung eines Besessenen und die Grabtragung und Grablegung des Heiligen. Daneben gibt es Darstellungen, die offenbar eigene Bilderfindungen waren, wie die höchst eindrucksvolle Aussetzung des Leichnams und die Dreiergruppe der Ermordung des Heiligen. Diese faßt die Ereignisse des Legendenberichts zusammen, nach dem Adalbert zuerst von einem Speer getroffen und später von seinem toten Körper der Kopf abgeschlagen wurde.

Die Darstellungen sind in sehr flachem Relief ausgeführt. Den Kompositionen steht eine nur geringe Raumzone zur Verfügung. Mitunter gibt es Architekturmotive zur Bezeichnung des Handlungsraumes, zumeist jedoch bleiben die Bildfelder ohne alle Angaben zum Raum. Bis auf die beiden Darstellungen, die durch die Löwenkopf-Türzieher beengt sind, und auch mit Ausnahme der Traumvision, handelt es sich um vielfigurige Kompositionen. Dabei sind die Figuren auf dem linken Flügel vorwiegend in einfacher Reihung nebeneinandergestellt, auf dem rechten Flügel stärker mit Überschneidungen und Schichtungen zu Gruppen geordnet. Die Figuren sind von gestreckten Proportionen; sie sind biegsam, oftmals mit ganz zarten Gesten und Wendungen und bekleidet mit fein gefältelten Stoffen. Sie gehören sichtbar einem byzantinisch beeinflußten Figurentypus an. Unabhängig von der wechselnden künstlerischen Qualität ist allen Darstellungen gemeinsam das Bemühen um eine ausdrucksvolle Schilderung, um Deutlichkeit der Bilderzählung.

Ausdrucksstärke und Feinheit der plastischen Formgebung lassen sich vor allem am Bildfeld mit der Traumerscheinung demonstrieren. In ihrer guten 134
Oberflächenbeschaffenheit erlaubt diese Szene eine Beurteilung der Form bis in die Details hinein. Eindrucksvoll ist die Konzeption von Raum und Bewegung. Mit Vehemenz, im Luftzug den Vorhang bewegend, kommt Christus aus dem Himmelsrund und teilt sich mit deutlich sprechender Geste seines ausgestreckten Fingers dem schlafenden Adalbert mit. Unter der fein gefältelten Decke scheinbar auf dem Bauch liegend, hat der Heilige den Kopf in die Kissen gedrückt und zusätzlich noch in die Handfläche gelegt. Dieses Motiv ist ein Topos, der als fester Bestandteil zur Darstellung Schlafender gehört, denen eine Botschaft zuteil wird und die durch die an die Wange gelegte Hand ihr Reflektieren zum Ausdruck bringen. Die Geste ist also eigentlich eine Formel, im Bildfeld mit dem hl. Adalbert aber auf eine individuelle und geradezu rührende Weise wiedergegeben. Das tiefe Versunkensein im Schlaf scheint dadurch besonders betont und damit auch die Spannung zwischen dem Ruhenden und der lebhaft bewegten Christusfigur. In dieser Spannung steht die Botschaft Christi im Raum. Mit überlieferten Formen wird hier das Bildgeschehen sehr einfühlsam erzählt. Die plastische Formgebung ist außerordentlich subtil, so die Feinheiten in der Fältelung von Bettdecke und Gewand des Heiligen, die Modellierung seines Gesichts, und die Angabe der Einzelheiten von Bettstatt und zierlicher Architektur.

In anderen Bildfeldern befinden sich Figuren unterschiedlich guter Durchbildung unmittelbar nebeneinander. Der böhmische Herrscher in der Szene der 134; Abb. 78
Christenbefreiung ist im Sitzmotiv, in der Plastizität des Körpers, der Bildung des Gewandes, des Gesichts und der sprechenden Hand eine lebensvolle und elegante Gestalt. Ihr gegenüber fällt die Gruppe der Juden mit den gefesselten Christen, über die der Böhmenherzog mit dem Bischof Adalbert verhandelt, als derbere

Arbeit deutlich ab. Dieser Unterschied hängt offenbar davon ab, ob Vorbilder oder Vorlagen zur Verfügung standen. Für die Herrscherfigur war eine solche wohl vorhanden, da man ihr ebenfalls – nur wenig verändert und dabei in den Einzelheiten zum Teil vergröbert und
125 mißverstanden – in der Figur des Kaisers im Bildfeld der Investitur wiederbegegnet. Hier muß eine gute Bildvorlage auch für die lebhafte Gruppe der Geistlichen links vorausgesetzt werden, die dann nur unvollkommen in das Relief des Gußmodells umgesetzt wurde, oder deren ursprünglich gutes Wachsmodell verdorben war. Daß man in jedem Falle, wenn auch mit bescheidenen künstlerischen Mitteln, um deutliche Wiedergabe des Bildinhalts bemüht war, das zeigt die
134 bereits genannte Gruppe mit den gefesselten Christen. Für diese war am Bildrand nicht mehr Platz genug, und das Überschneiden zweier Figuren wurde nicht bewältigt. So ist nur eine Figur vollständig dargestellt, aus der eine zweite wie ein siamesischer Zwilling hervorwächst. Wichtig war die Darstellung der Fesselung, und das war auch an dieser reduzierten Figurengruppe möglich: Bei beiden Gefangenen ist die um den Hals gelegte Schlinge sehr genau modelliert, bei dem voranschreitenden zudem die Fesselung der Hände.

Uneinheitlich in der Formgebung sind vor allem die Reliefs des linken Flügels. Die Darstellungen auf dem rechten Flügel scheinen eine mehr einheitliche Handschrift zu tragen. Das läßt sich nur andeuten, weil diese Reliefs – wie bereits erwähnt – in der Oberfläche ganz erheblich verschliffen sind. Die Kompositionen der

77 Grubenschmelzplatte vom Heribertschrein. Köln, um 1160/70. Köln-Deutz, St. Heribert

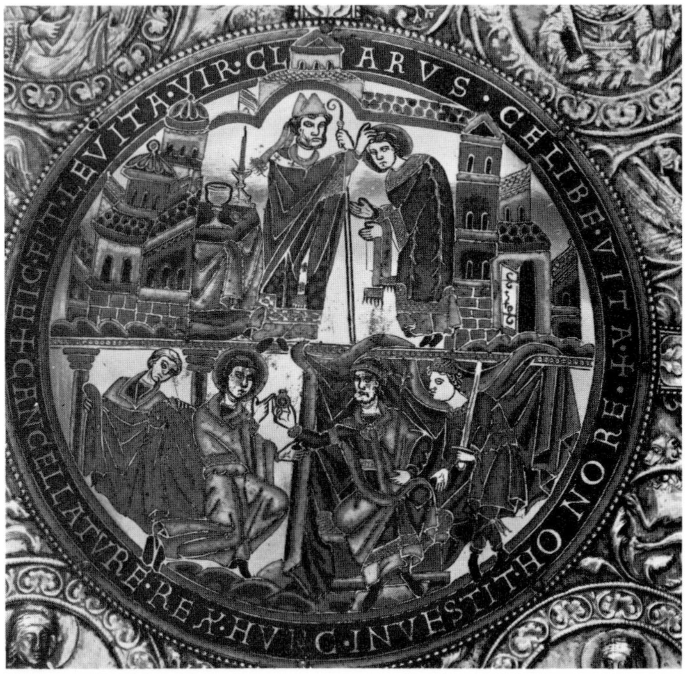

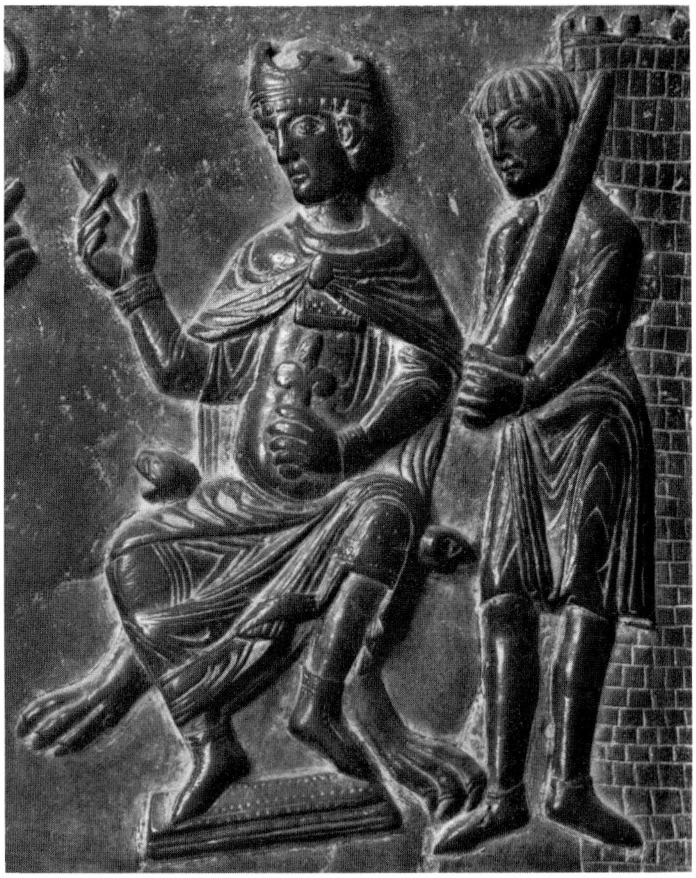

78 Gnesen, Bronzetür des Domes: Herzog von Böhmen (Detail aus Feld 8)

Missionsgeschichte mit der sich wiederholenden Ge- 127–129
genüberstellung der heidnischen Preußen und der Missionare mit Adalbert – stets im Bildzentrum dargestellt – an der Spitze, sind von einer gewissen Gleichförmigkeit, die jedoch thematisch bedingt ist.

So sind die Szenen mit der Ankunft des Heiligen, der Taufe, des Disputs und der letzten Messe aufgebaut, mit bestimmter Variation auch der Märtyrertod und der Freikauf des Leichnams. Die miteinander konfrontierten Gruppen der Christen und der Heiden sind dabei unter sich eng zusammengerückt und hintereinandergestaffelt. Dadurch erhalten diese Bildfelder mehr Raumtiefe als die Darstellungen auf dem linken Türflügel. Die Figuren scheinen oftmals freier und natürlicher in ihren Bewegungen und lassen selbst in dem so nicht beabsichtigten, verwaschen erscheinenden Zustand ein besonderes Maß an körperlichem Volumen erkennen. Insofern wirkt manches auf dem rechten Flügel moderner. Insgesamt ist es jedoch nicht möglich, innerhalb der unterschiedlichen Gestaltungen auf der Gnesener Tür etwa zeitliche Entwicklungen oder die Anteile einzelner Meisterpersönlichkeiten näher zu bestimmen. Deutlich ist, daß mehrere Kräfte mit dem Reliefzyklus beschäftigt waren.

122–129 Dasselbe gilt auch für die Ornamentik der Rahmenbordüre. Diese ist in ihren Einzelheiten zumeist präzise und scheint somit die ursprüngliche Form, das Wachsmodell, getreuer wiederzugeben. Hauptmotiv ist eine Wellenranke in spannungsvollen Windungen, mit Blattwerk unterschiedlicher Form und mit einkomponierten Tieren und menschlichen Figuren. Die Rankenwindungen sind bald dicht und kleinteilig gefüllt, bald sind die Motive großzügiger, dabei entweder meisterhaft modelliert oder von schlichterer Formgebung. Als Blattformen überwiegen Palmettengebilde, die in besonders üppiger und kraftvoller Ausprägung – auf Teilen des rechten Türflügels – den Raum der Rankenwindungen vollständig ausfüllen. Auch unter den figürlichen Motiven gibt es Beispiele für eine außerordentlich lebensvolle Modellierung: auf dem linken Türflügel vor allem zwei Löwen und ein in Weinranken kletternder Affe und auf dem rechten Flügel, in demselben Rankenabschnitt mit den üppigen Palmetten, zwei Fabelwesen und ein Löwenkämpfer.

Die Frage nach den künstlerischen Quellen der Bronzetür von Gnesen ist mit dem Hinweis auf die Kunst des Maaslandes in der zweiten Hälfte des 12. Jahrhunderts beantwortet worden.[84] Von dort kamen ganz offenbar die wesentlichen Anregungen, die Vorbilder, vielleicht sogar auch ausführende Meister. Das läßt sich vor allem anhand der Ornamentik nachweisen. Weniger leicht ist der Beweis im Bereich des Figürlichen zu führen, da bestimmte ikonographische Typen, bestimmte Kompositionen und Einzelmotive in jener Zeit soweit Allgemeingut waren, daß sie beispielsweise in der Buchmalerei des Maaslandes ganz ähnlich wie in der von Salzburg oder Regensburg zu finden sind. Wieweit zusätzlich solche süddeutschen Einflüsse für die Tür eine Rolle gespielt haben können, war bisher schwer zu präzisieren, ist grundsätzlich jedoch nicht ausgeschlossen worden. Aus dem Maasland zeigen sich Hauptwerke der Buchmalerei, der Goldschmiedekunst und der Emailkunst aus der Mitte und der zweiten Hälfte des 12. Jahrhunderts mit den Darstellungen der Gnesener Tür in Komposition und Figurenstil verwandt. Dazu gehören Miniaturen in einer Handschrift mit den Dialogen Gregors des Großen in Brüssel, Silbertreibarbeiten am Hadelinusschrein von Visé und unter den Emailarbeiten die Kompositionen des verlorenen Remaklus-Retabels in Stavelot und die Darstellungen an dem Kreuzreliquiar, das sich ebenfalls in Stavelot befand.[85] Als weiterer
Abb. 77 Beleg soll hier eine der Grubenschmelzplatten vom Dach des Heribertschreins angeführt werden, weil sich auf diesen Platten nicht nur Komposition und Figurentypus, sondern auch die architektonischen Versatz- Abb. 78, 79
stücke gut zum Vergleich anbieten; diese sind in ganz ähnlicher Weise wie auf der Bronzetür feingliedrig gebildet und von zierlichen Kuppeln bekrönt. Der Heribertschrein ist um 1160–1170 zwar in Köln entstanden, jedoch unter entscheidendem maasländischen Einfluß.[86] Neben den figürlichen Kompositionen läßt auch die Ornamentik im Rankenwerk mit Tieren, 127;
das sich als Treibarbeit auf den Dachschrägen befindet, Abb. 80, 81
Vergleiche zur Gnesener Tür zu. Einige dieser Tiere sind im gleichen hohen Maße verlebendigt wiedergegeben, wie das auch die besten Tierfiguren im Rankenwerk der Bronzetür auszeichnet. Diese völlig neuartige, lebendige Gestaltung läßt sich nur aus der maasländischen – von antiken Werken inspirierten – Kunst erklären.[87]

Zahlreich sind die maasländischen, in der Diözese Lüttich entstandenen Werke, die immer wieder im Zusammenhang mit der Rankenornamentik der Gnesener Tür genannt worden sind. Als Beispiel monumentaler Plastik aus der zweiten Hälfte des 12. Jahrhunderts zählt dazu die Einfassung vom Samson-Portal der Gertrudenkirche in Nivelles, deren Wellenranke auf den Türpfosten ganz ähnliche figürliche Motive umschließt. Vergleichbares findet sich aber vor allem in der

79 Gnesen, Bronzetür des Domes: Architekturdetail (Feld 7)

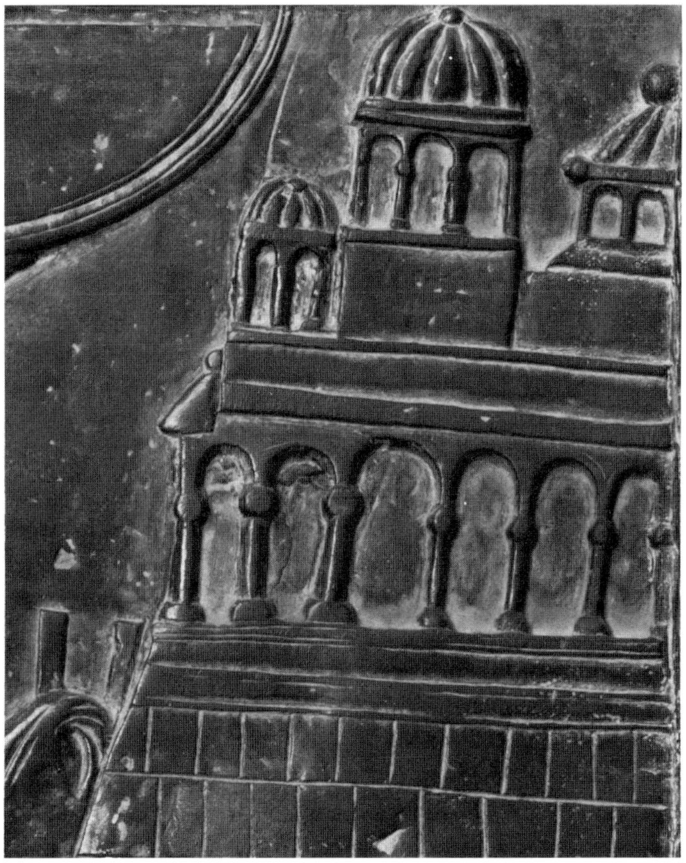

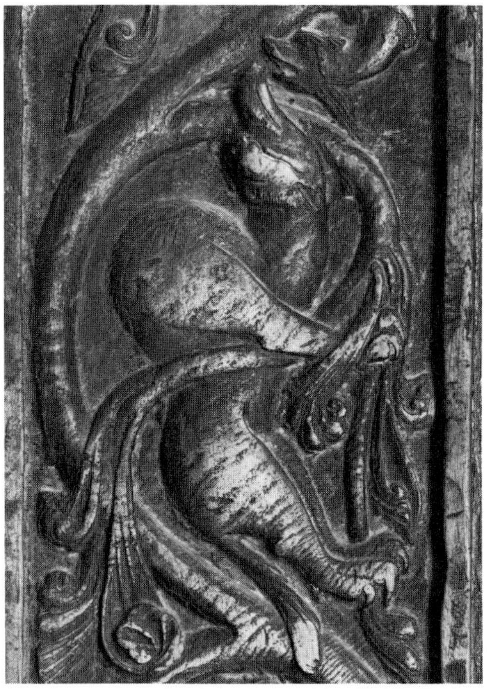

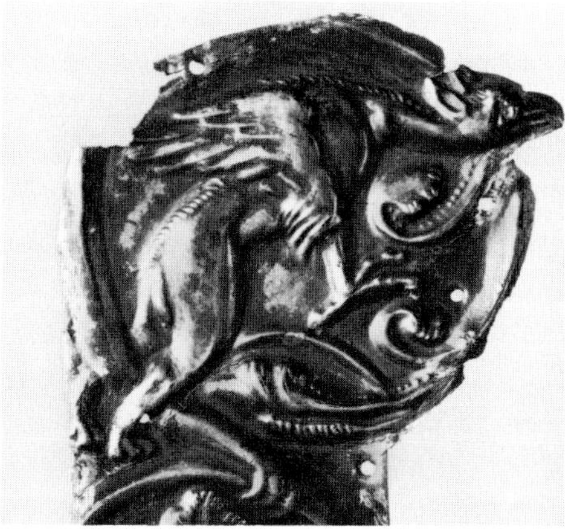

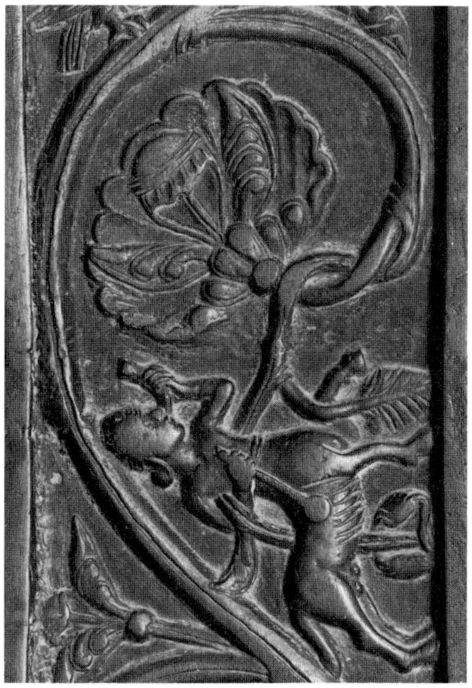

80, 82 Gnesen, Bronzetür des Domes: Details von der Rahmung des rechten Flügels
80 Fabeltier (Rahmenleiste rechts oben).
82 Kentaur (Rahmenleiste rechts Mitte)
81 Ornamentstück mit Fabeltier vom Heribertschrein. Silber, getrieben. Köln, um 1160/70. Köln, Schnütgen-Museum

Initial-Ornamentik von Handschriften, und zwar insbesondere aus der Zeit 1165 bis 1180; das Flavius-
Abb. 82–84 Josephus-Manuskript aus Saint-Trond, eines der bedeutendsten Denkmäler maasländischer Buchmalerei um 1180, belegt das auf eindrucksvolle Weise.[88] Einige solcher Handschriften sind bekannt geworden als ehemaliger oder noch bestehender Besitz polnischer Bischofskirchen und Klöster, als materielle Zeugen somit der kulturellen und kirchenpolitischen Verbindungen zur Diözese Lüttich. Diese Kontakte bestanden nicht erst seit dem 12. Jahrhundert. Damals jedenfalls schlossen sie auch die Ausstrahlungen romanischer Kunst des Maaslandes nach Polen ein.[89] Eine besondere Vermittlerrolle wird dabei Bischof Alexander von Płock zugeschrieben (1129–1156), der aus Malonne – unweit Namur – stammte, und dessen Bruder Gautier ebenfalls einem polnischen Bistum vorstand, dem von Breslau (1149–1169). Die liturgischen und für den sonstigen kirchlichen Gebrauch bestimmten Bücher, die damals aus der Diözese Lüttich nach Polen kamen, haben anscheinend dort auf eigene Skriptorien eingewirkt. Eine gleichartige Einflußnahme wird auch für Goldschmiedewerkstätten in Polen selbst vermutet. Möglicherweise waren zusammen mit den Werken aber auch ausführende Meister ins Land gekommen. In diesen Zusammenhängen muß die Erztür des Domes in Gnesen gesehen werden; sie ist im Stil eng mit der Maaskunst verknüpft, insbesondere mit Werken der zweiten Hälfte des 12. Jahrhunderts, so daß ihre Entstehung damals, vielleicht erst im letzten Viertel des 12. Jahrhunderts anzunehmen ist.

Merkwürdigerweise sind die ringtragenden Lö- 125, 135;
wenköpfe dieser Tür oftmals als Fremdkörper empfun- Abb. 85
den worden, eigentlich nicht zugehörig zur Formensprache der Reliefs. Daß sie ein Eigengewicht haben, ist nur natürlich; sie sind ja der einzige plastische Akzent auf der sonst ganz zart reliefierten Bilderwand und dazu noch das einzige großformatige Motiv im Gegensatz zur sonstigen Feinteiligkeit der Bildfelder und der Ornamentik. Bemerkenswert ist die Modellierung in großen glattwandigen Formen, die ganz weiche und zarte Rundung des relativ geschlossenen plastischen Körpers. Es gibt keine kleinteilige Binnenzeichnung. Die großen Augen sind in einer eindrucksvoll stilisierenden Weise eingeschnitten; kleinteilig ist nur die Löwenmähne, die ganz hinten auf der Türfläche als eine Reihung schematischer Löckchen erscheint. Einer der
Löwen in der Ornamentrahmung auf dem linken 122; Abb. 8
Türflügel zeigt in der Art des modellierten Tierkopfes mit der ganz hinten ansetzenden Mähne die Zugehörigkeit zu demselben Typus, und er stimmt auch in Details überein, so im Augenschnitt und in der merkwürdigen Form der Ohren, die aus einer Manschette hervorwachsen. Die Türzieher-Löwenköpfe sind also ohne jeden Zweifel zusammen mit den übrigen Teilen der Tür entstanden. Sie folgen allerdings einem Typus, der im 12. Jahrhundert nördlich der Alpen unter den Türziehern sonst nicht nachweisbar ist. Er ist byzantinischen Ursprungs, was die Löwenmasken der byzantinischen
Bronzetür von San Marco in Venedig belegen mögen. Abb. 87
Etwa gleichzeitig mit der Gnesener Tür begegnet dieser Typus auch in Süditalien, auf den Bronzetüren

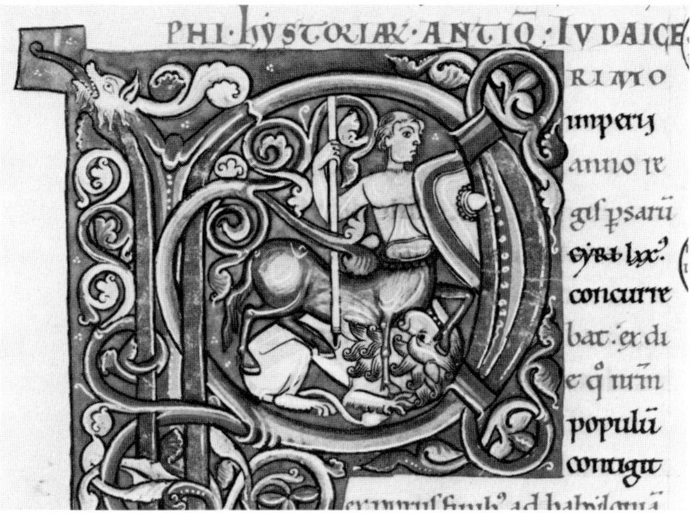

83 P-Initiale aus Flavius Josephus: Antiquitates Judaicae, Handschrift aus Saint-Trond. Um 1180. Chantilly, Musée Condé, Ms. 1632, fol. 145v

36; Abb. 88 des Barisanus von Trani.[90] Die Frage nach Elementen und Einflüssen italienischer Herkunft in der Gnesener Tür ist mehrfach gestellt worden. Die Löwenköpfe weisen in diese Richtung. Die Vermittlung einer solchen Form kann über das Maasland erfolgt sein. Für die maasländische und die rheinische Kunst in der zweiten Hälfte des 12. Jahrhunderts haben byzantinische Einflüsse und der Kontakt mit römischer, also ebenfalls byzantinisch geprägter Kunst eine Rolle gespielt. Auf diesem Wege mag ein byzantinischer Tierkopftypus bis zur Erztür nach Gnesen gewirkt haben, die ja auch im Figurenstil byzantinische Elemente enthält.

Wer waren die Modelleure dieser Bronzetür? Da maasländisches Formengut ihnen durch Miniaturenhandschriften im Lande zugänglich war, können es einheimische, polnische Meister gewesen sein, deren Fertigkeit zuvor in den Werkstätten der Klöster oder Domstifte geschult worden war. An den Türflügeln lassen sich Bestandteile meisterlicher und weniger gelungener Formgebung unterscheiden, und vor allem fallen jene Teile der Ornamentrahmung auf, in denen
22; Abb. 80 die dargestellten Tiere über das gewohnte Maß hinaus in kraftvoller und verlebendigter Körperlichkeit erscheinen. Hier zeigt sich eine ganz vortreffliche Beherrschung der plastischen Gestaltungsmittel. Die Frage, ob eventuell maasländische Modelleure in Gnesen selbst mitgearbeitet haben, könnte durchaus positiv beantwortet werden; man wird dabei vor allem an solche Ornamentteile denken, und unter den Bildfeldern – sofern ihr Erhaltungszustand eine Beurteilung zuläßt – am ehesten etwa an die Darstellung der
134 Traumvision. Die Möglichkeit, daß die Gußmodelle an anderem Ort entstanden wären, im Maasgebiet selbst, von wo aus sie zum Guß nach Gnesen hätten transportiert werden müssen, ist kaum in Betracht gezogen worden. Ein solches Vorgehen erscheint auch schwerlich durchführbar, denn die Gußmodelle bestanden ja aus Wachs, einem für eine lange Reise wenig geeigneten Material. Andererseits machen viele Teile der Tür den Eindruck, als ob ihnen eine gute plastische Formgebung zugrundelag, die verdorben ist. Waren das vielleicht doch auf dem Transportweg beschädigte Teile, die ausgebessert, nachgearbeitet, vielleicht auch nochmals abgeformt wurden, und die dann erst in verändertem Zustand zum Guß gelangten?

Die Gußwerkstatt, die in Gnesen tätig war, stammte ganz offensichtlich nicht aus dem Maasland. Schon Alexander von Malonne, der Bischof von Płock, hatte trotz seiner heimatlichen Kontakte keine dortige Werkstatt mit der Anfertigung der Erztür für seinen Dom beauftragen, oder eine solche gar ins Land rufen können. Diese heute in Novgorod befindliche Bronze- 101
tür wurde um die Mitte des 12. Jahrhunderts in der Magdeburger Gußhütte ausgeführt. Was an Bronzearbeiten der zweiten Hälfte des 12. Jahrhunderts mit Sicherheit ins Maasland lokalisiert werden kann, sind überwiegend Kleinbronzen, die in der Feinheit ihrer Arbeit in engem Zusammenhang mit der Goldschmiedekunst stehen. Mit diesen zeigt die Gnesener Tür – trotz ihrer eigenen maasländisch beeinflußten Formensprache – keine handwerkstechnischen Gemeinsamkeiten, die auf die Beteiligung maasländischer Gußfach-

84 M-Initiale aus Johannes Chrysostomus: Homilien. Lüttich, 1137. Brüssel, Bibliothèque Royale, Ms II, 1015, fol. 1v

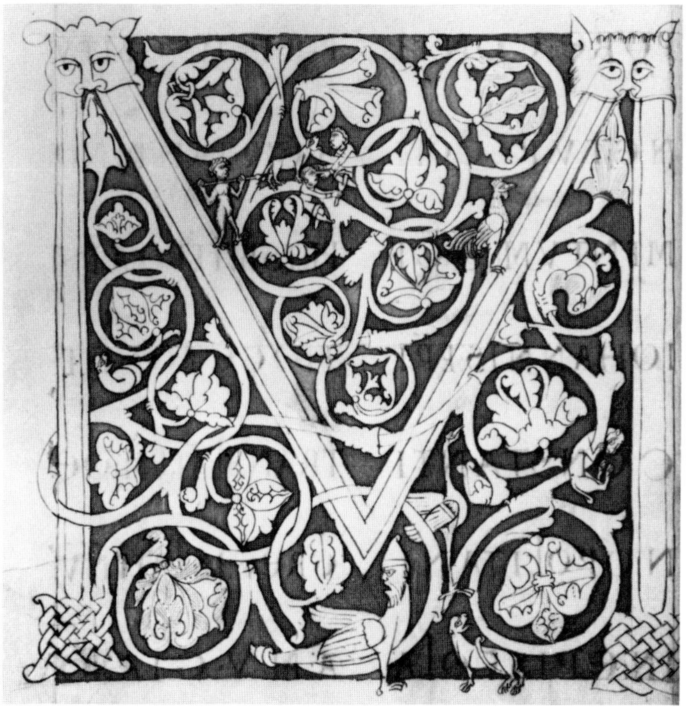

leute hinweisen würden. Auch zu den Magdeburger Gußarbeiten ist keine Verbindung sichtbar. Wie bereits erwähnt, hatten die Meister der Gießhütte in Gnesen ja einige Mühe mit der Ausführung ihrer Arbeit. Wir wissen nicht, woher sie kamen, welche Werke sie zuvor oder auch später ausführten. Kein weiteres Stück, weder ein Gerät noch ein monumentaler Guß, konnte bisher dieser Gießhütte zugewiesen werden. Auch die Modelleure der Gnesener Türflügel erkennen wir bisher in keinem anderen Bronzeguß wieder.[91]

Die Vita des hl. Adalbert als Thema einer Kirchentür ist so fremd nicht gegenüber dem an dieser Stelle sonst geläufigen Bildzyklus zum Leben und zur Passion Christi. In der Nachfolge Christi wirkend und dabei sein Leben opfernd, steht der hl. Adalbert hier stellvertretend für ihn. Die Vorstellung vom Christus-ähnlichen Wesen der Heiligen und Märtyrer bestimmte die mittelalterlichen Heiligenlegenden und äußert sich in bestimmten, immer wiederkehrenden Motiven, die als Leben, Wirken und Sterben in der Nachfolge Christi zu verstehen sind. Diese Vorstellung kommt auch in der Adalbert-Legende und ebenso im Reliefzyklus der Gnesener Tür zum Ausdruck. Für einzelne Begebenheiten aus dem Leben des hl. Adalbert sind dabei Bildmuster aus christologischen Zyklen verwandt worden, so wie das auch von anderen mittelalterlichen Heiligendarstellungen geläufig ist. Die Geburt des 124
Kindes, eine Variante der Darbringung im Tempel und Darstellungen des öffentlichen und des wundertätigen 125, 126
Wirkens sind Beispiele dafür. Andere Bildfelder bezeichnen Lebensstationen, die in vielen Heiligenlegenden so oder ähnlich vorkommen: die geistliche Unterrichtung, die Äußerung besonderer Frömmigkeit bereits in früher Jugend, die Einsetzung in ein kirchliches Amt, Martyrium und Verehrung. Einen speziellen 128, 129
Hinweis auf Opfertod und Erlösung Christi scheint auf der Bronzetür die Darstellung der Aussetzung des Leichnams zu enthalten. Der abgeschlagene Kopf auf 135
dem Stamm mit Astansätzen erinnert an den Gekreuzigten am Astkreuz, am arbor vitae, der die Überwindung des Todes bedeutet. Der Adler, der den Kopf bewacht, ist zudem auch als ein Christus-Symbol zu verstehen, das sich auf die Auferstehung bezieht. Die wesentliche inhaltliche Komponente der mittelalterli-

85 Gnesen, Bronzetür des Domes: Türzieher des linken Flügels

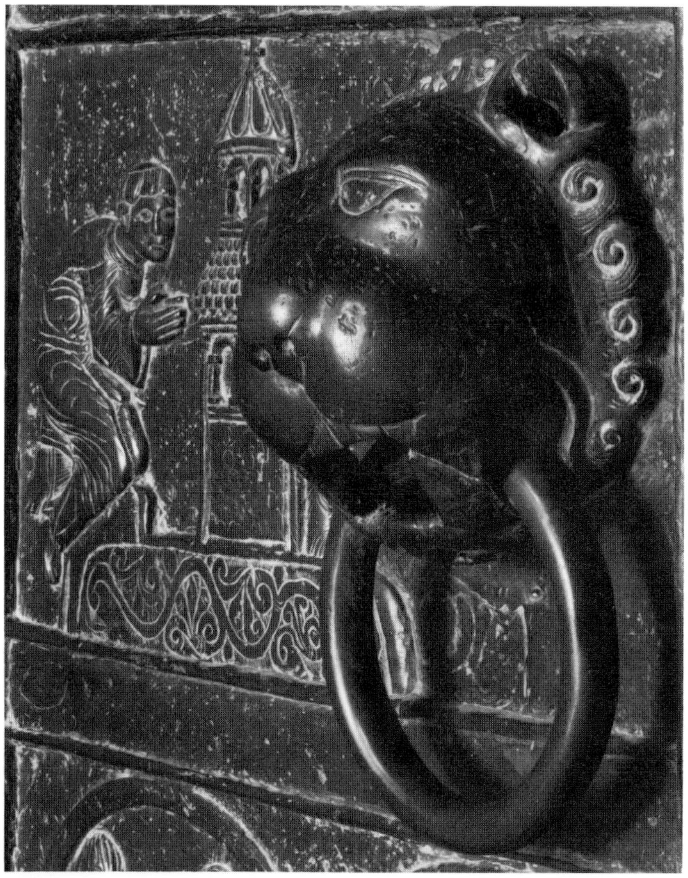

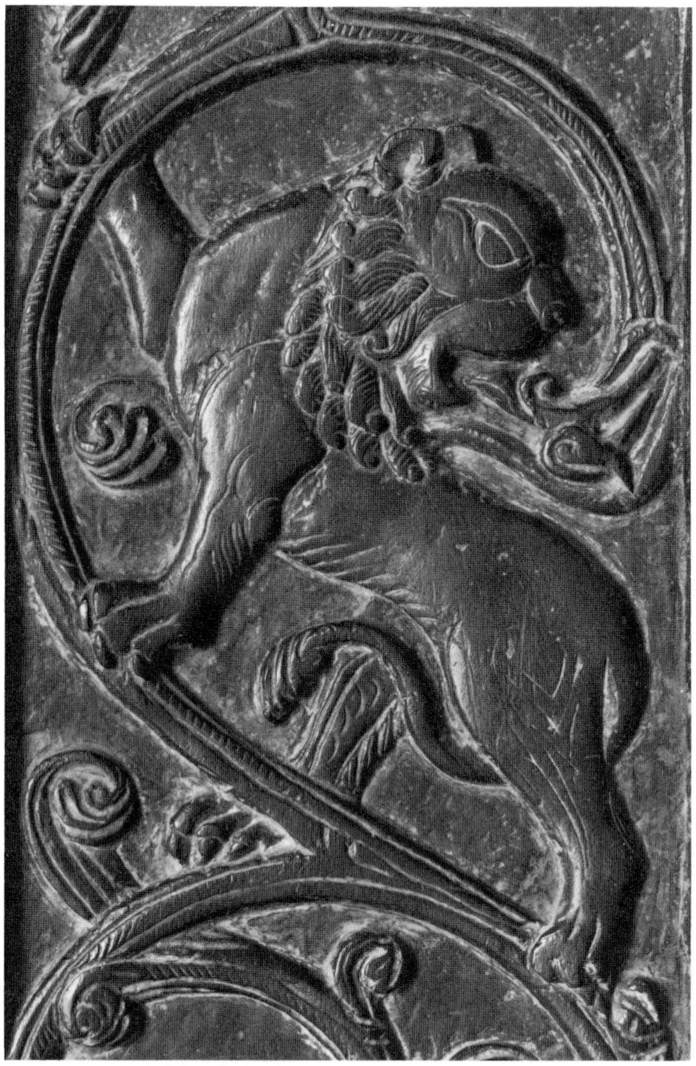

86 Gnesen, Bronzetür des Domes: Löwe von der Rahmung des linken Flügels (Rahmenleiste links Mitte)

chen Kirchentür, die Erlösungsverheißung, ist hier anstelle der Lebens- und Leidensgeschichte Christi durch die individuelle Geschichte des hl. Adalbert dargestellt, durch sein christliches Wirken und sein Martyrium, das auf den Opfertod Christi, die Überwindung des Todes und die Erlösung hinweist.

122–129 Das die Bildfelder rahmende Rankenwerk mit seinen figürlichen Motiven gehört zum Bildinhalt dazu und ist nicht etwa nur dekoratives Element. Die in die Rankenwindungen eingeschlossenen Tiere und menschlichen Figuren haben – zumindest teilweise – symbolische Bedeutung. Es handelt sich im wesentlichen um die Aneinanderreihung und Gegenüberstellung von Motiven positiver und negativer Bedeutung, um die Dualität von Gut und Böse, die sich auf den großen thematischen Zusammenhang der Überwindung des Bösen durch Christus bezieht. In einigen Fällen wird das in richtigen Kampfszenen vorgeführt, so gibt es einen mit einem Löwen kämpfenden nackten Mann, einen Schwertkämpfer mit einem riesigen Drachen und einen Schwertkämpfer mit zwei langbeinigen Vögeln. In den beiden Schwertkämpfern scheint der antike Herkules ein Nachleben im christlichen Sinnzusammenhang zu führen, als Herkules im Kampf mit der Hydra und mit den stymphalischen Vögeln. Herkules hatte auch in der christlichen Symbolik seinen Platz, als

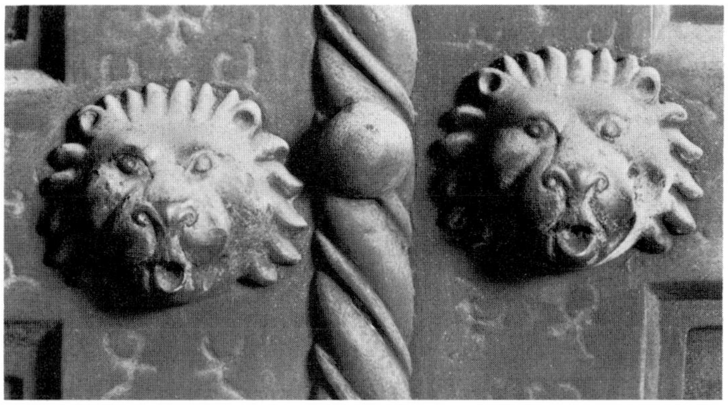

87 Venedig, San Marco: Löwenkopf-Türzieher der byzantinischen Bronzetür in der Porta San Clemente. Um 1080

ein Symbol für Stärke und Tugendhaftigkeit, als Symbol für den siegreichen Kampf Christi. Auf der Gnesener Tür ist er auf Adalberts mutiges Eintreten für die christliche Lehre bei den heidnischen Preußen zu beziehen; die eine der Herkules-Szenen ist neben der Ankunft des Heiligen, die andere neben der Grablegung plaziert. Es hat den Anschein, als ob die Verteilung der Randleistenmotive – zumindest teilweise – auf die nebenstehenden Bildfelder abgestimmt ist. Negative Bedeutung haben die zahlreich dargestellten Drachen und Fabeltiere, unter denen sich auch aus der

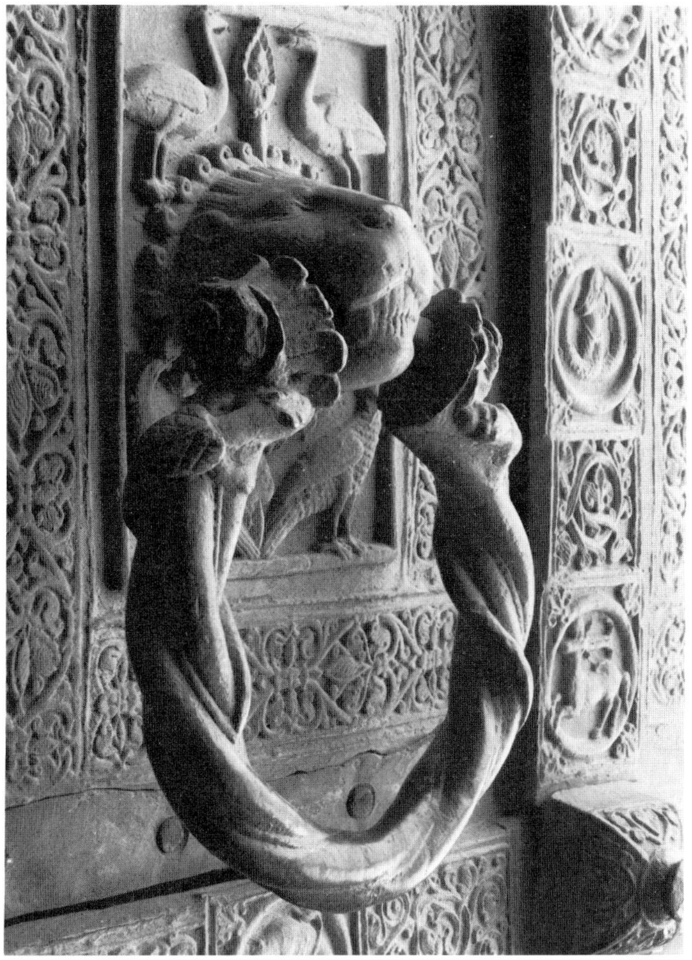

88 Trani, Bronzetür des Domes: Türzieher des rechten Flügels mit dem zugehörigen, inzwischen verlorenen Drachen-Griff

antiken Mythologie stammende Wesen befinden, wie Kentaur und Sirene. Besonders mächtige Untiere erscheinen seitlich der Heidengruppen auf dem rechten Türflügel. Positive Motive der christlichen Ikonographie sind die Weinranke, die an Trauben pickenden Vögel, die menschlichen Figuren bei Weinbau und Weinernte – sie haben neben Adalberts Wirken als Bischof von Prag ihren Platz – und unter den Tieren vor allem der Hirsch. Andere Motive sind grundsätzlich doppeldeutig, so kann der mehrfach dargestellte Löwe für den siegreichen Kampf Christi, wie für seinen mächtigen Widersacher, den Teufel stehen. Das betrifft auch die Löwenkopf-Türzieher, die sowohl Christus-Symbol als auch Symbol des Bösen sein können – wie dies auf der Novgoroder Tür durch figürliches Beiwerk deutlich zum Ausdruck kommt. Insgesamt bildet die an mittelalterlichen Kirchentüren übliche Thematik also auch den Rahmen für den Bildschmuck der Gnesener Tür; sie wird hier allerdings in besonderer Form vorgetragen: durch die individuelle Vita des hl. Adalbert und eine an symbolträchtigen Bildmotiven reiche Rahmung.

Ravello, Trani, Monreale
Die Türen des Barisanus von Trani

Im späten 12. Jahrhundert gab es in Süditalien eine Gußwerkstatt, die auf bilderreiche Kirchentüren anscheinend in besonderer Weise eingestellt war und Großaufträge dieser Art mit einer ungewöhnlichen Routine ausführen konnte. Drei Exemplare zeugen davon: die Domtüren von Ravello und Trani und die Seitentür des Domes in Monreale. Jede der Türen besteht aus einer Vielzahl reliefierter Bildfelder und aus einem engmaschigen Netz von Rahmenleisten, deren Ornamentik ebenfalls in Relief ausgeführt ist. Für die plastische Formgebung, die Herstellung des Gußmodells, hat die Werkstatt sich dabei eines rationellen Verfahrens bedient; mit Hilfe von Modeln waren die figürlichen Darstellungen und die Ornamentmotive reproduzierbar, sie konnten innerhalb einer Tür, aber auch für die anderen Türen dieser Werkstatt durch mechanische Übertragung wiederholt werden. Der Meister dieser Werkstatt ist durch zwei Inschriften bekannt, Barisanus von Trani (Barisanus Tranensis), der nach Ausweis seines Namens gleich mit zwei der bedeutenden Handels- und Hafenstädte Apuliens verbunden ist. Es wird angenommen, daß er oder seine Familie aus Bari stammte, daß er in Trani ansässig war und dort seine Gußhütte betrieben hat. Die größte
156 seiner Türen schuf er für den dortigen Dom, die den Maßen nach kleinste, dennoch bilderreichste und wohl
137 auch früheste – mit dem Datum 1179 – für den Dom in
140 Ravello. Diese enthält eine Stifterinschrift des Sergius Musetula, der darin für sich und seine Familie um Seelenheil bittet. Er gehörte einer der Patrizierfamilien dieser nahe bei Amalfi gelegenen Handelsstadt an und ist auf der Tür auch bildlich dargestellt: auf dem
146 Bildfeld mit dem hl.Nicolaus von Bari, dem in ganz Unteritalien besonders verehrten Heiligen, wirft sich die maßstäblich kleinere Stifterfigur diesem zu Füßen. Auf der Tür von Monreale gibt es eine gleichartige Darstellung, hier mit der Meistersignatur; die Figur zu
163 Füßen des hl. Nicolaus ist damit Barisanus selbst. Barisanus ist auch auf der Bronzetür von Trani darge-
157 stellt. Hier kniet er zu Füßen des Lokalheiligen Nicolaus Peregrinus (von Trani), Patron des Domes und der Stadt, und ist inschriftlich benannt.

Die Erztüren des Barisanus sind von der Form, vom Bildinhalt und von der Technik her eine interessante Kombination byzantinischer und abendländischer, romanischer Elemente. Bei Betrachtung der Einzelformen überwiegt der Eindruck des Byzantinischen, in ihrer Gesamtheit sind diese Türen jedoch romanische Schöpfungen. Die Aufteilung in viele kleine Bildfelder mag von den byzantinischen Importtüren in Italien angeregt sein,[92] keine von jenen besitzt jedoch reliefierte Bildfelder. Die byzantinische Technik der Silbertauschierung für bildliche Darstellungen und Inschriften war Barisanus allerdings bekannt, denn er wandte sie selbst einmal an, bei der Stifterinschrift der Tür in Ravello. Das ornamentierte Rahmenwerk der Barisanus-Türen mit Betonung der Kreuzungen durch mächtige Knäufe ist nicht byzantinisch, ebensowenig
sind es die Türzieher-Löwenköpfe hinsichtlich ihrer 136
Größe und ihrer Plazierung inmitten eines Feldes. Byzantinisch geprägt sind hingegen Figurenstil, Ornamentik und auch der Bildinhalt. Als Vorbilder für die Formgebung haben anscheinend Werke der Kleinkunst die wesentlichste Rolle gespielt, Schnitzereien in Elfenbein vor allem, auch Goldschmiedekunst. Die Feinteiligkeit der Darstellungen und die subtile Modellierung haben vermuten lassen, Barisanus sei selbst Goldschmied gewesen. Wir besitzen von seiner Hand oder aus seiner Werkstatt jedoch keine weiteren Werke, weder in anderem Material noch in Bronzeguß; auch über seine Person gibt es keine Nachricht als die beiden Namensinschriften auf den Türen von Trani und Monreale.

Die Bildmotive wiederholen sich auf allen drei Türen. Es kommen nur zwei szenische Darstellungen
vor: Kreuzabnahme und Höllenfahrt Christi. Alle 144, 145
anderen Platten enthalten Einzelfiguren. Der Majestas
Domini, in Ravello und Trani auch der Muttergottes, 142, 143
sind anbetende Engel oder in gleicher Funktion die
Figuren Johannes des Täufers und des Propheten Elias 148, 149

zugeordnet. Thronend sind die zwölf Apostel dargestellt, darüber hinaus in Ravello und Monreale der in
146, 163 Süditalien besonders verehrte Nicolaus von Bari; auf der Tür von Trani ist dieser durch den anderen
157 hl. Nicolaus (Peregrinus, von Trani) ersetzt. Verbunden mit diesen beiden Heiligenfiguren erscheinen die jeweiligen Stifter- und Meisterdarstellungen. Als Paar kommen die Ritterheiligen Georg und Eustachius vor. Zwei Bogenschützen und eine Zweikampfgruppe stehen außerhalb dieses sakralen Personenkreises, stets im unteren Bereich der Tür angeordnet, wie auch das aus Tier- und Pflanzenmotiven komponierte Bildsymbol des Lebensbaumes und das der Türzieher. Wenn auch keine der drei Türen den ursprünglichen Bestand ungestört bewahrt hat, entweder unvollständig oder in der Anordnung der Tafeln verändert ist, so läßt sich doch im wesentlichen die beabsichtigte Anordnung erkennen und damit das Gesamtprogramm aller drei Bildtüren.[93]

Dieses ikonographische Programm ist auf allen drei Türen gleich, es kommt nur je nach Anzahl der Bildtafeln mehr oder weniger breit zur Darstellung.
161 Die Tür von Monreale gibt, obwohl sie drei Tafeln eingebüßt hat, den Bildinhalt in einer sehr geschlossenen, deutlich ablesbaren Form wieder, offensichtlich in der ursprünglichen Anordnung. In der obersten Reihe, über beide Türflügel hinweg, ist die Majestas Domini dargestellt, mit den ihr in Verehrung zugewandten Figuren des Täufers und des Elias; in der Reihe darunter folgen Kreuzabnahme und Höllenfahrt, die Muttergottes und der hl. Nicolaus mit dem Meister. Beide Bildreihen zusammen bilden eine konzentrierte Darstellung des Erlösungswerkes: Menschwerdung und Tod Christi, die Überwindung des Todes und Erlösung der Menschheit, und schließlich die Darstellung Christi als Weltherrscher, als Pantokrator. Anstelle der Kreuzigung als gleichbedeutend die Szene der Kreuzabnahme darzustellen, war in Byzanz nicht ungewöhnlich; auch die Bildauswahl der Höllenfahrt (Anastasis) folgt byzantinischem Vorbild. Christi Abstieg zur Hölle, wo er die Pforten sprengt und Adam herausführt, galt in Byzanz als Thema der Erlösung der Menschheit schlechthin. Die dem Pantokrator zugeordneten huldigenden Figuren sind nach byzantinischer Ikonographie zwei seiner Wegbereiter, die auf sein Wirken hingewiesen haben: der Prophet Elias als Vorläufer des Alten Testaments und Johannes der
143 Täufer als Vorläufer des Neuen Testaments. Im aufgeschlagenen Buch Christi ist seine Botschaft zu lesen: Ich bin der Weg, und die Wahrheit und das Leben (Johannes 14, 6; dort fortgeführt: niemand kommt zum Vater, denn durch mich). Es ist dies ein Text, der mehrfach als Inschrift mittelalterlicher Kirchenportale und -türen vorkommt. Der Weg bedeutet hier am Eingang zum Kirchenraum ganz konkret den Eintritt in das Heiligtum, das Durchschreiten der Tür. Christus selbst bildet diesen Eingang, die Tür in das Kirchengebäude, das nach dem Verständnis des Mittelalters das irdische Abbild des himmlischen Paradieses war.

Die Majestas Domini ist auf der Tür von Monreale die einzige Darstellung, die zweimal vorkommt. Da es eine zentrale Position für ein Bildfeld, in dem das Programm seinen Höhepunkt findet, auf einer zweiflügeligen Tür nicht gibt, ist hier – und nach diesem Prinzip sind auch die Türen von Trani und Ravello komponiert – der bildliche Höhepunkt verdoppelt und damit auf beide Flügel verteilt.

Unterhalb der Christusdarstellungen sind in Monreale in drei Bildreihen die zwölf Apostel angeordnet, die Zeugen von Christi Wirken auf Erden und Verkünder seiner Lehre. Sie erscheinen auf dieser Tür als Gruppe optisch zusammengeschlossen durch die Arkadenrahmungen, anstelle der vierseitigen Ornamentrahmungen der übrigen Bildfelder. Daß ihre Reihung durch die dazwischen geschobene Bildreihe mit dem Türzieherpaar und den beiden Ritterheiligen durchbrochen ist, hat praktische Gründe, denn die Türzieher konnten nicht tiefer zu sitzen kommen. Der Bedeutung nach rangiert diese dritte Reihe von unten unterhalb der Aposteldarstellungen. Dieser untere Bildbereich der Tür ist in Monreale unvollständig, weil drei Tafeln in der Zeit um 1700 ersetzt worden sind.

In Anlehnung an diese Komposition läßt sich eine Vorstellung von der ursprünglichen Ordnung der
Tafeln auf der Tür in Trani gewinnen. Die Tür ist um 156
eine Bildreihe höher, besitzt deshalb vier Bildfelder mehr. Zweifach kommt auch hier nur das Motiv der Majestas Domini vor. Es befindet sich richtig in der obersten Bildreihe, von einem anbetenden Engelpaar flankiert. Als einzige der Barisanus-Türen schließt die Tür in Trani mit einem Rundbogen, der sehr sorgfältig aus Ornamentplatten und Rahmenbändern konstruiert ist und als reiche Rahmenform die inhaltlich bedeutungsvolle obere Bildreihe umschließt. Darunter wird man die Darstellungen der Kreuzabnahme und Höllenfahrt zu denken haben, von den anbetenden Figuren Johannes des Täufers und des Elias umstanden, dann folgend die Muttergottes und den Lokalheiligen, den hl. Nicolaus Peregrinus, mit zwei der insgesamt zehn Apostel-Tafeln dieser Tür. Für die Apostel verbleiben auch die beiden nächstfolgenden Reihen, dann schließlich die drei untersten für die Türzieher und Reiterheiligen, die Kämpfer und das Lebensbaummotiv.

In seiner ganzen Breite kommt das Bildprogramm

137 des Barisanus sehr eindrucksvoll auf der Tür in Ravello zur Geltung. Auch hier läßt sich die heute gestörte Abfolge nach der hierarchischen Ordnung von Monreale rekonstruieren, wenn auch nicht vollständig. Die Situation ist hier gegenüber Monreale und Trani eine andere, indem jeder Türflügel drei Achsen und somit eine Mitte besitzt. Dies führt dazu, daß jeder Flügel als geschlossene Einheit gestaltet wurde, daß die vier Tafeln mit der Hauptthematik – Muttergottes, Kreuzabnahme, Hadesfahrt und Majestas Domini – in aufsteigender Folge jeweils in den vier oberen Feldern des mittleren Bildstreifens angeordnet, also im Gesamtprogramm der Tür verdoppelt sind. Auch die segmentbogenförmige Einfassung der die Majestas Domini flankierenden Engel, die einen eigenen Rundbogenabschluß für jeden Flügel andeutet, betont deren Eigenständigkeit.

148 Zu seiten der Mariendarstellungen waren nach dem
146 ursprünglichen Plan wohl jeweils links Johannes der
149 Täufer und rechts Elias angeordnet. Sie haben als Vorläufer Christi auch in dieser Position ihren Sinn. Die thronenden Apostel sind – über beide Türflügel verteilt – seitlich der Mittelachsen anzunehmen, während unterhalb der Muttergottes in der Mittelreihe wohl der hl. Nicolaus seinen Platz fand. Unstimmigkeiten in dieser gedachten Abfolge bestehen darin, daß der Apostel Thomas zweimal vorkommt, dafür aber die zweite Täuferdarstellung fehlt.

Für den unteren Bereich der Tür verbleiben die Türzieher – nach der Gesamtproportion der Tür gehören sie in die nächst tiefere Reihe –, die Reiterheili-
150–154 gen Georg und Eustachius, die Bogenschützen und Zweikampfgruppen und das Lebensbaummotiv. Diese Darstellungen sind auf die Funktion und Bedeutung der Kirchentür und der in ihrem oberen Bereich dargestellten Heilslehre bezogen, sie setzen sich von diesem Bereich jedoch ab, als Darstellungen niederen Ranges von vorwiegend symbolischem Charakter. Die Ritterheiligen stehen für den Sieg des Glaubens über den Unglauben; als Kämpfer haben sie – wie das aus anderen Reiterdarstellungen im Tür- und Portalbereich mittelalterlicher Kirchen zu schließen ist – vor allem schützende Funktion für den Eingang zum Heiligtum. Die bösen Mächte, die den Kircheneingang belagern und nicht eindringen können, die Scheidung von Gut und Böse am Kirchenportal und ganz allgemein der Kampf zwischen Gut und Böse, das sind Vorstellungen des christlichen Mittelalters, die auch in den Bildschmuck von Tür und Portal eingegangen sind. Im Zusammenhang mit den Ritterheiligen auf den Barisanus-Türen, vielleicht direkt als Gegenüberstellung mit negativer Bedeutung, sind die fremdartigen Bogenschützen und Keulenkämpfer zu sehen; diese hier isoliert erscheinenden Gestalten haben orientalischen Ursprung und gehören eigentlich in den Zusammenhang eines höfischen, mit der islamischen und byzantinischen Kunst nach Süditalien gelangten profanen Bilderkreises. Auf dem rechten Flügel stehen die beiden Bogenschützen in der sinnvollen und wohl ursprünglichen Anordnung um die mittlere Zweikampfgruppe, während auf dem linken Flügel ein Bogenschütze zugunsten der Stifterinschrift entfallen mußte. In apotropäischer Vielzahl – insgesamt zwölfmal – folgt schließlich in den beiden unteren Bildreihen, diese
vollständig ausfüllend, eine ornamentale Komposition 154
aus gegenständigen Tieren um eine stilisierte Pflanze. Dies ist ebenfalls ein Motiv orientalischer Herkunft, hat innerhalb der christlichen Symbolik jedoch die Bedeutung des Lebensbaumes. Außerhalb dieser Symbolik haben die prachtvollen Löwen und geschuppten Flügeldrachen dieser Darstellung in ihrer Position über der Schwelle eine zusätzliche Bedeutung. Auch auf der
byzantinischen Bronzetür der Porta San Clemente am Abb. 28
Markusdom in Venedig bildet eine Abfolge von Löwen- und Greifen-Platten die unterste Bildreihe, und große plastische Löwen und Greifen sind an gleicher
Stelle auf der Tür des Bonanus von Pisa in Monreale zu 185,
finden. In all diesen Tierdarstellungen kommt die 190, 191
Abwehr- und Wächterfunktion am Kirchenportal zum Ausdruck. In der Lebensbaum-Symbolik dieser Bildplatten des Barisanus ist der Auferstehungsgedanke eingeschlossen, der eine Verbindung herstellt zu dem im oberen Teil der Tür in ganz komprimierter Form dargestellten Heilsgeschehen. Auch auf den Türzieher-
platten erscheint das Lebensbaummotiv, gleich zwei- 136
fach über und unter dem Löwenkopf, wo Vogelpaare um ein zapfenartiges Gewächs angeordnet sind. Der Löwenkopf ist in diesem Falle wohl als Symbol des auferstandenen Christus anzusehen.

Das ikonographische Programm der Barisanus-Türen stellt die Heilsgeschichte in Form eines reduzierten christologischen Bildzyklus mit zusätzlichen Einzelfiguren dar, ergänzt durch symbolische Motive. Es kennzeichnet die Kirchentür als Pforte zum Paradies, wobei das mit ganz anderen bildlichen Mitteln geschieht als auf den älteren byzantinischen Bronzetüren in Italien.[94] Die Verdoppelung von Bildmotiven auf einer Tür und die Wiederholung derselben Darstellungen auf verschiedenen Türen ist bei Barisanus nicht etwa Nachlässigkeit oder künstlerische Armut, sondern sinnvolle Gestaltung. Das theologische Programm hat Allgemeingültigkeit für alle Kirchentüren. Individuelle Abweichungen, den Stifter, den Meister oder Lokalheiligen betreffend, sind in Ravello, Trani

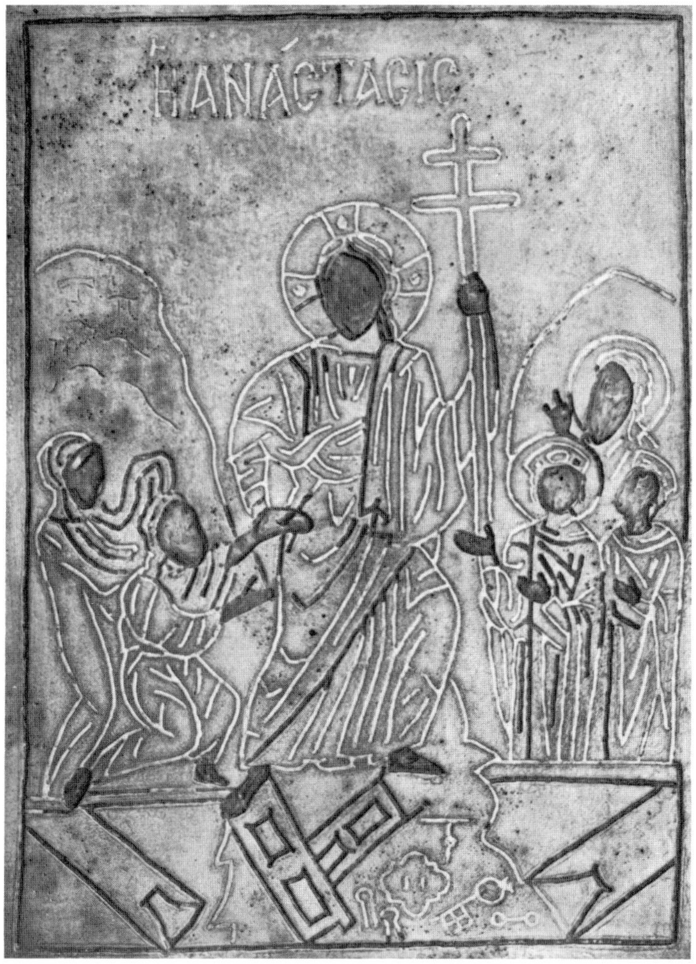

89 Rom, byzantinische Bronzetür der Basilika San Paolo fuori le mura: Höllenfahrt (Anastasis). 1070

und Monreale sorgfältig beachtet und ausgeführt worden.

Das Arbeiten mit Modeln ist in den mittelalterlichen Gußhütten nicht häufig nachzuweisen.[95] Technisch stellte es kein Problem dar, sofern es sich um Formen ohne Unterschneidung handelte, um flache Reliefteile zum Beispiel. Wo bei größeren Gußarbeiten sich Einzelheiten mehrfach wiederholen, hätte die Möglichkeit mechanischer Vervielfältigung eines einmal modellierten Motivs eine erhebliche Vereinfachung der Arbeit bedeutet. Umfangreiche Ornamentteile von Rahmenleisten müßten sich dafür angeboten haben, aber auch Türzieherpaare. Tatsächlich ist von dieser Möglichkeit nicht oft Gebrauch gemacht worden. Sie scheint nicht zu allen Zeiten bekannt gewesen zu sein.

Unter den mittelalterlichen Erztüren sind nur wenige Beispiele für die Verwendung von Modeln zu
28 nennen. Auf der Augsburger Tür wurden die Bildmoti-
54, 55 ve auf diese Weise verdoppelt. In Palermo ist das Verfahren ausführlich für die beiden Türen der Cappella Palatina angewandt worden, für das Akanthusblattwerk der Rahmungen wie für die zahlreichen Löwenkopf-Appliken und auch die Blätter der Rosetten. Die Löwenkopf-Türzieher der byzantinischen Im- Abb. 87
porttüren in Italien, die immer in Reihung, quer über beide Flügel verlaufend auftreten, sind regelmäßig so geformt. Auf den Barisanus-Türen gehen sogar die Löwenköpfe, voluminöse plastische Gebilde, auf Mo- 136; Abb. 88
deln zurück. Daß in dieser Werkstatt der gesamte Bildschmuck einer ganzen Türengruppe sich mit einer überschaubaren Anzahl von Modeln erstellen ließ – Modeln für die einzelnen Motive der Bildfelder und Ornamentrahmungen, Modeln für die Rahmenwerkknäufe, dazu eine Model für die Türzieher –, das ist durchaus eine Besonderheit. Auf eine ganz andere Weise hat Meister Bonanus in Pisa etwa zur gleichen Zeit für seine Türen die Möglichkeit mechanischer Vervielfältigung genutzt; das geschah nur mit einzelnen Elementen innerhalb der Bilddarstellungen.

Wie unterschiedlich mit Modeln gearbeitet werden konnte, zeigt ein Vergleich zwischen den Bildreliefs in
Augsburg und denen der Barisanus-Türen. Das Wachs- 34, 35
modell, das in Augsburg aus der Negativmodel gewonnen wurde, war keine präzise Wiederholung der Form und wurde dazu erheblich nachgearbeitet, so daß die Formzwillinge auf der Tür sich deutlich unterscheiden.
In der Barisanus-Werkstatt war die Negativmodel 154, 155
offenbar sehr detailliert durchgebildet, und die Wachsausformung geschah zumeist mit großer Sorgfalt, um die Feinheiten der plastischen Form weitgehend übertragen zu können. Eine wesentliche Überarbeitung der Wachsmodelle gab es anschließend nicht, selbst wenn die Formwiedergabe weniger scharf gelang, was vor allem auf der Tür in Monreale der Fall ist.

Die Augsburger Bronzetür ist bei der Frage nach ihren stilistischen Voraussetzungen mehrfach mit den süditalienischen Barisanus-Türen verglichen worden. Beide haben tatsächlich Gemeinsamkeiten, wenngleich eher äußerlicher Art: Motivverdoppelungen auf beiden Türflügeln, symbolische Inhalte und die Modeltechnik. Bei dem großen zeitlichen Abstand zwischen der Augsburger Tür und der Barisanus-Gruppe kann von einem direkten Zusammenhang jedoch nicht die Rede sein; vielleicht gab es einen gemeinsamen, uns heute unbekannten Prototyp.

Die zeitliche Abfolge der drei Barisanus-Türen ist eigentlich eine Frage von untergeordnetem Rang. Zum Zeitpunkt der 1179 datierten und wahrscheinlich ältesten Tür in Ravello war der Formenvorrat für die Bildfelder vollständig vorhanden, die technische Ausführung der Gußarbeiten perfekt, die Gestaltung der Bilderwand im ganzen in formaler und inhaltlicher Beziehung gelungen. Die Vermehrung des ornamentalen Motivbestandes in den beiden nachfolgenden

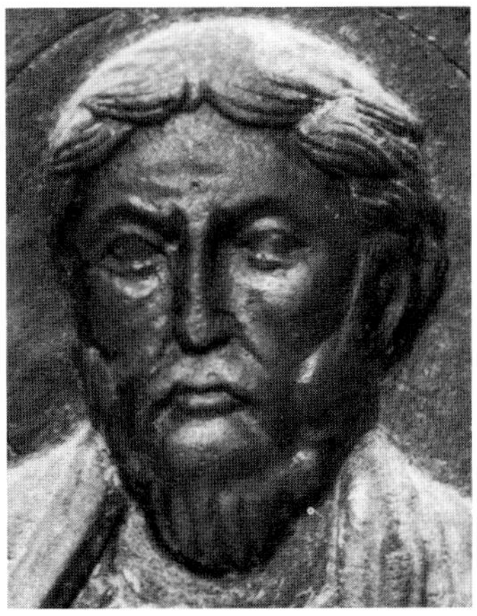

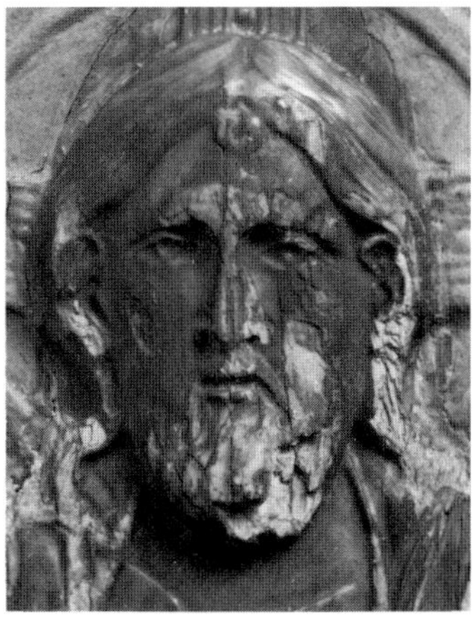

90 Ravello, Bronzetür des Domes: Apostel Andreas, Detail
91 Elfenbeinplatte mit Christus als Pantokrator. Konstantinopel, 9. Jh. London, Victoria & Albert-Museum
92 Ravello, Bronzetür des Domes: Muttergottes, Detail
93 Serpentin-Relief mit Maria orans. Konstantinopel, zwischen 1078 und 1081. London, Victoria & Albert Museum

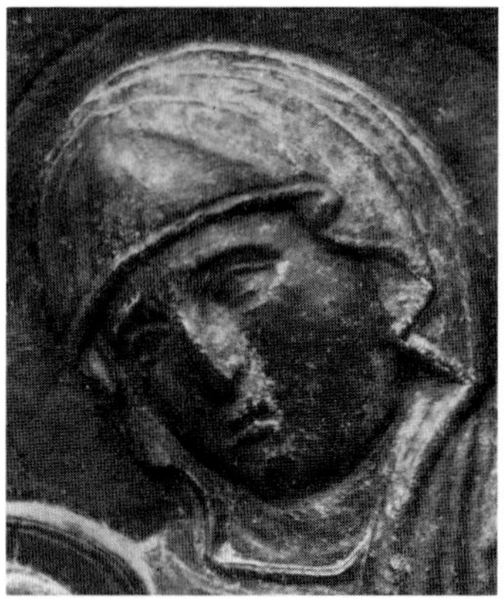

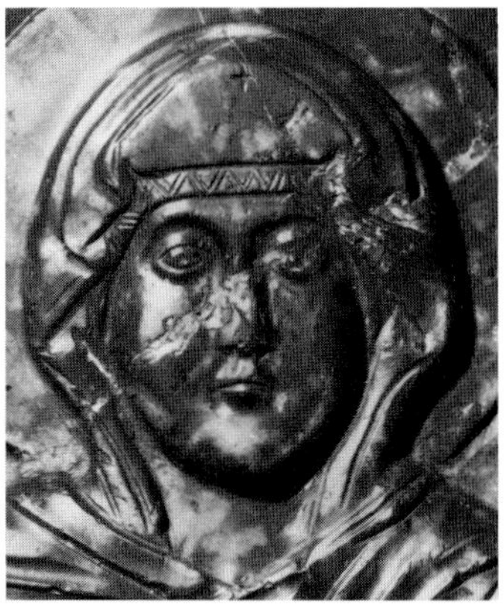

Türen ist wohl im Sinne einer Weiterentwicklung zu verstehen. Groß wird man den zeitlichen Abstand jedoch kaum ansetzen müssen, weil sonst auch Veränderungen der Bildmotive zu erwarten wären. Ein gewisser zeitlicher Anhaltspunkt für die Tür in Monreale ist die 1185 datierte Bronzetür im Hauptportal des Domes, die Tür des Bonanus von Pisa, die als die wichtigere vielleicht zuerst in Auftrag gegeben wurde.

161, 185 Diese beiden Türen in Monreale sind in einem solchen Maße unterschiedlich, daß sie als etwa gleichzeitige Werke in so unmittelbarer Nachbarschaft überraschen. Sie vertreten zwei weit entfernte Kunstzentren Italiens mit unterschiedlichen künstlerischen Voraussetzungen. Eine gemeinsame Quelle für beide war die byzantinische Kunst. Die Art und Weise, wie beide Meister dieser Tradition gegenüberstanden, bietet sich als Vergleichskriterium an und zur Beurteilung ihrer ganz persönlichen schöpferischen Leistung. Barisanus von Trani als der traditionellere, der den ganzen Reichtum und die Kultur byzantinischer Formensprache bewahrt, wird dabei oft negativ beurteilt, als der weniger schöpferische, gegenüber Bonanus, dessen kraftvolle und individuelle künstlerische Handschrift entwicklungsgeschichtlich moderner ist. Beurteilt man Barisanus nur oder vor allem im Vergleich mit seinem Zeitgenossen in Pisa, wird man ihm und der formalen Schönheit seiner Türen sicher nicht gerecht. In der zweiten Hälfte des 12. Jahrhunderts müssen beide Werkstätten einen hervorragenden Ruf gehabt haben; nur so ist es erklärlich, daß beide für die Ausstattung des bedeutenden Bauprojektes in Monreale herangezogen worden sind.

Die Türen des Barisanus sind gekennzeichnet durch einen außerordentlich zarten und subtilen Reliefstil. Er zeigt trotz der geringen Reliefhebung die Figuren der Bildfelder als kraftvolle Gestalten mit körperlichem Volumen und mit detailliert durchgebildeten Gewändern von feiner Stofflichkeit. Die Einzelfiguren und auch die szenischen Darstellungen sind zumeist eng umgrenzt, der Bildgrund setzt sich als neutrale Fläche ab. Große Feinheit zeigen die verschiedenen Musterungen, die für die Rahmenleisten und in 150, 155,
Trani und Monreale auch innerhalb der Füllungen 158, 159,
verwandt worden sind. Diese reichlich vorhandenen 162, 163
ornamentalen Elemente und die zarten Reliefs der Bildfelder ergeben zusammen einen flächigen, teppichhaften Gesamteindruck, der zugleich in seiner goldschmiedehaften Wirkung besondere Kostbarkeit ausstrahlt.

Diese Formensprache folgt weitgehend byzantinischen Vorbildern.[96] Das gilt für die ikonographischen Typen der einzelnen Darstellungen, aber auch für den speziellen Relief- und Figurenstil, der sich vor allem in byzantinischer Kleinplastik wiederfindet. Die Tradition der szenischen Komposition mag das tauschierte Bildfeld mit der Höllenfahrt auf der 1070 datierten
byzantinischen Bronzetür von San Paolo fuori le mura Abb. 89
in Rom belegen.[97] Für den Figurenstil kann hier als
Vergleich eine Elfenbeintafel mit Christus als Panto- Abb. 90, 9
krator in London genannt werden;[98] es handelt sich dabei allerdings um eine wesentlich ältere, wohl ins 9. Jahrhundert gehörende Arbeit, die sich durch ungewöhnliche Monumentalität und feine plastische Durchbildung auszeichnet. Ein anderes Beispiel ist das Ser-
pentinrelief einer Maria orans aus dem späten 11. Jahr- Abb. 92, 9
hundert, ebenfalls in London.[99] Es ist geradezu bezeichnend für die Bildtafeln der Barisanus-Türen, daß sie gegenüber den stilisierten und asketischen Formen vieler zeitgenössischer byzantinischer Arbeiten kraftvoller und lebendiger, auch derber sind – man könnte sagen, wieder mehr realitätsbezogen –, und darin solchen älteren Werken näher stehen.

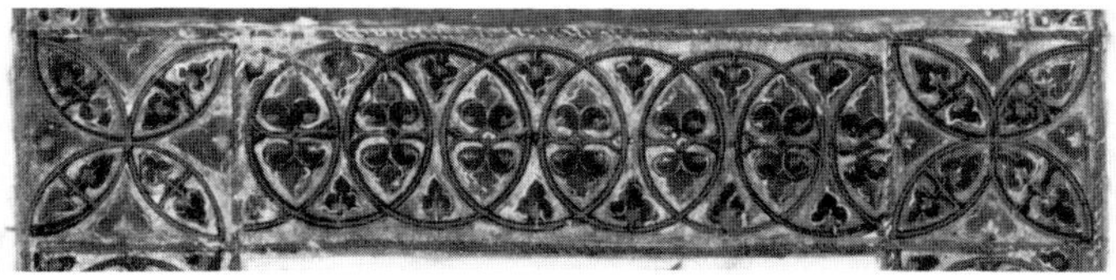

94 Ornamentleiste mit Kreisranken aus Symeon Metaphrastes, byzantinische Handschrift, 12. Jh. London, British Library, Add. Ms. 11870, fol. 174v

Innerhalb der Türen sind bestimmte Unterschiede des Figurenstils zu beobachten, die wohl vor allem damit erklärt werden müssen, daß heterogenes Vorlagenmaterial zur Verfügung stand; weniger scheint sich hierbei die individuelle Handschrift mehrerer Modelleure auszudrücken. So sind die Figuren in den beiden
144 szenischen Darstellungen von Kreuzabnahme und
145 Höllenfahrt Christi in den Proportionen gestreckter
150, 151 und als Relief besonders zart, die Reiterheiligen Eusta-
159 chius und Georg derber gegenüber den anderen Darstellungen. Besonders eigenwillig zeigen sich die Re-
152, 153 lieffiguren der Bogenschützen und der Keulenkämpfer. Sie sind stärker gerundet, nicht so flächig wie die anderen Figuren, und ihre Modellierung von Körper und Gewand ist in einem besonderen Maße malerisch. Auch diese ursprünglich orientalischen Motive gehörten zum Formenvokabular der byzantinischen Kunst,
154, 155 ebenso wie das Lebensbaum-Symbol. Dessen besonders eindrucksvolle und in hohem Maße dekorative Gestaltung findet in byzantinischen oder von Byzanz abhängigen plastischen Werken keine Parallele. So ist es möglich, daß hierfür textile Vorlagen eine Rolle gespielt haben, orientalische, auch byzantinische oder in Palermo hergestellte Seidenstoffe.[100]

158 Auch das Rankenwerk der Rahmenleisten entspricht in seinen verschiedenen Motiven weitgehend der Ornamentik aus Byzanz. Es läßt sich beispielsweise auf den ungefähr gleichzeitigen byzantinischen Mosaiken Siziliens wiederfinden. Für die Vermittlung mag
Abb. 94 allerdings eher die Handschriftenornamentik eine Rolle gespielt haben; das soll ein Vergleich am Beispiel des Kreisrankenfrieses zeigen, der auf den Türen als äußeres Rahmenelement dient.[101] In byzantinischer Tradi-
136; tion befinden sich schließlich auch die Türzieher,
b. 87, 88 voluminöse und recht naturnah empfundene Löwenköpfe, allerdings mit einer äußeren Reihe ganz schematischer und winziger Mähnenlöckchen. Auch für diese Löwenköpfe sind die Wachsmodelle mit Hilfe einer Model entstanden, was ihre geschlossene Oberfläche erklärt. Auf den byzantinischen Importtüren Italiens sind die Löwenköpfe, das einzige plastische Element der Türen, immer Model-geformt; sie haben dort trotz ihrer erheblich reduzierten Form, der geringen Größe und der annähernd kalottenförmigen Geschlossenheit immer noch etwas vom natürlichen Tierkopf bewahrt. In einem gewissen Gegensatz dazu steht auch hier die stärker stilisierte Art der Mähnenzotteln. Zwischen den Türziehern des Barisanus und den byzantinischen Türziehern besteht ein Zusammenhang, vielleicht eine gemeinsame Quelle. Denn daß Barisanus auf die kleinen Beschläge dieser Importtüren unmittelbar zurückgegriffen hätte, ist kaum vorstellbar. Westlicher Tradition gemäß hat er seine Löwenköpfe in die Mitte der Türfelder gesetzt, in einer dafür angemessenen Größe. Nördlich der Alpen folgt etwa zur gleichen Zeit das
Türzieherpaar der Bronzetür in Gnesen diesem in der 125, 135;
byzantinischen Kunst geläufigen, in weichen runden Abb. 85
Formen modellierten Löwenkopf-Typus. In Italien gibt es einen ganz schlichten Nachfolger, der offensichtlich auf die Türzieher der Barisanus-Werkstatt direkt zurück-
geht. Er befindet sich an der Bronzetür der Benedik- Abb. 95, 96
tinerklosterkirche San Clemente a Casauria bei Torre dei Passeri in den Abruzzen. Diese um 1190 entstandene Tür, vielteilig untergliedert und mit sehr einfachen flächigen Bildsymbolen, zeigt sonst allerdings keine Gemeinsamkeiten mit den Barisanus-Türen. Unter-

95 San Clemente a Casauria (Torre dei Passeri, Abruzzen), Detail von der Bronzetür der Benediktinerklosterkirche. Um 1190

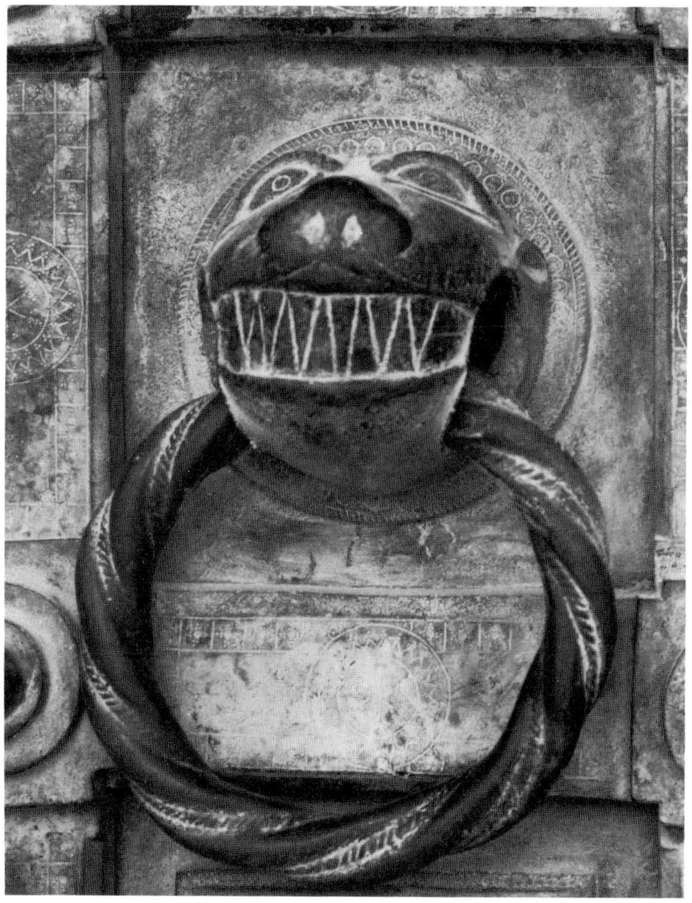

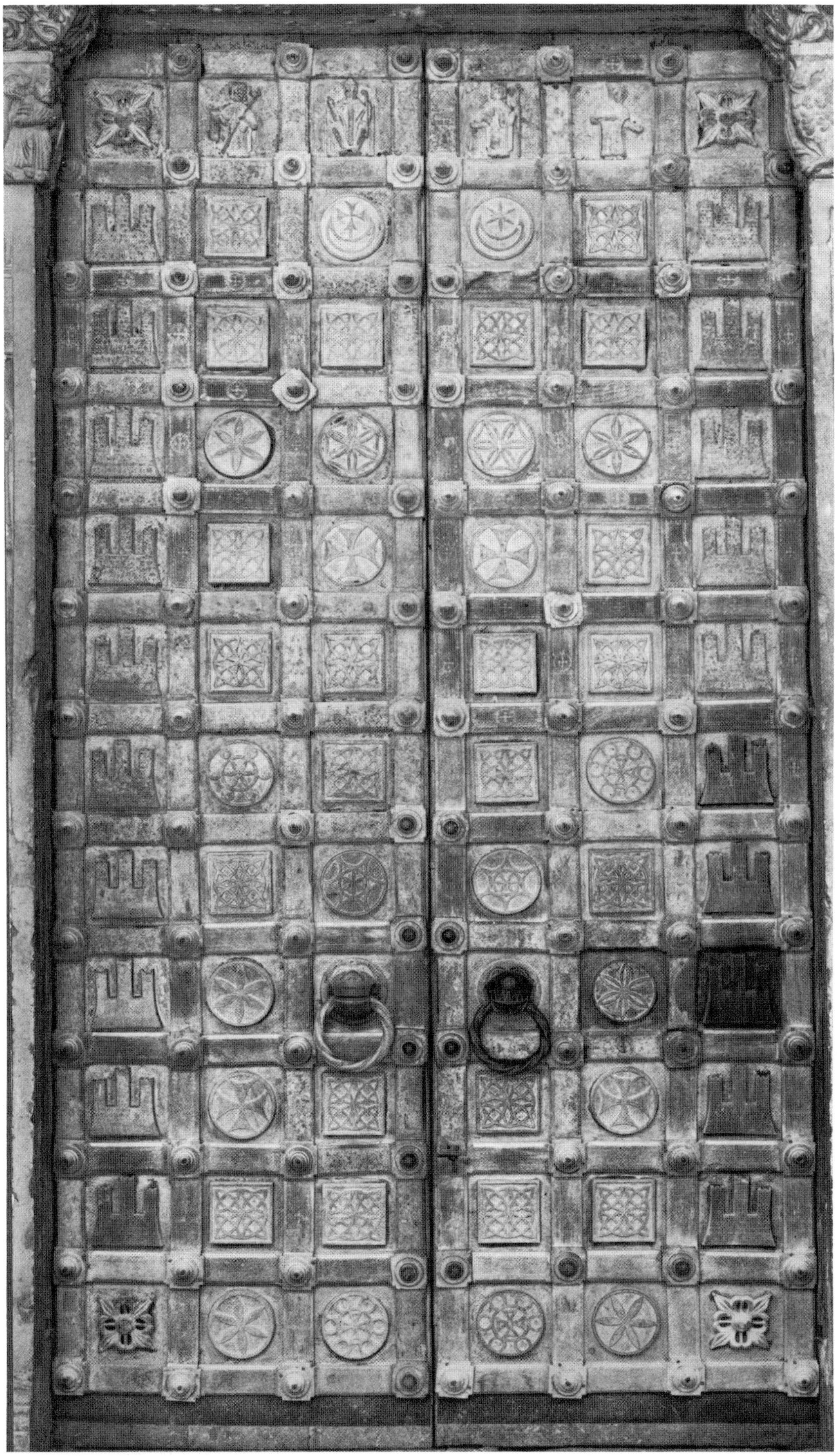

96 San Clemente a Casauria (Torre dei Passeri, Abruzzen), Bronzetür der Benediktinerklosterkirche. Um 1190

schiedliche Rosettenformen und Kreuze, entlang der Angelseiten dreitürmige Architektur-Abbreviaturen mit den Inschriften der territorialen Besitzungen des Klosters und in der obersten Reihe vier kleine plastische Figuren, von denen eine den Abt Joel als Stifter darstellt, bilden den Inhalt der quadratischen Türfelder.[102] Der Türzieher-Löwenkopf, der als geschlossenes Oval und mit gebleckten Zähnen weit aus der Fläche vorstößt, muß von den Tierköpfen des Barisanus angeregt worden sein. Deren fein modellierte Form ist hier allerdings erheblich vereinfacht, wie auch der tordierte Ring nur eine Erinnerung darstellt an die reichen, aus Trani bekannten Griffe der Barisanus-Werkstatt.

Die byzantinische Kunst als wesentliche Quelle für die Gußwerkstatt in Trani erklärt sich aus dem insgesamt engen Kontakt zwischen Unteritalien und dem östlichen Kaiserreich. Apulien war bis ins 11. Jahrhundert byzantinische Provinz, und auch in der folgenden Zeit der Normannenherrschaft haben die vielfachen wirtschaftlichen, politischen und kulturellen Kontakte immer eine wichtige Rolle gespielt. Trani als eine der nach Osten gerichteten Hafenstädte war durch Kaufleute und Pilger das Einfallstor für byzantinische Produkte und Einflüsse. Dennoch gibt es für die Türen des Barisanus mit ihrer starken Ausrichtung nach östlichen Quellen keine Parallele innerhalb der Plastik Apuliens im ausgehenden 12. Jahrhundert. Barisanus hat eine besondere Form romanischer Kirchentüren geschaffen, indem er Werke der byzantinischen Kleinkunst sehr behutsam in das Format monumentaler Bronzeplastik übersetzt hat.

Pisa und Monreale
Die Türen des Bonanus von Pisa

Die Signatur der verlorenen Bronzetür, die das Hauptportal des Domes in Pisa schmückte, widerspricht allen Vorstellungen, die wir normalerweise vom Zeitaufwand für solche Gußwerke haben: »Ich, Bonanus von Pisa, habe durch meine Kunst diese Tür in der Zeit von einem Jahr vollendet«. Das klingt nach Künstlerstolz auf ein großes Werk, dessen Bewunderung durch die Zeitgenossen mit diesem Hinweis auf die Arbeitszeit offenbar noch besonders herausgefordert wurde. Diese Tür des Meisters Bonanus (Bonanno, Bonannus), die 1179 datiert ist, ging beim Brand des Pisaner Domes im Jahre 1595 zugrunde.[103] Wir haben keine Kenntnis von ihrem Aussehen, schließen lediglich aus den erhaltenen Türen desselben Meisters, daß auch sie Reliefdarstellungen enthalten haben wird, ohne daß aber irgendwelche Hinweise auf Bildprogramm oder Darstellungen im einzelnen existieren. Im Verlauf der Arbeiten für den Dombau und seine Ausstattung entstand diese Bronzetür zu einem Zeitpunkt, als die Westfassade vermutlich weitgehend fertiggestellt war und durch dieses kostbare Gußwerk im Hauptportal ihren Abschluß fand. Der Dom selbst, eine mächtige fünfschiffige Anlage, war schon seit 1064 im Bau; die besondere Bedeutung dieses Bauwerks mit seinen reichen architektonischen Formen innerhalb der romanischen Architektur entsprach der damals führenden wirtschaftlichen und politischen Rolle der Stadtrepublik Pisa, als Seemacht.

Die Kunde von der besonderen Meisterschaft des Bonanus, dessen verlorene Tür im Hauptportal des Domes wir uns als außerordentliches Werk vorzustellen haben, wurde von den Pisaner Schiffen bis nach Sizilien getragen. Nach Aussage der Signatur ist auch
185 die Tür im Hauptportal des Domes von Monreale sein
164 Werk, 1185 entstanden. Aber auch in Pisa selbst hat sich eine Tür von seiner Hand erhalten, in einem Nebenportal am Südquerhaus des Domes, dem Campanile gegenüber. Sie ist unbezeichnet, ihre Bildfelder sind denen in Monreale jedoch so nah verwandt, daß beide ganz zweifelsfrei derselben Werkstatt entstammen.

Die Pisaner Tür ist von sehr ausgewogenen Proportionen. Die Akzente durch je ein quergelagertes einheitliches Bildfeld am Fuß und als oberer Abschluß beider Türflügel und die Anzahl und Größe der übrigen Bildfelder bilden eine außerordentlich harmonische Einheit dieser Bilderwand. Daß auch auf der etwas älteren Bronzetür in Novgorod jeder Türflügel oben mit einem in der Größe betonten queroblongen
Bildfeld abschließt, besagt über die Beziehungen zwi- 101
schen beiden Türen nur soviel, daß in beiden ganz offenbar ein älterer, bis in die Antike zurückreichender Gliederungstypus monumentaler Türen weiterlebt.[104] In der Konstruktion und der Form der Rahmenleisten auf der Tür in Pisa wird jedoch ein anderer Zusammenhang deutlich: Die kantigen glattflächigen Leisten mit ihrer regelmäßigen Folge von Nagelköpfen und die Auflagen in Form gedrehter Schnüre, die die Nahtstellen verdecken, sind ein Charakteristikum jener byzantinischen Bronzetüren, die sich als Import im südlichen
Italien und in Venedig erhalten haben.[105] Auch der Abb. 28
Dom in Pisa hat eine solche Tür besessen, auch sie ist beim Brand von 1595 leider zugrunde gegangen. Diese byzantinische Tür hatte im fertiggestellten Dom ihren Platz im südlichen Nebenportal der Westfassade, seitlich der großen Bonanus-Tür.[106] Schriftliche Nachrichten überliefern in Silber eingelegte Darstellungen aus dem Leben Christi; demnach hat es sich um eine byzantinische Tür von der Art derjenigen in Rom, San Paolo fuori le mura (Stiftung 1070), gehandelt, die ebenfalls einen christologischen Bildzyklus darstellt. Die Pisaner Tür wird als Stiftung des Gottfried von Bouillon aus dem Jahre 1099 genannt, des Anführers des ersten Kreuzzuges, an dem auch Pisa mit einer eigenen Flotte teilgenommen hatte. Der Pisaner Meister hat die Konstruktion einer Tür aus Byzanz also am Ort selbst kennenlernen können, und er hat deren spezifische Form des Rahmenwerks möglicherweise nicht nur für die Querschiffstür nachgeschaffen, sondern auch für die heute verlorene Haupttür der Westfront.

Die erhalten gebliebene Tür in der Porta San Ranieri zeigt sich auch in ihren bildlichen Darstellungen in hohem Maße von byzantinischer Kunst abhängig. Die Komposition der einzelnen Szenen, die Figurentypen und die zur Charakterisierung des Handlungsraumes dienenden Architekturen und Bäume folgen dieser Tradition. Miniaturhandschriften und geschnitzte Elfenbeintafeln werden als wichtige Bildquellen für Bonanus angenommen, ebenso die ältere Tür aus Konstantinopel. Die Art und Weise jedoch, wie Bonanus diese zwei- oder dreidimensionalen Vorbilder umsetzte, verrät eine ganz individuelle Formensprache, in der er sich als schöpferische Persönlichkeit zu erkennen gibt. In der Frühzeit der figürlichen Plastik in Pisa und der Toskana überhaupt bildet dieser Künstler mit seinem bilderreichen Werk, das wir nur aus seinen Bronzetüren kennen, einen überraschenden Höhepunkt.

Kraftvolles Volumen der Formen, die zum Teil sehr detailliert durchgebildet sind, und ein eindringlicher Erzählstil mit dem Vermögen, Gefühlswerte außerordentlich eindrucksvoll und mit zarten Nuancen deutlich zu machen, kennzeichnen die Reliefs der Pisaner Domtür. Für beides soll beispielhaft das Bildfeld mit
168 der Heimsuchung herangezogen werden. Die spezielle Art, wie Maria und Elisabeth hier, byzantinischem Bildtypus folgend, mit einander zugeneigten Köpfen und mit behutsamen Gesten ihrer Hände stehen, ist voll zarter Stimmung und betont das geheimnisvolle Geschehen um die beiden zukünftigen Muttergestalten. Sie erscheinen verhüllt von ihren Gewändern, die faltenreich durchgebildet sind und dazu noch mit Punzen ganz fein gemustert, bei Maria links zudem unterschiedlich für Kleid und Mantel und wiederum mit einem anderen Muster bei Elisabeth rechts. In ihren ausdrucksvoll modellierten Köpfen gewinnen sie plastisches Volumen, die Virtuosität freiplastischer Bildung zeigt sich aber vor allem in den unterschnittenen und
168, 169, hinterschnittenen Gliedern der Architektur. Diese ist
173, 181 ein überkuppeltes Gebilde aus dem Formenvokabular der byzantinischen Kunst und kommt mehrfach auf den Bildfeldern vor, in Varianten, und auch mit dem zugehörigen Motiv der im Zentrum der Kuppel hän-
Abb. 97 genden Ampel. In schmalerer Form bildet ein solcher Kuppelbau das Gehäuse Mariens im Bildfeld mit der
169 Verkündigung, hier in seiner Zartgliedrigkeit nicht unversehrt erhalten. Auch Teile vom Stab des Engels und vom Ast, der oben aus dem Gehäuse herauswächst, waren so fragil, daß sie weggebrochen sind. Noch im fragmentarischen Zustand spricht daraus die Virtuosität des Meisters, der sich mit feinsten Formen weit vom Reliefgrund löste. Der technischen Herausforderung – bei Bildung des Modells und beim Guß – hat er sich dabei ganz offenbar mit Vergnügen und mit handwerklicher Meisterschaft hingegeben. Insbesondere die Darstellungen von Bäumen und Ästen gaben dazu Gelegenheit. Auf diesem Bildfeld ist es das seltsame Motiv des direkt aus dem Mauerwerk herauswachsenden Astwerks, verschlungen und mit wenigen großen Blättern besetzt. Es gibt in mißverstandener Form ein Element der spätantiken, in der byzantinischen Kunst weiterlebenden Landschaftsdarstellung wieder, mit dem eigentlich hinter Gebäuden aufwachsende hohe
Bäume gemeint sind. Auf köstliche Weise ist die Flucht 174
nach Ägypten dargestellt: Maria in heiterer Gelassenheit, dennoch würdevoll thronend auf dem Esel, und gebeugt hinterdrein trabend Joseph, bei dem sich die Mühsal des Weges, vielleicht gar Verdrossenheit oder aber Ergebenheit in die göttliche Fügung auszudrücken scheinen. Die Gestalten sind derart verlebendigt, daß menschliche Empfindungen ganz unmittelbar ablesbar sind, oder aber der Betrachter sich zumindest ermuntert fühlt, ihm vertraute Stimmungselemente in diese Schilderungen hineinzulegen. Maria hat mit mütterlicher Fürsorge das Kind in die Umhüllung ihres Mantels eingeschlossen, so daß nur das Köpfchen sichtbar wird, darunter Marias schützende Hand. In liebevoller Wiedergabe realistischer Details sieht man Joseph mit dem Reiseproviant ausgestattet, mit einer umgehängten Tasche und mit der Reiseflasche. Sein über einem Stock getragener Mantel ist ein traditionelles Attribut Reisender.

Die genaue Darstellung bestimmter Einzelheiten muß dem Meister wichtig gewesen sein, denn er hat darauf große Sorgfalt und minuziöse Modellierarbeit verwandt. Das sind beispielsweise im Bildfeld mit dem
Bethlehemitischen Kindermord die geflochtenen Zöpfe 175
der klagenden Frau und der Faltstuhl des Herodes mit dem mittleren Gelenk, auch in mehreren Bildfeldern
(Nr. 7, 11, 16) die schöne Ampel mit ihrer frei 173, 181;
modellierten Aufhängung. Diese ist übrigens keines- Abb. 97
wegs – wie man aus der realistischen Wiedergabe schließen möchte – ein aus der täglichen Umwelt des Meisters in sein Bildwerk übernommenes Gebrauchsgerät; sie gehört vielmehr zum traditionellen Gut byzantinischer Bildvorlagen. In dem wohl in Amalfi
um 1084 geschnitzten großen Elfenbeinwerk des Pa- Abb. 98
liotto von Salerno hängen solche Ampeln an gleicher Stelle in den Kuppelbauten, in gleichartiger byzantinischer Tradition.[107] Realistisches Detail könnten dagegen Josephs Behältnisse für die Wegzehrung sein; er trägt Wasserflasche und Tasche umgehängt, wie diese
von gleicher Form auch den Hirten auf dem Felde als 170, 171
Ausstattung dienen.

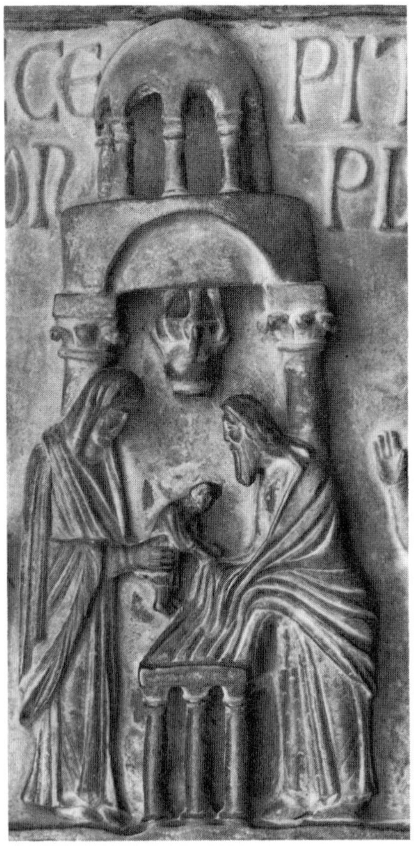

97 Pisa, Bronzetür des Domes: Detail aus der Darbringung im Tempel

Die Szene der Verkündigung an die Hirten hat sich
170 ein Bildfeld zu teilen mit der Geburt Christi; sie findet auf dem Hügel über der Geburtshöhle statt. Das entspricht einem byzantinischen Bildtypus, wie er
Abb. 99 ähnlich auf der Bronzetür von San Paolo fuori le mura in Rom wiedergegeben ist. Mitunter erscheinen auf diesem Hügel zugleich auch die heranreitenden Drei Könige.[108] Diese sind auf der Bronzetür des Bonanus

98 Paliotto von Salerno: Heimsuchung. Amalfi, um 1084. Salerno, Museo del Duomo

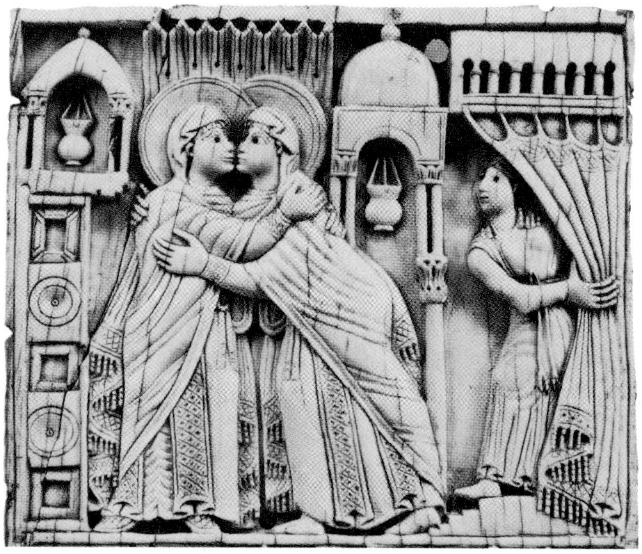

auf einem gesonderten Bildfeld dargestellt, jedoch auf 172
dem zugehörigen gleichartigen Hügelstreifen reitend, unter dem hier nun Platz für eine andere Darstellung ist. Es handelt sich um die einzige szenische Schilderung aus dem Alten Testament auf dieser Tür. Mit maßstäblich kleineren Figuren deutlich abgesetzt, in einer anderen Bedeutungsebene befindlich, ist hier in drei Stufen die Geschichte des Sündenfalls von Adam und Eva dargestellt: der Sündenfall selbst, Adams und Evas Trauer darüber und die Vertreibung aus dem Paradies. Für diese letzte Szene hat sich die byzantinische Vorlage, die Bonanus offenbar nachgebildet hat, direkt benennen lassen. Es ist eine Elfenbeintafel des 11./12. Jahrhunderts, die sich im Museum von Pesaro befindet.[109] Sie zeigt die drei Figuren in völliger Übereinstimmung, den kräftig ausschreitenden Engel mit dem erhobenen Schwert und die beiden wie zögernd stehenbleibenden Sündigen, die sich umschauen, wobei Adam bereits für die Arbeit auf der Erde die Hacke geschultert trägt. Die hier an untergeordneter Stelle eingeschobenen Darstellungen zum

99 Rom, byzantinische Bronzetür der Basilika San Paolo fuori le mura: Geburt Christi und Verkündigung an die Hirten. 1070

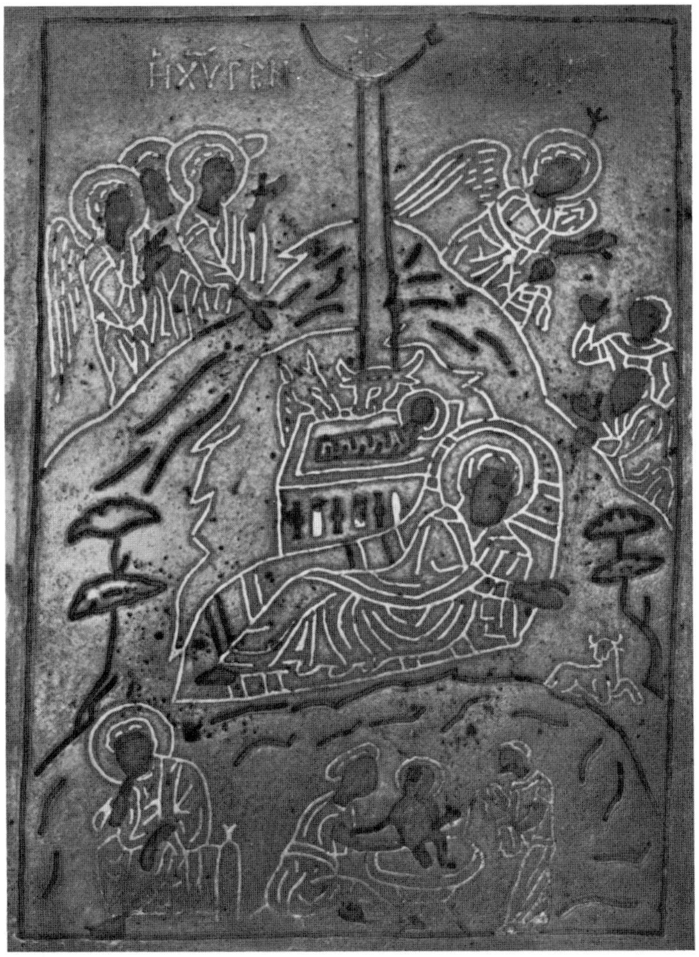

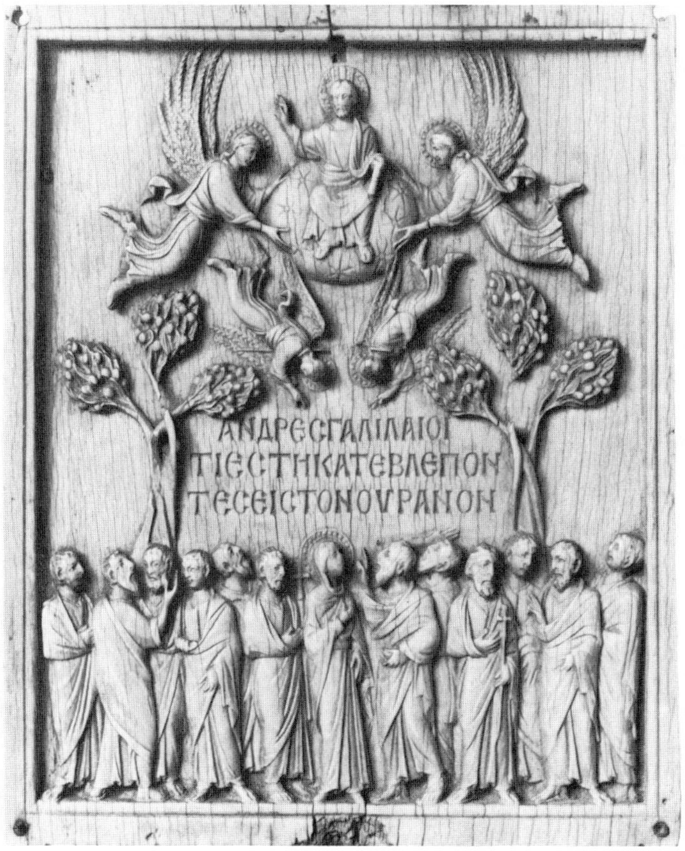

100 Himmelfahrt Christi. Byzantinische Elfenbeintafel. 10. Jh. Florenz, Museo Nazionale del Bargello

Sündenfall befinden sich durchaus im Zusammenhang mit dem gesamten Bildzyklus zum Erlösungswerk Christi, wie auch speziell zum benachbarten Bildfeld mit der Geburt des Erlösers.

170 Hervorzuheben in der Bildszene der Hirtenverkündigung sind die beiden Engel in ihrer völligen Parallelität, und zwar nicht nur in Haltung und Gesten, sondern bis in die Gewandbildung hinein; bis nahezu in jede einzelne Falte ist der eine die genaue Kopie des anderen. Das ist nicht Armut künstlerischer Gestaltungsmöglichkeit, sondern bewußte Wiederholung eines Motivs mit dem Ziele besonders intensiver Bildwirkung. In Anlehnung an byzantinische Darstellungen, scheint dies bei Bonanus offenbar ein bevorzugtes Prinzip. Ein Engel-Zwillingspaar wie in der Hirtenverkündigung
176 ist auch bei der Taufe Christi zugegen, besonders eindringlich ist die Verdoppelung bei den Schwestern
178 des Lazarus, die sich bittend vor Christus neigen. Mehrfach wiederholt sind die Figurenmotive bei darge-
180 stellten Gruppen. In der Szene der Fußwaschung ist die gleichmäßige Aufmerksamkeit der Jünger auf diese Weise geschildert, aufgereiht in gleichbleibender Hal-
179 tung sind die Jünger auch beim Einzug in Jerusalem,
181 dem Abendmahl, der Himmelfahrt Christi und dem Marientod. Wo sie hintereinanderstehend dargestellt sind, greift dabei jeder einzelne seinem Vordermann an den Arm. Die stete Wiederholung dieser Geste, das miteinander-Verketten der völlig gleichartigen Figuren, das ist auf eine besondere, irgendwie archaisch anmutende Weise eindrucksvoll.

Das Verhältnis des Bonanus zur byzantinischen Kunst besteht darin, daß er Bildmuster sehr genau, bis in viele Einzelheiten hinein übernommen hat; dagegen zeigt die Bildung der plastischen Figur mit ihrem Volumen, mit ihrer Bewegung und ihren Ausdruckswerten seinen ganz persönlichen Stil. Dabei reicht die Spannweite von sehr lebhaften bis zu starr aufgereihten Gestalten. Er setzte byzantinische Vorbilder in einen Reliefstil der romanischen Plastik um. Für den Oberflächenreichtum dieses Reliefstils können byzantinische Werke, Elfenbeinschnitzereien aus früherer Zeit anregend gewirkt haben. Eine Tafel mit der Himmelfahrt Abb. 100
Christi aus dem 10. Jahrhundert ist gut vergleichbar in der Stärke des Reliefs mit den lebhaften Licht- und Schattenwirkungen, mit der Möglichkeit zu freiplastisch gebildeten Einzelheiten und mit den gerundeten Figuren, deren Körperformen unter den Gewändern spürbar bleiben.[110]

101 Blattwerksäule mit Rosetten am Hauptportal der Westfassade des Domes in Pisa. Um 1115/30. (Kopie)

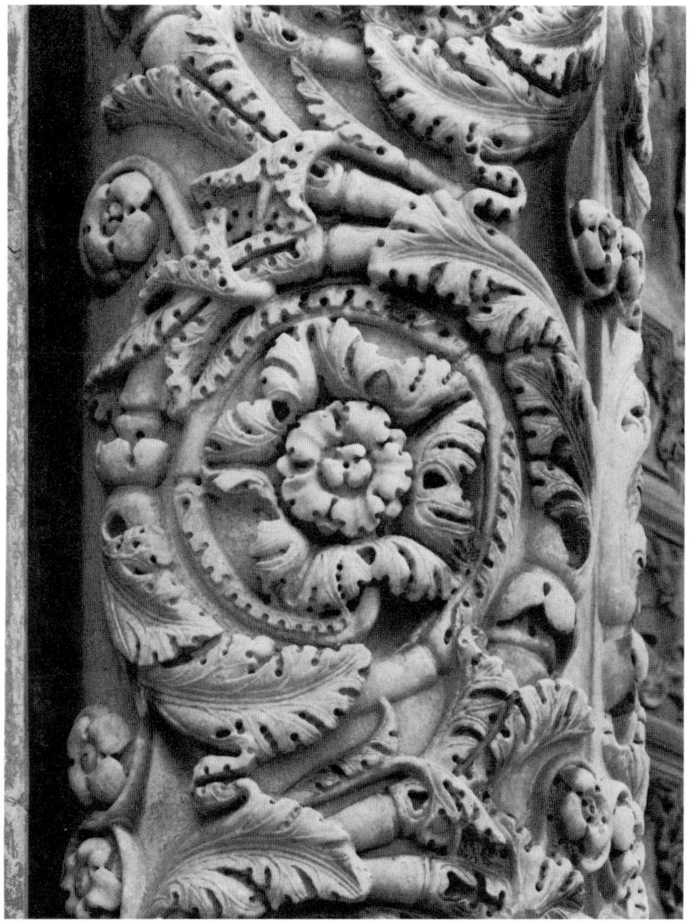

Für diesen Reliefstil gab es in Pisa aber auch andere Vorbilder, nämlich spätantike und frühchristliche Sarkophage, die sich aus der Zeit, in der Pisa eine reiche römische Provinzstadt war, erhalten haben und sich noch heute zahlreich im Camposanto befinden.[111] Diese Werke antiker Skulptur haben am Ort seit dem frühen 12. Jahrhundert als Vorlagenmaterial gedient, damals allerdings erst in ihren ornamentalen Bestandteilen. Die
Abb. 101 Fassadenskulptur des Domes und auch der Architrav der Porta San Ranieri, in der sich die erhaltene Bronzetür des Bonanus befindet, zeugen davon.[112] Auf dieser Bronzetür selbst stammen aus der gleichen
Abb. 102 Quelle schließlich die schmückenden Nagelköpfe des Rahmenwerks, prachtvolle antike Rosetten, die mit ihren tief gebohrten Blattwinkeln sogar die handwerkliche Besonderheit der antiken Marmorbildhauer bewahrt haben. Daß Bonanus auch im figürlichen Bereich auf die antike Plastik zurückgegriffen hat, dafür gibt es
203 auf seiner Tür in Monreale ein deutliches Beispiel. In Pisa existiert dazu ein eher versteckter Hinweis; es ist die Geste, mit der die klagende Frau im Bethlehemiti-
175 schen Kindermord ihrem Schützling die Hand auf den Kopf legt. In dieser Weise sind Kinder zahlreich auf
Abb. 103 spätantiken Sarkophagreliefs dargestellt, und dieses Motiv muß Bonanus kopiert haben, soweit es ihm mit seinen Mitteln möglich war. Von einem wirklichen Verständnis für den antiken Figurentypus kann im Werk der Pisaner Tür dagegen keine Rede sein.

Die wichtigste stilgeschichtliche Voraussetzung für Bonanus war die Bildkunst des Meisters Guglielmus. Er war die führende Kraft in der Pisaner Plastik um die Mitte des 12. Jahrhunderts und hat in den Jahren 1158 bis 1162 den großen Auftrag für die Kanzel des Domes ausgeführt.[113] Deren Reliefs mit den Darstellungen aus dem Leben Christi zeigen Guglielmus in derselben byzantinischen Bildtradition und in einer Bonanus außerordentlich verwandten plastischen Formensprache. Die Typen der Figuren, ihr körperliches Volumen, auch die Art, wie sie in gleichbleibender Form wiederholt, aneinandergereiht und hintereinandergestaffelt sind, hat Bonanus zweifellos von Guglielmus direkt übernommen. Daß die Gestalten des Bonanus kraftvoller und bewegter erscheinen bedeutet einerseits Weiterentwicklung, hat aber sicher auch damit zu tun, daß er im kleineren Format und vor allem in einem anderen Material arbeitete, daß seine Formen aus dem geschmeidigen Wachs modelliert sind.

Wachs als Material des Gußmodells, der eigentliche Grundstoff für die künstlerische Formgebung eines Bronzebildwerks, hat ganz wesentlich den Stil des Bonanus geprägt. Die Geschmeidigkeit des Stoffes und der Vorgang des Modellierens sind hier in der erzgegossenen Gestalt noch ganz unmittelbar gegenwärtig und machen die persönliche Handschrift des Künstlers sichtbar. Das Bilden feinster Einzelheiten war ihm bis an die Grenzen des technisch Machbaren vertraut, und

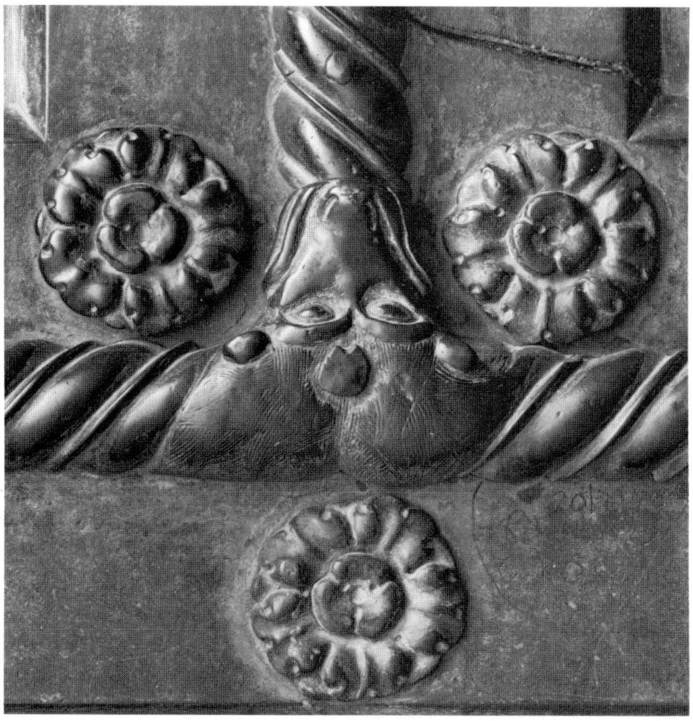

102 Pisa, Bronzetür des Domes: Rosetten und Schnurleiste mit Tierkopf

103 Detail von einem römischen Sarkophag. Um 270 n. Chr. Rom, Santa Maria Antiqua

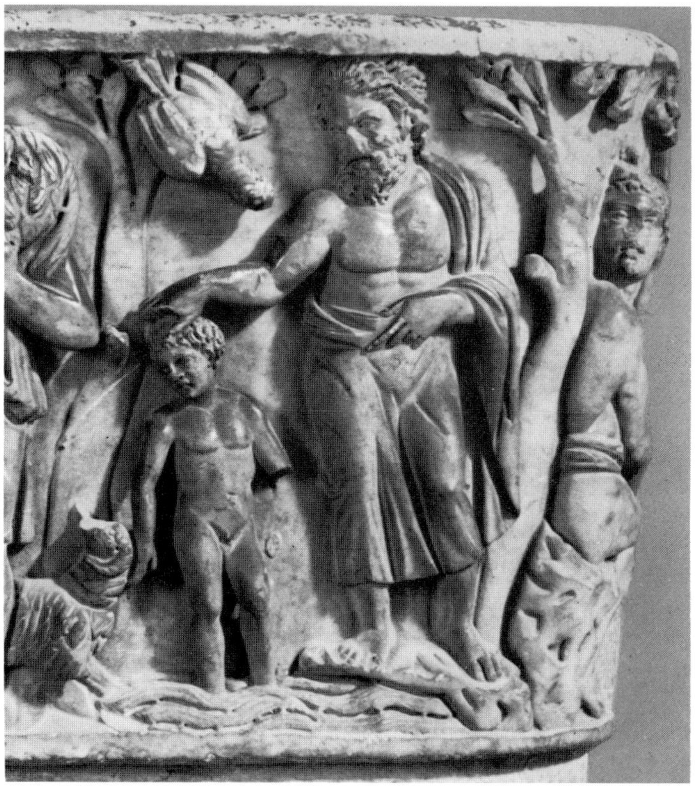

eine virtuose Gußtechnik hat den ganzen Reichtum seiner plastischen Schöpfungen in Erz umsetzen können. Viele Elemente sind freiplastisch modelliert und dann der Grundfläche aufgeheftet. Besonders an den
166, 167 prachtvollen Palmen ist abzulesen, wie dabei versucht wurde, die selbständige Körperlichkeit der Gebilde zu erhalten. Am Fuß sitzen die Palmen auf der Grundfläche auf, dann wölbt sich ihr Stamm weit vor, und erst mit den Palmwedeln sind sie wieder auf der Fläche fixiert. Das Jonglieren mit Einzelteilen, die modelliert, aufgesetzt und zusammengefügt wurden, teilt sich dem Betrachter ganz unmittelbar mit und läßt ihn den bildnerischen Vorgang auf ungewöhnliche Weise nachvollziehen.

Bonanus ist als Schöpfer der Bronzetüren in Pisa und Monreale überliefert. Damit wissen wir jedoch nicht, ob das, was wir als plastische Form bewundern, wirklich sein Werk ist, oder ob er etwa als Erzgießer seine Türen signiert hat. Vasari nennt ihn zusammen mit Guglielmus als Erbauer des Schiefen Turmes, des Campanile am Dom von Pisa, der 1173 begonnen worden ist.[114] Üblicherweise gilt Bonanus seitdem als Architekt und Bildhauer. Wenn wir wirklich annehmen dürfen, er sei der Schöpfer der Gußmodelle, der Modelleur, dann bleibt zu fragen, ob er Mitarbeiter hatte. Es lassen sich bestimmte Unterschiede in der Feinheit der modellierten Formen beobachten, etwa im
179 Vergleich der Jüngergruppen beim Einzug in Jerusa-
180 lem, wo sie flüchtiger scheinen, und bei der Fußwaschung, wo sie mit besonderer Zartheit gebildet sind. Das deutet auf mehrere beteiligte Kräfte hin. Vielleicht waren untergeordnete Mitarbeiter vor allem da tätig, wo Form-Wiederholungen auszuführen waren. Auf die Besonderheit, daß zwei oder mehrere Figuren völlig gleichartig gebildet vorkommen, ist bereits hingewiesen worden. Das kann innerhalb eines Bildfeldes der
176 Fall sein, wie bei den Engeln der Taufe Christi, aber auch für mehrere Bildfelder; so sind die beiden Marien-
168, 169 figuren der Verkündigung und der Heimsuchung grundsätzlich gleich, die erstere allerdings in den Einzelheiten feiner durchmodelliert. Zumeist ist die Übereinstimmung so groß, die plastische Grundform in einem solchen Maße identisch, daß man sich das nicht als freihändige Kopie vorstellen kann, sondern nur unter Zuhilfenahme von Modeln. Eigentlich widerspricht der Reliefstil des Bonanus mit seiner Plastizität und den vielen Unterschneidungen dem Gebrauch von Modeln. In seiner Werkstatt hat man sie anscheinend dennoch benutzt, und zwar mit besonderer Geschicklichkeit. Die aus Modeln geformten Teilstücke des Gußmodells wurden dabei teilweise so überarbeitet, daß die Figuren die gewünschte Plastizität und Beweglichkeit erhielten und in bestimmten Einzelheiten wie Kopf- und Armhaltung variieren. Ein ausdrückliches Bestreben, diese Art der mechanischen Übertragung zu verschleiern, hat es offensichtlich nicht gegeben. Bestimmte Motive wurden ganz unbekümmert wiederholt, auch nach fremden Vorlagen und dann ohne eigentlich notwendige Korrekturen. Aus einem fremden Zusammenhang stammen z. B. die
hockenden Jünger im Bildfeld der Verklärung Christi, 177
denen im Grunde jeweils ein Fuß oder eine adäquate Sitzfläche fehlt. Wichtig für den szenischen Zusammenhang war dem Modelleur jedoch, daß der mittlere der Jünger zum Geschehen auf dem Berge aufblickt; hier wurde die Kopfhaltung verändert. Einmal ist die hockende Figur übrigens seitenverkehrt kopiert. Auch das kommt mehrfach auf den Bildfeldern vor. Wie Bonanus mit der Wiederholung weniger Figurentypen jonglierte, teils variierend, teils gegengleich, das läßt
sich besonders gut an der langen Reihe der Propheten 166
am Fuß der Tür ablesen. Zu erinnern ist hier an die Signatur des verlorenen Hauptportals in Pisa, in der Bonanus stolz auf die kurze Arbeitszeit verweist. Vielleicht war eine besondere Voraussetzung dafür – wie auf der erhaltenen Tür in Pisa zu beobachten – die Beschränkung des Motivschatzes und auch die mechanische Vervielfältigung der einzelnen Motive mit Hilfe von Modeln. Die immer gleich bleibende Form der Rosetten-Appliken des Rahmenwerks geht hier mit Sicherheit auf eine Model zurück.

Als Bonanus den Auftrag zu einer Bronzetür für den Dom in Monreale erhielt, arbeitete dort am Ort eine Bildhauerwerkstatt an der Ausstattung des Domkreuzganges, deren Stil in bisher nicht dagewesener Weise durch Erfahrungen im Umgang mit antiker Skulptur geprägt war. Die überaus reiche Formenwelt der Kapitelle des Domkreuzganges ist ihr Werk.[115] Im Sinne einer Entwicklungsgeschichte war Bonanus weniger modern, eine Auseinandersetzung mit antiken Vorbildern findet sich in seinem Figurenstil in viel geringerem Maße. Den hoch bedeutenden Auftrag für das Hauptportal des Domes in Monreale wird ihm vor allem sein Ruf als Gußhandwerker eingebracht haben. Das Bauprojekt von Dom, Abtei und königlichem Palast in Monreale, das nach der Stiftung durch König Wilhelm II. von Sizilien im Jahre 1174 innerhalb kurzer Zeit entstand, war zu seiner Zeit das bedeutendste in Italien, für das die besten Kräfte herangezogen wurden. Das Datum 1185 der Bronzetür des Bonanus ist die einzige für den Verlauf von Bau und Ausstattung überlieferte Jahreszahl und gilt als Kriterium dafür, daß zum Zeitpunkt des frühen Todes des Königs 1189 auch die Ausstattung in großen Teilen abgeschlossen war.

Der Dom wurde in seinen beiden Eingängen mit
185 Bronzetüren geschmückt, im Hauptportal mit seinen
gewaltigen Ausmaßen durch die Tür des Bonanus, im
161 Nebenportal des nördlichen Seitenschiffs mit der klei-
neren und formal ganz unterschiedlichen des Barisanus
von Trani.

Beide Meister haben ihr Werk signiert. Ihre Guß-
werkstatt hatten sie sicherlich nicht nach Monreale
verlegt, sondern die Arbeit entfernt davon, am eigentli-
chen Sitz der Werkstatt ausgeführt, in Trani und Pisa.
Da die Türen in Einzelteilen gegossen sind, war der
anschließende Transport kein Problem. Die Montie-
rung am Aufstellungsort hatte allerdings fachmännisch
zu erfolgen, vielleicht in Anwesenheit der Meister
selbst. Im Falle der Westtür scheint die Abstimmung
zwischen den Auftraggebern – auch mit den baulichen
Gegebenheiten, den Portalmaßen – und dem Meister in
Pisa nicht vollständig geglückt zu sein. Hier ist ein
mächtiger Türschlußbalken eingefügt worden, der
seiner Ornamentik nach kein Werk des Bonanus ist,
sondern wohl in Sizilien selbst entstand. Unbefriedi-
gend ist hier der obere Abschluß der Tür. Der
Bildzyklus endet wie auf der Tür in Pisa mit einem
optischen und inhaltlichen Höhepunkt, mit den Reprä-
sentationsbildern Christi und der Maria jeweils in
ganzer Türflügelbreite. Da die Portalöffnung in Mon-
reale jedoch mit einem Spitzbogen abschließt, war über
den Bildfeldern ein zusätzlicher Raum zu füllen, was
mit mehreren Lagen horizontaler Rahmenbänder er-
folgte. Im Gegensatz dazu ist auf die rundbogige
156 Bronzetür des Barisanus in Trani zu verweisen, um
deutlich zu machen, wie harmonisch Portalöffnung und
Tür dort aufeinander bezogen sind.

Vom oberen Abschluß abgesehen, wiederholt die
185 Tür in Monreale das Gliederungsprinzip der Tür in
164 Pisa mit den beiden Bildachsen auf jedem Flügel und
dem byzantinischen Rahmensystem. Die größere Breite
des Portals ist durch Verbreiterung der Rahmenele-
mente erreicht, die bedeutend größere Höhe durch
Vermehrung der Bildfelder, allerdings sehr zu Ungun-
sten der Proportion im Vergleich mit dem harmoni-
schen Erscheinungsbild in Pisa. Es ist eine riesige
Bilderwand mit vielen kleinen Einzelszenen. Vier
mächtige Wächtertiere an der Schwelle halten eine Art 190, 191,
Sockelzone besetzt; im Verhältnis zur Höhe der Tür 206, 207;
bilden sie jedoch, ebenso wie die obersten queroblon- Abb. 104
gen Bilddarstellungen, nicht den gleichen gliedernden
Akzent wie die entsprechenden Tafeln in Pisa. Beide
Türen des Bonanus besitzen übrigens keine Türzieher.
Das ist ungewöhnlich und darauf zurückzuführen, daß
eben das Rahmensystem byzantinischer Bronzetüren
übernommen worden ist, zu dem lediglich winzige
Appliken in Form von Löwenköpfen gehören, die auch
völlig fehlen können.

Der Bildzyklus in Monreale beginnt links unten mit
der Erschaffung des Menschen und schildert in unge-
wöhnlicher Breite den Sündenfall, das Erdenleben
Adams und Evas mit Kain und Abel und anschließend
weitere alttestamentliche Begebenheiten. Wieder ist es
der einfühlsame Erzählstil des Bonanus, der die Auf-
merksamkeit fesselt. Bei Erschaffung Adams ist Gott- 186
vater geschäftig und mit Hingabe beim Werk; der
schon fertig gebildete Körper liegt starr, also noch
ohne Leben vor ihm. Die Phantasie des Betrachters ist
geweckt, und er sieht im Geiste Bonanus selbst model-
lierend tätig, wie unter seinen kundigen Händen die
geformte Materie mit Leben erfüllt wird. Bei den
Adam-und-Eva-Szenen bewegt Bonanus sich teilweise
außerhalb der überlieferten Bildmuster und findet hier
Formulierungen, die dem Leben unmittelbar nachemp-
funden scheinen und in ihrer Schlichtheit sehr ein-
drucksvoll sind. Die trostlose Lage der Ausgestoßenen 188
aus dem Paradies, eng beieinander sitzend, wobei Eva
hilfesuchend Adams Arm ergreift, bekommt durch die
Überbringung des Werkzeugs zur Bodenbearbeitung
eine positive Wendung. Adam, gebeugt bei der Arbeit

104 Monreale, Dom, Bronzetür des Westportals: Löwen und Greifen der untersten Bildreihe. Rekonstruktion der ursprünglichen Anordnung (Zeichnung: Octavian Catrici)

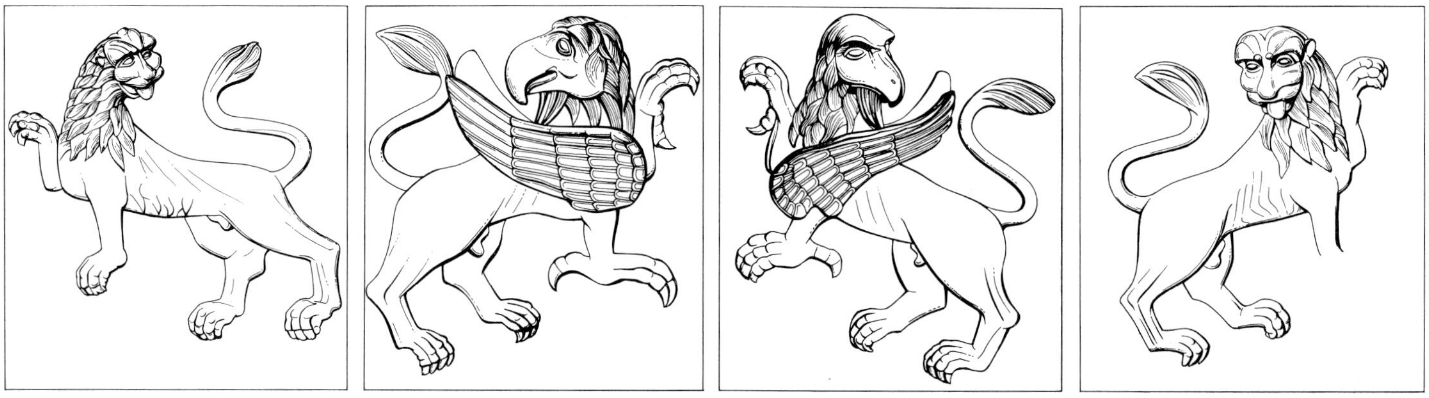

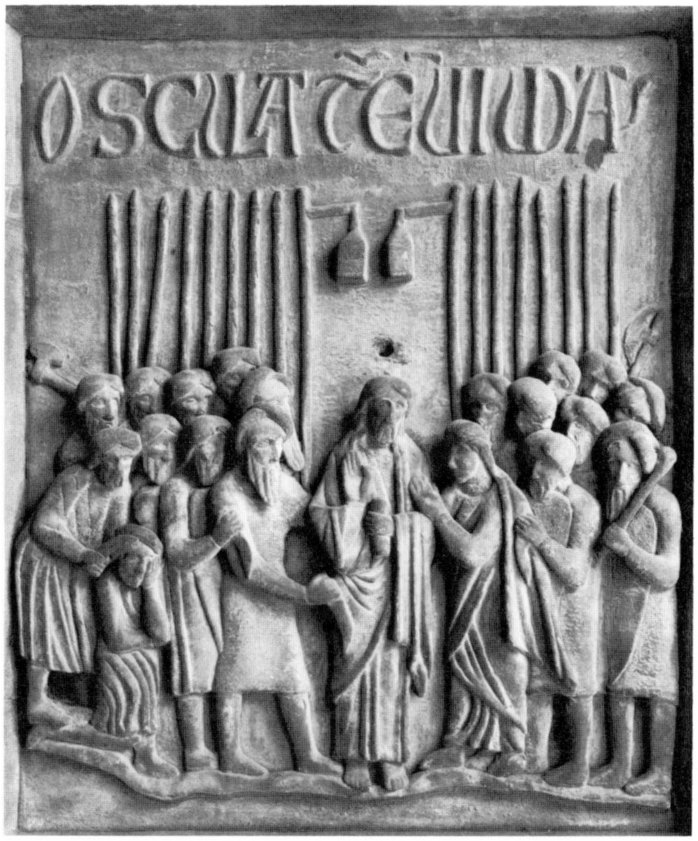

105 Pisa, Bronzetür des Domes: Gefangennahme Christi

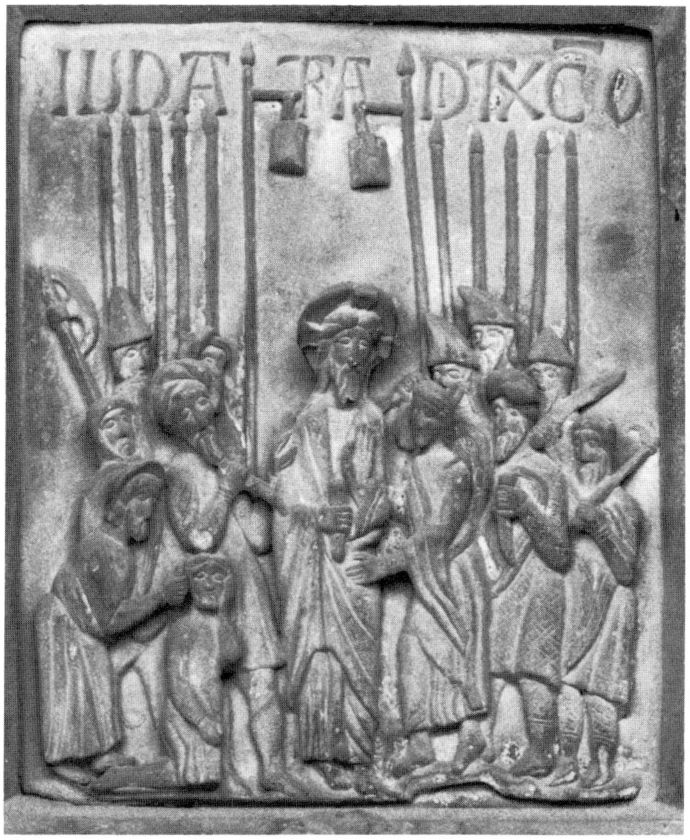

106 Monreale, Dom, Bronzetür des Westportals: Gefangennahme Christi

189 als Landmann, blickt freudig und grüßend Eva entge-
gen, die ihm, einen Korb oder ein Gefäß auf dem Kopf
tragend und mit einer Flasche in der Hand, die Mahlzeit
bringt. In einer Familienidylle sind beide mit ihren
194 Kindern dargestellt, Adam mit rührender Fürsorge
einen seiner Söhne im Arm haltend und Eva auf ihrem
Lager, wie sie den zweiten nährt. Die Szene ist von
einem höhlenartigen Raum umschlossen, über dem
Schafe grasen. Die landschaftlichen Elemente in diesen
190–193 und den folgenden alttestamentlichen Bildern haben
ganz schlichte, knappe Formen, die Bäume jedoch sind,
wie auf der Tür in Pisa, zu weiten Teilen mit ihrem
feinen Ast- und Blattwerk freiplastisch gebildet. Der
Bildraum ist nur spärlich gefüllt, viel Raum bleibt für
die Inschriften mit den dekorativen Lettern.

Getrennt durch die Reihe der Propheten, die auf
dieser Tür paarweise auf einzelne Bildfelder verteilt
sind, in spröder Reihung und von zum Teil recht
schlichter Durchbildung, folgen darüber die Darstel-
196, 197 lungen aus dem Leben Christi. Es sind dieselben
ikonographischen Bildtypen wie in Pisa, in Teilen
variiert; zusammen mit diesen geben sie ein interessan-
tes Bild von den Gestaltungsmöglichkeiten und Wand-
198, 199 lungen innerhalb einer Werkstatt. Die beiden ersten
Darstellungen, Verkündigung an Maria und Heimsu-
chung, fallen mit ihren differenziert durchgebildeten,
allerdings hart und wie geschnitzt erscheinenden Figu-
ren auf, die im Vergleich mit den voranstehenden
Prophetengestalten eine andere Handschrift verraten.
Auch bei dieser Tür möchte man also an verschiedene
Modelleure denken. Minuziös sind hier die Architek-
turformen gebildet, bei der Verkündigung ganz flach,
bei der Heimsuchung mit kraftvollen Säulenstellungen,
beide mit feinsten graphischen Musterungen der einzel-
nen Bauglieder.

Im Vergleich mit den Bildfeldern in Pisa sind die Abb. 105, 106
Figuren in Monreale insgesamt weniger voluminös,
zumeist weniger energisch in ihren Bewegungen. Dort
füllen Figuren und Bauten mit plastischer Kraft den
ganzen Bildraum, hier ist die Bildebene flacher, Form
und Ausdruck sind verhalten, die Differenzierung
zwischen den Figuren allerdings stärker. Bei Gruppen-
bildungen sind Wiederholungen gleicher Gestalten
zumeist vermieden. Neu ist auf einzelnen Platten eine
plastische Qualität der Figuren, in besonderer Weise
eindrucksvoll im Bildfeld der Auferweckung des Laza- 201
rus zu sehen, in der schräg aus der Fläche gedrehten
Figur Christi und dem Figurenpaar am Bildrand. Mit
dem hoch aufragenden Grabbau ist dieses Bildfeld
räumlich meisterhaft gestaltet.

Wo das neue plastische Verständnis für Körper und
203 Raum herstammt, verrät das Bildfeld mit der Verklä-
Abb. 107 rung Christi, auf dem die drei Jünger nach einer antiken
Vorlage kopiert worden sind. Diese Vorlage hat sich in
Abb. 108 Pisa feststellen lassen: ein Sarkophag aus dem 2. Jahrhundert, der im Zentrum zu seiten eines Palmstammes ein hockendes Figurenpaar zeigt.[116] Die rechte der Figuren ist sehr genau nachgegestaltet worden, dreifach wiederholt, einmal seitenverkehrt. Auf der Tür in Pisa ist eine so weit gehende Orientierung an antiker Plastik nicht nachzuweisen. In Monreale ist auch die Blattwerkleiste des Rahmenwerks, aus zarten Akanthusformen gebildet, ein antikes Motiv.

Die zeitliche Abfolge beider Türen von Bonanus, d.h. die Datierung der Tür in Pisa in ihrem Verhältnis zur 1185 geschaffenen von Monreale, ist unterschiedlich beurteilt worden. Dabei wird überwiegend jedoch die Pisaner Tür an den Anfang gestellt. Sie ist in ihrer kraftvollen und genialen Formensprache, in ihrer Gliederung und Proportion nicht von derjenigen in Monreale herzuleiten. Vielmehr ist diese eine den anderen Maßverhältnissen angepaßte Version der Tür des Pisaner Domes. Der Reliefstil ist teilweise weiterentwickelt – im Bildfeld mit dem Lazarus und der Antikenkopie der Verklärung –, teilweise sind die Formen verhärtet und reduziert, ist die Plastizität geschwunden und eine stärkere Stilisierung zu beobachten. Die modellierende Handschrift, das Bilden in Wachs sind an dieser Tür viel weniger deutlich sichtbar. Groß kann der zeitliche Abstand zwischen beiden Türen nicht sein, so gilt zumeist der Guß der verlorenen Westtür des Pisaner Domes von 1179 auch als eine zeitliche Orientierung für die kleinere Pisaner Tür.

Das Bildprogramm beider Türen ist grundsätzlich gleichartig. Dargestellt ist das Leben Christi, sein Erlösungswerk, und zwar in einer ungewöhnlichen, jedoch sehr sinnvollen Anordnung von unten nach oben, waagerecht über beide Türflügel verlaufend, so daß als oberer Abschluß die großen thronenden Gestalten Christi und der Maria stehen. Ergänzt wird dieser Zyklus durch eine Abfolge von Propheten, die auf Christi Wirken hingewiesen haben. Als Gegenüberstellung zum Heilsgeschehen sind die Ereignisse um den Sündenfall dargestellt; das geschieht auf der Pisaner Tür ganz zurückhaltend, nur als Nebenhandlung und in kleinerem Format, auf der großen Tür in Monreale bildreich mit Darstellungen zu Adam und Eva, Kain und Abel. Dort finden sich weitere Themen zum Alten Testament angeschlossen, doch lediglich solche, die innerhalb des typologischen Bilderkreises in Beziehung zum kommenden Erlöser stehen. Dieses Bildprogramm ist ähnlich dem der Bronzetür von San Zeno.

Der Wirkungsradius des Bonanus von Pisa und seiner Bronzetüren war ungewöhnlich weit gespannt. Räumlich reichte er vom heimischen Pisa bis nach Monreale und hat möglicherweise von dort aus die etwas jüngere Tür des Domes in Benevent mit beeinflußt. Zeitlich reichte er bis ins 14. Jahrhundert hinein. Als die Planungen für die erste Bronzetür des Baptisteriums in Florenz begannen, die von Andrea Pisano für das Hauptportal, das östliche Portal, geschaffen wurde, wo sie 1336 Aufstellung fand – erst später wurde sie an die Südseite versetzt, um der Paradiesestür des Lorenzo Ghiberti Platz zu machen –, damals also noch galten die Türen des Pisaner Domes als künstlerischer Maßstab. Piero Jacopo, der später mit Andrea Pisano zusammenarbeitet, wurde nach Pisa gesandt, um dort die Türen des Domes anzuschauen und zu zeichnen.[117] In der Proportion und der Feldergliederung der Baptisteriumstür ist tatsächlich eine Beeinflussung durch das Werk des Bonanus in der Porta San Ranieri erkennbar.

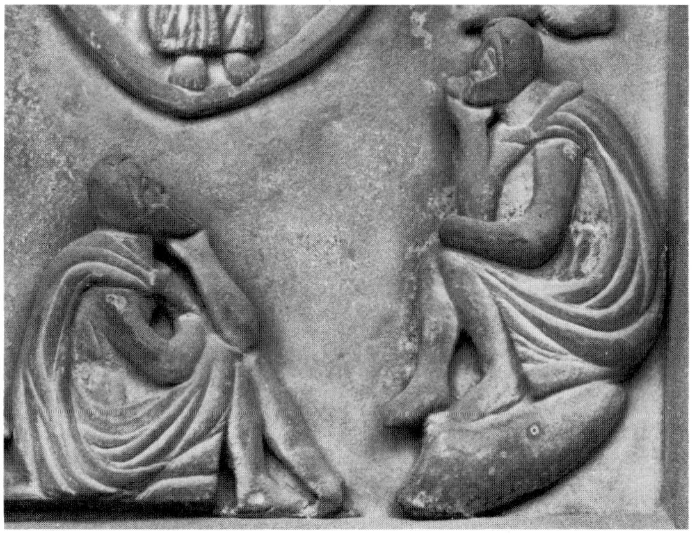

107 Monreale, Dom, Bronzetür des Westportals: Detail aus der Verklärung Christi
108 Detail von einem römischen Sarkophag mit Bacchus und Ariadne. 2. Jh. n. Chr. Pisa, Camposanto

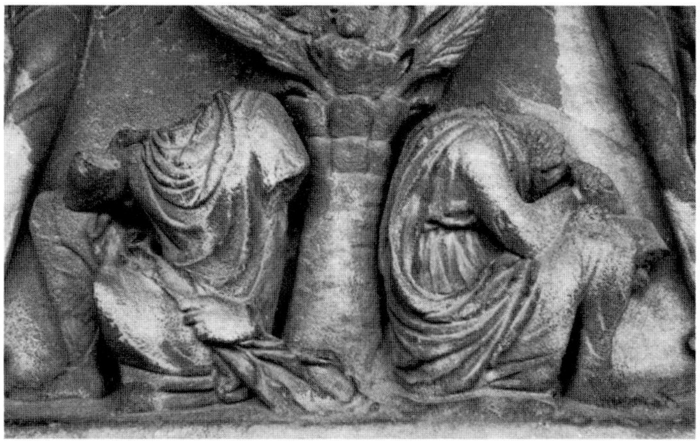

Benevent
Die Domtür

Als für das Westportal des Domes von Benevent die mit Bildschmuck überaus reich ausgestattete Tür entstand, gab es bereits eine ältere Bronzetür am Ort. Wir wissen aus schriftlicher Quelle von der Erztür der Kirche San Bartolomeo mit den Jahreszahlen 1150–1151 und der Meistersignatur Oderisius. Wir haben sogar Grund, eine in Benevent in der ersten Hälfte des 12. Jahrhunderts tätige Gußhütte anzunehmen, denn aus weiteren Meisterinschriften kennen wir den Namen Oderisius – der vielleicht mit dem Meister von San Bartolomeo identisch ist – mit der Herkunftsbezeichnung Benevent. Dieser Oderisius von Benevent hat zwischen
45, 51 1119 und 1127 zwei Kirchentüren für Tróia und eine
Abb. 34 für Capua geschaffen.[118] Mit beträchtlichem zeitlichen Abstand und unter veränderten künstlerischen Voraussetzungen entstand als Höhepunkt der Beneventer
209 Bronzekunst die Tür für das Westportal des Domes. Eine formale Verwandtschaft mit den bekannten Werken des Oderisius besteht nicht. Bei jenen beschränken sich die figürlichen Darstellungen – in der Nachfolge byzantinischer Türen – auf zweidimensionale, tauschierte oder gravierte Formen. Die Domtür in Benevent dagegen ist ein Bildwerk mit einem ganz ungewöhnlichen Maß an plastischer Kraft und Formenvielfalt. Lediglich von ihren Türziehern her, vier Exemplaren, die in einer Reihe über die ganze Breite der Tür angeordnet waren, jeweils in Form eines mächtigen Tierkopfes, der ein ganzes Türfeld einnimmt, wäre eine Verbindung zu den Oderisius-Türen mit ihren phantastischen Tierkopf-Appliken denkbar.

Die Domtür in Benevent trägt weder Meisternamen noch Entstehungsdatum. Als Werk der spätromanischen Plastik ist sie von hohem Rang, verschwenderisch in der Fülle der Bildfelder wie der Einzelmotive, in der Bilderzählung lebendig und ausdrucksstark. Die Formen sind kraftvoll modelliert, die Figuren mit ihrem körperlichen Volumen weitgehend selbständig gegenüber der Fläche des Bildgrundes, viele Einzelheiten vollplastisch ausgebildet. Das Hochrelief mit seiner subtil modellierten und für den Guß komplizierten Oberflächenstruktur stellte hohe Anforderungen an die Gußhandwerker; im Ergebnis zeigt sich die gußtechnische Leistung ebenbürtig der qualitätvollen plastischen Form.

Über die stilgeschichtliche Einordnung dieses Reliefzyklus besteht Unsicherheit. Trotz mehrfacher Versuche fehlt bis heute eine überzeugend begründete Aussage zur Entstehungszeit der Tür. Die Vorschläge reichen vom 12. bis in die Mitte des 13. Jahrhunderts, beziehen sich vor allem auf die Zeit um 1200, den Beginn und die erste Hälfte des 13. Jahrhunderts. Leider sind die Voraussetzungen für die künftige Forschung erheblich eingeschränkt. Die Tür als Ganzes wurde 1943 Opfer der Kriegszerstörung des Domes von Benevent und besteht seitdem nur aus Fragmenten. Die einzelnen Bildplatten sind zwar bis auf wenige Ausnahmen erhalten geblieben, jedoch in mehr oder weniger stark beschädigtem Zustand.

Als eine der möglichen künstlerischen Quellen dieser Bronzetür gilt das Werk des Bonanus von Pisa,
speziell dessen Domtür in Monreale. Die Gemeinsam- 185
keiten bestehen darin, daß die ikonographischen Muster der byzantinischen Kunst die wichtigste Grundlage bildeten, die Bildsprache gegenüber der Feinheit und Eleganz byzantinischer Werke jedoch verändert ist. Die Formen sind stärker voluminös, die Gesten lebhafter, die Ausdruckskraft ist gesteigert. Die Bildkunst des Bonanus, sein Reliefstil und seine gußhandwerkliche Leistung sind als Ausgangspunkt für die Werkstatt der Domtür in Benevent vorstellbar, entwicklungsgeschichtlich jedoch geht diese über Bonanus hinaus. Der direkte Vergleich einzelner Szenen macht deutlich, daß die Gestalten bei Bonanus in ihrer Körperlichkeit und im Verhältnis zum Raum, in Haltung und Bewegung viel befangener sind. Abgesehen vom unterschiedlichen Zeitstil sind jeweils andere regionale Voraussetzungen für die Formensprache beider Werkstätten bestimmend gewesen. Wie Bonanus aus dem Zusammenhang der Pisaner Skulptur des 12. Jahrhunderts zu verstehen ist, so die Werkstatt von

Benevent aus der spätromanischen Skulptur Campaniens.

209 Die mächtige und vielteilig untergliederte Bilderwand dieser Tür besteht inhaltlich und formal aus zwei unterschiedlichen Komplexen: aus dem erzählenden Reliefzyklus zum Leben Christi, der die oberen zwei Drittel einnimmt, und einer Aufreihung gleichartiger Einzelfiguren im unteren Drittel. Hier kommt die Kirchenprovinz Benevent zur Darstellung, mit dem Erzbischof – nur dieser innerhalb einer mehrfigurigen Komposition – und den zugehörigen 24 Bistümern. Der neutestamentliche Zyklus gehört zu den umfangreichsten der mittelalterlichen Kunst überhaupt. Von der Verkündigung bis zur Himmelfahrt Christi ist das Geschehen in 43 einzelnen Szenen wiedergegeben, darunter besonders zahlreich die der Kindheitsgeschichte und der Passion; das öffentliche Wirken Christi bleibt auf wenige Bildfelder beschränkt. Die Darstellungen folgen der mittelbyzantinischen Bildtradition und haben ihre Parallelen vor allem in den beiden großen Christus-Zyklen des 11. und 12. Jahrhunderts im südlichen Italien, im Paliotto von Salerno und in den Mosaiken des Domes von Monreale. Besonders in der Mosaik-Ausstattung in Monreale, die innerhalb der achtziger Jahre des 12. Jahrhunderts durch byzantinische Kräfte selbst ausgeführt wurde,[119] finden sich bis in Details hinein Gemeinsamkeiten mit den meisten Bildfeldern der Beneventer Domtür. Die Flucht nach
Abb. 109, 119 Ägypten folgt einem in Italien sonst selten vorkommenden Bildtypus und macht die Abhängigkeit der Tür-Werkstatt von byzantinischen Vorlagen auf besondere Weise deutlich. Nicht Maria auf dem Esel, sondern Joseph trägt hier das Kind; es sitzt auf seiner Schulter und legt ihm die Hand auf den Scheitel. Joseph schreitet voraus, den Esel am Zügel führend, während ein Begleiter, Josephs Sohn Jacobus, mit dem Gepäck folgt. Genauso ist die Mosaik-Ausführung dieser Szene in Monreale wiedergegeben. Auch die Lazarusdarstel-
217; Abb. 110 lung dort stimmt mit der auf der Bildtafel in Benevent weitgehend überein: Der bereits erweckte Tote steht aufrecht in seinem Sarkophag, zwei Helfer, die die Binden zu lösen begonnen haben, wenden sich wegen des Leichengeruchs ab, und vor Christus knien die beiden Schwestern des Lazarus, von denen eine sich
Abb. 120 umwendet. Die Taufe Christi mit dem selten vorkommenden Motiv der beiden anwesenden Jünger, das Abendmahl mit dem isoliert dargestellten Judas an der Vorderseite der Tafel und die Samariterin am Brunnen sind weitere Beispiele der Übereinstimmung. Identisch sind beide Zyklen jedoch keinesfalls; es gibt Szenen, die entweder nur in Monreale oder nur in Benevent vorkommen, oder die sich in ihrer spezifischen Form

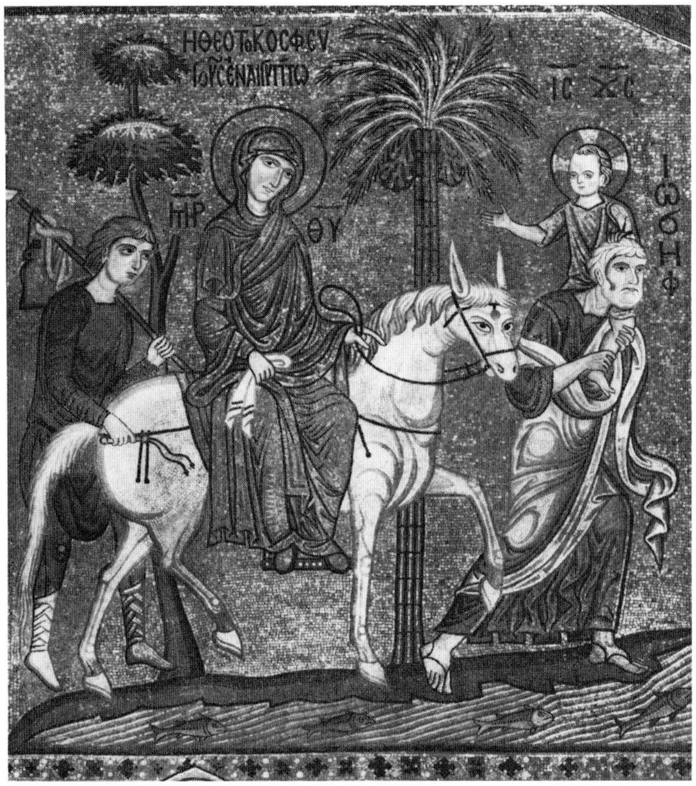

109 Flucht nach Ägypten. Mosaik im Dom von Monreale. Um 1180–1190

unterscheiden. Die Beziehungen sind auch nicht so vorzustellen, als wären die Bildfelder der Bronzetür nach der Vorlage des Mosaikzyklus in Monreale modelliert worden. Für beide sind ungefähr gleichartige

110 Erweckung des Lazarus. Mosaik im Dom von Monreale. Um 1180–1190

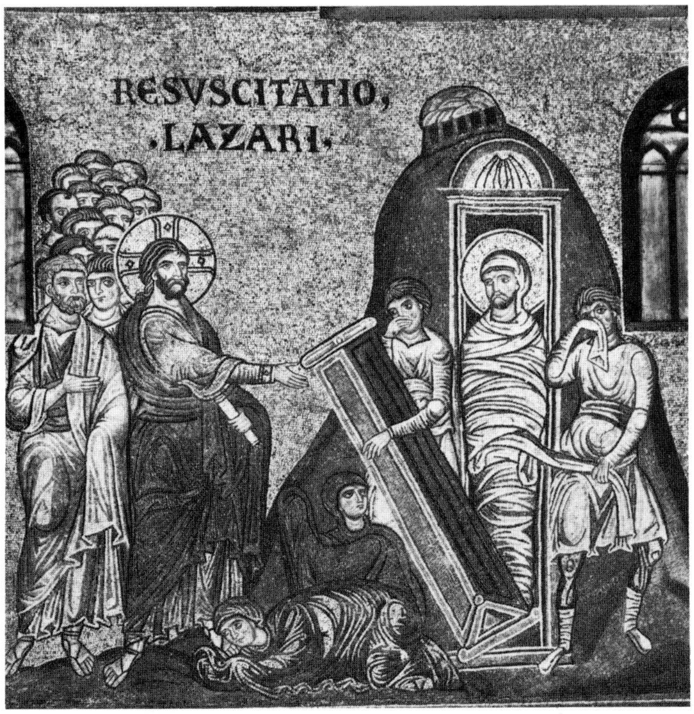

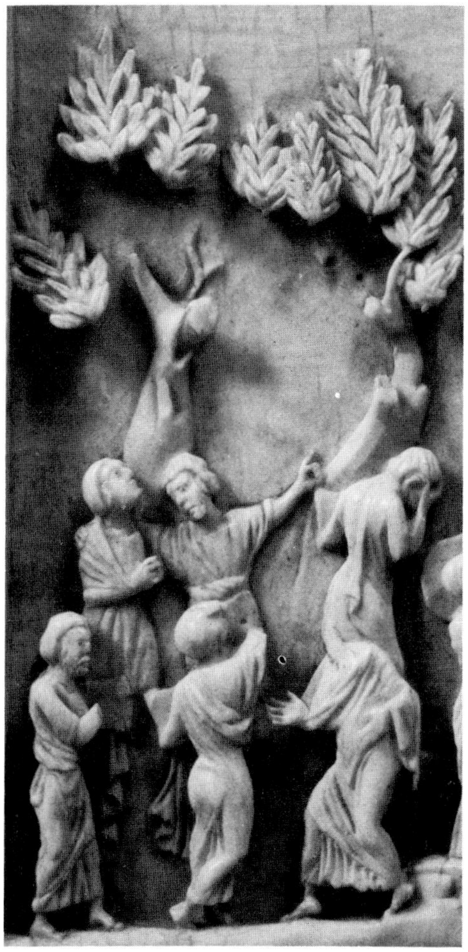

111 Detail vom Deckel eines Elfenbeinkästchens mit Himmelfahrt Christi. Byzanz, 11. Jh. Stuttgart, Württembergisches Landesmuseum

112 Benevent, Fragment von der Bronzetür des Domes: Erhängung des Judas

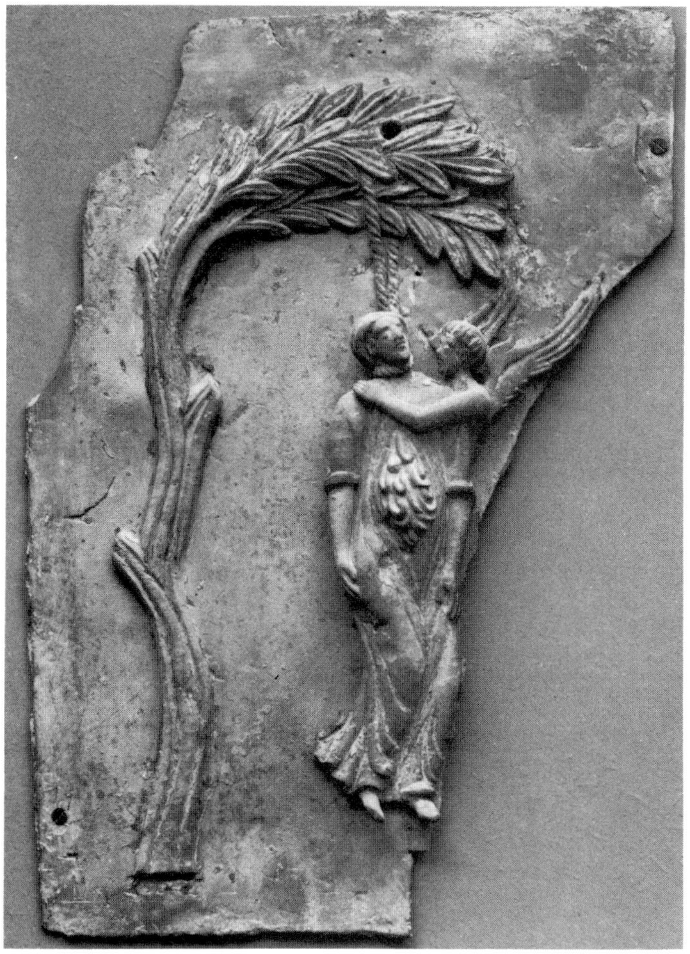

Quellen anzunehmen, bestimmte Varianten eines mittelbyzantinischen Bildzyklus zum Neuen Testament, die sowohl der Mosaik-Werkstatt in Monreale als auch der Gußhütte der Beneventer Tür bekannt waren. Sie sind in Form von Miniaturen und Elfenbeinschnitzereien vorzustellen. Bestimmte malerisch wirkende Einzelheiten der Bronzetafeln, so die in ganz zartem Relief ausgeführten architektonischen Hintergrundmotive, scheinen von zweidimensionalen, also von gemalten Vorlagen beeinflußt zu sein. Im Reliefstil zeigt sich eine stärkere Verwandtschaft zu byzantinischen Elfenbein-
Abb. 111 tafeln. Als beliebiges Beispiel mag der Deckel eines Kästchens aus dem 11. Jahrhundert im Museum von Stuttgart dienen,[120] vergleichbar in der Plastizität der Figuren und in ihrem Verhältnis zum Bildgrund, vergleichbar auch bis in Details hinein, was die Form der großblättrigen Bäume – auf der Tür im Bildfeld mit
Abb. 112 dem Judas-Selbstmord vorkommend – bezeugt.

Der Figurenstil der Domtür in Benevent ist von byzantinischen Vorbildern zwar beeinflußt, zeigt sich aber soweit eigenständig, daß der Reliefzyklus als abendländische, romanische Schöpfung zu erkennen ist. Die einzelnen Gestalten erscheinen, wie bereits erwähnt, als nahezu selbständige plastische Körper vor dem Grund. Sie sind zumeist schlank und zierlich, dabei kraftvoll modelliert, mit deutlich herausgearbeiteten Rundungen von Schultern und Gliedmaßen; sie sind vorwiegend in Bewegung dargestellt, mit unterschiedlichen Standmotiven und Schrittstellungen und mit lebhaften Kopfwendungen. Die Gewandbildung betont einerseits die Körperformen unter glatter Oberfläche, zeigt andererseits Linienspiel und Schichtung eines reichen Faltenstils, der textile Stofflichkeit überzeugend wiederzugeben vermag. Der Bildgrund ist durch Architektur- und Pflanzenmotive häufig als ein zur Szene gehöriger Handlungsraum charakterisiert. Es besteht aber selten eine wirkliche Beziehung, die Figuren sind nicht eingebunden in diesen Raum, sondern scheinen vielmehr nach vorn aus dem Relief herauszutreten. Zumeist sind sie übrigens ohne Standfläche und befinden sich so in einem instabilen, gleichsam schwebenden Zustand vor dem Grund.

Innerhalb des Gesamtbestandes der Bildtafeln lassen sich Unterschiede beobachten, die für ein derartig umfangreiches Werk durchaus verständlich sind. Es gibt Unterschiede in der Feinheit der Ausführung,

sorgfältiger modellierte und derbere Arbeiten; ganz offensichtlich waren mehrere Kräfte mit der Formgebung beschäftigt. Unabhängig von der wechselnden Qualität handwerklicher Arbeit und auch unabhängig von den beiden Themenbereichen des christologischen Bildzyklus und der Bischofsdarstellungen, zerfällt der Gesamtbestand in zwei Komplexe, in denen individuelle Formprinzipien zum Ausdruck kommen, die auf den persönlichen Stil zweier Meister zurückgeführt werden müssen. Innerhalb beider Komplexe zeigen sich die angedeuteten handschriftlichen Unterschiede, in beiden Fällen haben wir uns demnach den jeweils maßgeblichen Meister zusammen mit untergeordneten Mitarbeitern vorzustellen. Die Arbeiten des ersten Meisters stellen den Beginn des Bildzyklus dar, sie sind zahlenmäßig in der Minderheit und nahmen im alten Zustand der Tür lediglich die oberste Bildreihe und die zweite bis etwa zur Hälfte ein. Der übrige Bestand, einschließlich der Türzieher und der Bischofsfiguren, ist wohl vollständig dem zweiten Meister zuzuschreiben. Es gibt Bildtafeln, bei denen die Zuordnung nicht einfach zu entscheiden ist, so bei den ehemals in der zweiten Bildreihe auf dem rechten Türflügel befindlichen Darstellungen des zwölfjährigen Christus unter den
214 Schriftgelehrten und der Hochzeit zu Kanaan. Daraus wird deutlich, daß beide Komplexe eng zusammengehören. Kein erheblicher zeitlicher und stilgeschichtlicher Abstand, vielmehr die individuelle Handschrift zweier Modelleure, von denen vielleicht der eine aus der Werkstatt des anderen hervorgegangen ist, bedingt die formalen Unterschiede. Die Entstehungsgeschichte der Tür wird man sich so vorstellen dürfen, daß die Arbeit unter dem ersten Meister begonnen wurde, wohl in chronologischer Abfolge der neutestamentlichen Bilderzählung, und daß sie dann sehr bald – schon in der zweiten Bildreihe und wohl von der Tafel mit Christus unter den Schriftgelehrten an – vom zweiten Meister übernommen und vollständig zu Ende geführt wurde.

Die Bildtafeln des ersten Beneventer Meisters heben sich gegenüber den anderen durch eine besonders üppige Formensprache ab, durch dicht gefüllte Bildfelder, mächtige Figuren und einen großen Motivreich-
211 tum. In der Darstellung der Verkündigung an die Hirten drängen sich Hirten und Tiere geradezu im unteren Bereich der Tafel, die oben in ganzer Breite durch den herabschwebenden Engel eingenommen wird. Hintereinander zu denkende Bildteile sind über-
210 einander angeordnet, so bei den reitenden Königen und
Abb. 115 bei der Geburt Christi, einer reichen Komposition mit vielen erzählerischen Details und einer besonderen Feinheit der Ausführung. Der Betrachter scheint hier schräg von oben in die Szenerie hineinzublicken, was auch für andere Darstellungen zutrifft, so den Bethlehe-
mitischen Kindermord. Das dramatische Geschehen in 212
diesem Bildfeld wird ausdrucksstark durch ein heftig bewegtes Figurengetümmel und durch eine Komposition mit sich kreuzenden Diagonalen wiedergegeben. Wo die Darstellungen weniger figurenreich sind, ist der verbleibende Bildgrund mit architektonischen Motiven gefüllt, etwa in den Bildfeldern mit der Heimsuchung,
dem Traum Josephs und der Darbringung im Tempel. 213
Die Bogenformen und die Medaillons mit gegenständigen Vögeln über den beiden Frauengestalten der
Heimsuchung sind als Elemente islamischer Herkunft Abb. 114
zu erkennen. Der Traum Josephs zeigt eine merkwür- Abb. 118
dig isoliert erscheinende Figurengruppe inmitten einer Architekturkulisse. Bei der Darbringung ist die Architektur des Tempels durch eine zart reliefierte Kuppelform angedeutet, die beispielhaft für den Motivreichtum und die handwerkliche Feinheit der Reliefs des ersten Meisters stehen kann. Sie zeigt kannelierte und gedrehte Säulenschäfte, ornamentierte Archivolten, eine genaue Wiedergabe der Dachziegel-Anordnung und im Innern der Kuppel eine Gruppierung von fünf Ampeln; drei von ihnen sind im Zentrum an einer Krone aufgehängt, die beiden anderen seitlich vereinzelt. Der Formenreichtum kommt auch in der Opfergabe Josephs zum Ausdruck. Er trägt gleich vier Tauben herbei. Die plastische Durchbildung der Figuren in diesem Bildfeld der Darbringung und die architektonischen Einzelheiten sind von einer bestimmten graphischen Härte. Hier werden handschriftliche Unterschiede innerhalb der Werkgruppe des ersten Meisters sichtbar, verglichen etwa mit den sehr differenziert
modellierten Formen des Kindermordes. Dort wie in 212
anderen Bildfeldern dieser Werkgruppe fällt ein bestimmter voller Gesichtstypus mit kräftig gerundeten Wangen auf und eine außerordentlich malerisch erscheinende Art feingefältelter Stoffe. Diese spezielle Gewandbehandlung erinnert unmittelbar an antike Plastik. Das bedeutendste noch heute sichtbare Zeugnis römischer Kunst in Benevent ist der Triumphbogen des Kaisers Trajan, der 114 n. Chr. errichtet wurde.[121] Den reichen Faltenstil seiner Reliefs scheint der erste Meister der Domtür wiederentdeckt zu haben. Auch andere Einzelheiten sind Indizien dafür, daß antike Bildwerke für ihn eine Rolle gespielt haben. So sind heidnische Genien als Vorbild für die über den Giebelschrägen angeordneten Engel zu vermuten, die das
figürliche Beiwerk der Verkündigung an Maria und der Abb. 113
Anbetung der Könige bilden. Und eine spätantike Abb. 117
Elfenbeintafel des 5. Jahrhunderts mit Löwenjagd- Abb. 125
szenen[122] gibt eine ungefähre Vorstellung davon, aus

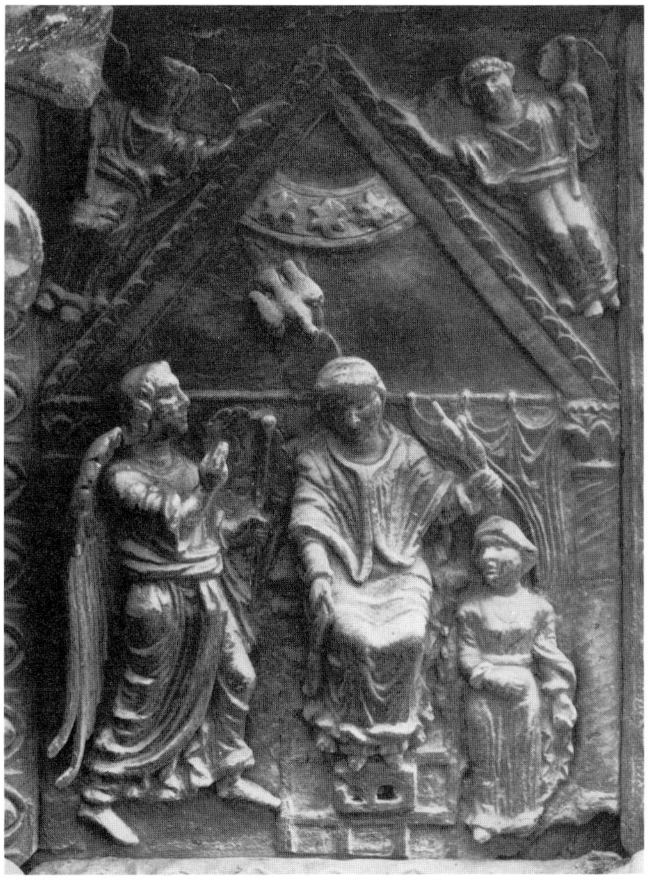
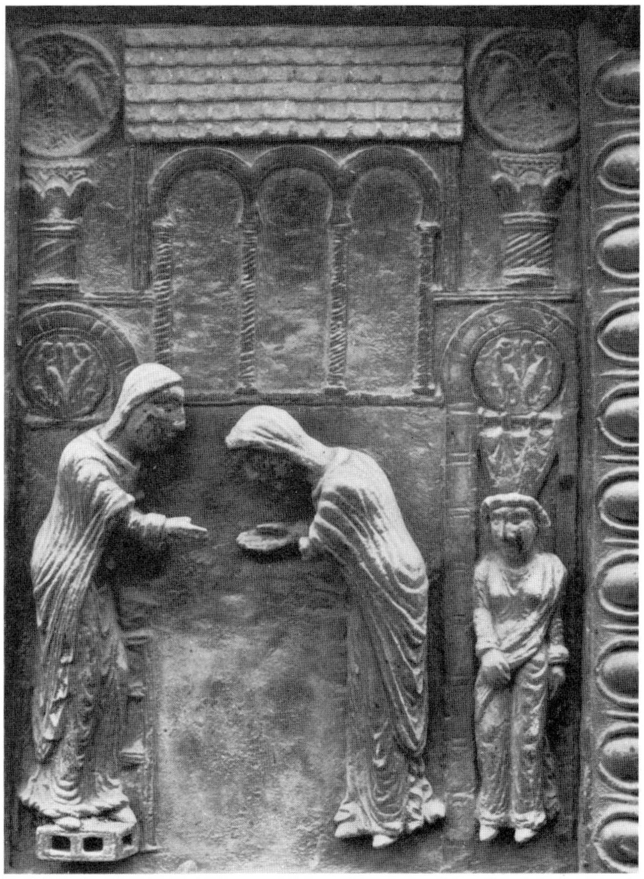
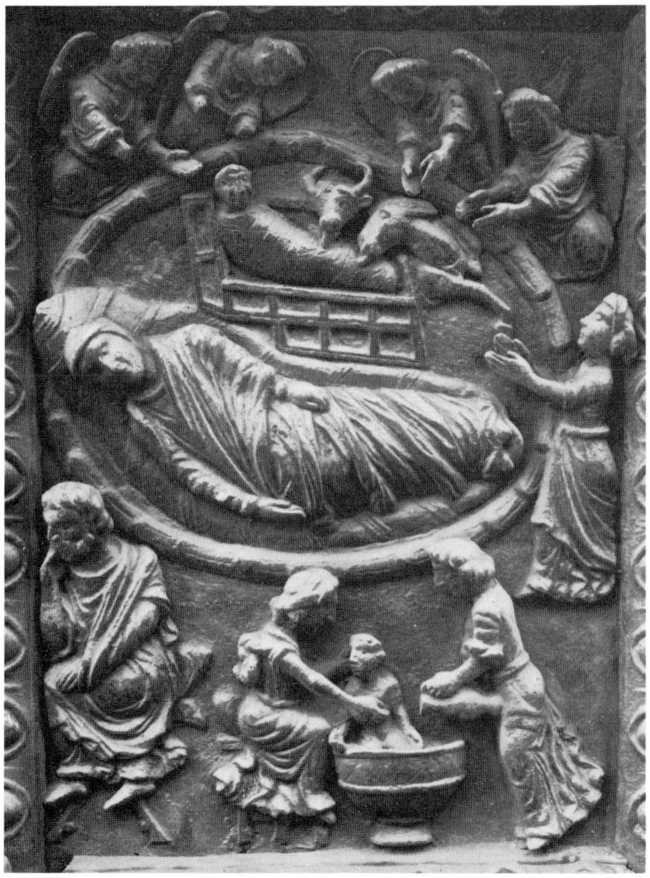
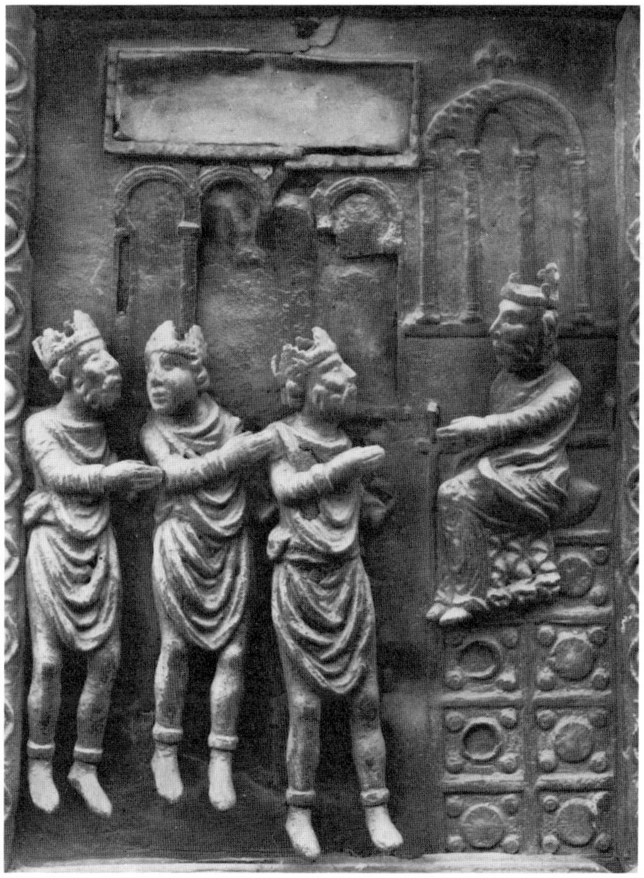

113–116 Benevent, Bronzetür des Domes (Zustand bis 1943): 113 Verkündigung. 114 Heimsuchung. 115 Geburt Christi. 116 Die Könige vor Herodes

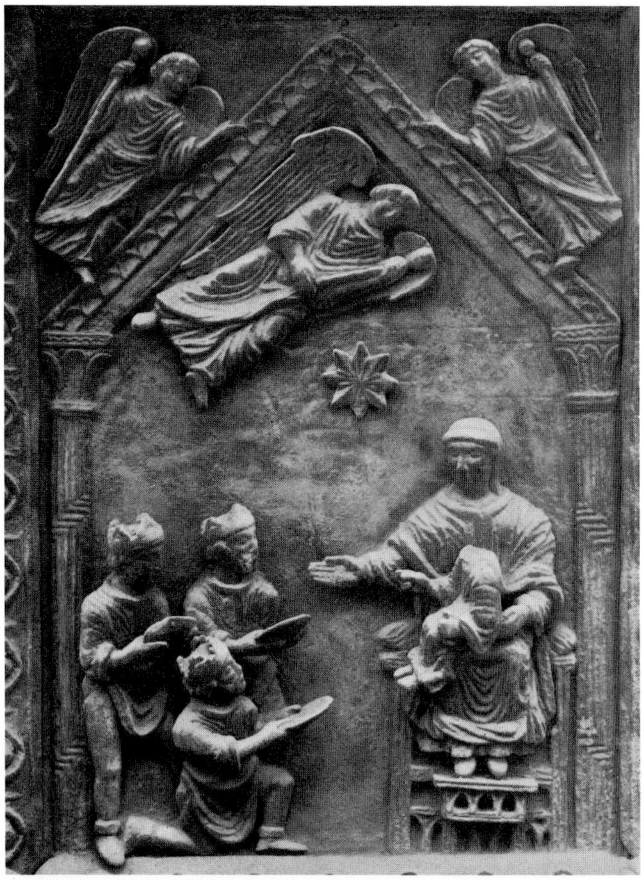
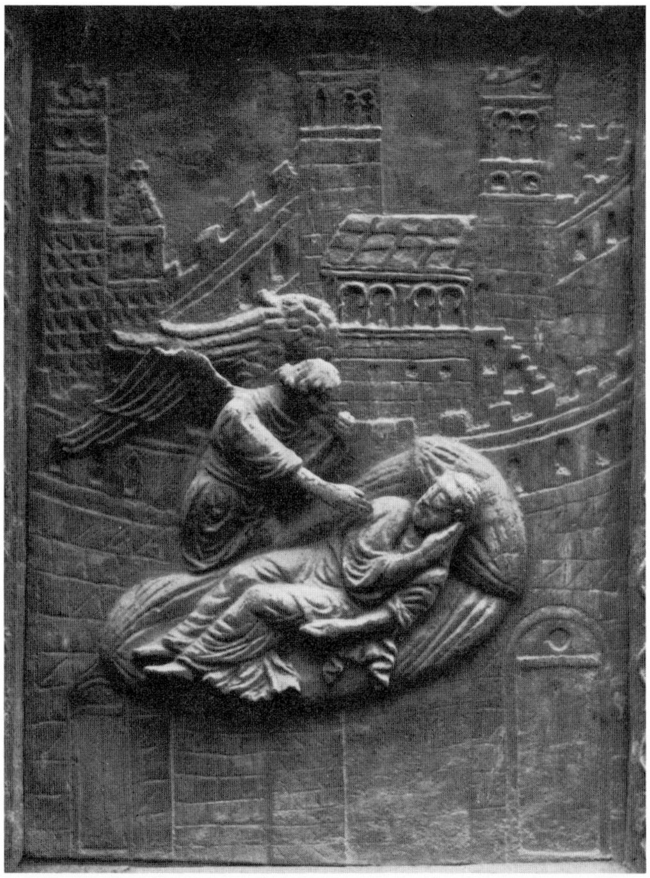
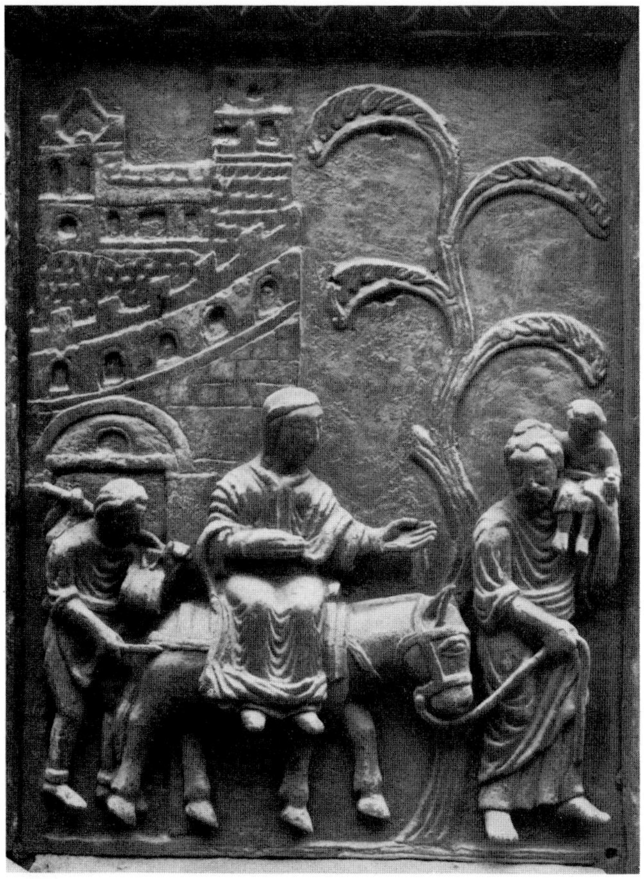
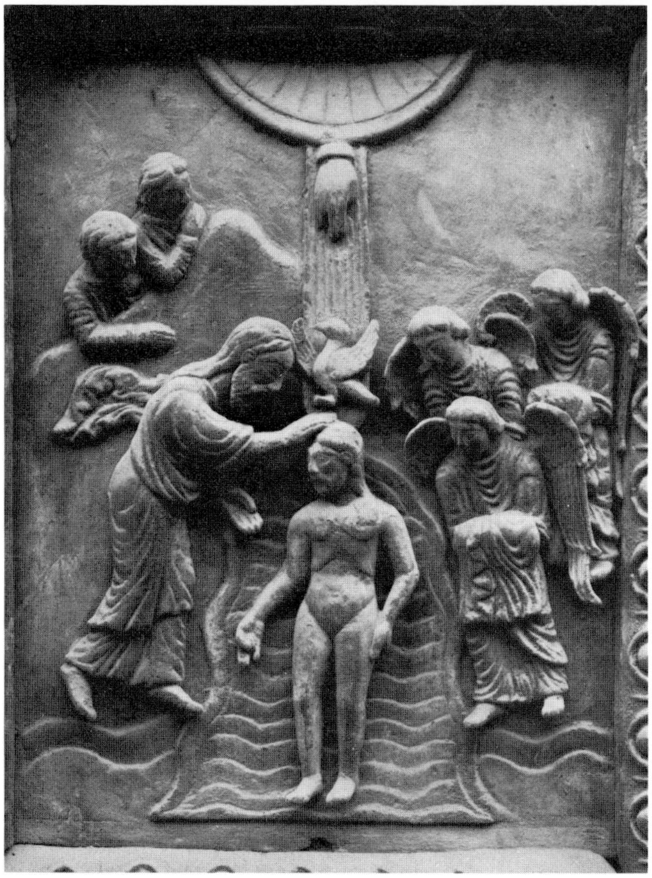

117–120 Benevent, Bronzetür des Domes (Zustand bis 1943): 117 Anbetung der Könige. 118 Traum Josephs. 119 Flucht nach Ägypten. 120 Taufe Christi

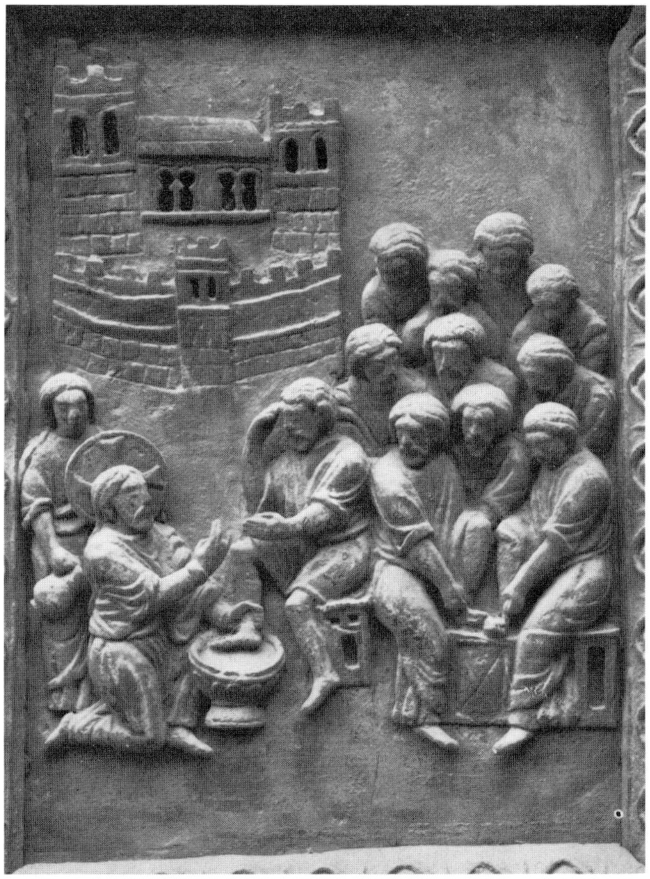

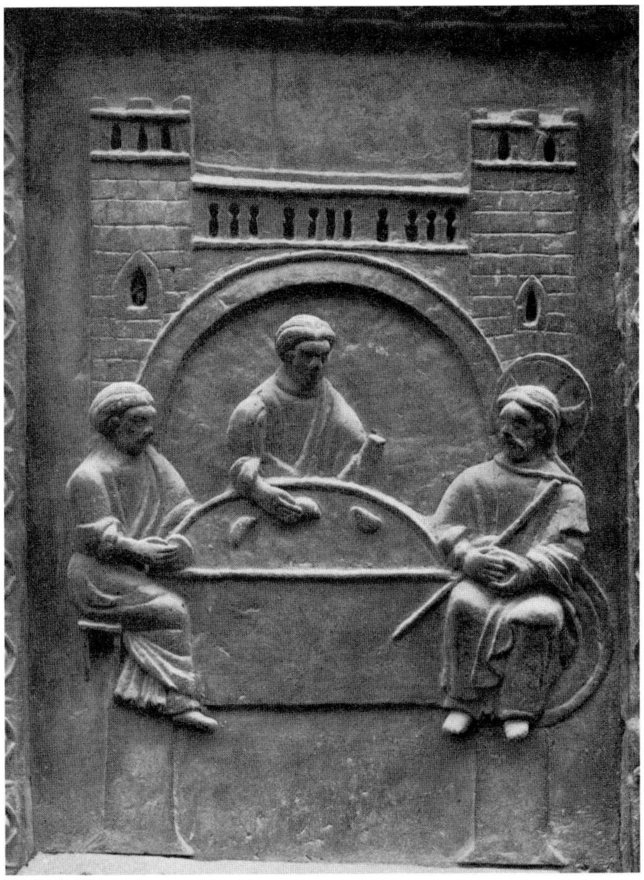

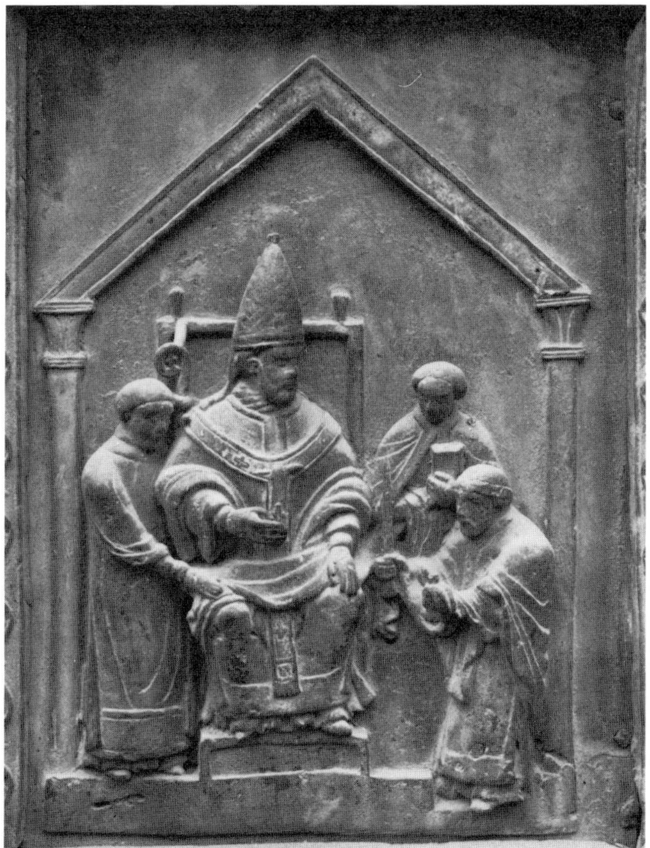

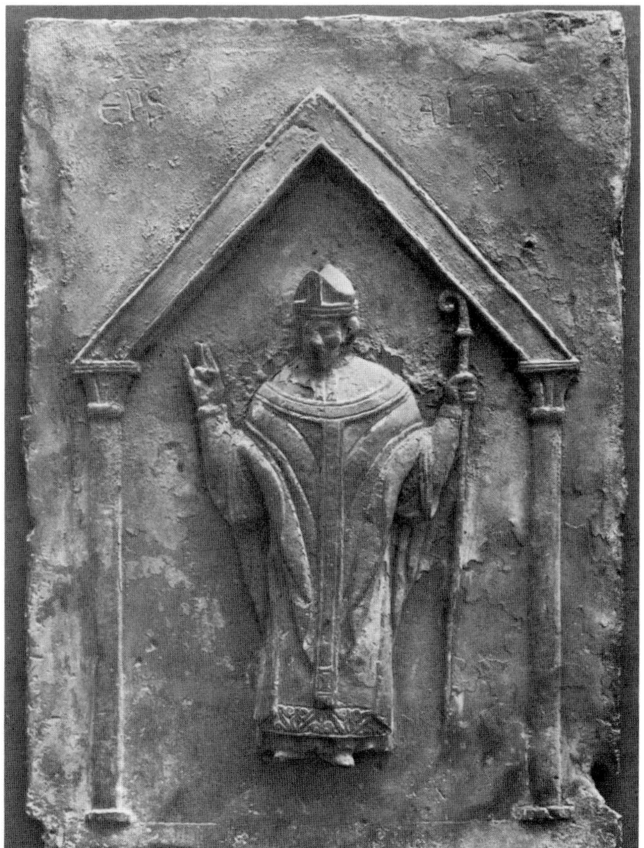

121–124 Benevent, Bronzetüre des Domes (121–123 Zustand bis 1943): 121 Fußwaschung. 122 Mahl in Emmaus. 123 Erzbischof von Benevent. 124 Bischof von Larino

welchen Quellen der Figurentypus mit der knappen
210, 212; Tunika stammt, zu dem die Heiligen Drei Könige und
Abb. 116 auch die kindermordenden Schergen des Herodes auf der Bronzetür gehören.

Die Bildfelder des zweiten Meisters zeigen veränderte räumliche Verhältnisse. Von wenigen Ausnahmen abgesehen gibt es hier eine einheitliche Bildebene. Die Figuren sind stärker in Gruppen geordnet, dabei fest zusammengeschlossen oder hintereinander gestaffelt, in ihrer Beweglichkeit jedoch keineswegs eingeschränkt. Auf der Bildfläche bleibt viel freier Raum, der mit Architekturformen nur sehr zurückhaltend besetzt ist. Typische Beispiele für diese Formprinzipien sind die
217, 221 Bildfelder mit der Erweckung des Lazarus, mit dem
221; Abb. 121 Verhör Christi vor Pilatus und der Fußwaschung. Die handelnden Personen sind jeweils in zwei Gruppen einander gegenübergestellt, der Bildinhalt wird durch eine vielfältige und deutliche Sprache der Gesten und Bewegungen wiedergegeben. In der Szene der Lazarus-Erweckung zeigen selbst die Nebenpersonen differenzierte Kopfwendungen, beim Verhör Christi konzentriert sich die Darstellung auf die Gebärden von Christus und Pilatus. Eine besonders lebendige Schilderung ist die Fußwaschung mit dem sichtbaren Argumentieren von Christus und Petrus, dessen Bein Christus mit festem Griff hält, und mit der fein abgestuften Reaktion der beobachtenden Jüngergruppe. Die Beweglichkeit der Figuren muß das besondere Anliegen des Modelleurs gewesen sein; Beispiele dafür sind
225 ebenso die Verspottung mit ihrer Gegenüberstellung der erhabenen Gestalt Christi und der entfesselten
222 Schergen sowie die Verleugnung Petri mit den schreitend dargestellten Figuren des Petrus und der Magd. Als eine bewegte Figurengruppe, gleichsam im Lauf
220 die Bildebene schräg durchquerend, ist die Gefangennahme Christi wiedergegeben. Nur Judas ist in Gegenrichtung dargestellt, er tritt von vorn auf Christus zu und umschlingt ihn. Ein Scherge legt diesem die Hand auf die Schulter, ein zweiter packt ihn am Arm, weitere drängen von hinten nach; links hat Petrus Malchus zu Boden gezwungen und schneidet ihm das Ohr ab.

Die Figuren des zweiten Meisters besitzen eine besonders kräftige Körperlichkeit; sie sind in festen, kernig erscheinenden Formen modelliert, die durch den Gewandstil noch eigens herausgearbeitet werden. Im Gegensatz zu den Bildfeldern des ersten Meisters ist auf die Wiedergabe zarter Stofflichkeit weitgehend verzichtet worden. Die Proportionen sind zumeist gestreckt, die Bewegungen natürlich empfunden und dabei von großer Vielfalt. Die spezifisch naturnahe Darstellungsweise dieser Werkgruppe ist vor dem Hintergrund antiker Skulptur zu sehen, als ein neues Verständnis für antike Formensprache und als direkter Rückgriff auf Vorbilder aus römischer Zeit. Die fischenden Jünger in der Berufungsszene und der Dar- 215
stellung des Wunderbaren Fischzuges machen diesen Bezug besonders augenfällig; in Statur, Bewegung und Gewandung erinnern sie unmittelbar an Figuren spätantiker Sarkophagreliefs. Das Vorbild antiker Kunst ist also für beide Meister und Werkstätten in Benevent wichtig gewesen, beide haben diese Anregungen allerdings in unterschiedlicher Weise verarbeitet. Ein antikes Formelement ist außerdem für das Rahmenwerk der 208, 209
Bronzetür verwandt worden, der Eierstab (dorisches Kymation), der das Ornament der Rahmenleisten bildet.

Stilistisch vergleichbare Werke sind schwer zu benennen. Unmittelbar verwandte Arbeiten sind weder in Bronze noch in anderen Materialien bekannt. Als stilgeschichtliche Parallele können zwei Marmorplatten Abb. 126
in Neapel, in der alten Kathedrale Santa Restituta,

125 Detail aus einem Elfenbeindiptychon mit Löwenjagd-Szenen. Italien, um 450. Leningrad, Ermitage

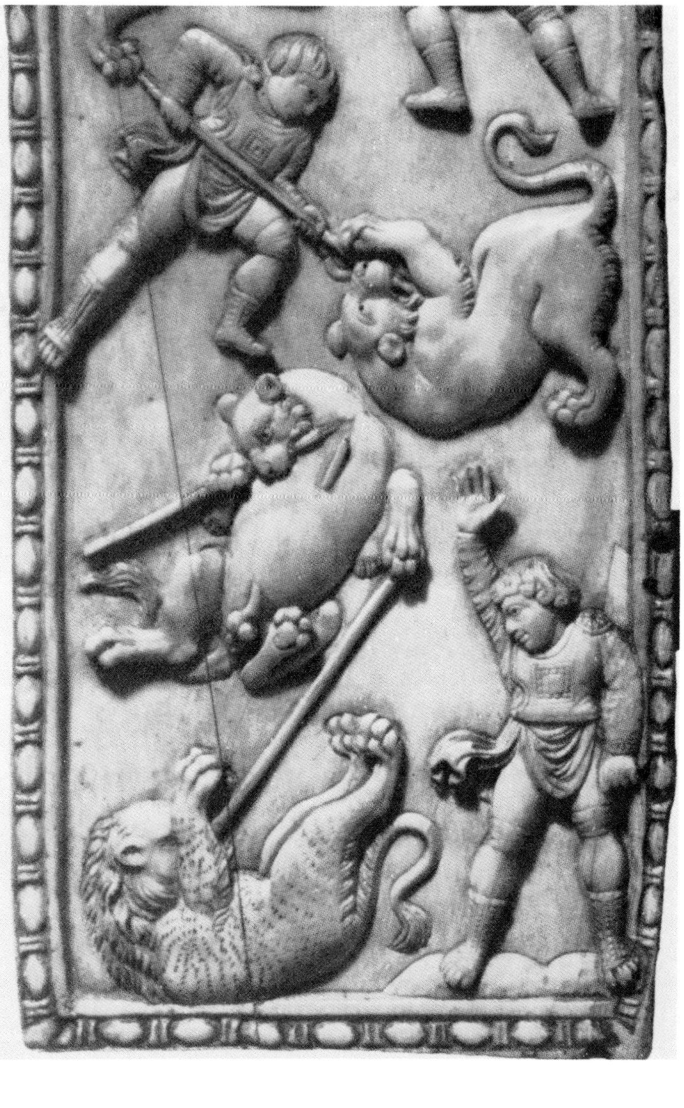

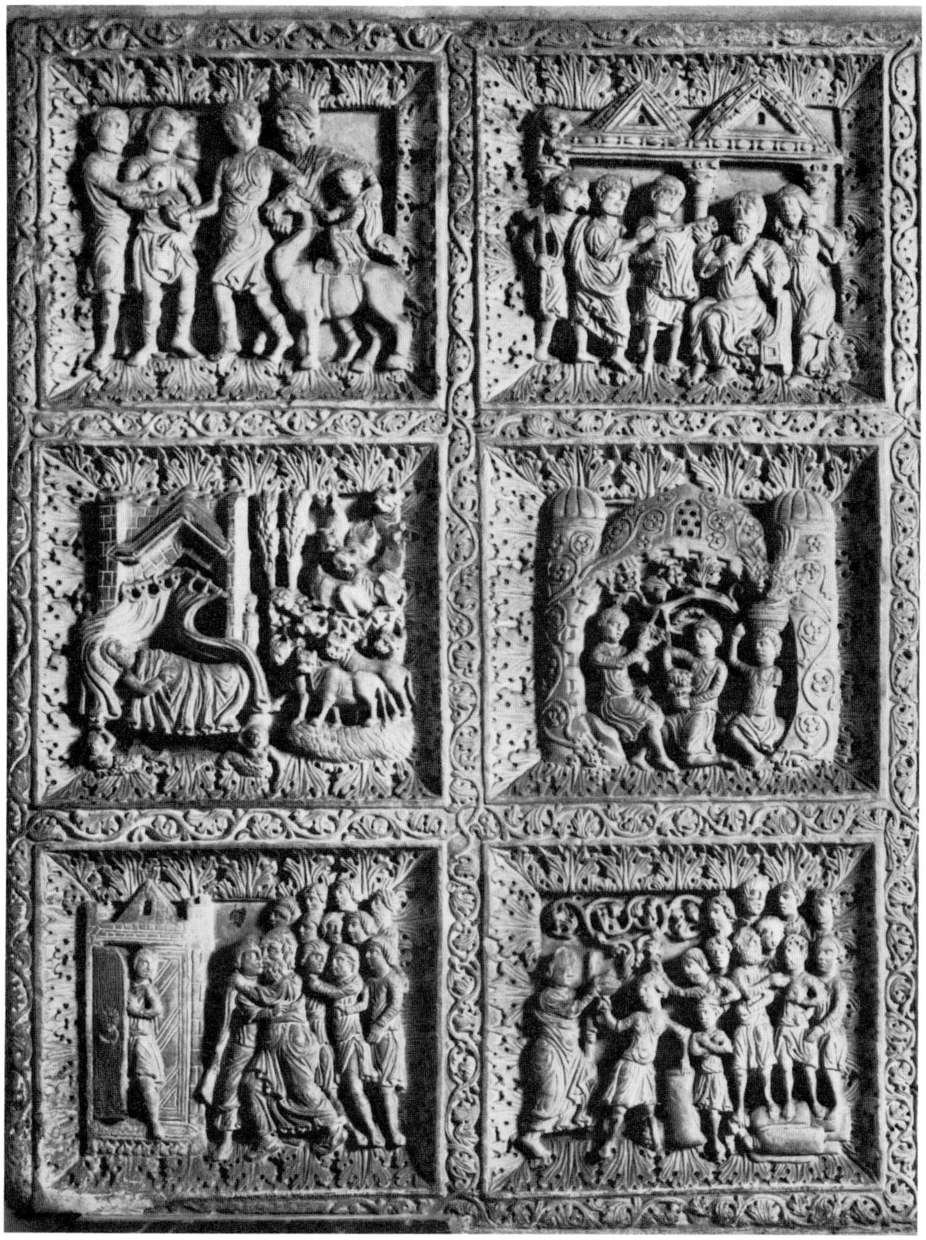

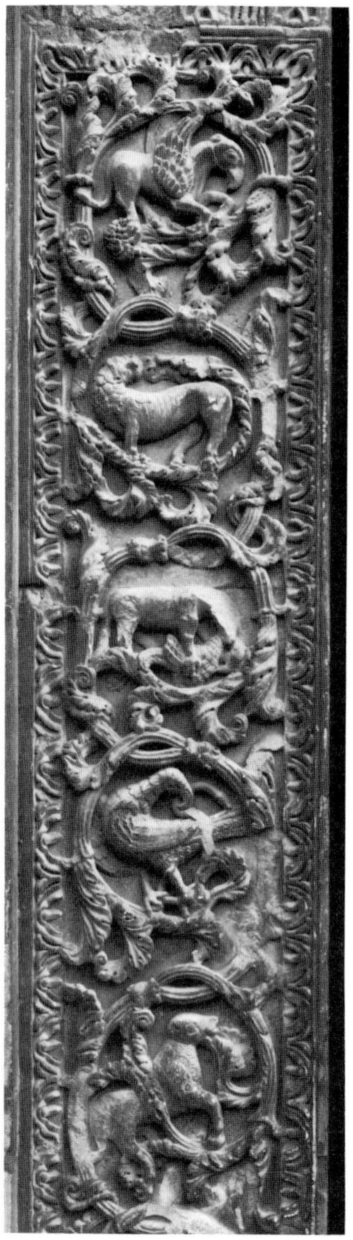

126 Detail einer Marmortafel mit Josephs-Legende. Campanien, Anfang 13. Jh. Neapel, Dom, Cappella Sta. Restituta
127 Detail vom linken Pilaster am Hauptportal des Domes in Benevent, in dem sich ehemals die Bronzetür befand. Anfang 13. Jh.

genannt werden.[123] Die Gliederung dieser Platten in kleine Bildfelder, die einzeln von aufwendigen antiken Ornamentleisten gerahmt sind – in Neapel ist es Akanthus, in Benevent der Eierstab –, ist nur ein äußerliches Vergleichsmoment; der erzählende Reliefstil mit seinen äußerst voluminösen und lebhaften Gestalten und seinen antiken Formelementen kommt jedoch den Bronzeplatten der Tür recht nahe. Vergleichbar sind ferner Archivoltenreliefs mit Szenen aus dem Leben der Apostel Petrus und Paulus an der Fassade des Domes in Sessa Aurunca.[124] Diese werden ins dritte Jahrzehnt des 13. Jahrhunderts datiert, die Marmortafeln in Neapel sind vielleicht um ein Jahrzehnt älter. Die Wiederverwendung von antiken Motiven, eine Rückbesinnung auf antikes und frühchristliches Formengut, ist für die Plastik Campaniens in dieser Zeit keine Seltenheit. Noch zahlreich vorhandene Denkmäler aus römischer Zeit boten das Vorlagenmaterial. Ein Impuls für die Verarbeitung dieser Vorbilder kam möglicherweise von Werkleuten, die zuvor mit Bau- und Ausstattungsarbeiten am Dom in Monreale beschäftigt waren und dann aus Sizilien nach Campanien zuwanderten. Sie hatten von dorther Erfahrungen im Umgang mit antiken Formen und könnten auch neue byzantinische Bildvorlagen mitgebracht haben, beides Elemente, die für die Modelleure der

Abb. 127 Beneventer Tür wichtig waren. Die Marmoreinfassung des zugehörigen Portals, des Hauptportals des Beneventer Domes, enthält ebenfalls antike Motive; sie zeigt an Pfeilern und Architrav Rankenwerk mit teilweise eingeschlossenen figürlichen Details, darüberhinaus Ornamentik aus Akanthus, Eierstab und Perlstab. Ein Meister mit Namen Rogerius hat den Skulpturenschmuck signiert,[125] der wohl im frühen 13. Jahrhundert entstanden ist, vielleicht zur Amtszeit des gleichnamigen Erzbischofs von Benevent, des Kardinals Rogerius (1171–1221). Es ist denkbar, daß im Zusammenhang mit dieser architektonischen Erneuerung des Portals auch die Bronzetür in Auftrag gegeben worden ist. Die Vergleichsbeispiele sprechen für eine Entstehung der Tür im frühen 13. Jahrhundert; eine genauere Datierung auf Grund stilistischer Kriterien ist bisher nicht gelungen.

208, 209; Abb. 124 Auch die Bischofsdarstellungen im unteren Drittel der Türe sind als historische Quelle für die zeitliche Bestimmung nicht geeignet. Mit ihrer vielfachen Wiederholung gleichartiger Einzelfiguren stehen sie formal und inhaltlich im Gegensatz zur Bilderzählung des Neuen Testaments. Als geschlossener Block wirken sie wie die Sockelzone der Bilderwand, darin vergleichbar den unteren Bildreihen der Bronzetür des Barisanus in Ravello – allerdings mit der Einschränkung, daß dort das mehrfach wiederholte Bildmotiv nicht das schlichteste der Tür, sondern ein besonders aufwendiges ist. Für die Form einer solchen Sockelzone hat es wohl einen Prototypus gegeben, vielleicht unter byzantinischen Türen. Als inhaltliche Parallelen sind die byzantinische Tür von Montecassino und die schlichte späte
Abb. 96 Tür von San Clemente a Casauria zu nennen. In beiden Fällen handelt es sich um Benediktinerklöster, deren Besitzstand auf ihren Türen festgehalten ist, in Montecassino in Form von Inschriften, in San Clemente durch architektonische Bildsymbole mit zugehörigen Ortsnamen. In Benevent ist im unteren Teil der Tür das
Abb. 123 Erzbistum dargestellt, vertreten durch den Erzbischof und die ihm unterstellten Bistümer. Die gleichartigen Bischofsfiguren sind nicht mit Personen-, sondern mit Ortsnamen bezeichnet, sie repräsentieren also das bischöfliche Amt und sind nicht mit bestimmten Trägern dieses Amtes in Verbindung zu bringen. Ohne Inschrift ist die Bildtafel mit dem Erzbischof. Obwohl auch hier das hohe Amt gemeint sein wird, liegt zusätzlich der Gedanke an ein verstecktes Stifterbild nahe, an den Erzbischof als Stifter der Bronzetür oder des ganzen Portals. Dargestellt ist er bei einer Amtshandlung, die seine Position und Machtfülle in besonderer Weise demonstriert, bei der Bischofsweihe.

Die Kirchenprovinz Benevent ist mit der großen Zahl von 24 Suffragan-Bistümern dargestellt. Anzahl und Art der Bischofssitze wechselten im Mittelalter, und sind nicht für alle Epochen sicher bekannt. Eine Zahl von 24 zu Benevent gehörenden Bistümern, allerdings mit zum Teil anderen Namen als auf der Tür verzeichnet, ist für das 11. und bis in den Beginn des 12. Jahrhunderts überliefert; dieses Datum ist für die Entstehung der Bronzetür jedoch entschieden zu früh. Für deren vermutliche Ausführung im 13. Jahrhundert, in der ersten Hälfte, fehlt eine hinreichende schriftliche Überlieferung.[126] Indessen gibt es eine Möglichkeit, die 24 Bischofsfiguren anders als in getreuer Wiedergabe eines historischen Tatbestandes zu sehen.[127] Die Zahl 24 wäre als Idealzahl zu verstehen, in Anlehnung an die 24 Ältesten der Apokalypse, in der Thronvision von der himmlischen Herrschaft (Apokalypse 5, 8–14). Wie den 24 Ältesten um den Thron Christi stellvertretend im irdischen Bereich die christliche Kirche mit dem Papst an der Spitze entsprach, so wurde diese Vorstellung hier in der Beschränkung auf das Erzbistum Benevent, mit dem Erzbischof und einer Idealzahl von 24 Bistümern, auf die Bronzetür übertragen. Im Architrav des zugehörigen Domportals ist als Zentrum und als einziges figürliches Element das Lamm dargestellt, das Symbol für den Opfertod Christi. Zwischen Christus als dem Lamm der Apokalypse, das von den 24 Ältesten verehrt wird, und den auf der Tür dargestellten Bischöfen ist ebenfalls ein inhaltlicher Zusammenhang zu sehen. Er könnte ein weiteres Indiz sein für die gemeinsame Entstehung, zumindest jedoch Auftragserteilung und Planung von Portalskulptur und Bronzetür in Benevent.

Anmerkungen

1 Nur schriftlich überliefert: Liber Pontificalis, ed. Louis Duchesne. Bd. 1. Paris 1886 S. 514, 522 Anm. 131. – R. Hiepe 1958 Katalog S. 110. – U. Götz 1971 S. 46–47. Zu den übrigen Erztüren der Peterskirche seit frühchristlicher Zeit, ebenfalls alle verloren: R. Jaeger 1930 S. 108–110, Abb. 17–18, Hiepe S. 102–110, Götz S. 23–24, 44–45.

2 Diese Tür am Südwesteingang des Endonarthex. H. Swift 1937 S. 137–147. – Karl Maria Swoboda: In den Jahren 1950 bis 1961 erschienene Werke zur byzantinischen und weiteren ostchristlichen Kunst. In: Kunstgeschichtliche Anzeigen. N.F. 5. 1961–1962 S. 37. – D.T. Rice 1959 S. 59, Taf. 81. – U. Götz 1971 S. 51–52, 411–412. Zu den justinianischen Bronzetüren des Exonarthex vgl. Anm. 37.

3 Wiesbaden, Städtisches Museum. Ernst Neeb: Zur Baugeschichte der St. Albanskirche bei Mainz. In: Mainzer Zeitschrift. 3. 1908 S. 80–81. – A. Goldschmidt 1926 S. 12 Anm. 2. – Fritz Viktor Arens: Die Kunstdenkmäler der Stadt Mainz. Teil 1: Die Kirchen St. Agnes bis Hl. Kreuz. München, Berlin 1961 (Die Kunstdenkmäler von Rheinland-Pfalz. Bd. 4,1.) S. 24. – F.J. Hassel 1975.

4 E. Panofsky 1979 S. 46–47, 159–162. – U. Götz 1971 S. 50–51. B. de Montesquiou-Fezensac 1945–1947 schloß von der Paläographie her – allerdings nur nach den Zeichnungen des 17. Jahrhunderts – auf eine spätere Entstehung, erst in der 2. Hälfte des 11. Jahrhunderts. – Der karolingische Bau besaß außerdem Türen aus Silber und den Materialkombinationen Silber und Gold sowie Silber und Elfenbein. Bernhard Bischoff: Eine Beschreibung der Basilika von Saint-Denis aus dem Jahre 799. In: Kunstchronik. 34. 1981 S. 100–102.

5 Monumenta Germaniae historica. Antiquitates. Poetae latini medii aevi. Bd. 2, hrsg. von Ernst Dümmler. Berlin 1884 S. 63. – Ermoldus Nigellus: Lobgedicht auf Kaiser Ludwig und Elegien an König Pippin. Übersetzt von Th.G. Pfund. Berlin 1856 (Die Geschichtschreiber der deutschen Vorzeit. 9. Jahrhundert. Bd. 3.) S. 72. – Peter Classen: Die Geschichte der Königspfalz Ingelheim bis zur Verpfändung an Kurpfalz 1375. In: Ingelheim am Rhein. Hrsg. von Johanne Autenrieth. Ingelheim 1964 S. 99–100. – Ingelheim als Schauplatz in der Dichtung. In: Ingelheim am Rhein. Hrsg. von François Lachenal u. Harald T. Weise. Ingelheim 1974 S. 349–353.

6 Einhard: Vita Karoli Magni. Monumenta Germaniae historica, Scriptores, Bd. 2, 1829 S. 457. – Ähnlich auch im Chronicon Moissiacense: Monumenta Germaniae historica, Scriptores, Bd. 1, 1826 S. 303: »... atque ibi (Aquis) fabricavit ecclesiam mirae magnitudinis, cuius portas et cancella fecit aerea.«

7 W. Braunfels 1965 S. 199.

8 W. Braunfels 1965 S. 196.

9 Es ist unwahrscheinlich, daß hier – wie gelegentlich zur Diskussion gestellt – die antike Tür aus Mainz, im Museum von Wiesbaden, gemeint ist, die ebenfalls zu Karl dem Großen in Beziehung gesetzt werden kann (vgl. Anm. 3).

10 Der Text der Inschrift ist in rhythmischen Hexametern abgefaßt, die als literarische Form vornehmlich aus Oberitalien bekannt sind, allerdings nur bis zum 9. Jahrhundert.

11 U. Mende 1981 Kat.-Nr. 7 (Würzburg) und 8 (Dickschied). – Das Würzburger Paar, zuletzt auf den Sakristeitüren des Domes, jetzt im Mainfränkischen Museum Würzburg und in Privatbesitz.

12 Der lateinische Text: Monumenta Germaniae historica, Scriptores, Bd. 11, 1854 S. 195; Übersetzung nach: Die Lebensbeschreibung der Bischöfe Bernward und Godehard von Hildesheim. Übersetzt von Hermann Hüffer. Berlin 1858 (Die Geschichtschreiber der deutschen Vorzeit. 11. Jahrhundert, Bd. 2–3.) S. 145. Verfasser der Vita Godehards war Wolfher.

13 Ausführlich besonders R. Wesenberg 1955 S. 87–93, der sechs Kräfte scheidet. H. Beenken 1924 S. 4; E. Panofsky 1924 S. 76–77; A. Goldschmidt 1926 S. 21–22.

14 Himmelfahrt und ungläubiger Thomas, Ende 9. Jahrhundert, Kunstsammlungen Weimar. A. Goldschmidt 1914 Nr. 45. Die Beziehung aufgedeckt von E. Panofsky 1924 S. 75.

15 Wilhelm Pinder: Die Kunst der deutschen Kaiserzeit bis zum Ende der staufischen Klassik. Leipzig 1935 S. 143.

16 Die Fragmente der Fassadenreliefs jetzt in der Schatzkammer von St. Pantaleon in Köln. – R. Wesenberg 1972 S. 22, 25–26, Kat.Nr. 5, 10.

17 Zuletzt G. Bauer 1980.

18 Cod. 18, fol. 17r. Ernst Guldan: Eva und Maria. Graz, Köln 1966 S. 13–20, 161–163, Abb. 1–5.

19 Dazu Aussagen in der Vita Bernwards, verfaßt von Thangmar: Monumenta Germaniae historica, Scriptores, Bd. 4, 1841 S. 760; Die Lebensbeschreibung der Bischöfe Bernward und Godehard (vgl. Anm. 12) S. 10–11.

20 H. Beenken 1924 S. 14–17. – H. Jantzen 1947 S. 129–130. – W. Sauerländer, Skulptur 1963 S. 34. – T. Droste 1981 S. 169–179. Die in zwei Teilen veröffentlichte Arbeit von T. Droste 1980/81 ist eine unter besonders günstigen Umständen entstandene Dissertation (Universität München 1978), parallel mit einer Restaurierung der Tür mit vollständiger Zerlegung in alle Einzelteile (1975/76). Wissenschaftliche und detaillierte technische Untersuchung konnten so einander ergänzen. Durch die Fülle der bei Droste mitgeteilten Beobachtungen kennen wir die Augsburger Tür in ihren handwerklichen Einzelheiten genauer als jede andere mittelalterliche Bronzetür.

21 Ordinariatsarchiv Augsburg, Hs. 80, Bl. 12.

22 Diese Platten sind im Format ursprünglich; sie sind nicht etwa beschnitten.

23 Händescheidung bei A. Goldschmidt 1926 S. 35–37 und bei T. Droste 1980 S. 65–76.

24 Die Tafel mit den Herrscherfiguren, entstanden im 9.–10. Jh., befindet sich in Florenz, Museo Nazionale del Bargello. A. Goldschmidt 1914 Nr. 10. – Die Teile eines Reliquiars aus dem 9. oder 10. Jh. in München, Bayerisches Nationalmuseum. A. Goldschmidt 1914 Nr. 59–62. – D. Gaborit-Chopin 1978 S. 68, Nr. 60, Abb. 63.

25 Um 1020. Ernst Günther Grimme: Der Aachener Domschatz. 2. Aufl. Düsseldorf 1973 (Aachener Kunstblätter. 42.) Kat.Nr. 23.

26 A. Goldschmidt – K. Weitzmann Bd. 1, 1930. Das dort Kat.Nr. 41 verzeichnete Exemplar in Paris, Musée de Cluny, aus dem 11. Jahrhundert, hier im Ausschnitt als Vergleichsstück abgebildet. Dazu auch D.T. Rice 1959 S. 65, Taf. 110–111.

27 Diese Annahme begründet T. Droste 1981 S. 180–185 mit den engen Beziehungen zwischen dem Kloster Tegernsee und den Augsburger Bischöfen.

28 Eine Arbeitsteilung bei Wiederholung der Form scheint in den mittelalterlichen Gießhütten üblich gewesen zu sein, denn auch an vielen Türzieher-Paaren ließen sich solche Unterschiede zwischen dem Erst- und einem schwächeren Zweitstück beobachten. U. Mende 1981 S. 187–189.

29 Zur Händescheidung vgl. Anm. 23. T. Droste versuchte, alle Reliefs und Masken-Appliken unter bestimmten Kräften aufzuteilen.

30 Bei den Deutungsversuchen sind auch andere Bereiche angesprochen worden, die im Bildschmuck hochmittelalterlicher Portale eine Rolle spielen, für diese Tür aber vielleicht noch nicht. A. Goldschmidt 1926 sah einzelne Tafeln als Monats- oder Jahreszeitendarstellungen: Der Mann mit Schild (Nr. 21,35) als Frühling oder März, der Mann mit Flasche (Nr. 1,29) als Sommer oder Juli, der Traubenesser (Nr. 26,30) als Herbst oder Oktober, die hühnerfütternde Frau (Nr. 33,34) als Winter oder Dezember; ebenso unter den schmalen Platten Aaron mit dem blühenden Stab (Nr. 7) als Frühling und die Figur mit dem runden Gegenstand (Nr. 22) als Herbst mit einer Frucht. Hermann Fillitz machte auf die Möglichkeit einer Deutung als Sternbilder aufmerksam, so für den Kentauren als Schütze und für den Löwen (Nr. 11, 13, 19, 20).

31 Hierfür ein abweichender Vorschlag von T. Droste 1981 S. 201–203: Der ein Rind schlagende Löwe (Nr. 5) sei ebenfalls doppelt vorhanden gewesen, später jedoch verloren. Dafür sei der Baum mit Bär erst später durch einen Abguß verdoppelt worden (Nr. 4 Original, Nr. 8 Abguß).

32 London, British Museum. Zusammen mit drei weiteren Tafeln von einem Kästchen mit Passionsdarstellungen. Ausstellung New York 1977 Nr. 452.

33 Marmorbalken mit Blattornamentik und Masken aus Siponto, Fragment von einem Thron. Berlin, Staatliche Museen. Wolfgang Fritz Volbach: Mittelalterliche Bildwerke aus Italien und Byzanz. 2. Aufl. Berlin, Leipzig 1930 (Staatliche Museen zu Berlin. Bildwerke des Kaiser Friedrich Museums. 1.) S. 70–71, Nr. 6670. – Ausstellung Bari 1975 Kat.Nr. 75. – Lesepult-Fragment mit Adler und menschlichem Kopf, Monte Sant'Angelo. 1041 datiert auf einem weiteren Fragmentstück. Ausstellung Bari 1975 Kat.Nr. 44. – H. Schäfer-Schuchardt 1972 S. 14–20.

34 Beispielsweise der Löwenstoff aus dem Heribertschrein, Byzanz, um 1000. Köln, Diözesanmuseum. Ausstellung Köln 1972 Nr. B 2.

35 E. Bertaux 1904 Bd. 2 S. 403–409, Bd. 5 S. 627–631 (Antonio Thiery). – C. Angelillis 1924. – G. Matthiae 1971. – U. Götz 1971 S. 405–406, 410–413, Kat.Nr. 14–19, 31, 34. – M.E. Frazer 1973. – M. Cagiano de Azevedo 1951. – M. Cagiano de Azevedo 1952. – M. Cagiano de Azevedo 1967. – B. Forlati, F. Forlati, V. Federici 1969. – Ferdinando Forlati: La Basilica di San Marco attraversi i suoi restauri. Trieste 1975 S. 170–177. – H. Bloch 1970–1971. – E. Josi, V. Federici, E. Ercadi 1967. – A. Grabar 1971. – Ausstellung Bari 1975 Kat.Nr. 58. – Zur Stifter-Familie: Adolf Hofmeister: Der Übersetzer Johannes und das Geschlecht Comitis Mauronis in Amalfi. In: Historische Vierteljahrsschrift. 27. 1932 S. 225–284, 493–508, 831–833. – Adolf Hofmeister: Maurus von Amalfi und die Elfenbeinkassette von Farfa aus dem 11. Jahrhundert. In: Quellen und Forschungen aus italienischen Archiven und Bibliotheken. 24. 1932–1933 S. 278–283.

36 Verloren sind zwei weitere Exemplare, die nach schriftlichen Nachrichten ebenfalls der Gruppe der byzantinischen Importtüren zugerechnet werden müssen: Die Tür der Martinskirche in Montecassino, 1070 durch Abt Desiderius gestiftet (U. Götz 1971 Kat.Nr. 38). Eine Nebentür der Westseite des Domes in Pisa, 1099, Stiftung des Gottfried von Bouillon (U. Götz 1971 Kat.Nr. 2).

37 Als spätmittelalterlicher Nachfolger gilt die Bronzetür des Katholikon im Kloster Vatopedi auf dem Athos (L. Bréhier 1936 S. 83–84, Taf. 50. – U. Götz 1971 S. 412. – G. Matthiae 1971 S. 59, Abb. 9). Die Türen der Hagia Sophia in Konstantinopel sind älter und von anderem Charakter. Die aus der Erbauungszeit unter Justinian stammenden Türen mit großen applizierten Kreuzen: R. Hiepe 1958 Katalog S. 116–123. – C. Bertelli, S. Liberti 1958. – Paul A. Underwood: Notes on the work of Byzantine Institute in Istanbul. In: Dumbarton Oaks Papers. 14. 1960 S. 210–213, Abb. 9–12. – U. Götz 1971 S. 43. – M.E. Frazer 1973 S. 154, 162, Abb. 15–61. – In die Zeit Justinians, ins 6. Jahrhundert, gehören auch zwei Türen der Geburtskirche in Bethlehem; in Gestalt von Metall-Transennen bilden sie die Zugange zur Geburtsgrotte: R. Jaeger 1930. – U. Götz 1971 S. 43–44. – Zu der mit reicher Rahmenornamentik geschmückten Bronzetür der Hagia Sophia in Konstantinopel von 840 vgl. Anm. 2. – Eine bedeutende byzantinische Arbeit aus dem Beginn des 11. Jahrhunderts ist die Bronzetür des Katholikon im Lawra-Kloster auf dem Athos, mit Lebensbaum-Kreuzen und Rosetten in den Füllungen: C. Bouras 1975. – U. Mende 1981 Kat.Nr. 33, Abb. 61, 300.

38 Vergrößerung und Erneuerung der Desiderius-Tür in Montecassino (von 1066) durch Abt Oderisius, 1123 (M. Cagiano de Azevedo 1951. – U. Götz 1971 S. 303–305. – M.E. Frazer 1973 S. 155 Anm. 40). Auch für die Tür des Leo da Molino an San Marco in Venedig wurde wiederholt eine Entstehung in Italien vermutet (U. Götz 1971 S. 227–228. – M.E. Frazer 1973 S. 152–154). – In Form und Konstruktion des Rahmenwerks gehen viel später noch, gegen Ende des 12. Jahrhunderts, die Türen des Bonanus von Pisa (Pisa, Monreale) auf die byzantinischen Importtüren zurück; direktes Vorbild war wohl die verlorene Tür des Domes in Pisa von 1099. In Venedig folgt mit einer gleichartigen Rahmung die mittlere äußere Narthextür dieser Tradition; ihre Flügel bestehen aus einem wiederverwendeten Gitter des 6. Jahrhunderts (vgl.

auch hier S. 19 und Abb. 4). A. Prosdocimi 1947 S. 530–531. – U. Mende 1981 S. 50–51, Kat.Nr. 58, Abb. 105–111, 338.

39 Noch in den 50er Jahren unbeachtet im Innern des Mausoleums befindlich, inzwischen am mittleren Westportal des Domes, an der Innentür. Zuerst genannt von R. Hiepe 1958 Katalog S. 224 Anm. 2. – U. Mende 1981 Kat.Nr. 47.

40 Zu den byzantinischen Importtüren vgl. S. 43–45.

41 Ernst Diez: Ein seldschukischer Türklopfer. In: Zeitschrift für bildende Kunst. N.F. 32. 1921 S. 18–20. – Museum für Islamische Kunst Berlin. Katalog 1971. Staatliche Museen Preußischer Kulturbesitz. Berlin 1971 Kat.Nr. 14, Abb. 53. – Ernst Kühnel: Drachenportale. In: Zeitschrift für Kunstwissenschaft. 4. 1950 S. 1–8 weist auf die Zusammenhänge dieses islamischen Motivs mit Drachen am mittelalterlichen Kirchenportal hin, unter Einbeziehung der Türklopfer-Drachen in Tróia.

42 Dorothy Glass: Romanesque sculpture in Campania and Sicily. A problem of method. In: The Art Bulletin. 56. 1974 S. 318, 320 Abb. 1, 2, 6. – John Tavenor Perry: The ambons of Ravello and Salerno. In: Burlington Magazine. 9. 1906 S. 398–399, Abb. 4. – Pierre Fabre: Jonas et les ambons de la Campanie. In: Mélanges d'archéologie et d'histoire. 42. 1925 S. 125–133.

43 Demetrio Salazaro: Studi sui monumenti dell'Italia meridionale dal IV al XII secolo. Napoli 1871–1877 Bd. 1 S. 54–55, Bd. 2 Taf. 13. Die hierfür zugrundeliegende Zeichnung inzwischen verschollen. E. Bertaux 1904 S. 417. – U. Götz 1971 S. 239–242 Kat.Nr. 21. – U. Mende 1981 Kat.Nr. 55. Die Signatur lautet: MAGISTER ODERISIUS FECIT HAS PORTAS.

44 Ihre Reste sollen bei der Restaurierung der Domtür in Benevent 1693 für den Materialbedarf mit verwandt, also eingeschmolzen worden sein; das ist jedoch nicht sicher zu belegen (L. R. Cielo 1975 S. 356). Zu dieser Tür: A. Meomartini 1889 S. 438–439. – A. Meomartini 1903. – E. Bertaux 1904 S. 417. – U. Götz 1971 S. 363–364 Kat.Nr. 39.

45 Umberto Scerrato: Su alcuni sarcofaghi con leoni. In: Archeologia classica. 4. 1952 S. 259–273, Taf. 60–67.

46 Der Sarkophag geschaffen für Roger II. (gest. 1154). Josef Deér: The dynastic porphyry tombs of the Norman period in Sicily. Cambridge, Mass. 1959 (Dumbarton Oaks Studies. 5.) S. 51–52, Abb. 25–27, 31–32. – Die Entstehungszeit des Osterleuchters ist zwischen der Mitte des 12. und dem 13. Jahrhundert umstritten; für den Fuß mit den Löwen bedeutet die Beziehung zu den Löwenköpfen der Bronzetür einen neuen Anhaltspunkt. Lorenza Cochetti Pratesi: Il candelabro pasquale della Cappella Palatina. In: Scritti di storia dell'arte in onore di Mario Salmi. Roma 1961 Bd. 1 S. 291–304. – Josef Deér 1959 (s. o.) S. 104–105, 157–159. – Roberto Salvini 1962 S. 59–75, Abb. 31–39. – Piero Sanpaolesi: Il Duomo di Pisa e l'architettura romanica toscana delle origini. Pisa 1975 S. 262–263.

47 Hans Wentzel: Antiken-Imitationen des 12. und 13. Jahrhunderts in Italien. In: Zeitschrift für Kunstwissenschaft. 9. 1955 S. 29–72, besonders S. 47–69. – Dorothy Glass: Romanesque sculpture in Campania and Sicily. A problem of method. In: The Art Bulletin. 56. 1974 S. 315–324.

48 Schriftlich überliefert sind Nachrichten von zwei Glocken, die eine als Stiftung Rogers II. von 1136 im Dom von Palermo, die andere von 1160 in San Leonardo in Messina (Gioacchino di Marzo: Delle belle arti in Sicilia dai Normanni alla fine del secolo XIV. Bd. 2. Palermo 1859 S. 277–278). Für die Türen des Domes in Monreale 1185 mußten auswärtige Meister herangezogen werden: Bonanus von Pisa und Barisanus von Trani.

49 Inschrift von 1178. Darin wird mitgeteilt, daß 40 Jahre zuvor die Kirche wiederhergestellt und erweitert worden ist. Arthur Kingsley Porter: Lombard architecture. Bd. 3. New Haven, London, Oxford 1917 S. 525.

50 W. Neumann 1979 S. 59–117, insbesondere S. 96–97, wobei als Vergleichsstück vor allem die Modeneser Plastik der Veritas mit Fraus dient. – U. Mende 1981 S. 52, Kat.Nr. 59 anhand des Kopftypus.

51 Die Prudentia-Figur in Baltimore, The Walters Art Gallery, wird bisher 1170–1180 datiert, ist sicherlich jedoch früher entstanden. Ausstellung New York 1970 Kat.Nr. 129. – Die Tragefigur ehem. Sammlung Robert von Hirsch, Basel, soll aus dem Veneto stammen. Mit 32 cm Höhe ist sie etwas größer als die Figuren der Bronzetür. Der Name wird auch LAGER(INUS) ergänzt. A. Boeckler 1931 S. 37, Abb. 3. – Sotheby's, London. The Robert von Hirsch Collection. Vol. 2. Works of art. 22. 6. 1978 Nr. 208.

52 P. Bloch 1962. – Ausstellung Lilienfeld 1976 Kat.Nr. 323 (Floridus Röhrig).

53 O. von Falke 1932. – Erwerbungen. Stiftung zur Förderung der Hamburgischen Kunstsammlungen. 3. 1958 S. 28–29 (Erich Meyer). – E. Meyer 1960 S. 8, 63, Abb. 9. Im 19. Jahrhundert in Koblenz befindlich, was keinen Aufschluß zur Lokalisierung gibt.

54 Leuchterpaar in Braunschweig, Herzog Anton Ulrich Museum, 1825 aus der Stiftskirche Gandersheim. O. von Falke u. E. Meyer 1935 Nr. 30, Abb. 31. – P. Bloch 1962 S. 169. – Bodo Hedergott: Kunst des Mittelalters. Braunschweig 1971 (Bilderhefte des Herzog Anton Ulrich Museums. 1.) S. 11, Abb. 14–15. – Eine ältere Stufe vertritt ein Leuchter des Bayerischen Nationalmuseums in München, Fund aus Elsenfeld/Unterfranken. O. von Falke u. E. Meyer 1935 Nr. 15, Abb. 16. – Im Rankenwerk den Gandersheimer Leuchtern nah verwandt ein Löwenkopf-Türzieher im Schnütgen-Museum Köln, aus Lippoldsberg/Kreis Hofgeismar. O. von Falke 1932. – U. Mende 1981 Kat.Nr. 82, Abb. 157–159.

55 Für den Figurenstil lassen sich keine deutschen Vorbilder nennen; die oftmals – und zu Unrecht – erfolgten Vergleiche mit den Reliefs der Hildesheimer Bronzetür haben immer die großen Unterschiede deutlich gemacht. – Vergleichbare Elemente im Rahmenwerk der Holztür von St. Maria im Kapitol in Köln (Wellenranke, Flechtwerk, jeweils längsgerippt, größtenteils durchbrochen gearbeitet; vgl. R. Wesenberg 1972 Abb. 38–48) besagen nur soviel, daß hinter beiden Türen gemeinsame Vorstufen zu vermuten sind, wohl Kirchentüren der frühchristlichen Zeit, deren Gliederungselemente hier fortleben. – Dagegen deutet auf eine tatsächliche Verwandtschaft zwischen Bronzearbeiten hin, daß die spezielle Form der Rankenornamentik auf der Tür von Verona im Elsenfelder Leuchter (vgl. Anm. 54) eine Vorstufe nördlich der Alpen hat. Ebenso scheint der Löwenkopf-Typus des Türziehers und der Rahmenwerk-Masken dort beheimatet zu sein; er hängt mit dem Türzieher aus Lippoldsberg (vgl. Anm. 54) und vielen Stücken aus dessen Umkreis zusammen, ist andererseits in Italien sonst nicht nachweisbar.

56 Erneut dargestellt von M. Gosebruch 1975 S. 118, 124–126 und W. Neumann 1979 S. 193–198, und zwar im Zusammenhang gesehen mit der Bauplastik der Abteikirche Königslutter.

57 Davon abweichend existieren allerdings auch zwei Leistenstücke besonderer Qualität: Ein reliefiertes Ranken- oder Bandgeflecht ohne Binnenzeichnung rechts von der Herodias-Platte (Nr. 21) und links von dieser Platte ein außerordentlich fein modelliertes Rosettenmuster. (Vgl. Tafel 59)

58 Zu dieser Tür vgl. Seite 22 mit Anm. 4.

59 Suger: Liber de rebus in administratione sua gestis, cap. XXVII. E. Panofsky 1979 S. 46–49, 158–159, 164–165. – U. Götz 1971 S. 78–82.

60 Enthalten in einem Reiseskizzenbuch Scamozzis in Vicenza, Museo Civico, Ms. C. 42, fol. lv. Franco Barbieri: Vincenzo Scamozzi, studioso ed artista. In: Critica d'arte. 8. 1950 S. 229 Anm. 20, Abb. 171. – Franco Barbieri: Un architetto italiano del '500 alla scoperta del Gotico. 1. In: Palladio. 4. 1954 S. 159–160 Anm. 25. – Johann Eckart von Borries: Die Westportale der Abteikirche von Saint-Denis. Phil. Diss. Hamburg 1957 (Maschinenschr.) S. 5, 200–201 Anm. 12.

61 E. Panofsky 1979 S. 46–49. In deutscher Übersetzung nach Hans Sedlmayr: Die Entstehung der Kathedrale. Zürich 1950 S. 240.

62 E. Panofsky 1979 S. 46: Valvas siquidem principales, accitis fusoribus et electis sculptoribus ... (... von herbeigerufenen Gießern und ausgewählten Bildhauern ...).

63 Deutsche Literaturzeitung. 54. 1933 Sp. 844 (Besprechung zu A. Goldschmidt 1932).

64 Es gibt zwei Platten mit einzelnen männlichen Figuren, die wegen ihrer unspezifischen Attribute (Buch, Schriftrolle) nicht bestimmt werden können (Bildfeld Nr. 7 und 27). Ihrem Kostüm nach könnte es sich – wie bei den Bischofs- und Meisterdarstellungen – ebenfalls um historische Personen handeln, und zwar aus dem Laienstand, als weitere Stifter oder Meister. Die Figur aus Bildfeld Nr. 7 (mit Buch) ist fast identisch gekleidet wie Meister Riquin. – Zu vergleichen ist dagegen die als Bildhauer gekennzeichnete Meister-Darstellung der Bronzetür von Verona (Bildfeld G).

65 Max Hasak: Zur Geschichte der deutschen Bildwerke des 13. Jahrhunderts. In: Zeitschrift für christliche Kunst. 19. 1906 Sp. 370–371 m. Abb. – E. Panofsky 1924 S. 92–93, Taf. 23a, 24. – F. Steigerwald 1970. – M. Gosebruch 1975 S. 111, 116–117, 122, Abb. 24–25. – K. Bauch 1976 S. 28, Abb. 26, 28. – R. Budde 1979 S. 101, Taf. 254 links. – A. Legner 1982 S. 68–69, 178, Abb. 29, Taf. 291 rechts, 292.

66 M. Gosebruch 1975. – W. Neumann 1978.

67 Max Hasak: Zur Geschichte der deutschen Bildwerke des 13. Jahrhunderts. In: Zeitschrift für christliche Kunst. 19. 1906 Sp. 373–376 m. Abb. – E. Panofsky 1924 S. 93, Taf. 23b. – D. Schubert 1974 S. 74–75, 258, Abb. 28.– R. Budde 1979 S. 101, Taf. 254 rechts – 255.

68 E. Panofsky 1924 S. 95–96, Taf. 27–28. – R. Budde 1979 S. 55, Taf. 88–89.

69 Moritzburg-Museum, aus dem Rathaus in Halle; Pfarrkirche St. Stephani in Helmstedt; Klosterkirche Lüne; ehem. Klosterkirche Hadmersleben. U. Mende 1981 Kat. Nr. 79, 84, 83, 81.

70 Inv.Nr. H. 978. O.v. Falke u. E. Meyer 1935 Nr. 378, Abb. 356. – E. Meyer 1959 S. 25.

71 Magdeburg, Dienststelle der Deutschen Akademie der Wissenschaften. 2. Hälfte des 12. Jahrhunderts. E. Nickel 1964.

72 Eine neue Interpretation der Vorgänge durch Andrzej Poppe: Die Magdeburger Frage. Versuch einer Neubewertung. In: Europa slavica – Europa orientalis. Festschrift für Herbert Ludat. Gießen 1980 S. 297–340. Ältere Literatur zur Person Wichmanns: Willy Hoppe: Erzbischof Wichmann von Magdeburg. In: Geschichtsblätter für Stadt und Land Magdeburg. 43. 1908 S. 134–294. – Henry Simonsfeld: Jahrbücher des Deutschen Reiches unter Friedrich I. Bd. 1. 1152–1158. Leipzig 1908, besonders S. 122–125, 186, 215–216. – Dietrich Claude: Geschichte des Erzbistums Magdeburg bis in das 12. Jahrhundert. Bd. 2. Köln 1975 S. 71–175.

73 Höhe 13 cm, damit etwas kleiner als die Figuren auf der Tür. K. Askanas 1971 S. 22–23, Abb. 22. – Sztuka polska 1971 S. 744, Abb. 1165.

74 Seit 1940 verschollen. Entstanden vielleicht erst um 1170/80. Sztuka polska 1971 S. 682, Abb. 1166. – U. Mende 1981 S. 64–65, Kat.Nr. 80, Abb. 148–149.

75 A.V. Poppe 1976 und 1981.

76 Vergleichbare Ikonen: Konrad Onasch: Ikonen. Berlin 1961 S. 380, 394–395, Taf. 75 u. 118. Fragment vom Georgs-Relief des Meisters Jermolin, Moskau 1464: Geschichte der russischen Kunst. Bd. 3. Dresden 1959 S. 384, Abb. 293.

77 Zwei Vergleichsbeispiele mit großem zeitlichen Abstand: Die Tür der Sammlung Lichačev in Leningrad, Staatliches Russisches Museum, entstanden in Novgorod im 14. Jh., speziell hier die Ornamentik der Türschlußleiste (A. Goldschmidt 1932 Textabb. 2a. – V.N. Lazarev 1953 S. 437–441, Abb. 32–33). Die Rahmenleisten am geschnitzten Thron Ivans IV., 1551, Uspenskij-Kathedrale im Moskauer Kreml (A.A. Gončarova und N.V. Gordeev: Moskovskij Kreml'. Moskva 1965 Abb. 38–40).

78 F. Adelung 1823 S. 103, 131–142, Taf. 9. – A. Goldschmidt 1932 S. 7. – R. Hiepe 1958 Katalog S. 162–167. – U. Mende 1981 S. 38–39, Kat.Nr. 43, Abb. 71.

79 Zu den Türen in Suzdal', West- und Südportal der Kathedrale: A.N. Ovčinnikov 1978. – J. Blankoff 1979.

80 A. Goldschmidt 1932 S. 7. – V.N. Lazarev 1953. – G.N. Bočarov u. V.P. Vygolov: Aleksandrovskaja Sloboda. Moskva 1970 S. 17–20, Taf. 1–26. – U. Mende 1981 S. 39–40, Kat.Nr. 45.

81 J. St. Pasierb 1980. Zuvor Untersuchung der Tür als Ausdruck des Nationalbewußtseins durch A. Gieysztor und der Bildfelder in ihrem Verhältnis zum Legendentext durch J. Karwasińska, beide in: Drzwi gnieźnieńskie 1956. Die drei frühen Legendenfassungen: Monumenta Germaniae historica, Scriptores, Bd. 4, 1841 S. 581–595, 596–612; Bd. 15, 1888 S. 705–708. In deutscher Übersetzung: Das Leben des Bischofs Adalbert von Prag. Übersetzt von Hermann Hüffer. 2. Aufl., neu bearb. u. vermehrt von Wilhelm Wattenbach. Leipzig 1891 (Die Geschichtschreiber der deutschen Vorzeit. 10. Jahrhundert. Bd. 7.).

82 Wo sonst das Zusammenfügen von Einzelteilen möglichst unsichtbar bleiben sollte, geschah das durch geschicktes Kaschieren, etwa mit Hilfe der Rahmenleisten bei den Türen in Canosa und Palermo oder mit Hilfe der unsichtbaren Verklammerung bei den Löwenköpfen der Bronzetür in Mainz. Lediglich für die kleine Maske auf dem linken Türflügel in Canosa könnte eventuell Lötung vorliegen. – In den handwerkstechnischen Unterweisungen des Theophilus aus dem frühen 12. Jahrhundert ist von Anlöten, von Reparatur durch Löten beim monumentalen Gußstück – beim Glockenguß (Kupfer-Zinn-Legierung) – nicht die Rede, wohl aber vom Löten, Angießen, Nachgießen bei Herstellung des gegossenen Rauchfasses (Kupfer-Zink-Legierung). Theophilus, hrsg. W. Theobald 1933 S. 120, 350–351, 433.

83 T. Dziekoński und K. Wesołowski, in: Drzwi gnieźnieńskie 1956.

84 Zuerst durch M. Morelowski 1935, dann M. Morelowski, in: Drzwi gnieźnieńskie 1956. Der Stand der Forschung zuletzt bei P. Skubiszewski 1981 S. 39–46.

85 Dialoge Gregors d. Gr., 3. Viertel 12. Jahrhundert. Brüssel, Bibliothèque Royale Ms 9916–9917. Ausstellung Köln 1972 Nr. J 20 (Jacques Stiennon). – Schrein des heiligen Hadelinus in Visé, St. Martin. Langseiten-Reliefs wohl 40er Jahre 12. Jahrhundert. Ausstellung Köln 1972 Nr. G 4; Bd. 2, 1973 S. 196 (D. Kötzsche). – Nachzeichnung der Emails vom Retabel des heiligen Remaklus, ehemals Stavelot, um 1150. Ausstellung Köln 1972 Nr. G 10a; Bd. 2, 1973 S. 199–201, Abb. 5 (D. Kötzsche). – Kreuzreliquiar aus Stavelot, um 1154–1158. New York, Pierpont Morgan Library. Ausstellung Köln 1972. Bd. 2, 1973 S. 201, Abb. 9. – Zum Samson-Portal in Nivelles, St. Gertrud: Lisbeth Tollenaere: La sculpture sur pierre de l'ancien diocèse de Liège à l'époque romane. Louvain 1957. – Stiennon 1961, S. 470–471, Abb. 4, 7, 10.

86 Köln-Deutz, Pfarrkirche St. Heribert. Ausstellung Köln 1972 Nr. H 17; Bd. 2, 1973 S. 221, Abb. 51 (D. Kötzsche). – A. Legner 1982 S. 189–190, Taf. 402, Abb. 2.

87 Auf die Ähnlichkeit hat Florentine Mütherich hingewiesen: Die Ornamentik der rheinischen Goldschmiedekunst in der Stauferzeit. Phil. Diss. Berlin. Würzburg 1941 S. 13–14.

88 Chantilly, Musée Condé Ms 1632–1633. Andere Handschriften, die mit ihrer Initial-Ornamentik immer wieder zum Vergleich herangezogen wurden, sind folgende: Brüssel, Bibliothèque Royale Ms II, 1015, Homilien des Johannes Chrysostomus; Brüssel, Bibliothèque Royale Ms 104–105, Sammelhandschrift von 1137; Płock, Biblioteka Seminarium Duchownego Ms 40 (verloren), Lektionar aus dem 3. Viertel des 12. Jahrhunderts; Płock, Biblioteka Seminarium Duchownego Ms 140, Perikopenbuch, 2. Hälfte 12. Jahrhundert.

89 J. Stiennon 1961. – P. Skubiszewski 1981. – Ausstellung Köln 1972, Bd. 2, 1973 S. 353 (Anton von Euw). – I. J. Daniec 1966 S. 24–29, 46–55.

90 Dazu vgl. Seite 99.

91 Zeitweise wurde eine solche Verwandtschaft zum monumentalen Leuchterfuß im Prager Dom gesehen, die jedoch nicht zutrifft. Ausstellung Stuttgart 1977 Nr. 645.

92 Zu diesen Türen vgl. Seite 43–45.

93 Damit haben sich vor allem beschäftigt U. Götz 1971 S. 243–260, zuletzt D. A. Walsh 1982.

94 Vgl. M. E. Frazer 1973.

95 U. Mende 1981 S. 182–189.

96 Die formalen und ikonographischen Quellen hat ausführlich A. Boeckler 1953 untersucht, neuerdings wiederum D. A. Walsh 1974.

97 Rom, San Paolo fuori le mura, in Konstantinopel geschaffen als Stiftung des Pantaleone aus Amalfi 1070, signiert von Staurakios von Chios. E. Josi, V. Federici, E. Ercadi 1967. – H. Bloch 1970–1971. – U. Götz 1971 S. 202–211 Kat.Nr. 16. – G. Matthiae 1971 S. 73–82, Abb. 16–48. – M. E. Frazer 1973 S. 155–158, Abb. 17–18.

98 London, Victoria & Albert Museum, Inv.Nr. A 4–1910. D. T. Rice 1959 S. 61, Taf. 92. – A. Goldschmidt u. K. Weitzmann Bd. 2, 1934 Nr. 149.

99 London, Victoria & Albert Museum, Inv.Nr. A 1–1927. Durch die Inschrift in die Zeit zwischen 1078 und 1081 zu datieren. D. T. Rice 1959 S. 74, Taf. 150.

100 A. Boeckler 1953 S. 64–65. Das dort genannte Vergleichsbeispiel: Seldschukischer Stoff des 11.–12. Jahrhunderts, London, Victoria & Albert Museum. – Auf einen wesentlichen Unterschied bei den Löwen ist jedoch hinzuweisen: Für orientalische, auch byzantinische Stoffe typisch ist das in Vorderansicht wiedergegebene, stilisierte Tiergesicht; die Löwen der Barisanus-Platte, zusammen mit den Türzieher-Löwenköpfen dieser Tür, gehören einem anderen Typus an, der antike Form in der Überlieferung durch byzantinische Plastik bewahrt.

101 A. Boeckler 1953 S. 66 meinte eine besondere Rolle der Buchmalerei als Quelle nicht nachweisen zu können, was sich aber wohl mehr auf die figürlichen Darstellungen bezog. – Zu der hier als Vergleich dienenden Kreisranke in der byzantinischen Handschrift des 12. Jahrhunderts (Symeon Metaphrastes), London, British Library, Add. Ms. 11870: M. Alison Frantz: Byzantine illuminated ornament. In: The Art Bulletin. 16. 1934 S. 56, Taf. 10, 2–4.

102 Mit Stifterinschrift des Abtes Joel, der um 1191 (wohl ab 1182) amtierte. U. Götz 1971 S. 316–323 Kat.Nr. 33. – Mario Moretti: Architettura medioevale in Abruzzo dal VI al XVI secolo. Roma 1971 S. 22–23, Abb. 6–7. – U. Mende 1981 S. 37, Kat.Nr. 41, Abb. 70. – Von den Türfeldern sind jeweils zwei in folgende Museen gelangt: Berlin, Kaiser Friedrich Museum, Inv.Nr. 2990 und 2991; Wolfgang Fritz Volbach: Mittelalterliche Bildwerke aus Italien und Byzanz. 2. Aufl. Berlin, Leipzig 1930 (Staatliche Museen zu Berlin. Die Bildwerke des Kaiser Friedrich Museums. Bd. 1.) S. 155–156. – Baltimore, The Walters Art Gallery, Inv.Nr. 54. 1057 und 54. 1058; Ausstellung New York 1970 Nr. 130.

103 Die überlieferte Inschrift nach Piero Sanpaolesi: Il Duomo di Pisa e l'architettura romanica toscana delle origini. Pisa 1975 S. 245: Janua perficitur vario constructa decore / Ex quo virgineum Christus descendit in alvum / Anno MCLXXX ego Bonannus pisanus mea arte / Hanc portam uno anno perfeci tempore domini / Benedicti operarii istius ecclesie. – Zu dieser Tür auch A. Boeckler 1953 S. 9. – H. M. von Erffa 1965–1966 S. 55–56, 61. – U. Götz 1971 S. 365–366 Kat.Nr. 40.

104 Ein älteres Beispiel ist die Holztür von St. Maria im Kapitol in Köln, mit ihrem mehrfach rhythmischen Wechsel der Bildfelder (um 1050). R. Wesenberg 1972 S. 27–47, Abb. 38–98.

105 Zu diesen Türen s. S. 43–45 mit Anm. 35–36.

106 A. Boeckler 1953 S. 35–36. – H. M. von Erffa 1965–1966 S. 55–56. – U. Götz 1971 S. 69–70 Kat.Nr. 2.

107 R. P. Bergman 1980 Abb. 20 (Szene der Heimsuchung).

108 So in der byzantinischen Handschrift der Bibliothèque Nationale in Paris, Ms 74 (Gabriel Millet: Recherches sur l'iconographie de l'évangile aux XIVe, XVe e XVIe siècles. 2. Ed. Paris 1960 Abb. 100) und dem Geburtsbild der Mosaiken in Palermo, Cappella Palatina (Otto Demus: The mosaics of Norman Sicily. London 1949 Taf. 17).

109 A. Goldschmidt u. K. Weitzmann Bd. 1, 1930 Nr. 86.

110 Florenz, Museo Nazionale del Bargello. A. Goldschmidt u. K. Weitzmann Bd. 2, 1934 Nr. 58. – D. T. Rice 1959 S. 66, Taf. 114.

111 Der hier – unter vielen möglichen Exemplaren – zum Vergleich herangezogene Sarkophag der Zeit um 270 n. Chr. befindet sich in Rom, Santa Maria Antiqua (W. F. Volbach 1958, S. 43, Taf. 4–5). Vgl. auch den weiter unten (Anm. 116) genannten Sarkophag in Pisa. – Auch für die Komposition des Bildfeldes Nr. 6 mit dem Sündenfall als einer Nebenszene, in kleinerem Format, gibt es Vergleichbares in der Sarkophag-

plastik: Unterhalb der Himmelfahrt des Elias – einer Präfiguration der Himmelfahrt Christi – die kleinen Figuren des Sündenfalls auf der Schmalseite eines Sarkophags vom ausgehenden 4. Jahrhundert in Mailand, Sant'Ambrogio (W. F. Volbach 1958 S. 54, Taf. 46).

112 W. Biehl 1926 S. 39, Taf. 45. – Piero Sanpaolesi: Il Duomo di Pisa e l'architettura romanica toscana delle origini. Pisa 1975 S. 260–262, Taf. 102–103.

113 Seit 1311 im Dom von Cagliari. W. Biehl 1926 S. 41–49, Taf. 47–52.

114 Giorgio Vasari: Die Lebensbeschreibungen der berühmtesten Architekten, Bildhauer und Maler. Deutsch hrsg. von A. Gottschewski u. G. Gronau. Bd. 1,1. Straßburg 1916 S. 64–66.

115 R. Salvini 1962.

116 Sarkophag mit Bacchus und Ariadne. Pisa, Camposanto, Inv.Nr. XVI. R. Papini: Catalogo delle cose d'antichità e d'arte di Pisa. Bd. 2. Roma 1914 S. 42. – A. Boeckler 1953 S. 38, Abb. 14. – V. Martinelli 1946–1948 S. 283, Abb. 9.

117 I. Falk u. J. Lanyi 1943 S. 134–135, Abb. 3–4. – A.F. Moskowitz 1983.

118 Zu Oderisius vgl. hier die Bronzetüren in Tróia.

119 Otto Demus: The mosaics of Norman Sicily. London 1949 S. 91–177, 271–294, 418–436, Taf. 59–111. – Ernst Kitzinger: The mosaics of Monreale. Palermo 1960. – Zum Elfenbein-Zyklus in Salerno, Museo del Duomo, entstanden um 1084 in Amalfi: R. P. Bergman 1980.

120 Deckel eines Elfenbeinkästchens mit Darstellung der Himmelfahrt Christi, 11. Jahrhundert. Stuttgart, Württembergisches Landesmuseum. A. Goldschmidt u. K. Weitzmann Bd. 2, 1934 Nr. 24. – D. T. Rice 1959 S. 73, Taf. 147.

121 Franz Josef Hassel: Der Trajansbogen in Benevent. Mainz 1966.

122 Leningrad, Ermitage. In Italien, um 450 entstanden. D. Gaborit-Chopin 1978 S. 25, Kat.Nr. 15, Abb. 18. – D. T. Rice 1959 S. 42–43, Taf. 36.

123 E. Bertaux 1904 S. 775–778, Taf. 34. – G. H. Crichton 1954 S. 139–141, Taf. 86. – V. Pace 1980 S. 316–317, Abb. 27.

124 Dorothy Glass: The archivolt sculpture at Sessa Aurunca. In: The Art Bulletin. 52. 1970 S. 119–131. – V. Pace 1980 S. 315–316, Abb. 25.

125 Adolfo Venturi: Storia dell'arte italiana. Bd. 3. Milano 1904 S. 684–686. – V. Pace 1980 S. 318, Abb. 29–30.

126 G. Marra 1959.

127 Kathrin Hoffmann-Curtius: Das Programm der Fontana Maggiore in Perugia. Düsseldorf 1968 (Bonner Beiträge zur Kunstwissenschaft. 10.) S. 66–68.

Die Tafeln

1, 2 Aachen, Dom, sogenannte Wolfstür der Westvorhalle. Gesamtansicht und Detail vom rechten Flügel.
Aachen, um 800
3 Aachen, Dom, Tür der Karlskapelle.
Aachen, um 800

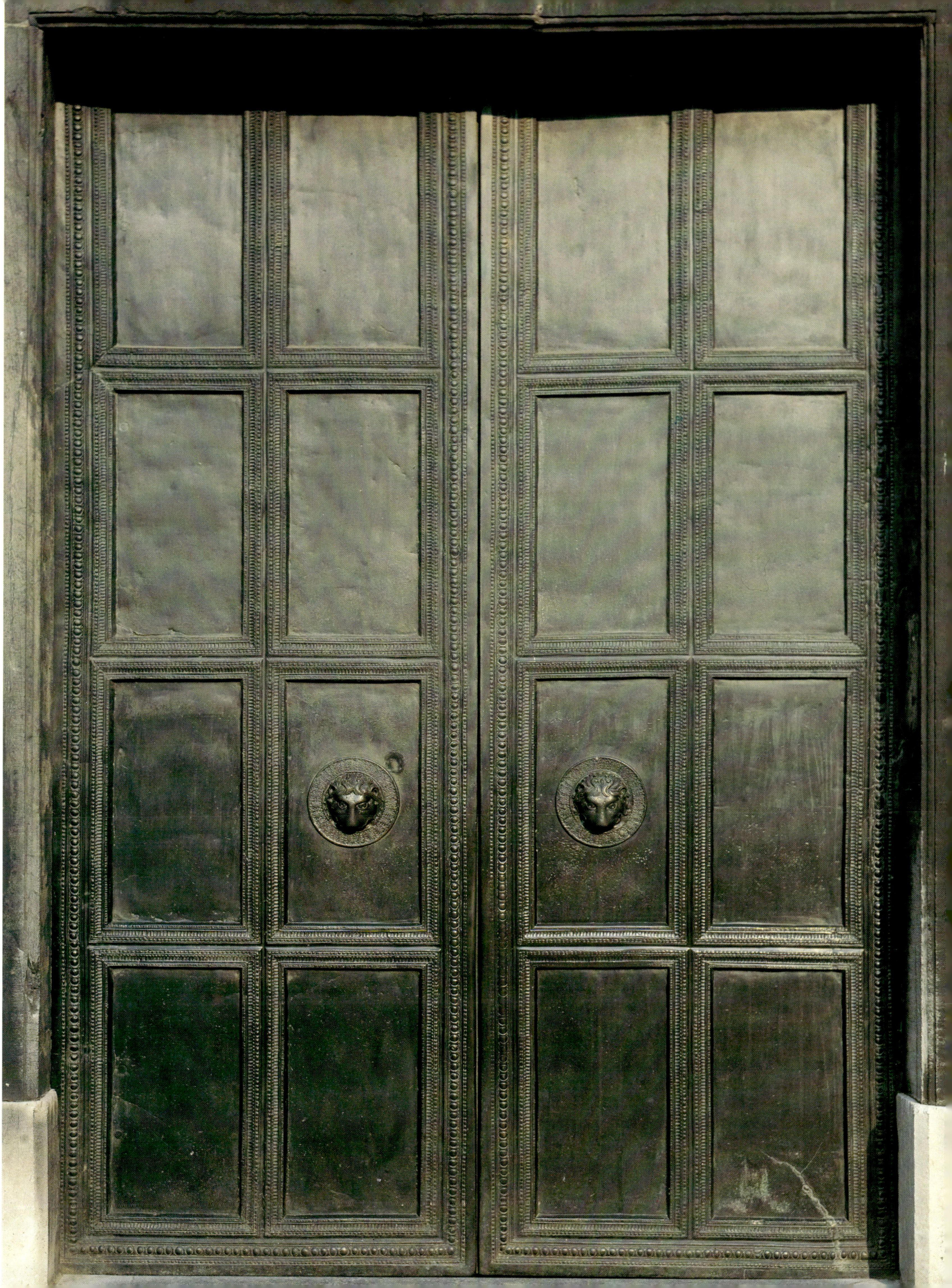

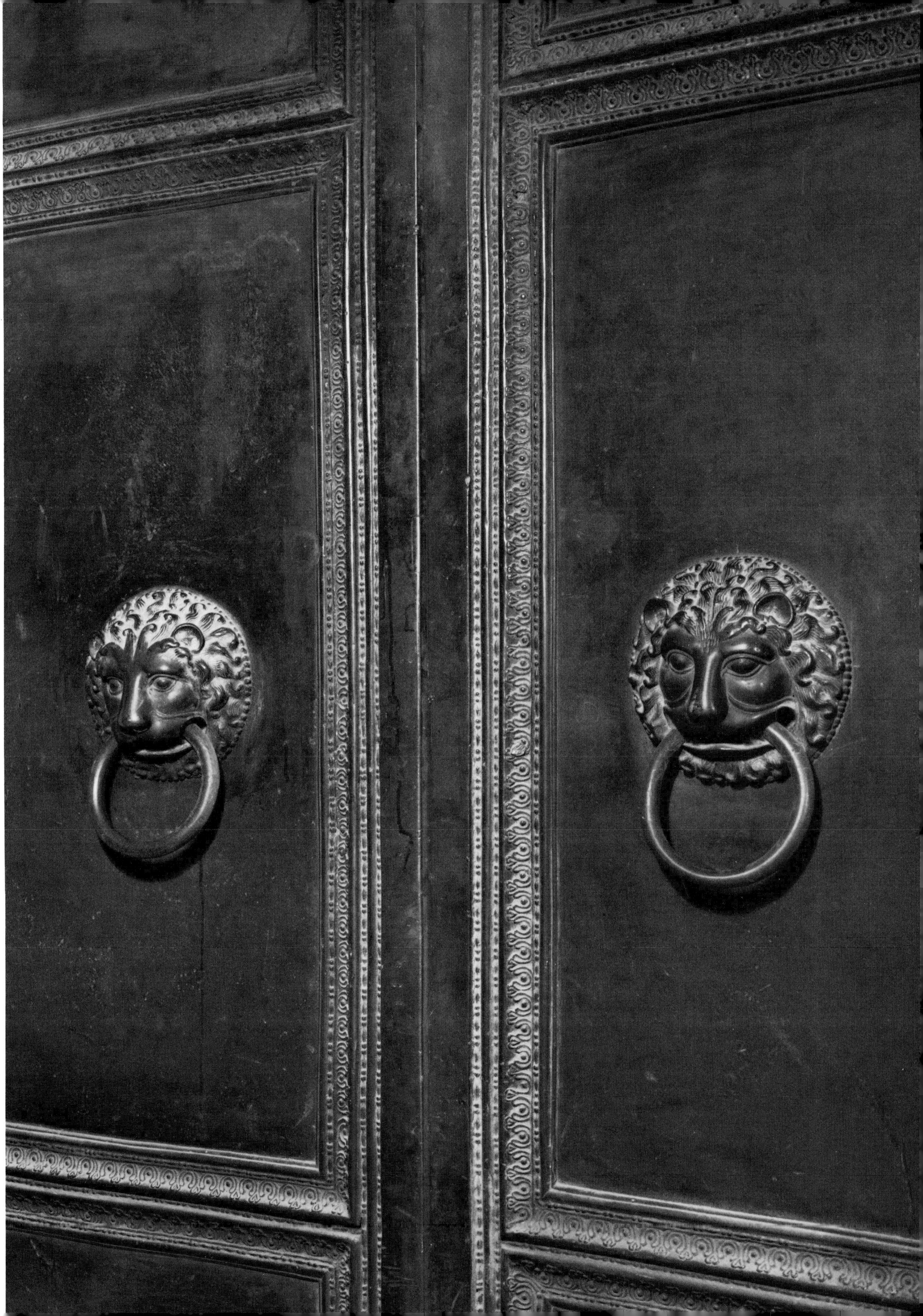

◁ 2
3

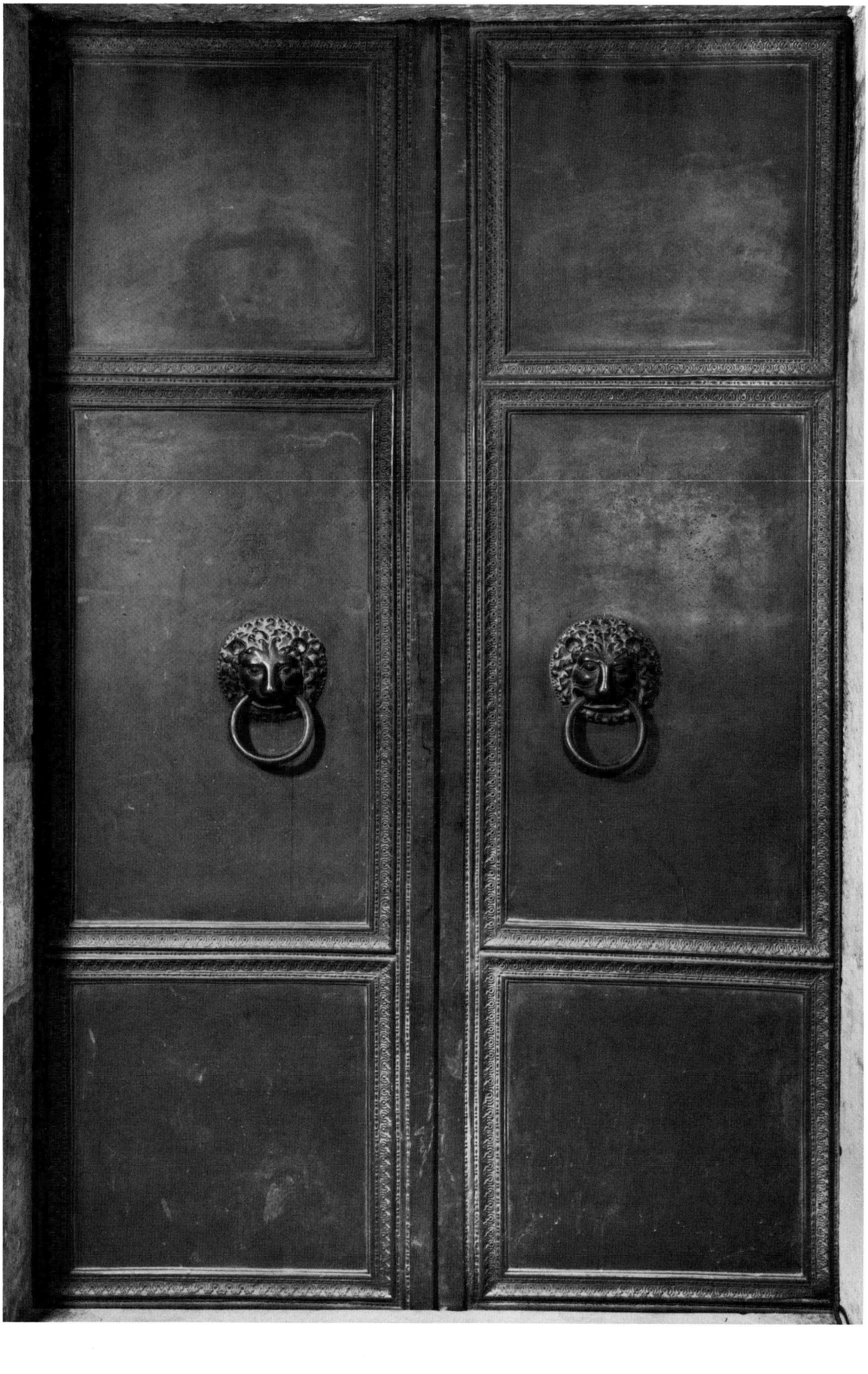

4 Aachen, Dom, Tür der Karlskapelle. Aachen, um 800

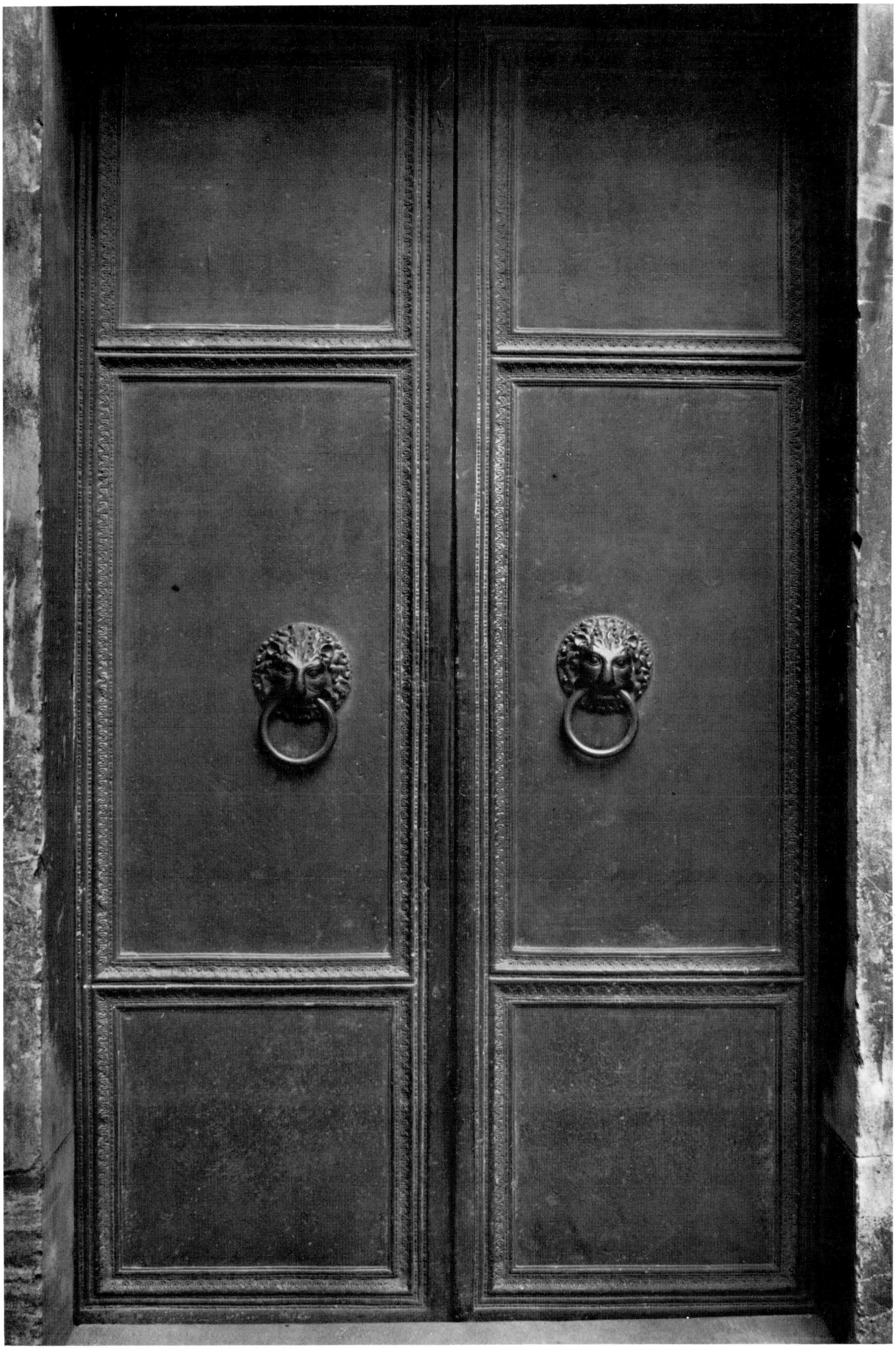

5 Aachen, Dom, Tür von der Annakapelle. Aachen, um 800

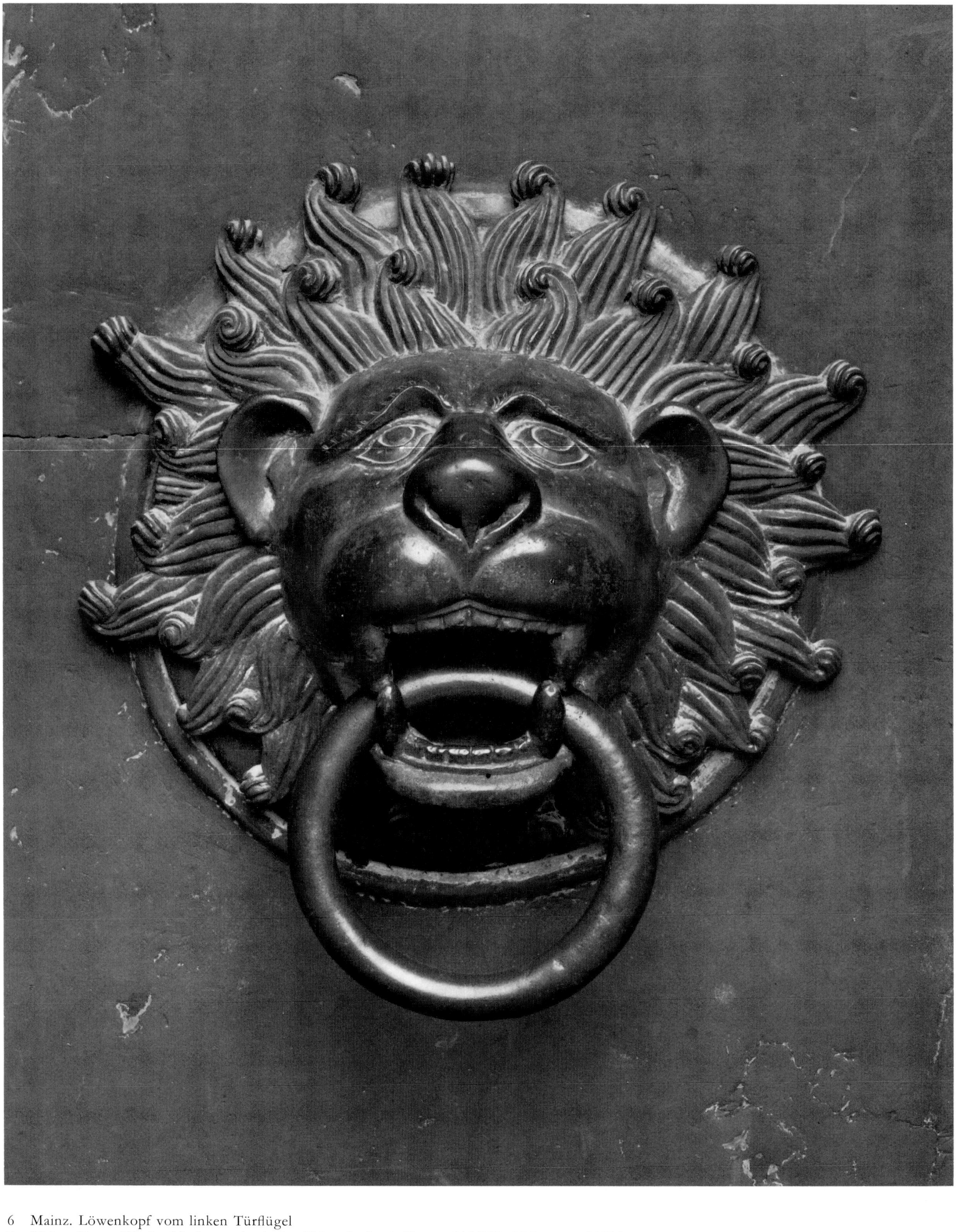

6 Mainz. Löwenkopf vom linken Türflügel
7 Mainz, Dom, Tür im Marktportal mit der Urkundeninschrift von 1136/37. Mainz, um 1000 ▷

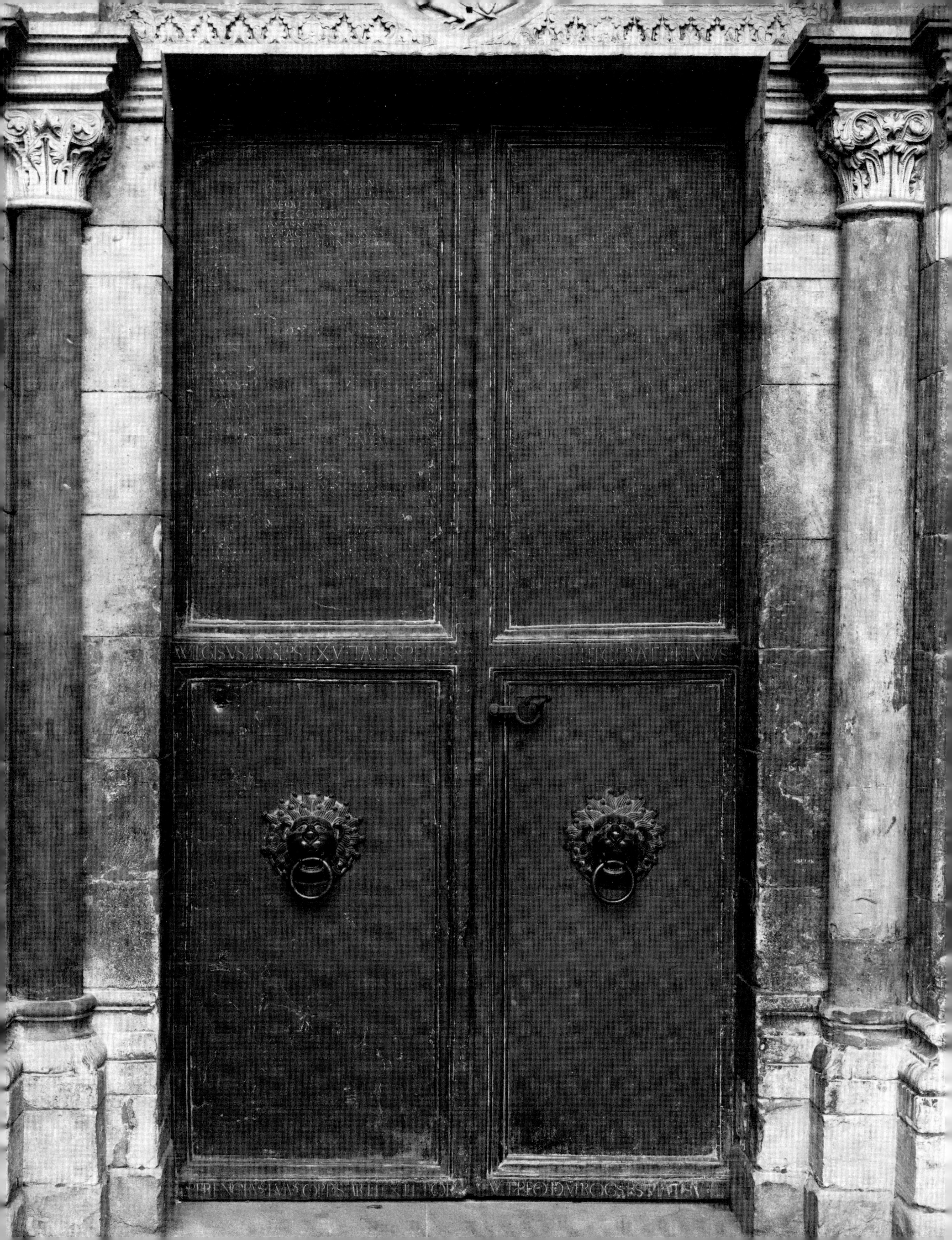

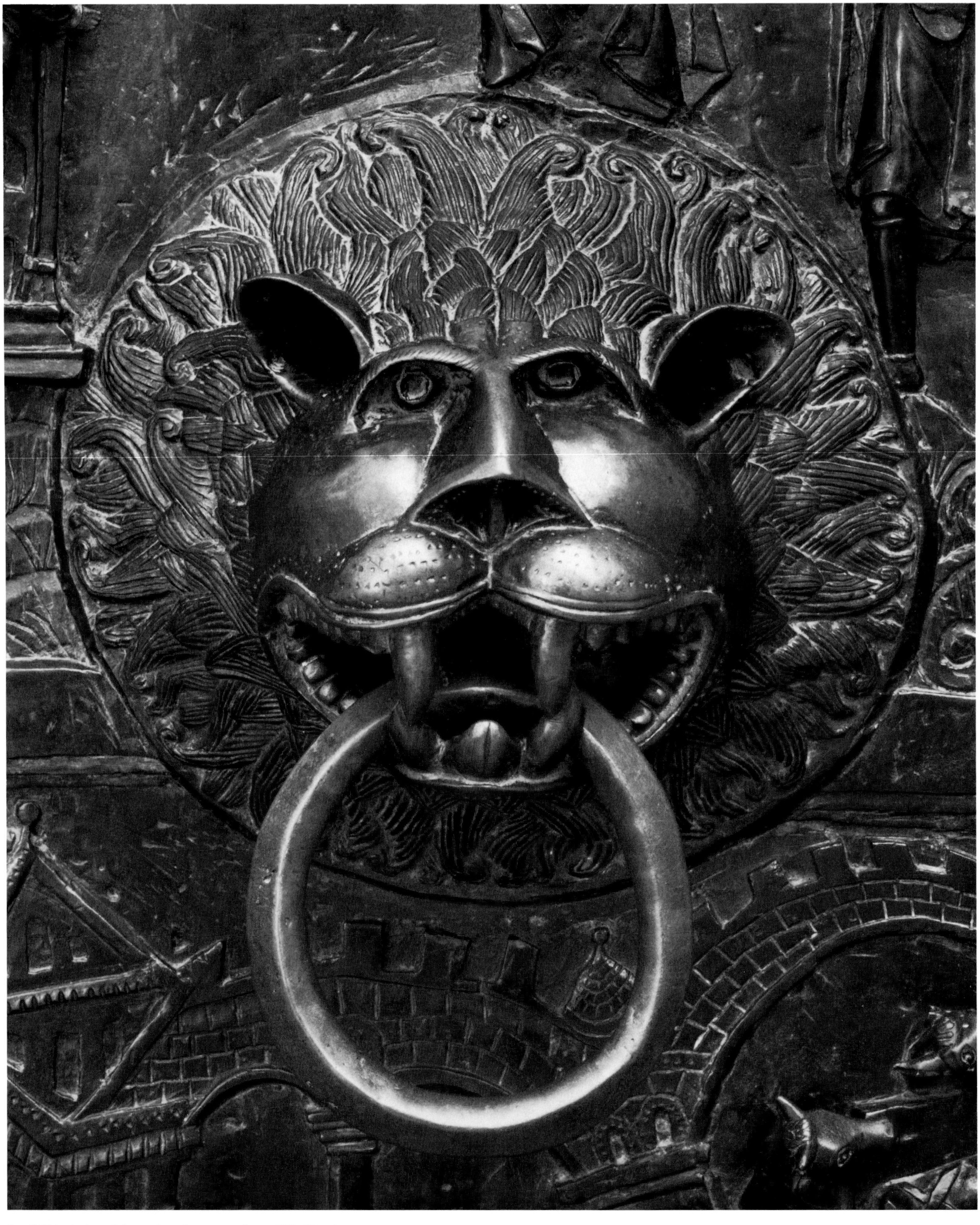

8 Hildesheim. Löwenkopf vom rechten Türflügel
9 Hildesheim, Dom, Bernwardstür im Westportal. Linker Flügel: Szenen des Alten Testaments, lesbar von oben nach unten; rechter Flügel: Szenen des Neuen Testaments, lesbar von unten nach oben. Hildesheim, vollendet 1015

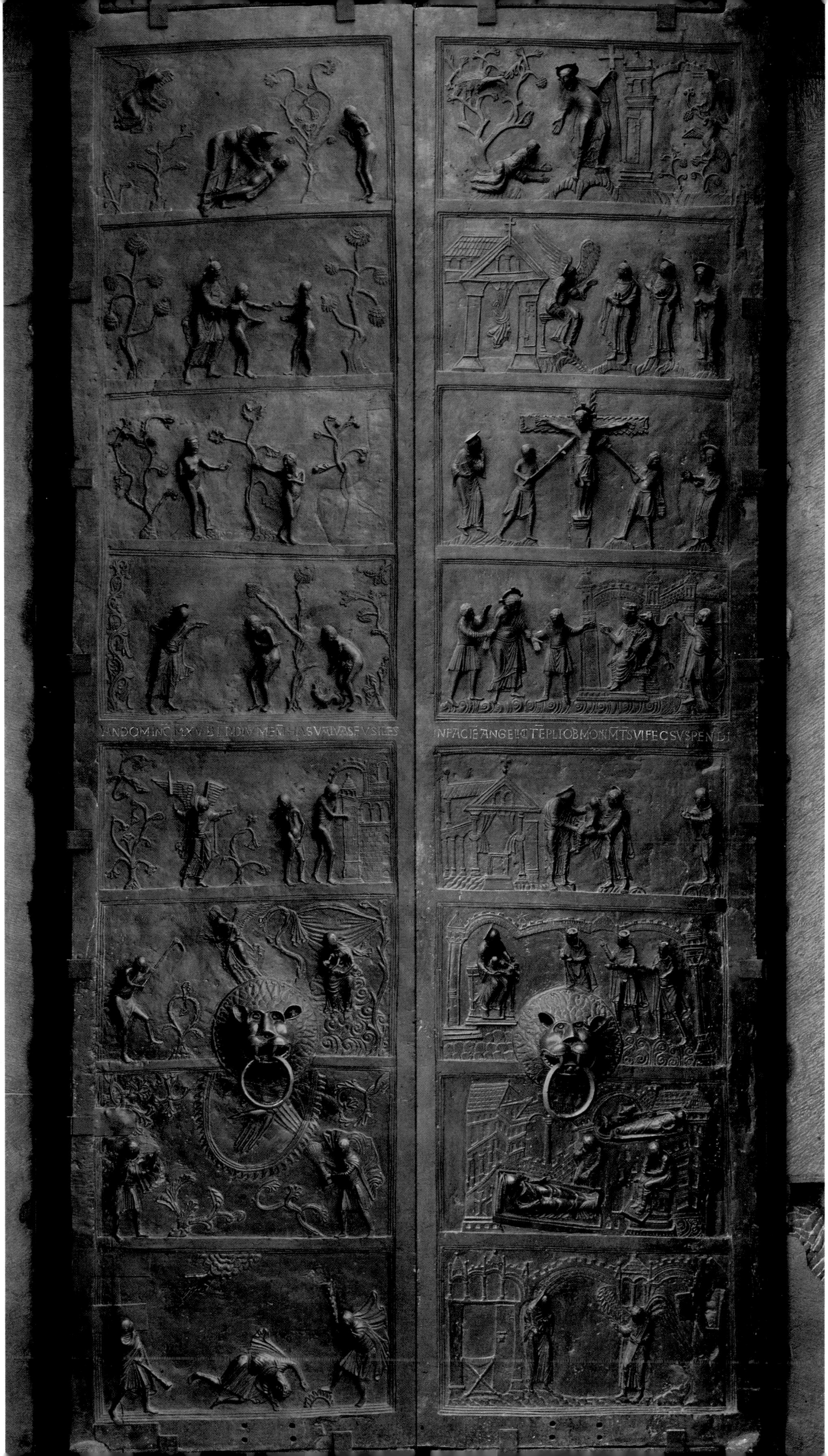

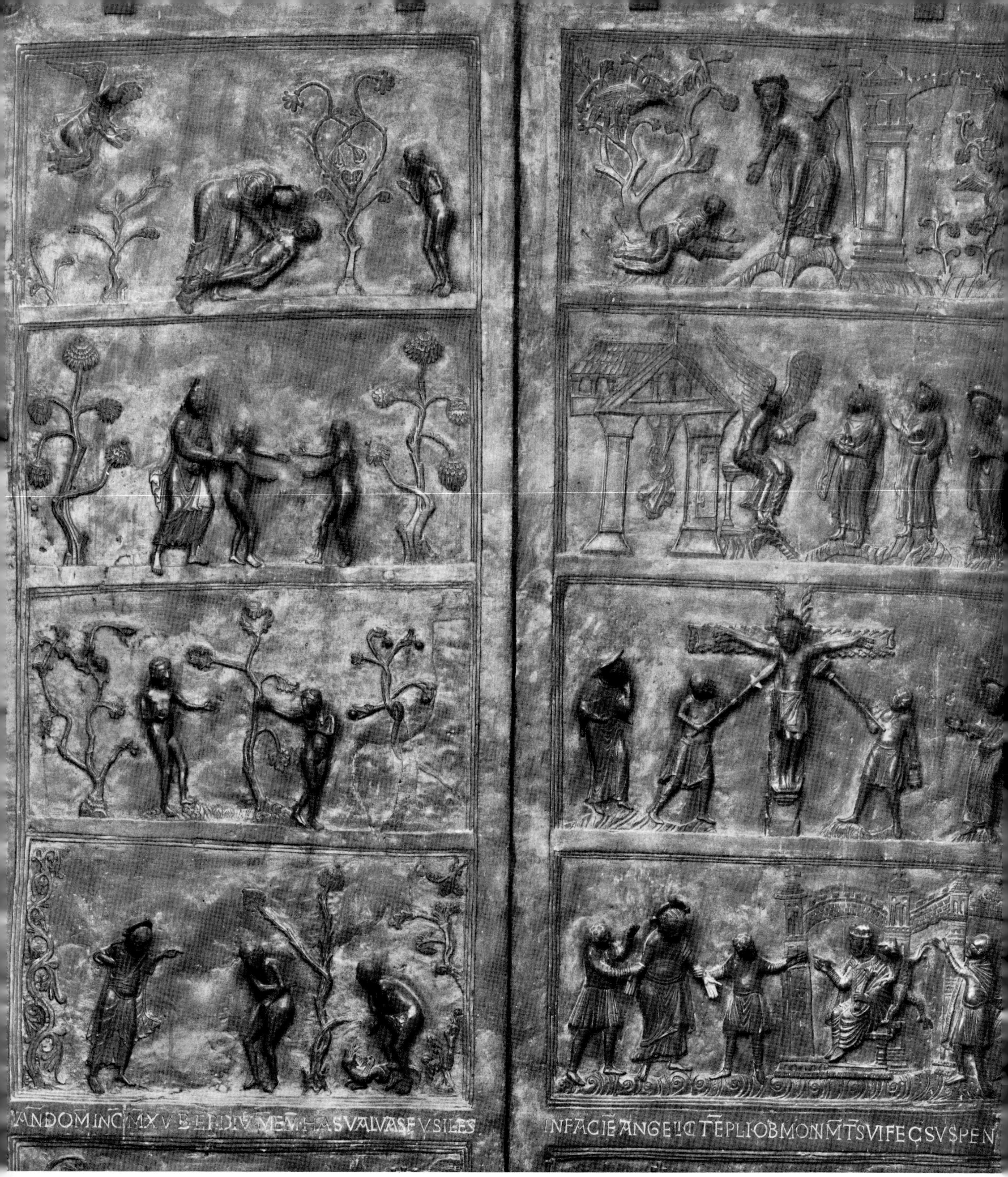

10 Hildesheim. Obere Türhälfte; linker Flügel von oben nach unten: Erschaffung Adams, Zuführung Evas, Sündenfall, Verhör und Verurteilung; rechter Flügel von unten nach oben: Christus vor Pilatus, Kreuzigung, Die Frauen am Grabe, Noli me tangere und Himmelfahrt

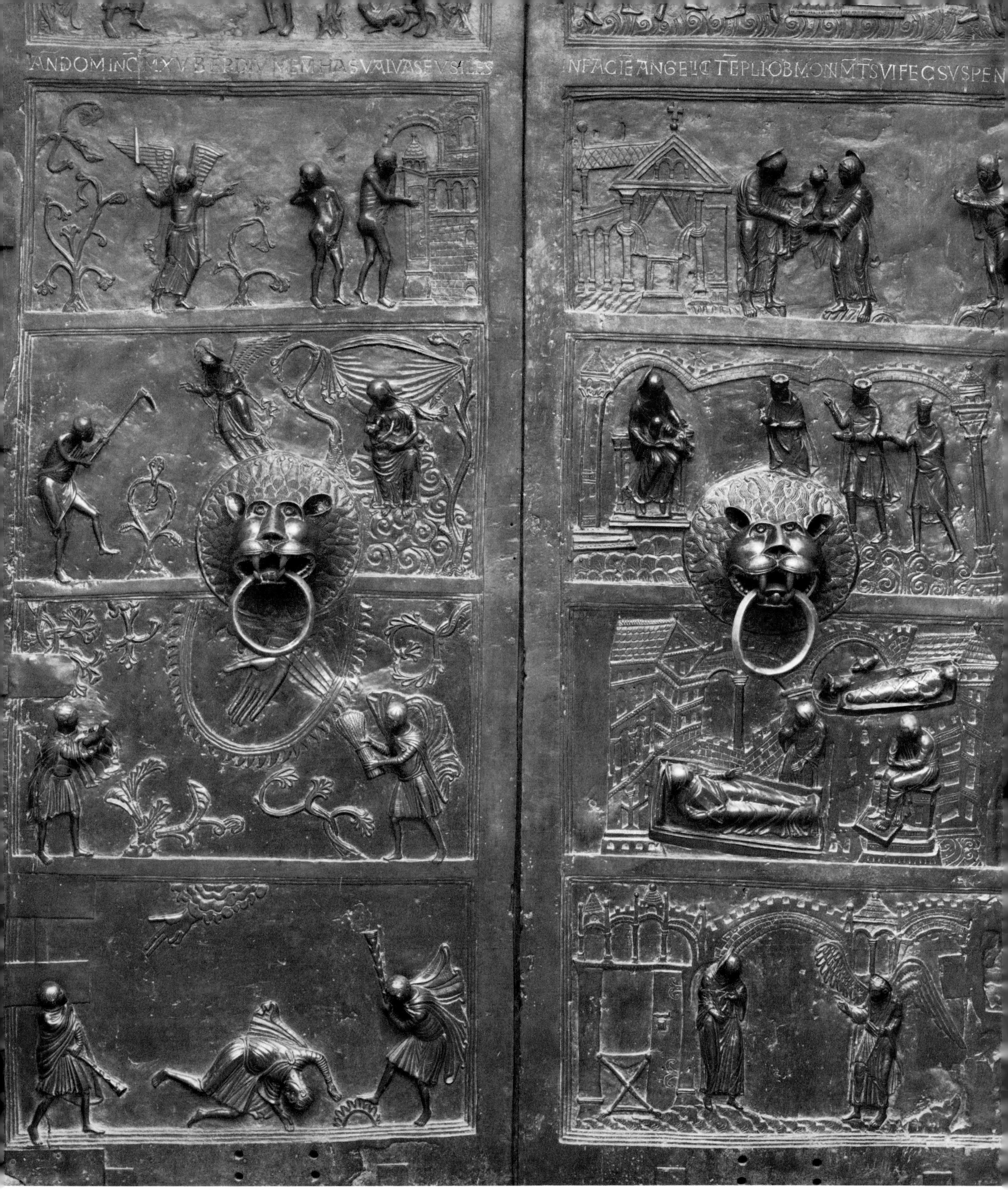

11 Hildesheim. Untere Türhälfte; linker Flügel von oben nach unten: Vertreibung aus dem Paradies, Erdenleben von Adam und Eva, Opfer von Kain und Abel, Brudermord; rechter Flügel von unten nach oben: Verkündigung, Geburt Christi, Anbetung der Könige, Darbringung im Tempel

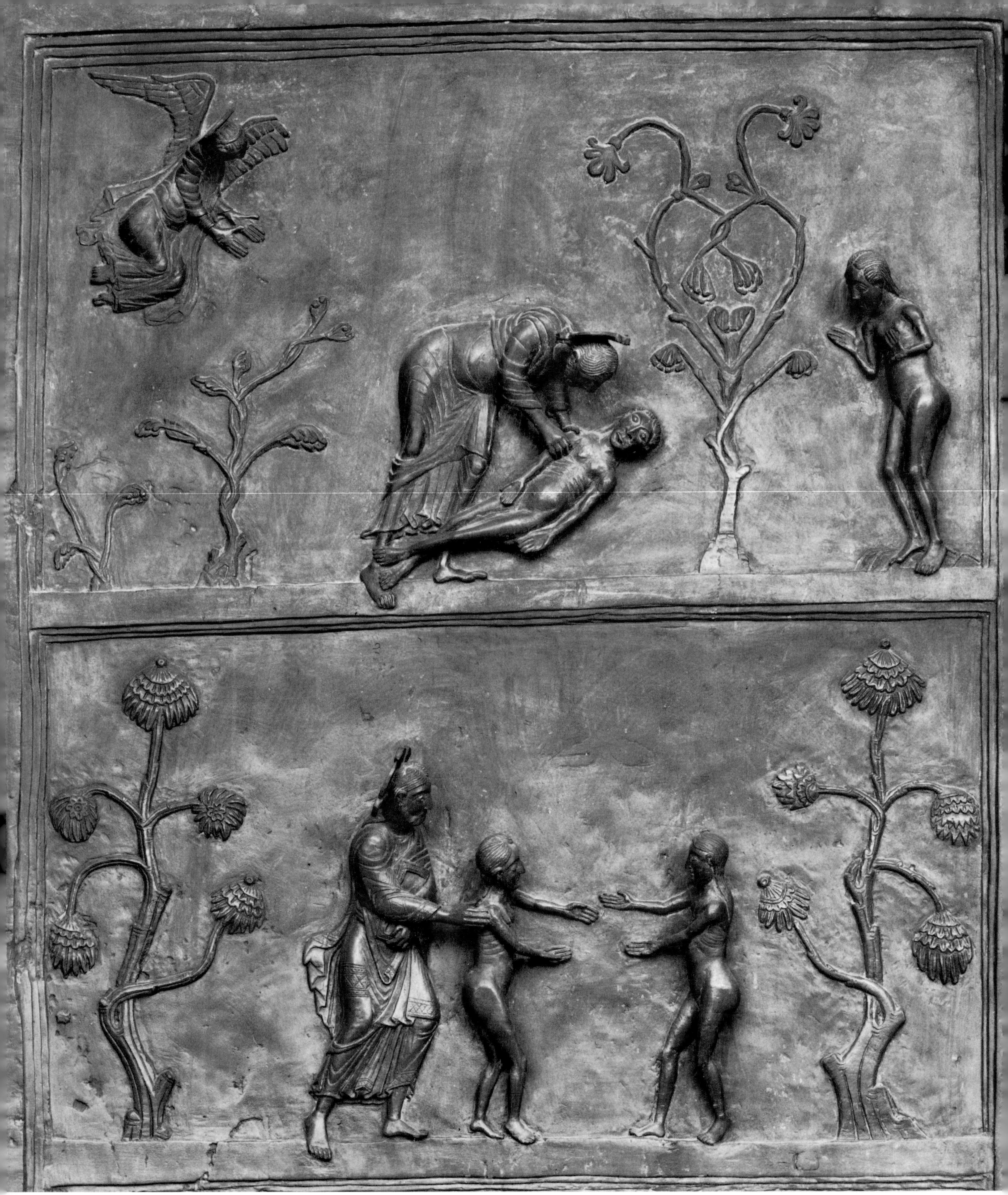

12, 13 Hildesheim. Vom linken Türflügel: Erschaffung Adams; Zuführung Evas

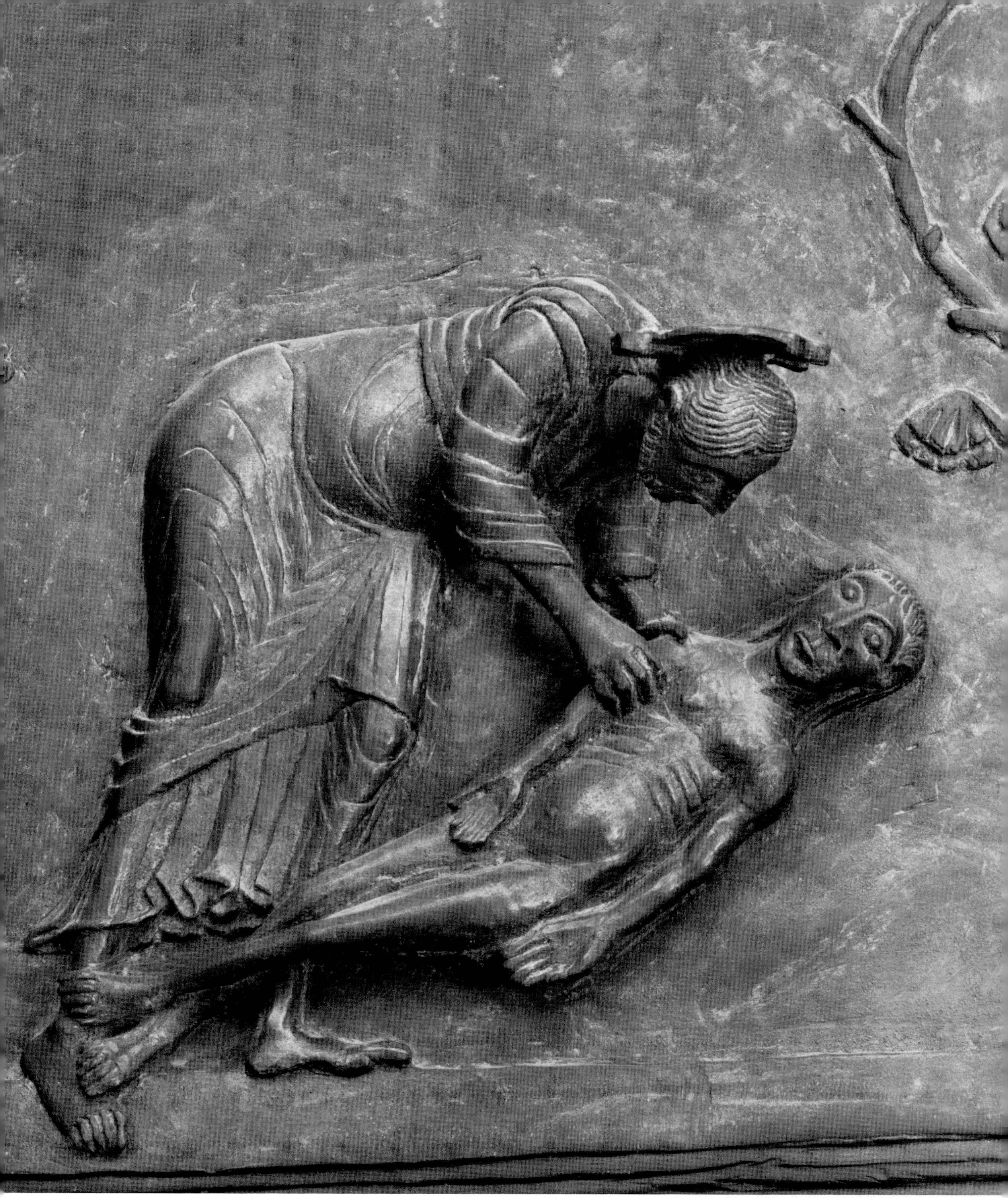

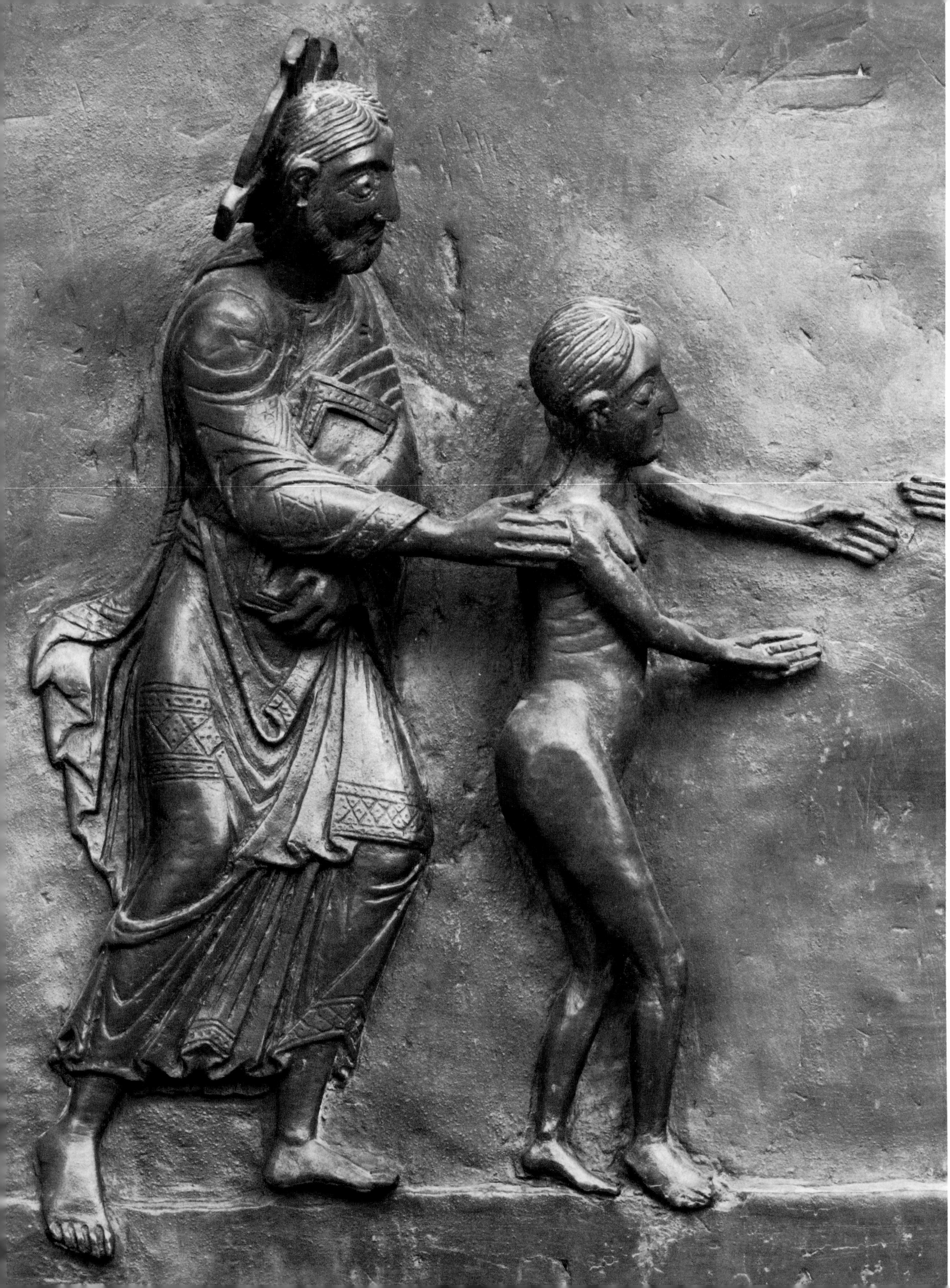

14
15 ▷

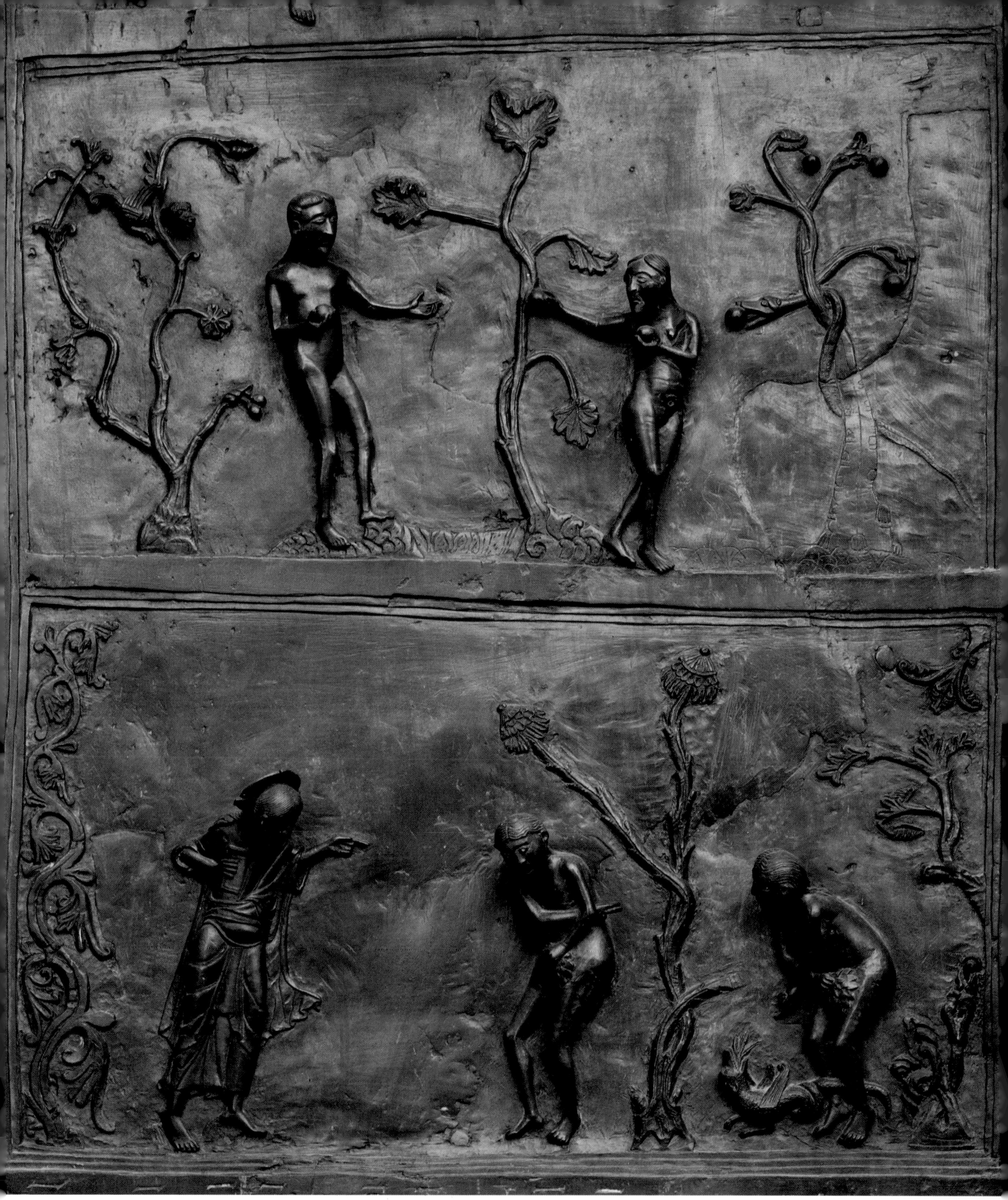

14–19 Hildesheim. Vom linken Türflügel. 14, 15 Zuführung Evas (vgl. Tafel 12); Sündenfall, Verhör und Verurteilung.
16, 17 Vertreibung aus dem Paradies, Erdenleben von Adam und Eva. Opfer von Kain und Abel, Brudermord.
18, 19 Adam mit der Hacke; Eva ihren Sohn stillend (vgl. Tafel 16)

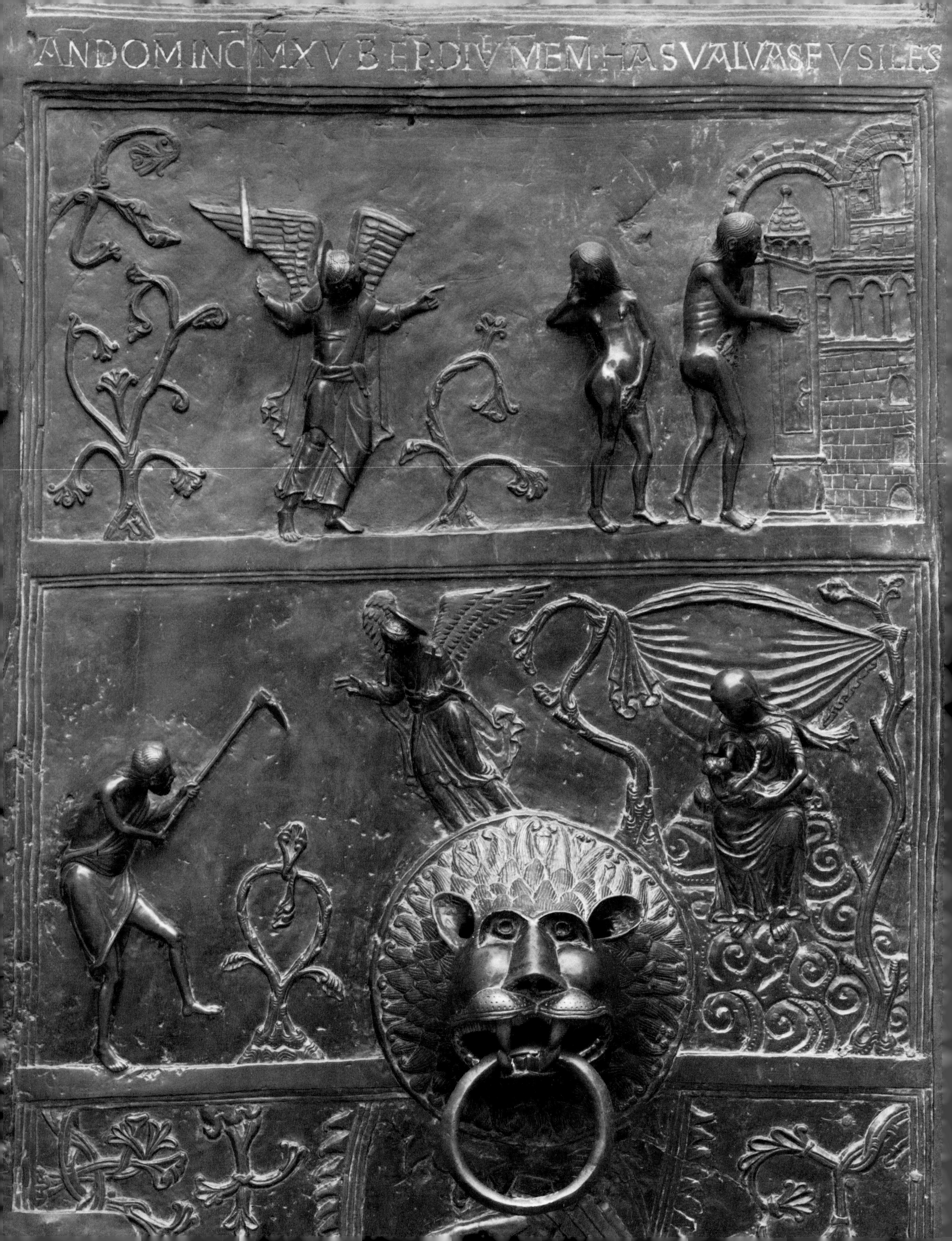
AN DOM INC MXV B EP DIV MEM HAS VALVAS FVSILES

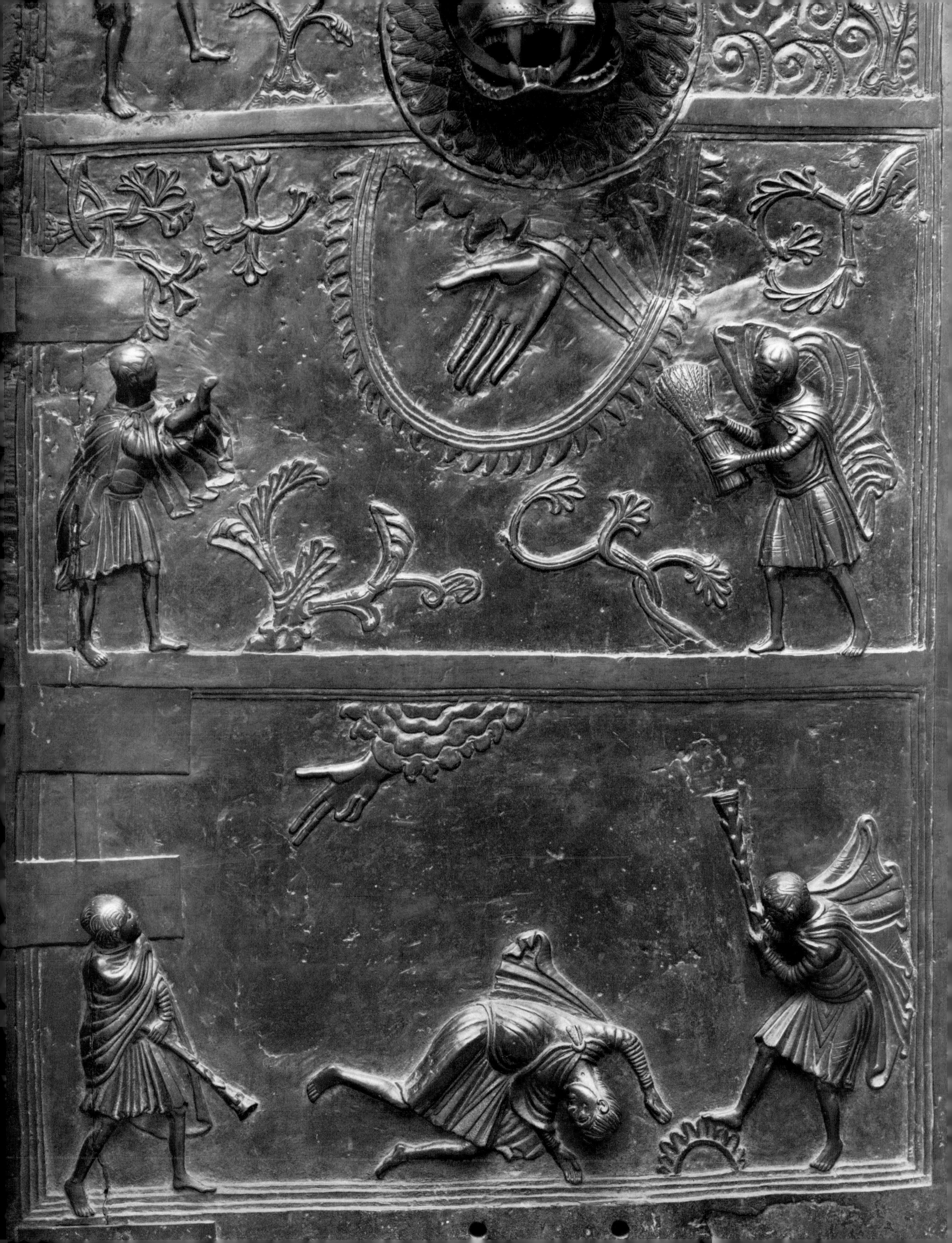

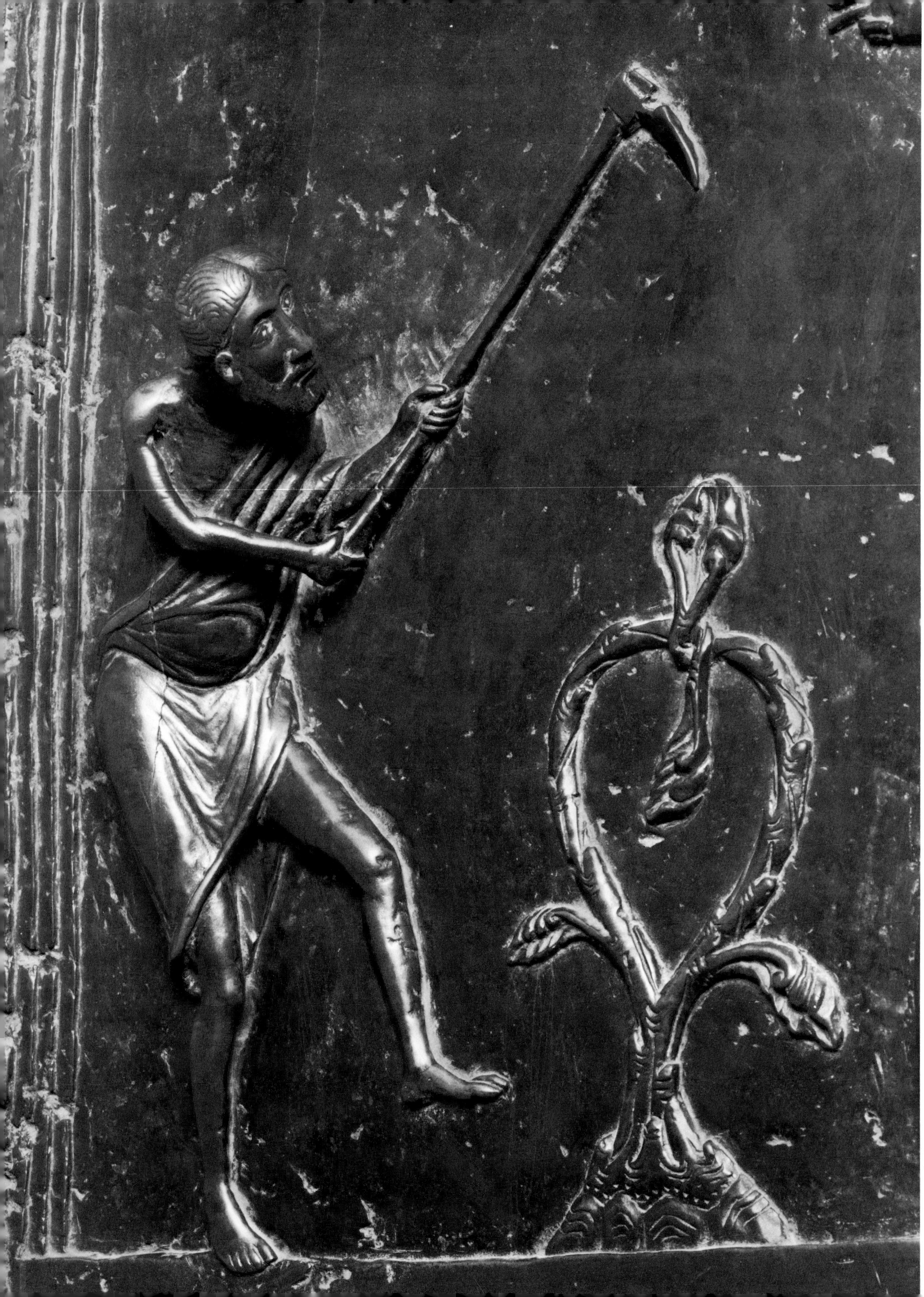

18
19 ▷

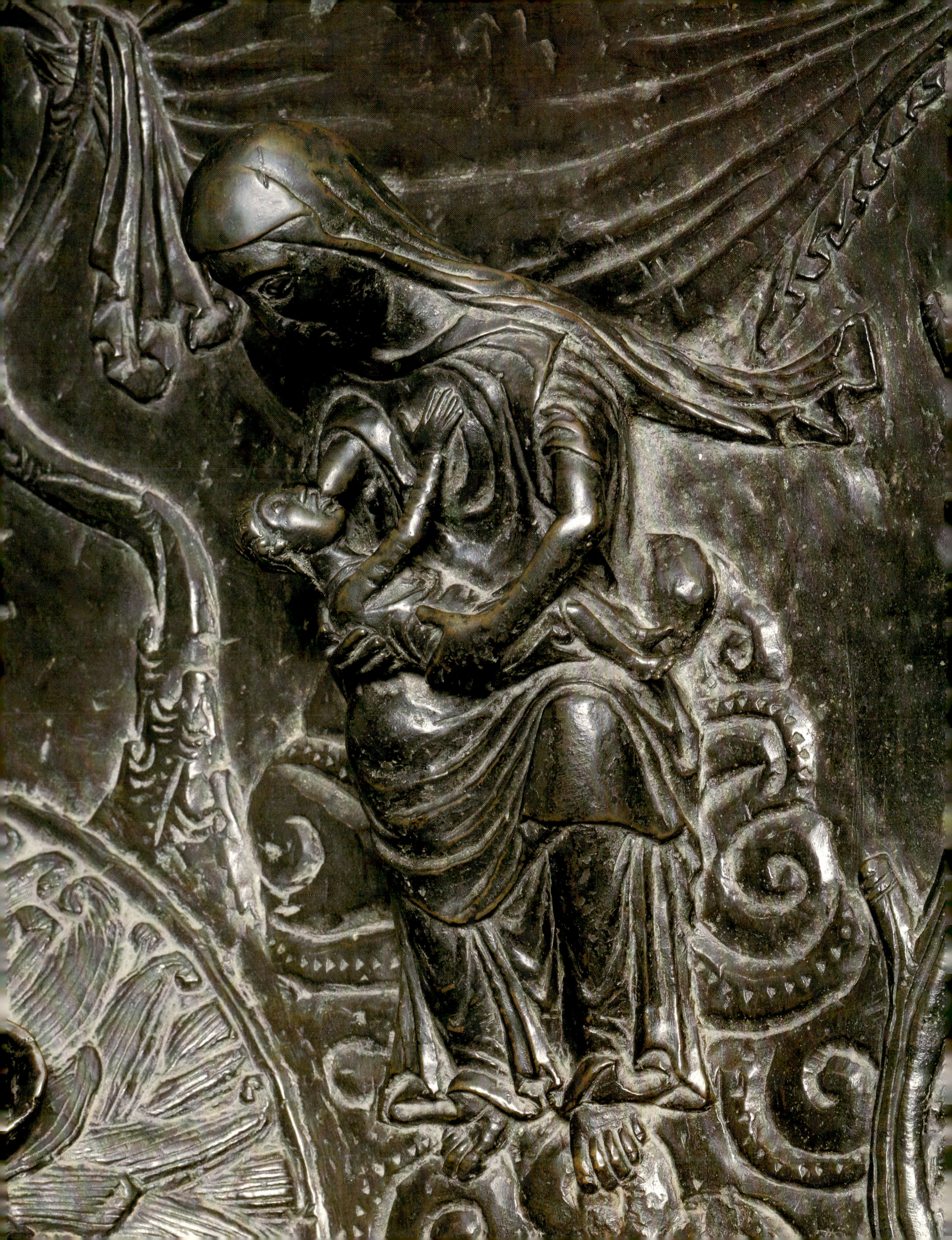

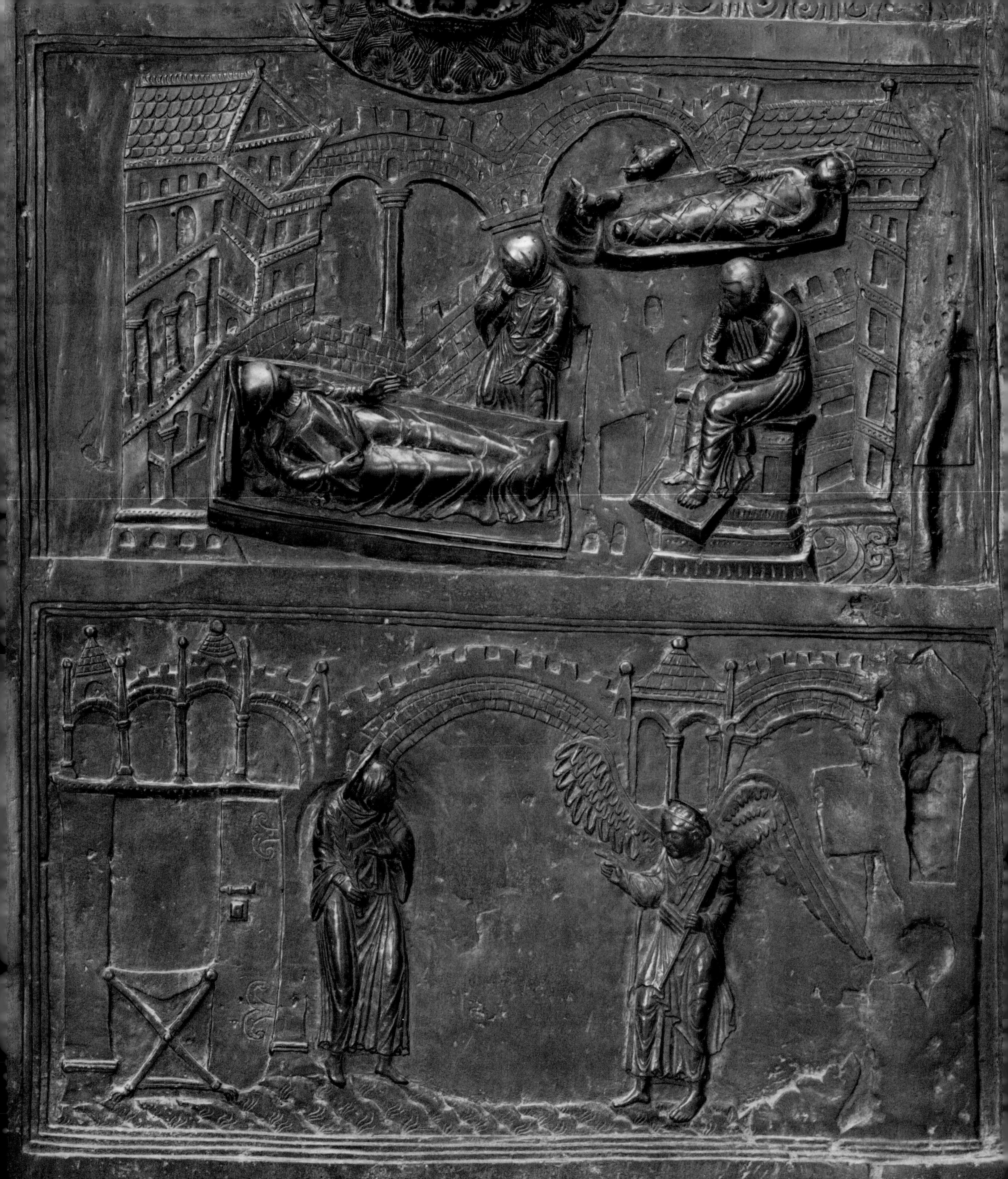

20 Hildesheim. Vom rechten Türflügel: Verkündigung, Geburt Christi

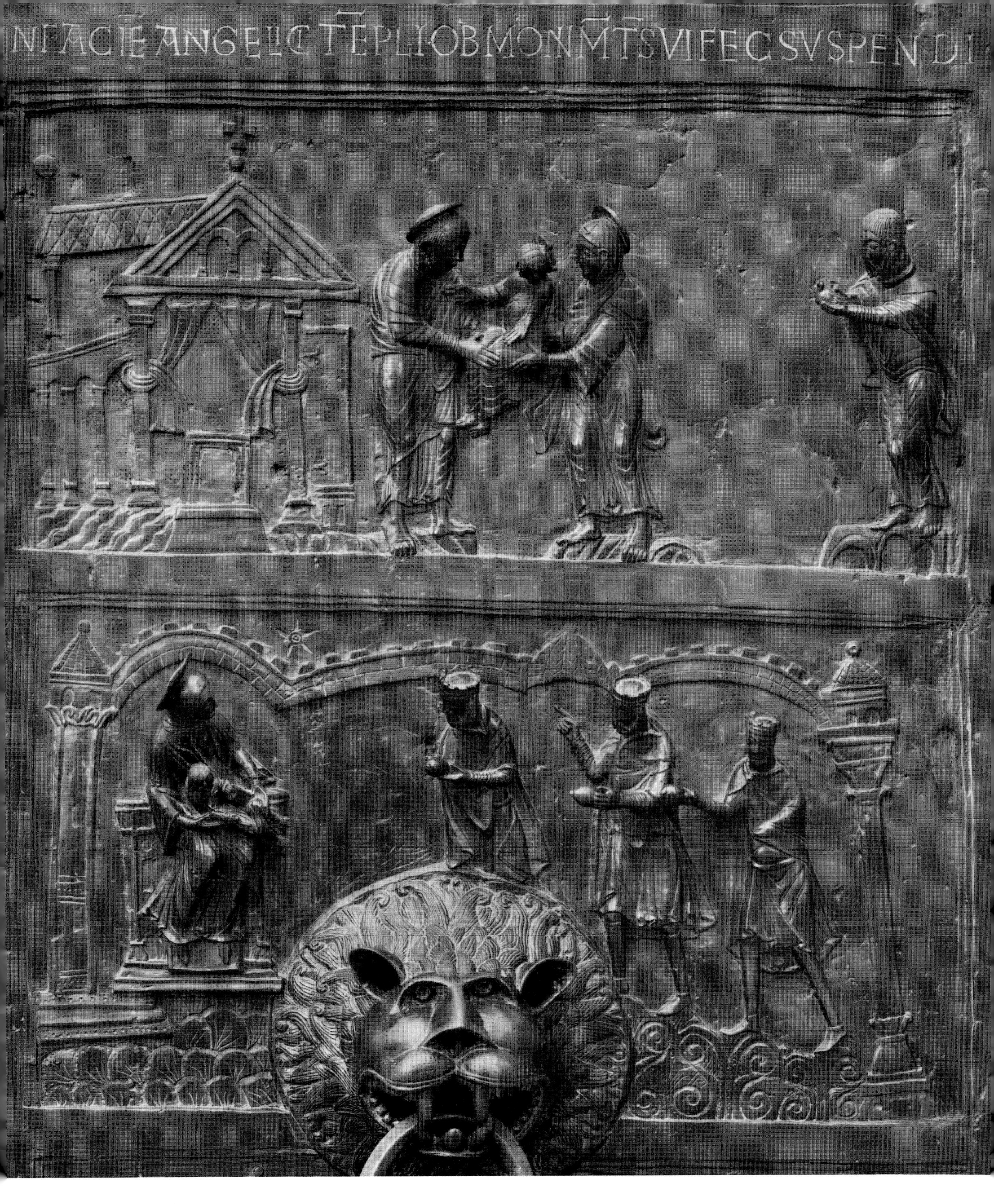

21 Hildesheim. Vom rechten Türflügel: Anbetung der Könige, Darbringung im Tempel

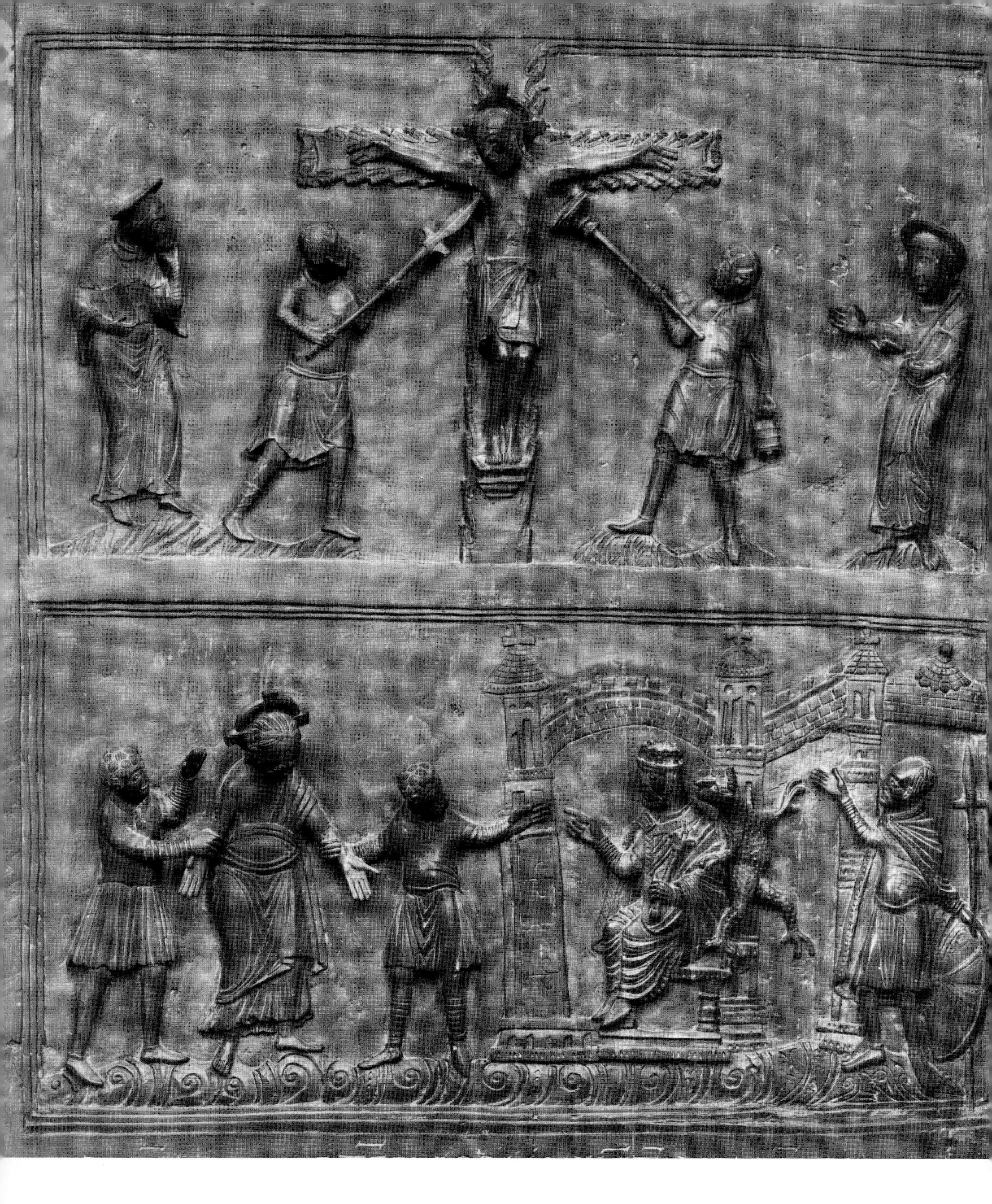

22 Hildesheim. Vom rechten Türflügel. Christus vor Pilatus (Herodes?), Kreuzigung

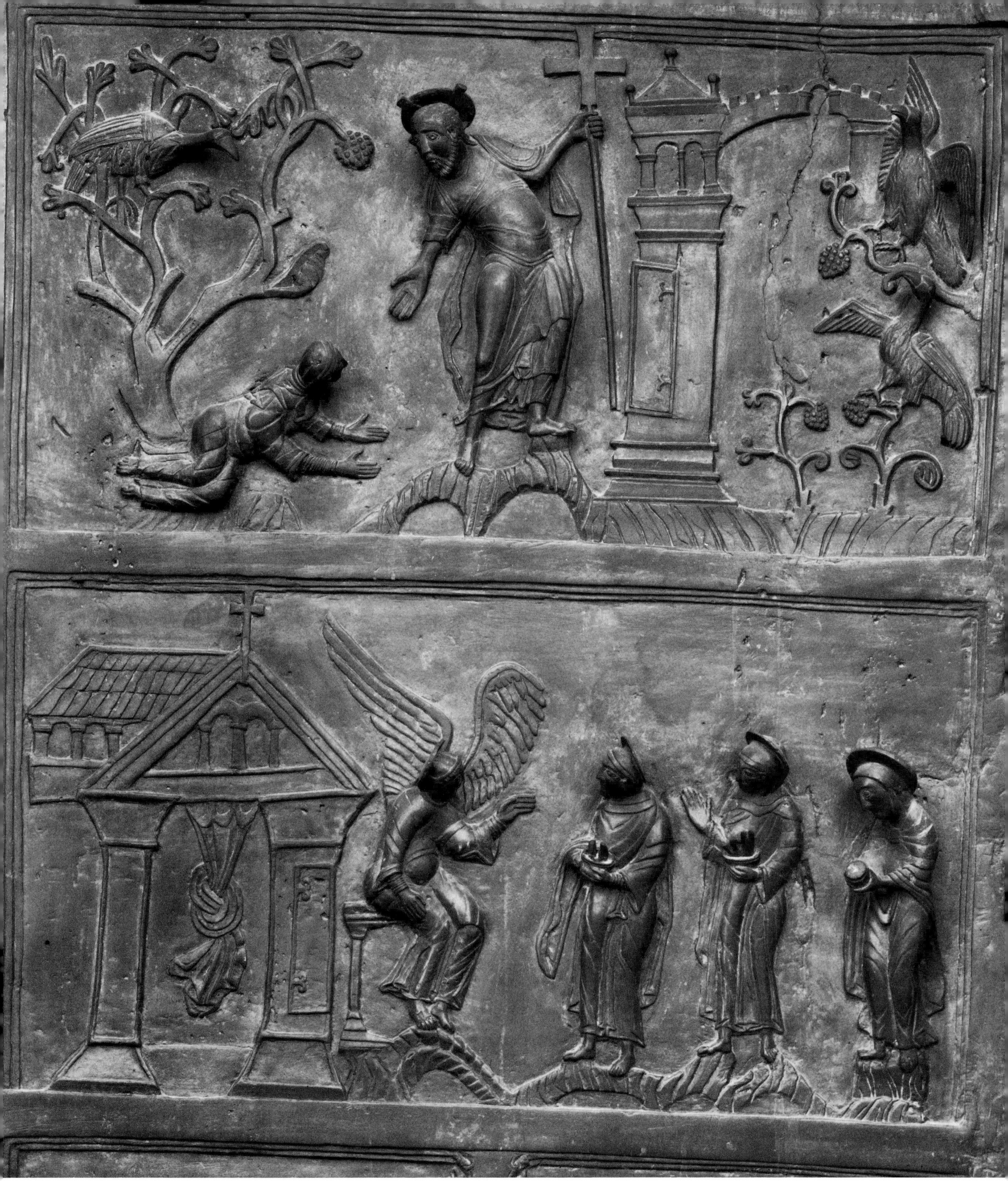

23 25 Hildesheim. Vom rechten Türflügel: 23 Die Frauen am Grabe, Noli me tangere und Himmelfahrt.
24, 25 Christus und ein Scherge; Pilatus (Herodes ?) mit Teufelsfigur (vgl. Tafel 22)

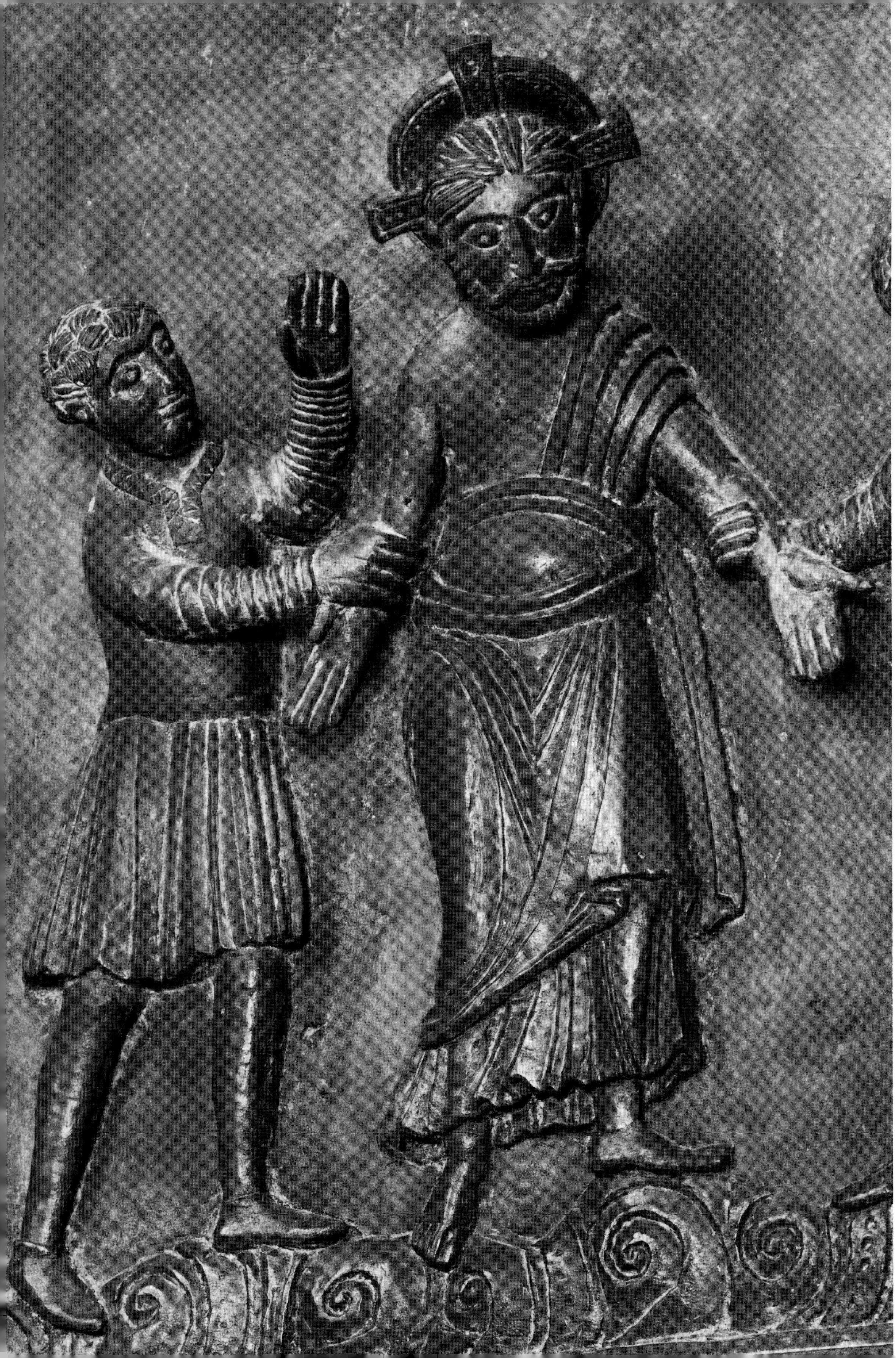

24

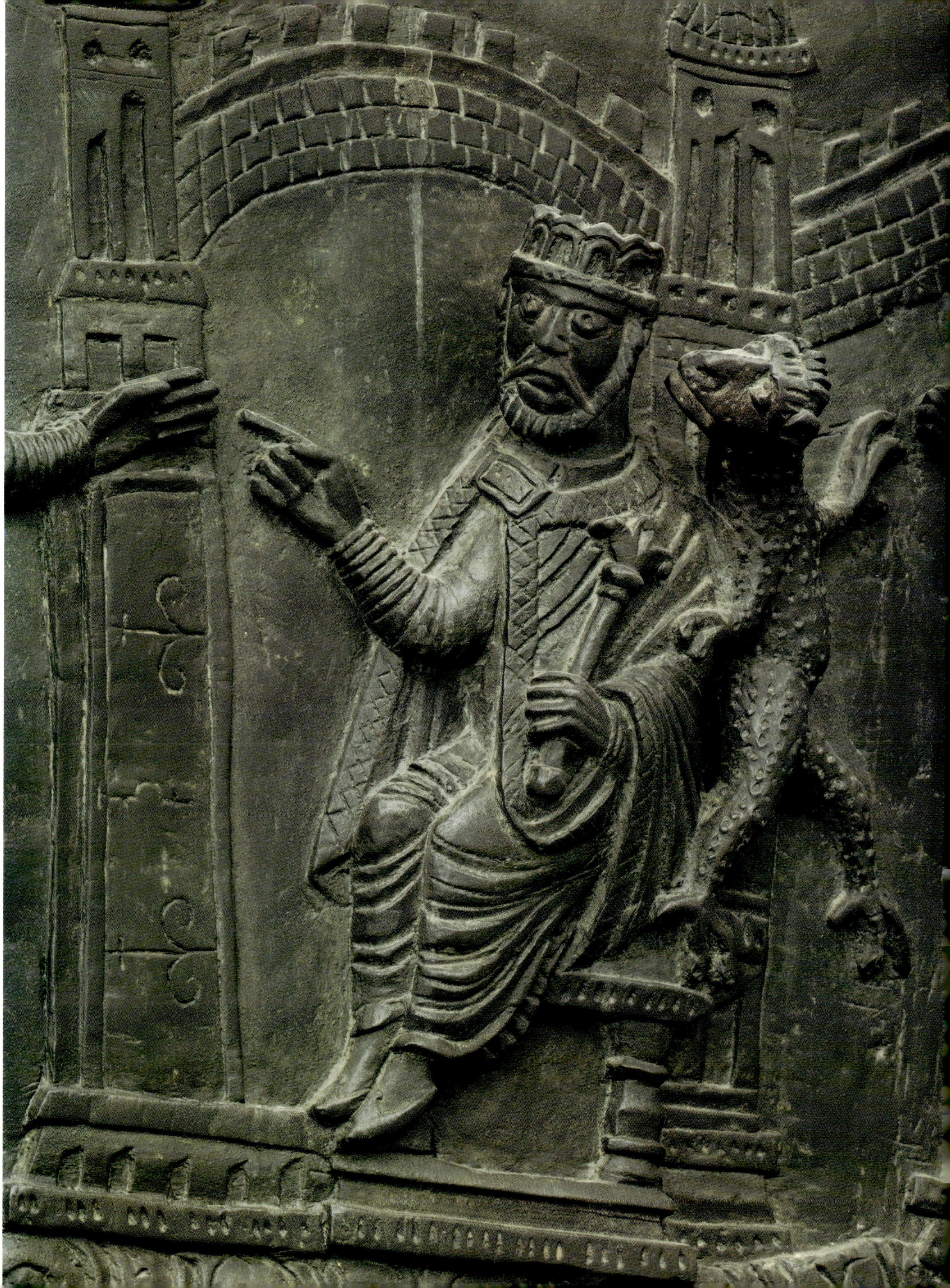

25

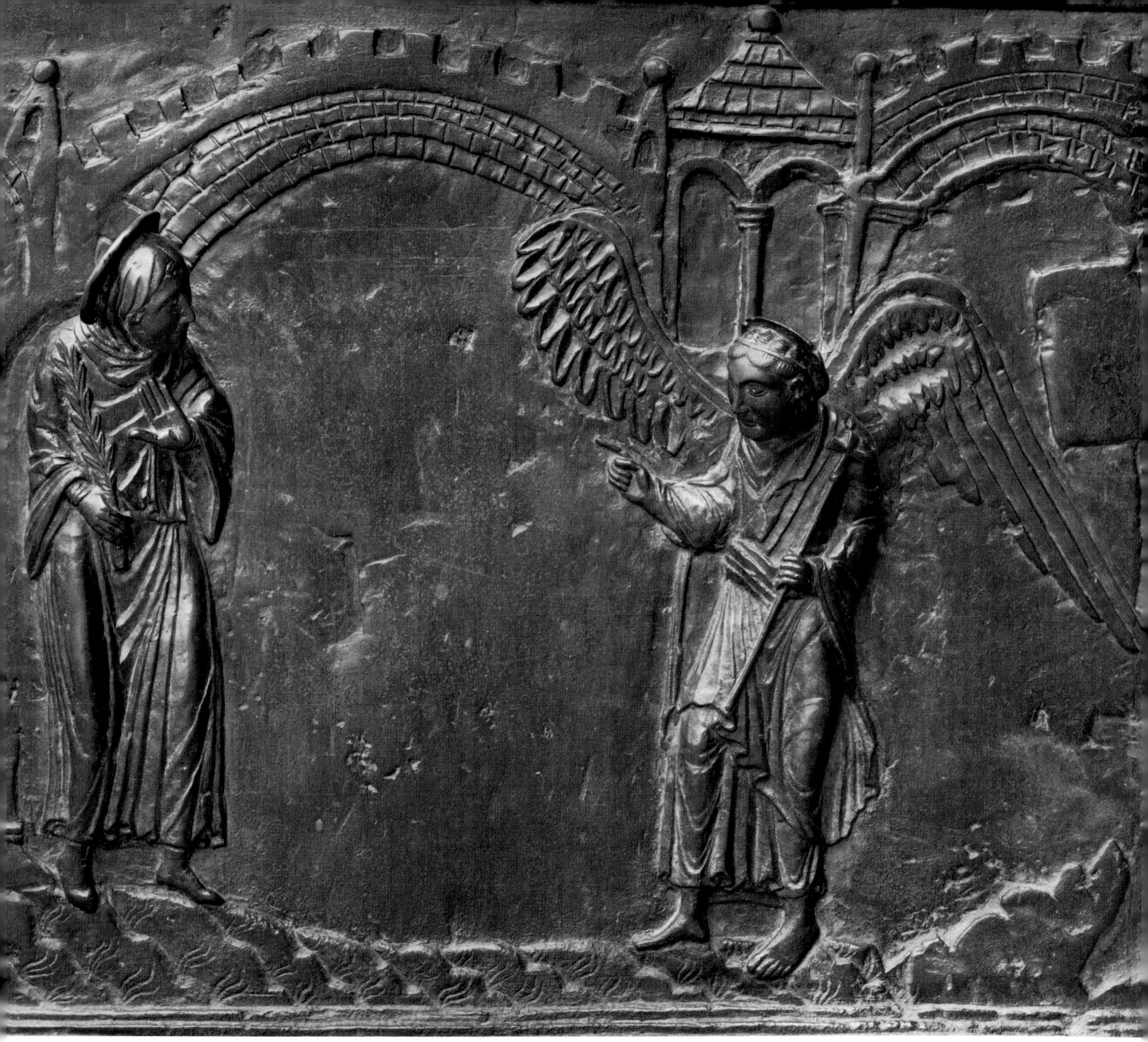

26, 27 Hildesheim. Vom rechten Türflügel. 26 Verkündigung (vgl. Tafel 20).
27 Noli me tangere, zugleich Christus der Himmelfahrt (vgl. Tafel 23)

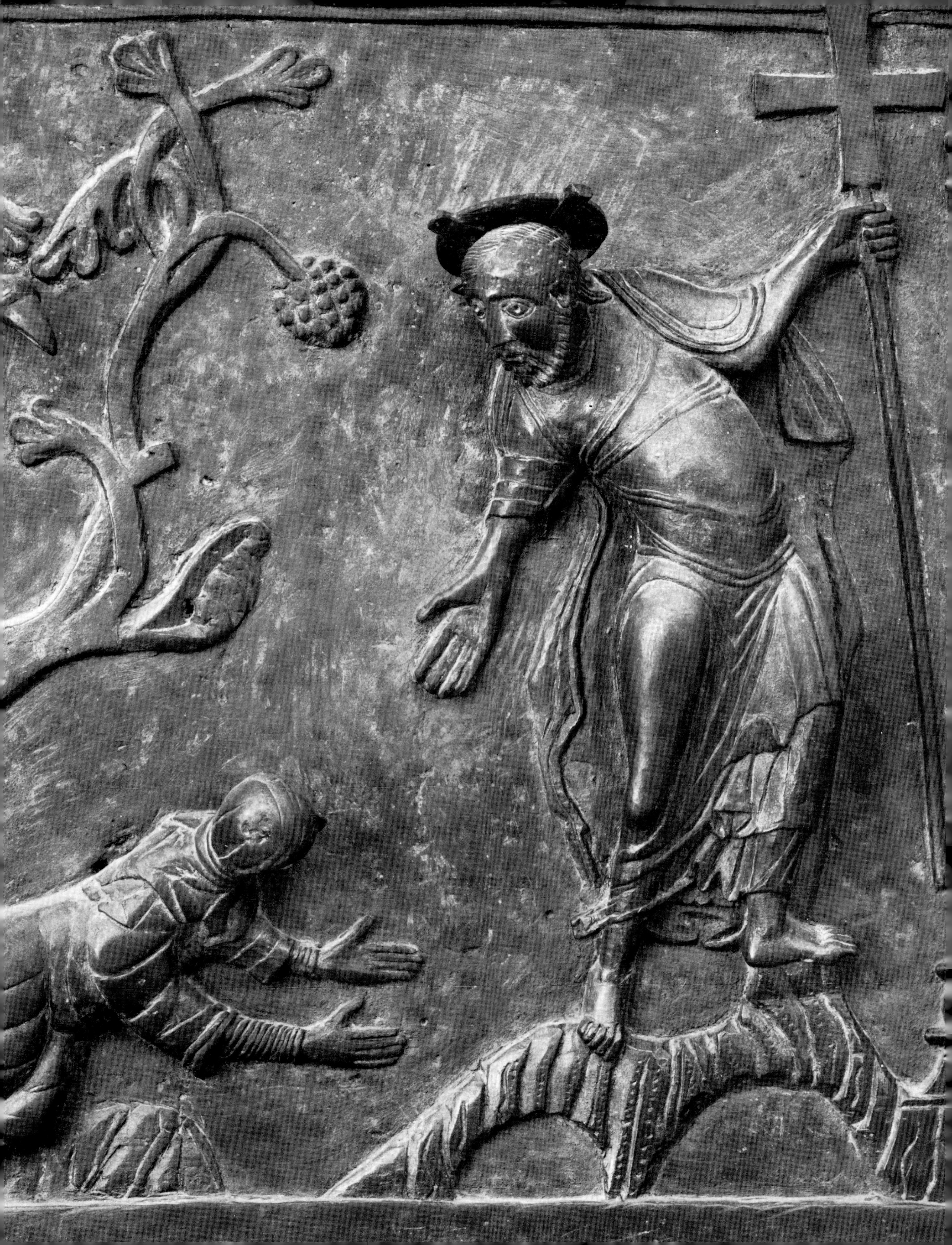

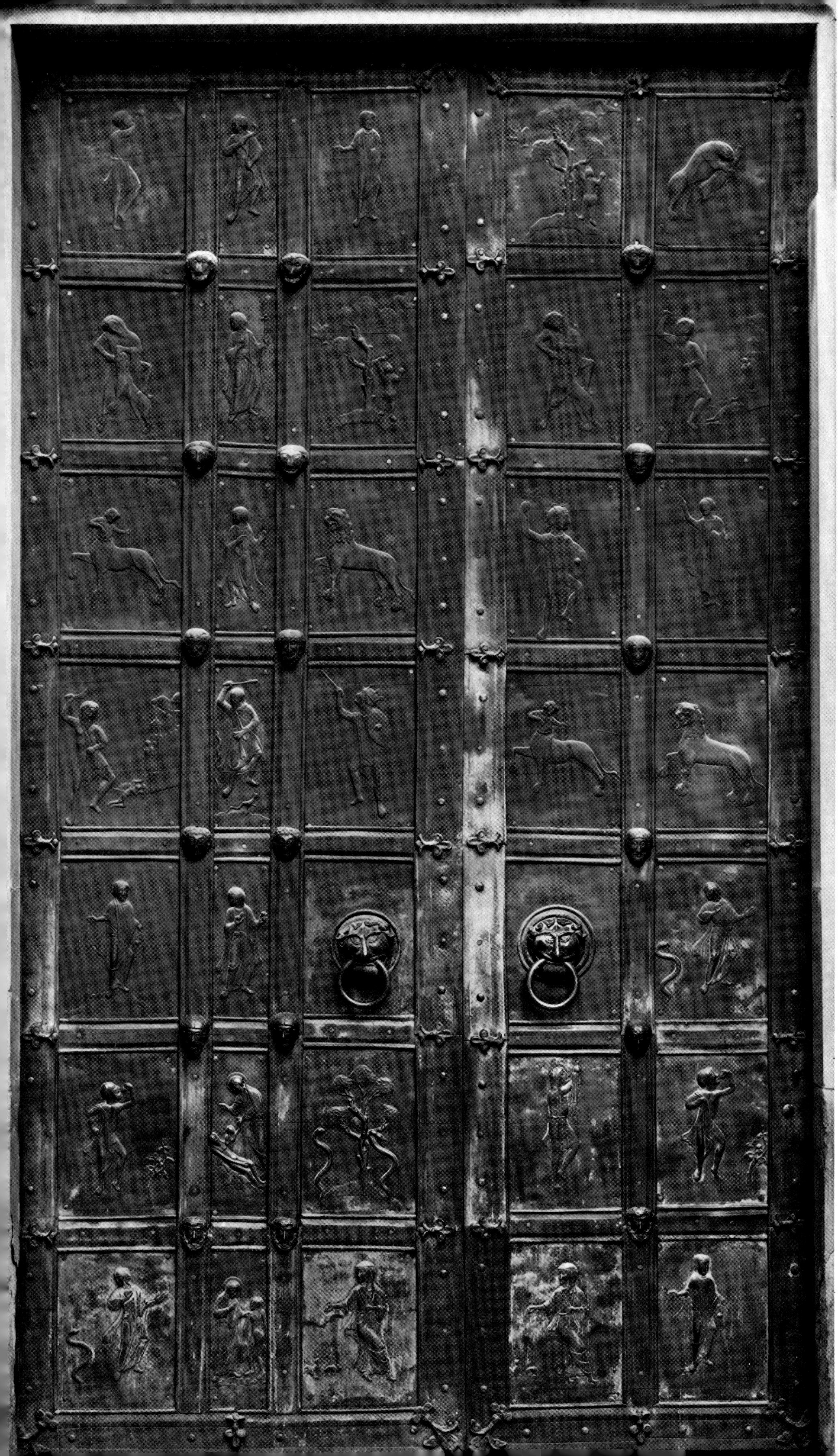

28–31 Augsburg, Dom,
Tür im Brautportal mit symbolischen und alttestamentlichen Darstellungen.
Augsburg (?),
frühes 11. Jahrhundert.
28 Gesamtansicht.
29 Samson vom rechten Flügel (F 9).
30 König vom linken Flügel (F 18).
31 König vom rechten Flügel (F 14)

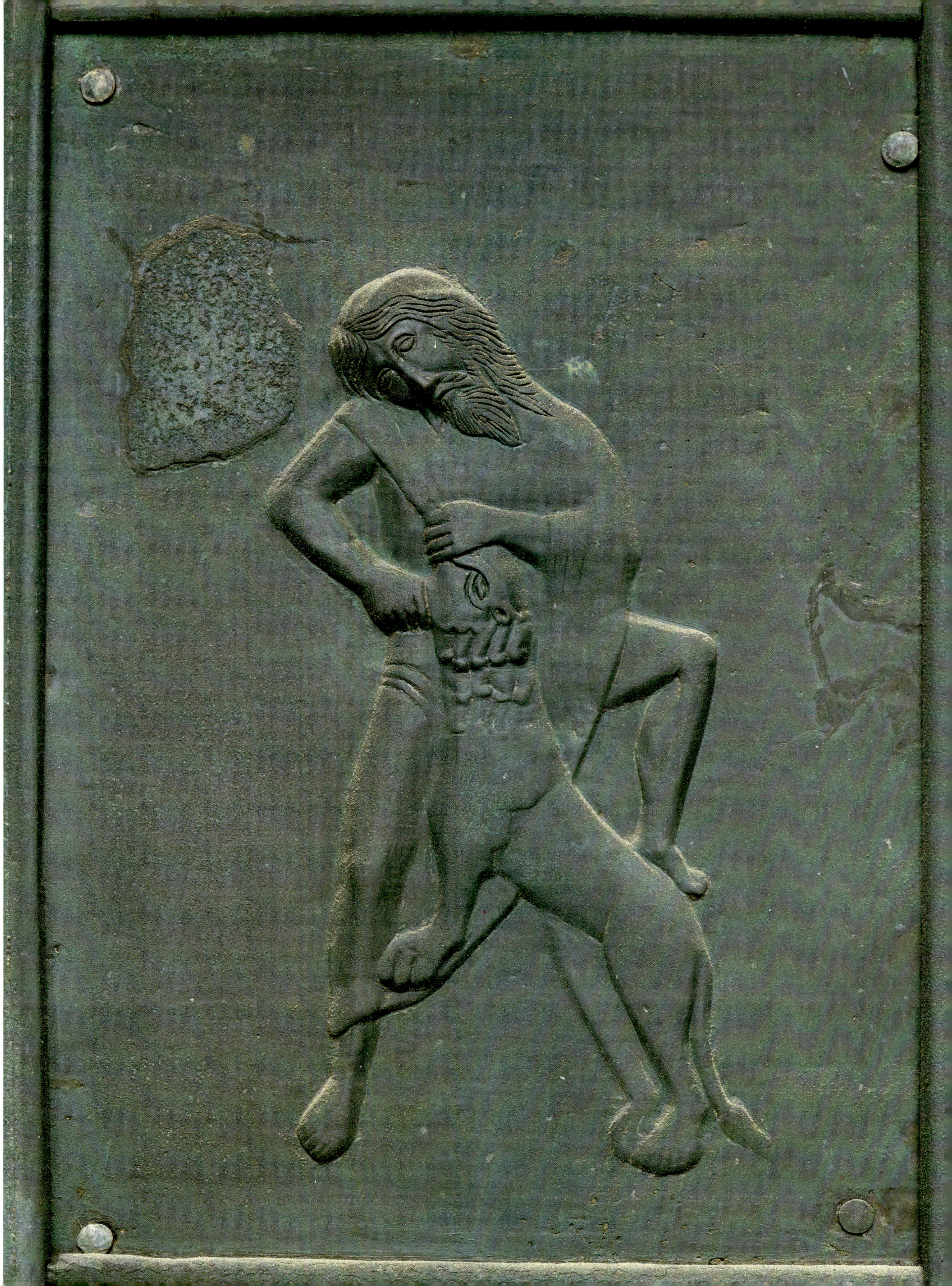

29

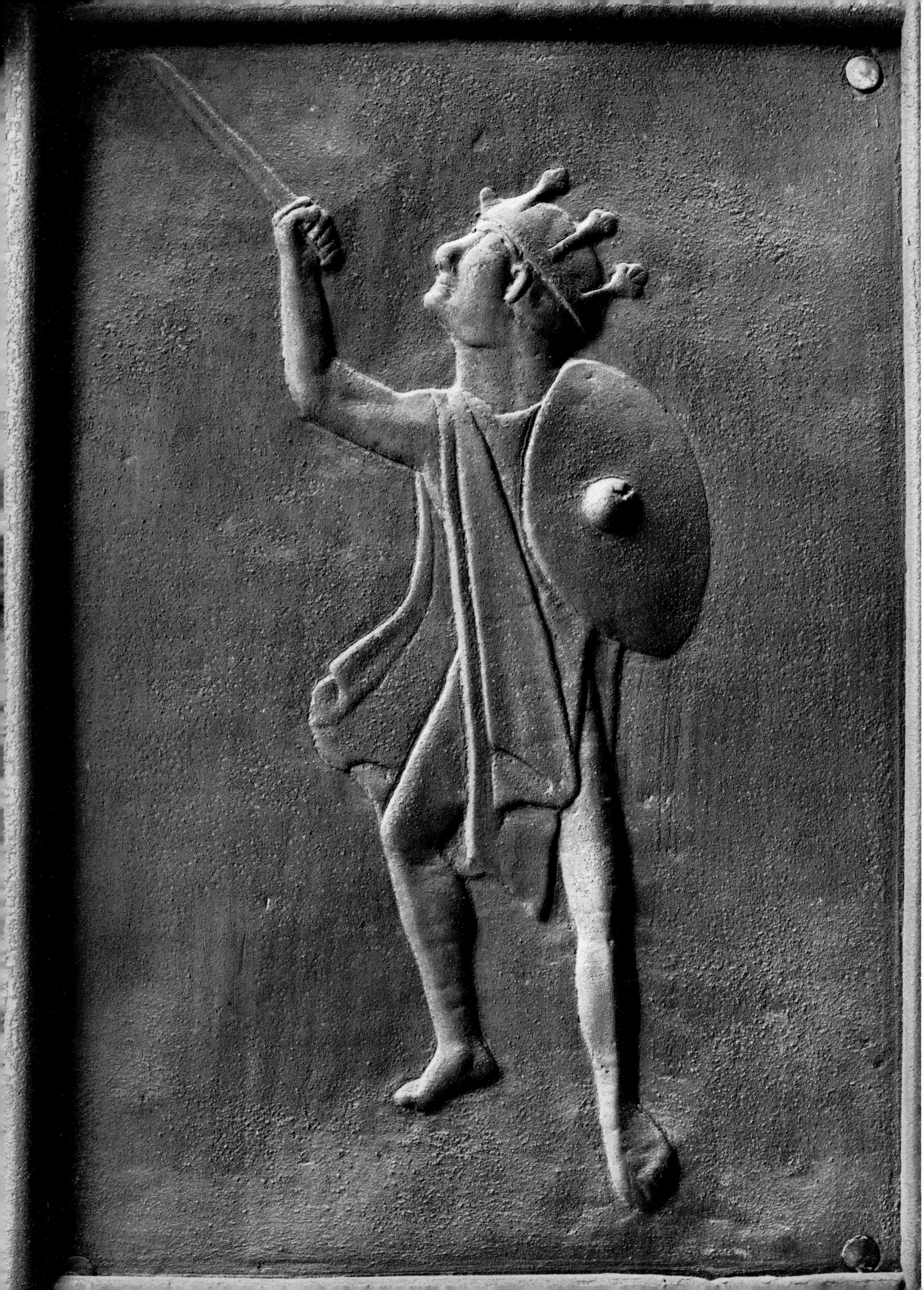

30

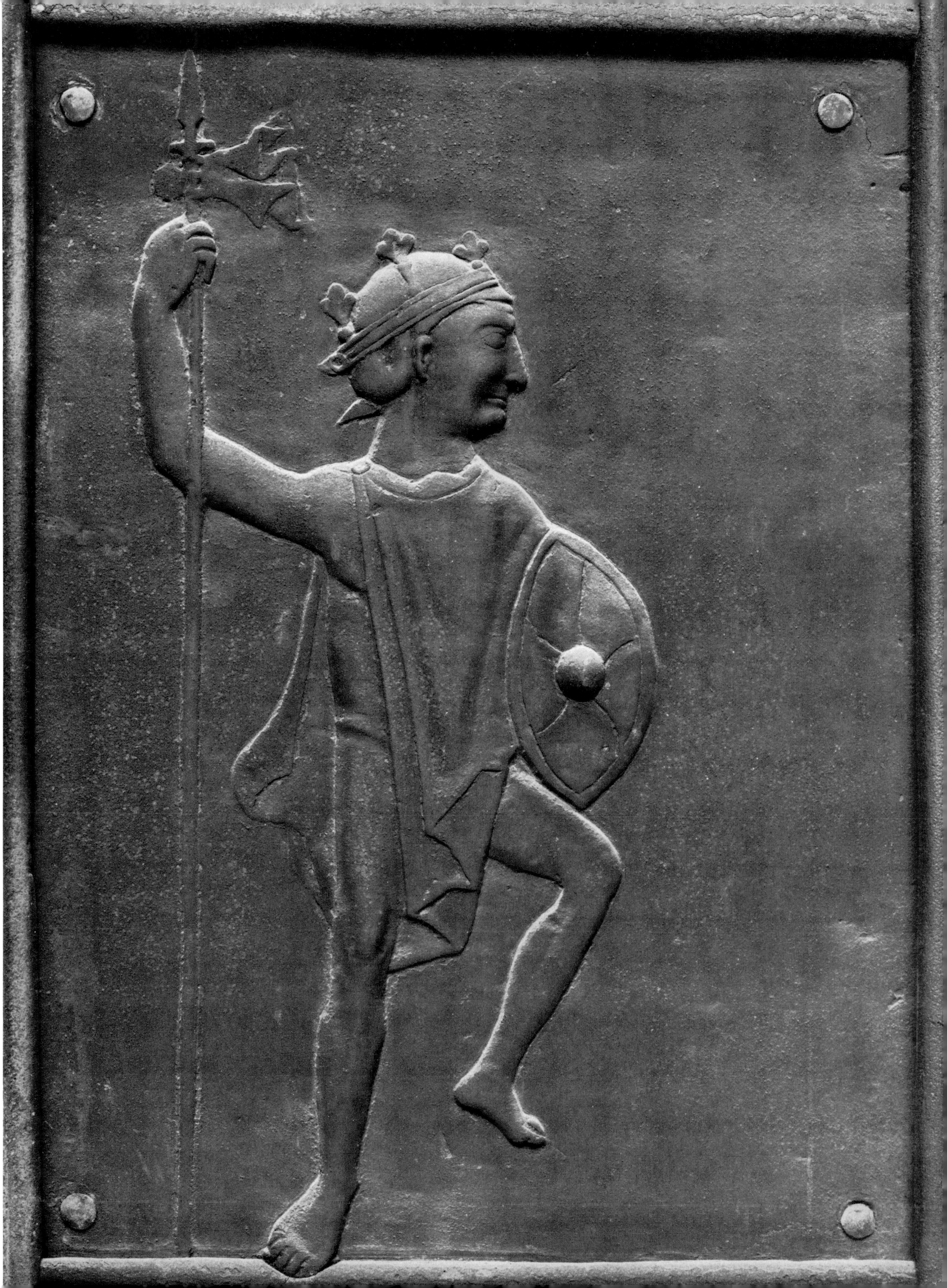

31

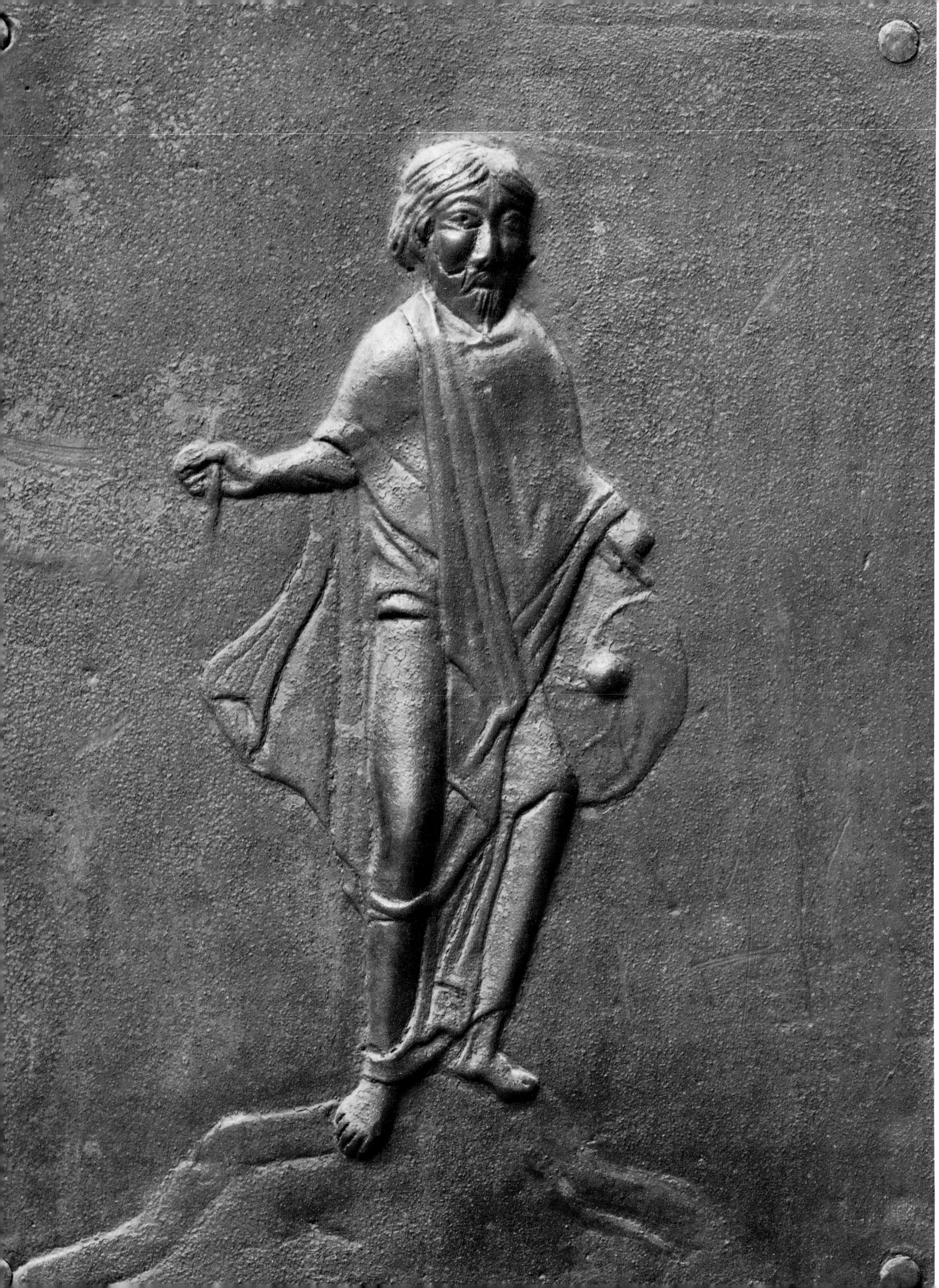

32

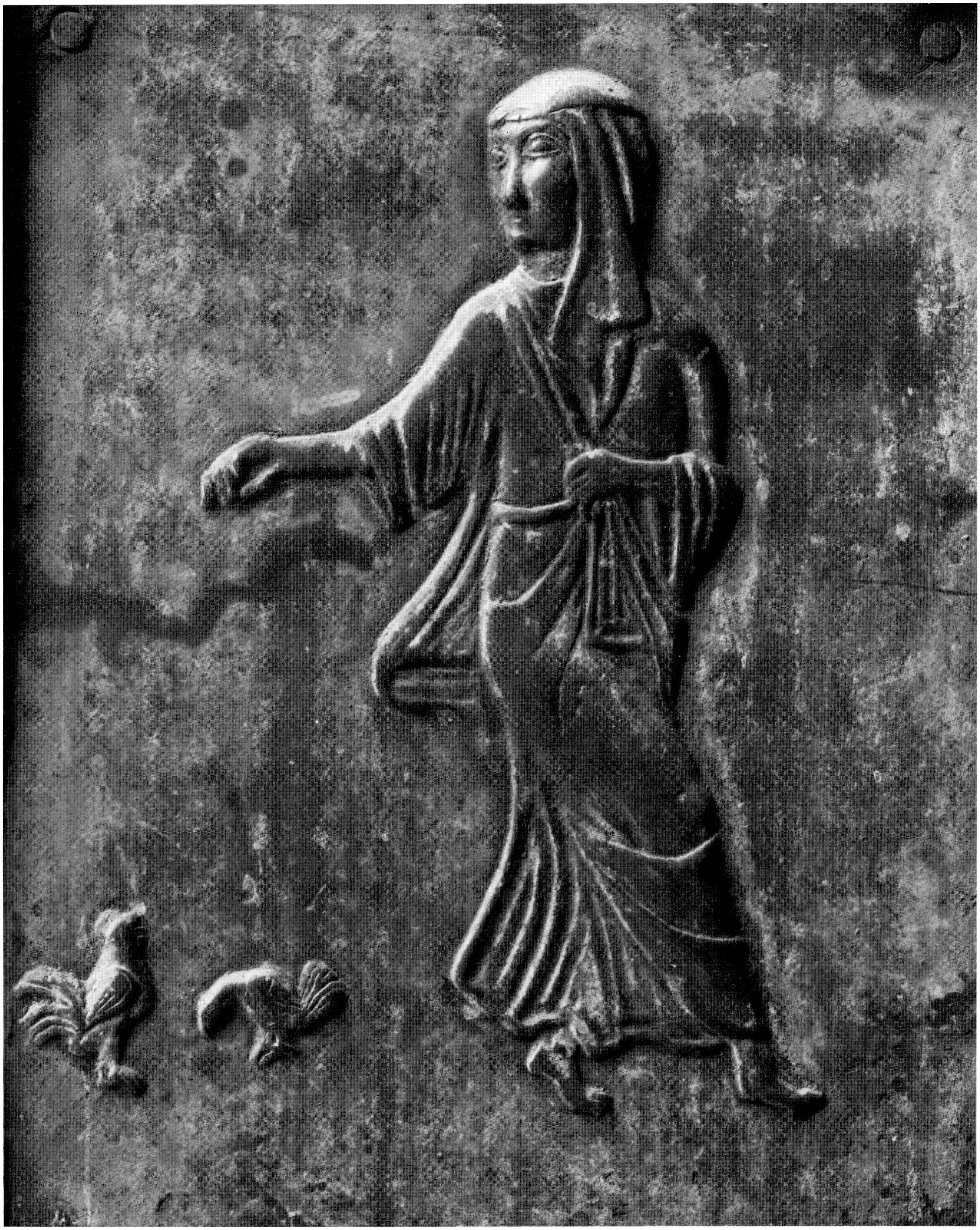

33

32, 33 Augsburg. Vom linken Türflügel: Männliche Figur (F 21), Hühnerfütternde Frau (F 33)
34, 35 Augsburg. Moses weicht vor der Schlange zurück (linker Flügel F 31, rechter Flügel F 25) ▷

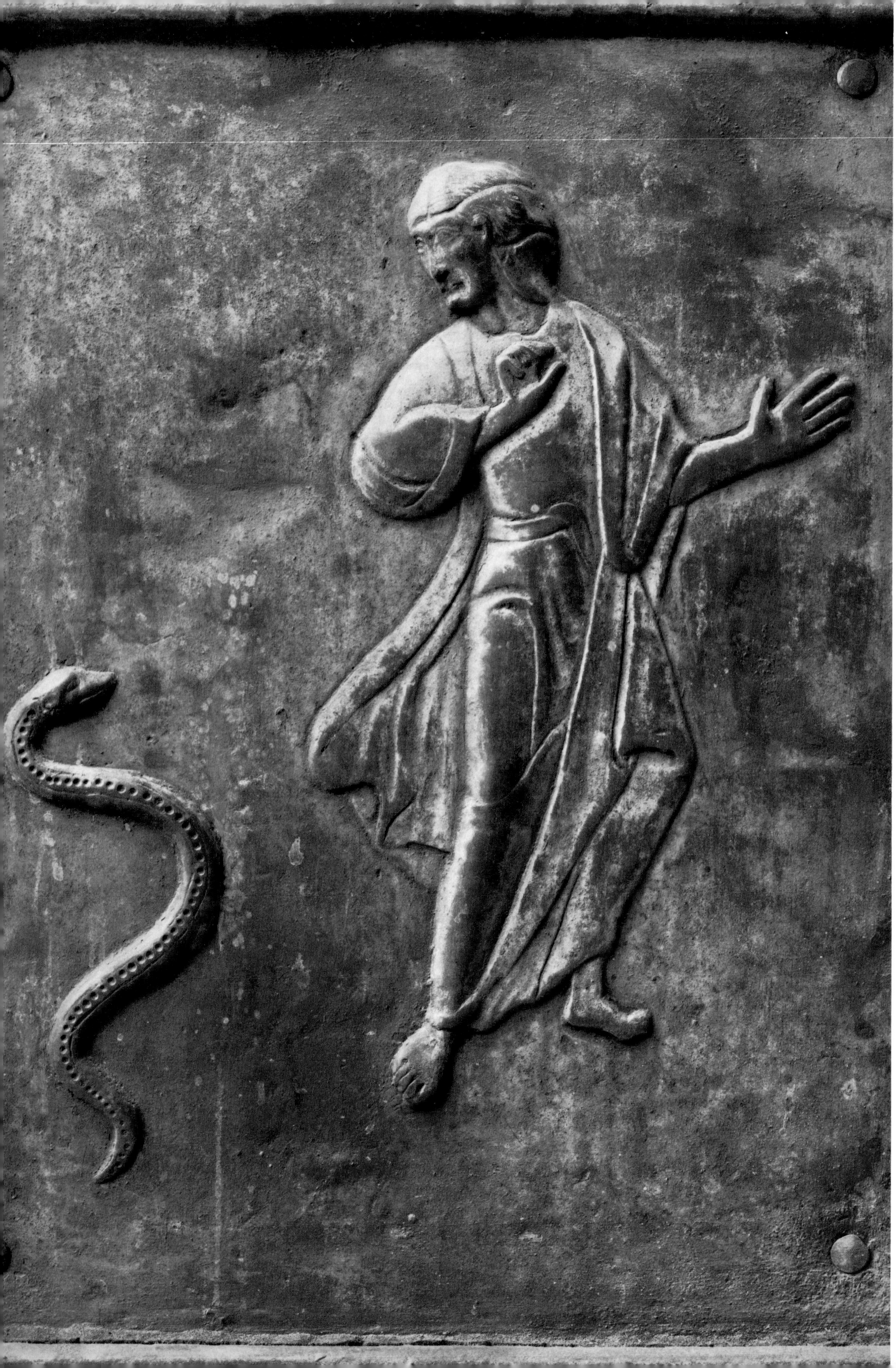

34
35 ▷

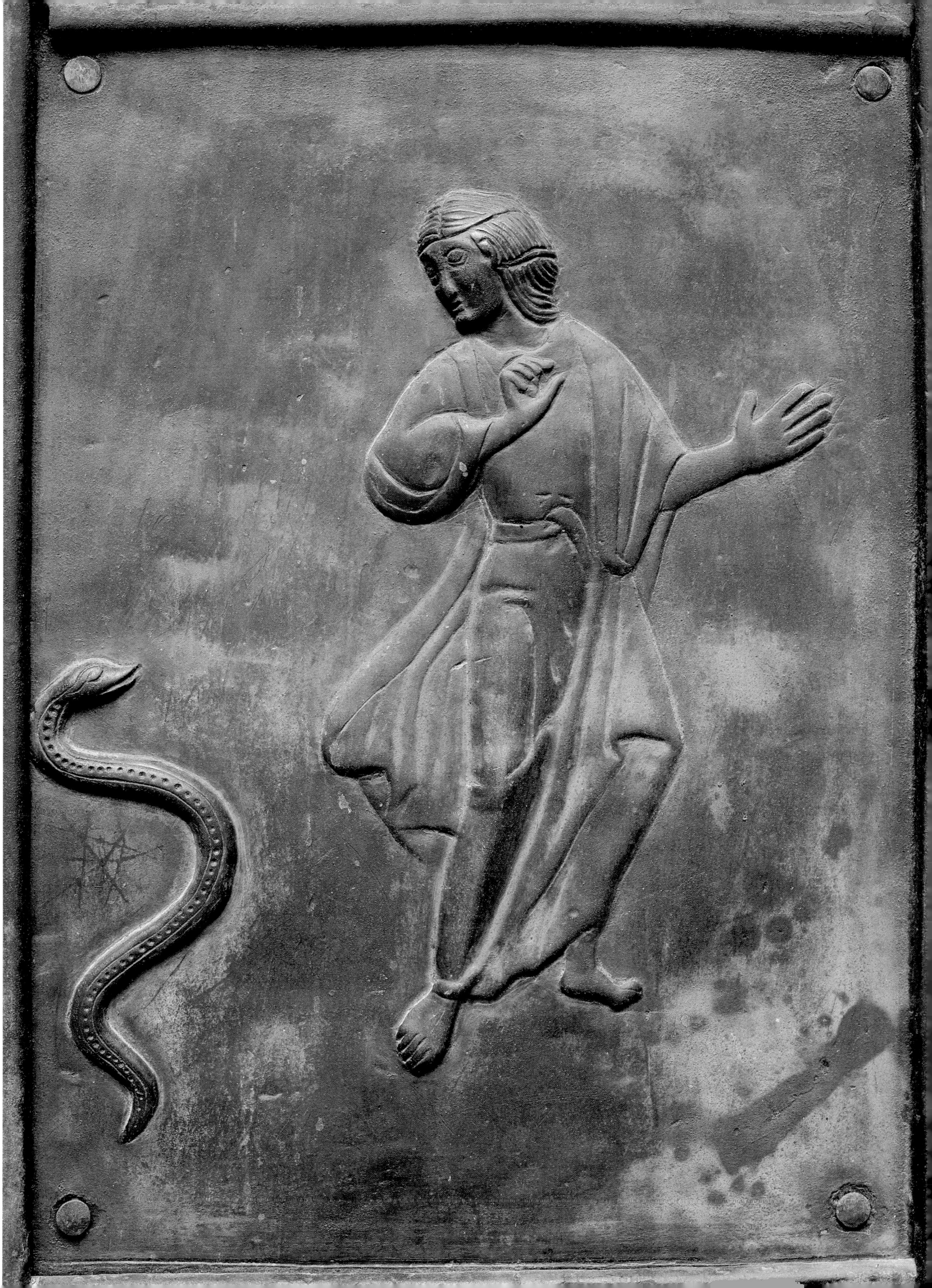

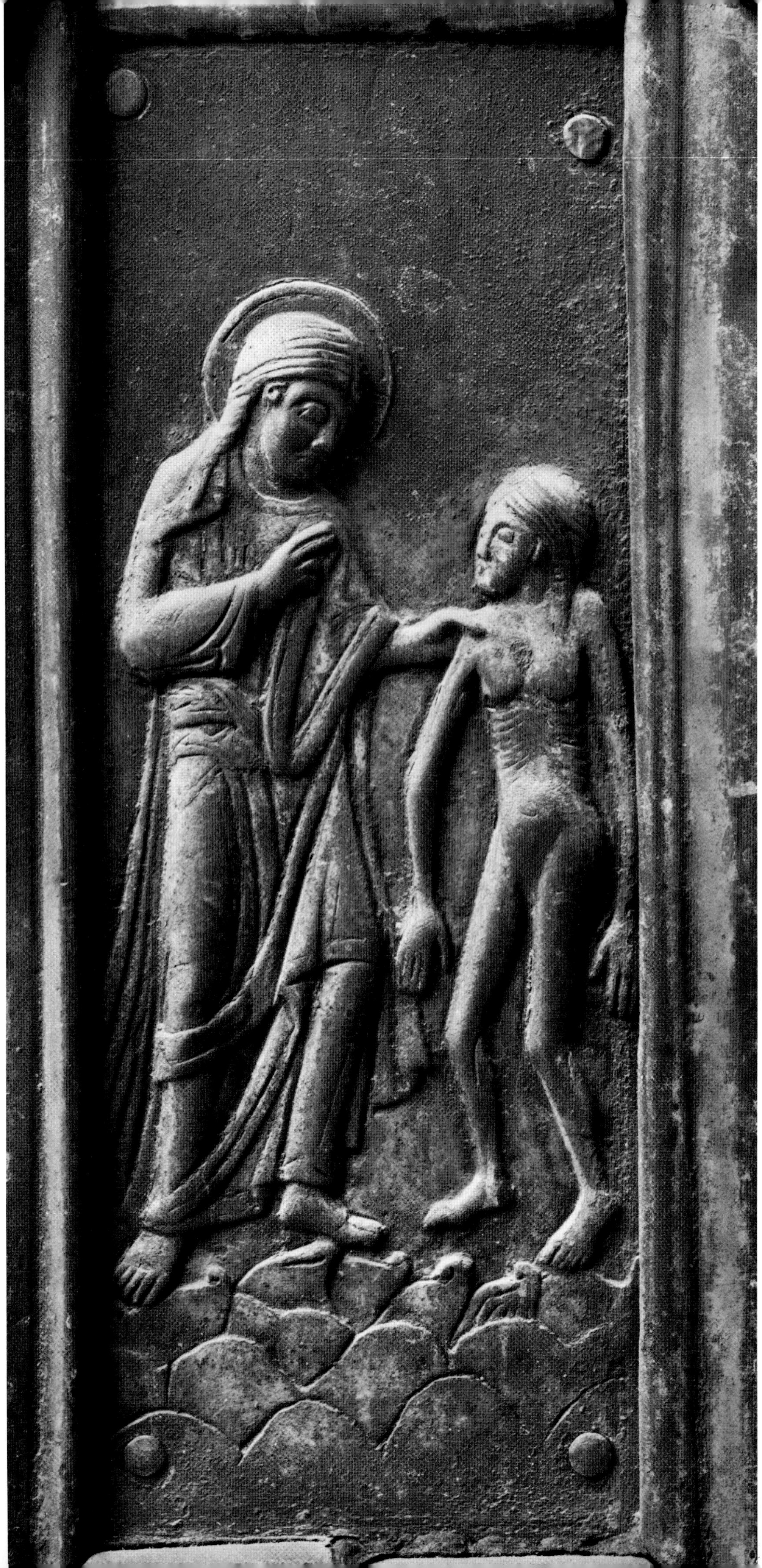

36 Augsburg. Beseelung Adams vom linken Türflügel (F 32)

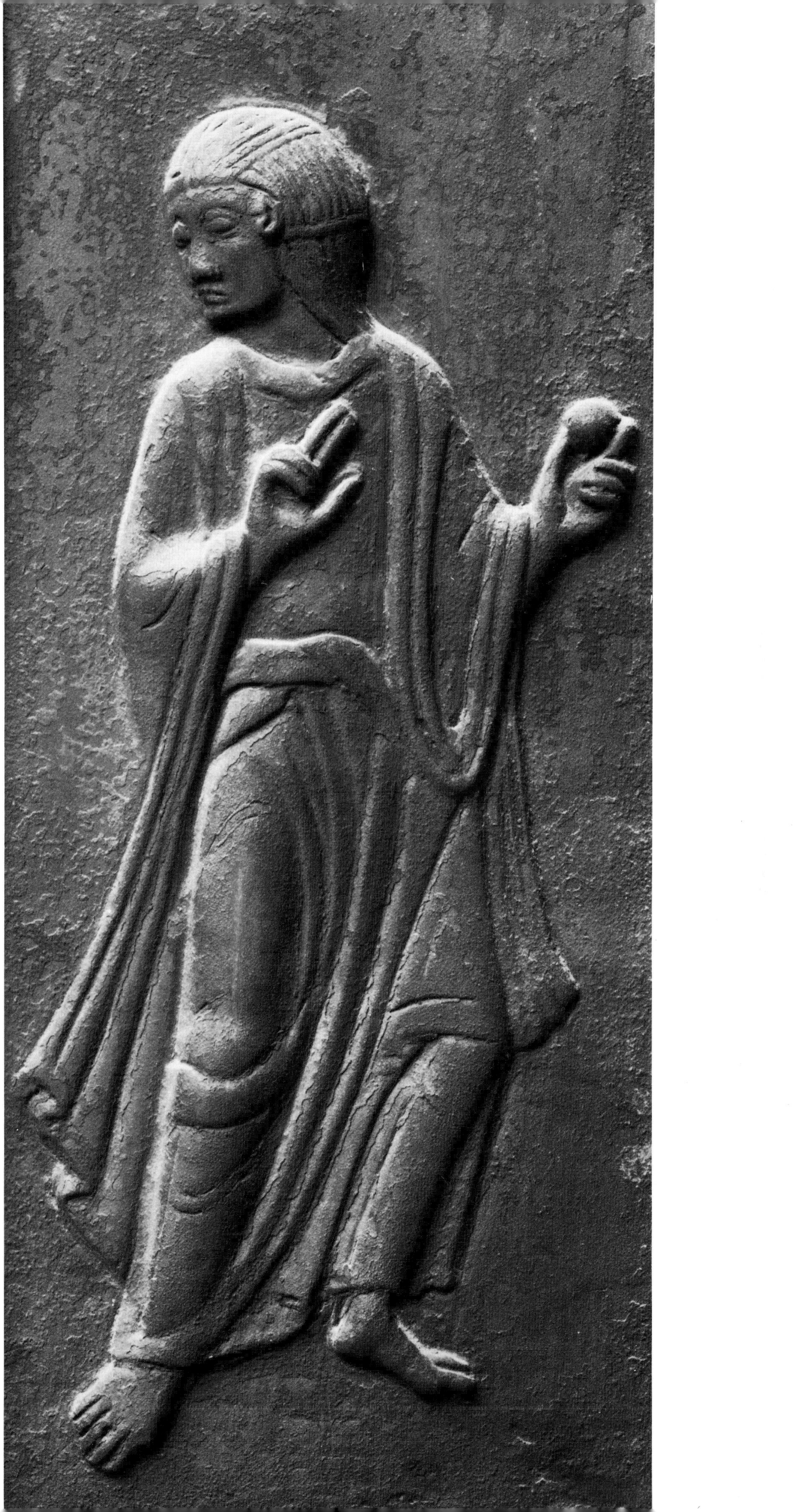

37 Augsburg. Männliche Figur vom linken Türflügel (F 22)

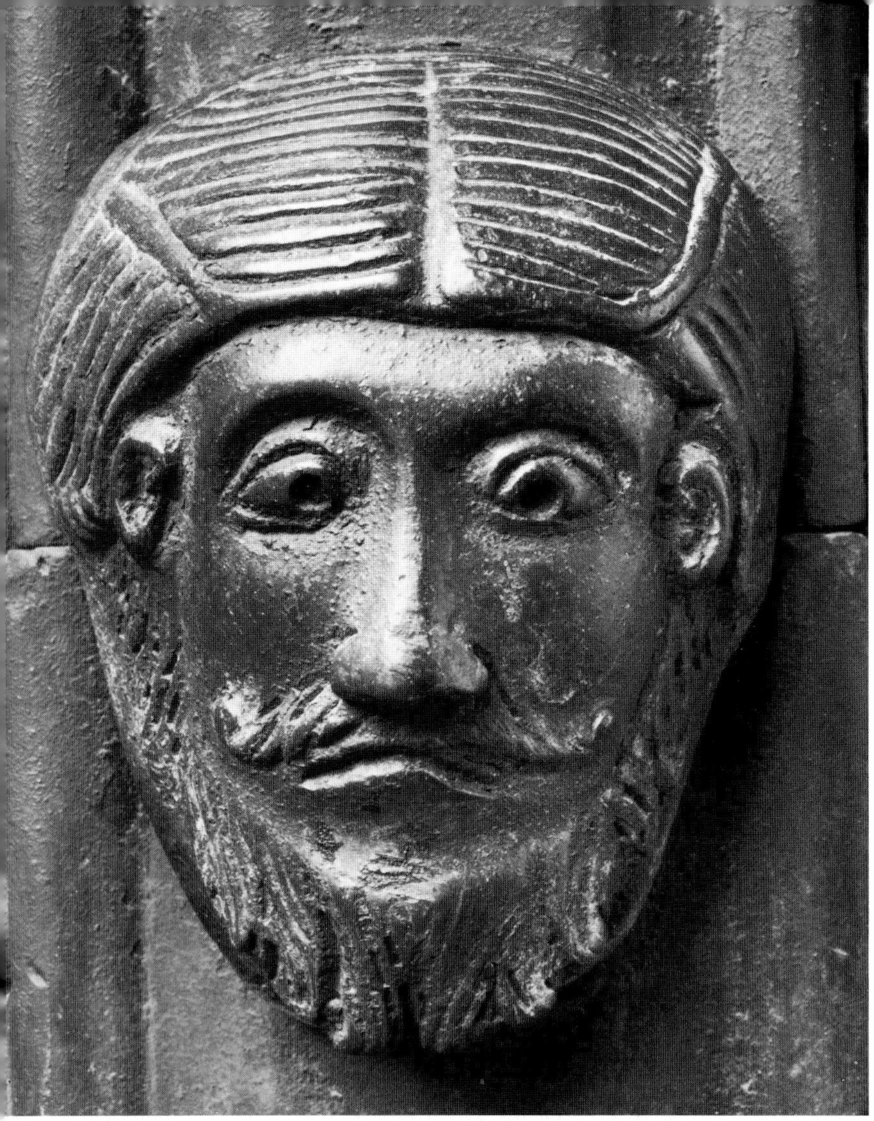
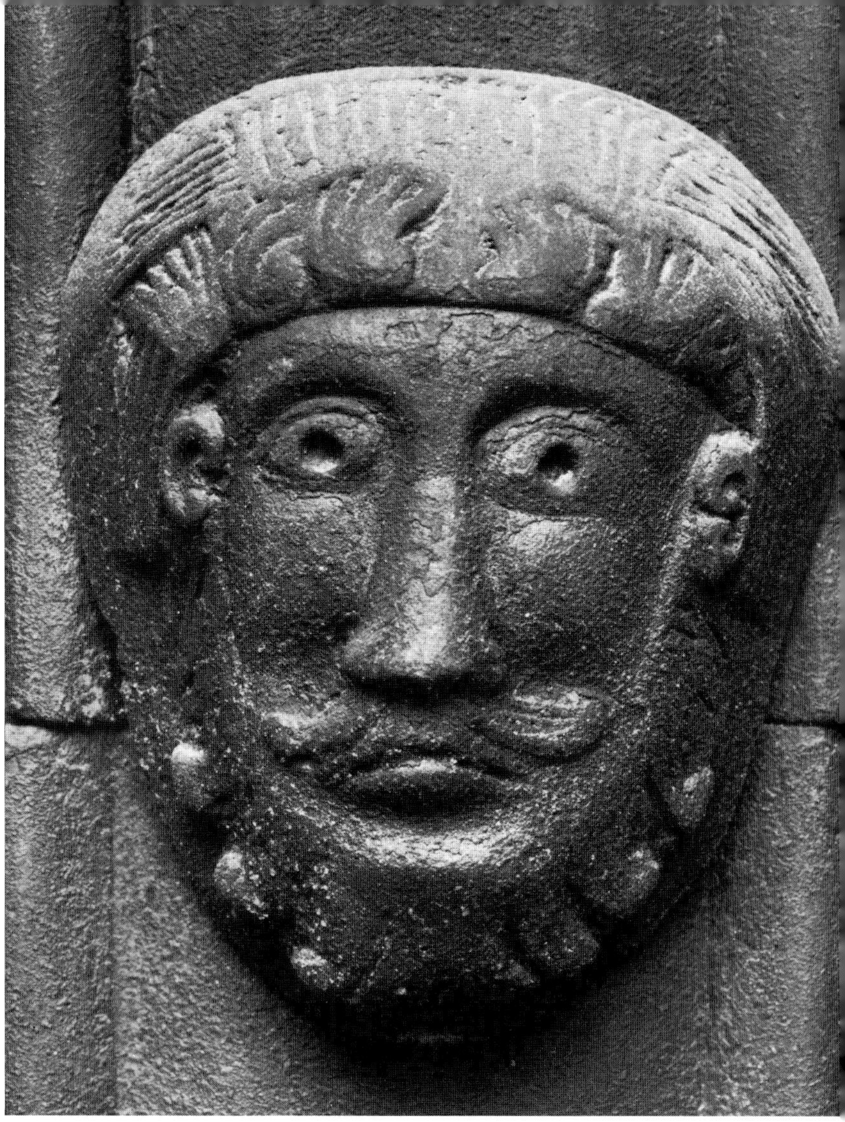

38, 39 Augsburg. Masken der Rahmenleisten (das Exemplar rechts unten ergänzt, wohl 1593). Löwe vom rechten Türflügel (F 20)

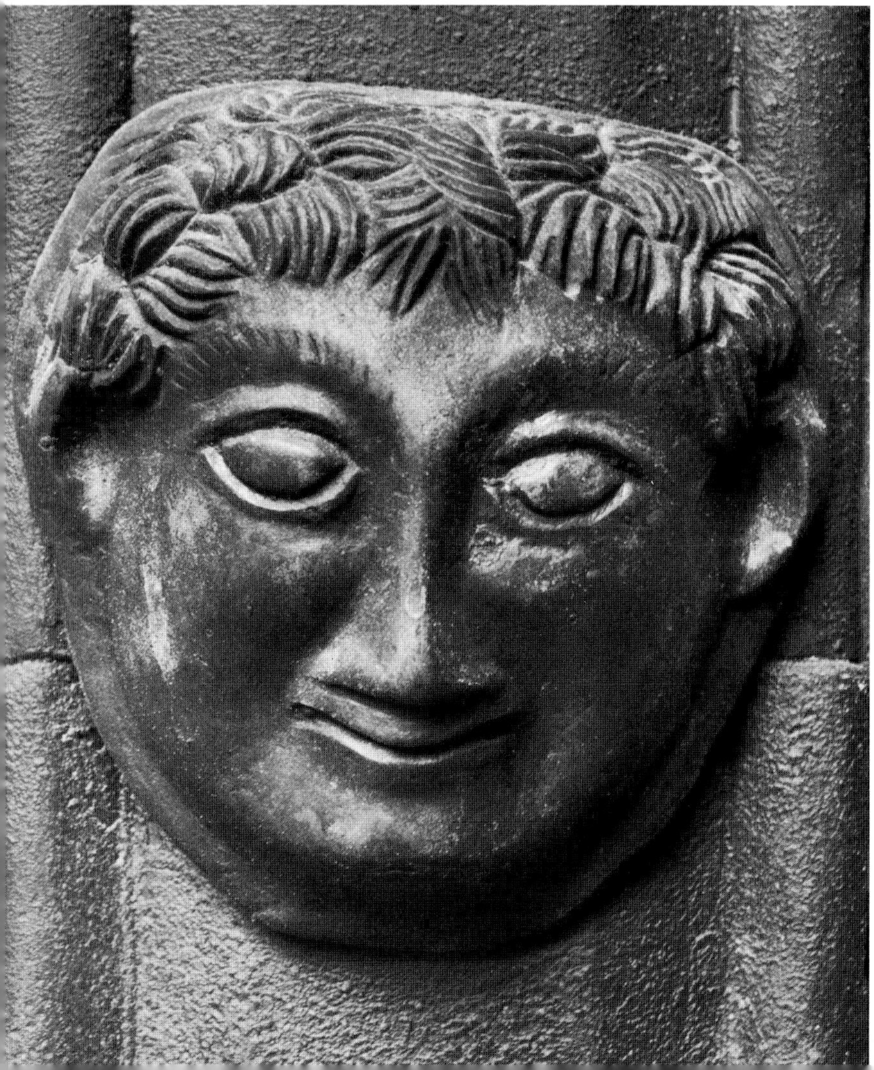
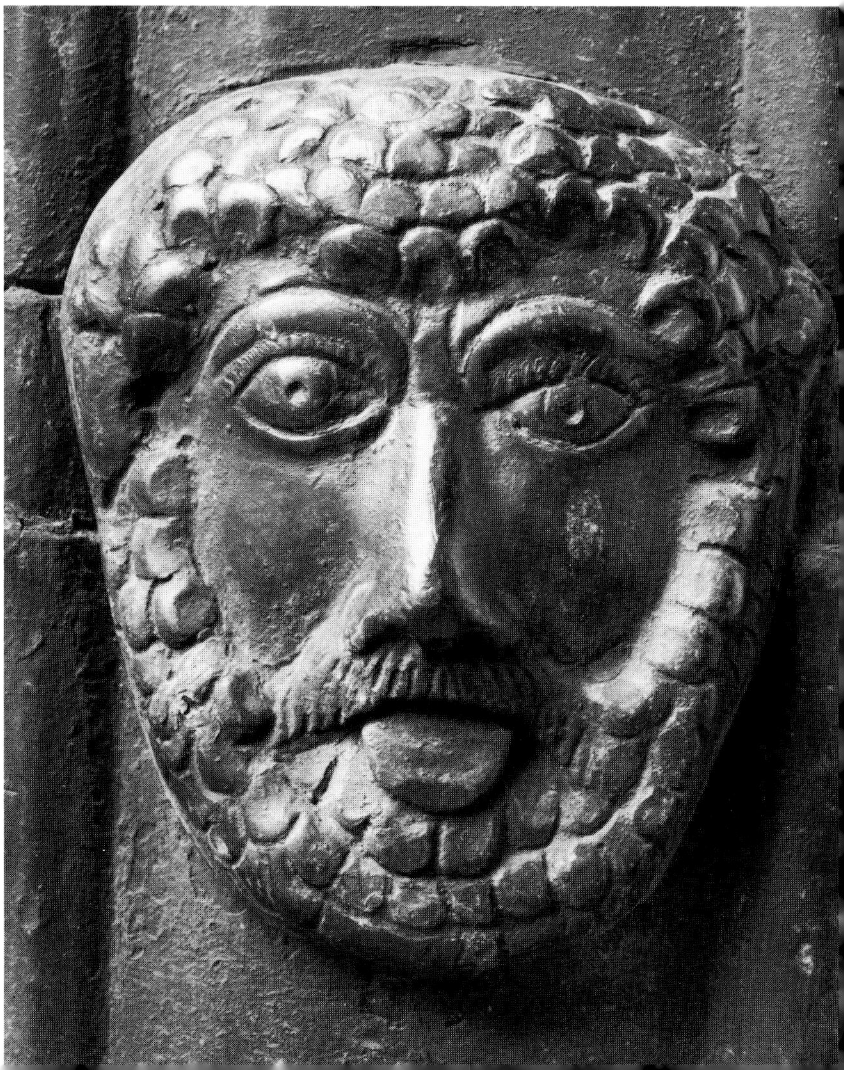

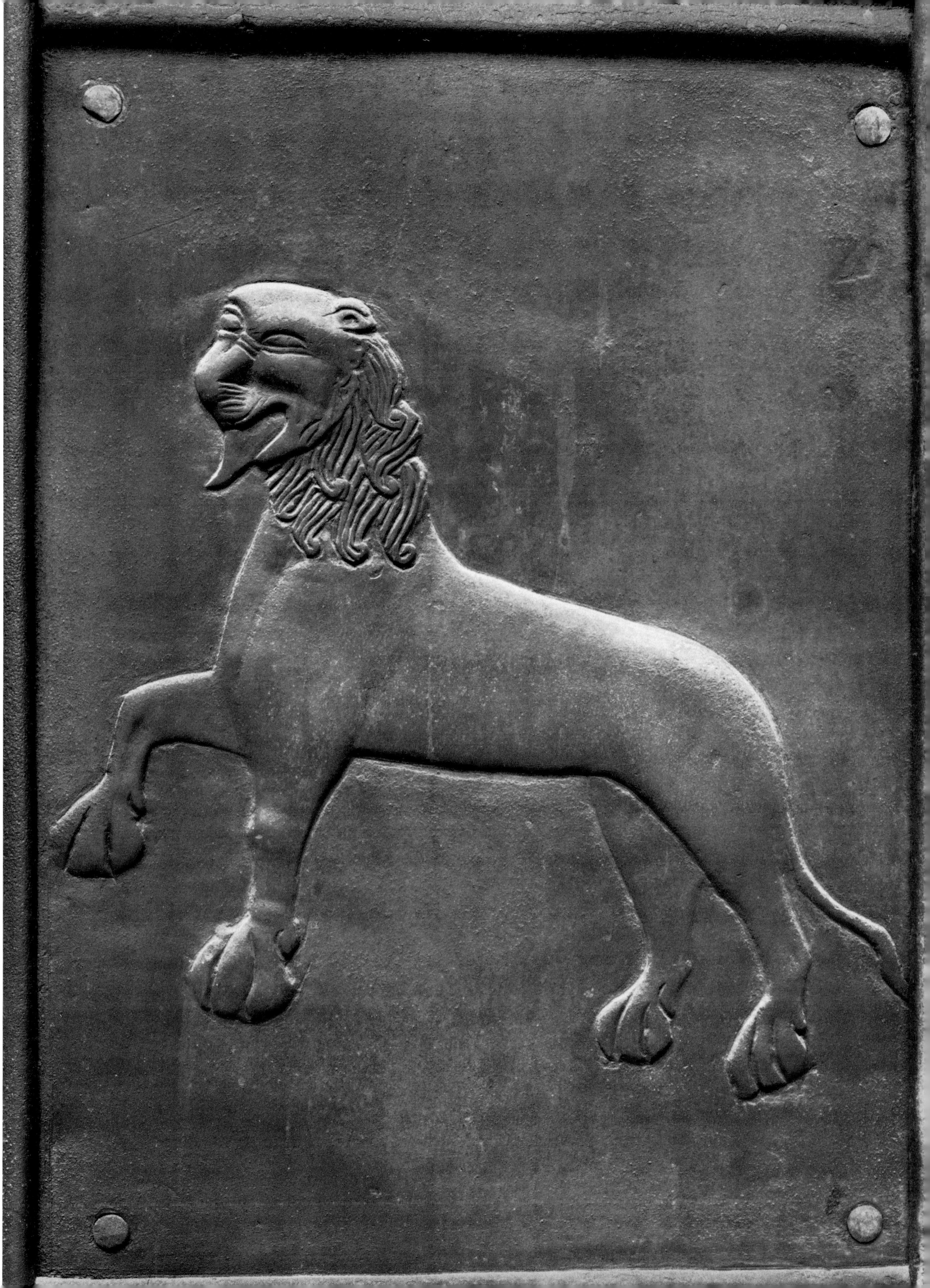

39

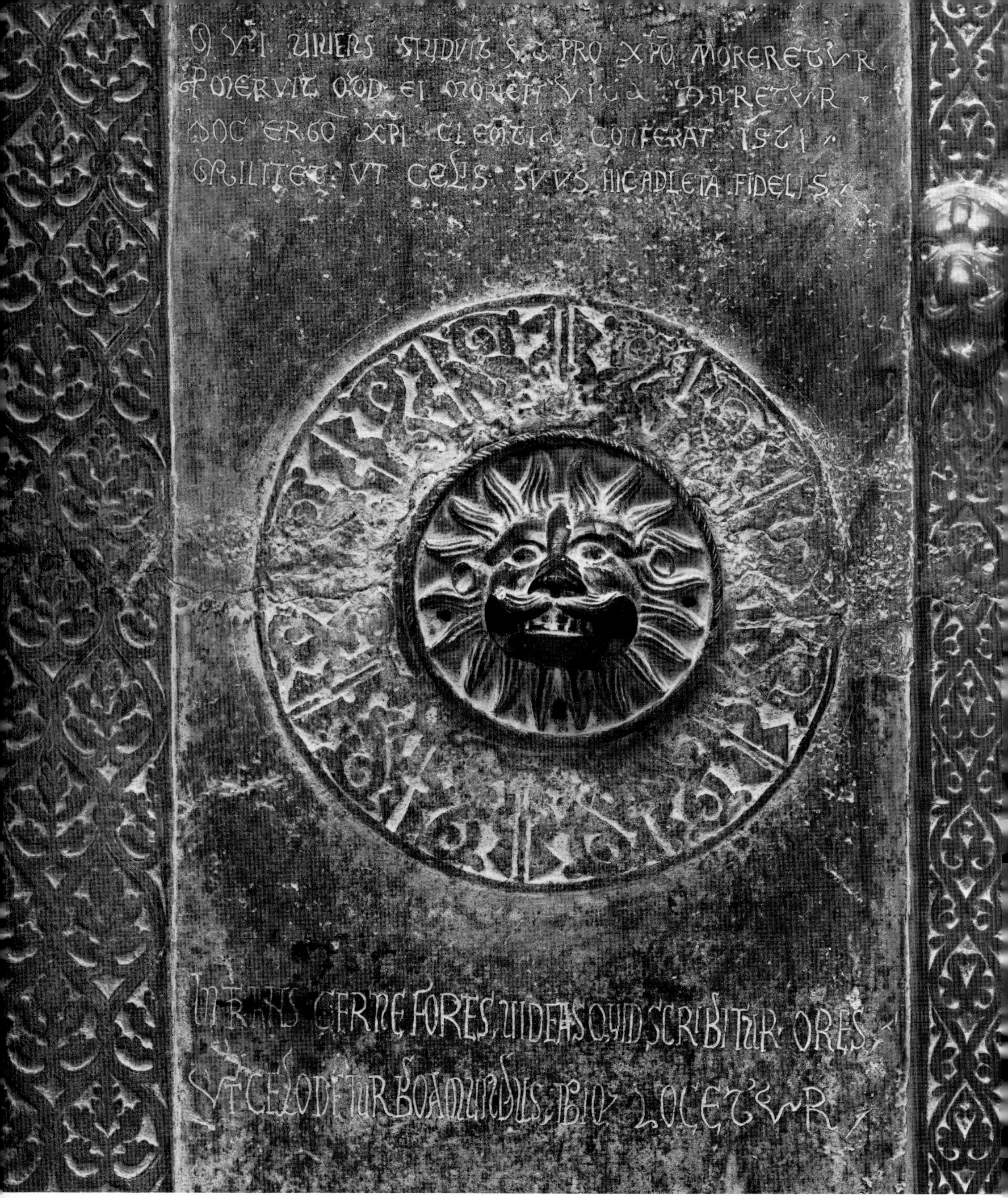

40, 41 Canosa, Tür am Grabbau des Fürsten Boemund I. an der Südseite des Domes. 40 Löwenkopf in pseudokufischer Rahmung und Teil der Inschrift vom linken Flügel. 41 Gesamtansicht: islamische Ornamentmotive, dazu auf dem linken Flügel Ruhminschrift auf Boemund, auf dem rechten Flügel Darstellungen historischer Personen. Linker Flügel Apulien, 11. Jahrhundert (?), rechter Flügel Roger von Melfi, um 1111–1118

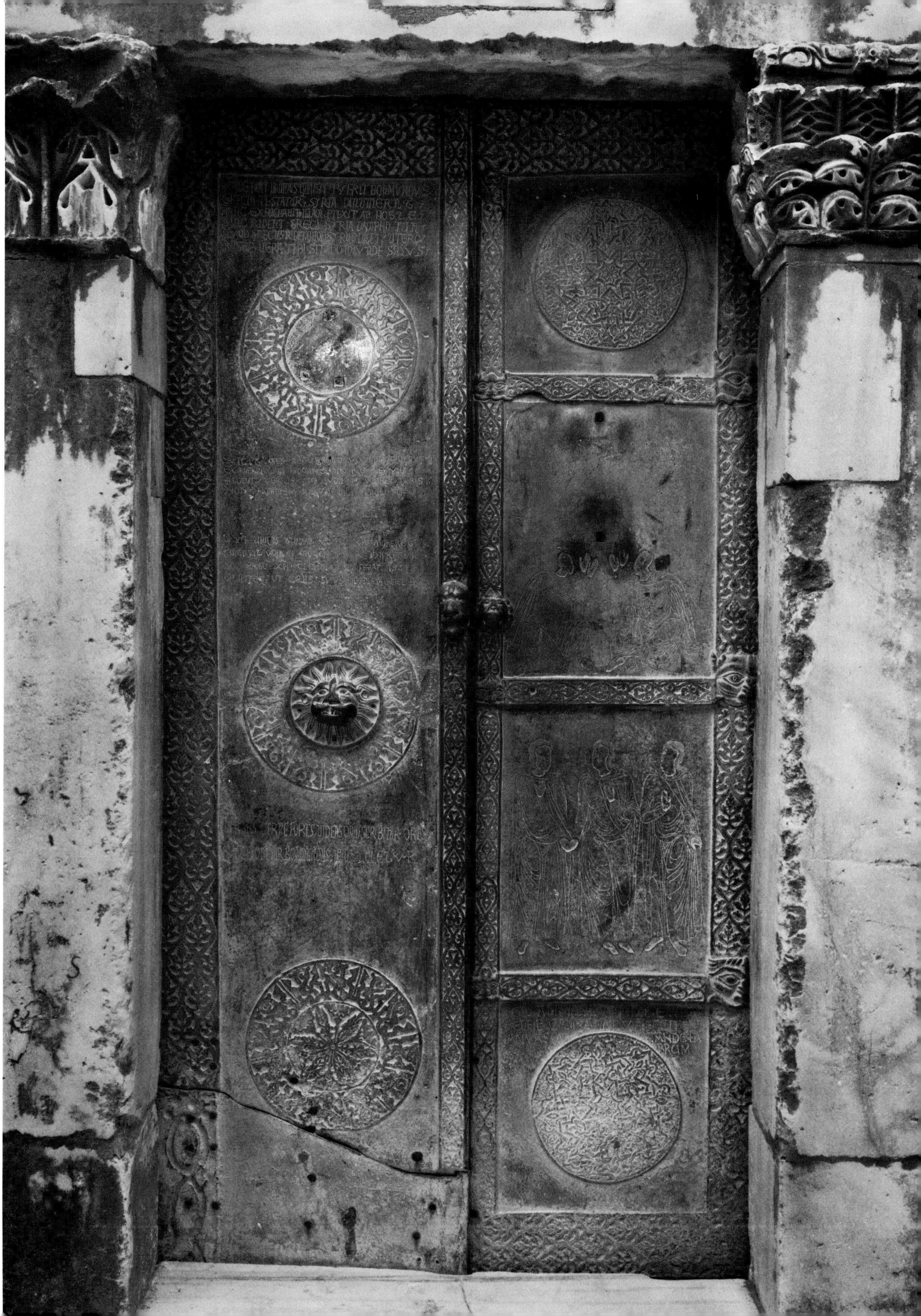

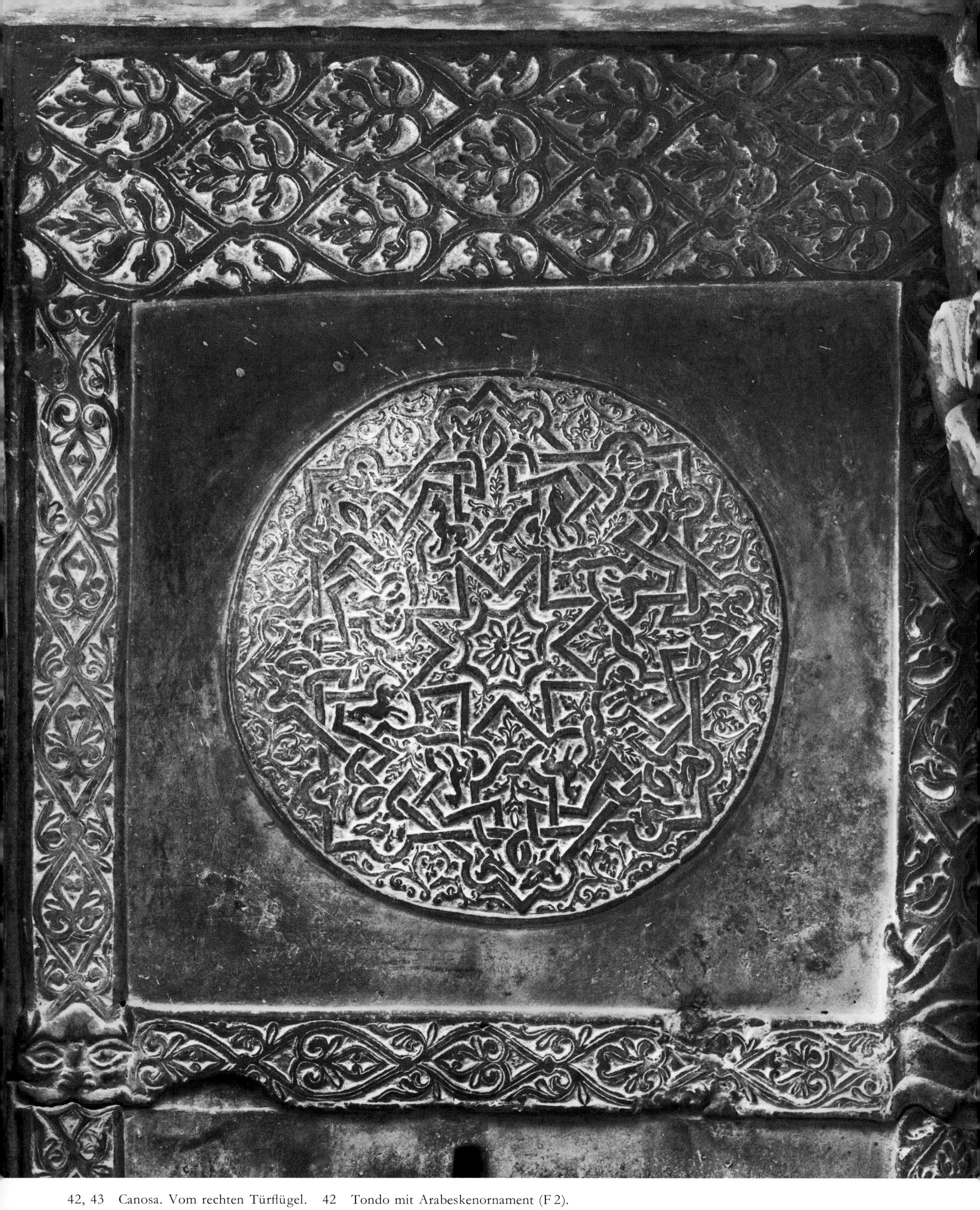

42, 43 Canosa. Vom rechten Türflügel. 42 Tondo mit Arabeskenornament (F 2).
43 Drei stehende männliche Figuren, vermutlich Mitglieder des normannischen Fürstenhauses Altavilla: Boemund II., Tankred und Roger Borsa

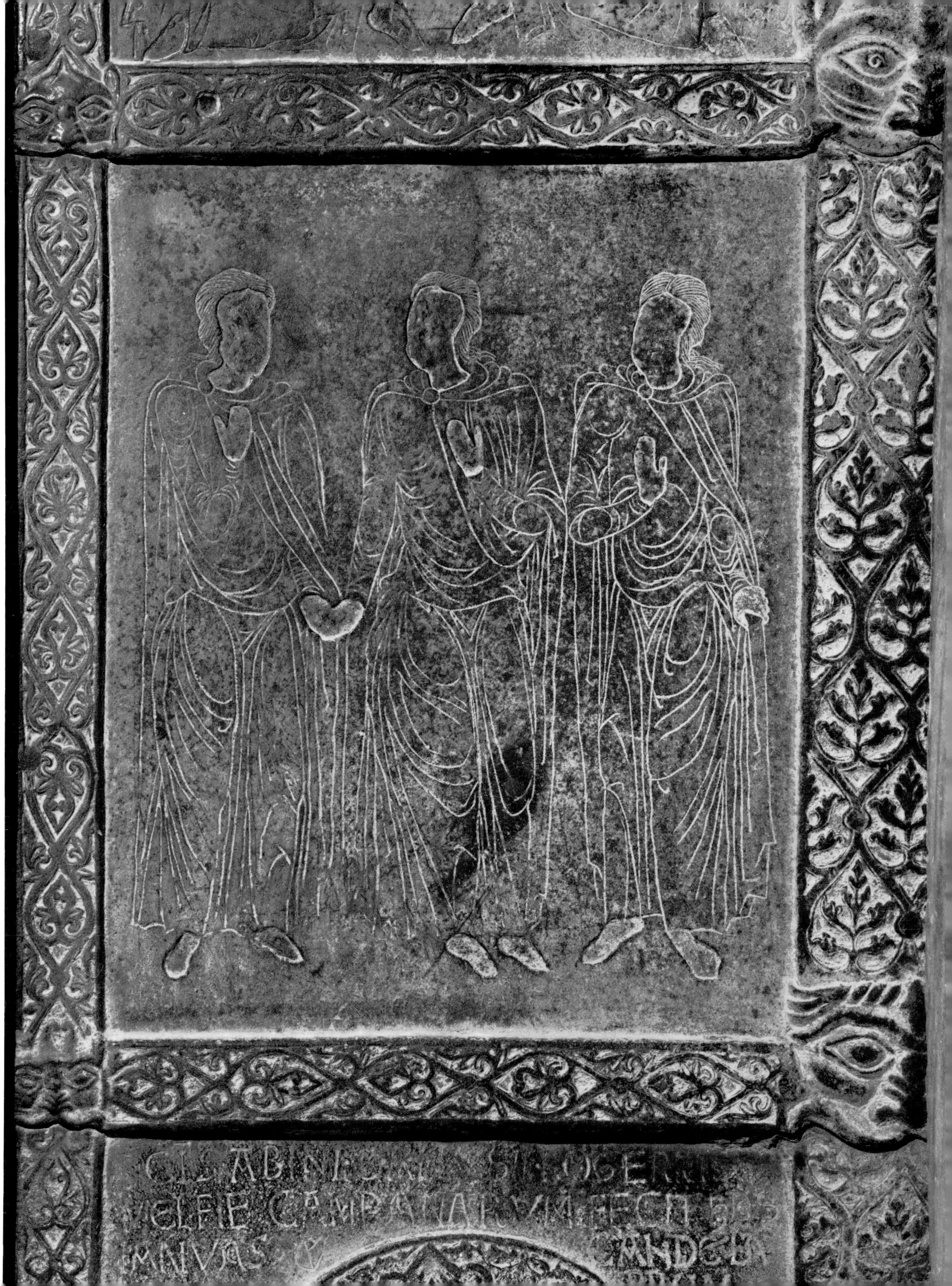

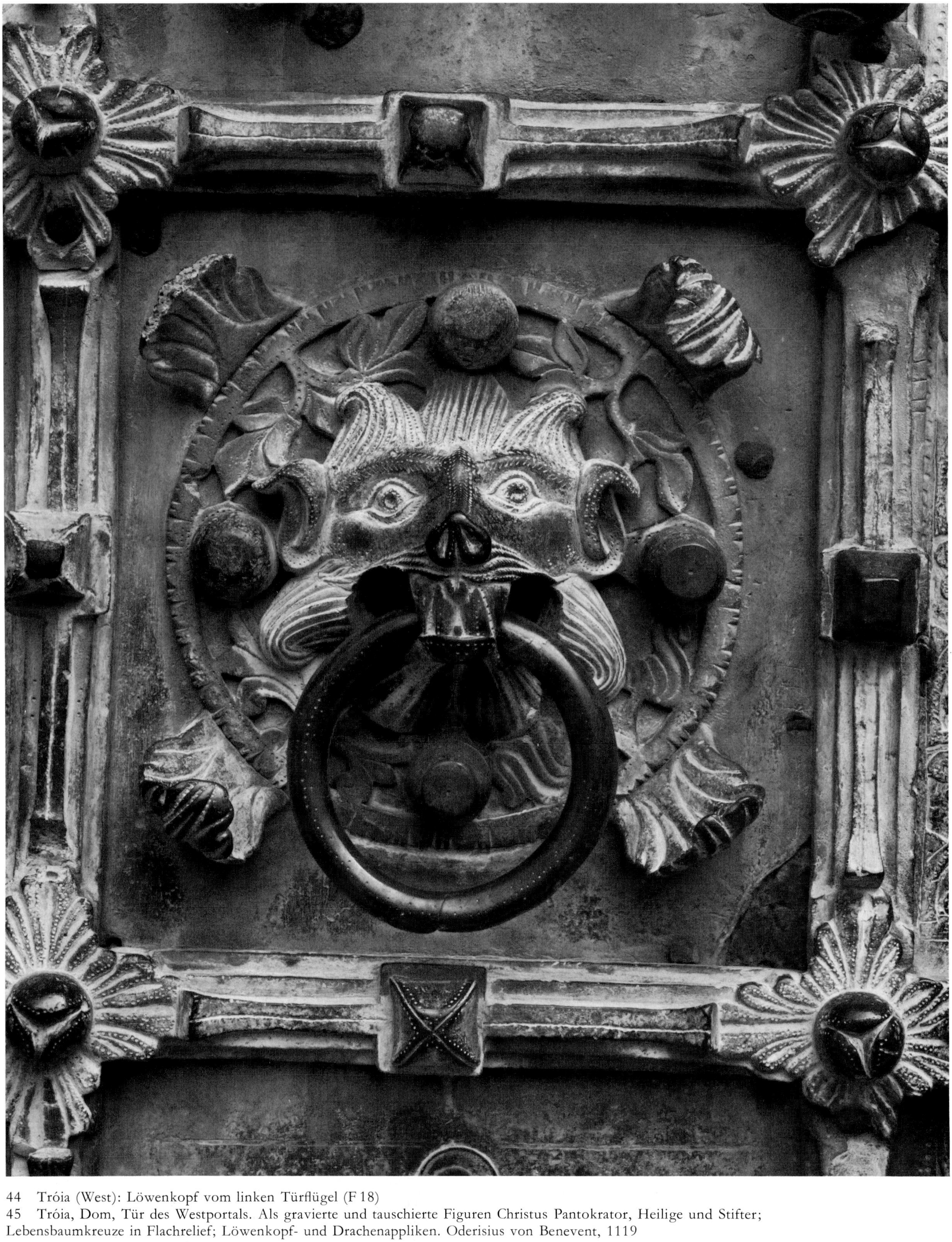

44

44 Tróia (West): Löwenkopf vom linken Türflügel (F 18)
45 Tróia, Dom, Tür des Westportals. Als gravierte und tauschierte Figuren Christus Pantokrator, Heilige und Stifter; Lebensbaumkreuze in Flachrelief; Löwenkopf- und Drachenappliken. Oderisius von Benevent, 1119

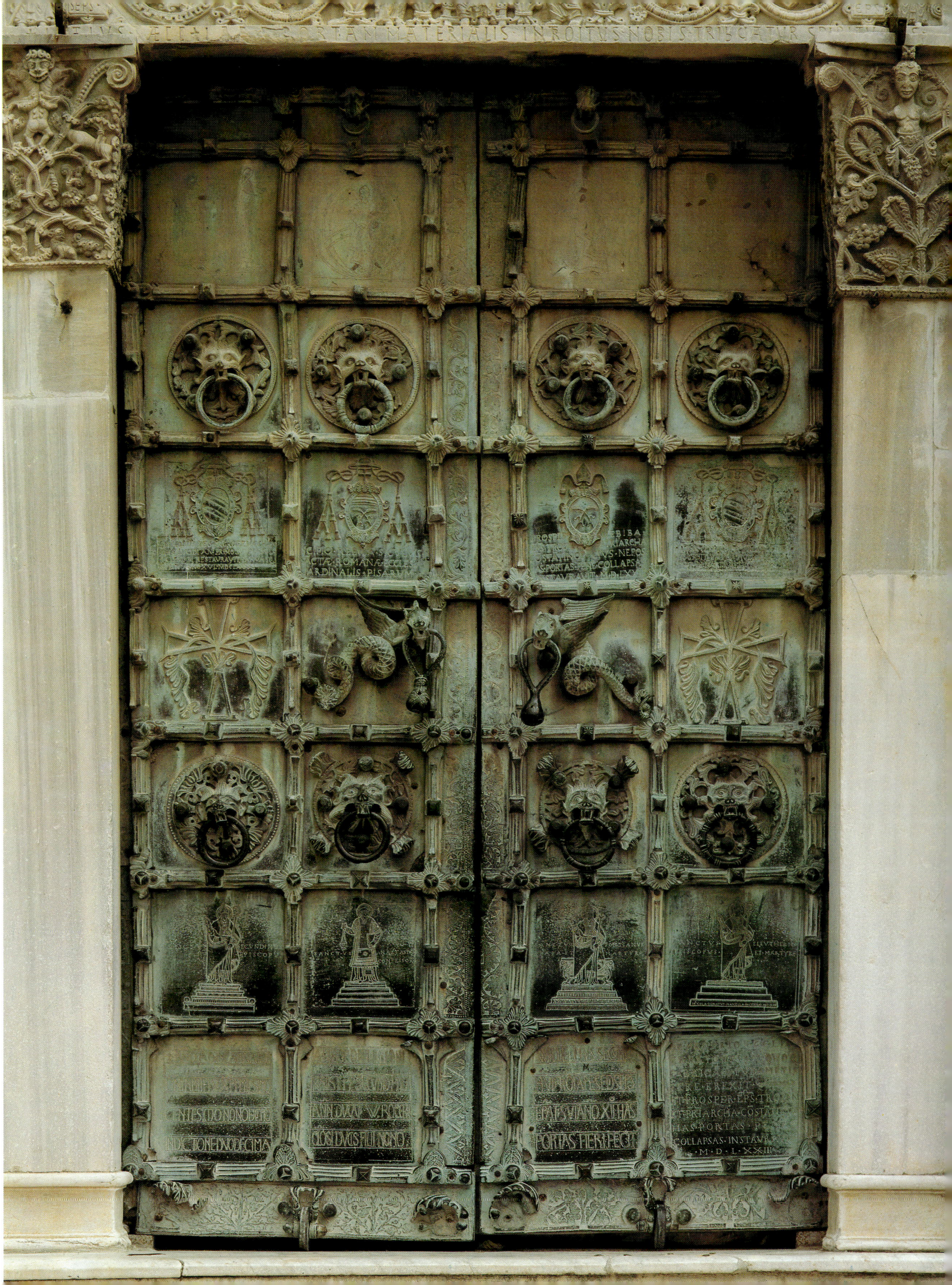
INDICTIONE DVODECIMA
PORTAS FIERI FECIT
COLLAPSAS·INSTAVR
·M·D·L·XXIII

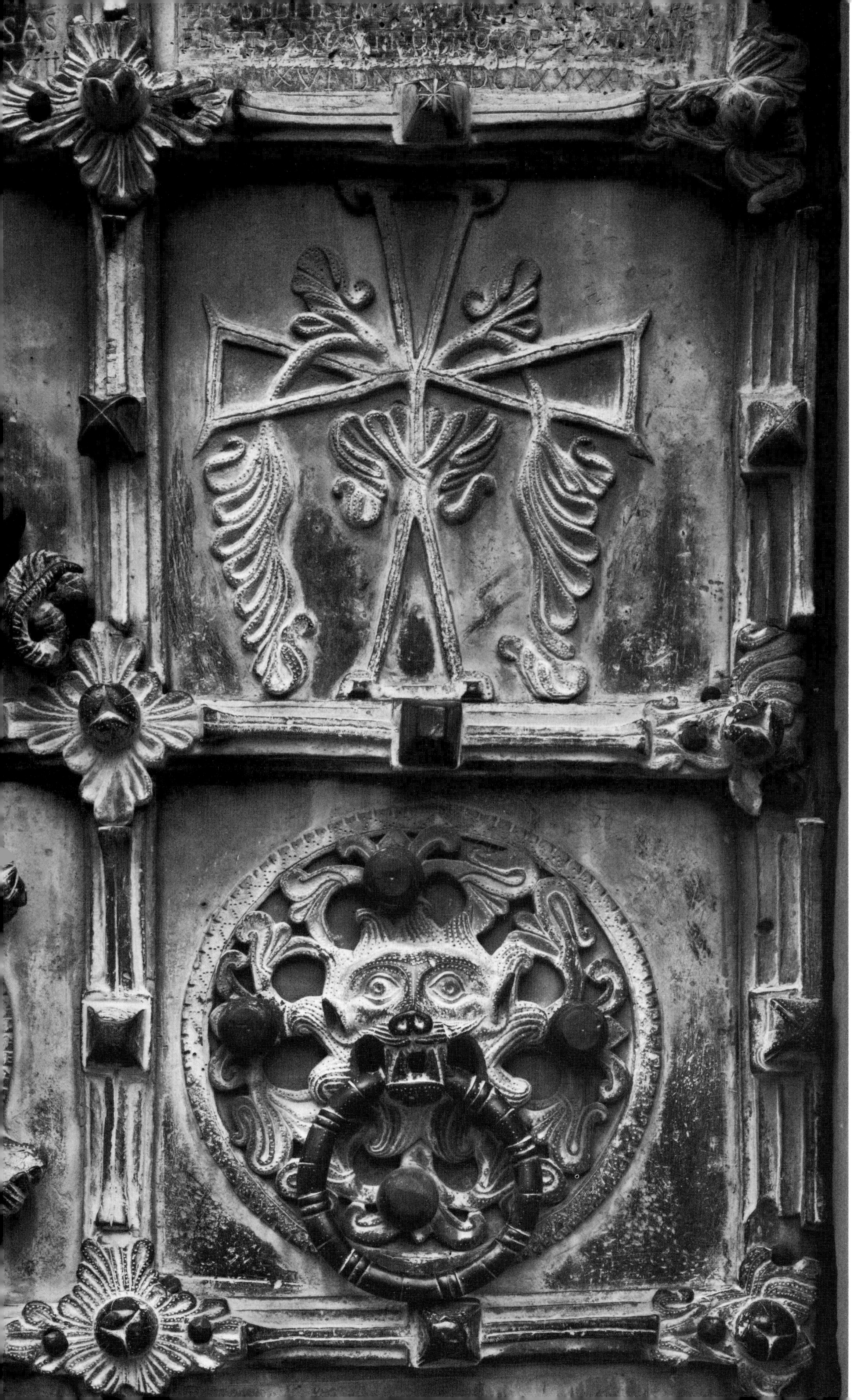

46–49 Tróia (West).
46 Lebensbaumkreuz und Löwenkopf vom rechten Türflügel (F 16, 20).
47 Untere Hälfte der Türflügel.
48, 49 Türklopfer in Drachengestalt (F 14, 15)

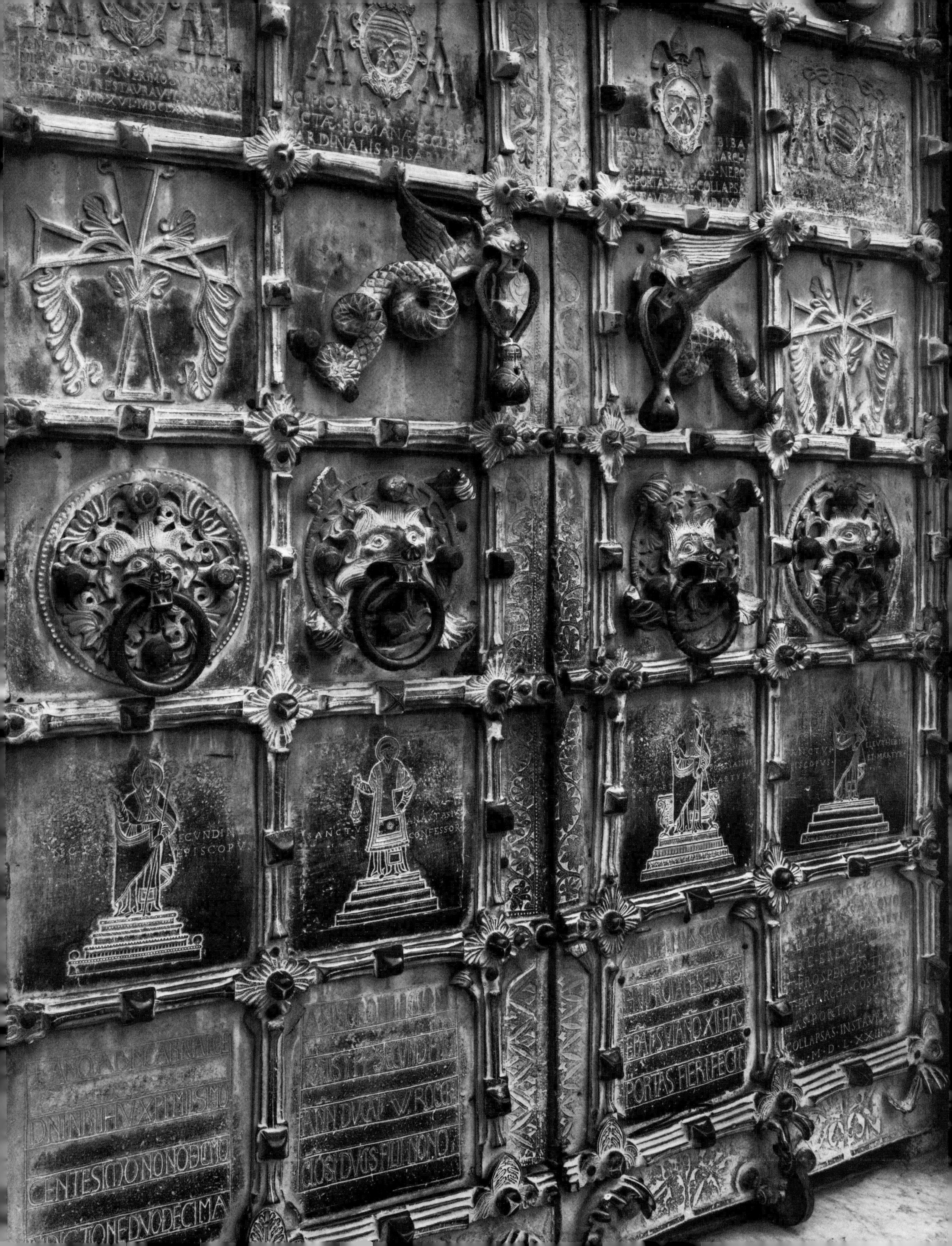

ARDINALIS PISAR
SECVNDINV
EPISCOPV
CONFESSOR
PORTAS FIERI FECIT
CENTESIMO NONO DECIMO
INDICTIONE DVODECIMA
HAS PORTAS
COLLAPSAS INSTAVR

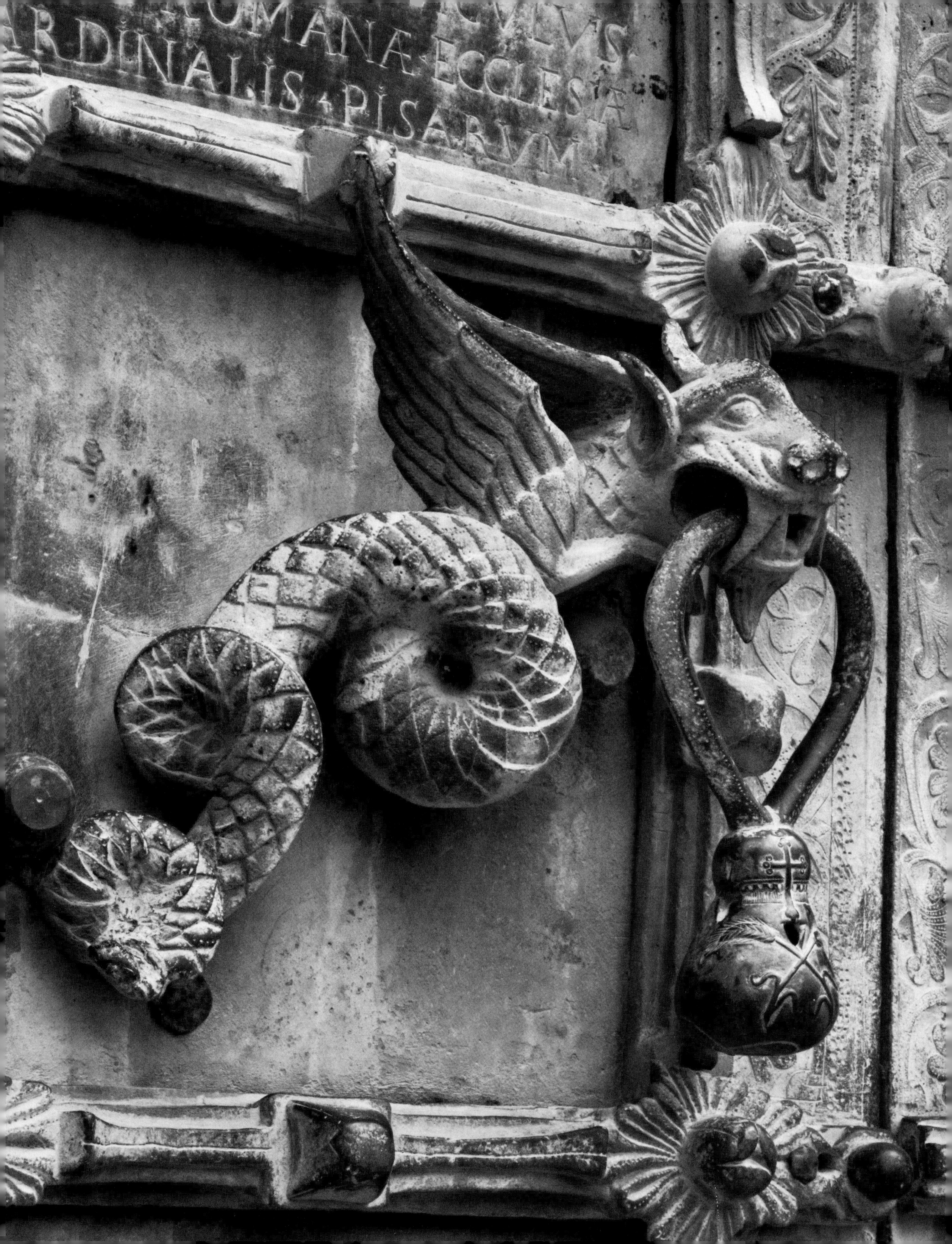

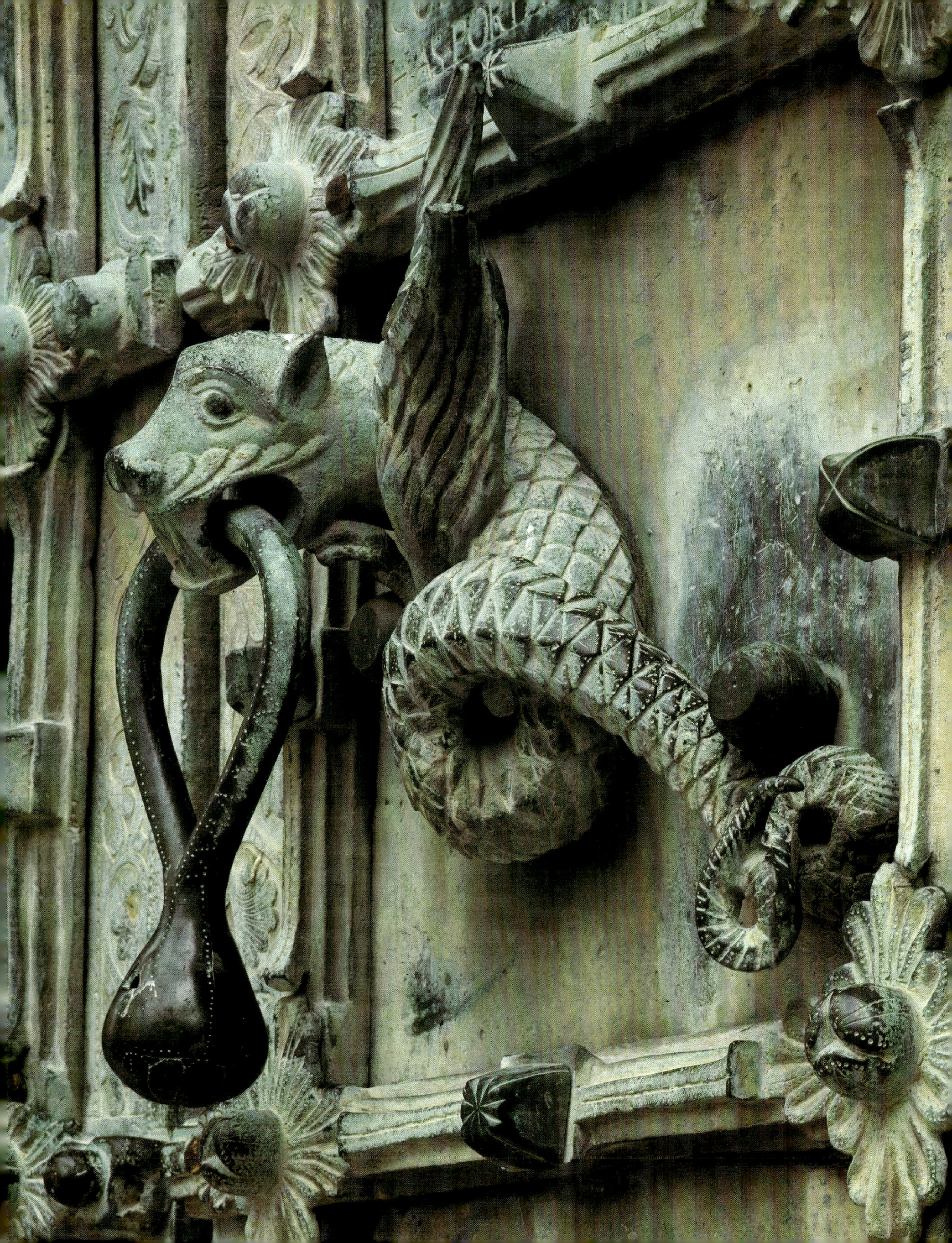

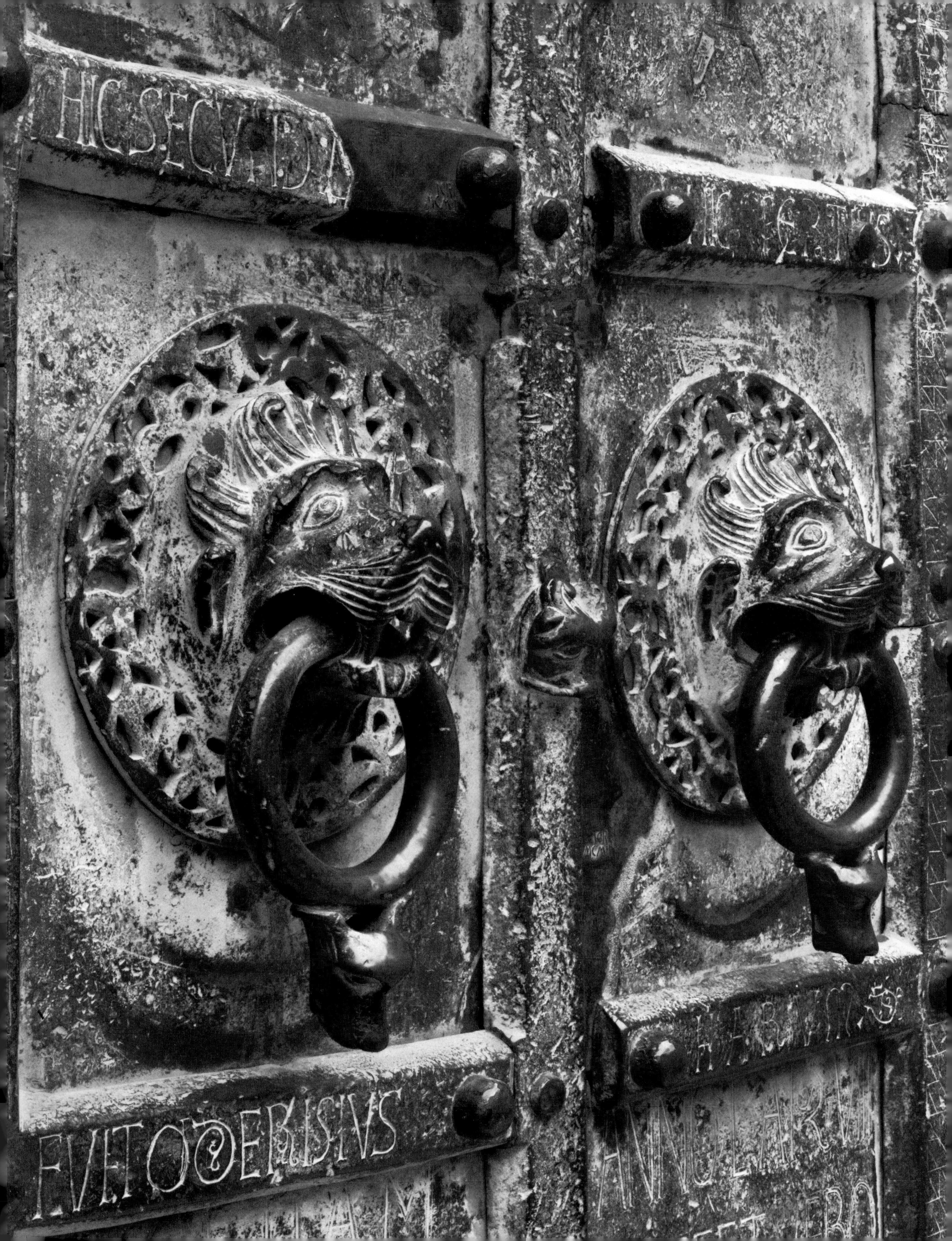

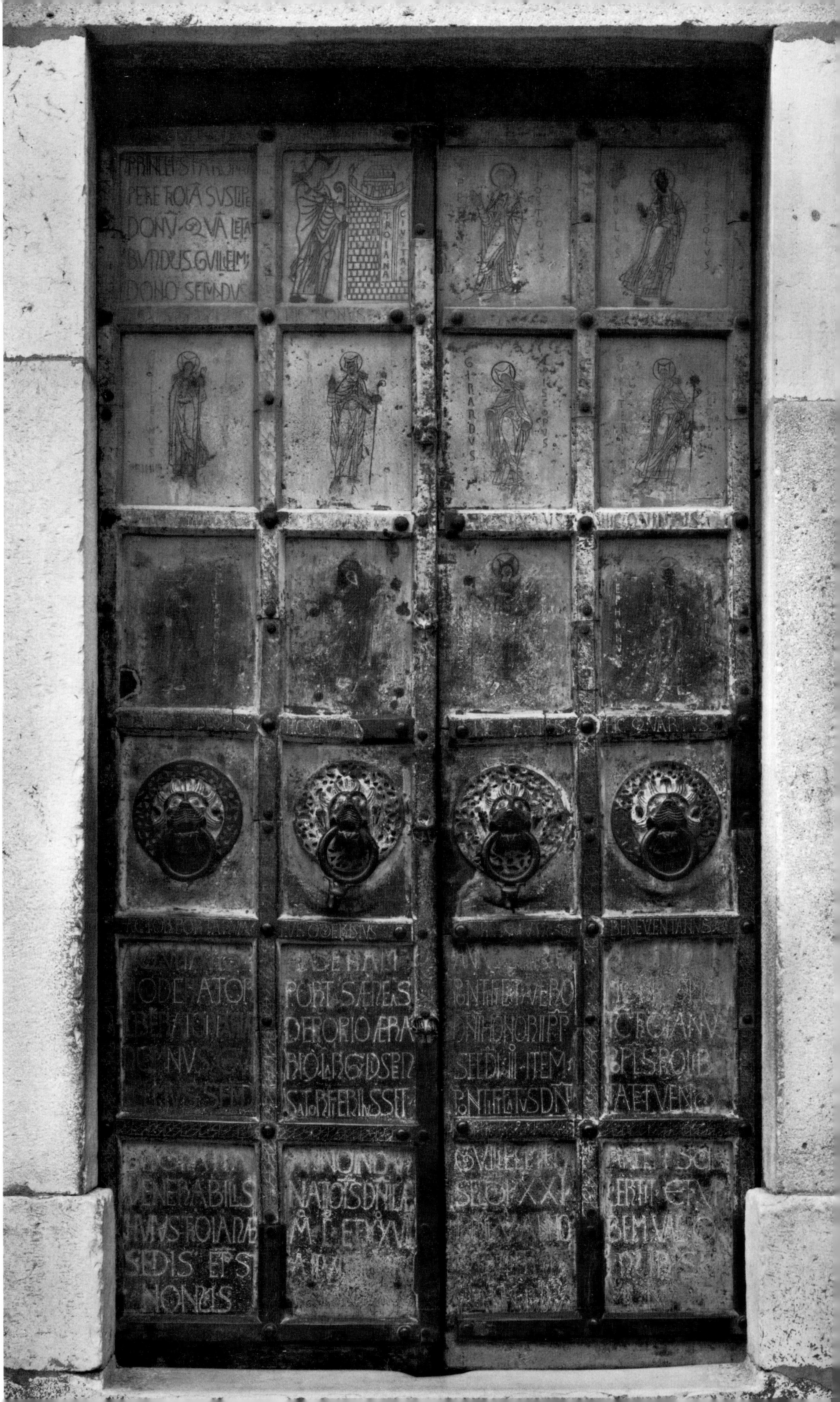

50–53 Tróia, Tür des Südportals.
50 Die beiden Löwenköpfe am Türschluß (F 14, 15).
51 Gesamtansicht. Als gravierte und tauschierte Figuren die Apostel Petrus und Paulus und die Bischöfe von Tróia; im unteren Drittel der Tür patriotische Inschrift des Stifters Bischof Wilhelm II. Oderisius von Benevent, 1127.
52, 53 Darstellungen im oberen Drittel der Tür (F 1–8): Übergabe von Tróia an den päpstlichen Stuhl durch Bischof Wilhelm II., darunter vier Bischöfe von Tróia

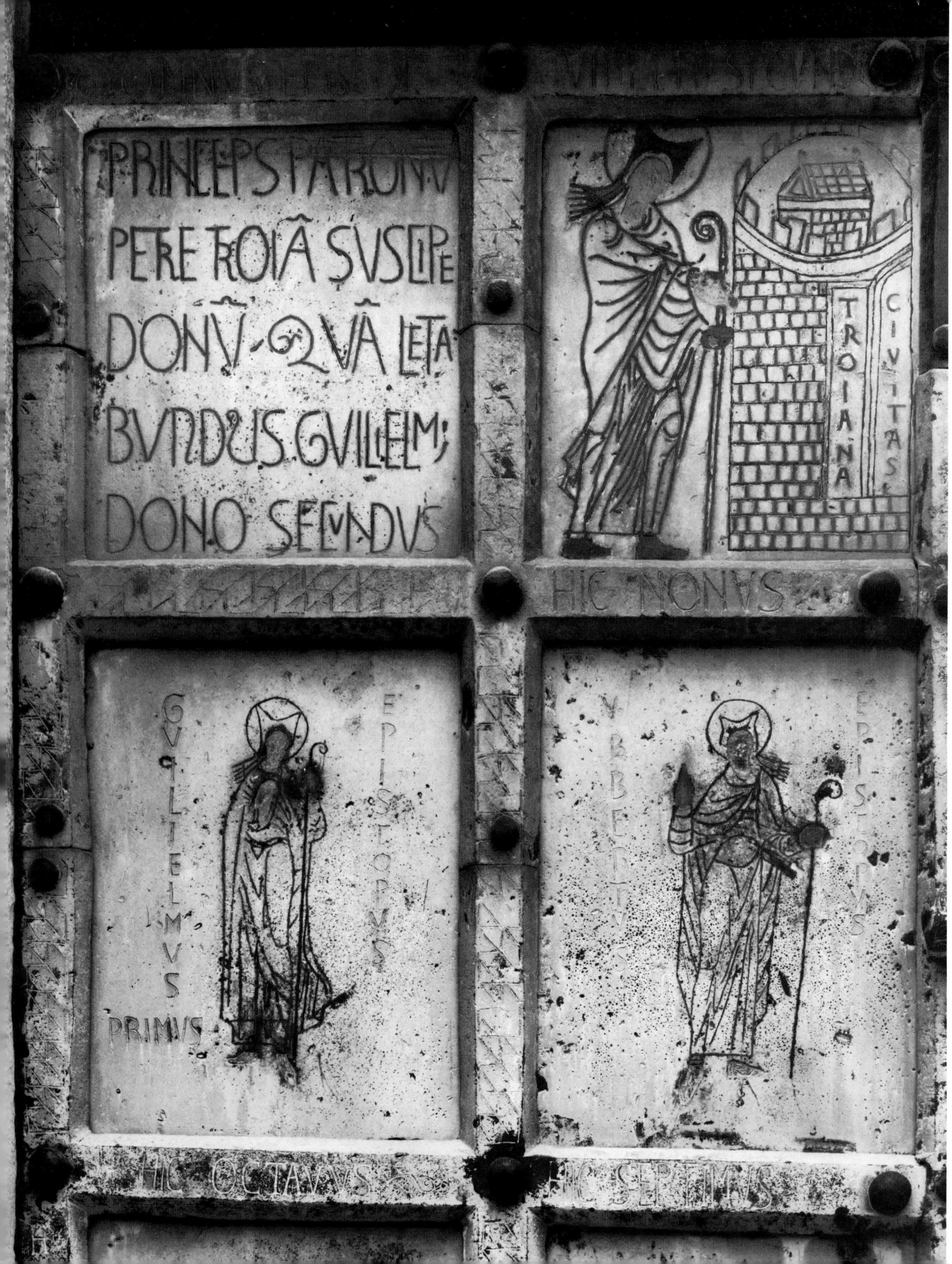
PRINCEPS PATRONV
PETRE TROIA SVSCIPE
DONV QVA LETA
BVNDVS GVILLELM
DONO SECVNDVS
TROIANA
CIVITAS
HIC NONVS
GVLIELMVS
PRIMVS
EPISCOPVS
VBBERTVS
EPISCOPVS
HIC OCTAVVS
HIC SEPTIMVS

5
5

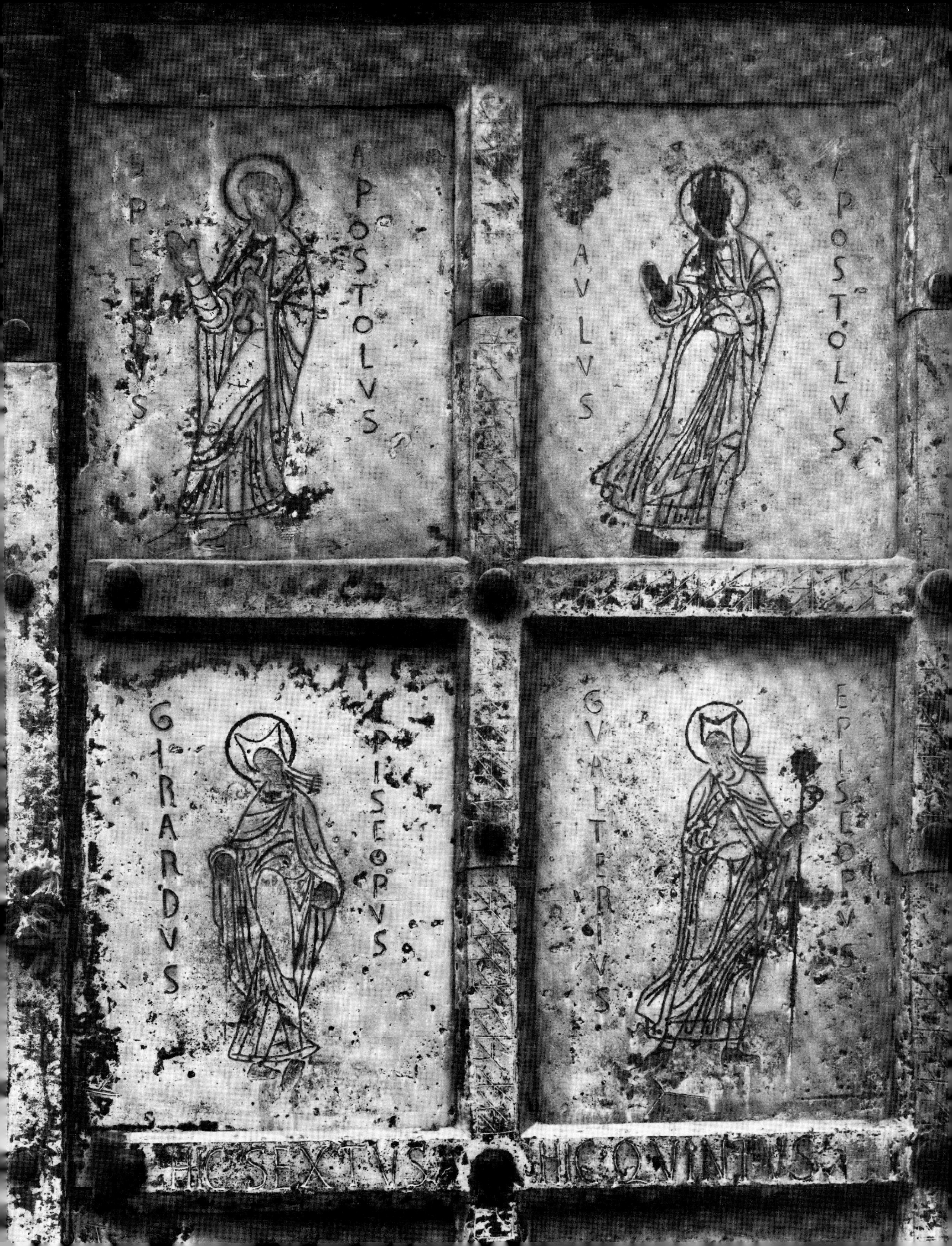
S PETRVS
APOSTOLVS
AVLVS
APOSTOLVS
GIRARDVS
EPISCOPVS
GVALTERIVS
EPISCOPVS
HIC SEXTVS
HIC QVINTVS

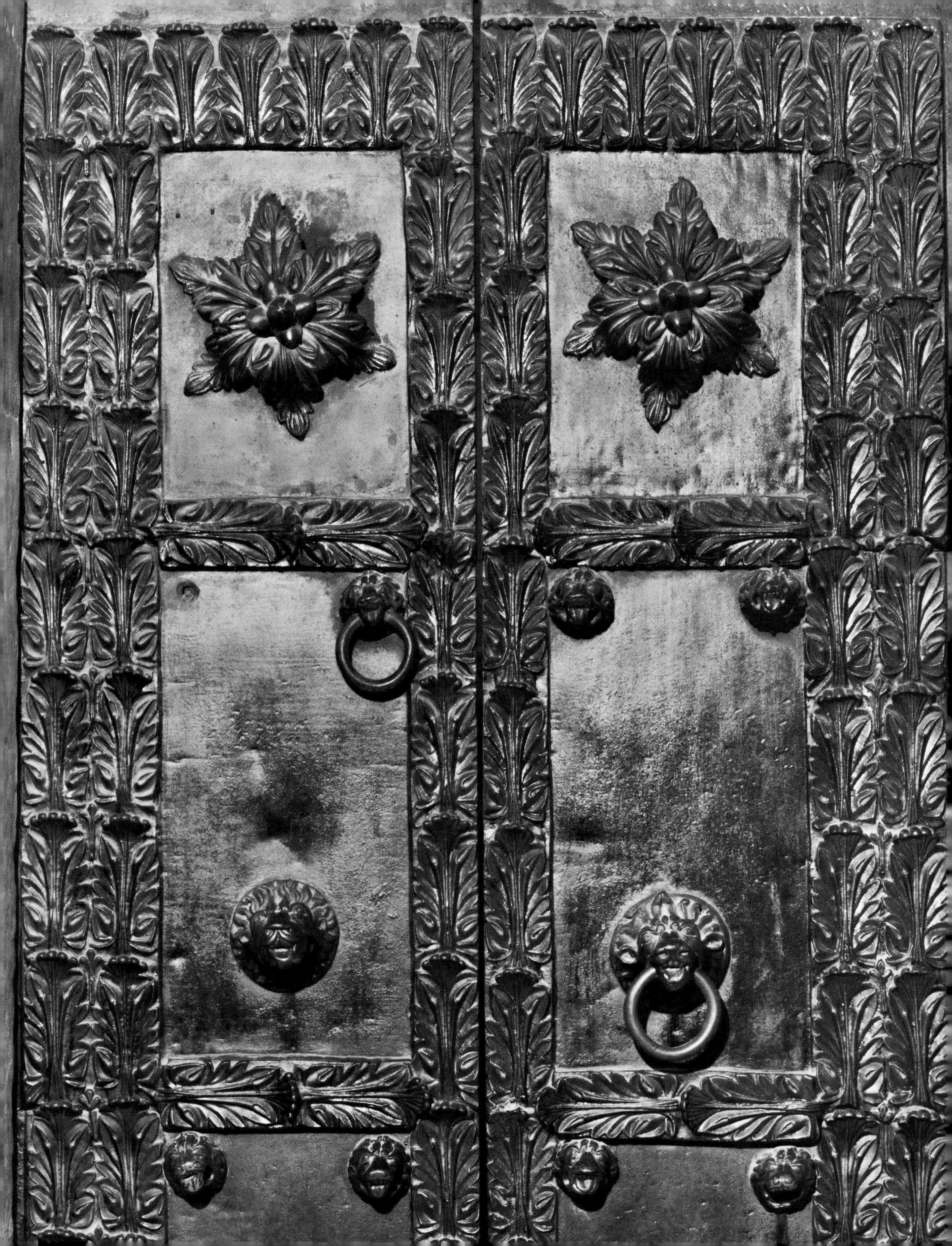

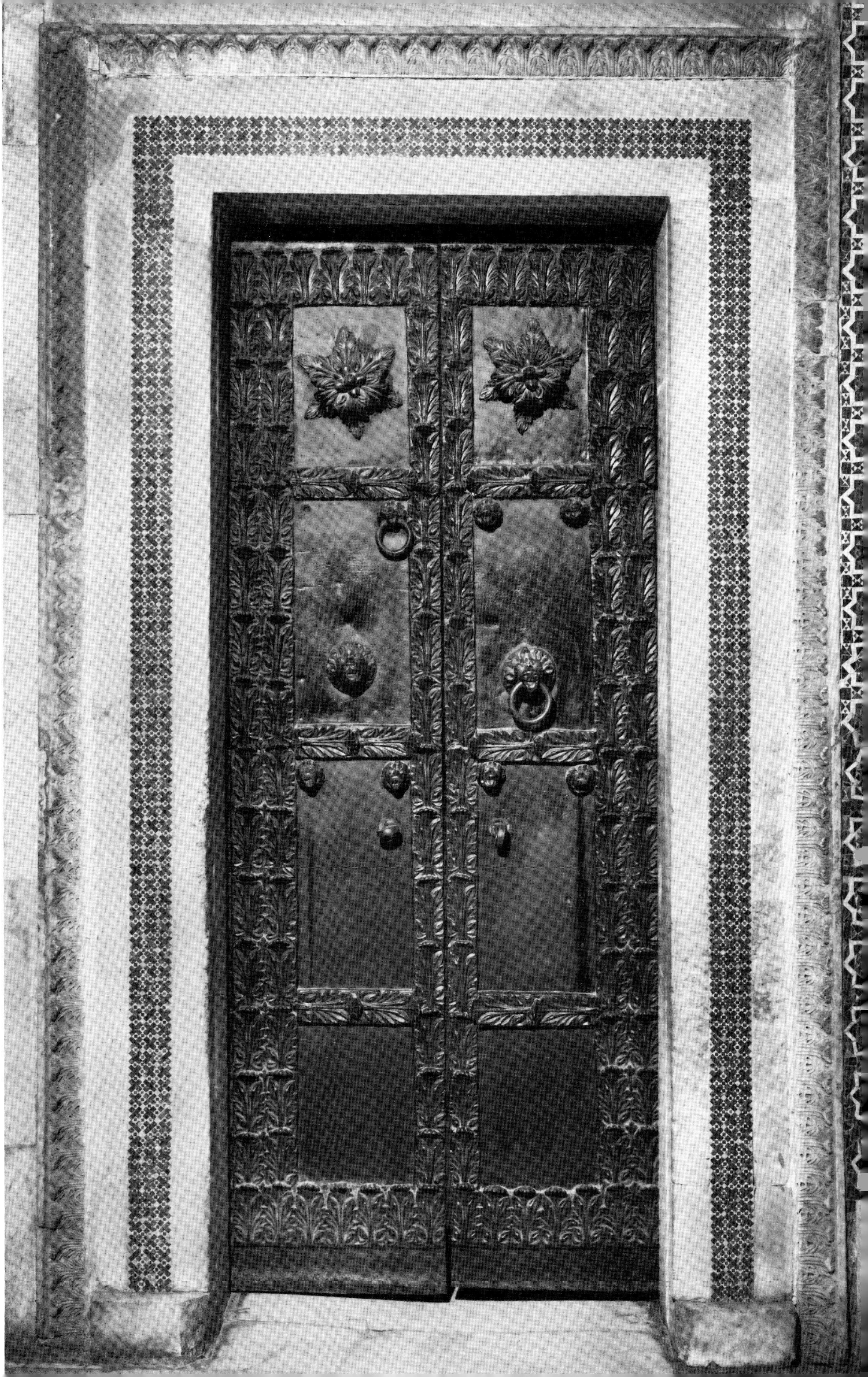

54, 55 Palermo, Cappella Palatina, südliche Tür der Westseite. Akanthusrahmung, Löwenkopf- und Rosettenappliken. Palermo, um 1140

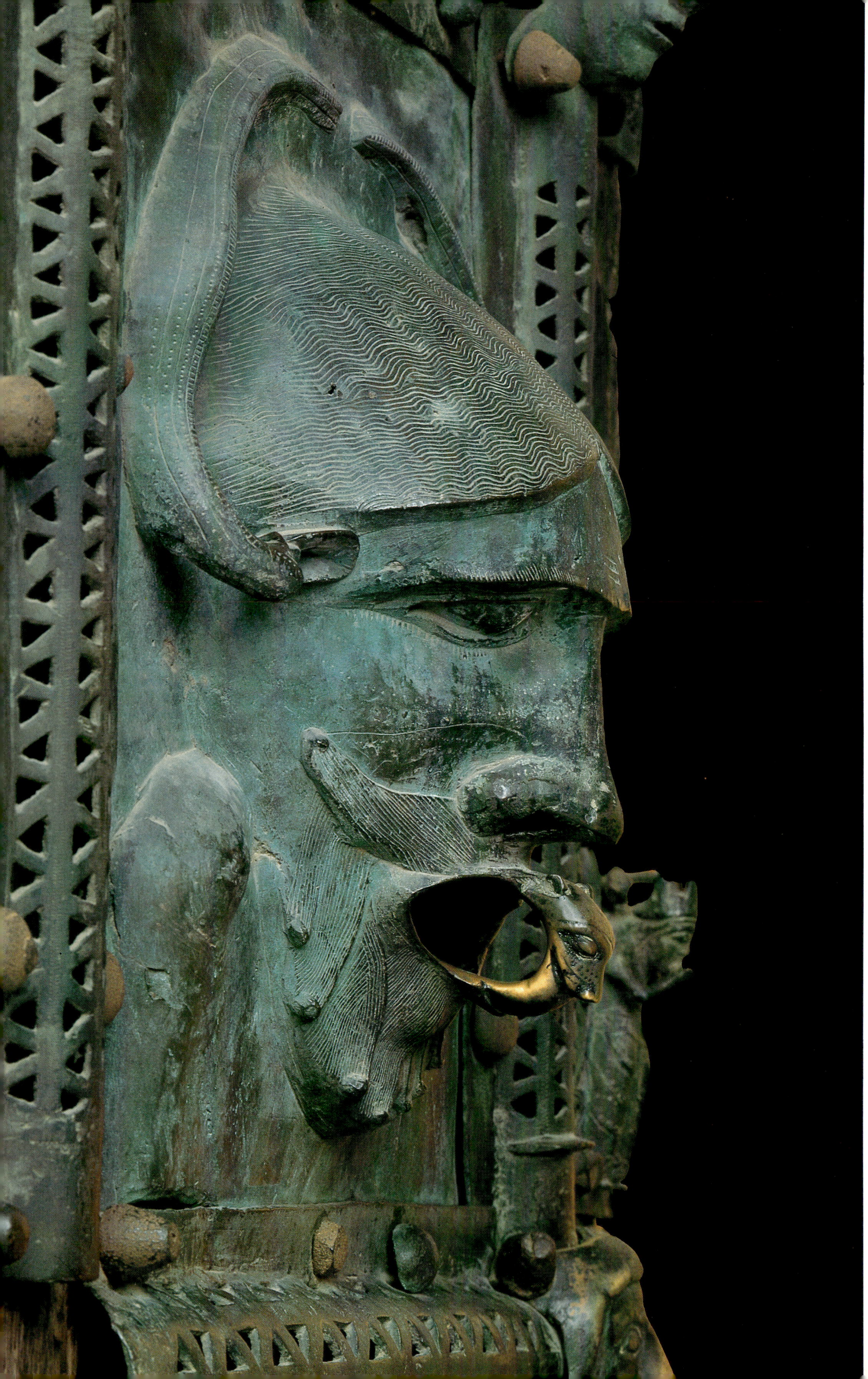

56 Verona, Türzieher des linken Flügels (F 18)

57 Verona, San Zeno, Tür im Westportal. Szenen aus dem Neuen und Alten Testament und ergänzende Darstellungen. Verona, vor 1138 (Stil 1), um 1138 (Stil 2)

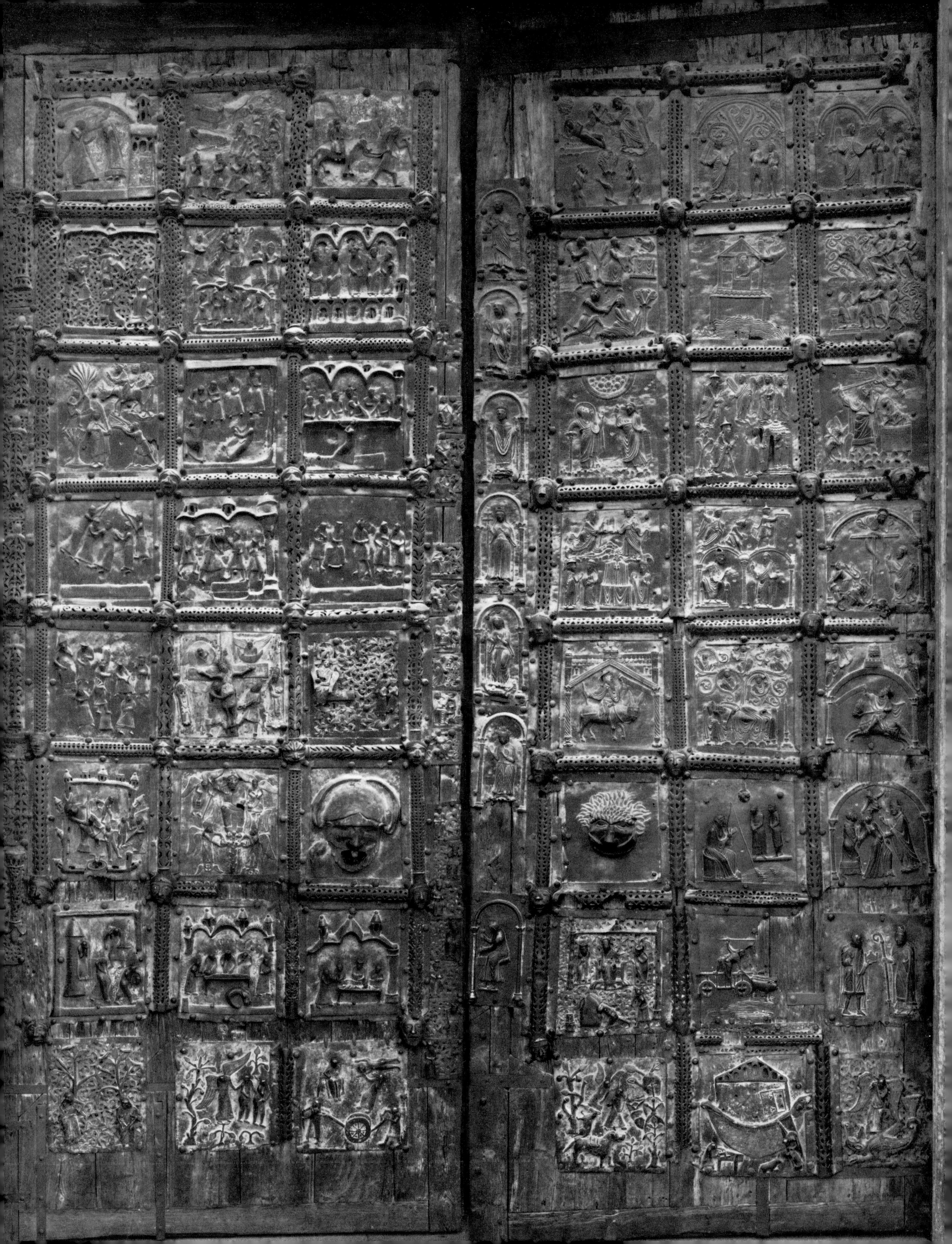

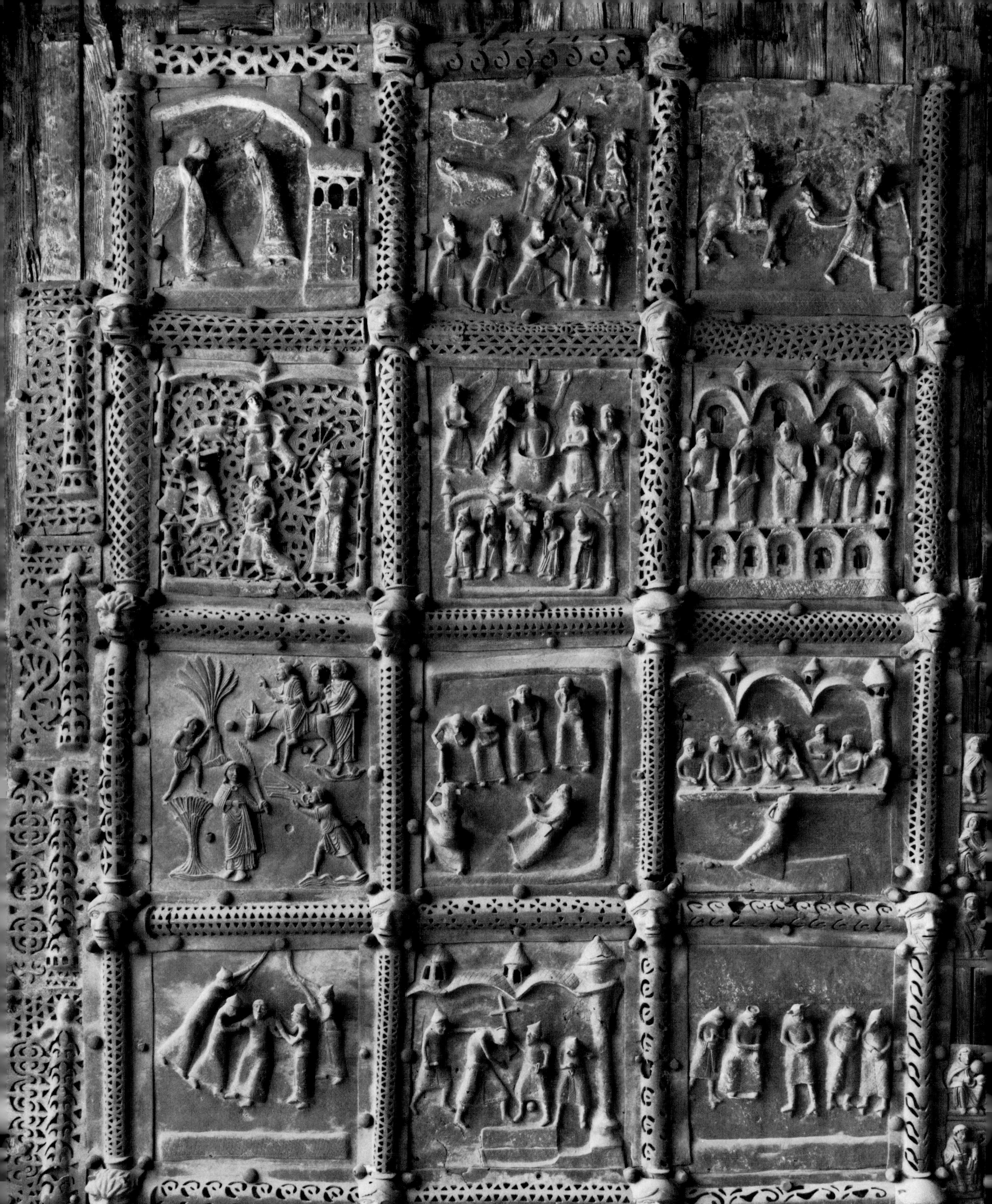

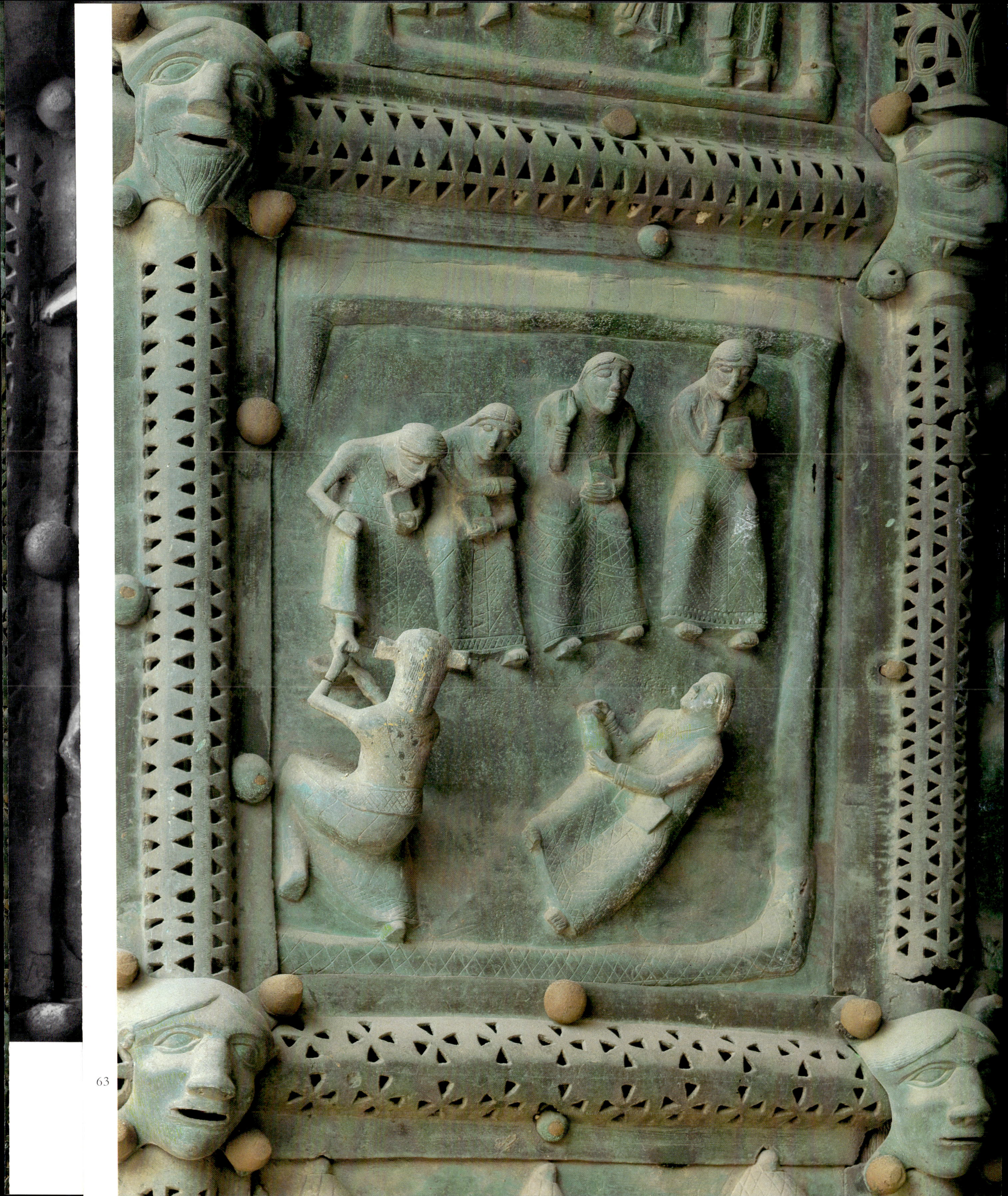

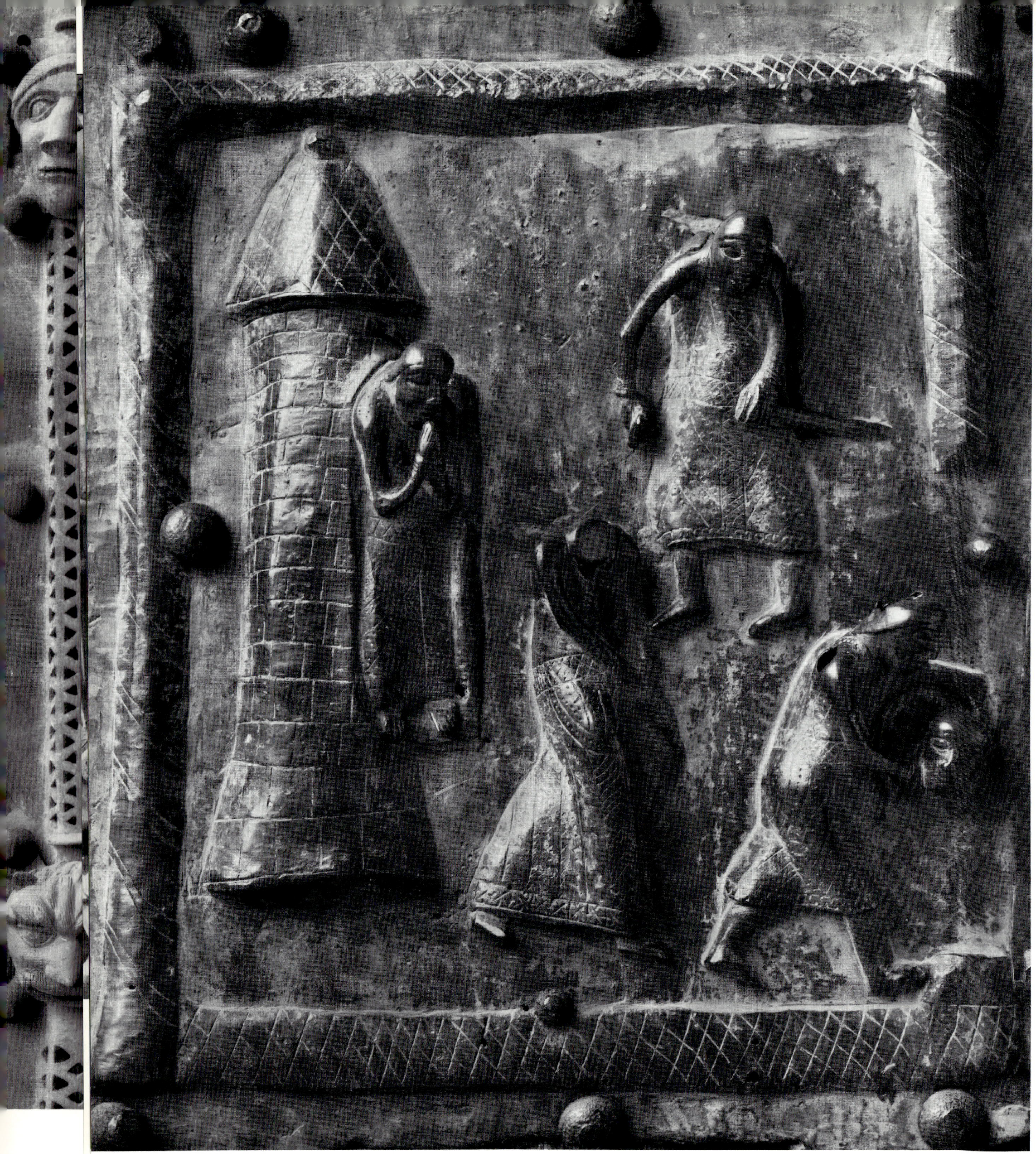

74, 75 Verona. Vom linken Türflügel: Enthauptung Johannes des Täufers (F 19). Gastmahl des Herodes und Tanz der Salome (F 20)

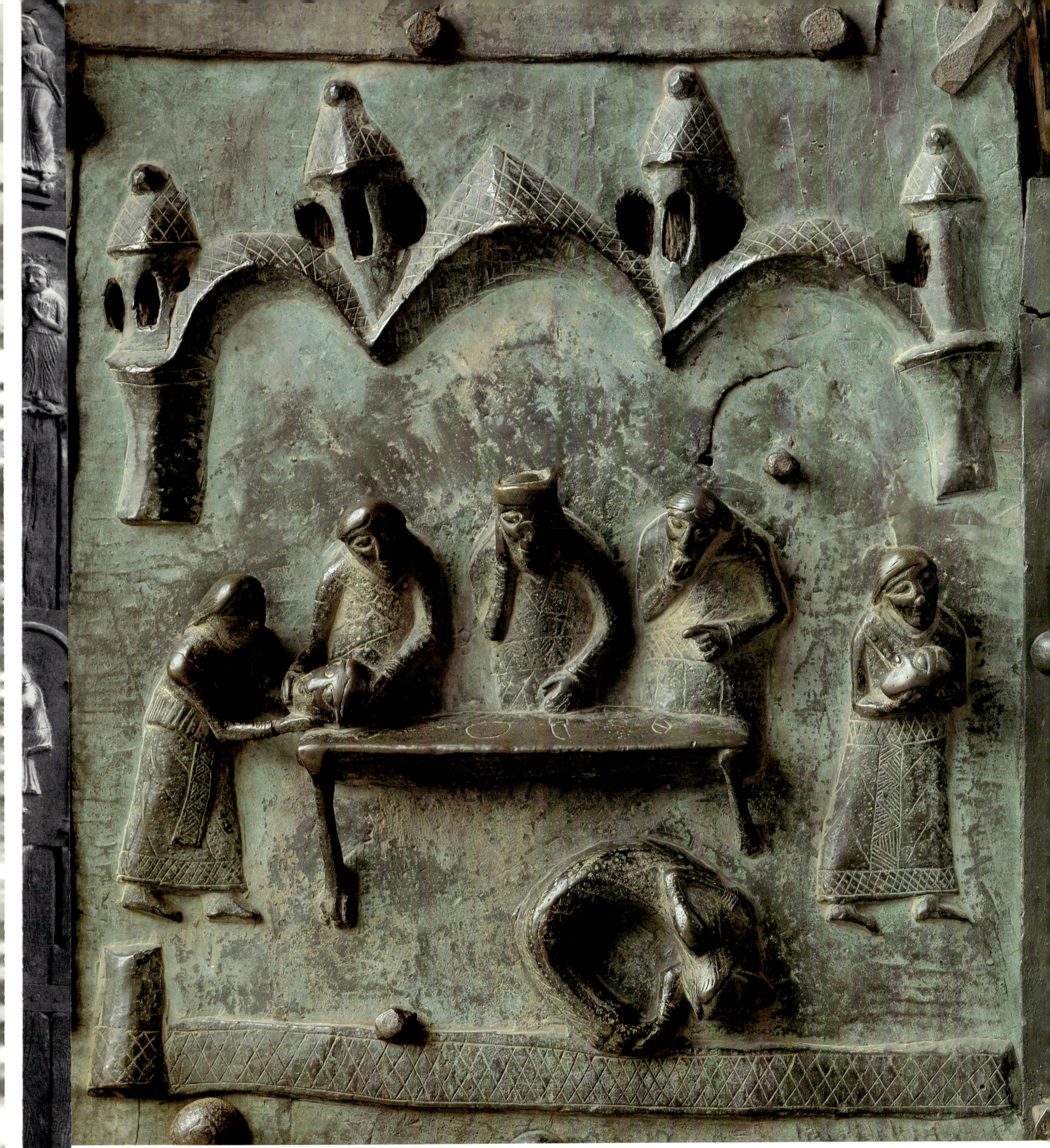

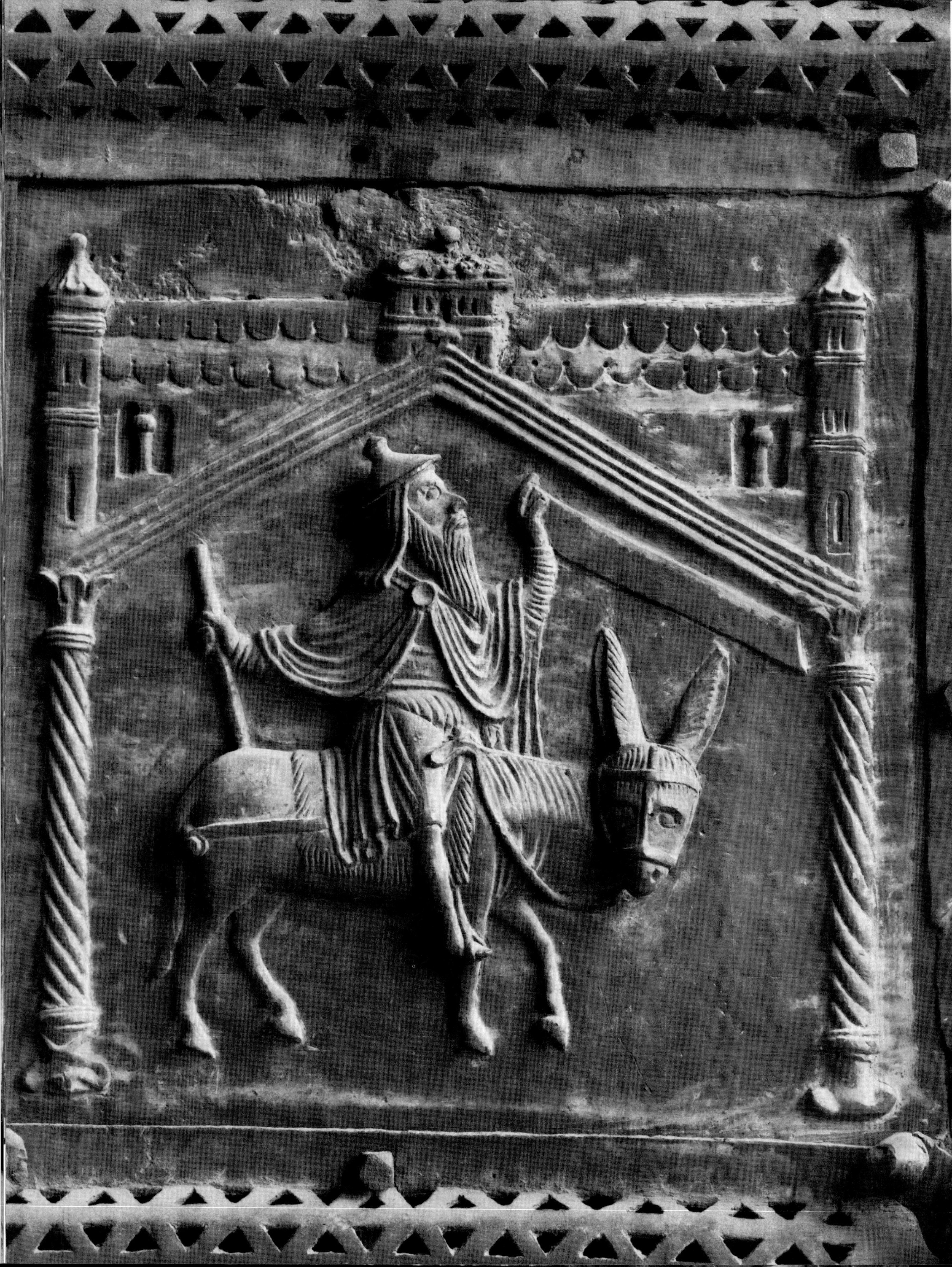

88
89

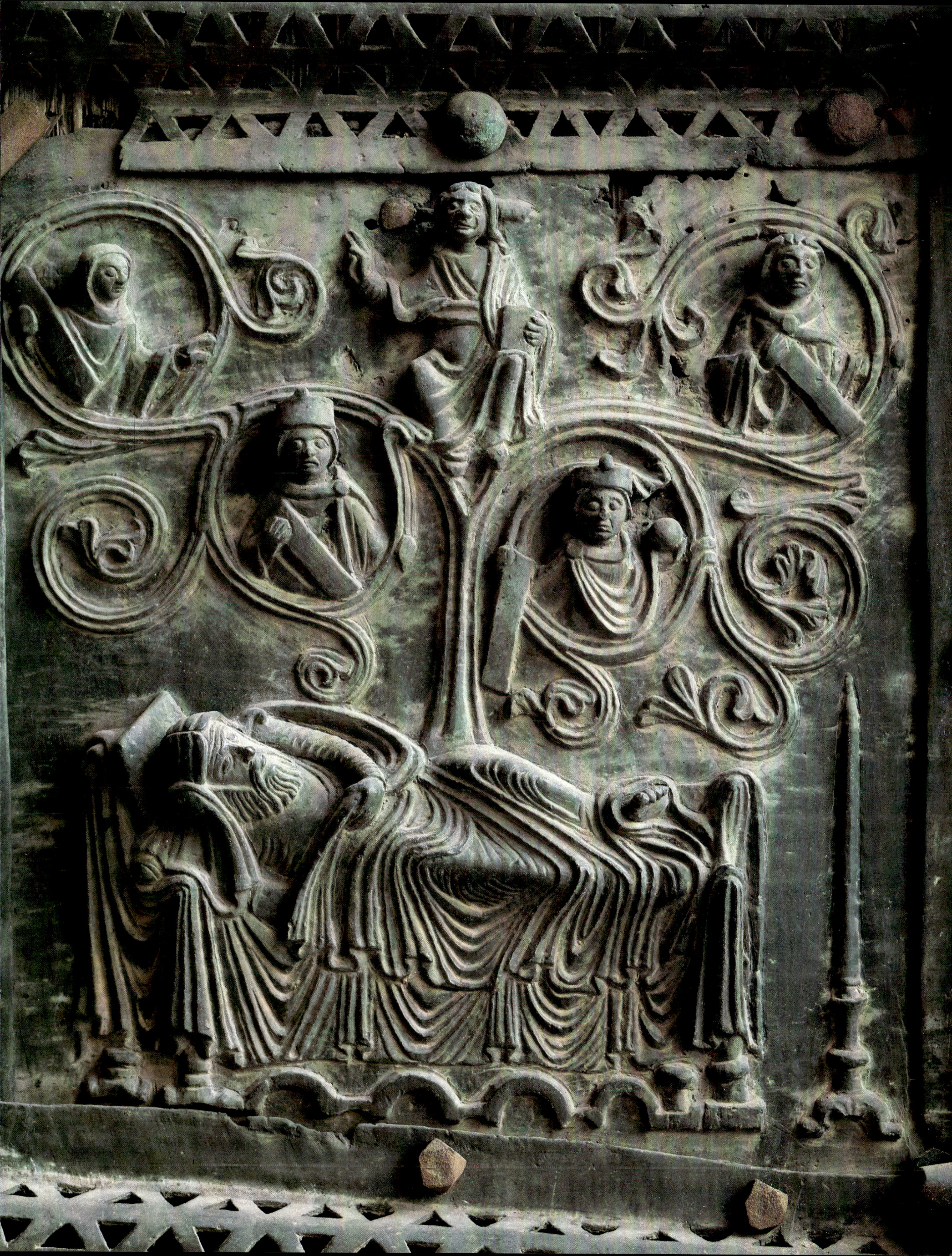

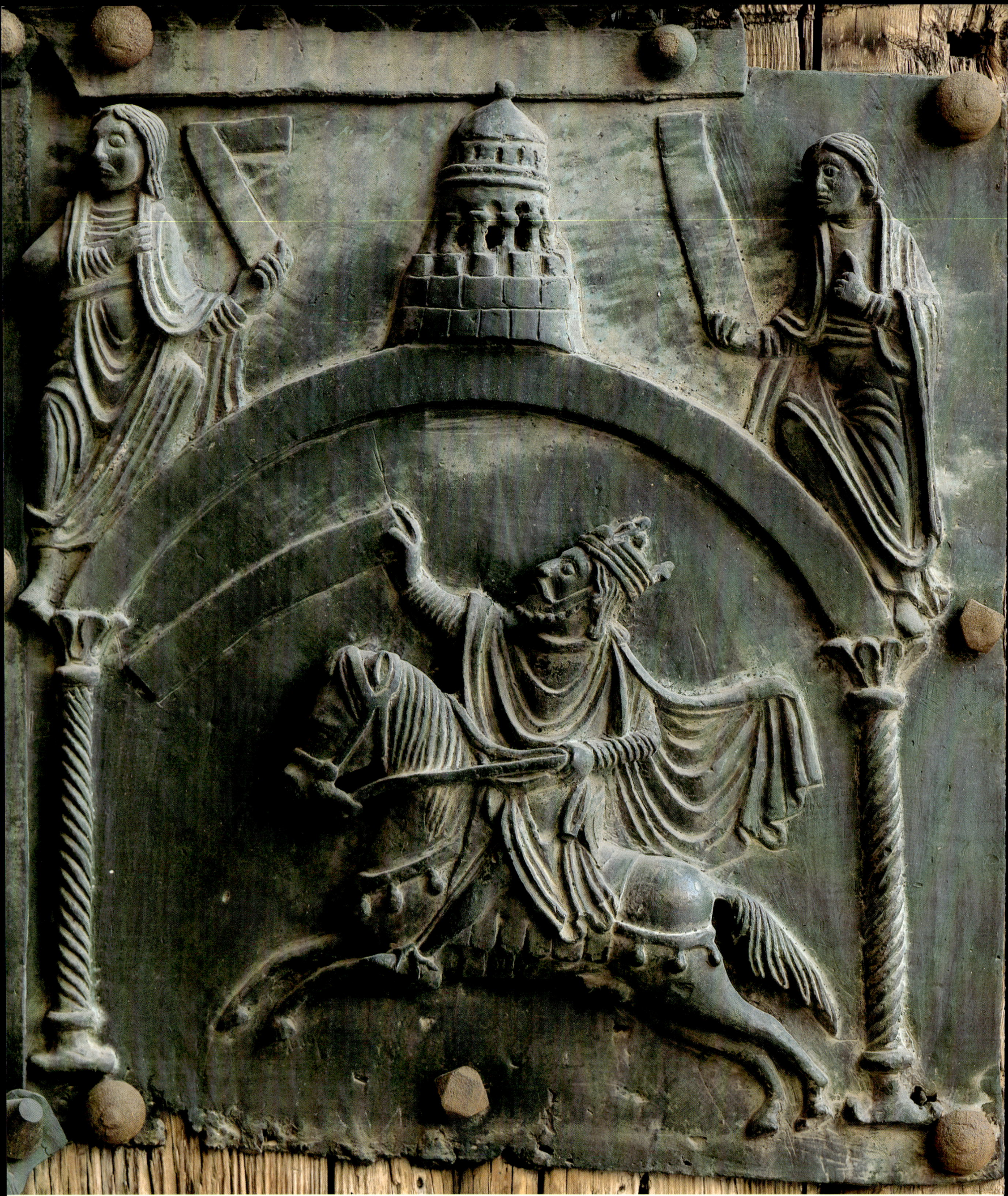

90, 91 Verona. Reitender Prophet vom rechten Türflügel (F 39)

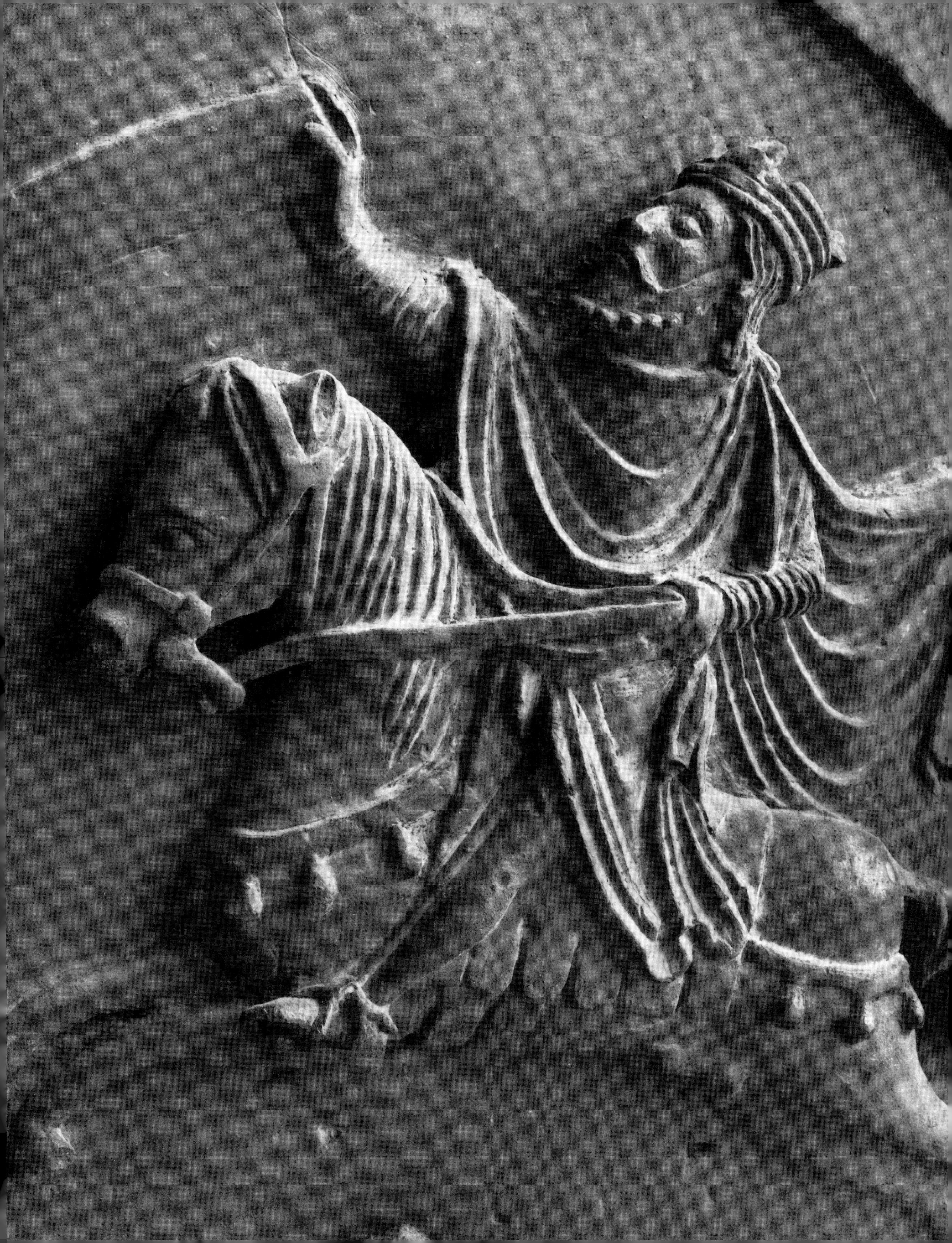

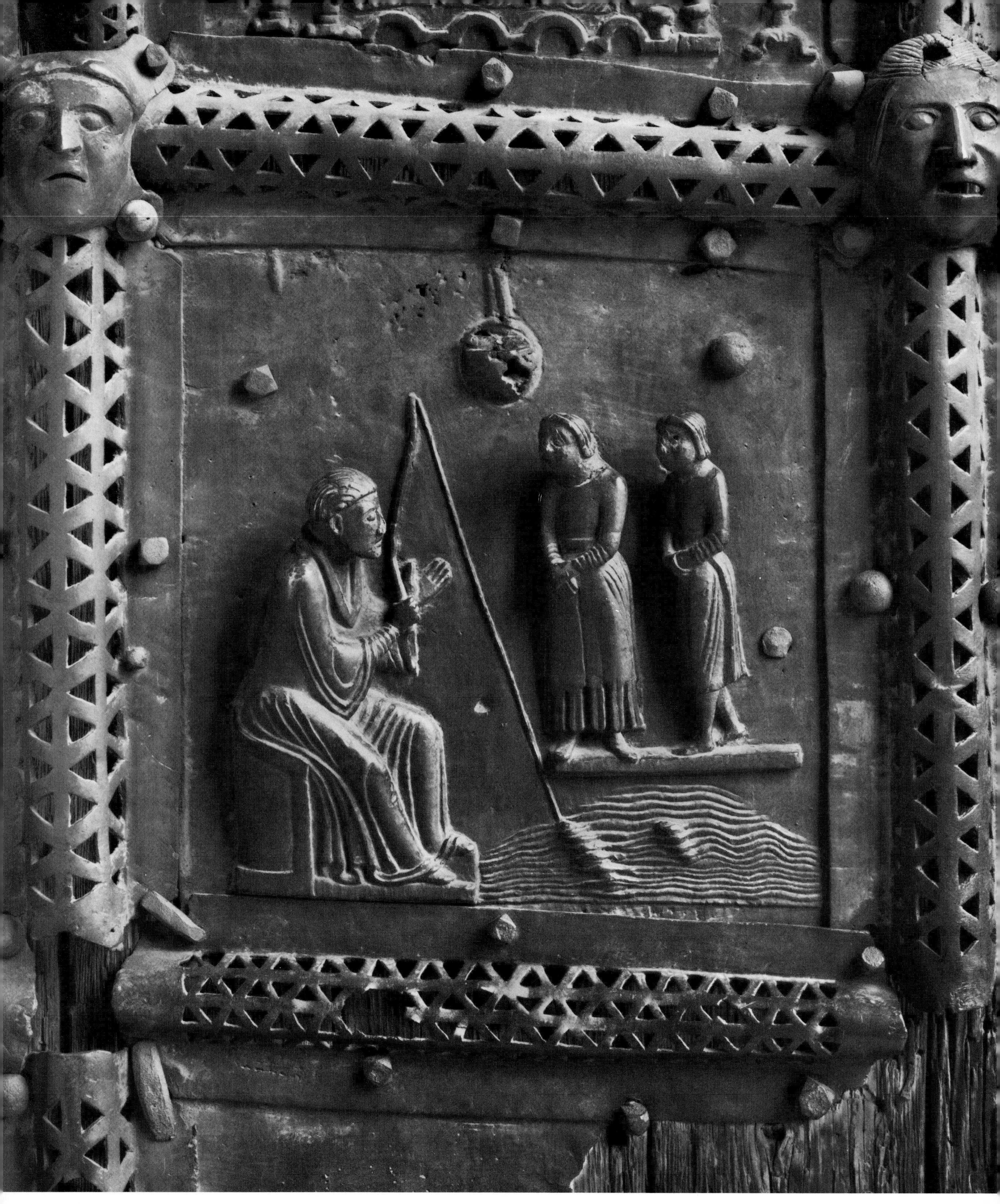

92 Verona. Der hl. Zeno fischend vom rechten Türflügel (F 41)

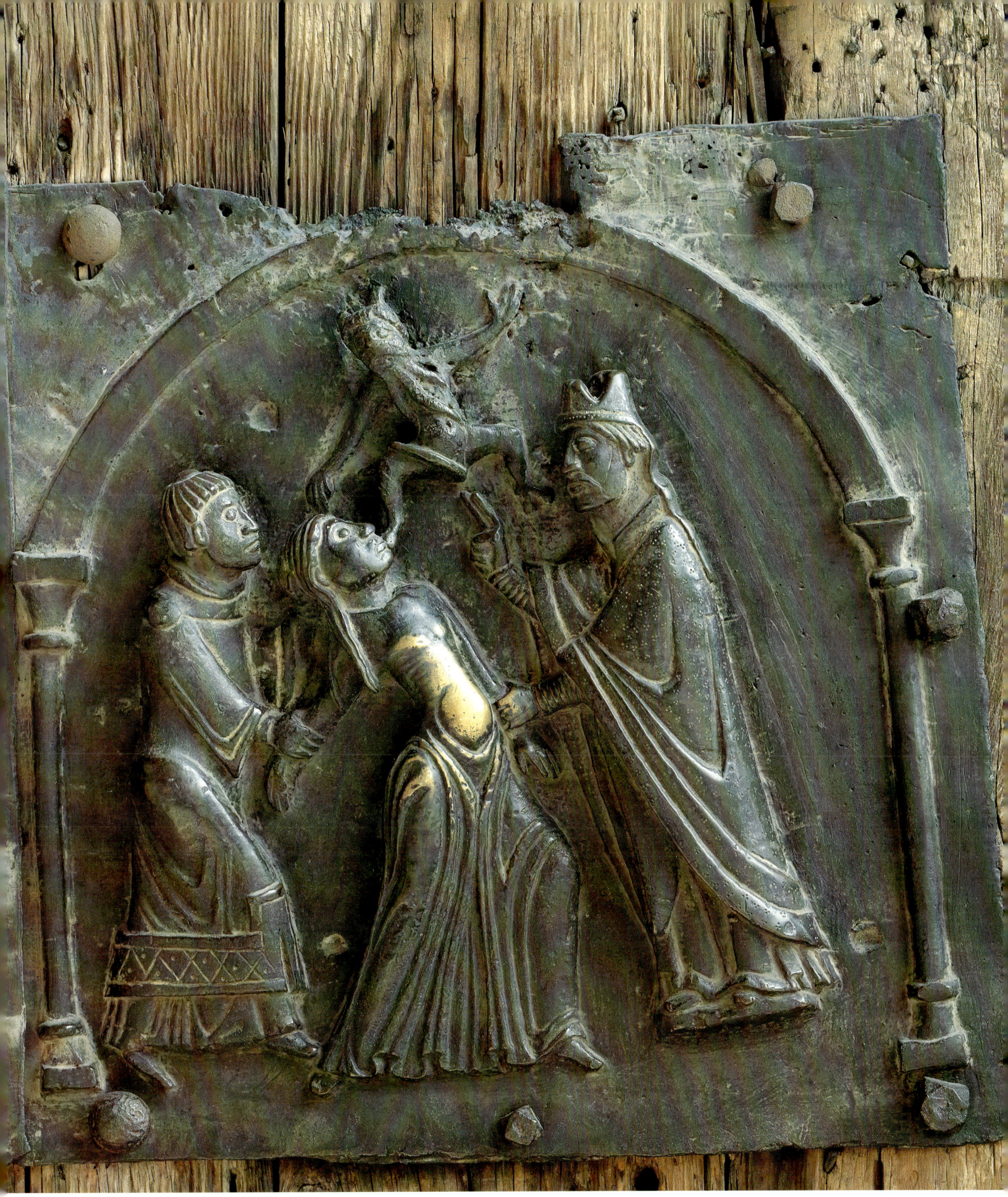

93 Verona. Heilung der Prinzessin durch den hl. Zeno (F 42)

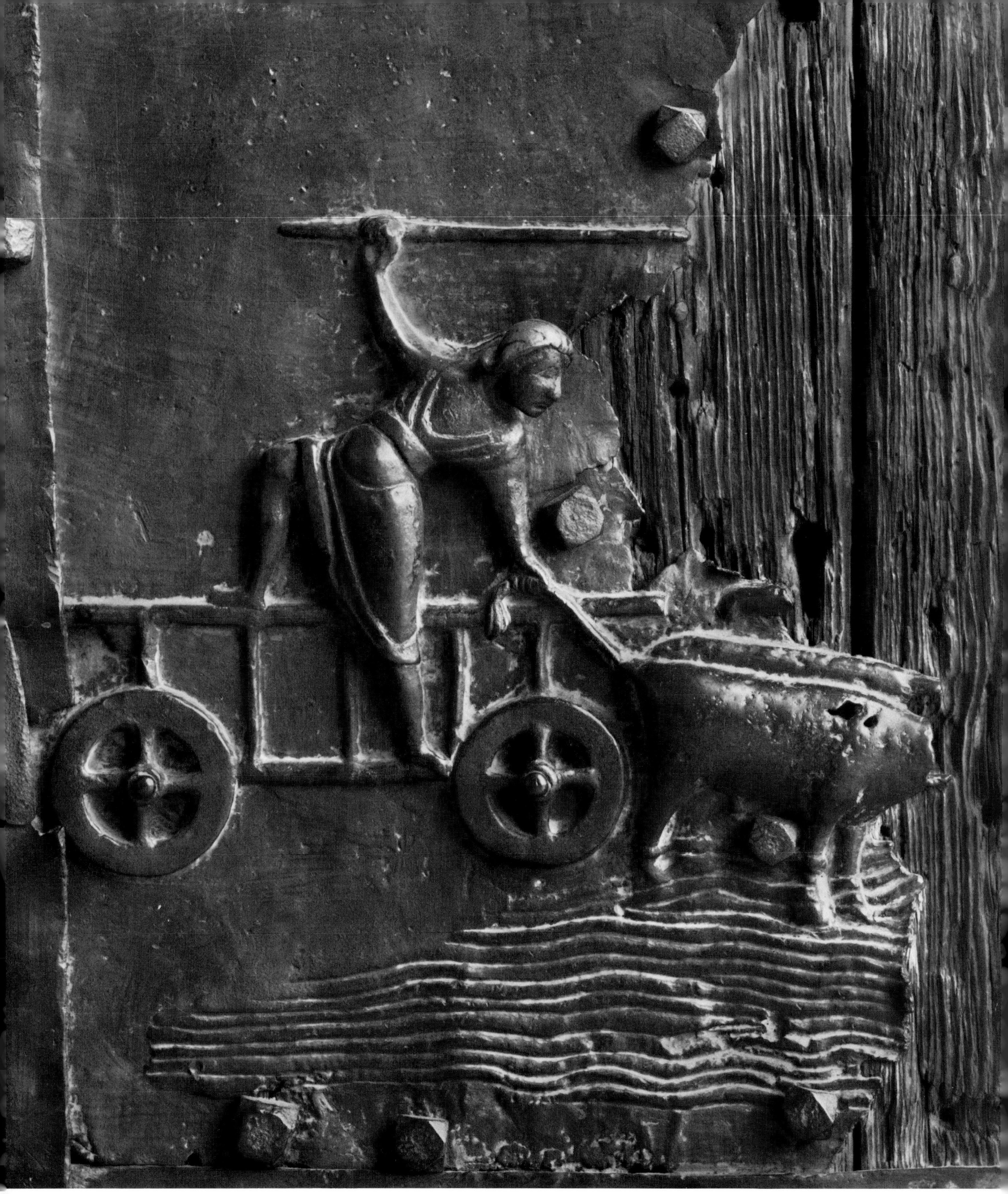

94, 95 Verona. Vom rechten Türflügel. 94 Rettung des besessenen Fuhrmanns durch den hl. Zeno (F 44).
95 Meisterdarstellung: Bildhauer bei der Arbeit (G)

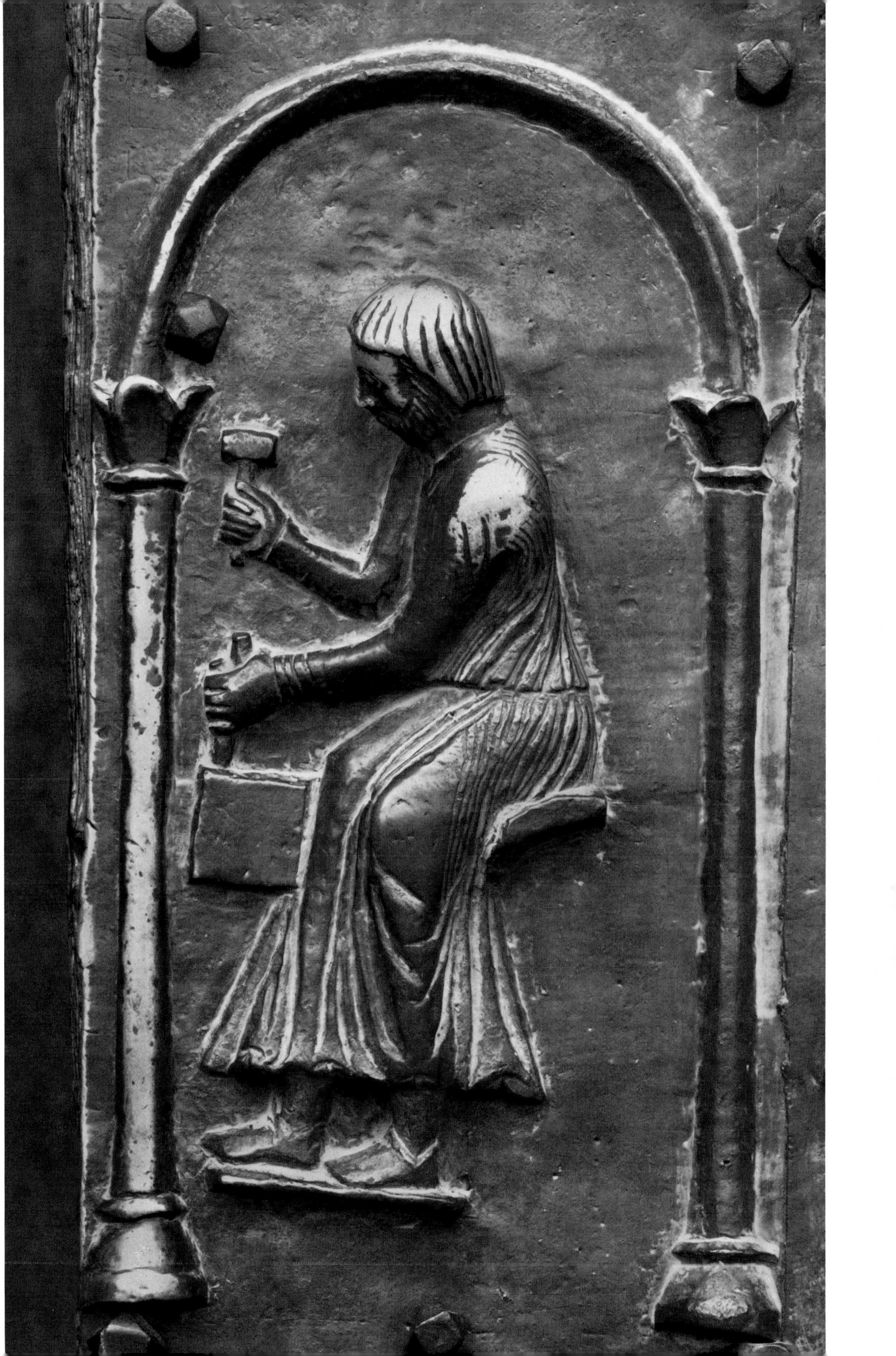

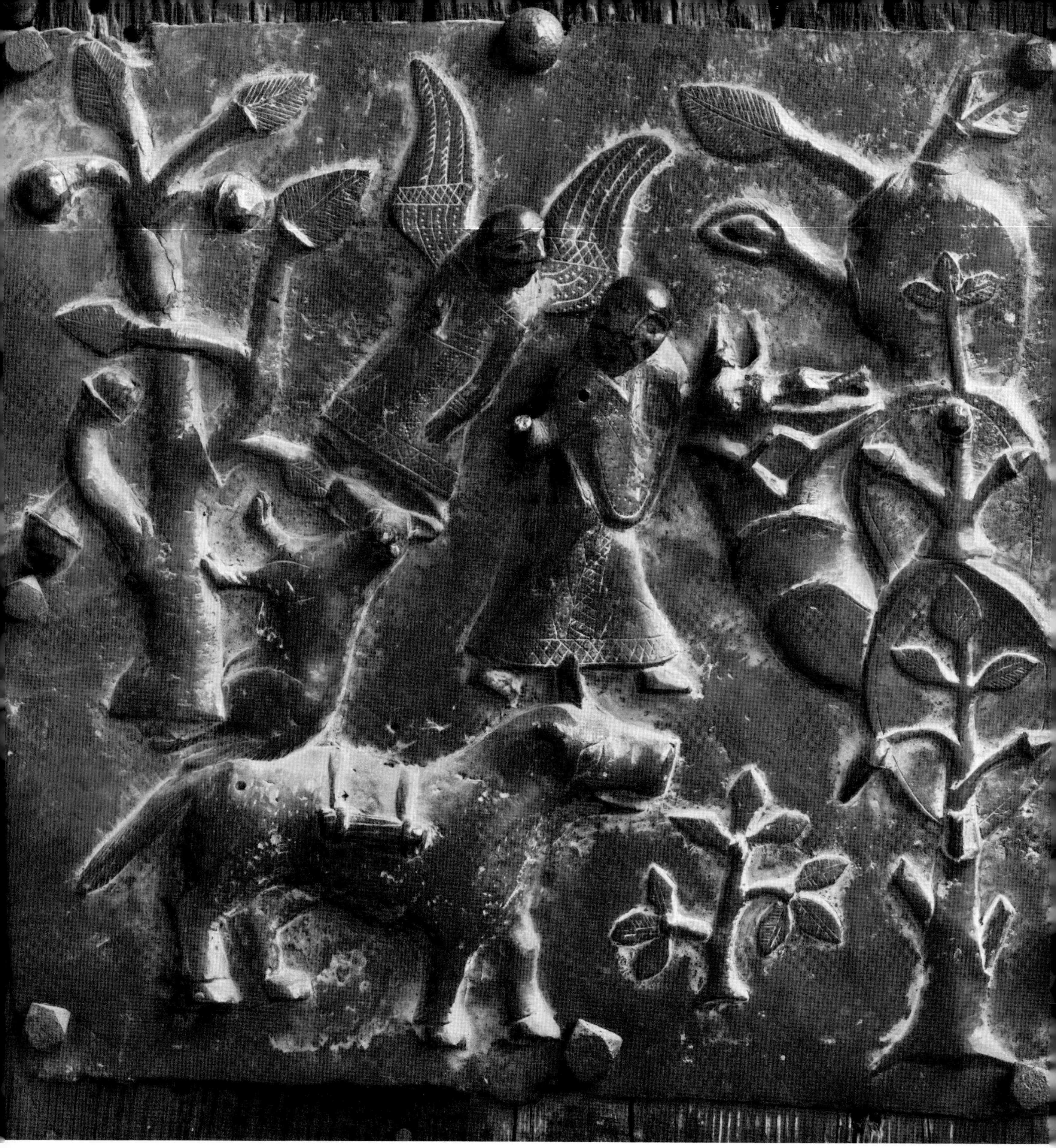

96, 97 Verona. Vom rechten Türflügel.
96 Opferung Isaaks (F 46).
97 Arche Noah (F 47)

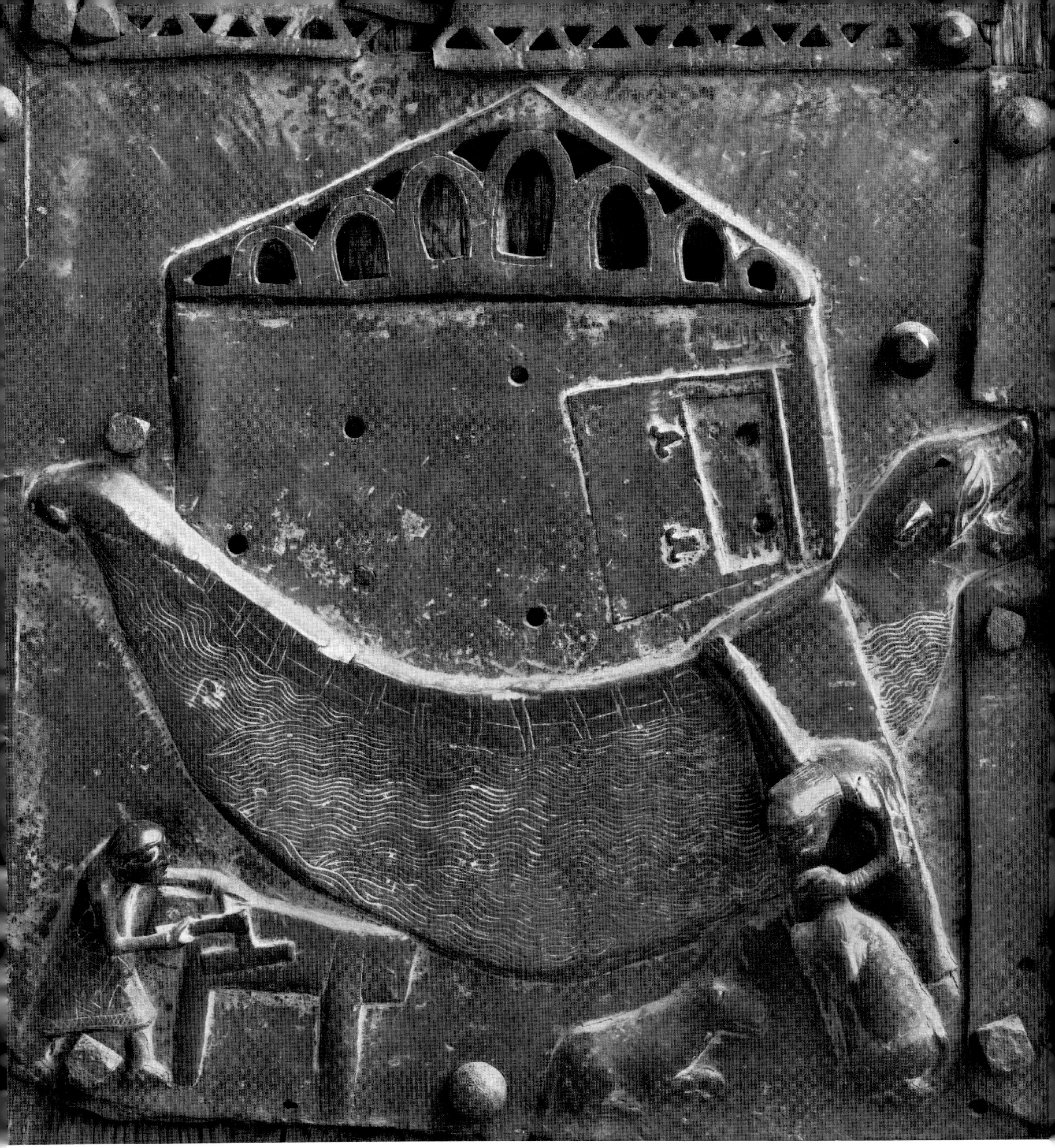

Folgende Tafeln:
98, 99 Verona. 98 Allegorische Darstellung. Baum der Tugenden und Baum der Laster vom linken Türflügel (F 22)
99 Michaels Drachenkampf vom rechten Türflügel (F 48)

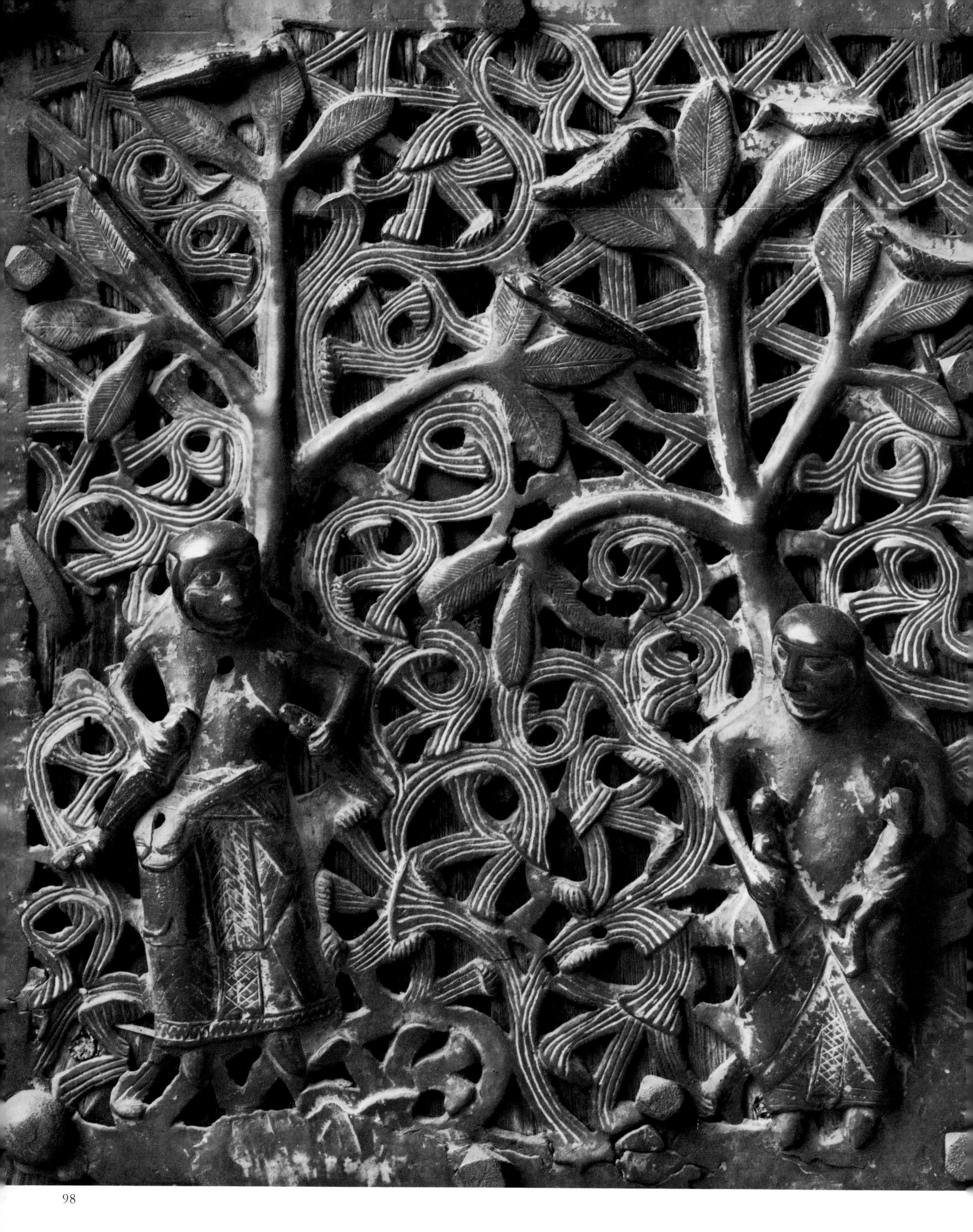

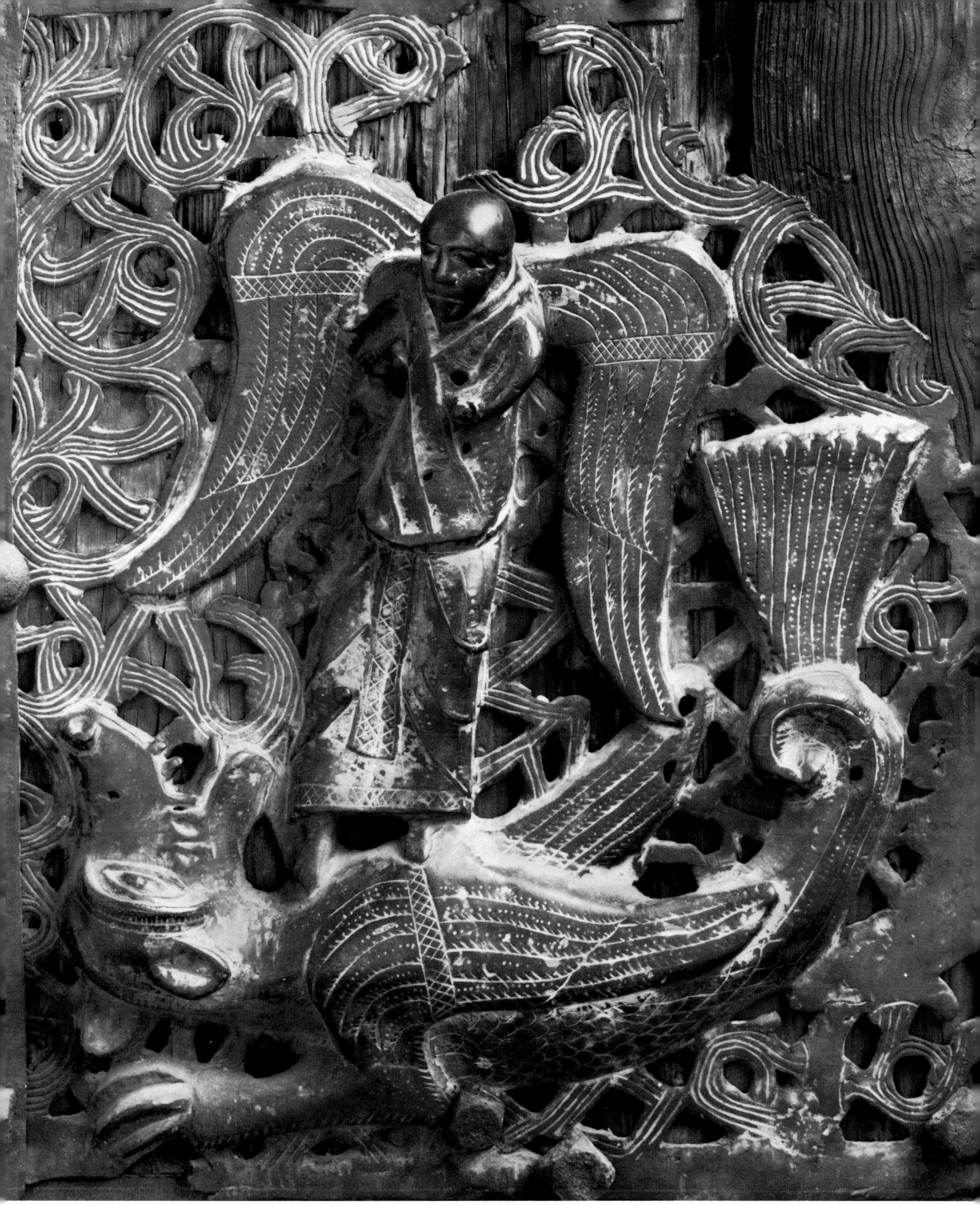

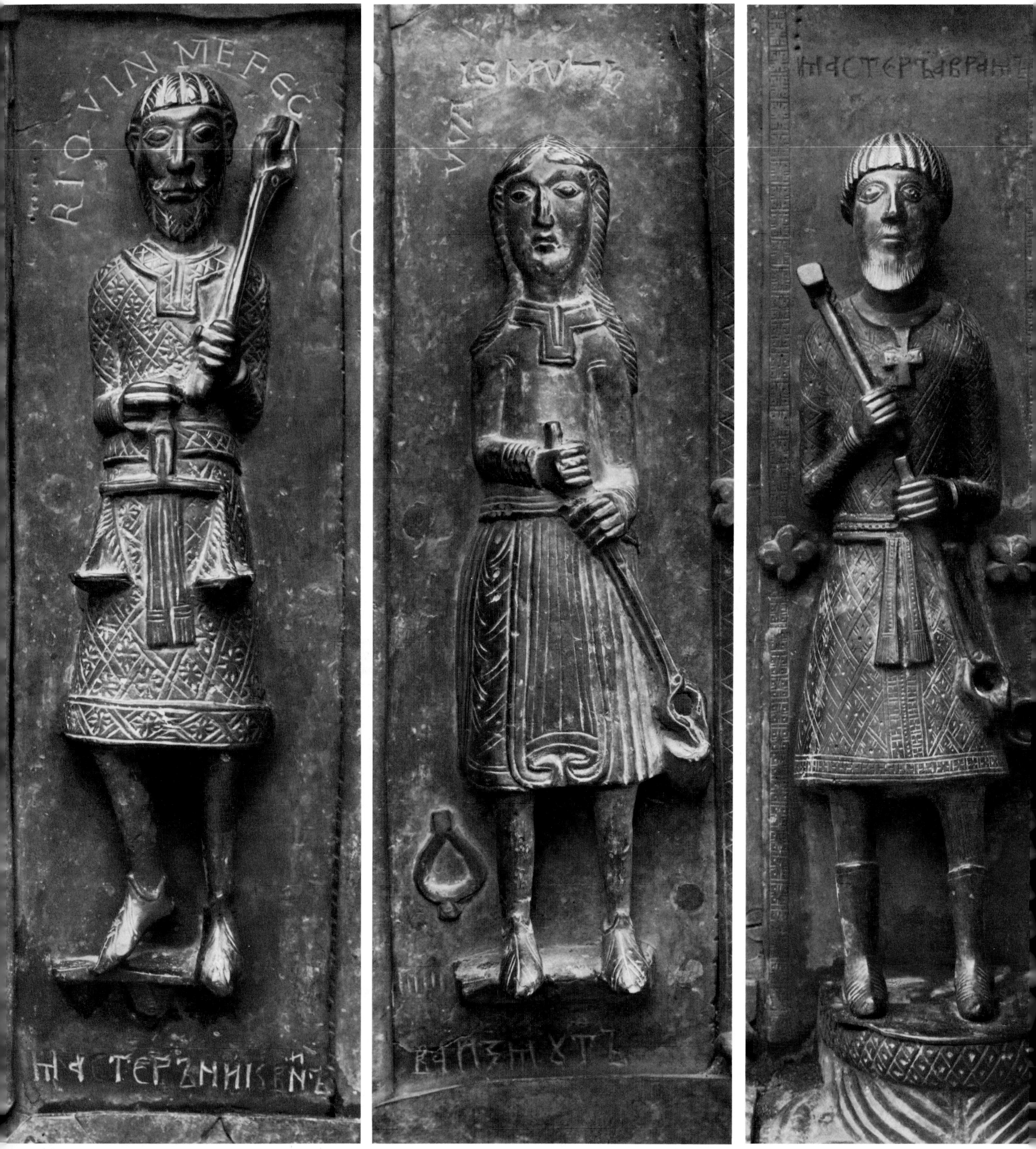

100 Novgorod. Meisterdarstellungen vom linken Türflügel: die Gießer Riquin (F 20), Waismuth (F 23), Abraham (a, vermutlich russische Ergänzung des 15. Jahrhunderts)

101 Novgorod, Sophienkathedrale, Tür des Westportals. Szenen aus dem Neuen Testament und ergänzende Darstellungen. Magdeburg, um 1152/56

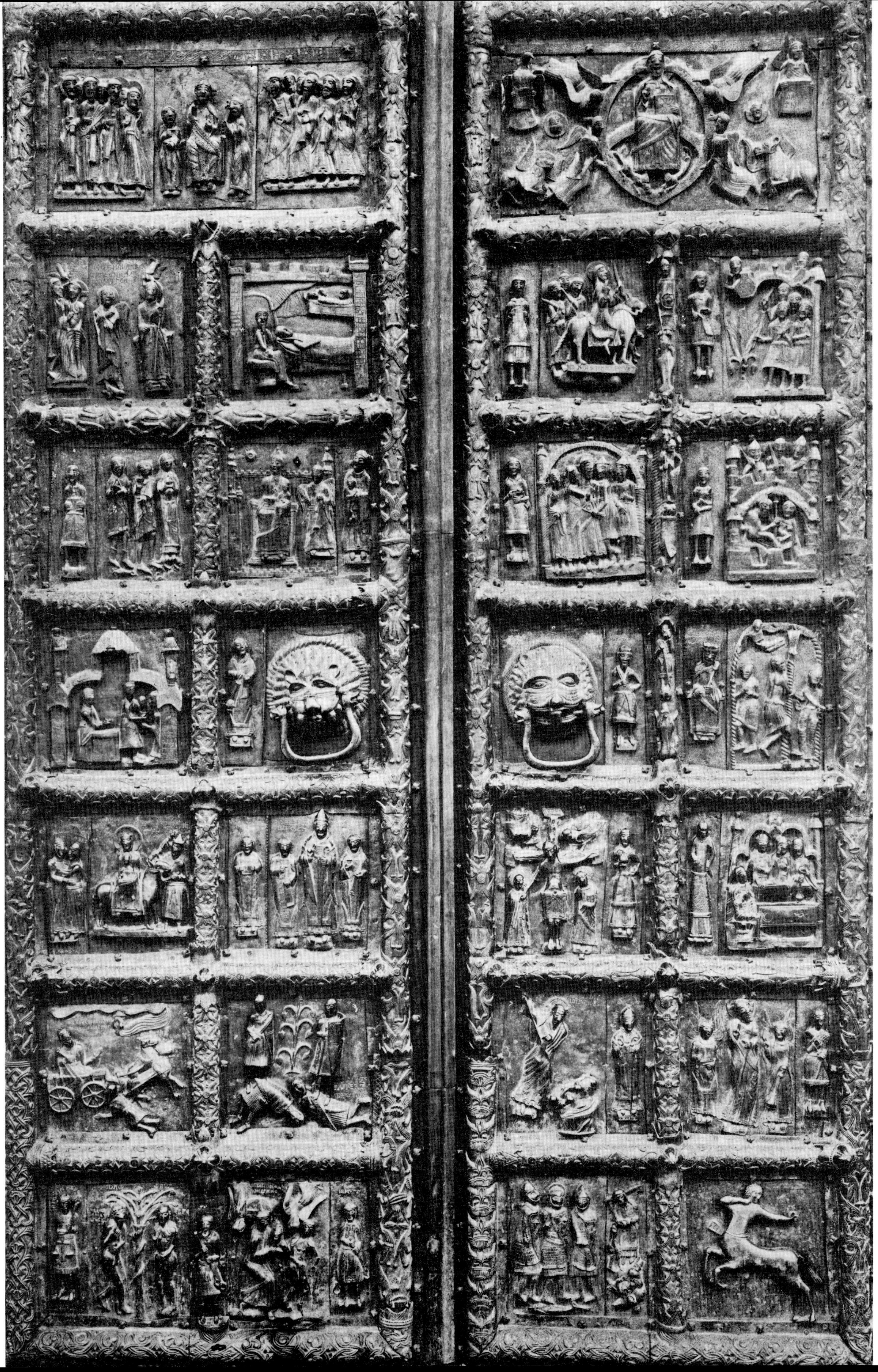

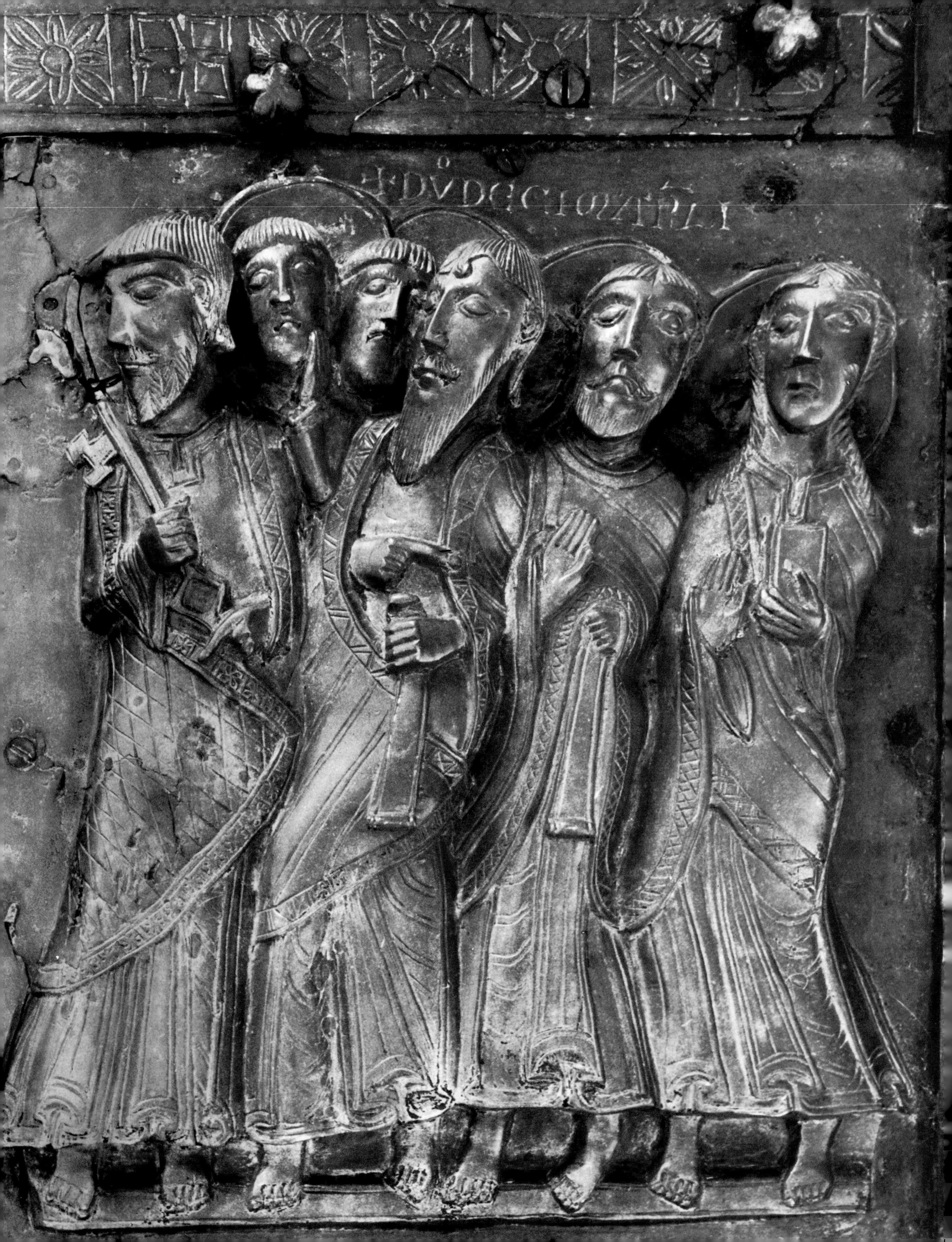

102, 103 Novgorod.
Vom linken Türflügel:
102 Apostelgruppe (F 3).
103 Heimsuchung (F 14)

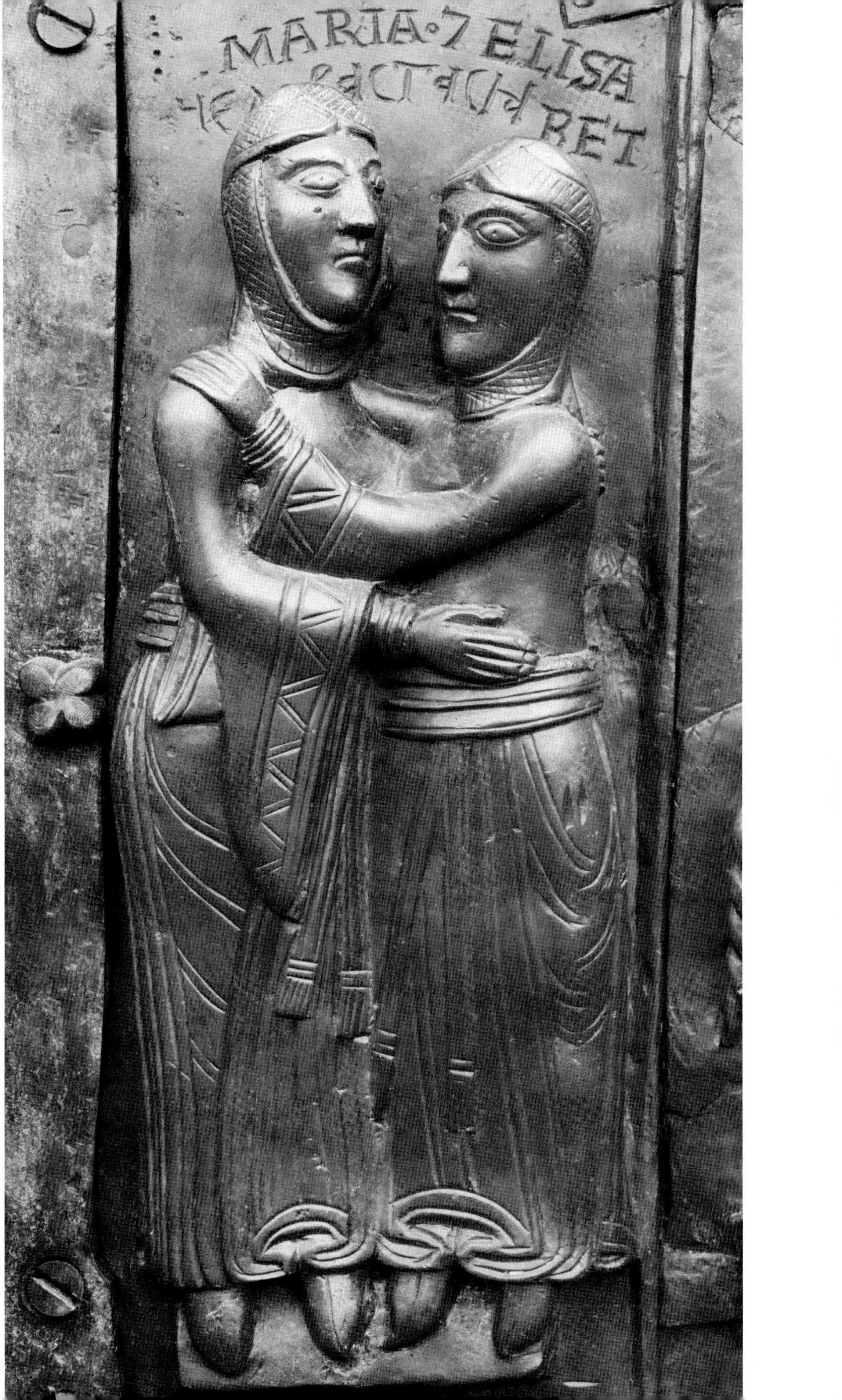

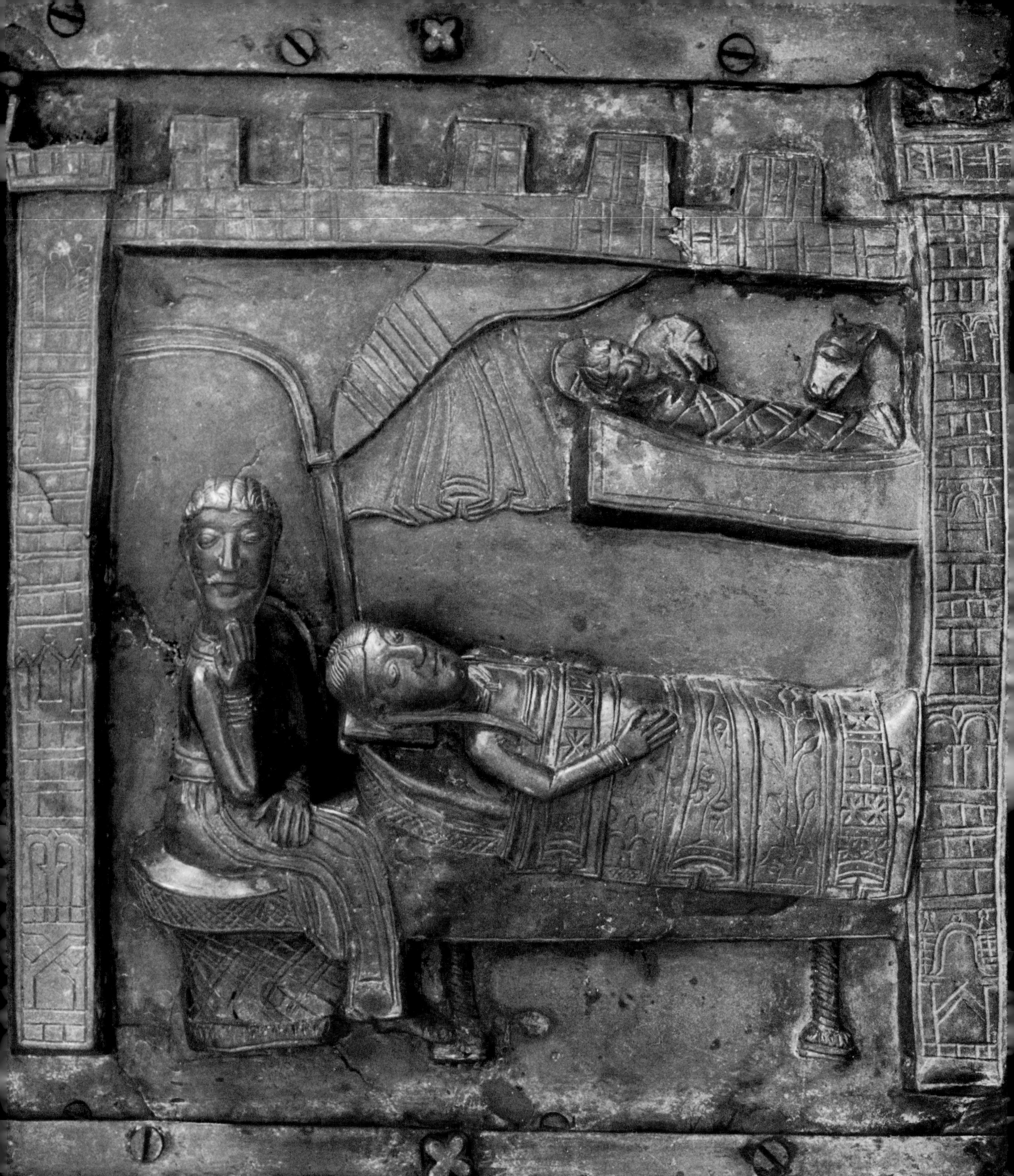

104, 105 Novgorod. Vom linken Türflügel. 104 Geburt Christi (F 6). 105 Flucht nach Ägypten (F 15)
106, 107 Novgorod. Einzug in Jerusalem vom rechten Türflügel (F 26 und 28) ▷▷

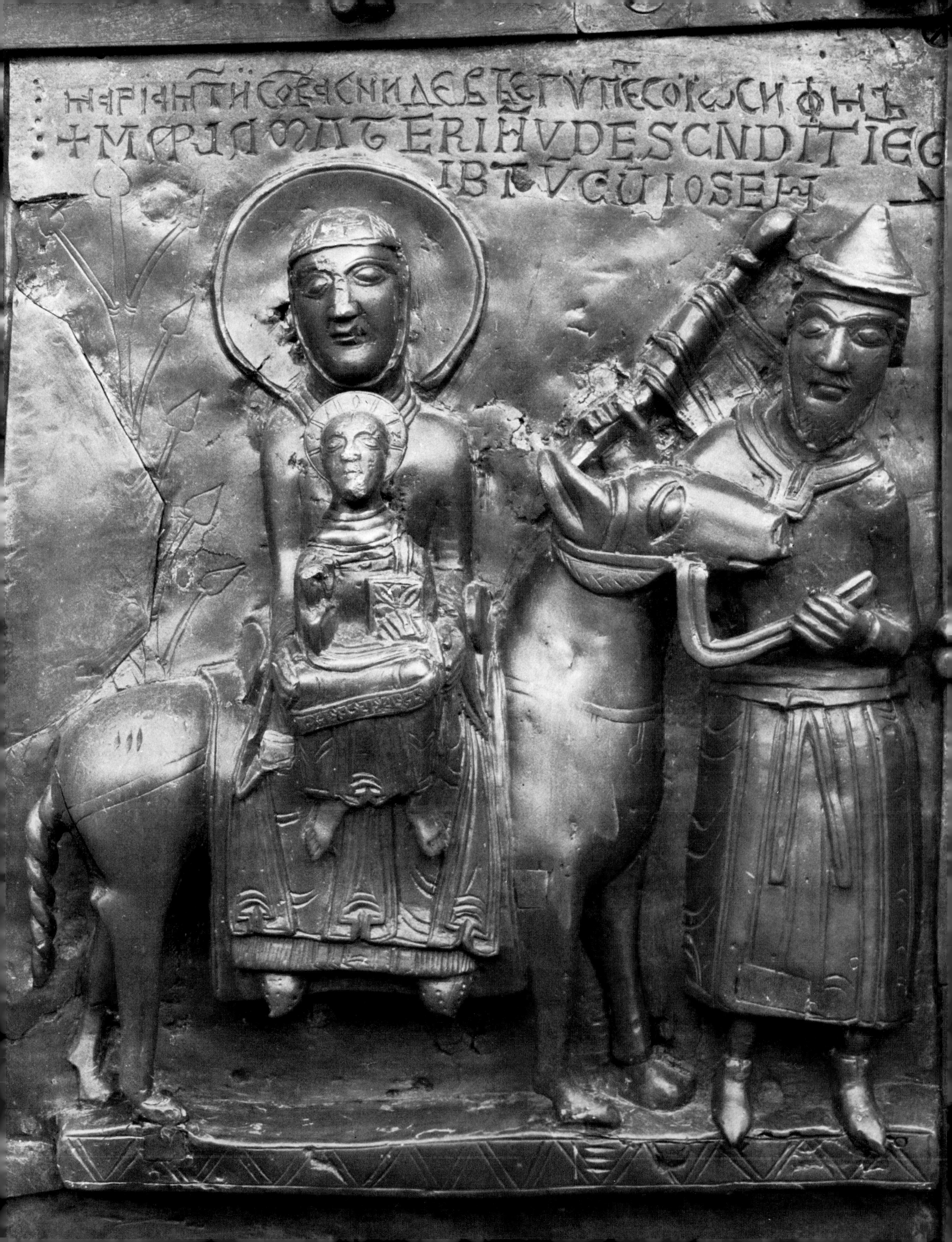

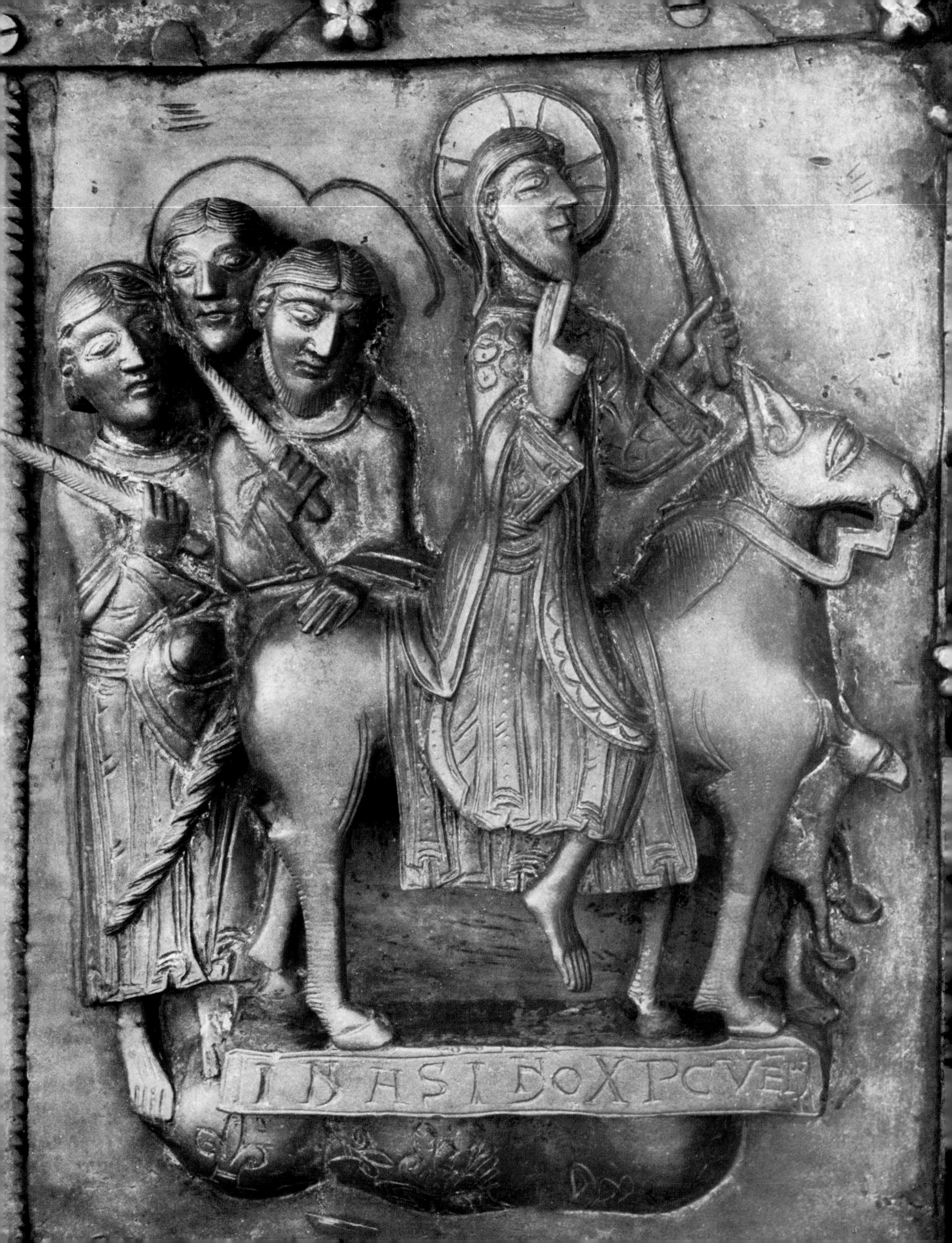

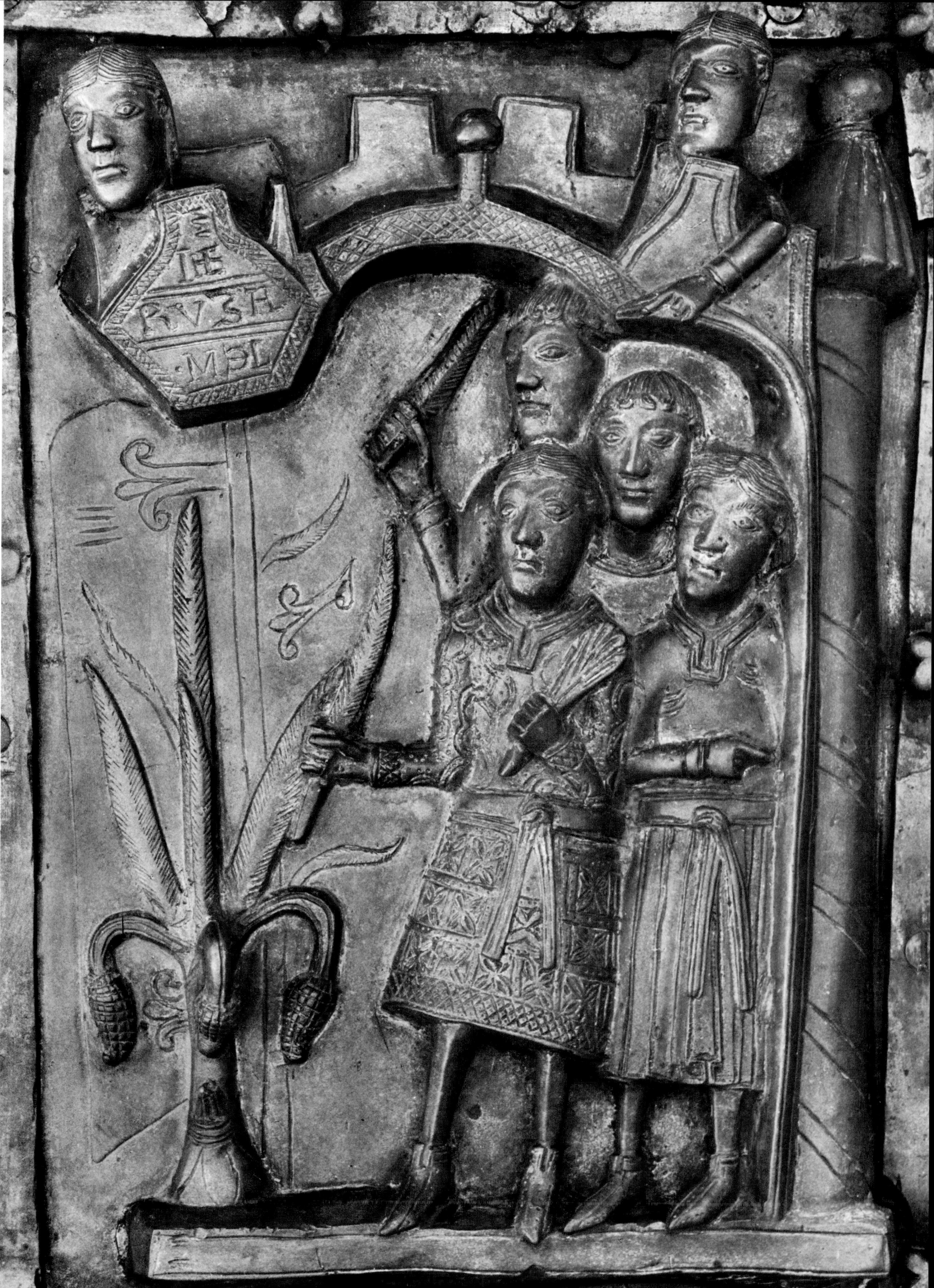

◁106
107

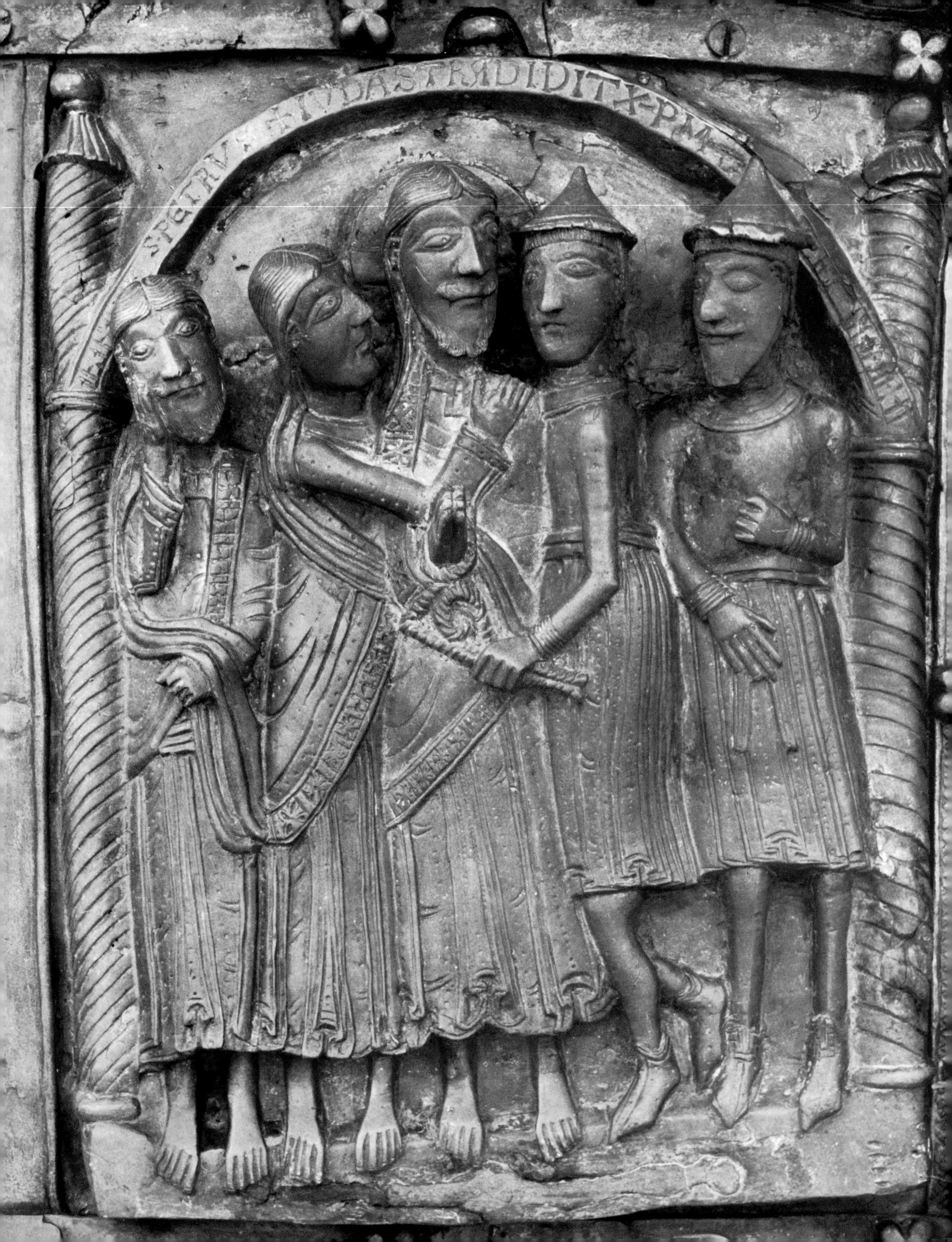
S PETRV
IVDAS TRADIDIT XPM

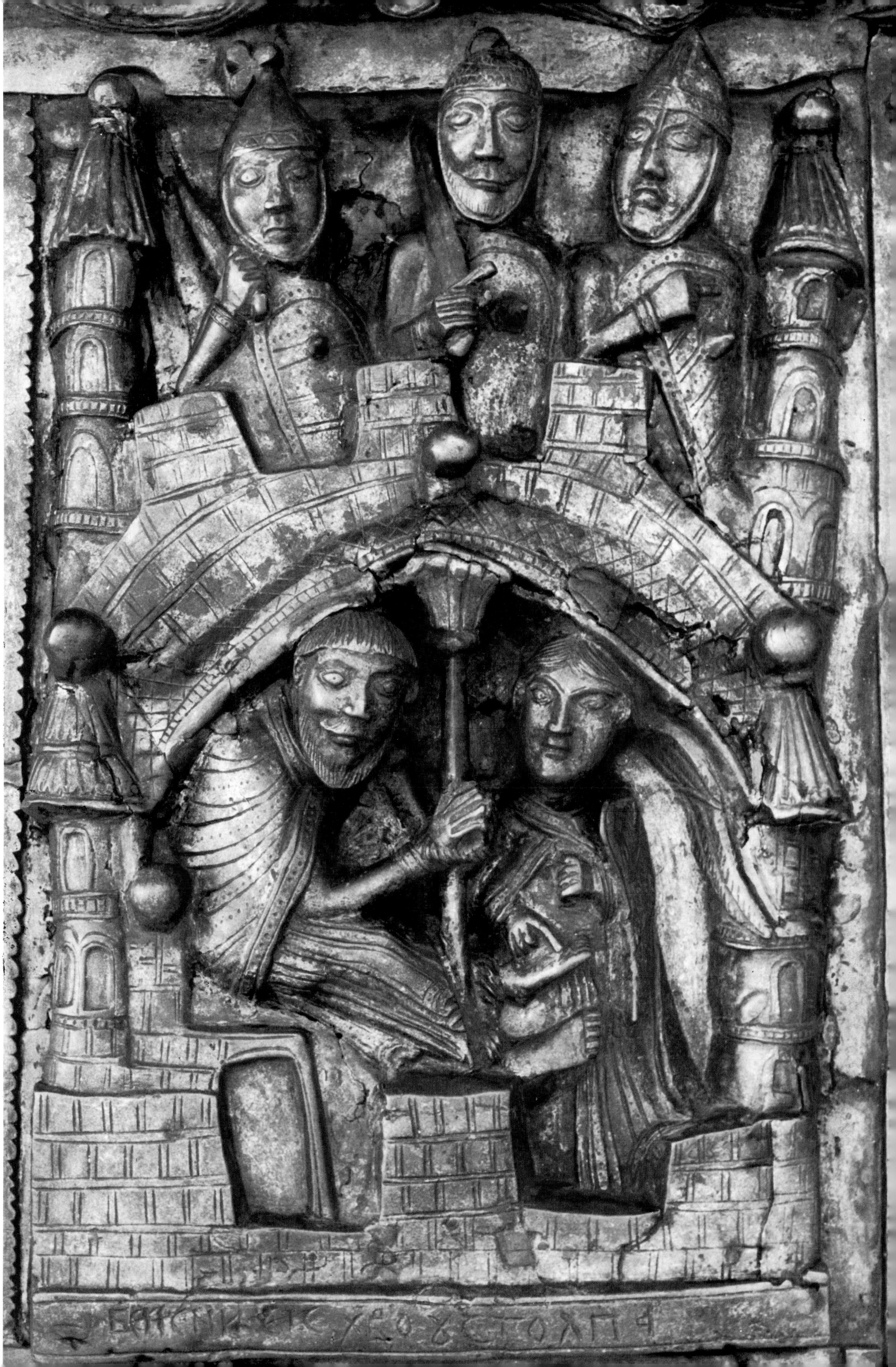

108, 109
Novgorod.
Vom rechten
Türflügel:
108 Gefangennahme Christi
(F 30).
109 Petrus
(Christus ?)
im Kerker (F 32)

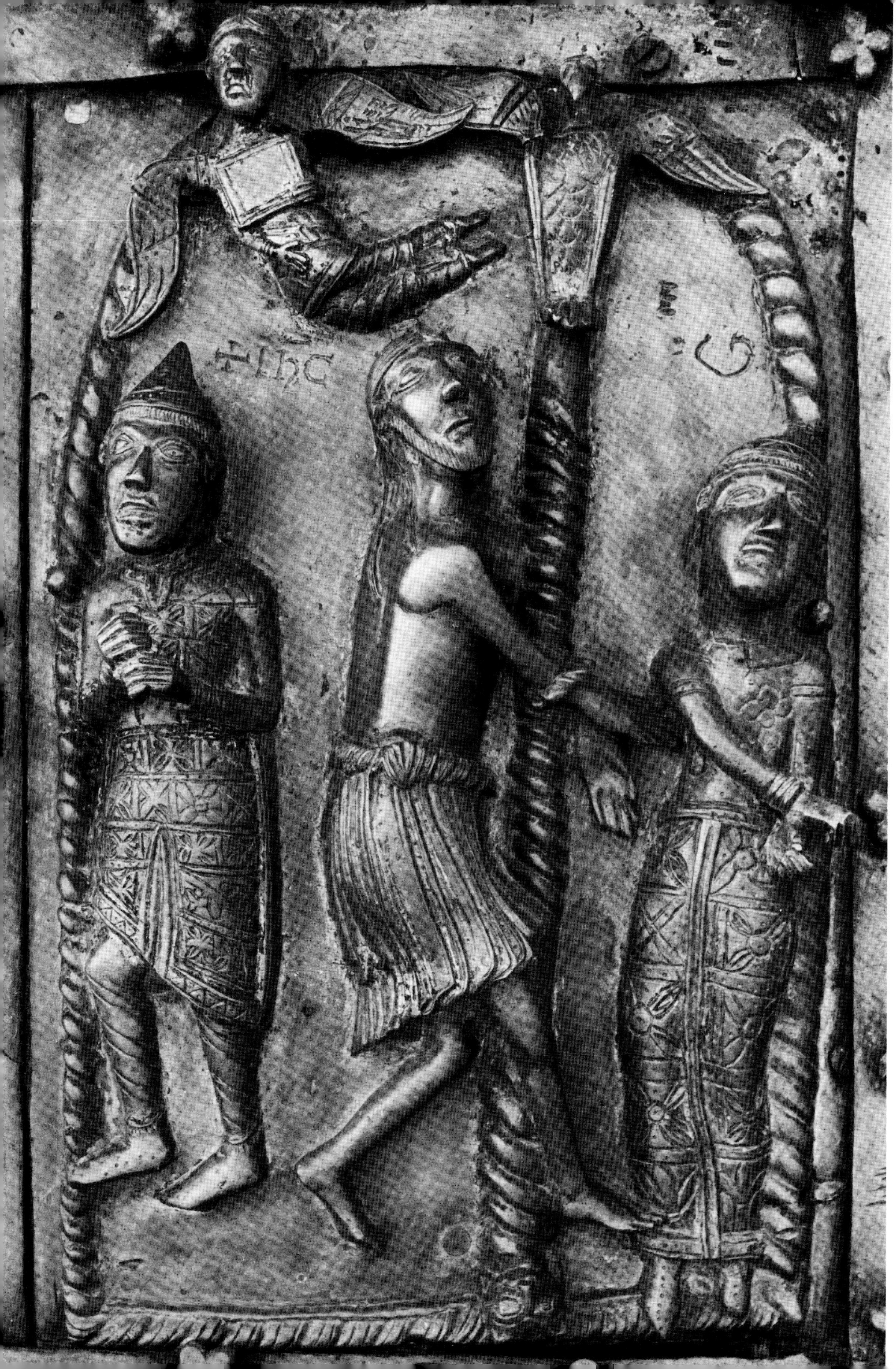

110, 111
Novgorod.
Vom rechten
Türflügel:
110 Geißelung
Christi (F 36).
111 Kreuzigung (F 37)

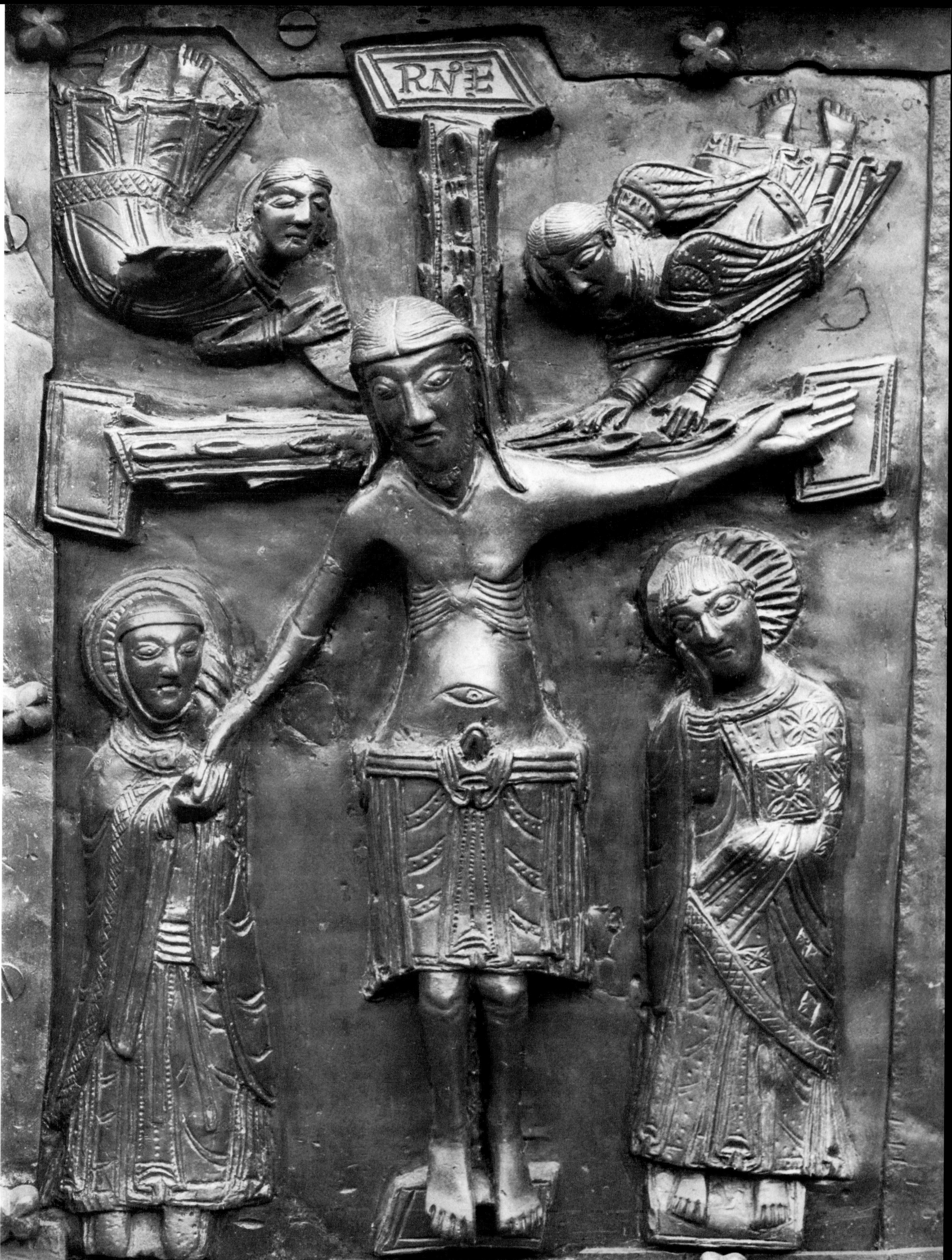
RNE

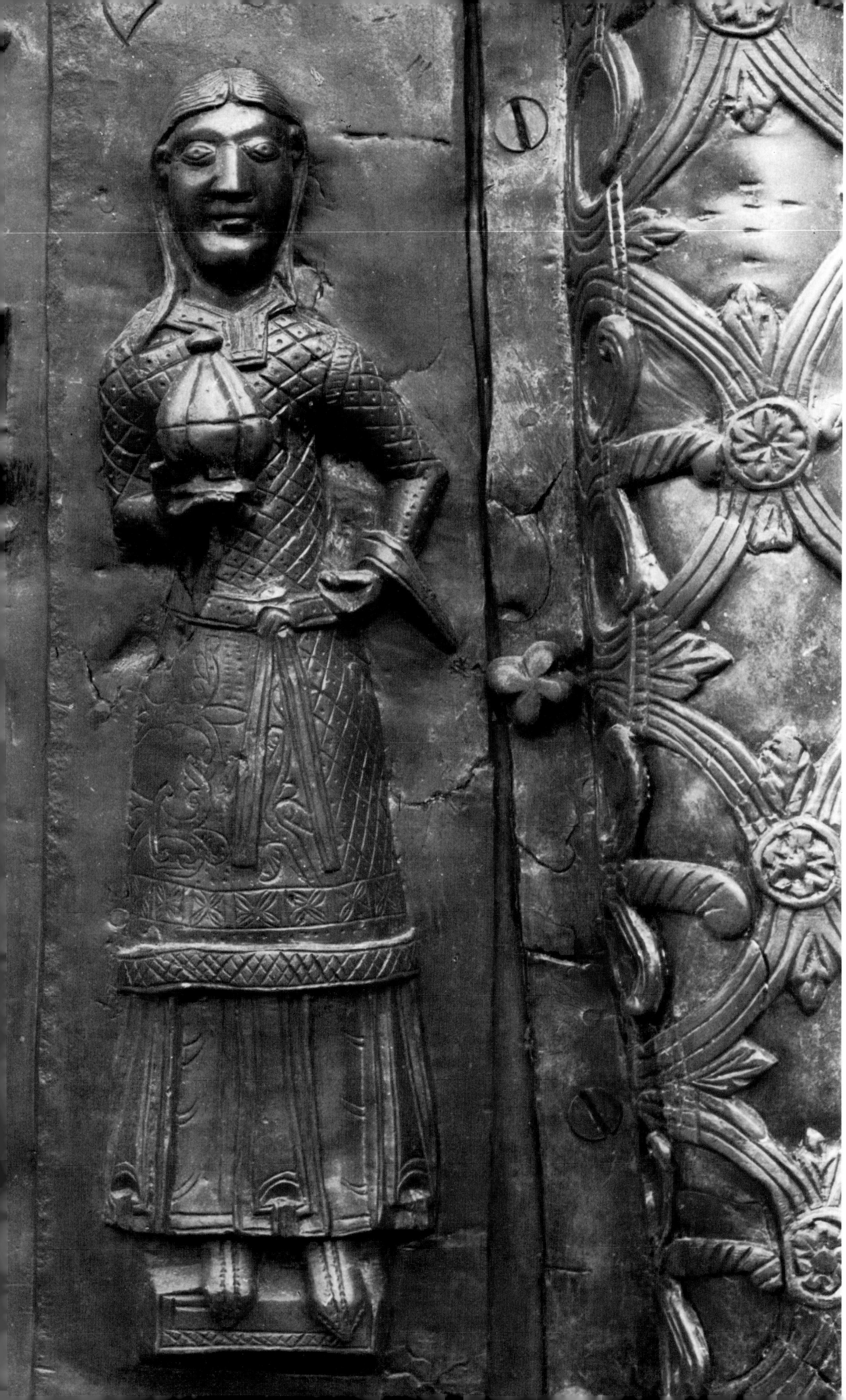

112, 113 Novgorod.
Vom rechten Türflügel:
112 Nikodemus mit dem Salbgefäß (F 38).
113 Die Frauen am Grabe (F 40)

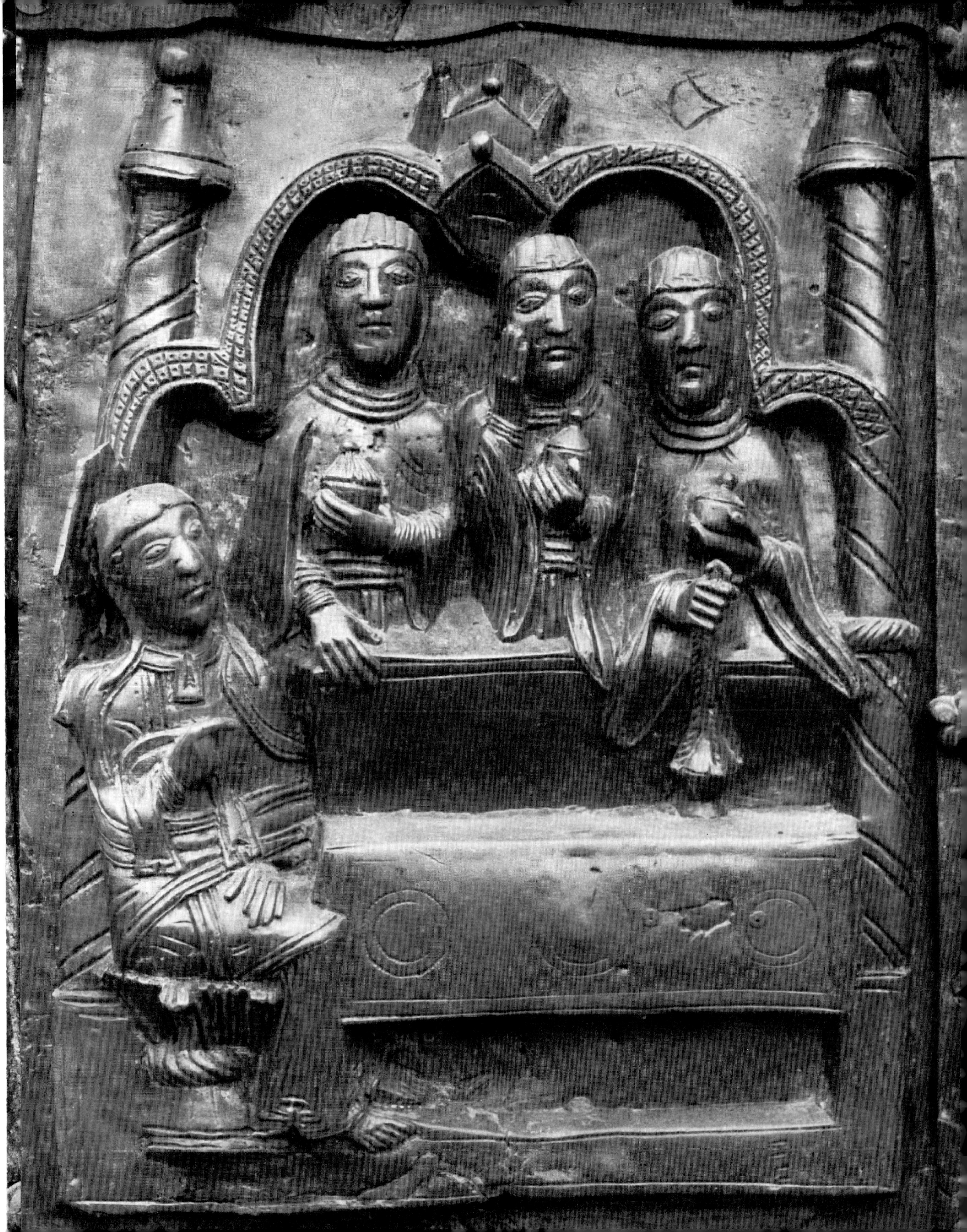

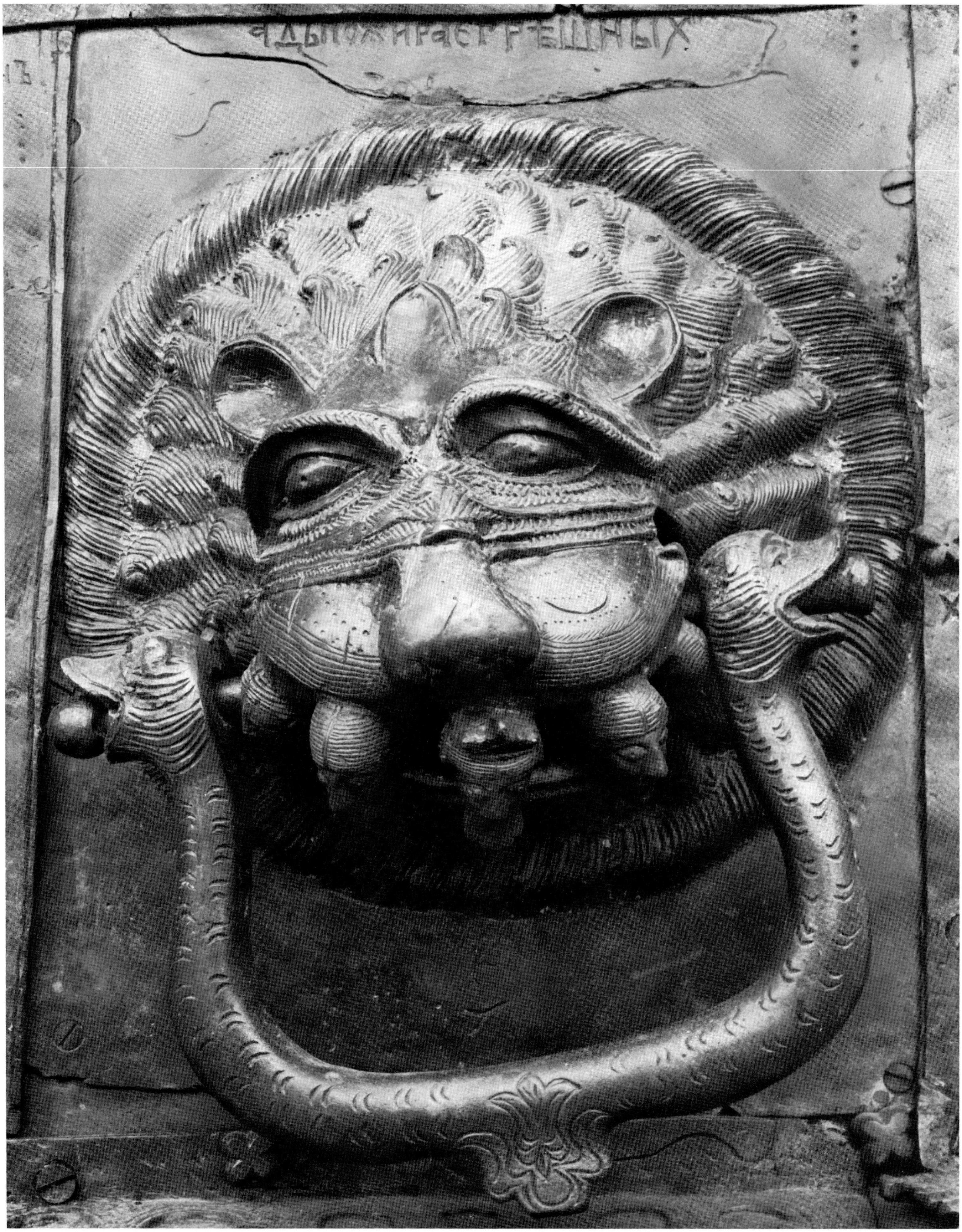

◁ 118 Novgorod. Vom rechten Türflügel: links figürliches Rahmenstück mit Kampfszene (b); rechts Erzbischof Wichmann von Magdeburg (F 42)
◁ 119 Novgorod. Vom linken Türflügel: Erschaffung Evas (F 22)
120, 121 Novgorod. Vom linken Türflügel: Türzieher als Höllenrachen (F 13). Bischof Alexander von Płock mit zwei Diakonen (F 17)

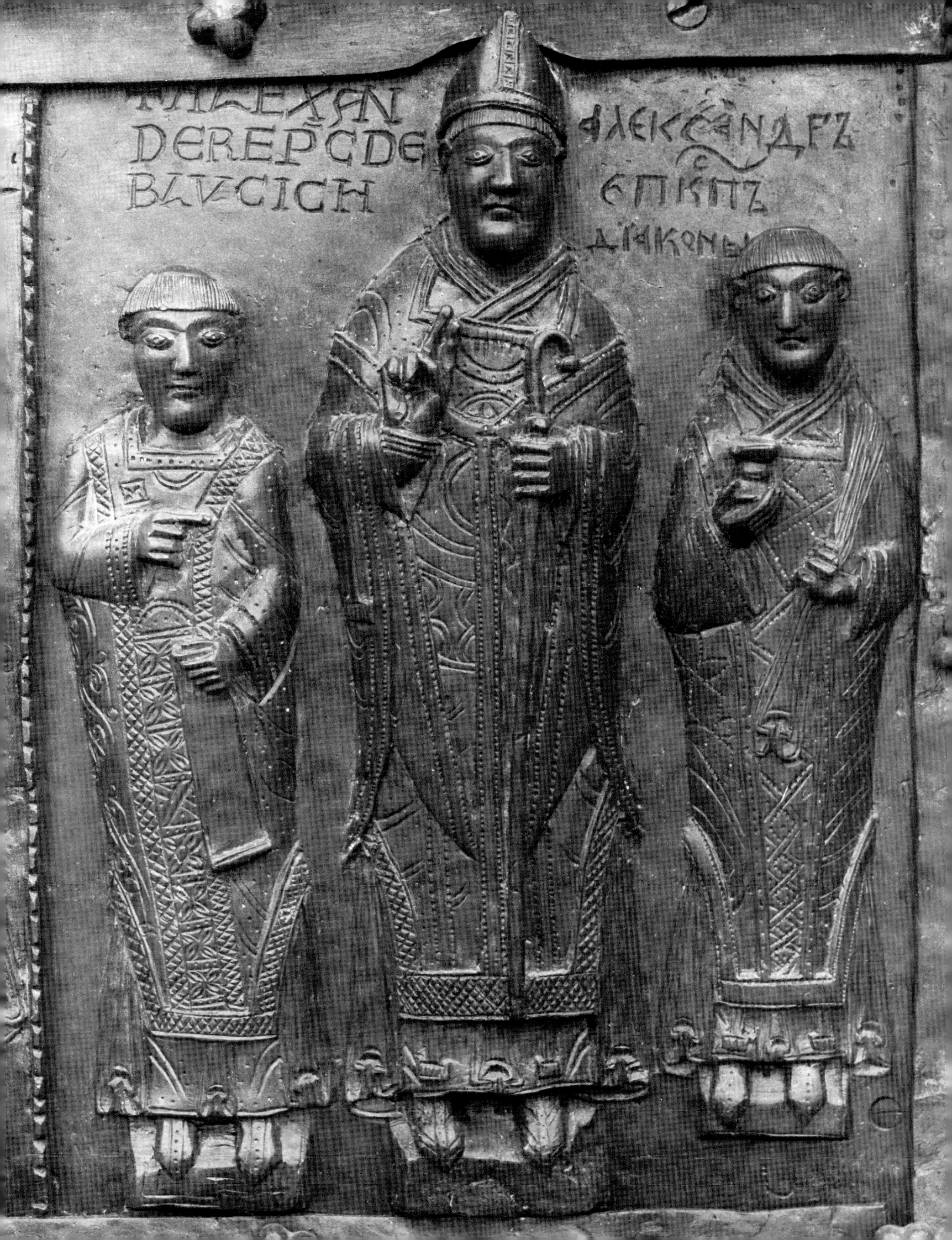
ALEXAN
DEREPCDE
BLVCICH
АЛЕКСАНДРЪ
ЕПКПЪ

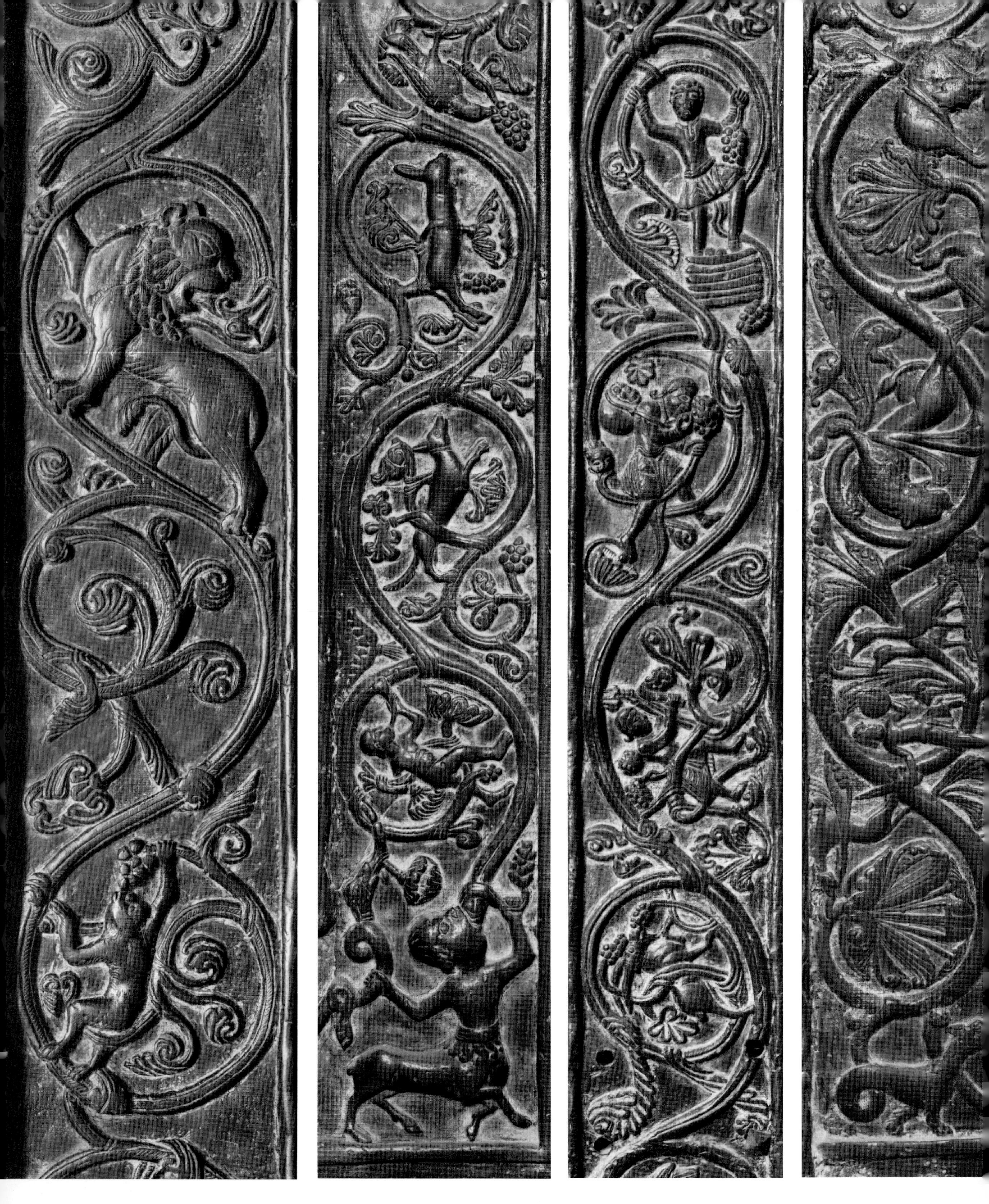

122 Gnesen. Details der ornamentalen Randleisten

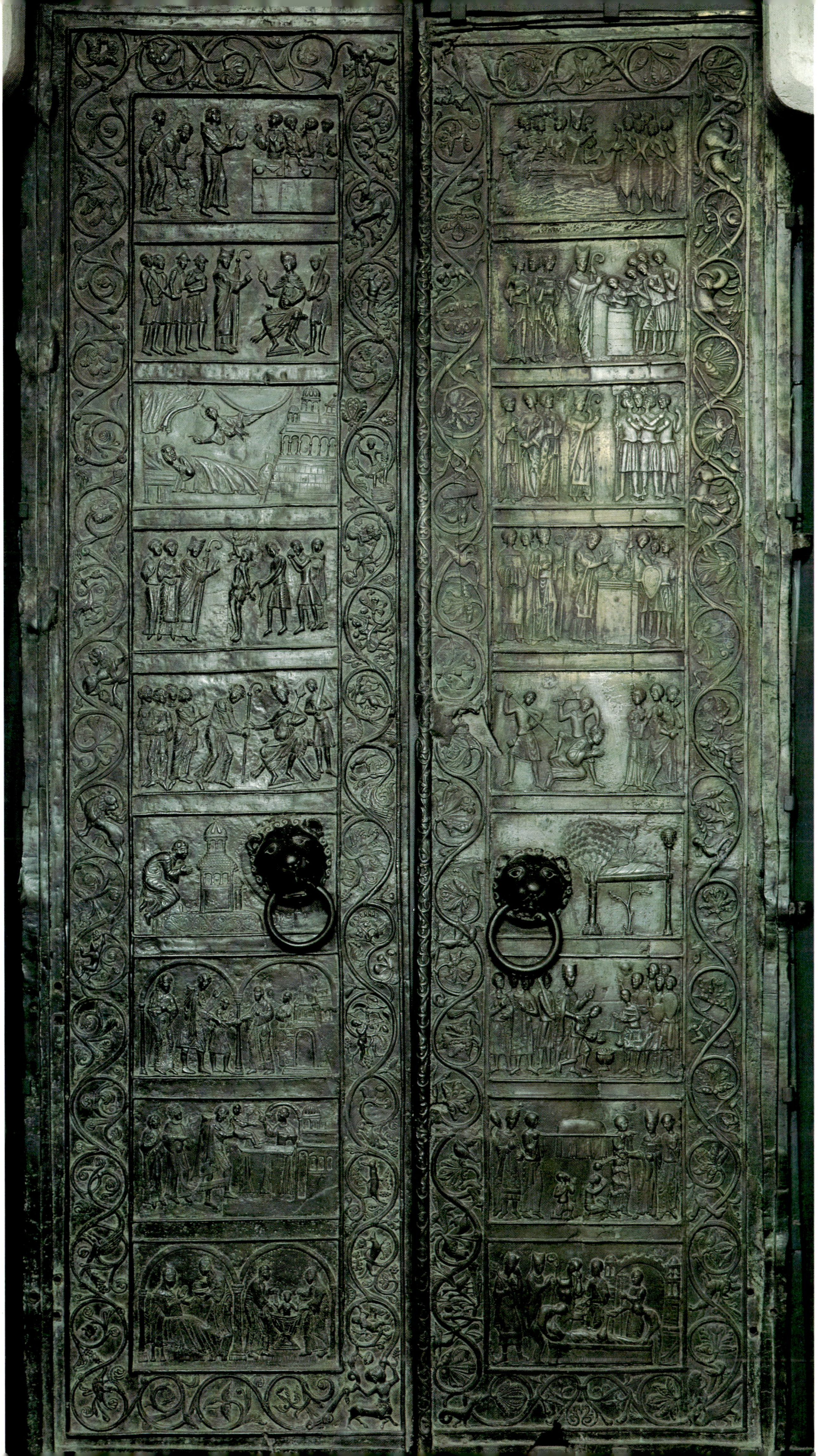

123 Gnesen, Dom, Tür des Südportals. Bildzyklus aus der Adalbert-Legende, lesbar auf dem linken Flügel von unten nach oben, auf dem rechten Flügel von oben nach unten. Gnesen, 2. Hälfte 12. Jahrhundert

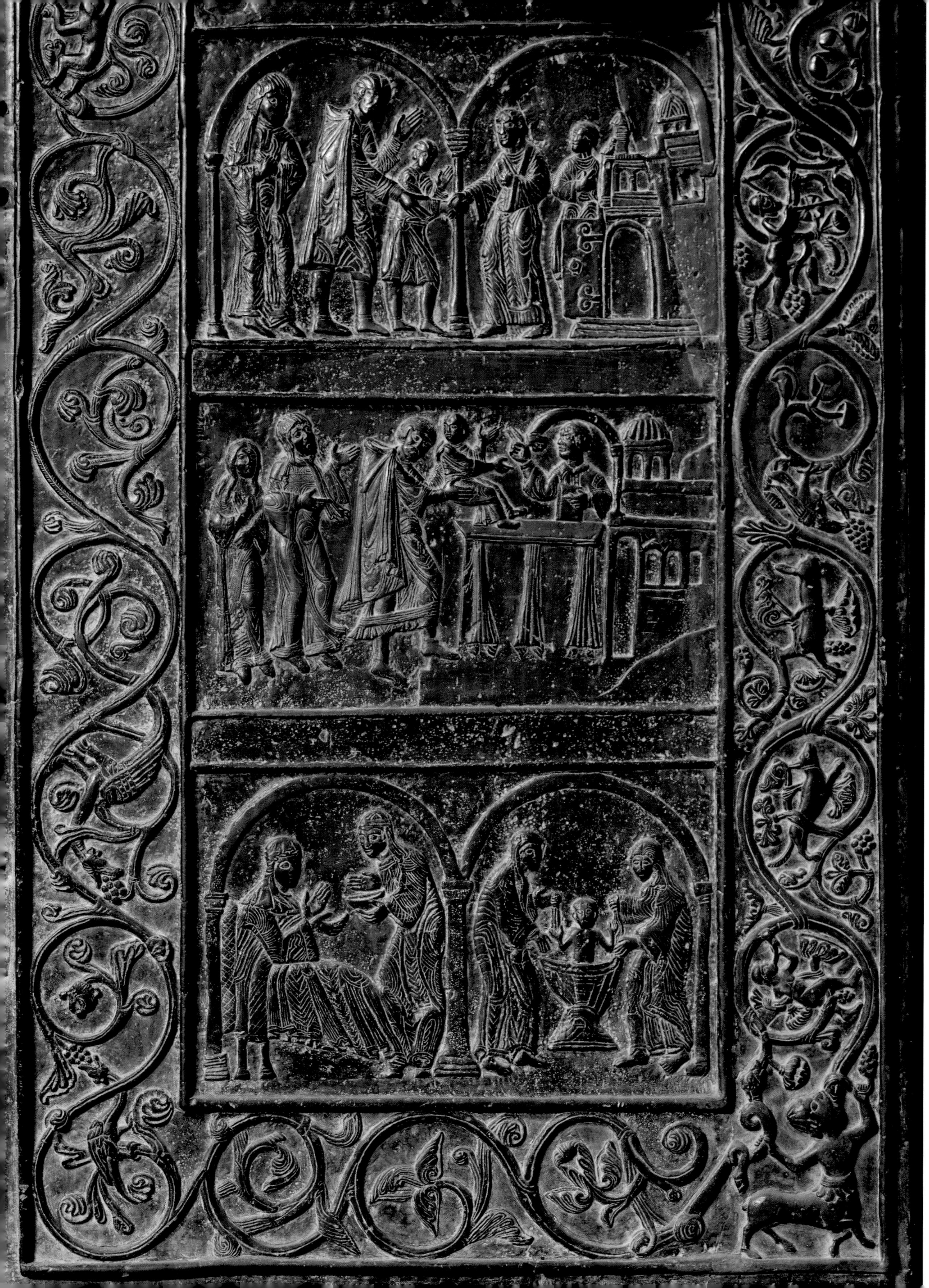

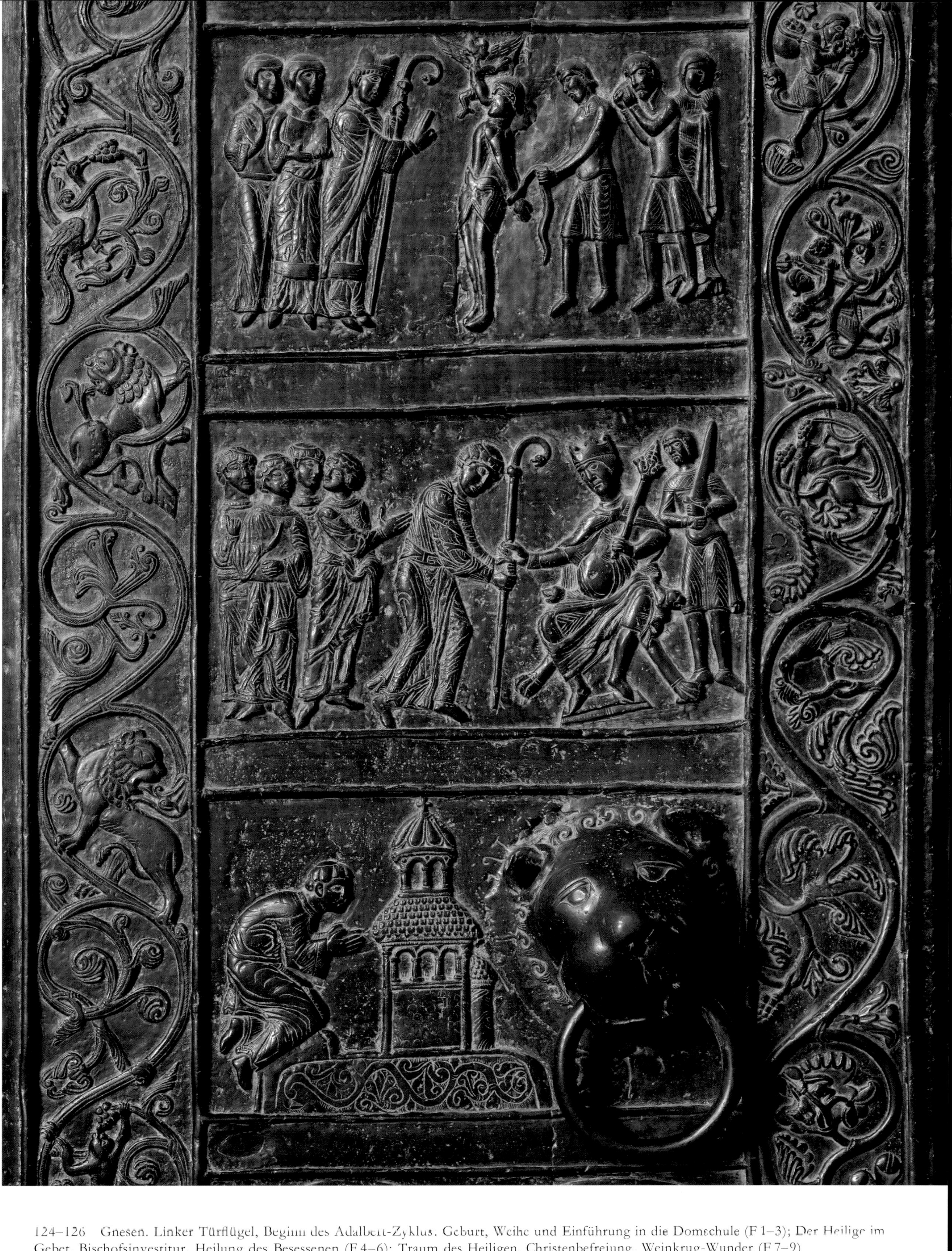

124–126 Gnesen. Linker Türflügel, Beginn des Adalbert-Zyklus. Geburt, Weihe und Einführung in die Domschule (F 1–3); Der Heilige im Gebet, Bischofsinvestitur, Heilung des Besessenen (F 4–6); Traum des Heiligen, Christenbefreiung, Weinkrug-Wunder (F 7–9)

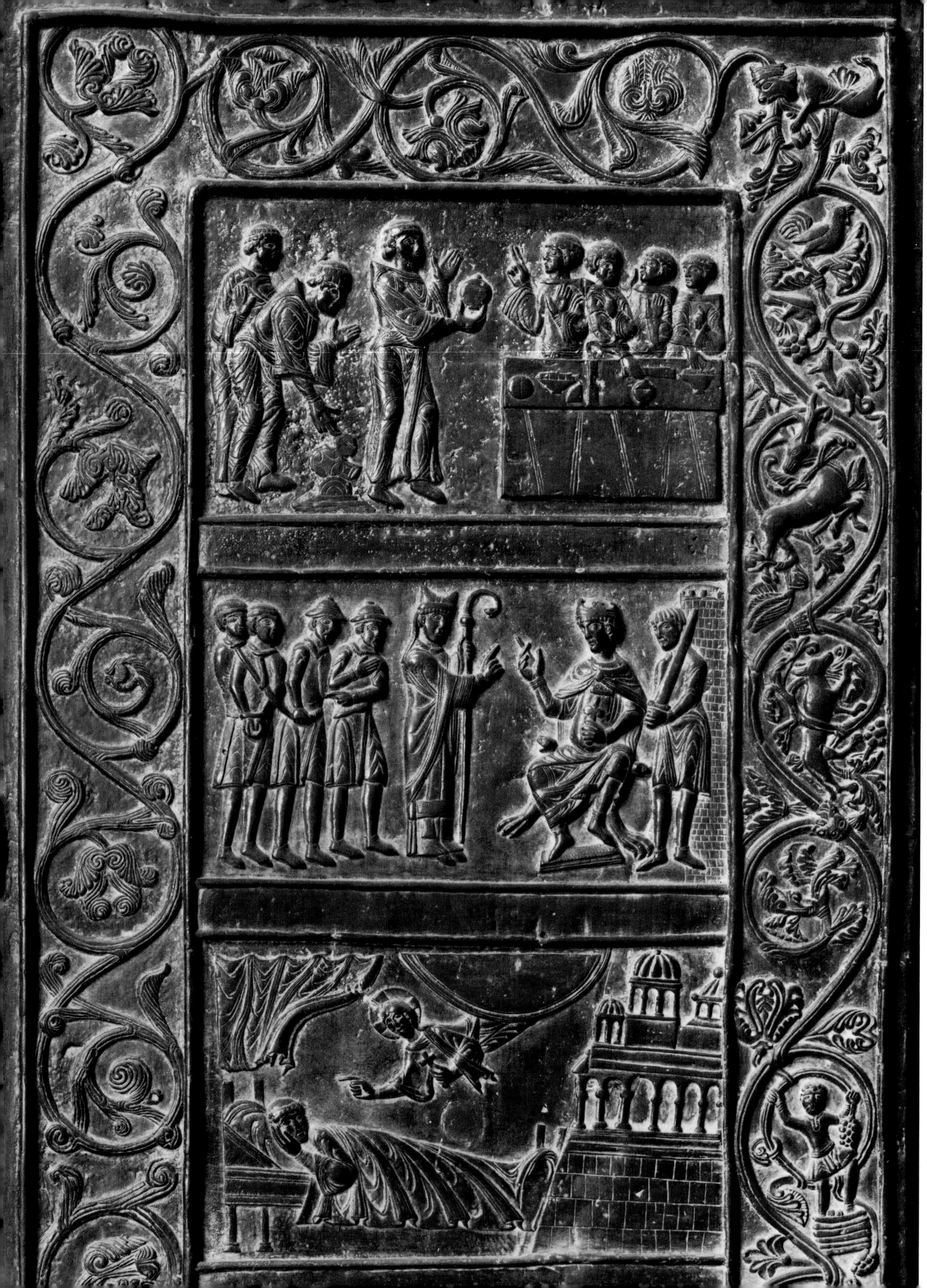

126

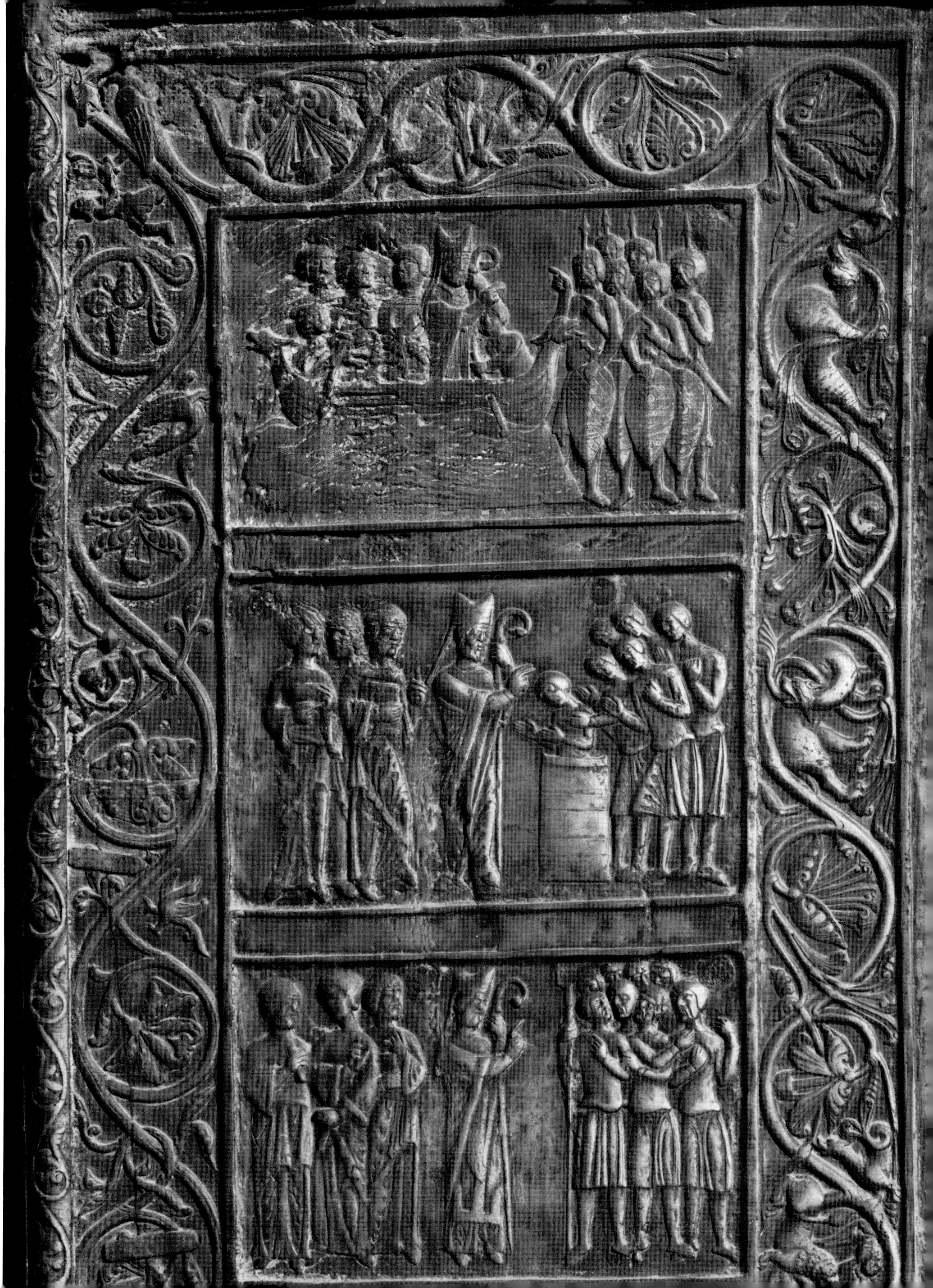

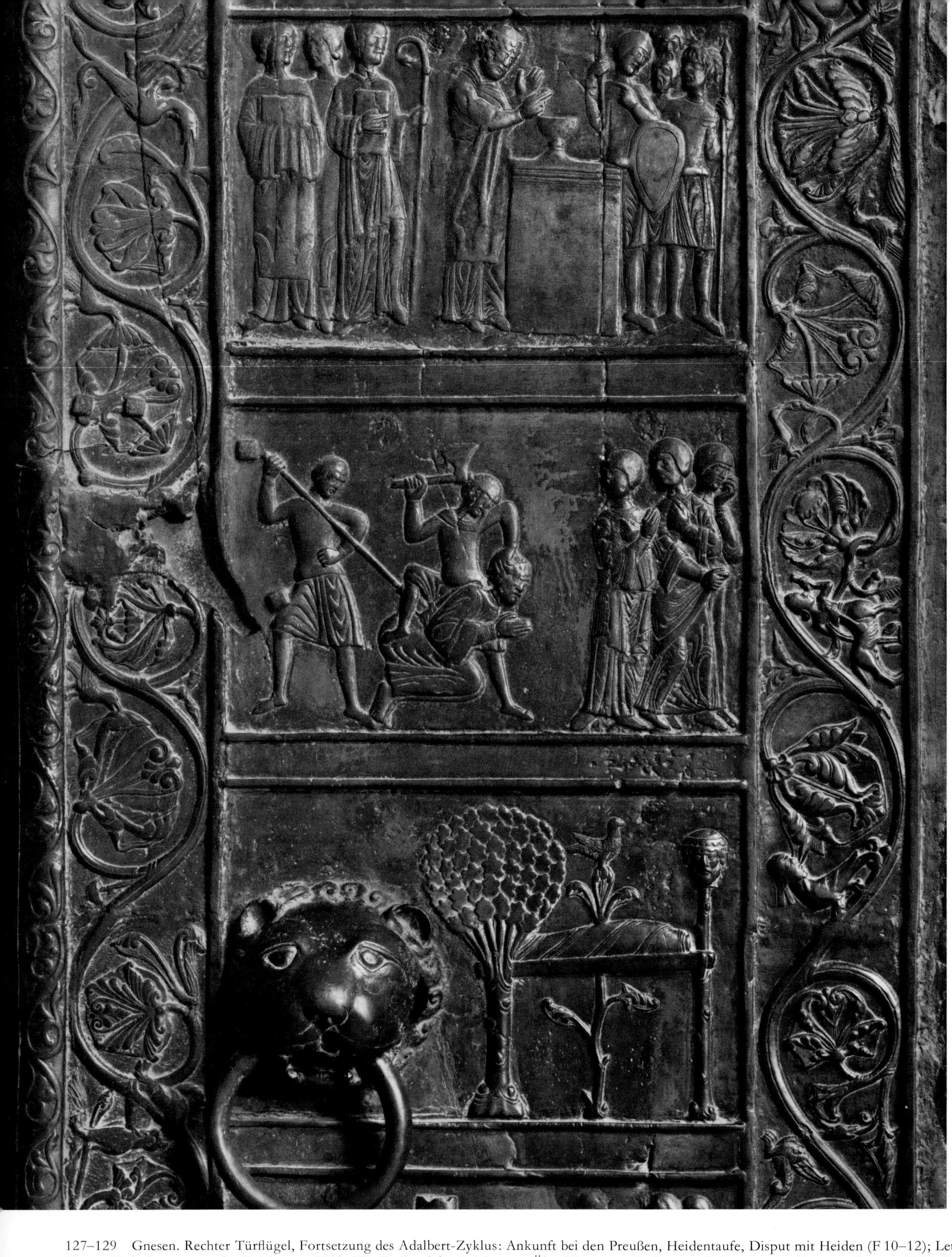

128

127–129 Gnesen. Rechter Türflügel, Fortsetzung des Adalbert-Zyklus: Ankunft bei den Preußen, Heidentaufe, Disput mit Heiden (F 10–12); Letzte Messe, Tod, Aussetzung des Leichnams (F 13–15); Freikauf des Leichnams, Überführung nach Gnesen, Beisetzung im Dom zu Gnesen (F 16–18)

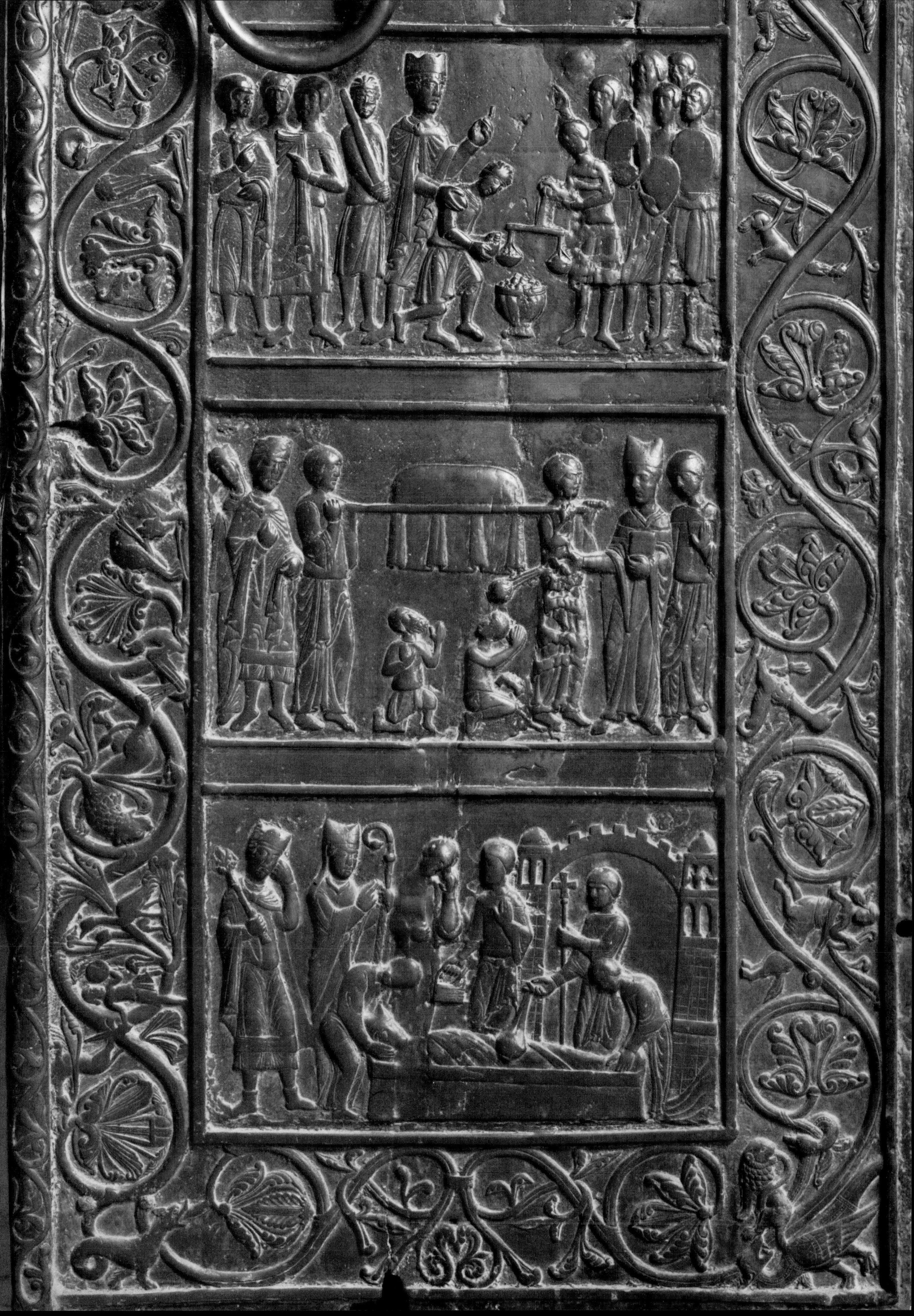

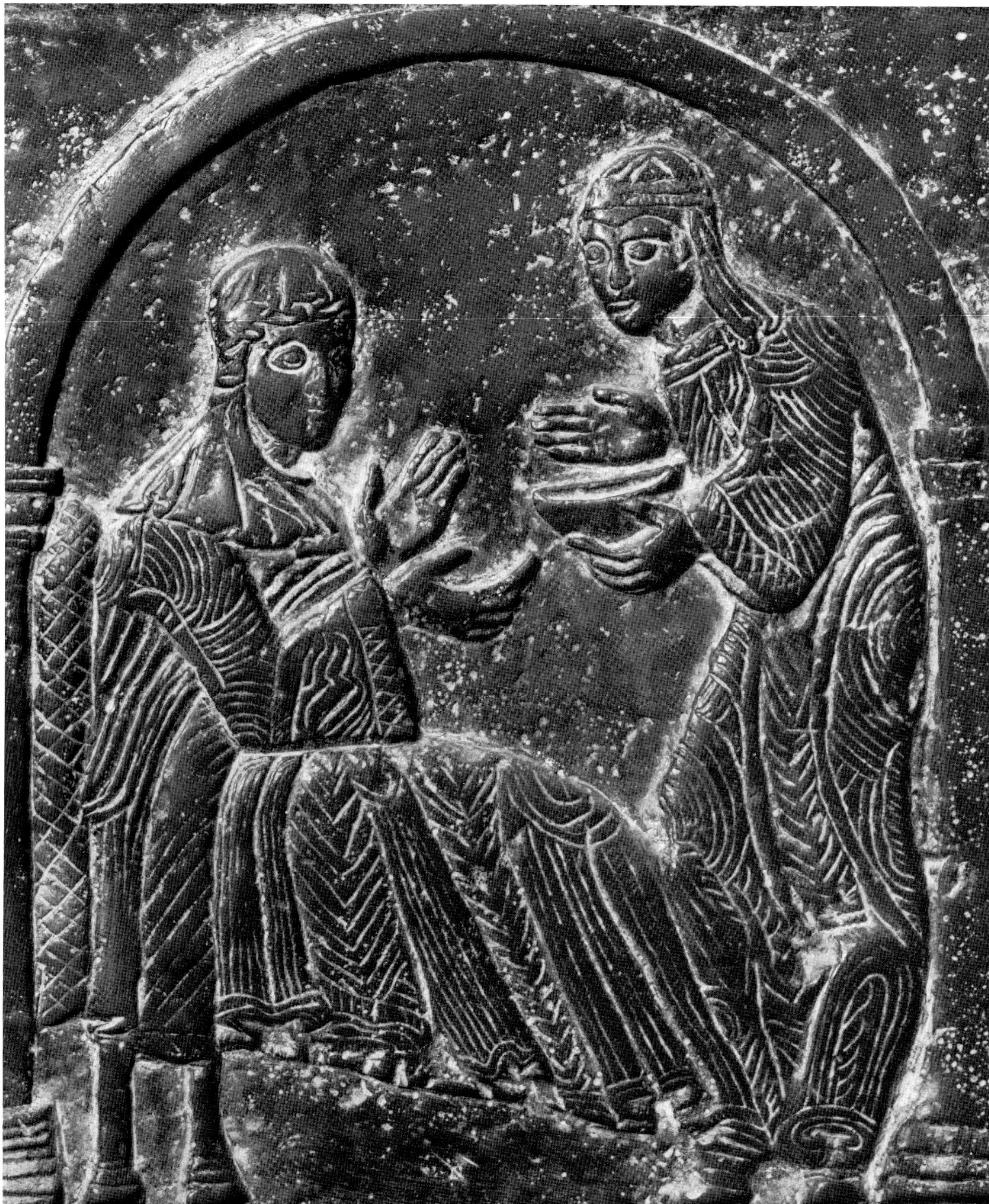

130 Gnesen. Die Mutter des Heiligen mit einer Dienerin aus der Geburtsszene (vgl. Tafel 124)
131 Gnesen. Weihe des kranken Kindes an die Gottesmutter (vgl. Tafel 124)

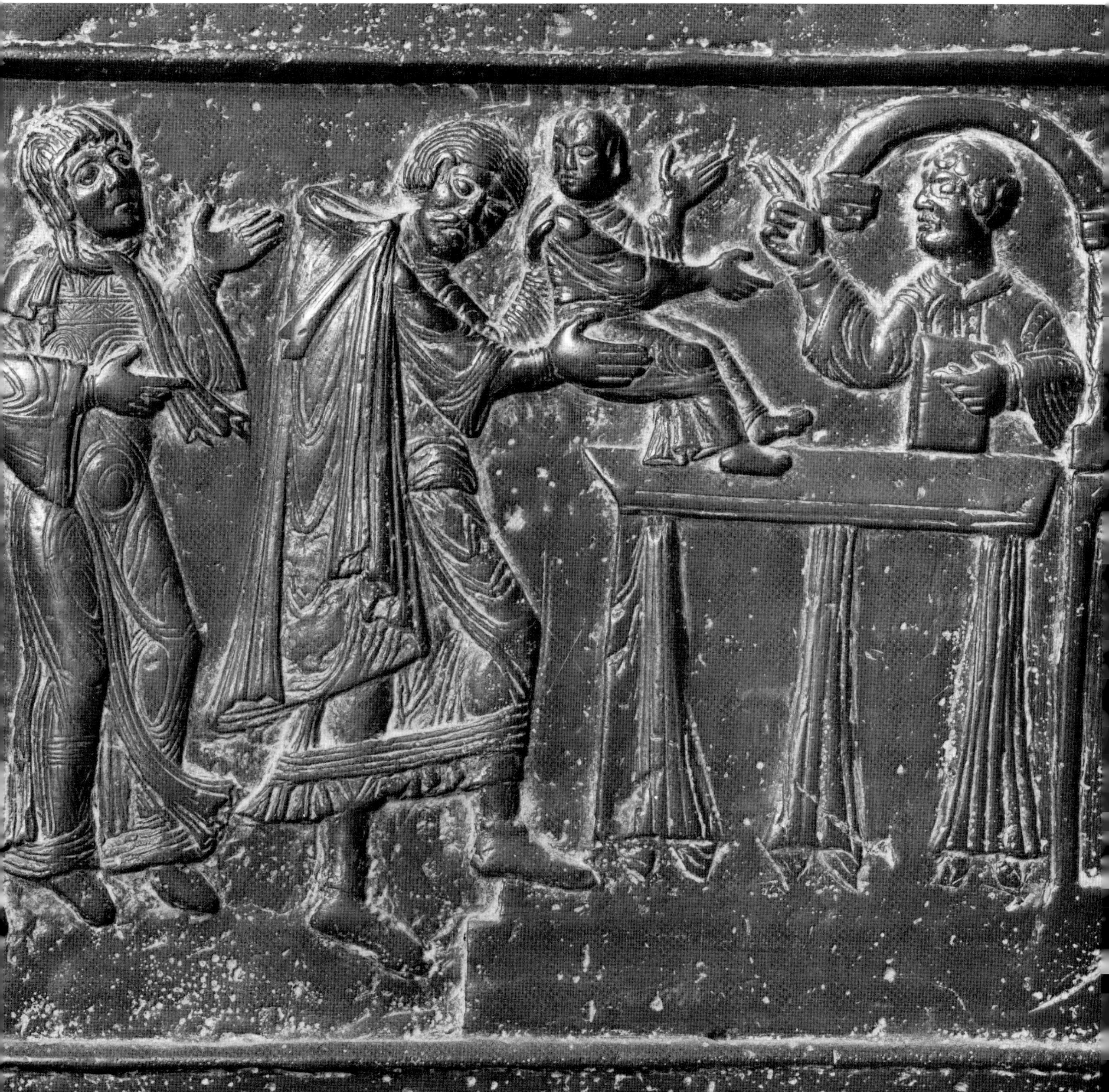

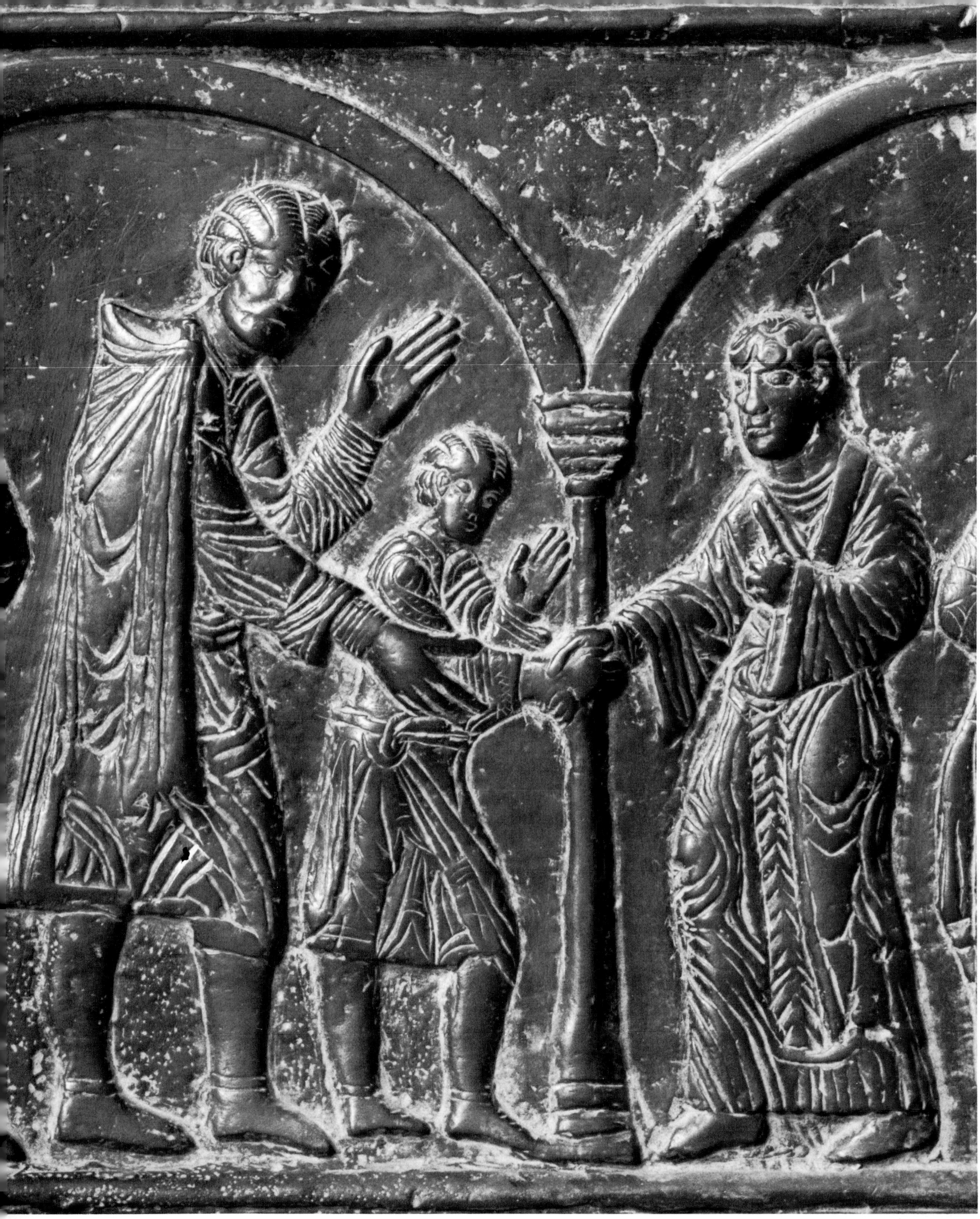

132 Gnesen. Einführung in die Domschule von Magdeburg (vgl. Tafel 124)

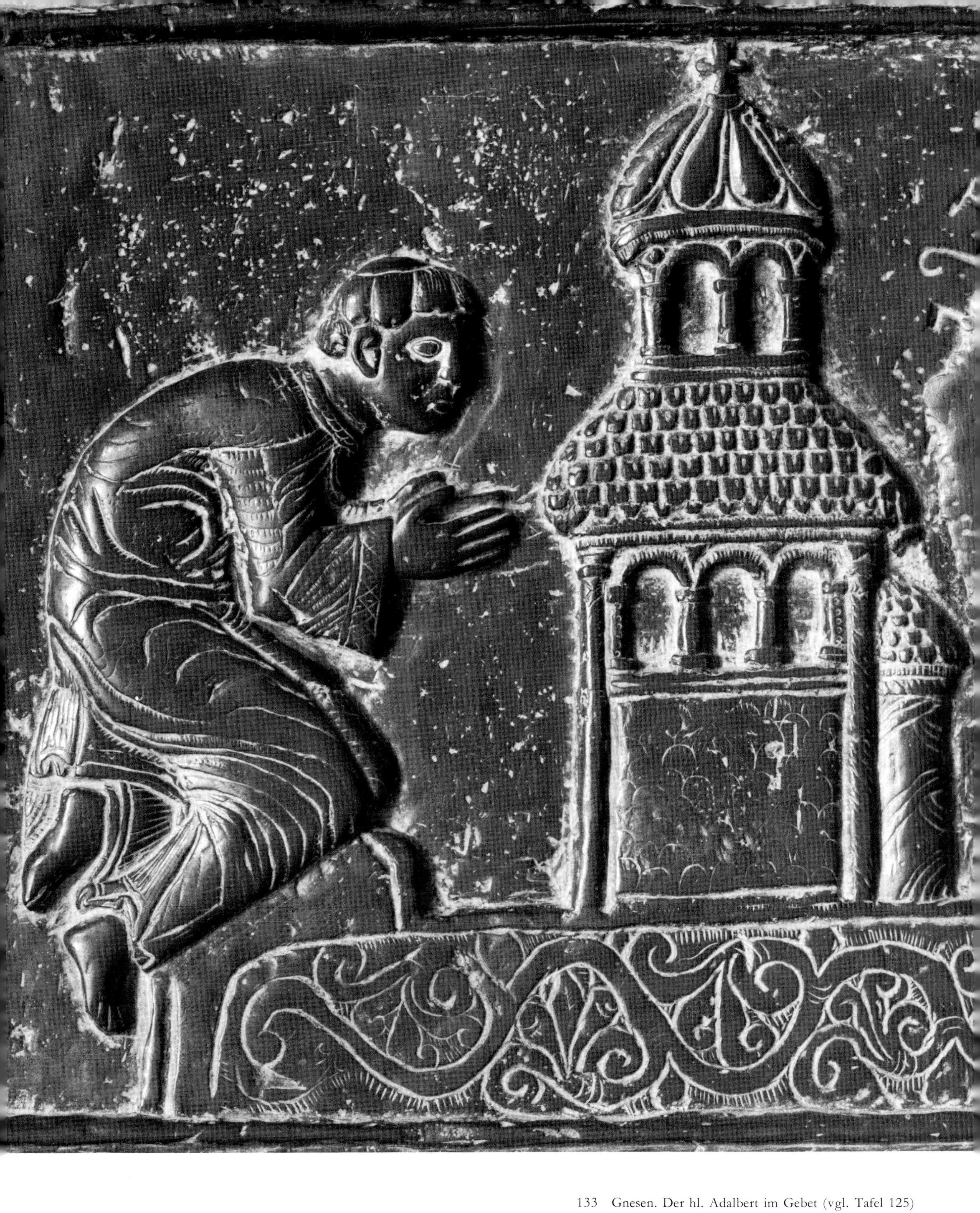

133 Gnesen. Der hl. Adalbert im Gebet (vgl. Tafel 125)

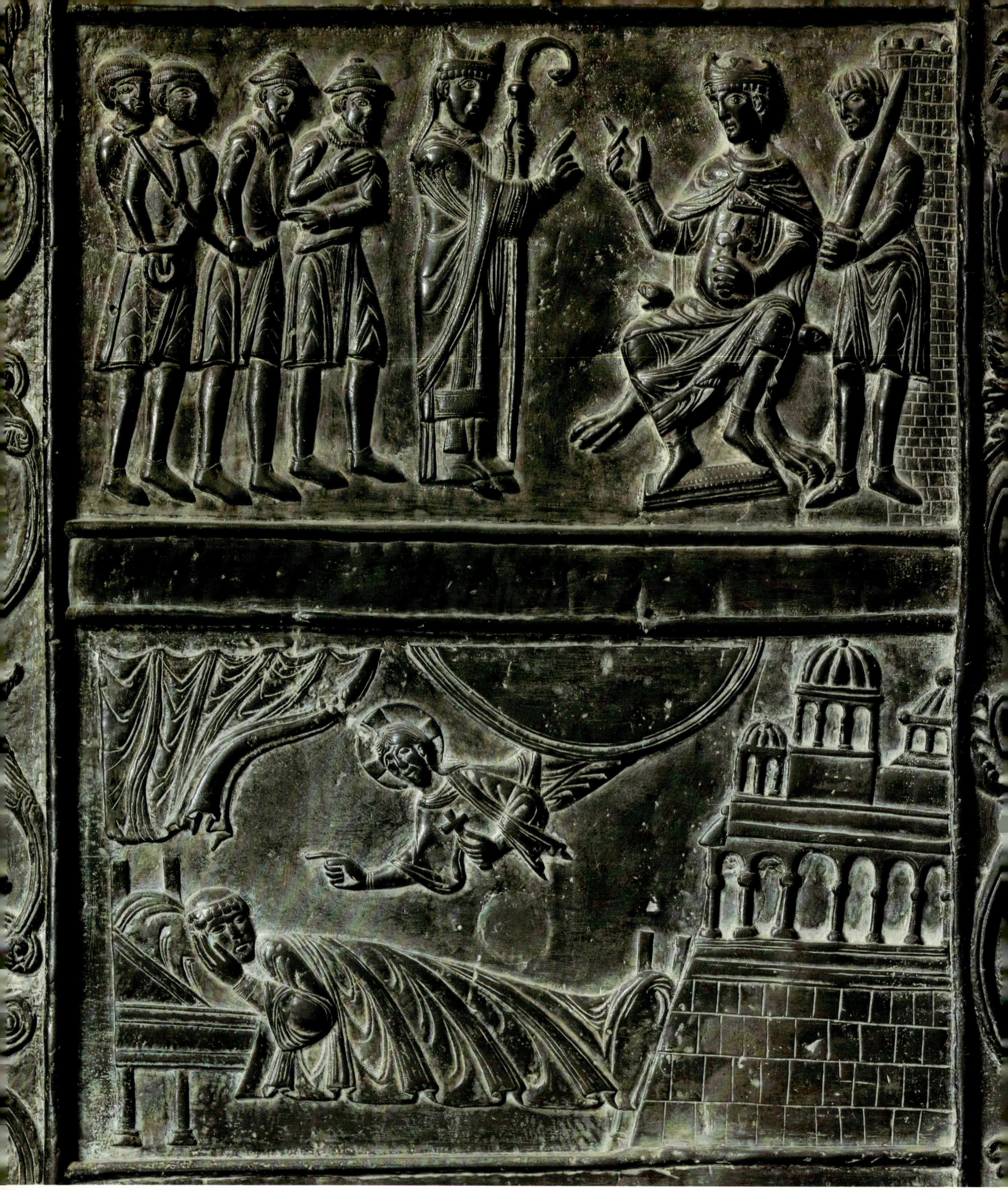

134 Gnesen. Vom linken Türflügel: Traum des hl. Adalbert, Verhandlung mit dem Herzog von Böhmen über die Befreiung von Christen (F 7, 8)
135 Gnesen. Vom rechten Türflügel: Tod des hl. Adalbert und Aussetzung des Leichnams (F 14, 15)

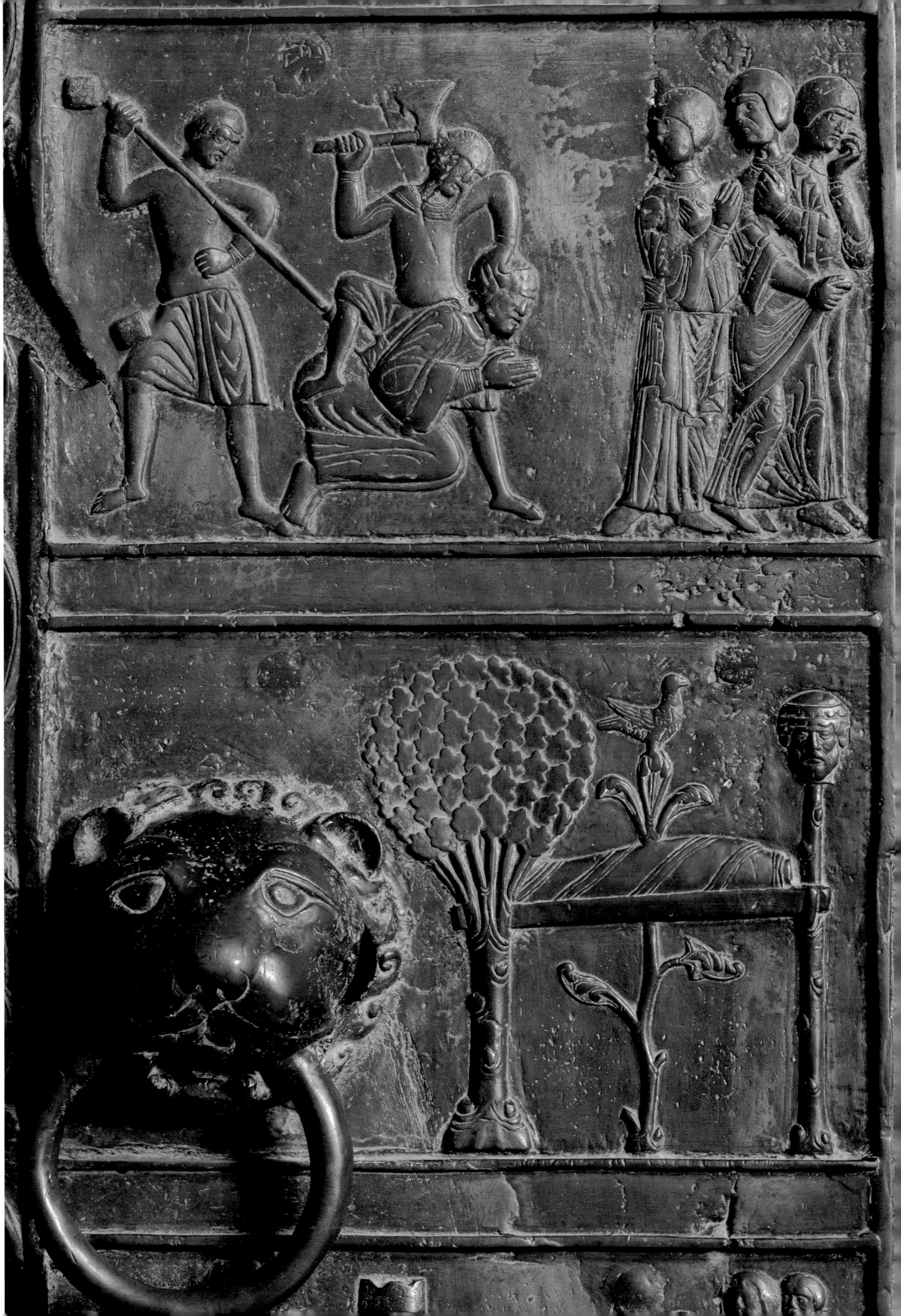

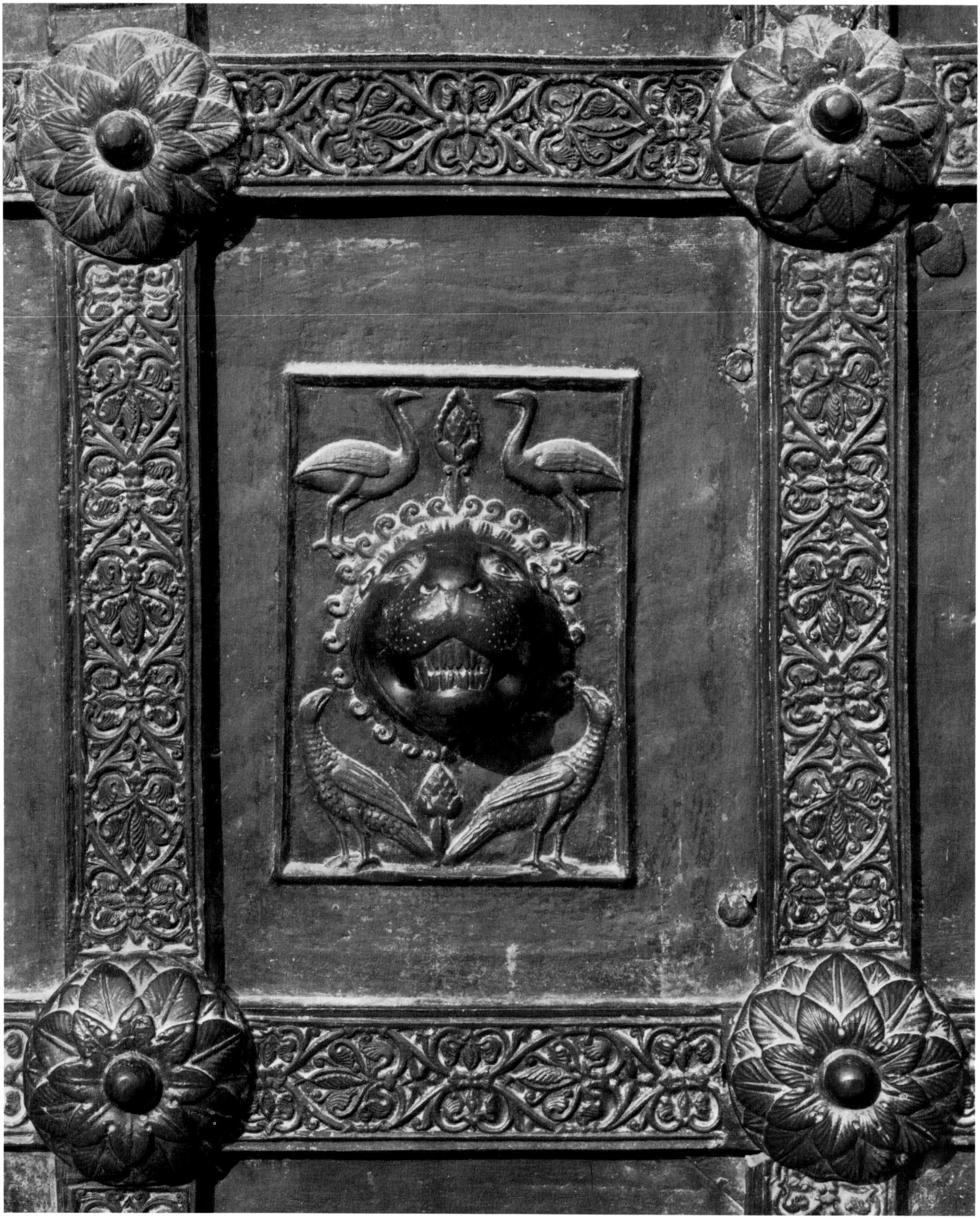

136
137 ▷

136 Ravello. Türzieher vom rechten Flügel (F 29)
137–141 Ravello, Dom, Tür des Westportals. Darstellungen zum Neuen Testament, Apostel, Heilige und Bildsymbole. Barisanus von Trani. 1179

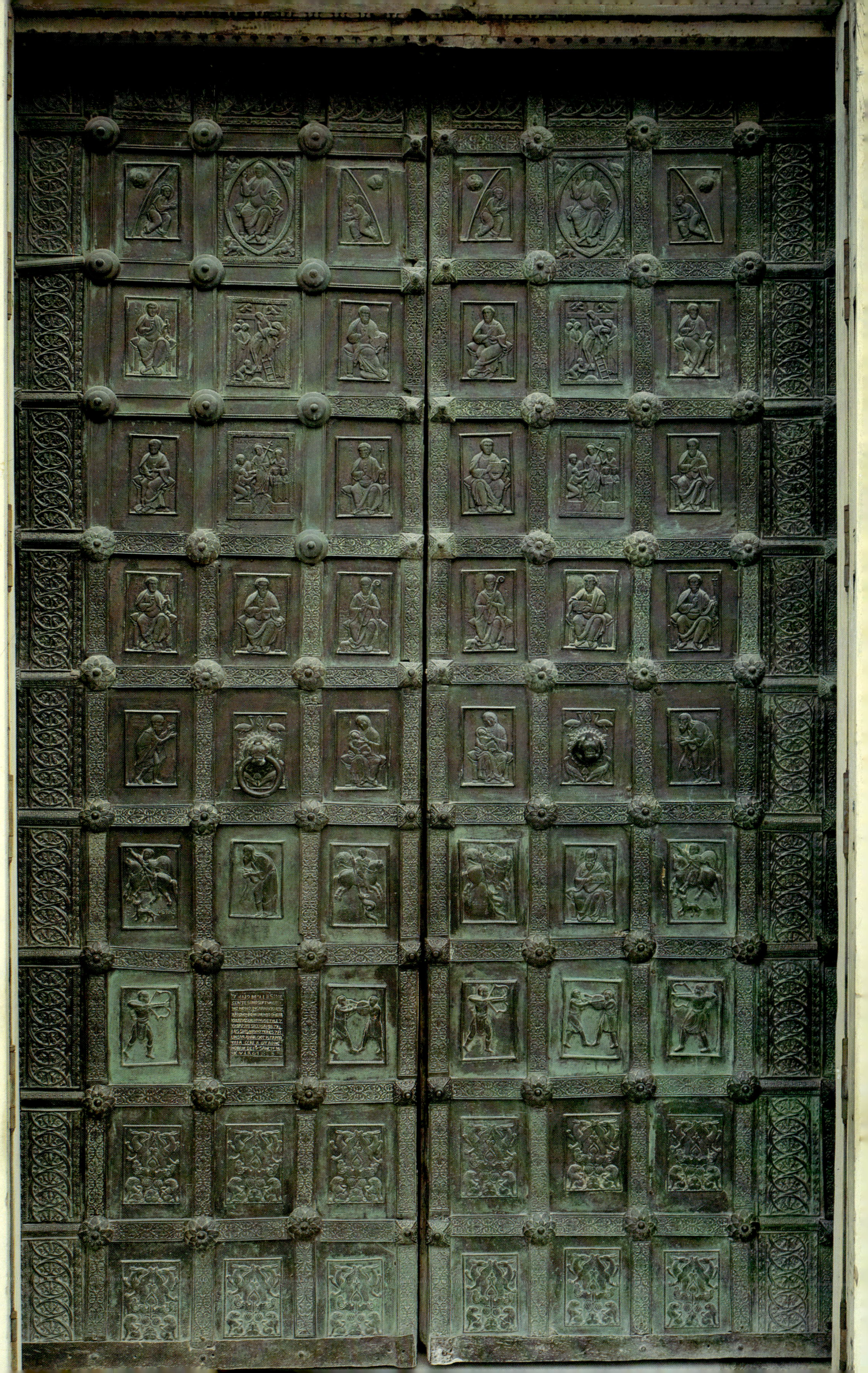

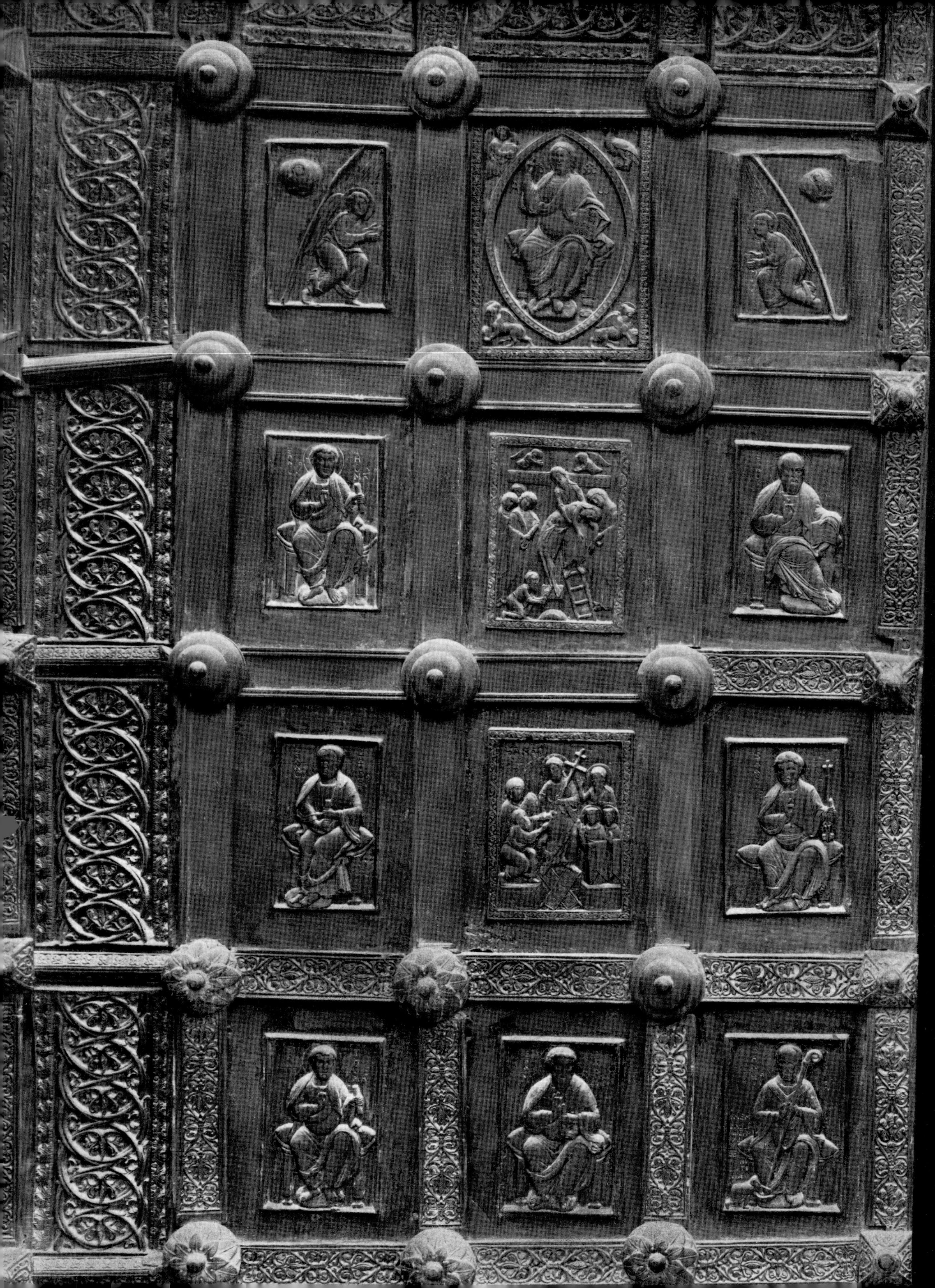

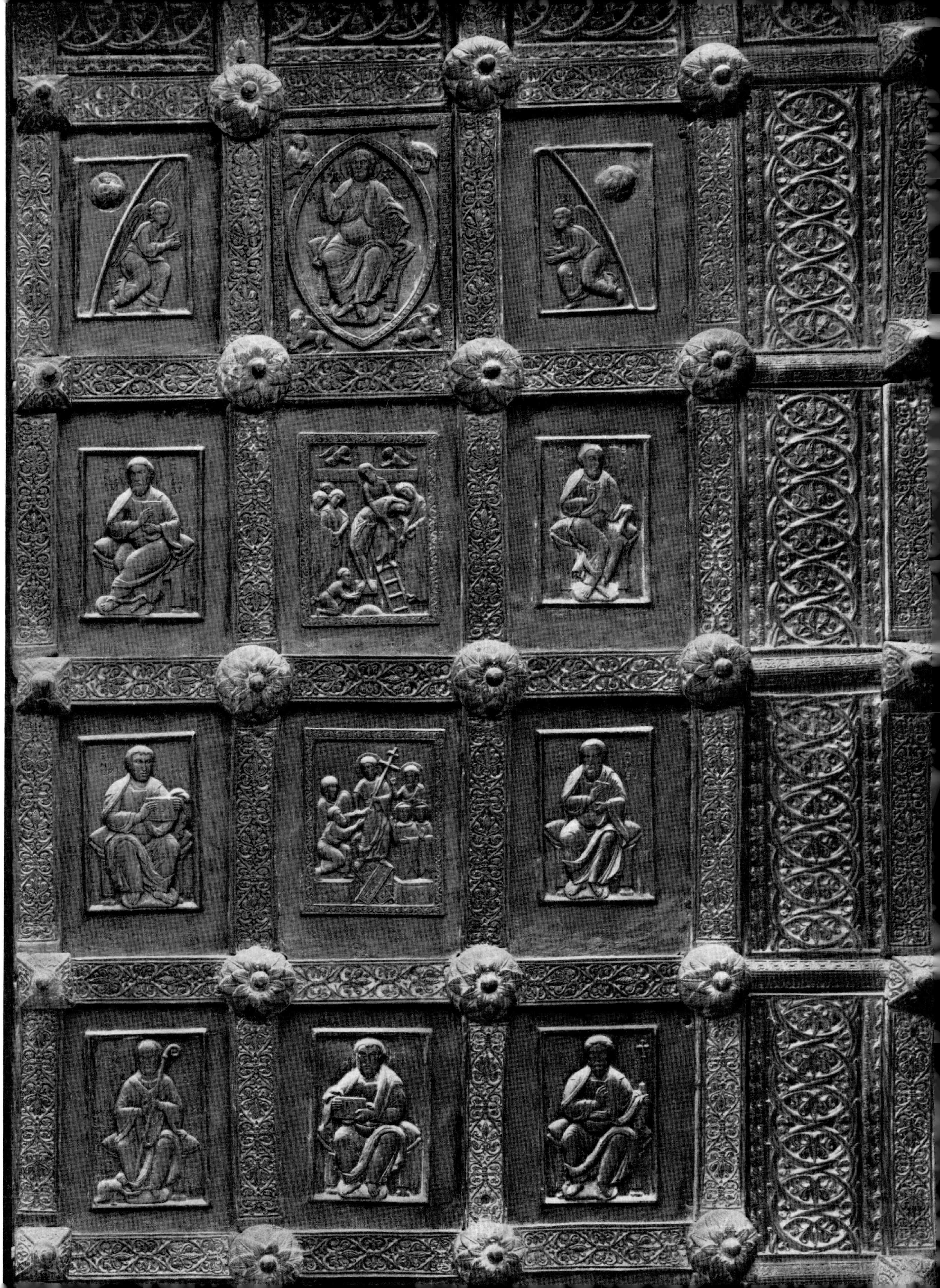

CENTESIMO SEPTUAGE
MO NONO INCARNACIO IESV
XPO DNO NRO MEMENTO DNE FA
VXORI SVE SICLIGAVDE
LIIS SVIS MAVRO
LIA SVA ANNA QOT ISTA POR
NOREM DEI
RIE VIRGI

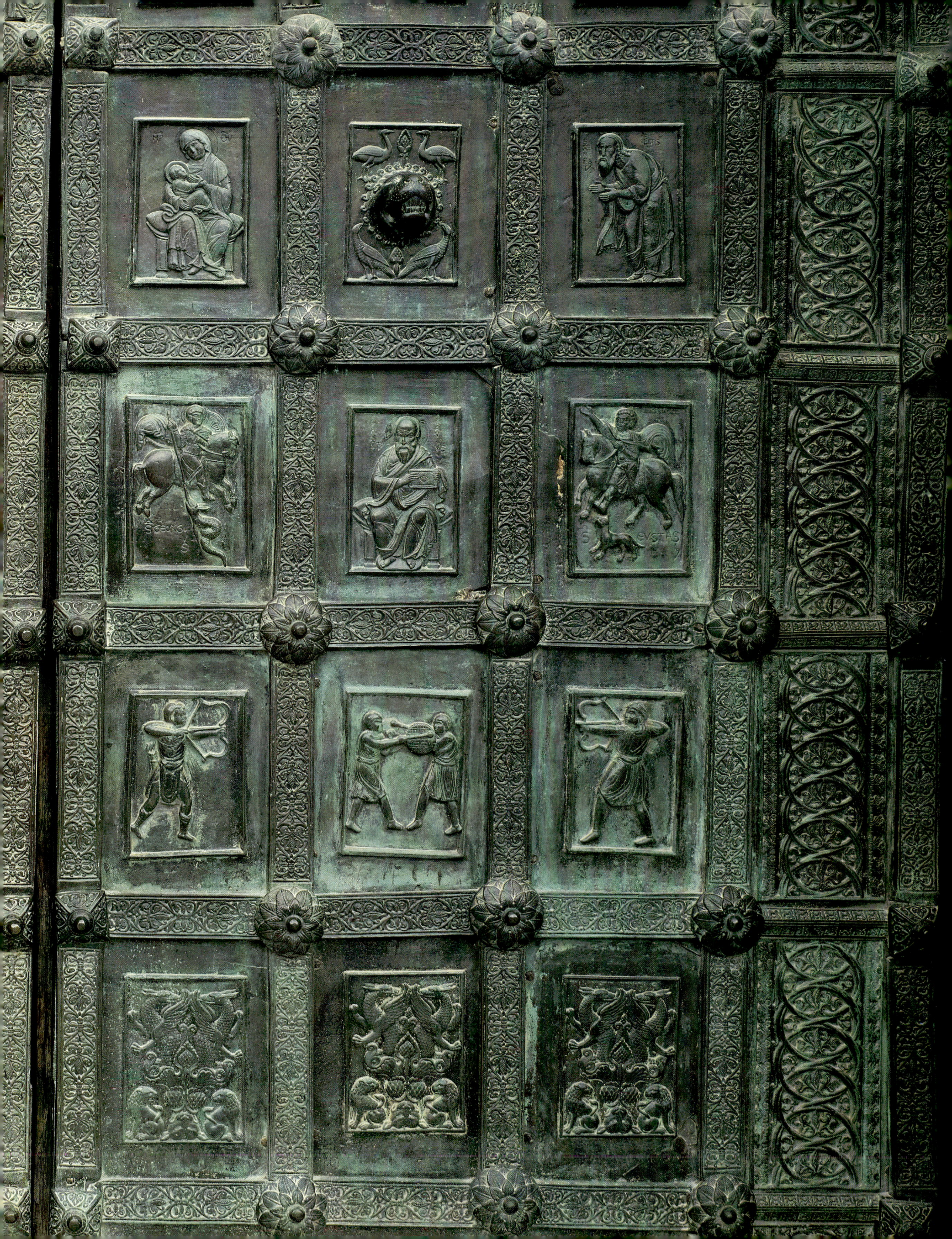

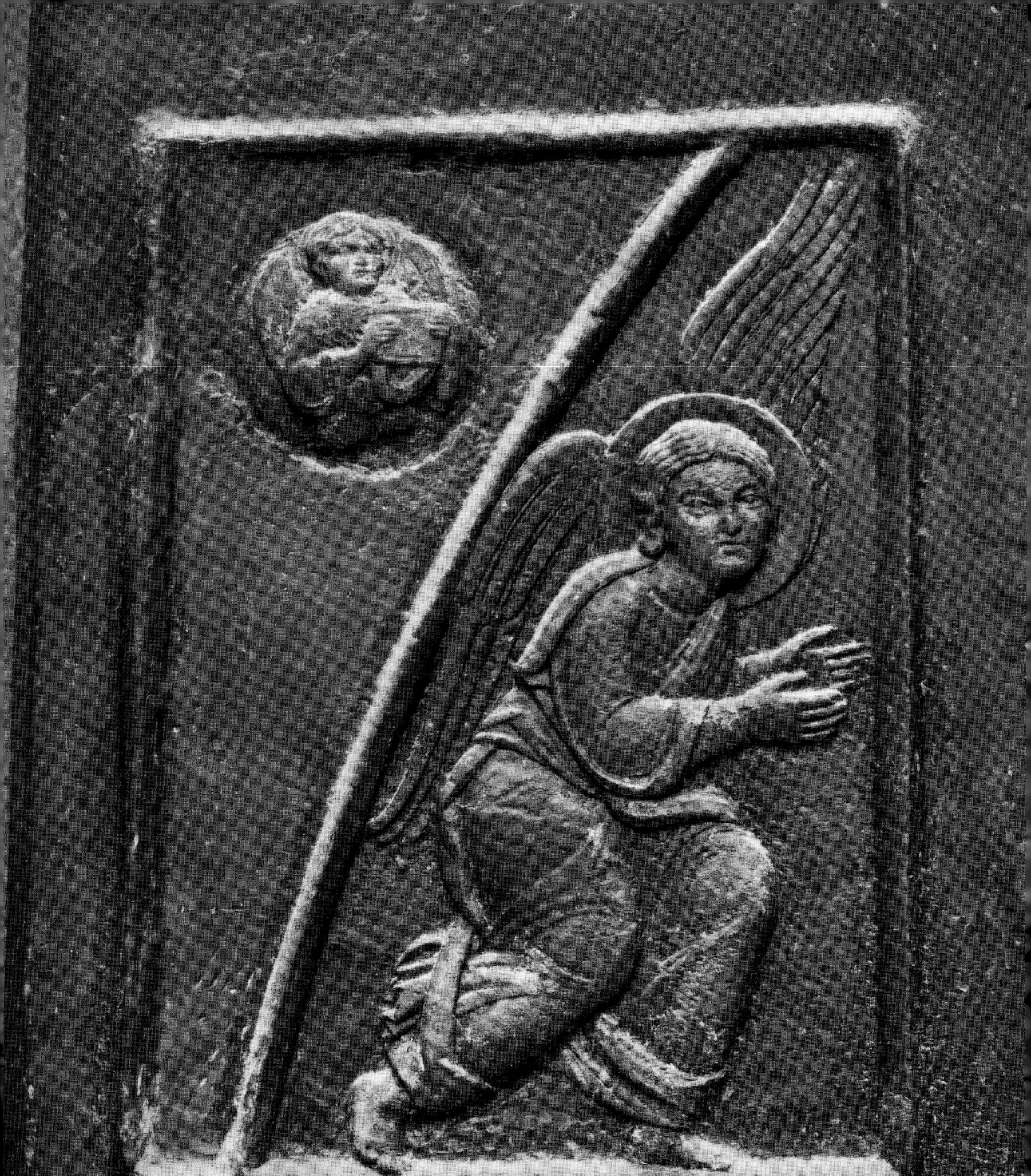

142, 143 Ravello. Vom rechten Türflügel: Anbetender Engel (F 4). Majestas Domini (F 5)
144, 145 Ravello. Vom rechten Türflügel: Kreuzabnahme (F 11). Höllenfahrt (F 17) ▷▷

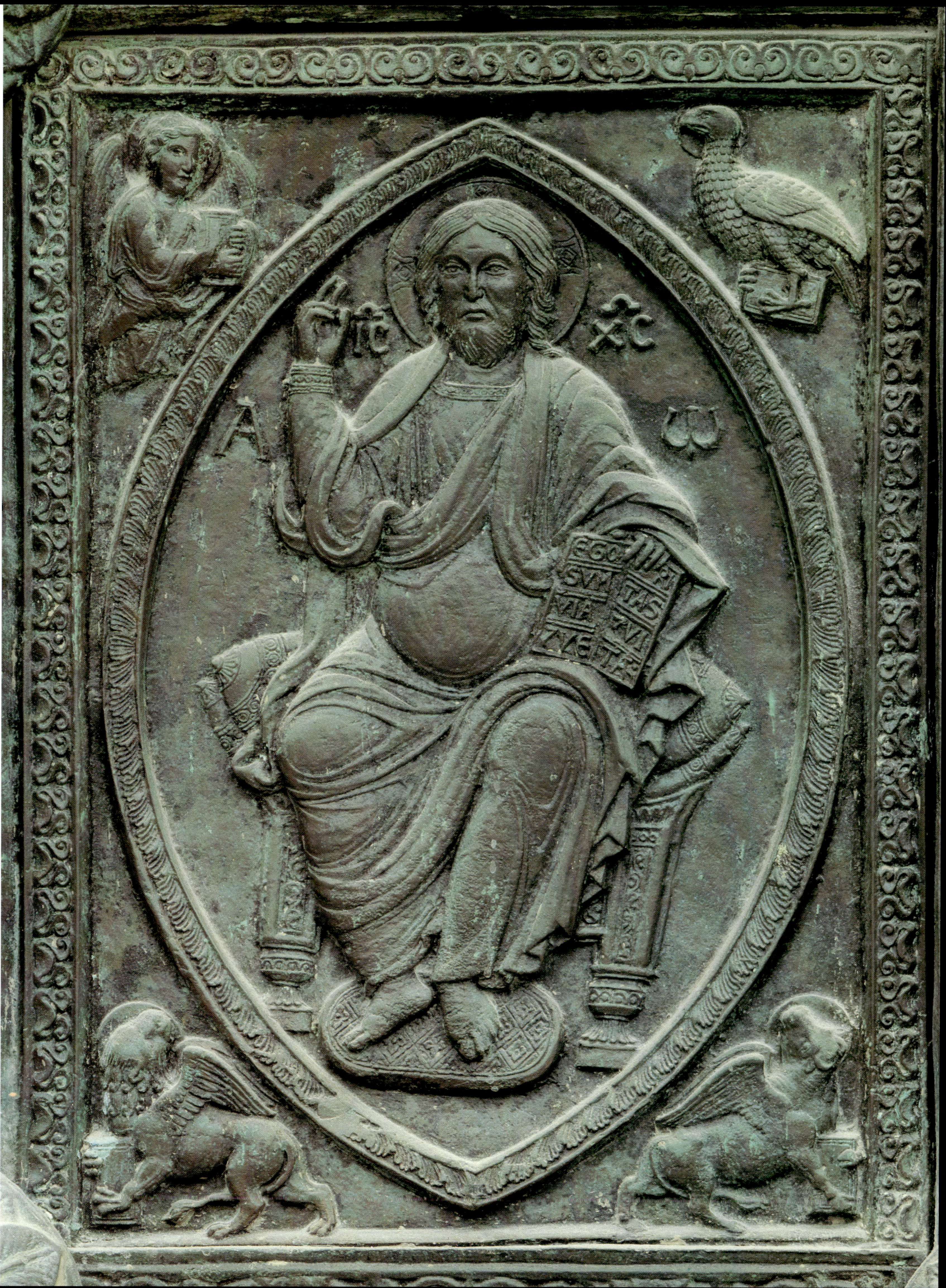

◁ 142
143

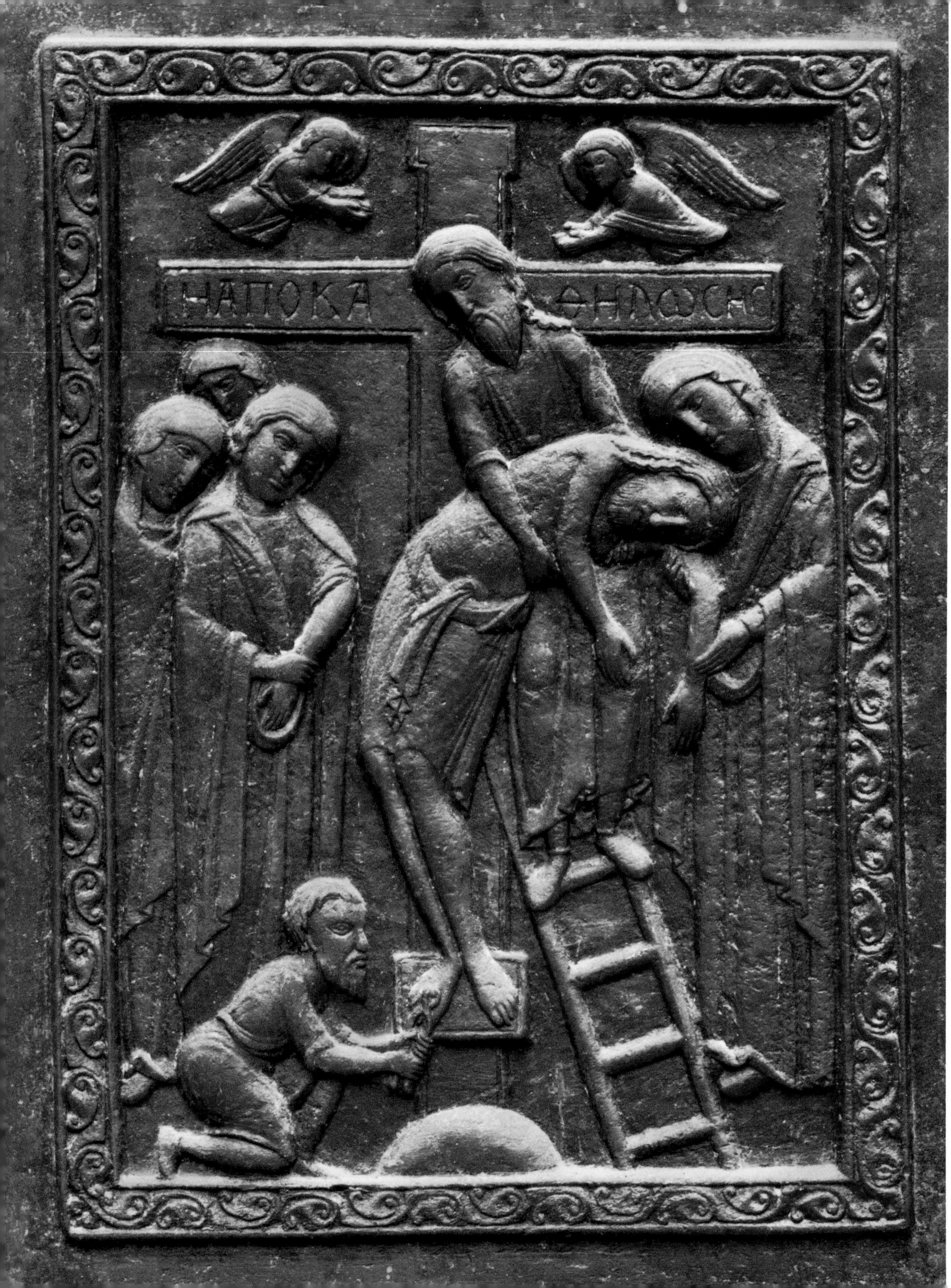

144
145 ▷

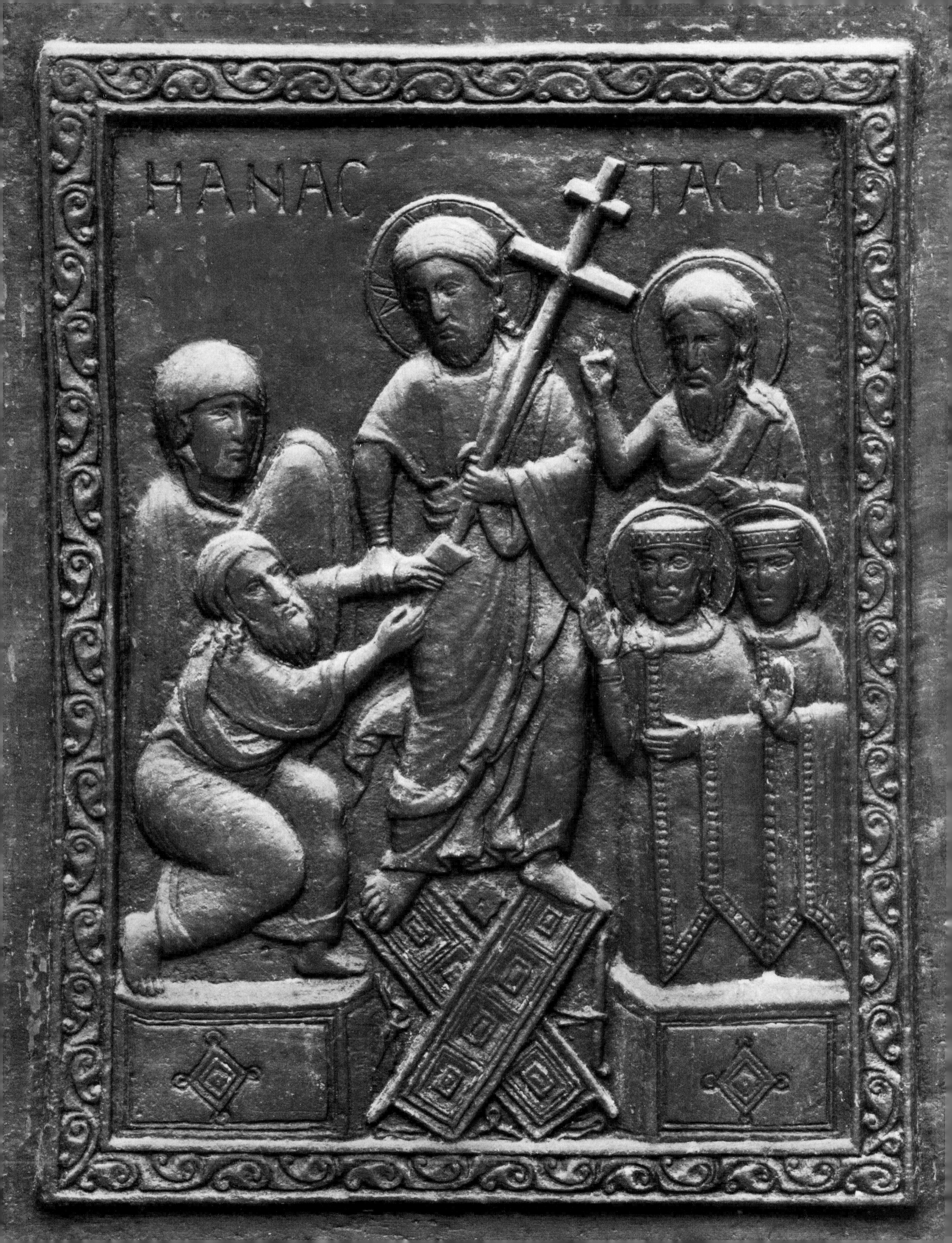
ΗΑΝΑC ΤΑCΙC

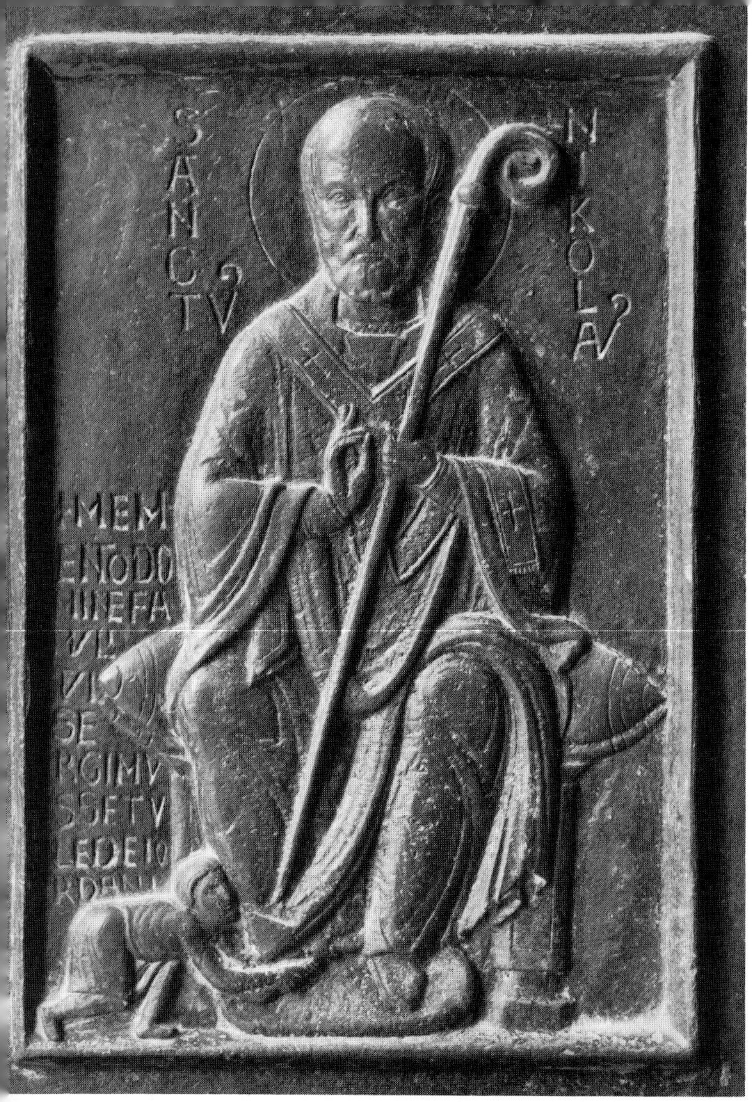

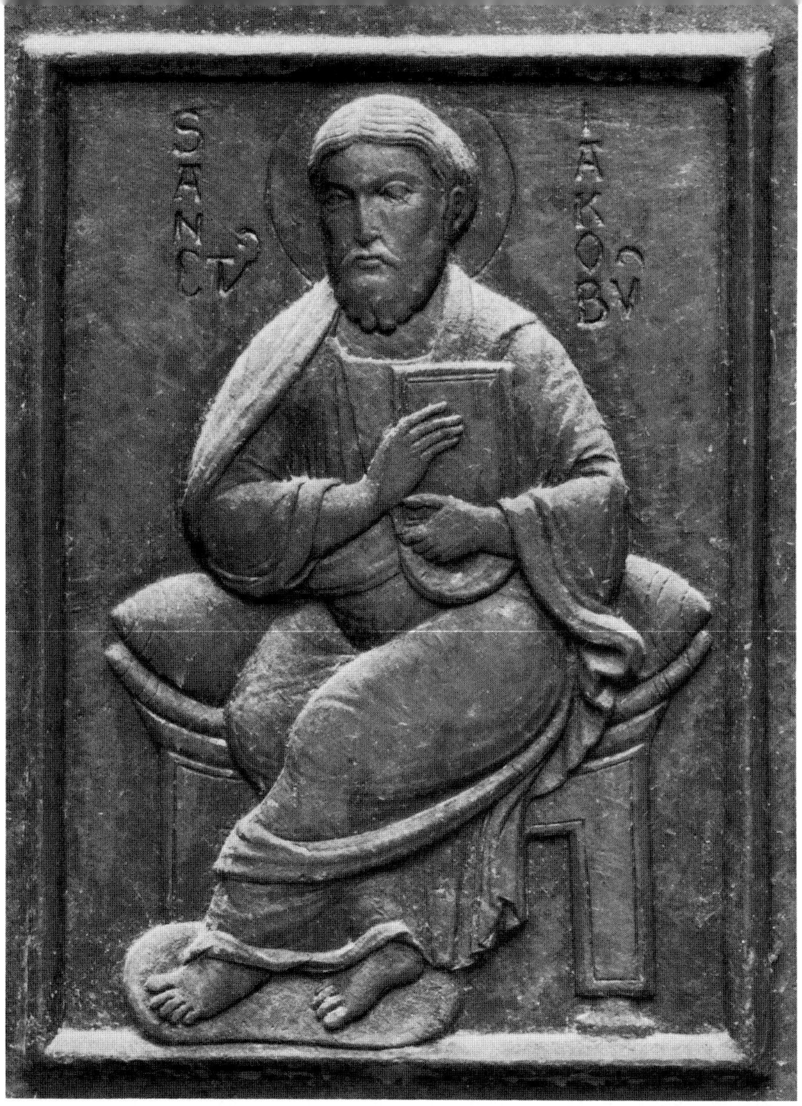

146–149 Ravello. 146 Links oben: hl. Nikolaus mit Stifter Sergius Musetula (F 22); rechts oben: Apostel Jacobus Major (F 10); links unten: Johannes der Täufer (F 25); rechts unten: Apostel Andreas (F 24). 147 Apostel Matthäus vom rechten Flügel (F 18). 148, 149 Maria mit Kind und anbetender Elias vom rechten Flügel (F 27, 30)

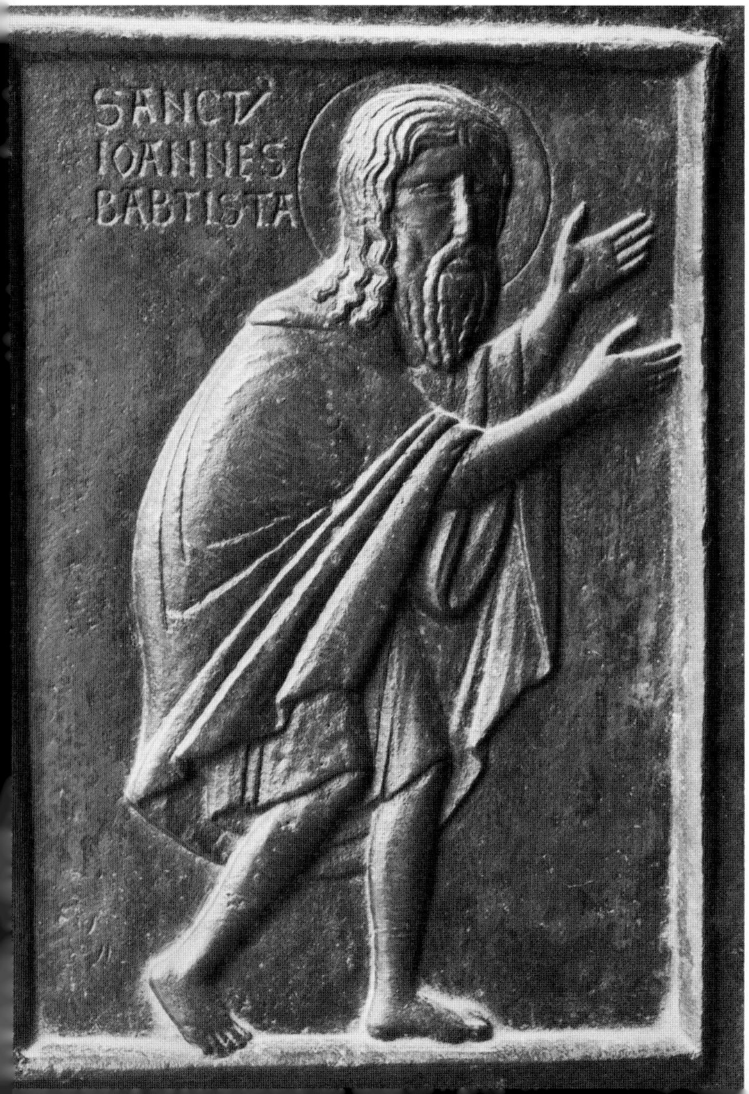

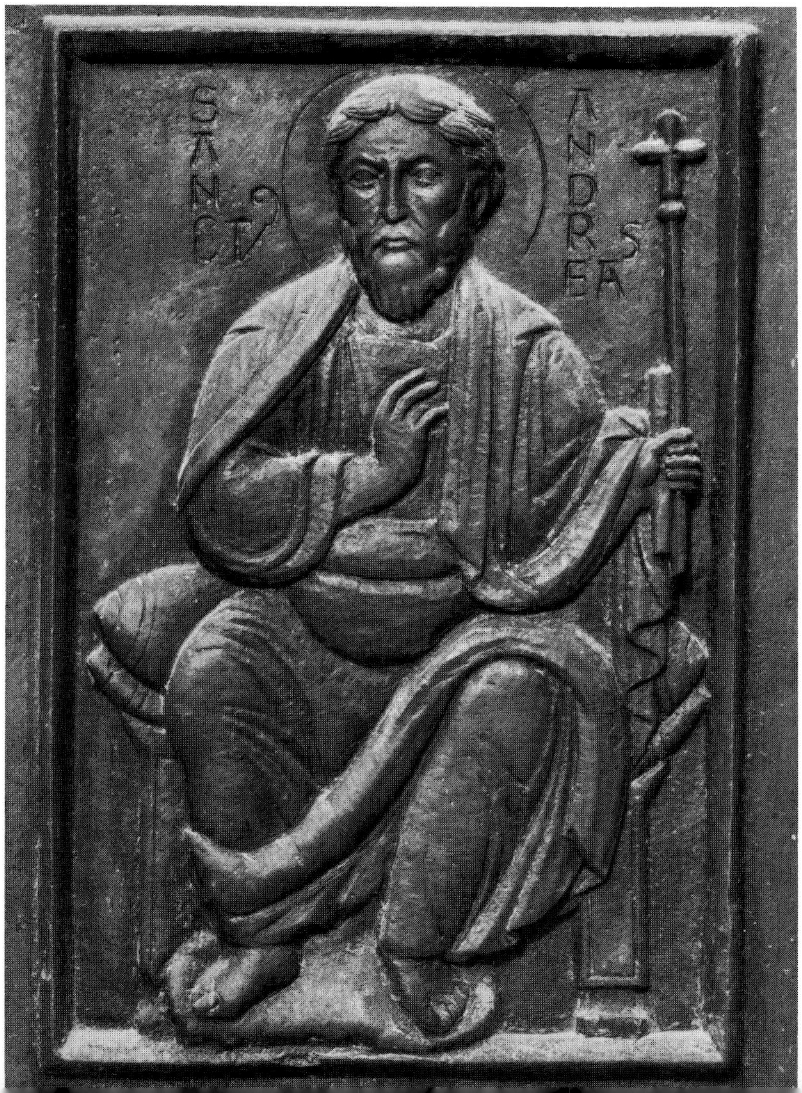

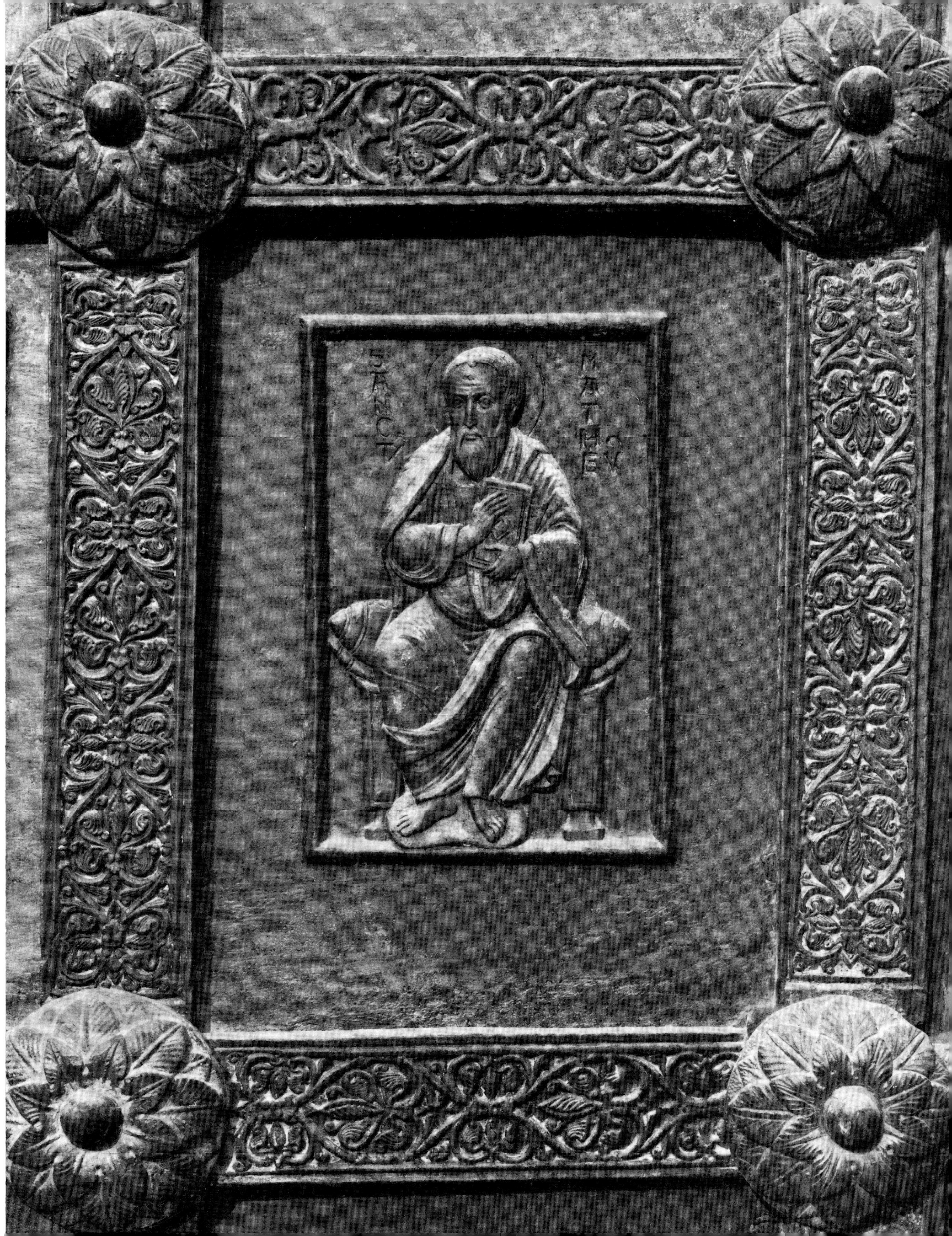
SANCTV
MATHEV

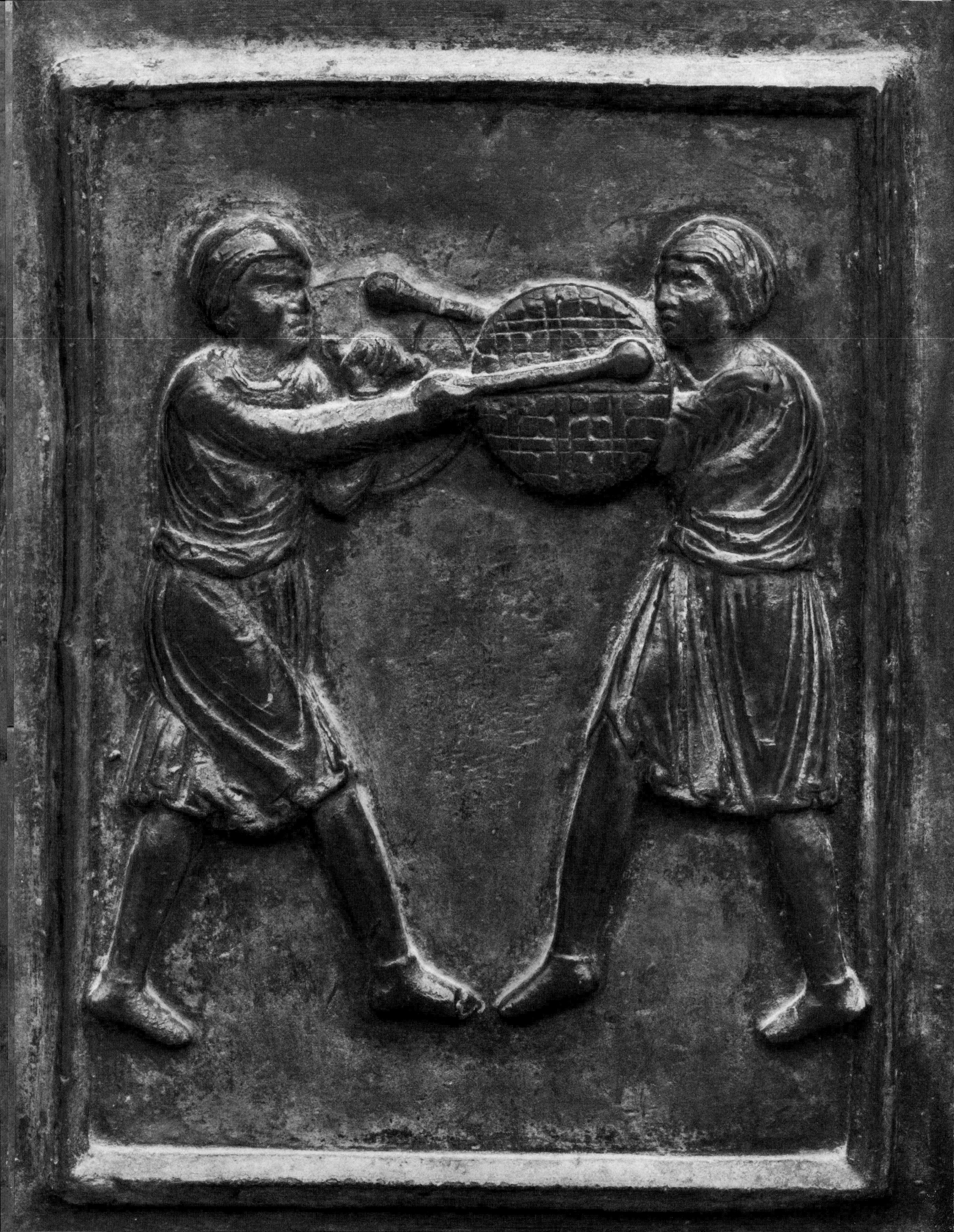

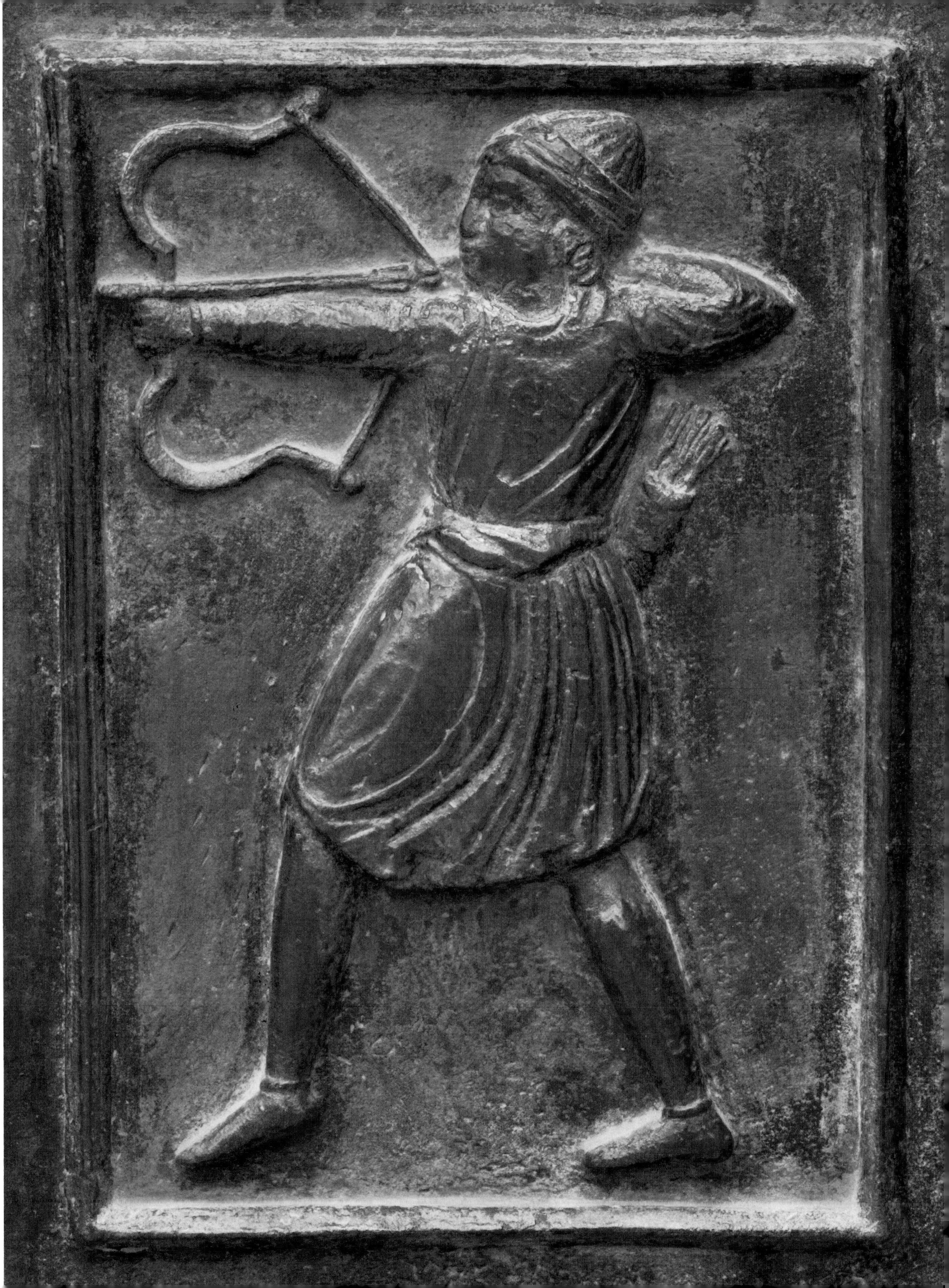

◁152
153

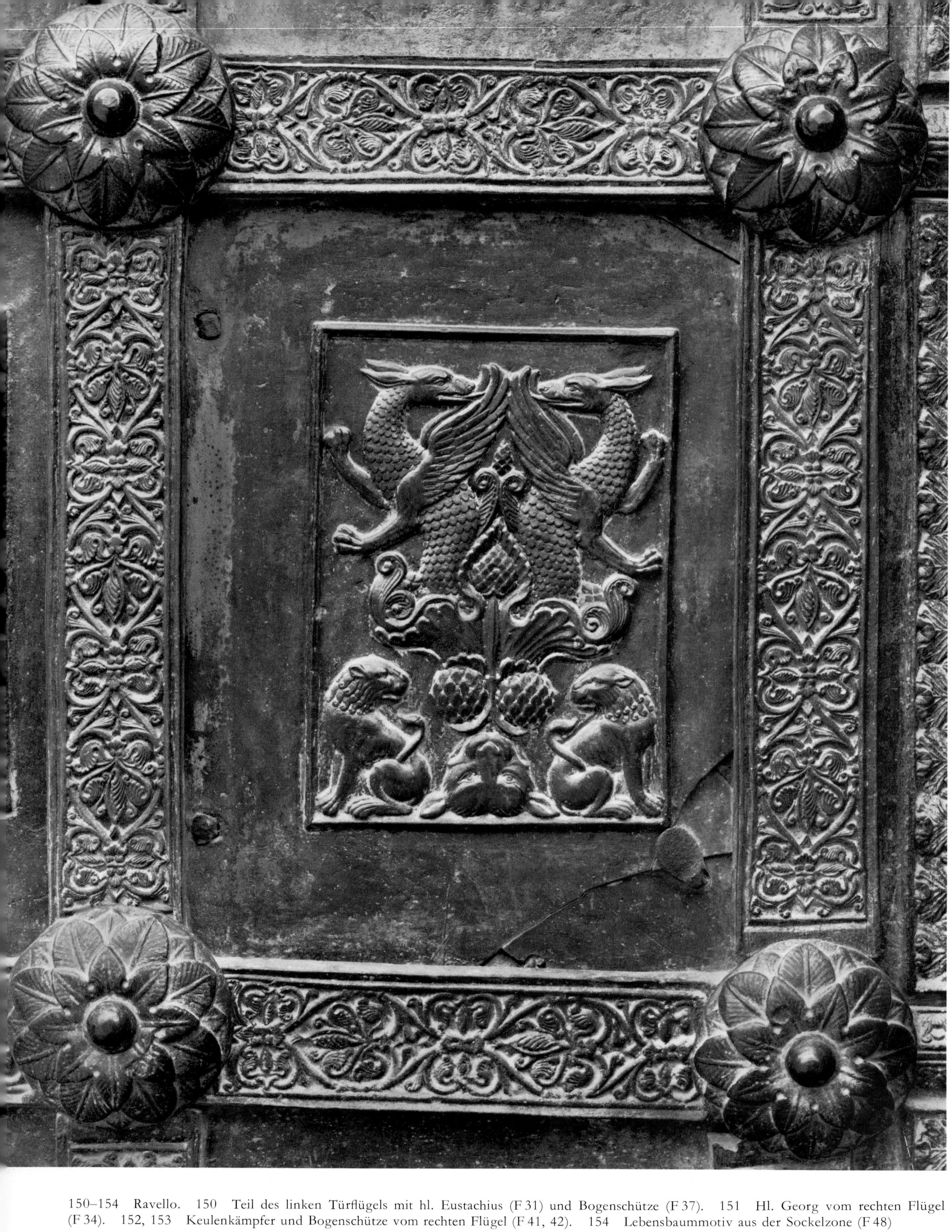

154
155 ▷

150–154 Ravello. 150 Teil des linken Türflügels mit hl. Eustachius (F 31) und Bogenschütze (F 37). 151 Hl. Georg vom rechten Flügel (F 34). 152, 153 Keulenkämpfer und Bogenschütze vom rechten Flügel (F 41, 42). 154 Lebensbaummotiv aus der Sockelzone (F 48)

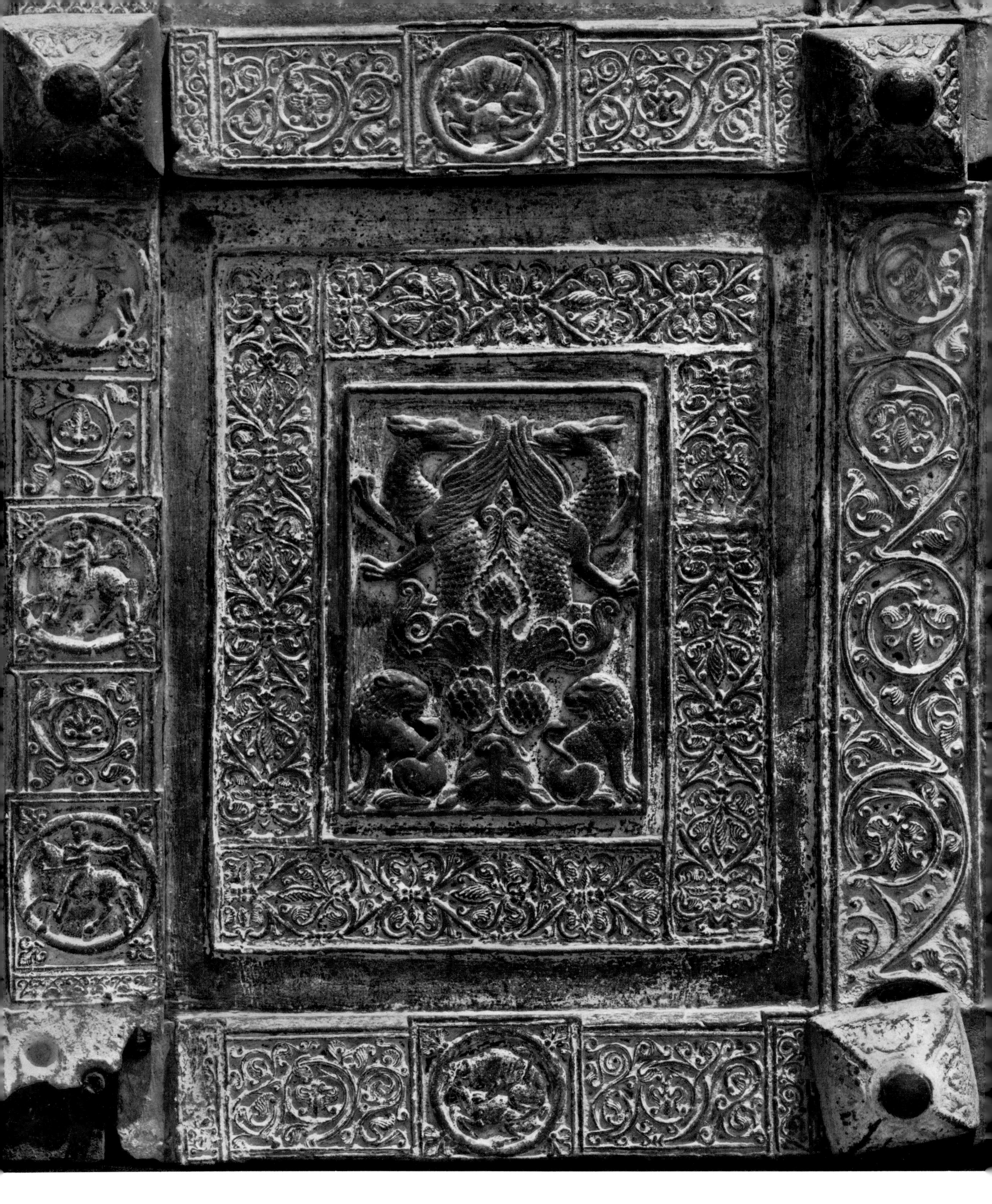

155 Trani. Lebensbaummotiv aus der Sockelzone (F 30) und Ornamentleisten (Typ a–d)

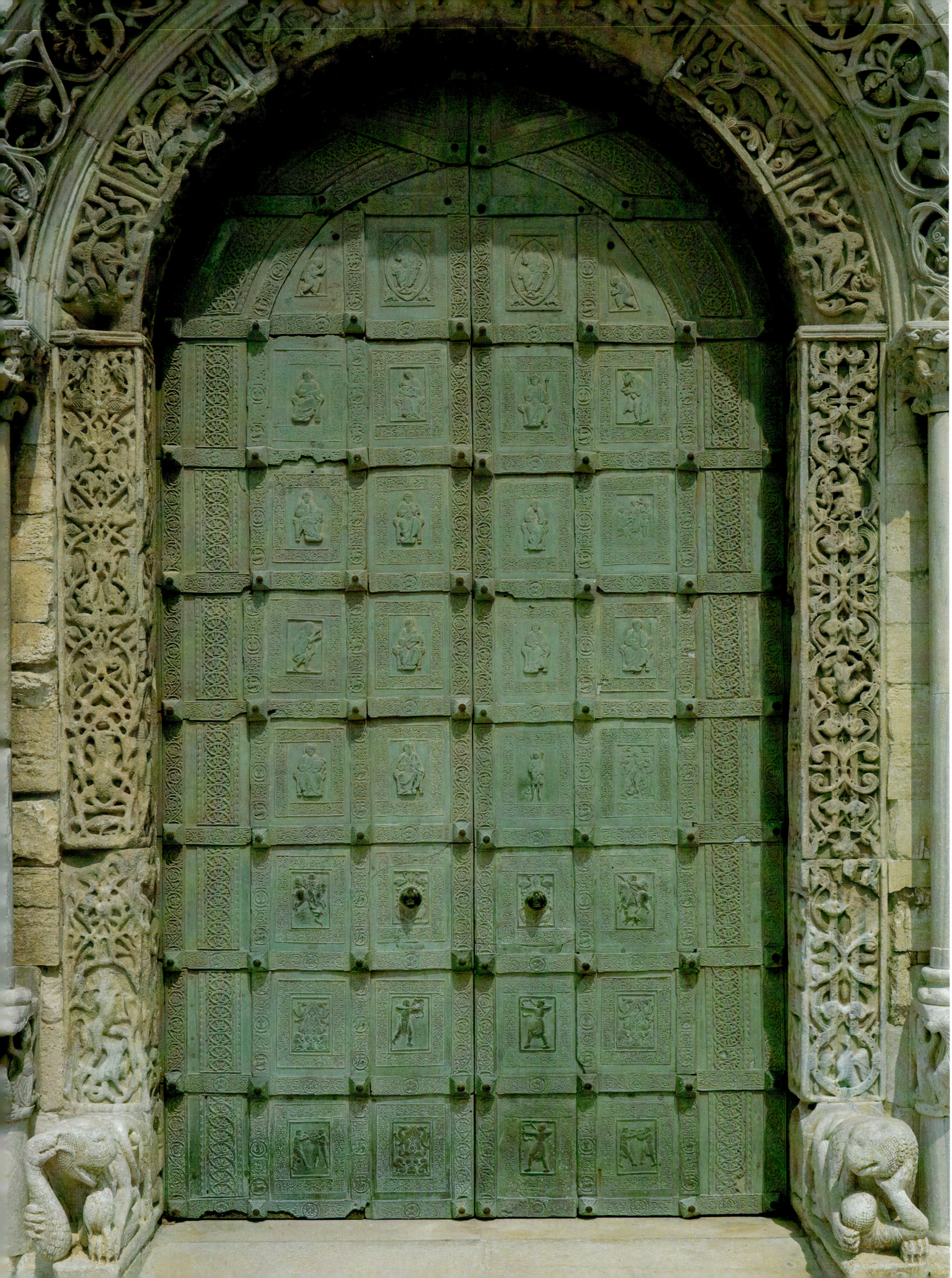

156

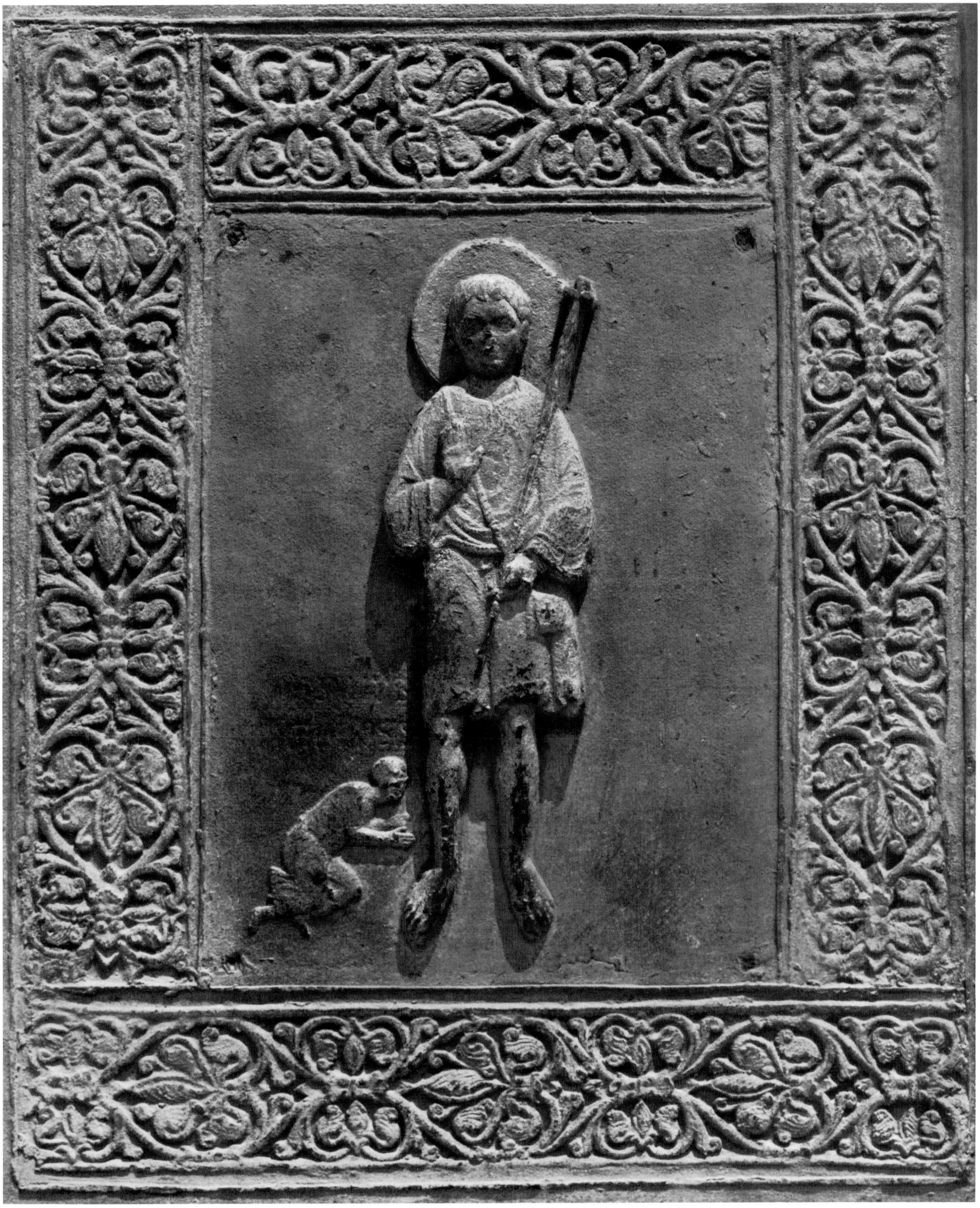

156 Trani, Dom, Tür des Westportals. Darstellungen zum Neuen Testament, Apostel, Heilige und Bildsymbole. Barisanus von Trani, um 1180/90
157 Trani. Hl. Nicolaus Peregrinus und Meister Barisanus mit Signatur vom rechten Türflügel (F 19)

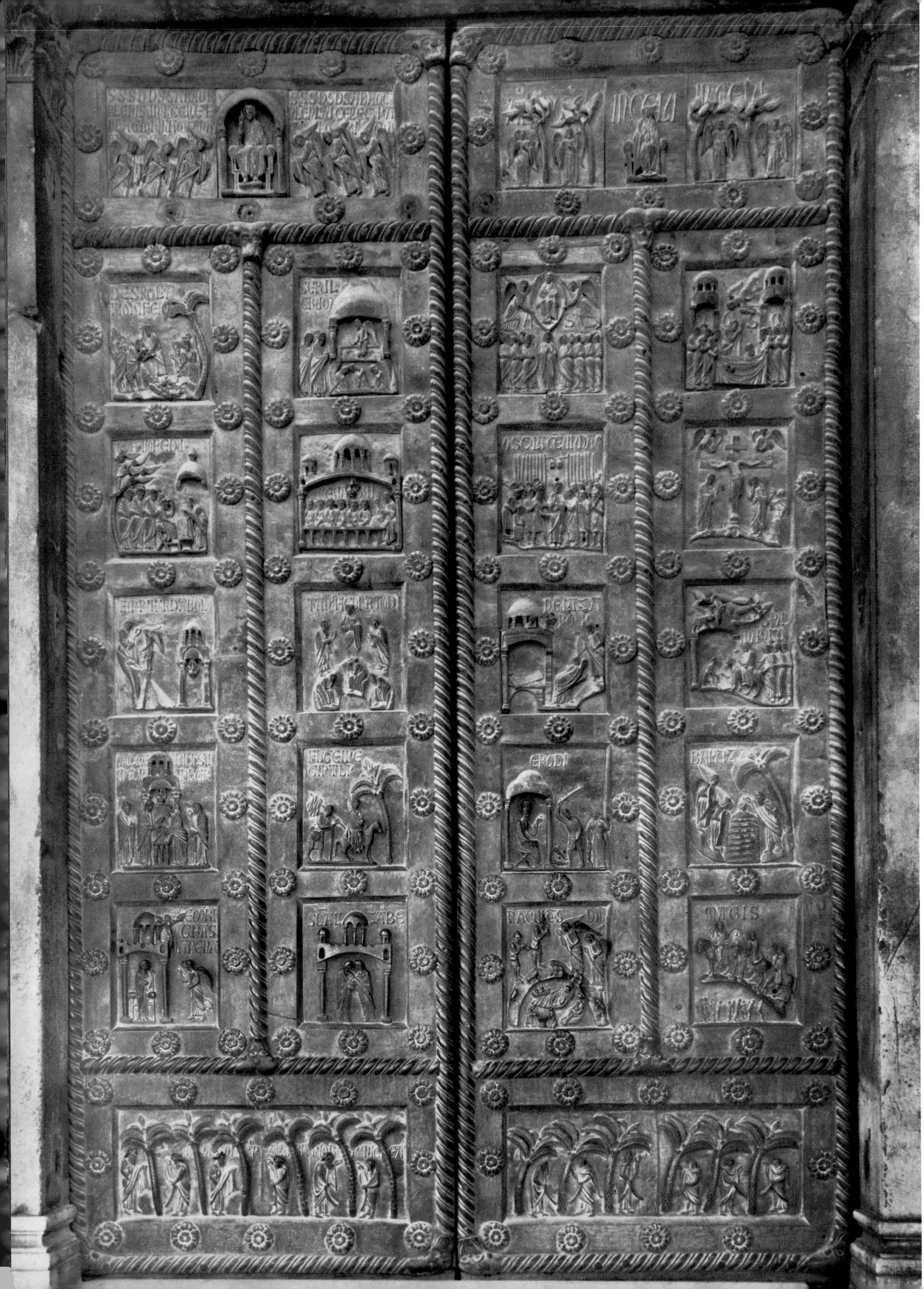

164
Pisa
s. Taf.
168

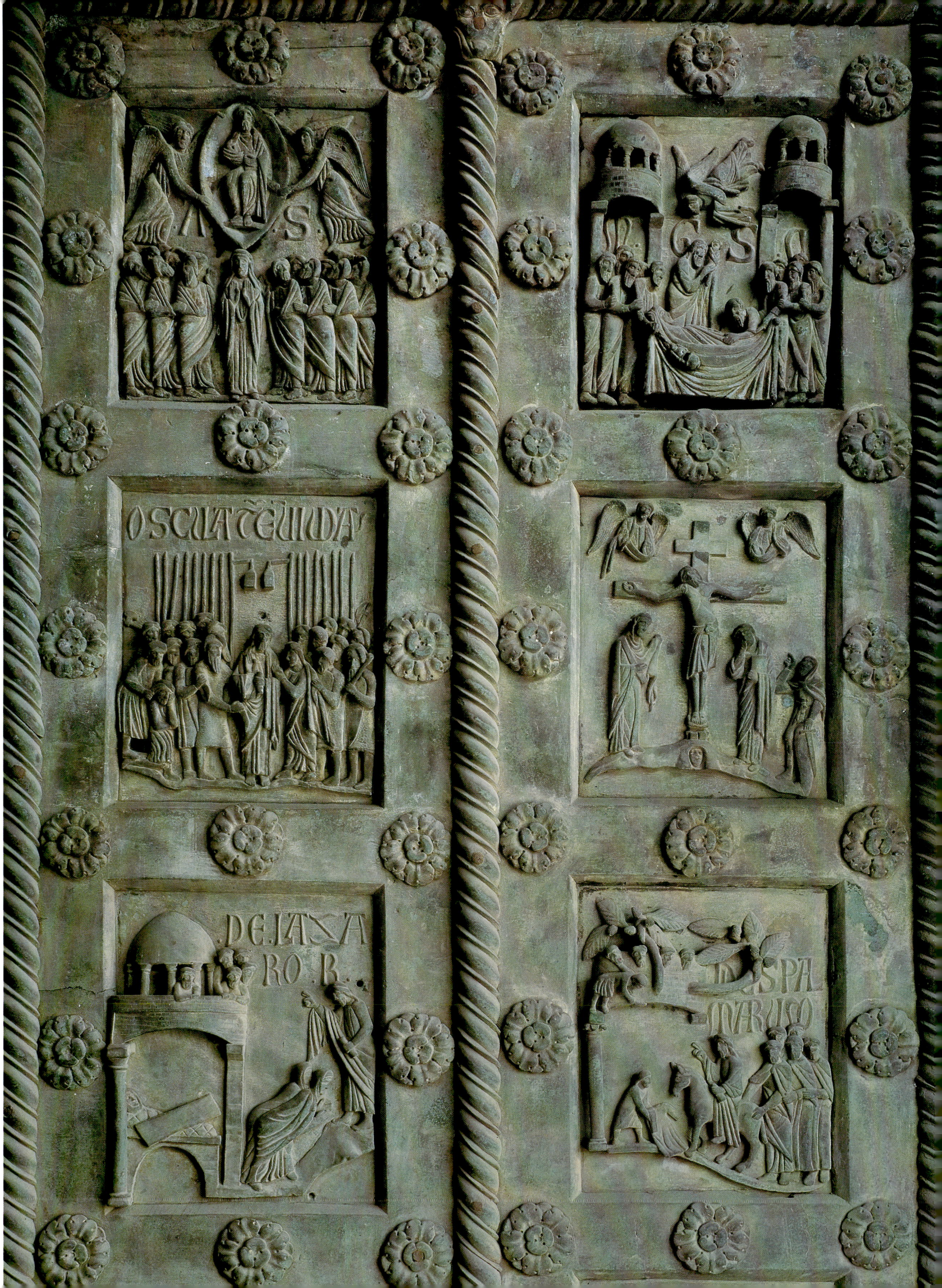
DE LAZA
RO B.

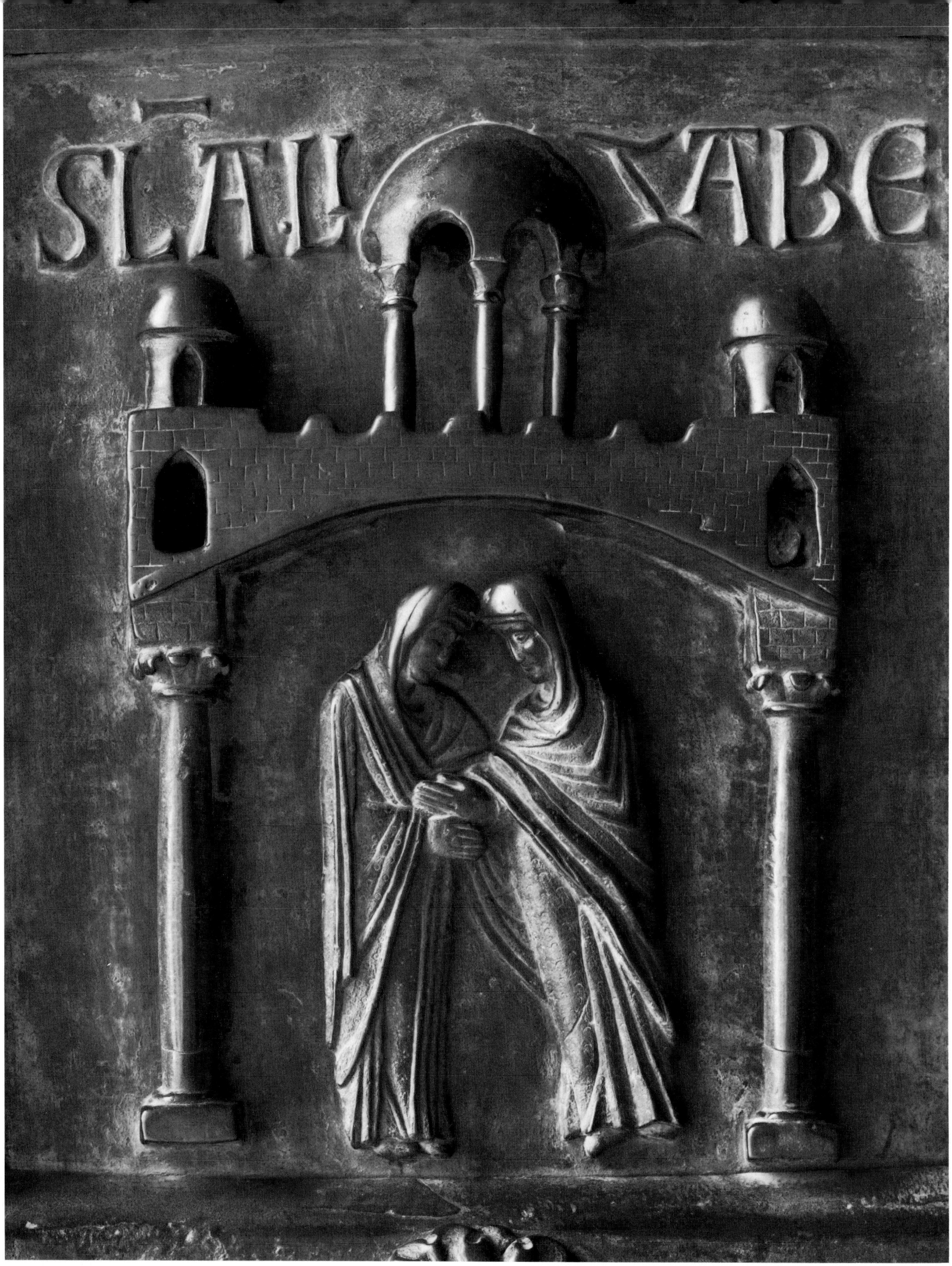

168
169 ▷

◁◁164 Pisa, Dom, Tür der Porta di San Ranieri. Darstellungen zum Neuen Testament und Propheten. Bonanus von Pisa, um 1180
◁ 165–167 Pisa. 165 Vom rechten Türflügel: Auferweckung des Lazarus (F 13), Einzug in Jerusalem (F 14), Gefangennahme (F 17), Kreuzigung (F 18), Himmelfahrt (F 21), Marientod (F 22). 166, 167 Propheten der Sockelzone

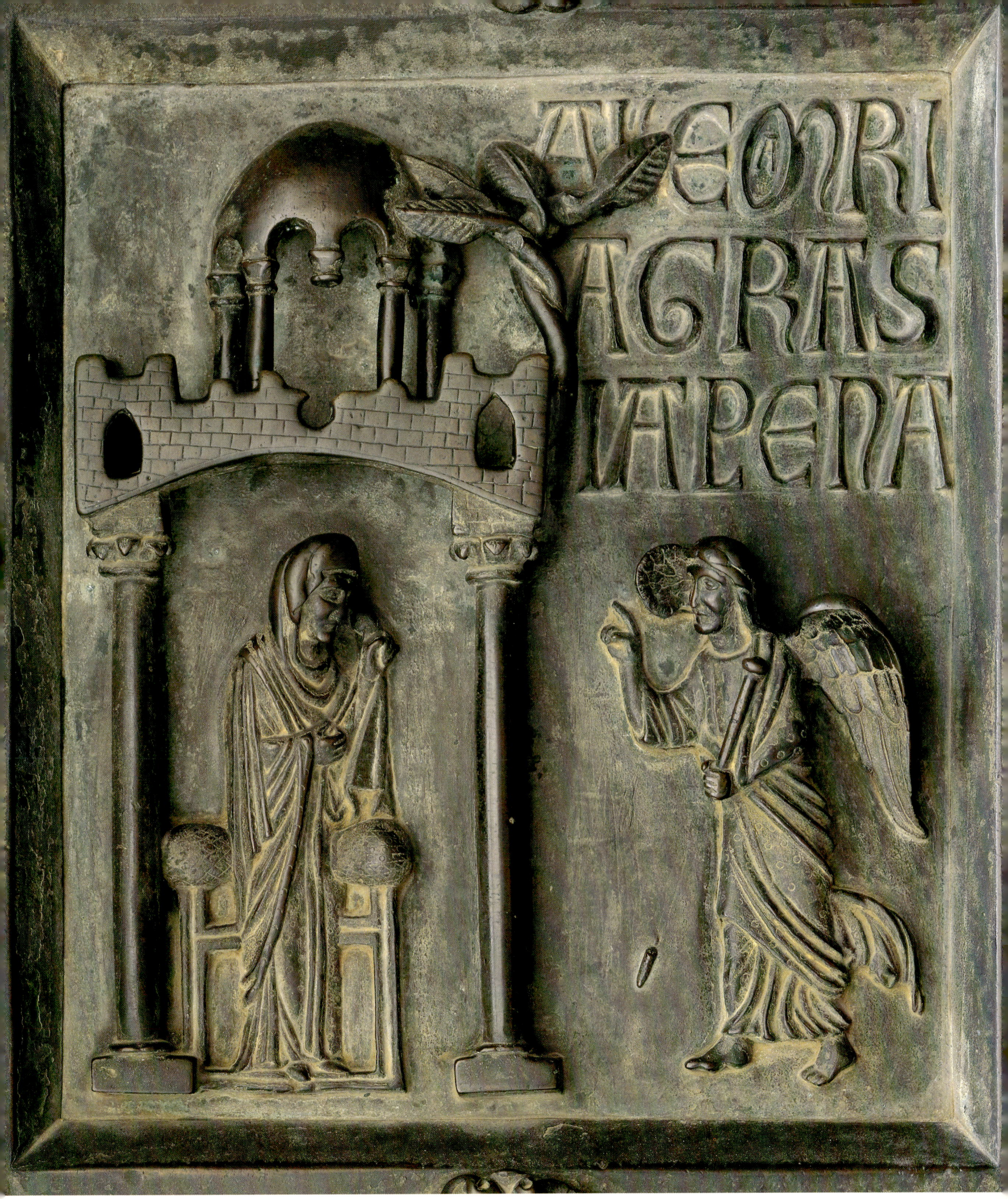

168 Pisa, Heimsuchung vom linken Türflügel (F 4)
169 Pisa. Verkündigung vom linken Türflügel (F 3)
170, 171 Pisa. Geburt und Verkündigung an die Hirten vom rechten Türflügel (F 5) ▷

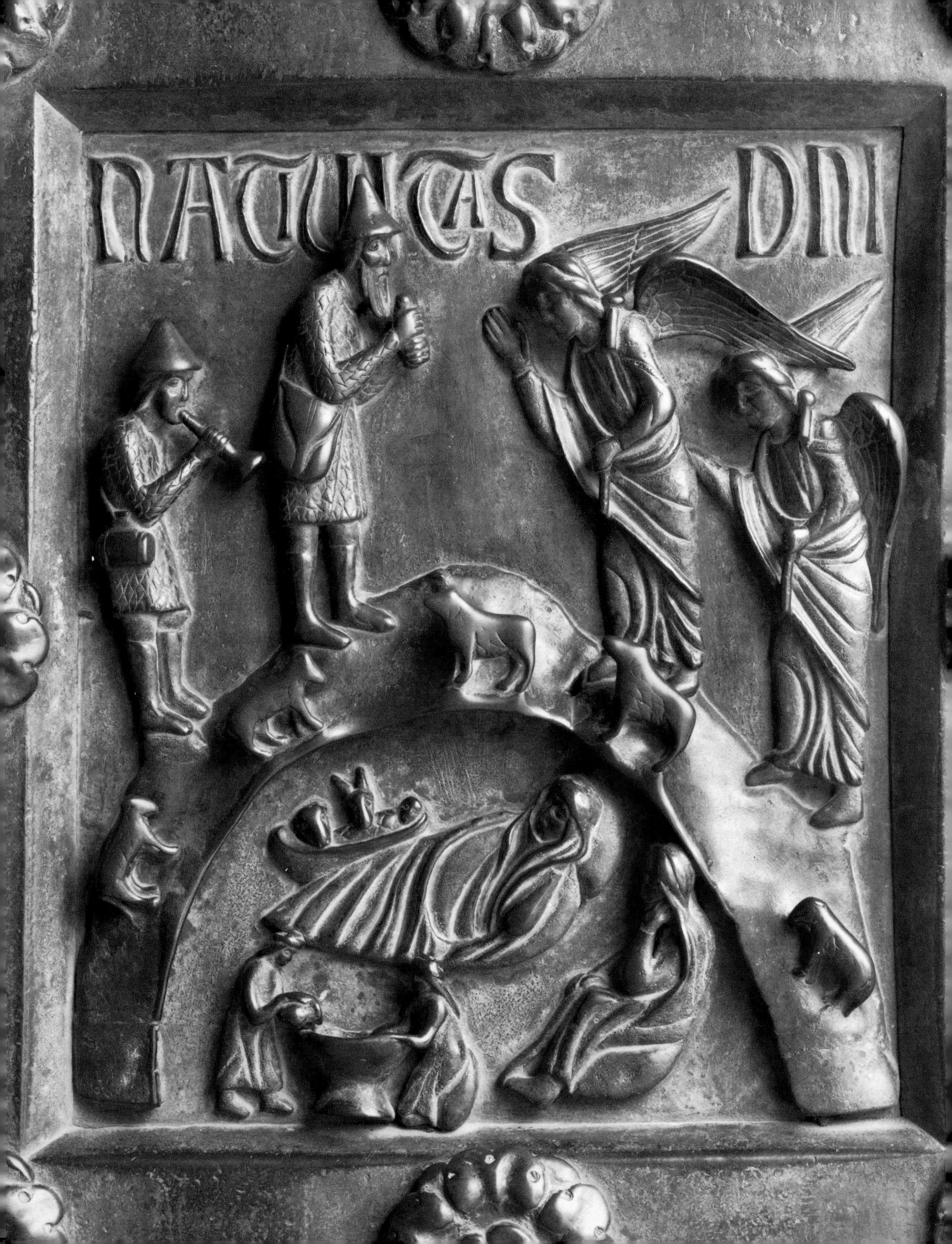
NATIVITAS DNI

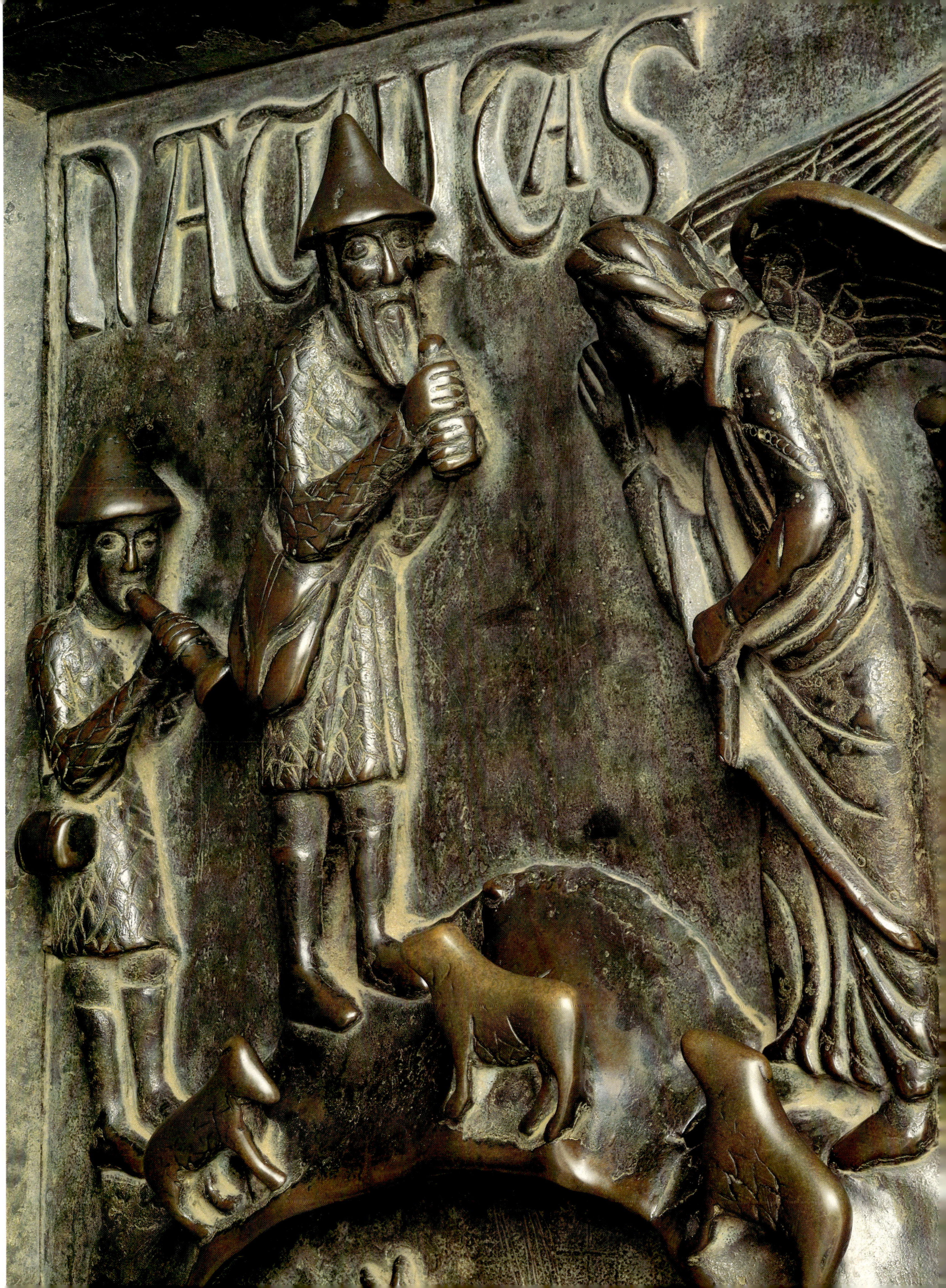

◁174
175
◁170
171

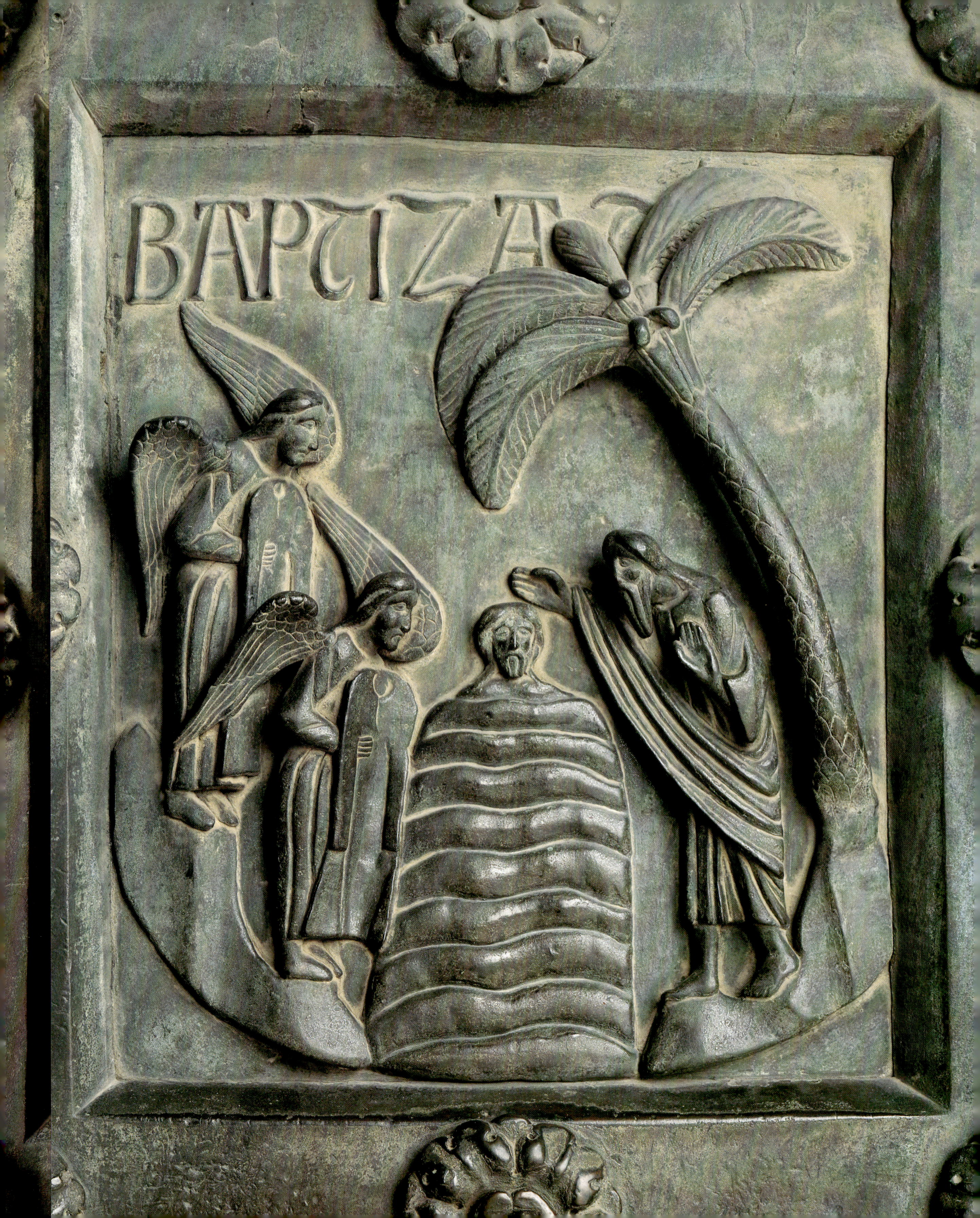
BAPTIZAT

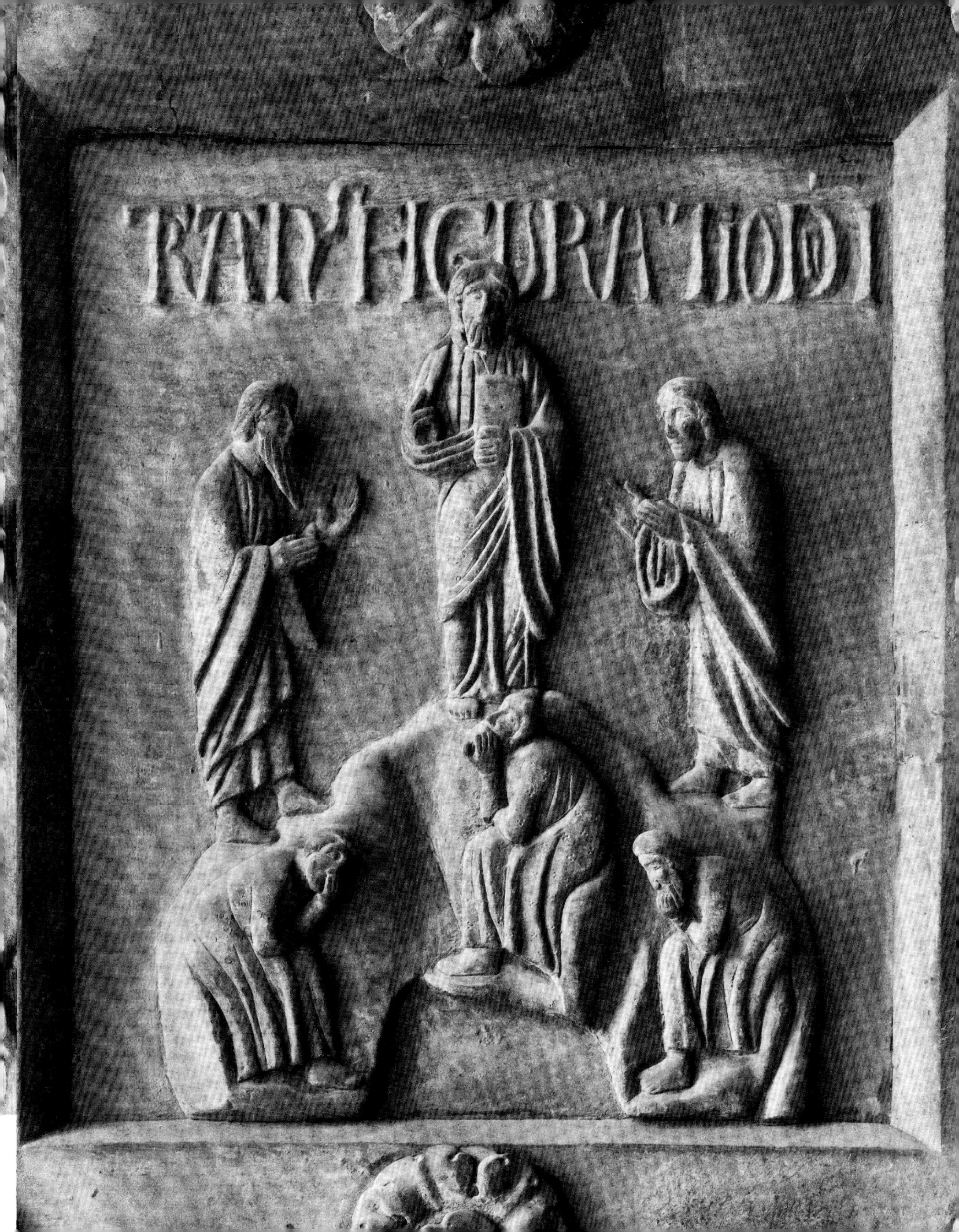

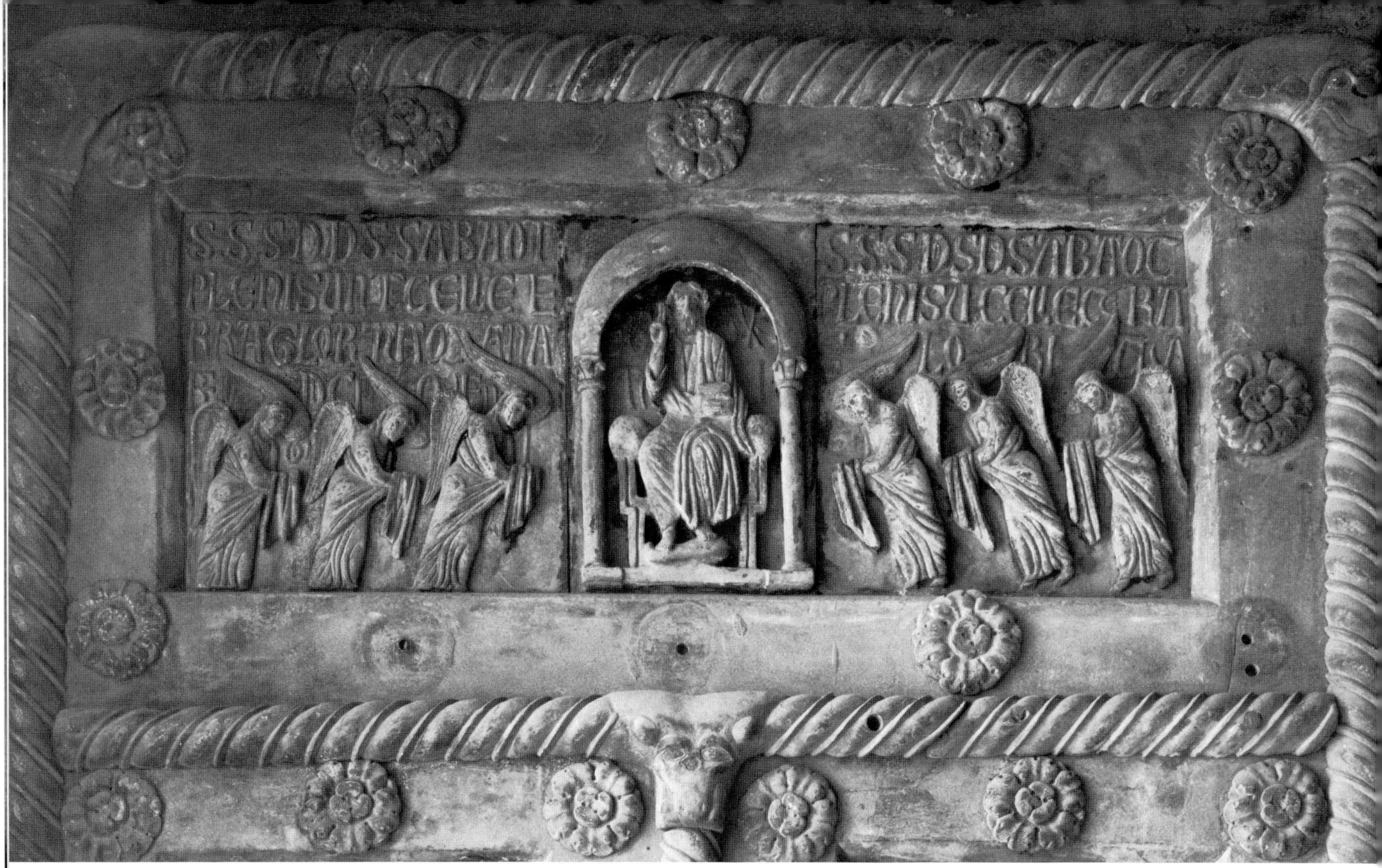

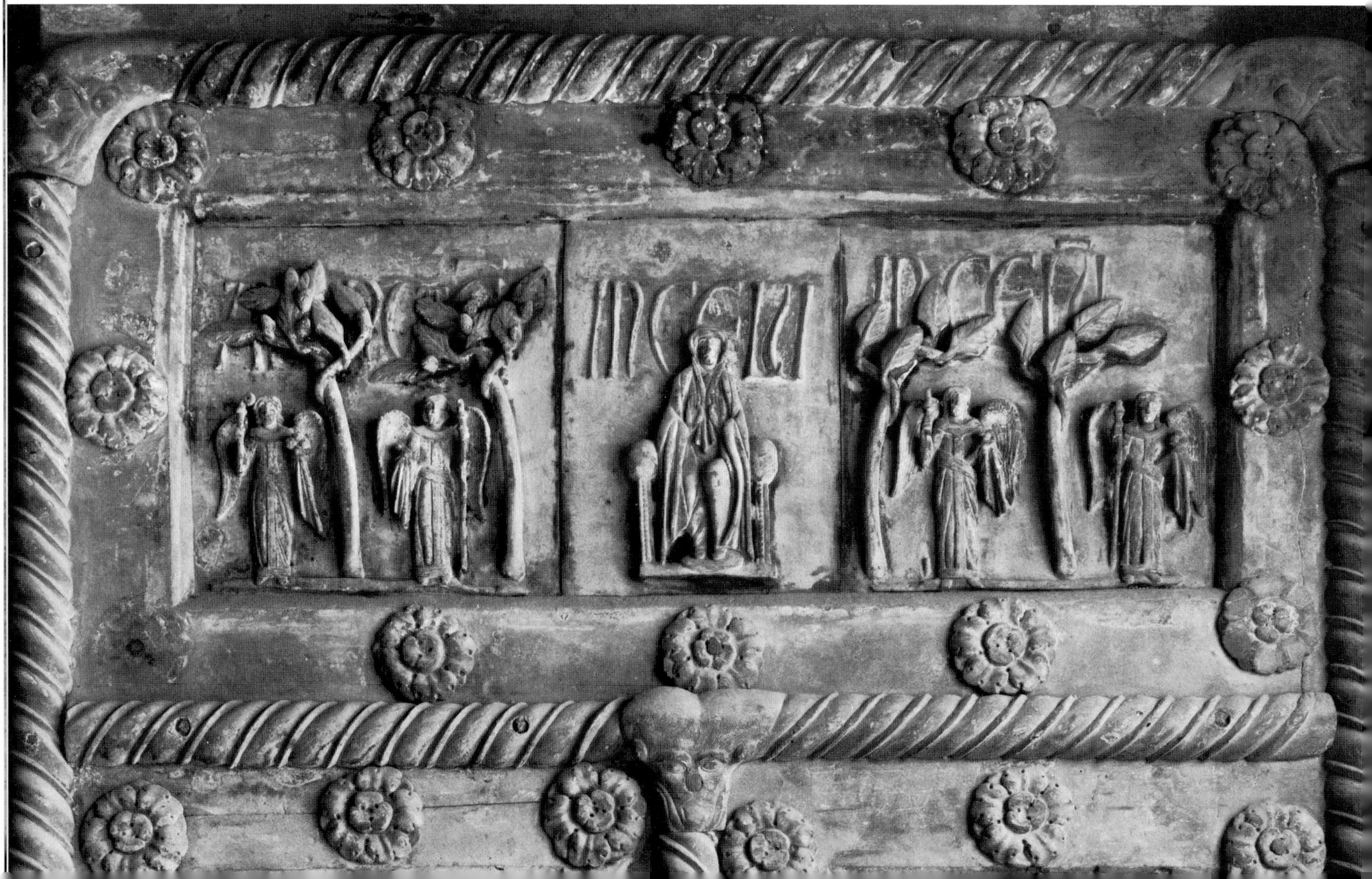

184

185
Mon-
reale
s. Taf.
88

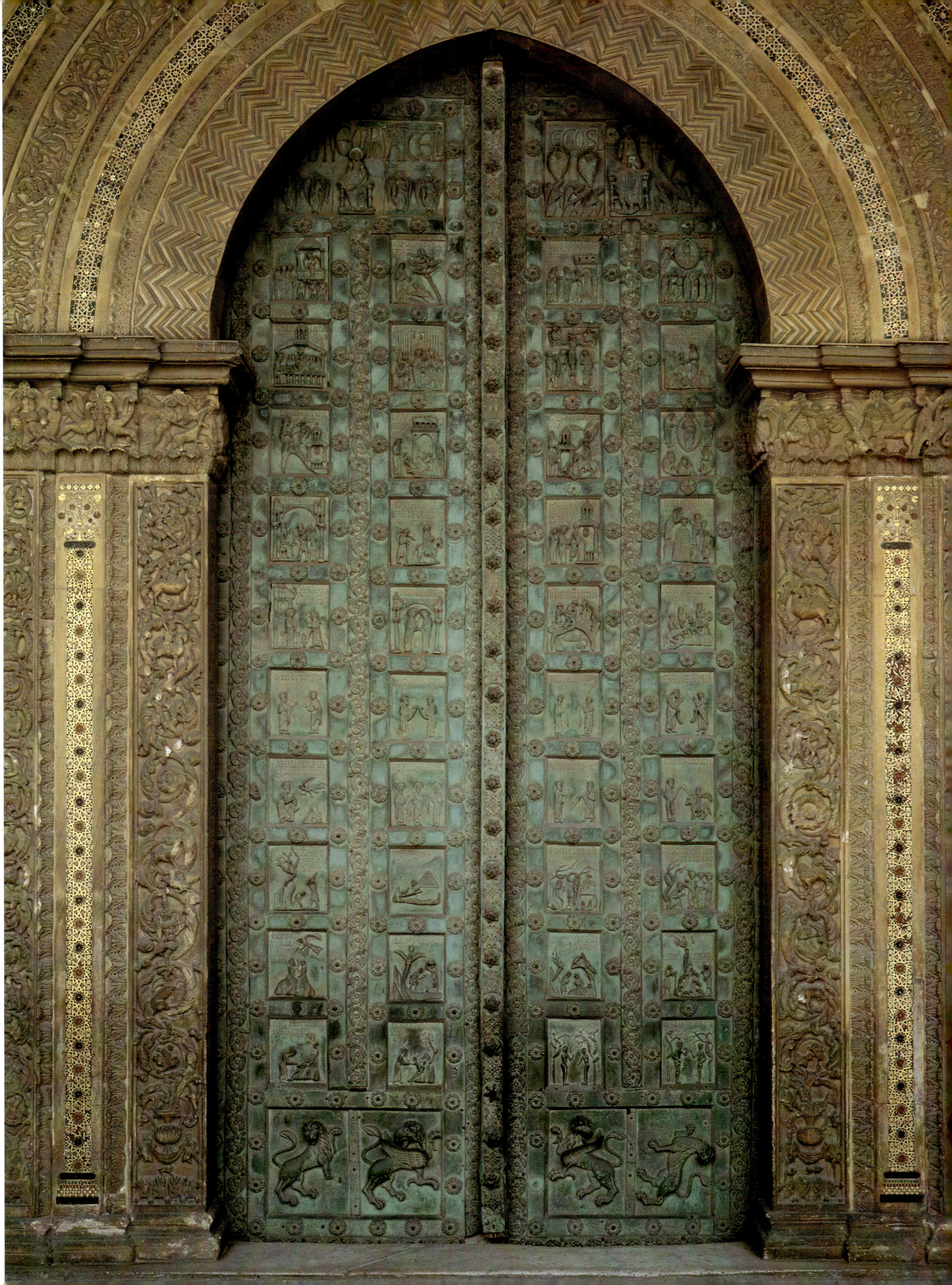

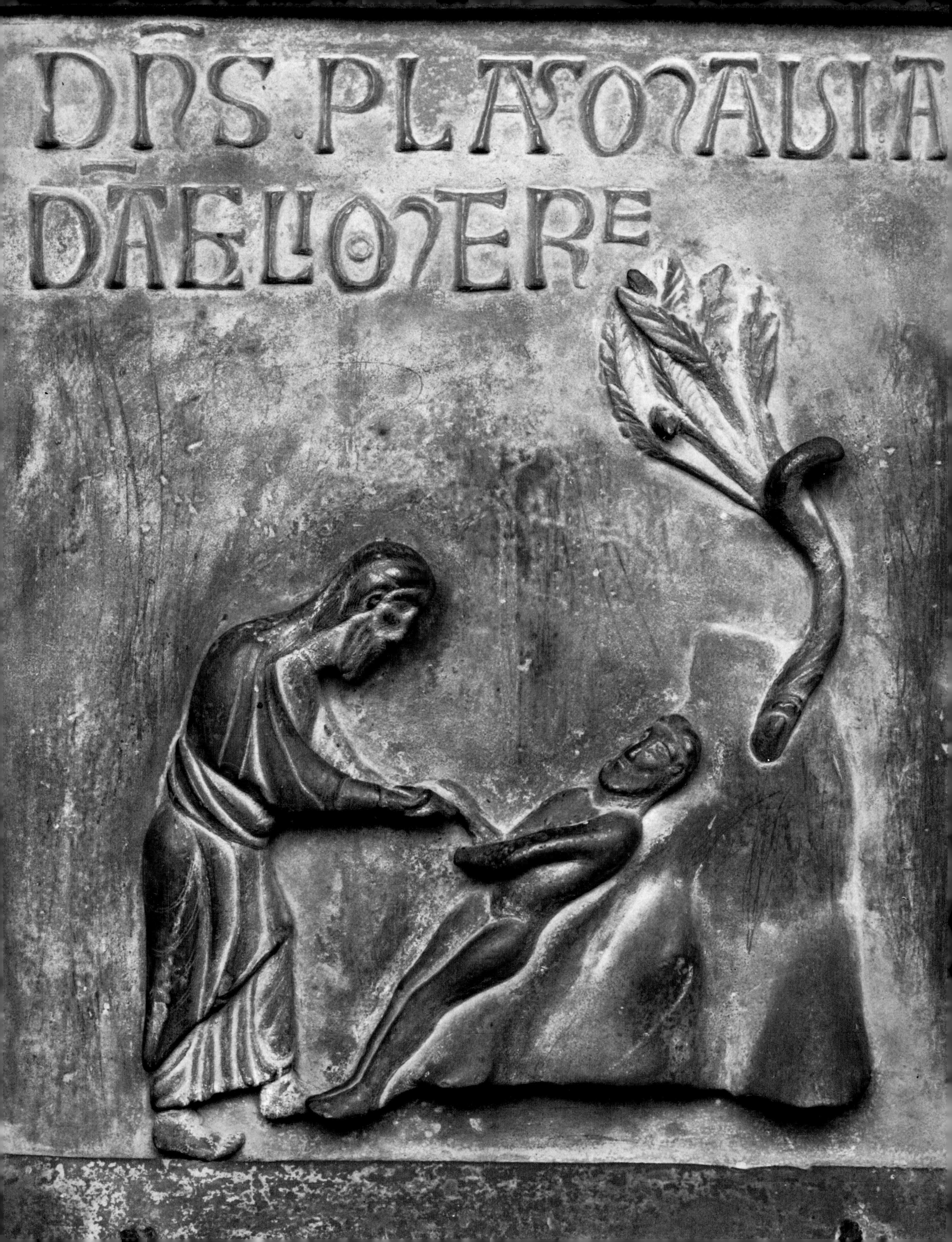

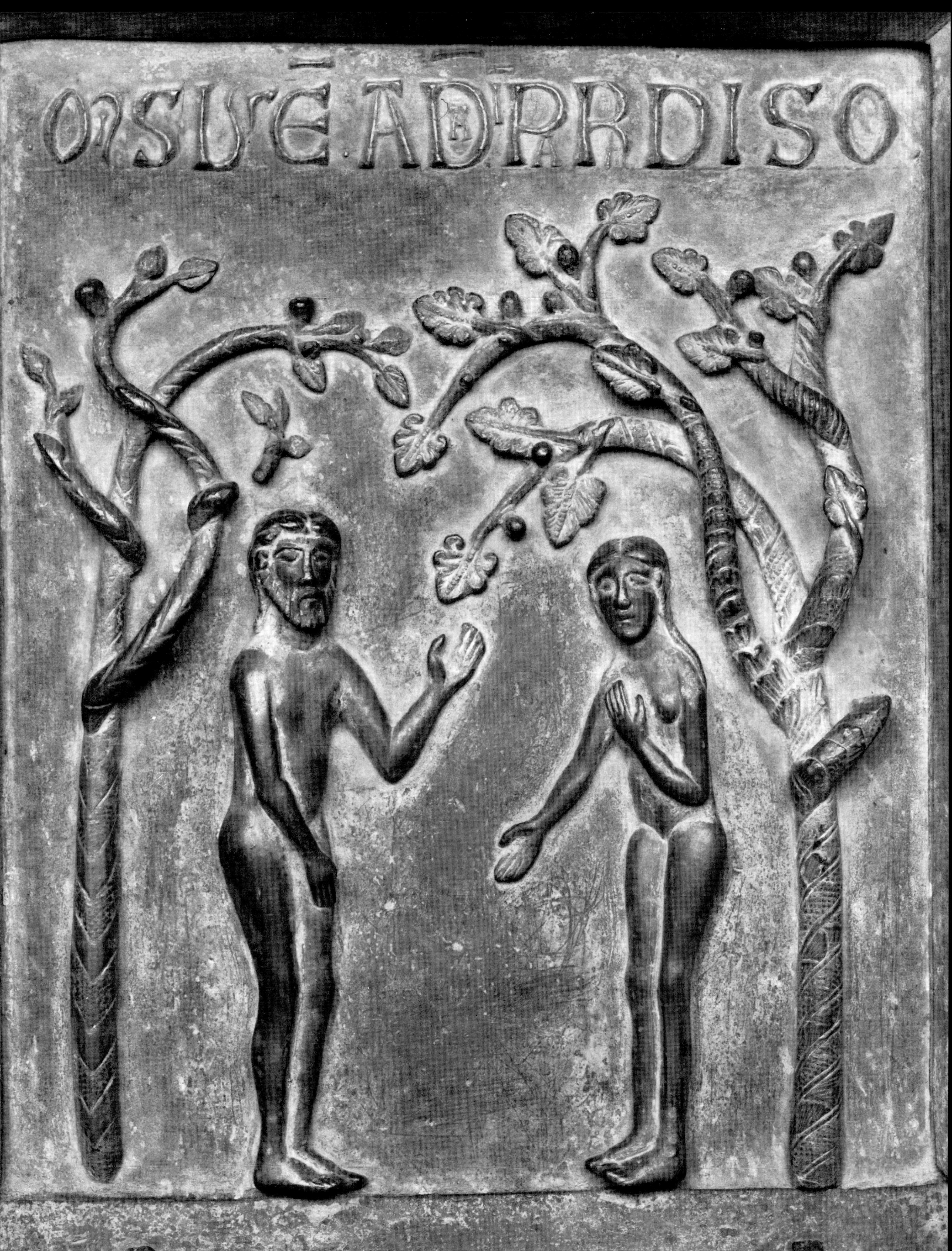

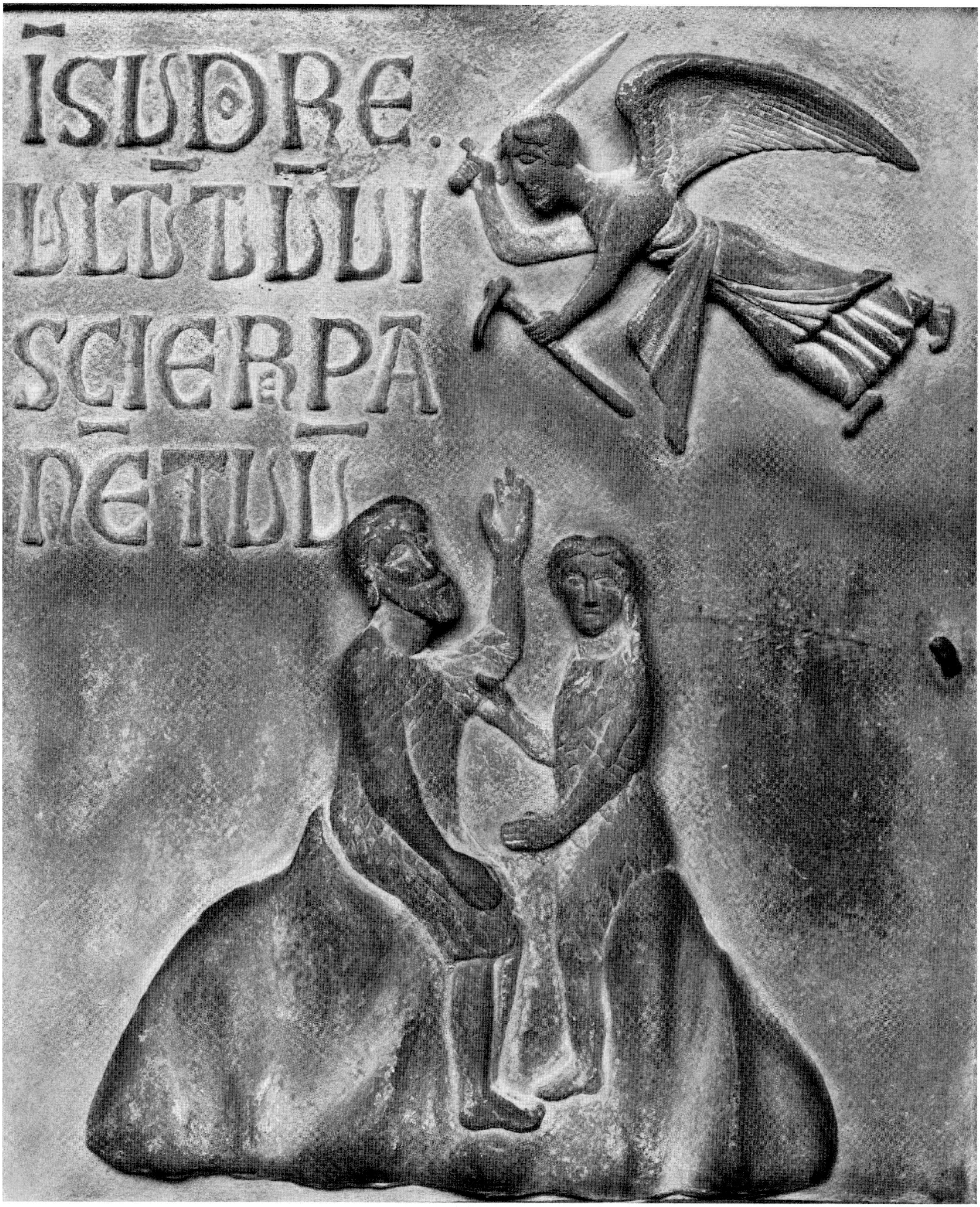

188

◁◁ 185 Monreale, Dom, Tür des Westportals. Darstellungen zum Alten und Neuen Testament, Propheten, Löwen und Greifen. Bonanus von Pisa, 1185
◁ 186, 187 Monreale (West). Erschaffung Adams vom linken Türflügel (F 3). Adam und Eva im Paradies vom rechten Türflügel (F 5)

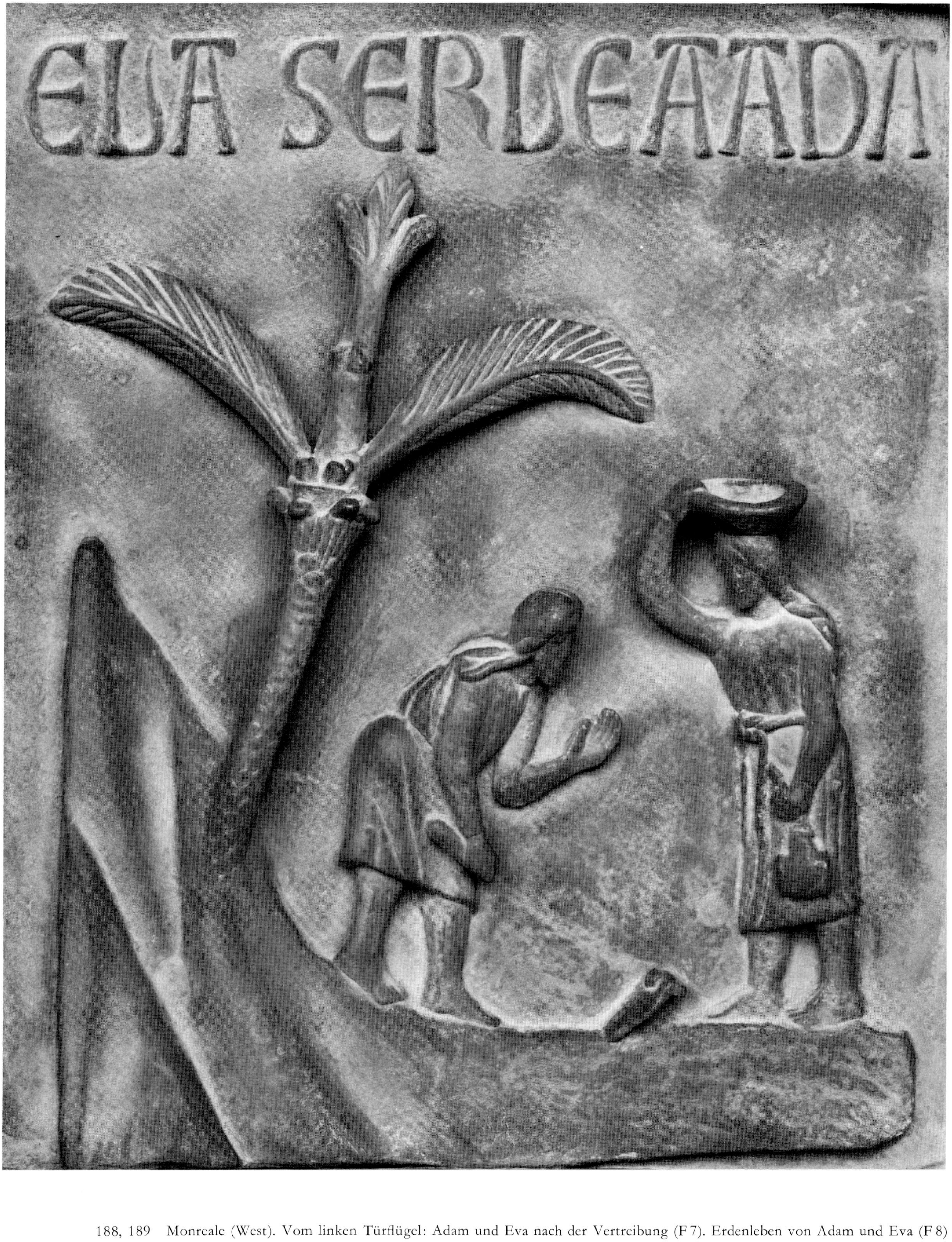

189

188, 189 Monreale (West). Vom linken Türflügel: Adam und Eva nach der Vertreibung (F 7). Erdenleben von Adam und Eva (F 8)

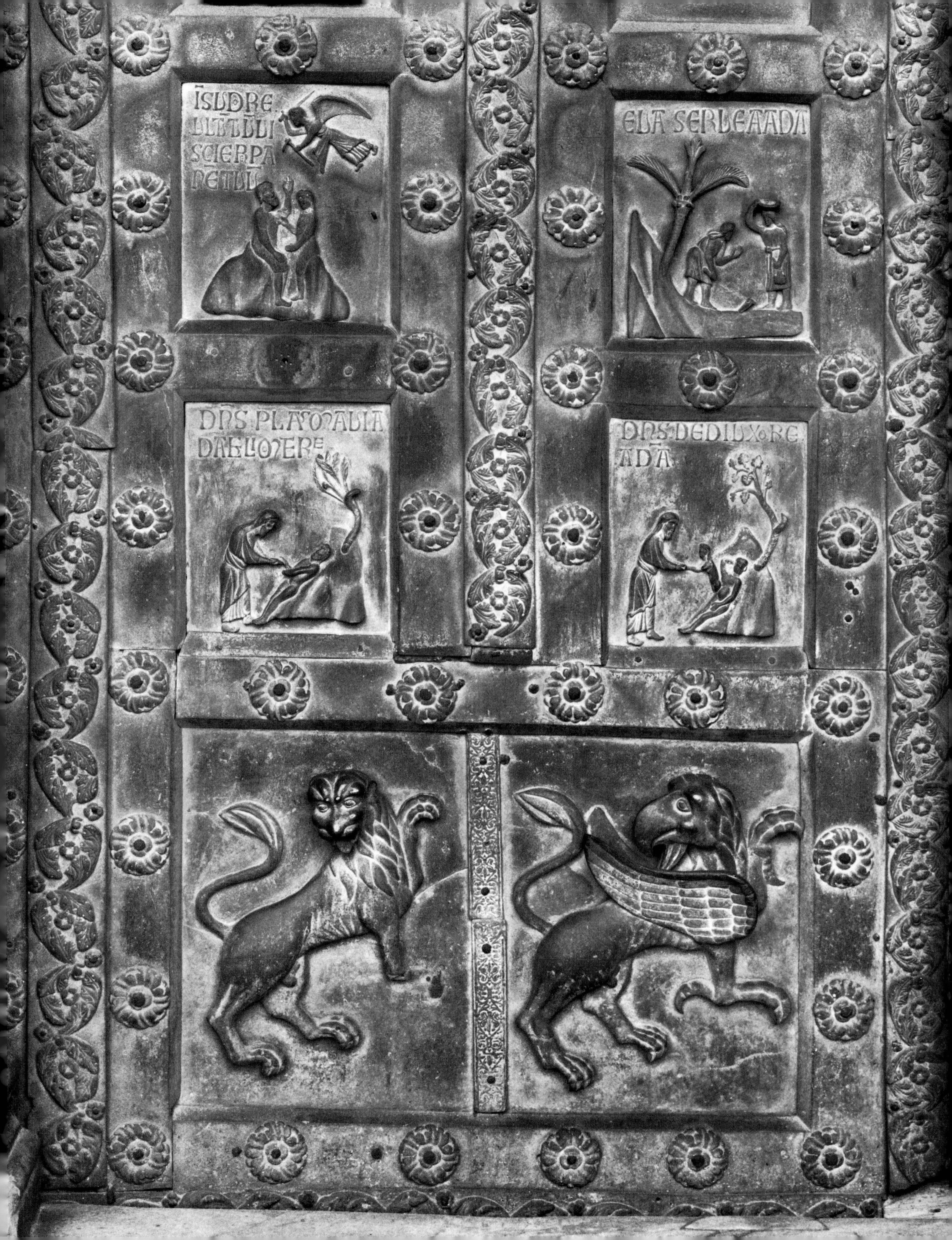

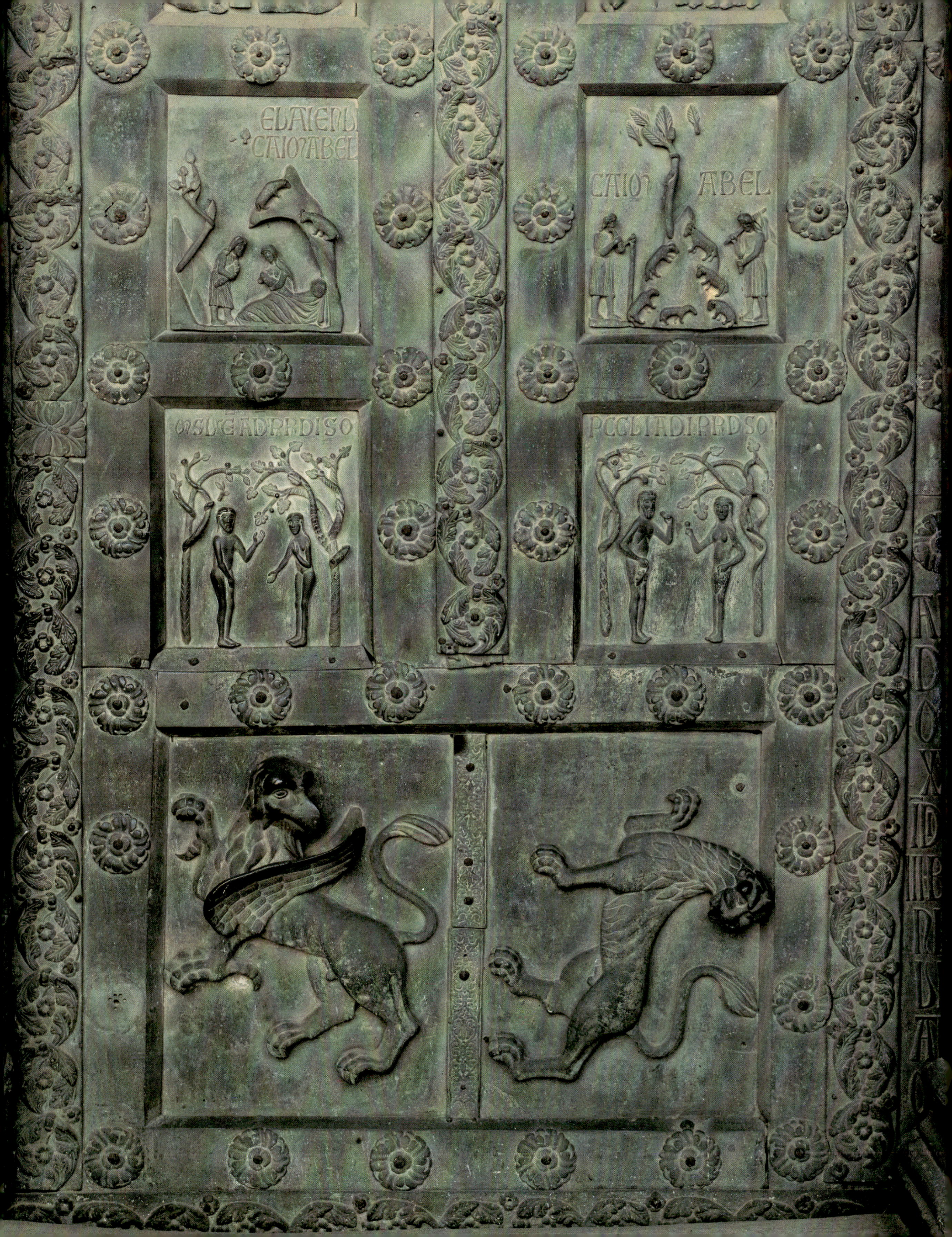

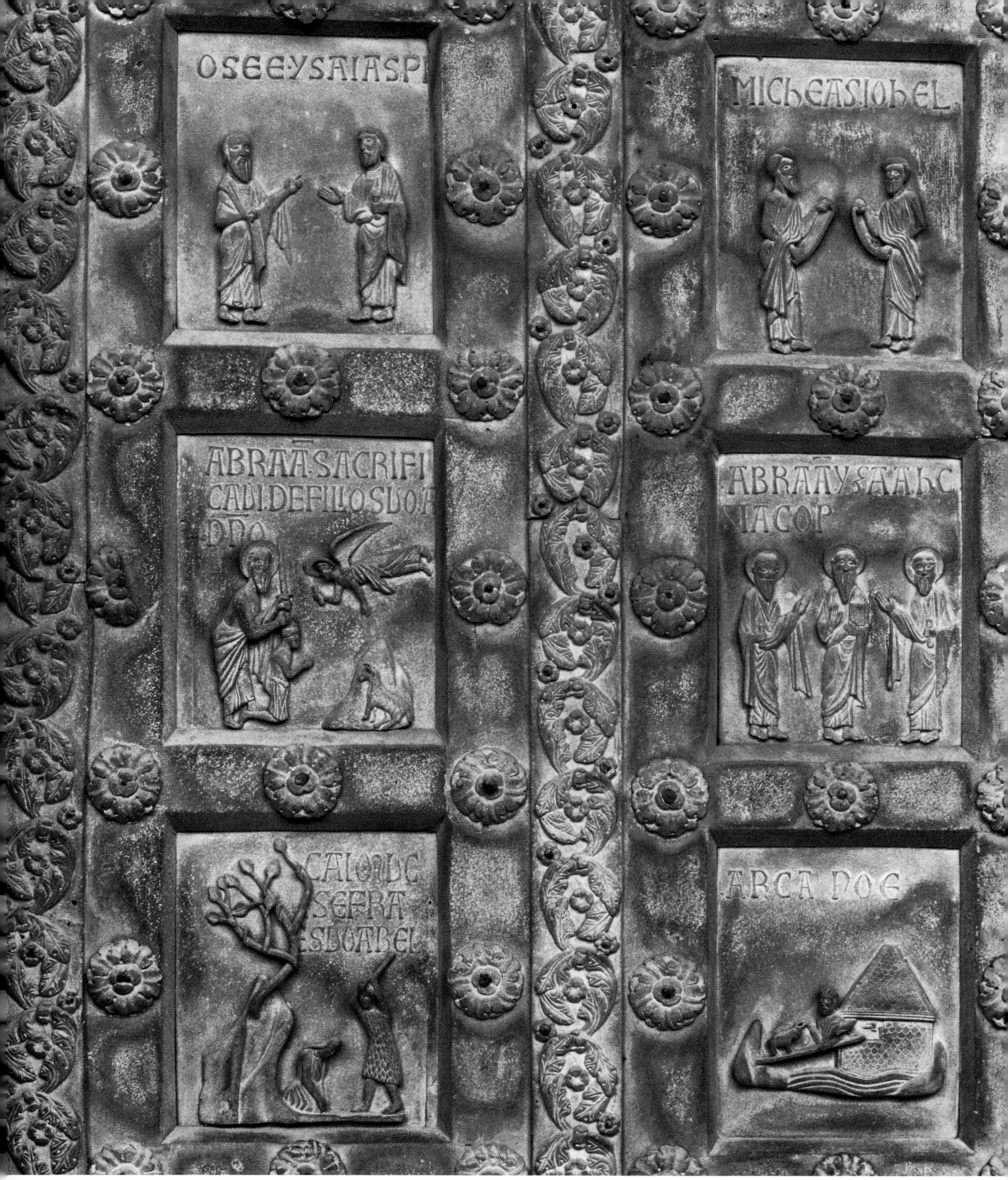

◁190, 191 Monreale (West). Untere Teile der beiden Türflügel: In der Sockelzone Löwen und Greifen; 2. Reihe (F 3–6) Erschaffung Adams, Erschaffung Evas, Adam und Eva im Paradies, Sündenfall; 3. Reihe (F 7–10) Adam und Eva nach der Vertreibung, Erdenleben von Adam und Eva, Geburt von Kain und Abel, Kain und Abel

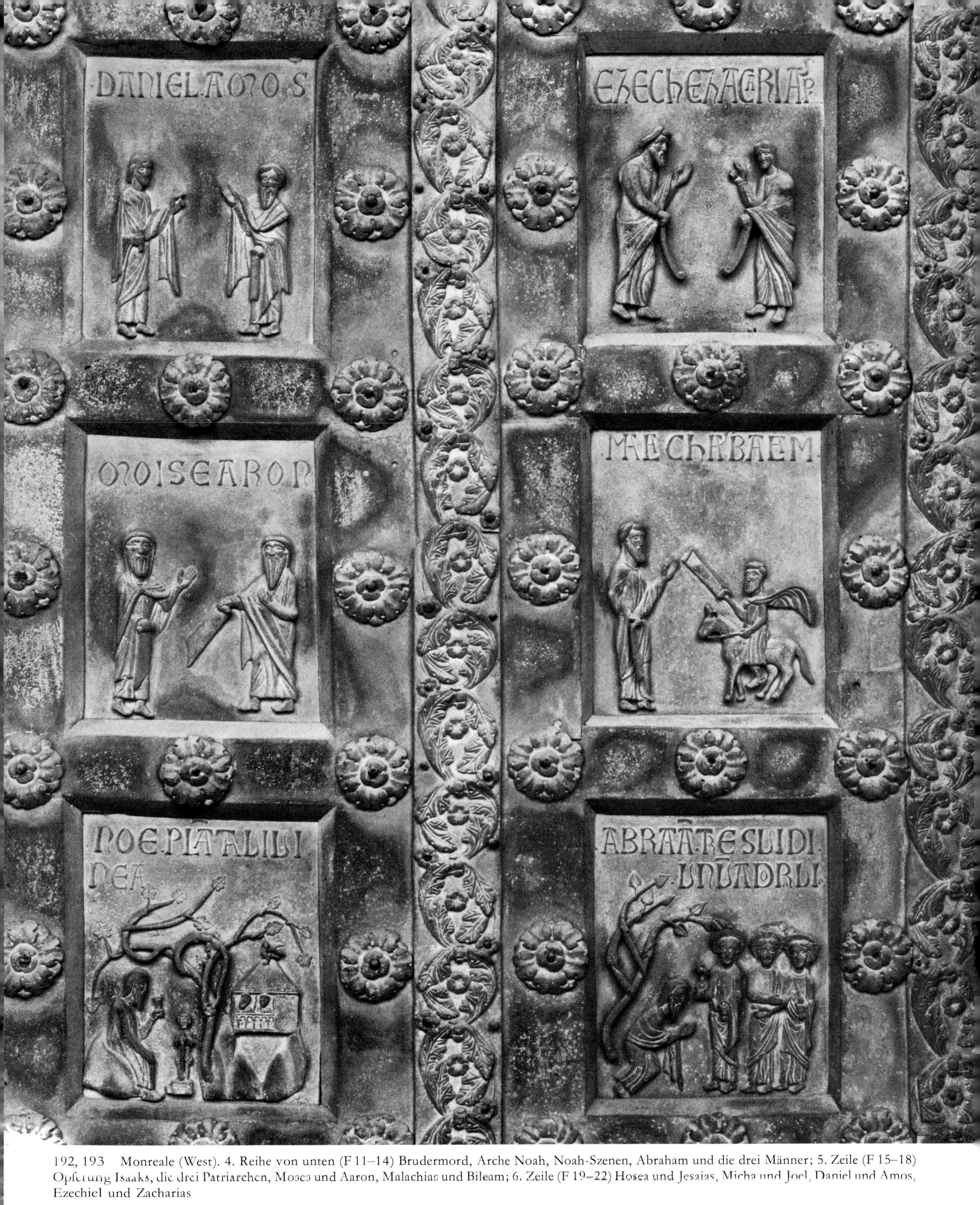

192, 193 Monreale (West). 4. Reihe von unten (F 11–14) Brudermord, Arche Noah, Noah-Szenen, Abraham und die drei Männer; 5. Zeile (F 15–18) Opferung Isaaks, die drei Patriarchen, Moses und Aaron, Malachias und Bileam; 6. Zeile (F 19–22) Hosea und Jesaias, Micha und Joel, Daniel und Amos, Ezechiel und Zacharias

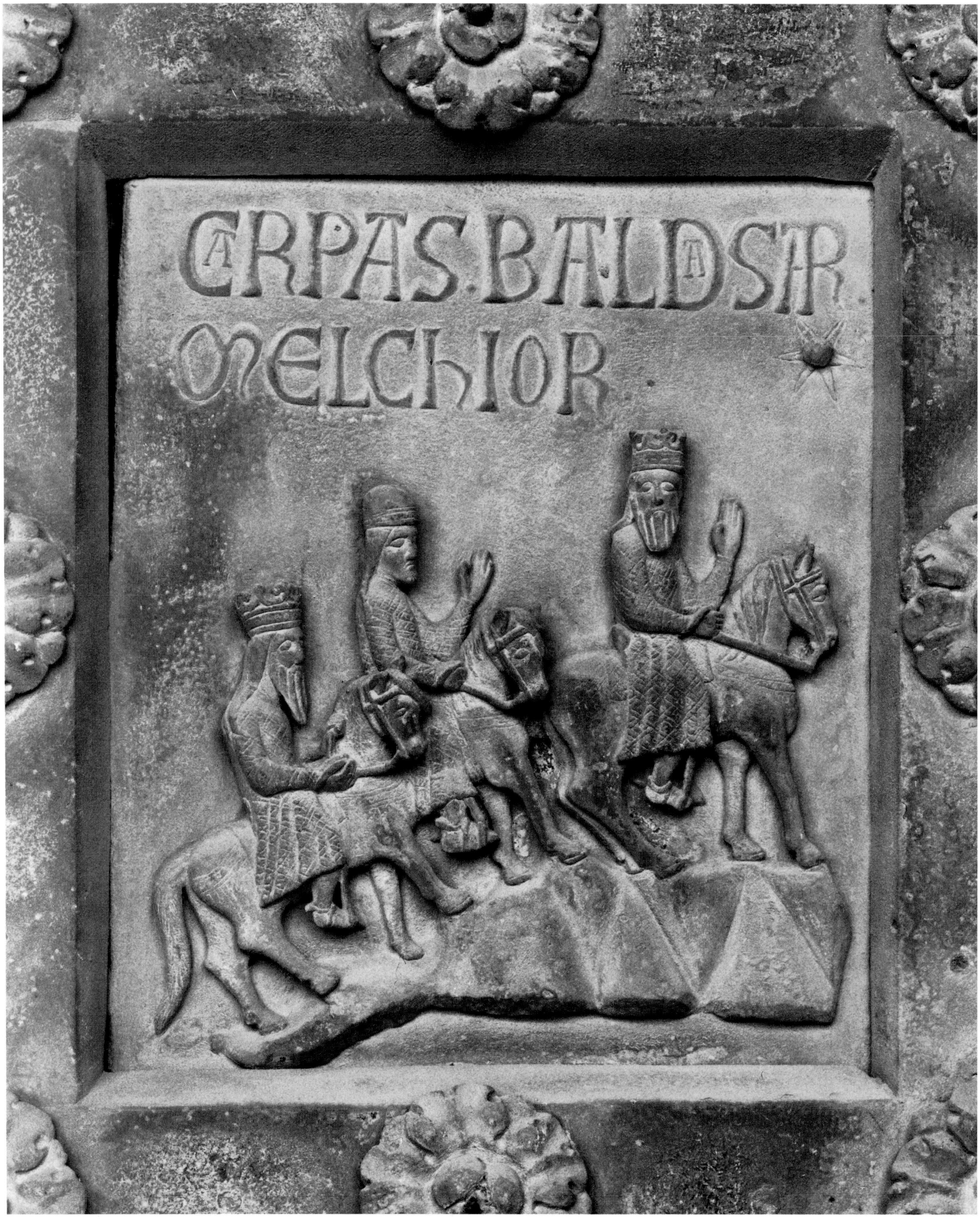

200
201 ▷

200 Monreale (West). Hl. Drei Könige vom rechten Türflügel (F 26)
201 Monreale (West). Vom linken Türflügel: Auferweckung des Lazarus (F 32), Gefangennahme (F 36)

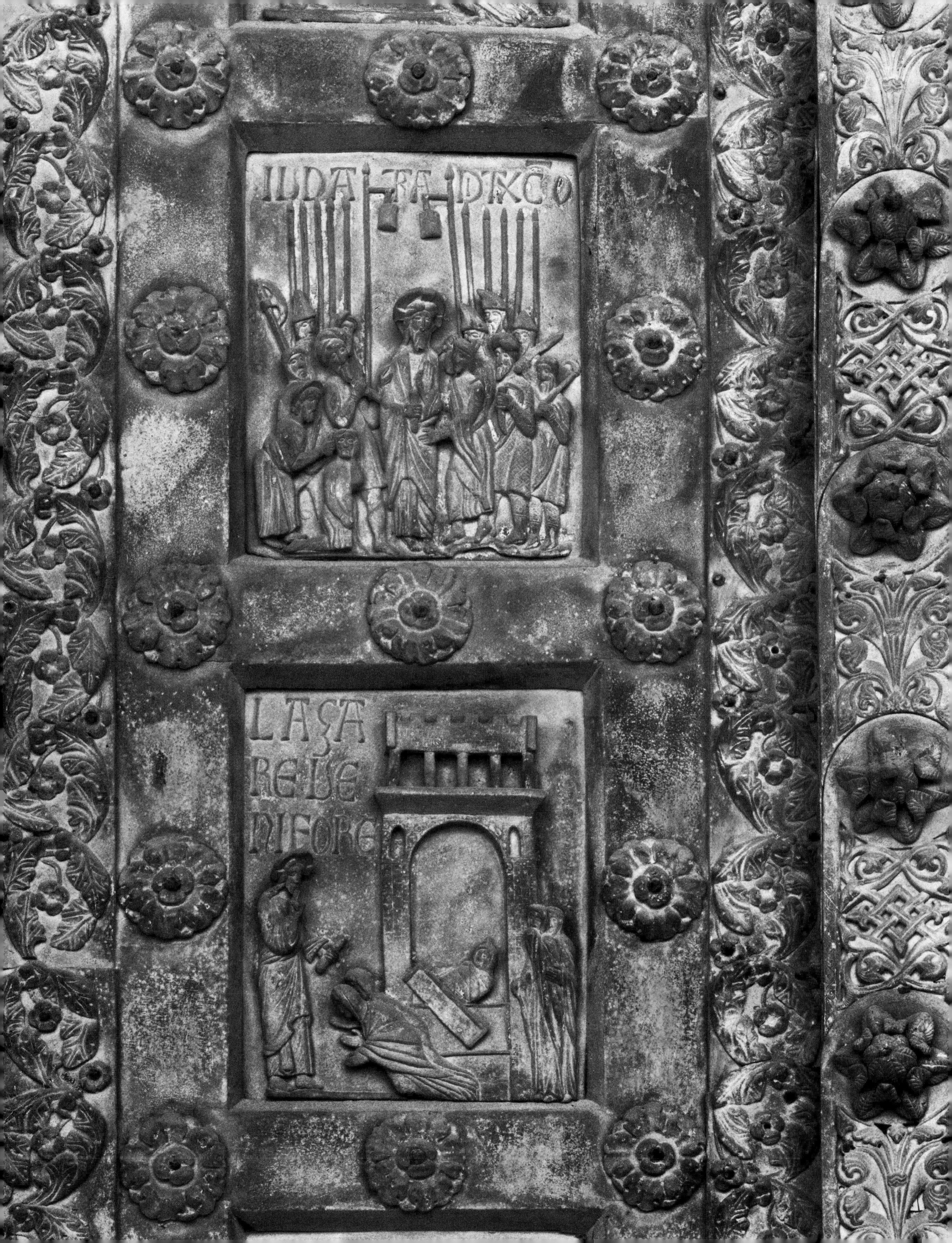

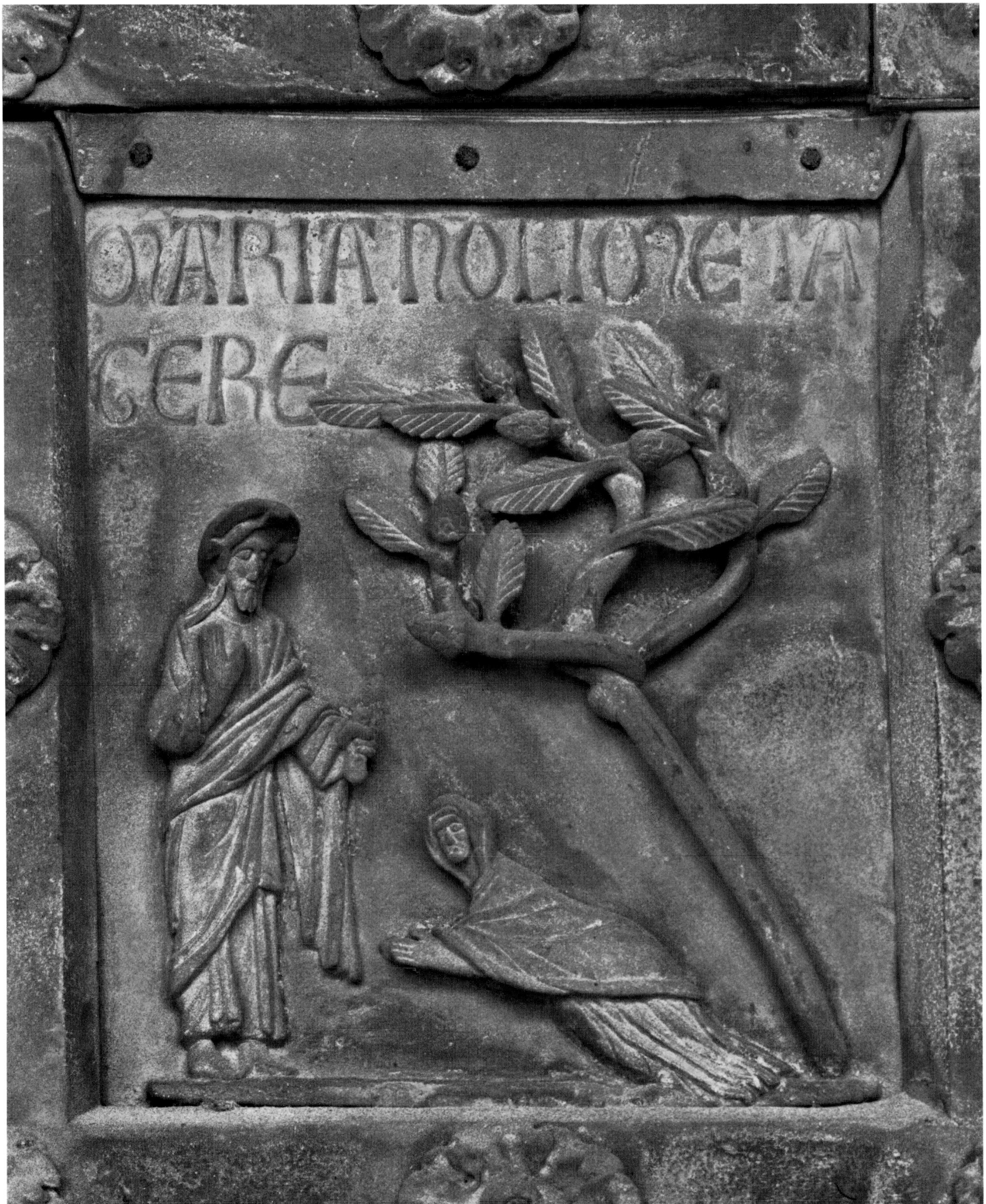

202

202, 203 Monreale (West). Noli me tangere vom linken Türflügel (F 40). Verklärung Christi vom rechten Türflügel (F 34)

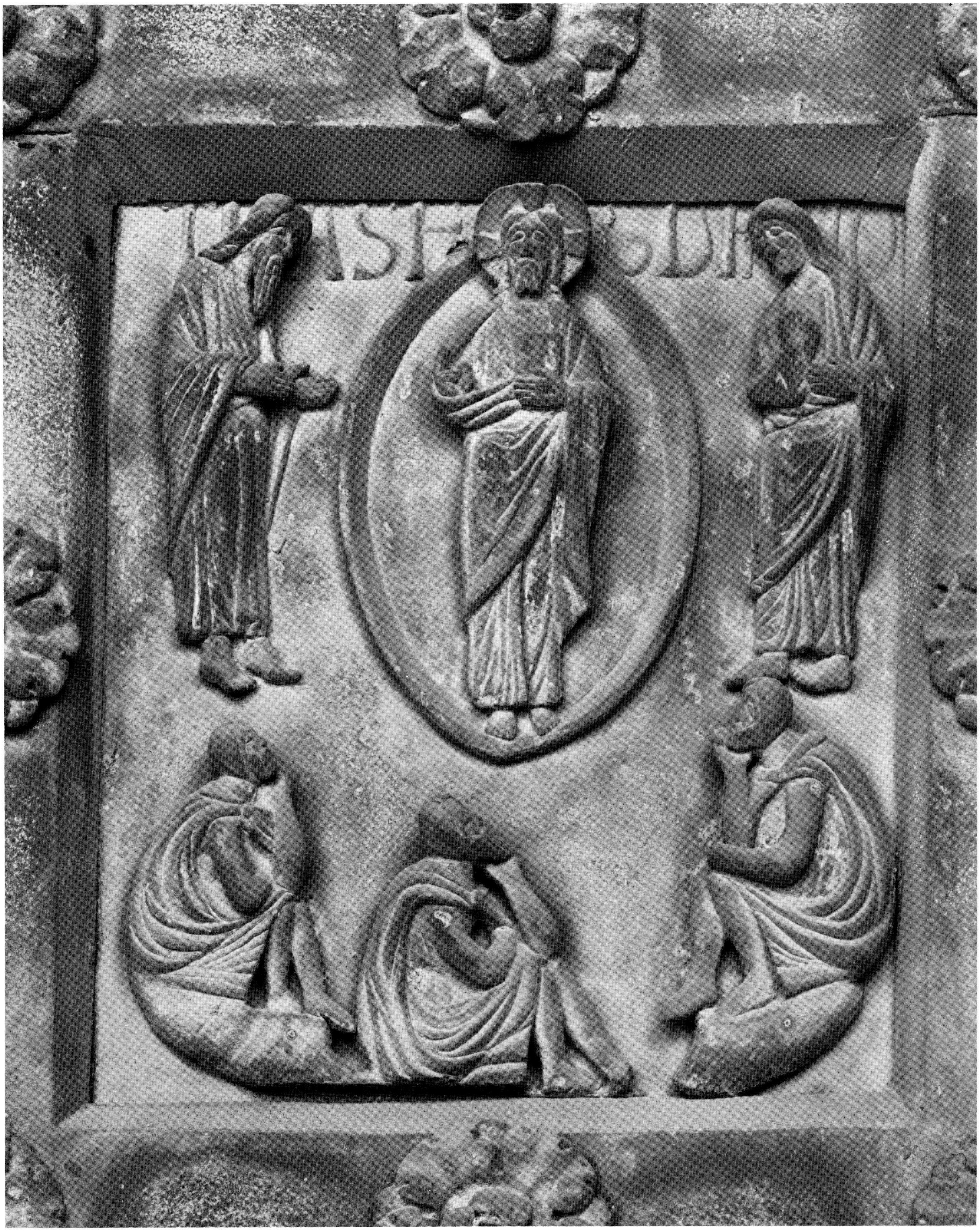

203

204, 205 Monreale (West). 10. Reihe von unten (F 35–38) Abendmahl, Gefangennahme, Kreuzigung, Höllenfahrt; 11. Reihe (F 39–42) Die Frauen am Grabe, Noli me tangere, Gang nach Emmaus, Himmelfahrt; oberste Bildfelder (F 43, 44) thronende Maria, Christus Pantokrator ▷

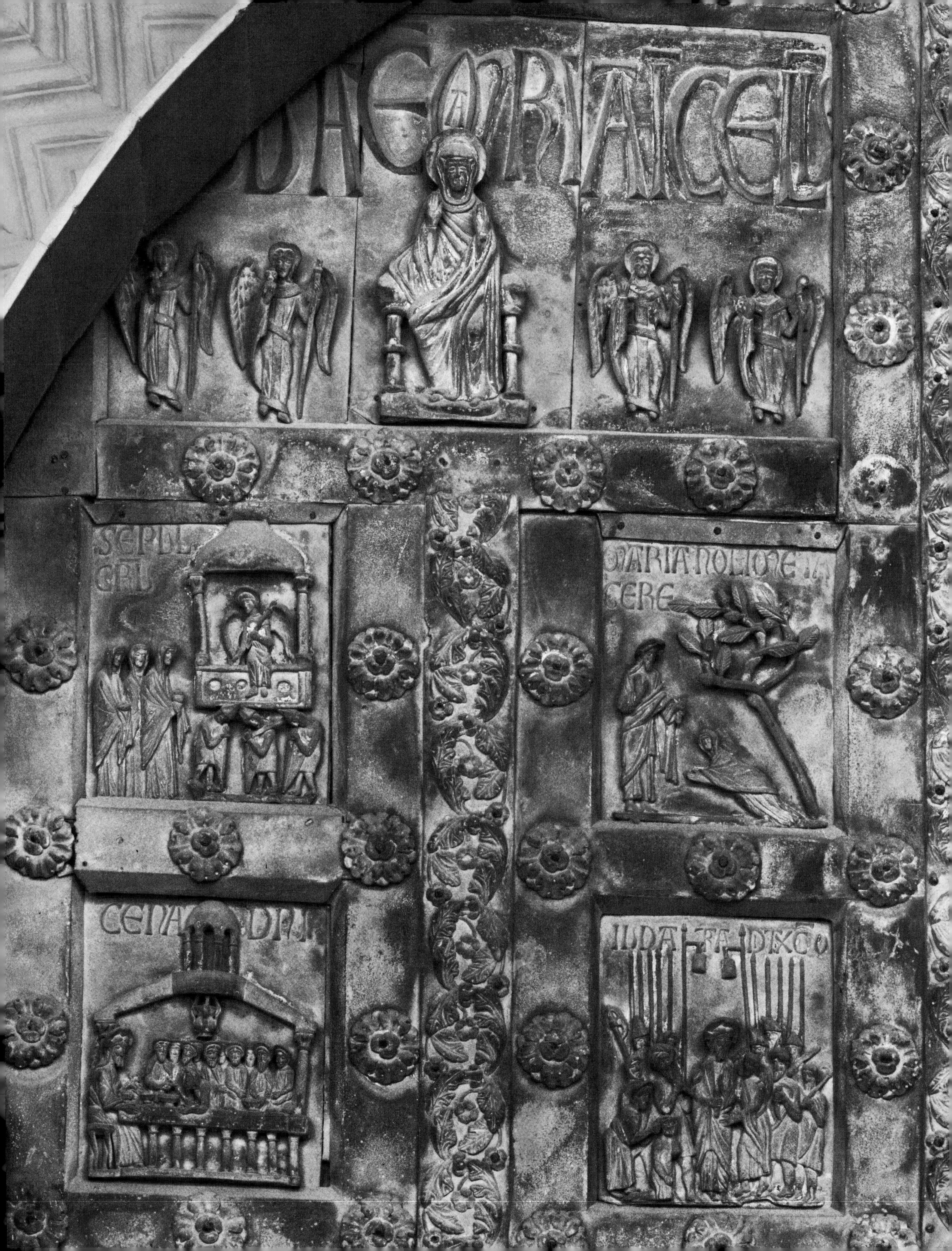
SEPUL
CRU
CERE
CENA
DNI

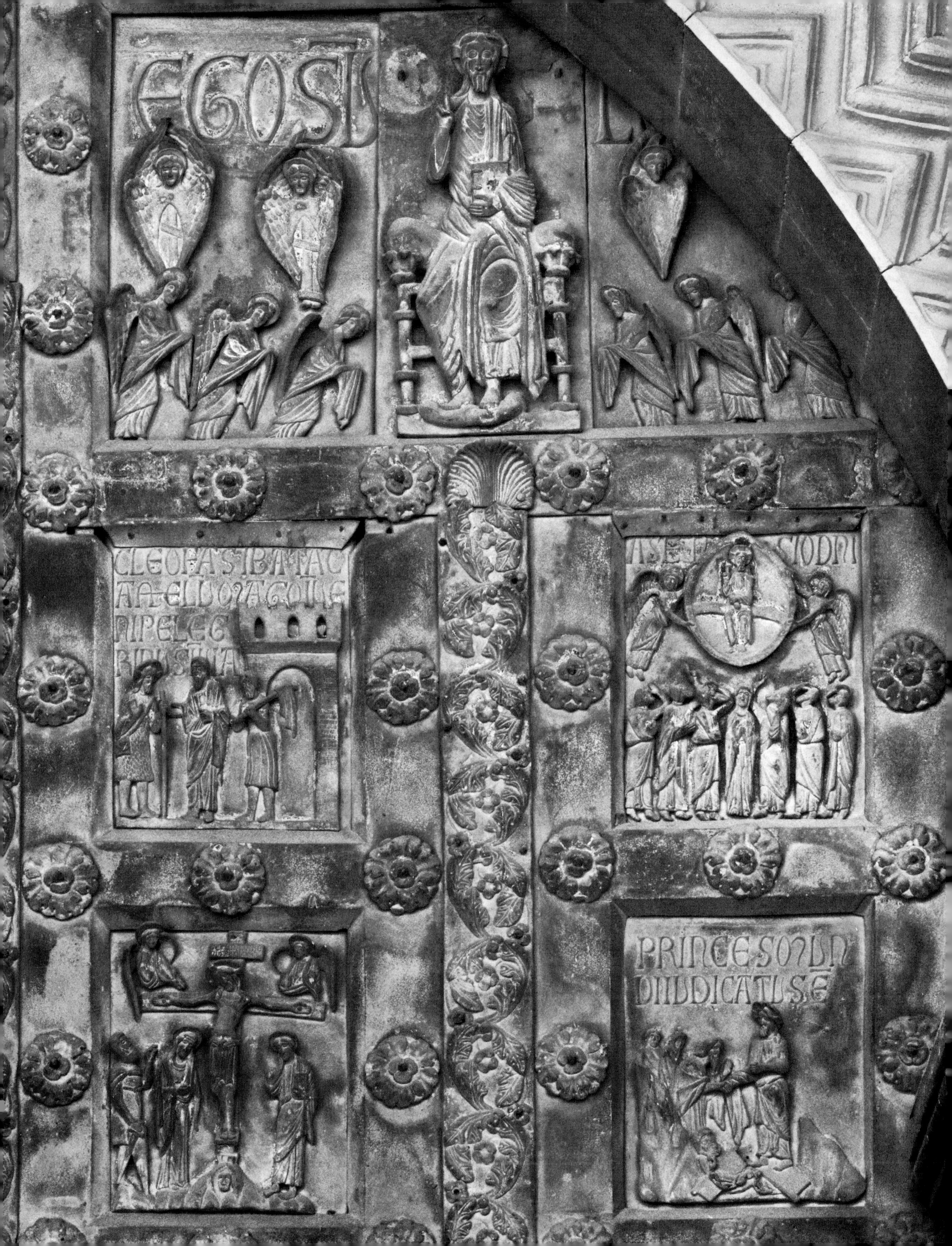

206, 207 Monreale (West). Löwe und Greif von der Sockelzone (F 2, 1)

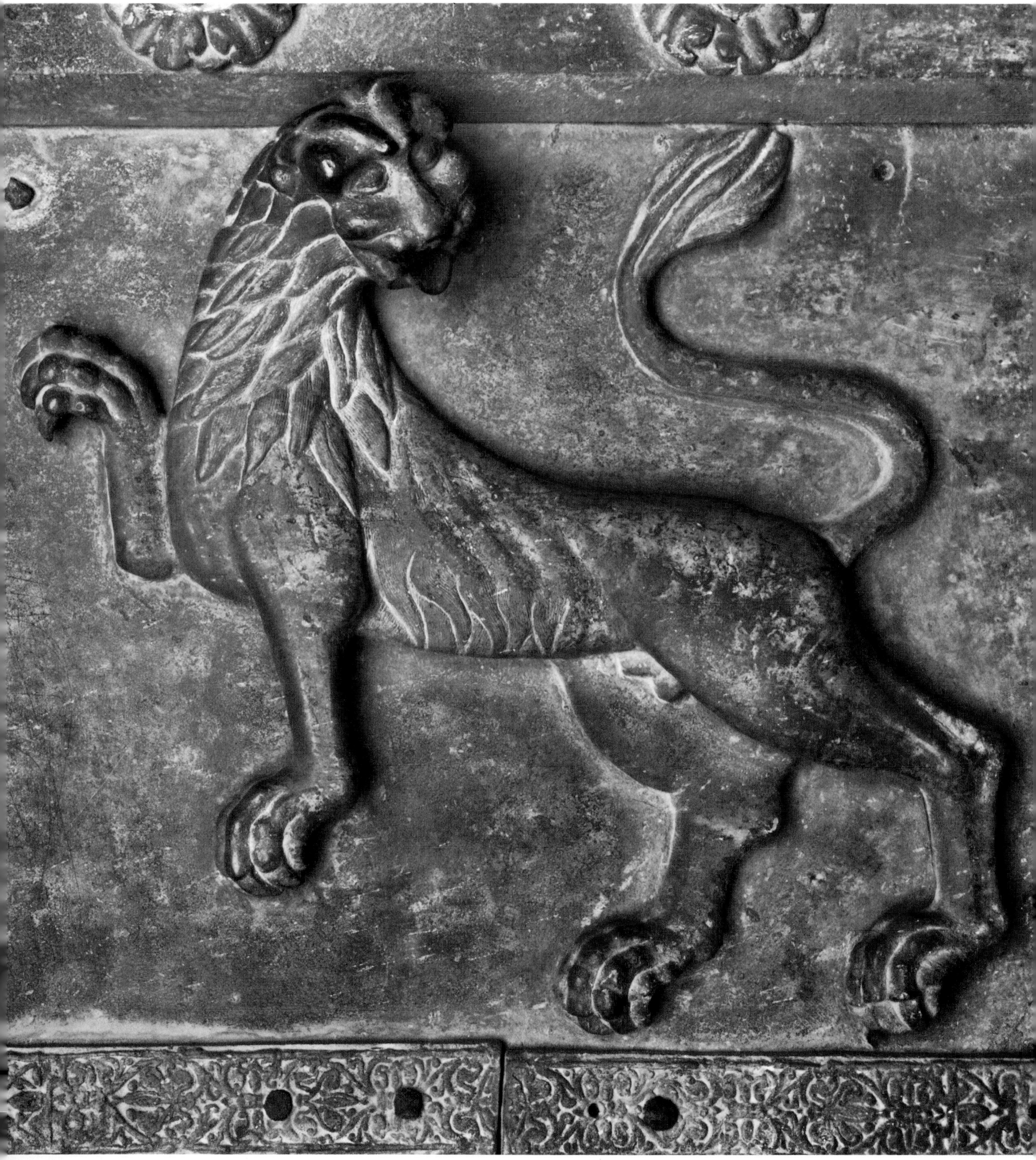

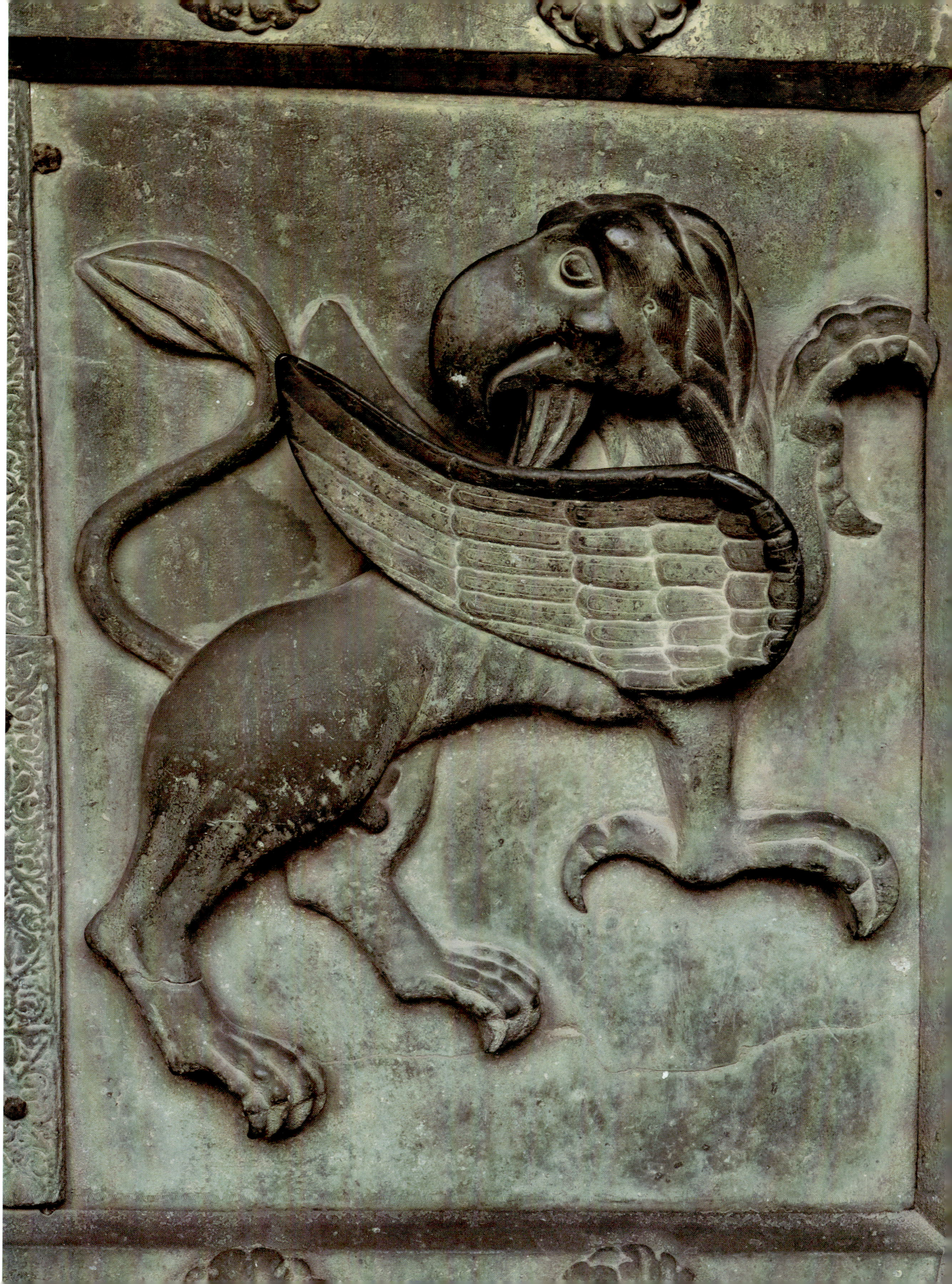

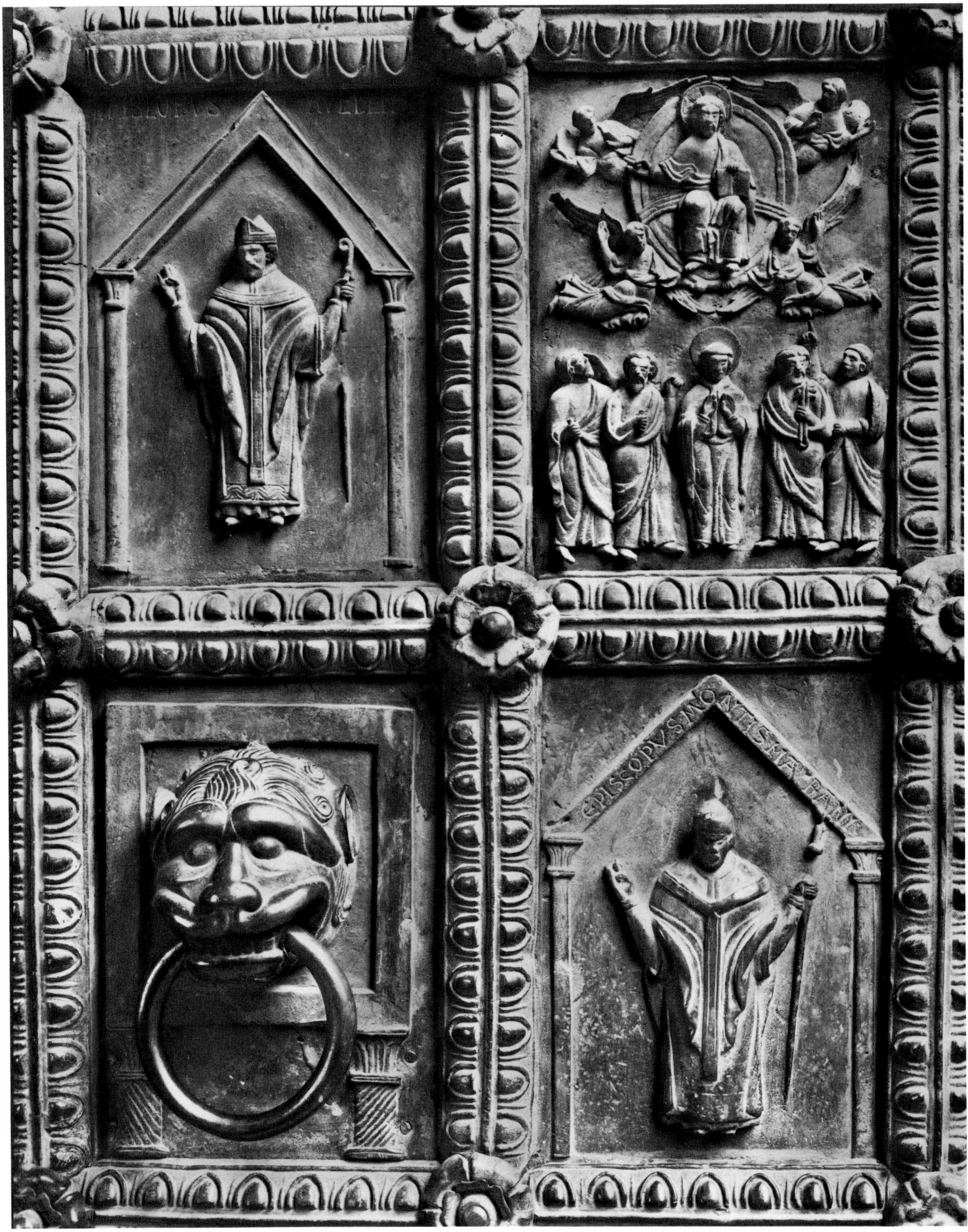

208, 209 Benevent, Dom, Tür des Westportals (Vorkriegszustand). Darstellungen zum Neuen Testament, 24 Bischöfe und Erzbischof von Benevent. Campanien (Benevent ?), Anfang 13. Jahrhundert.

208 Vom rechten Türflügel: Oben Bischof von Avellino (F 45), Himmelfahrt (F 46); unten Türzieher (F 53), Bischof von Monte Marano (F 54)

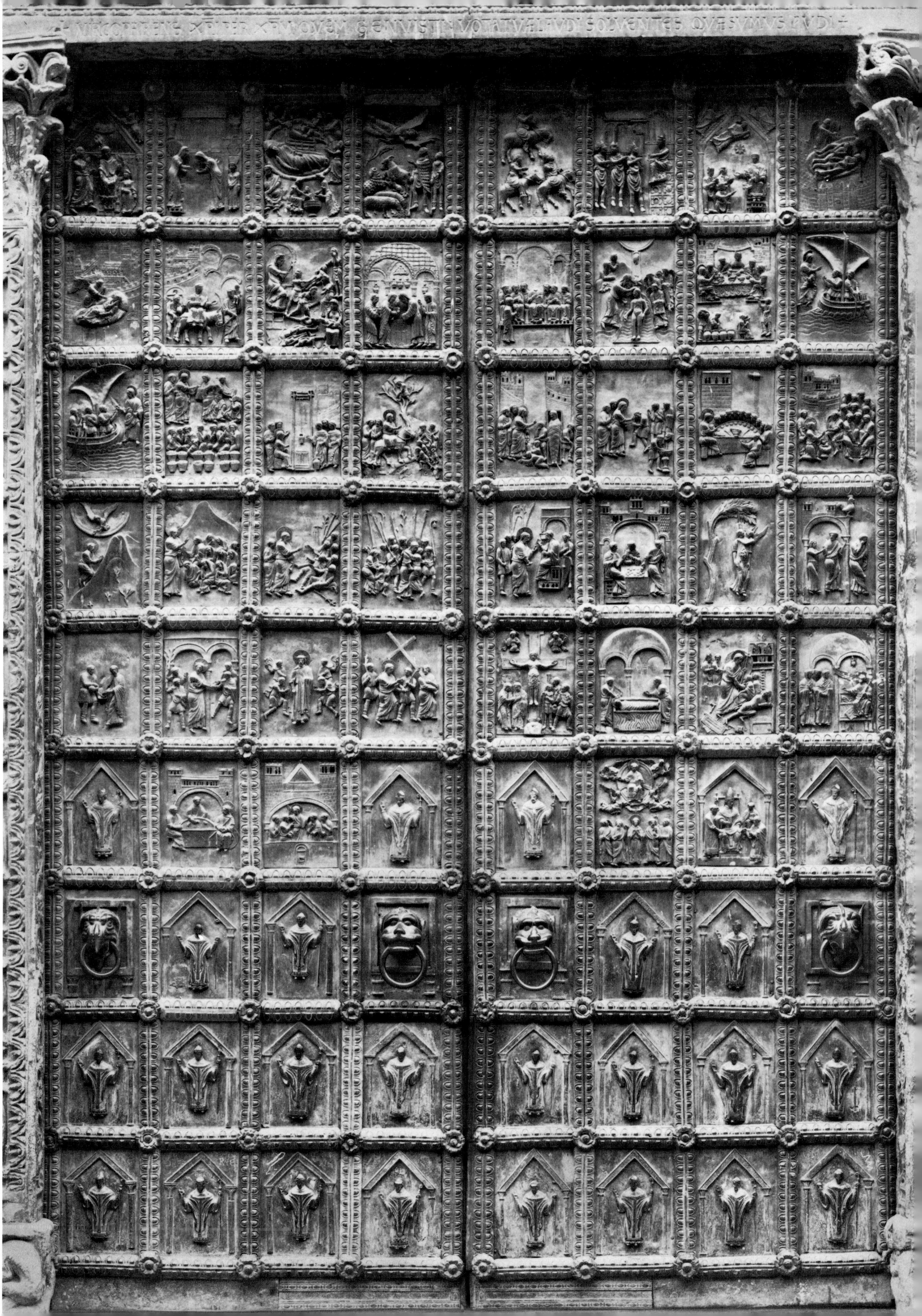

◁ 208
209

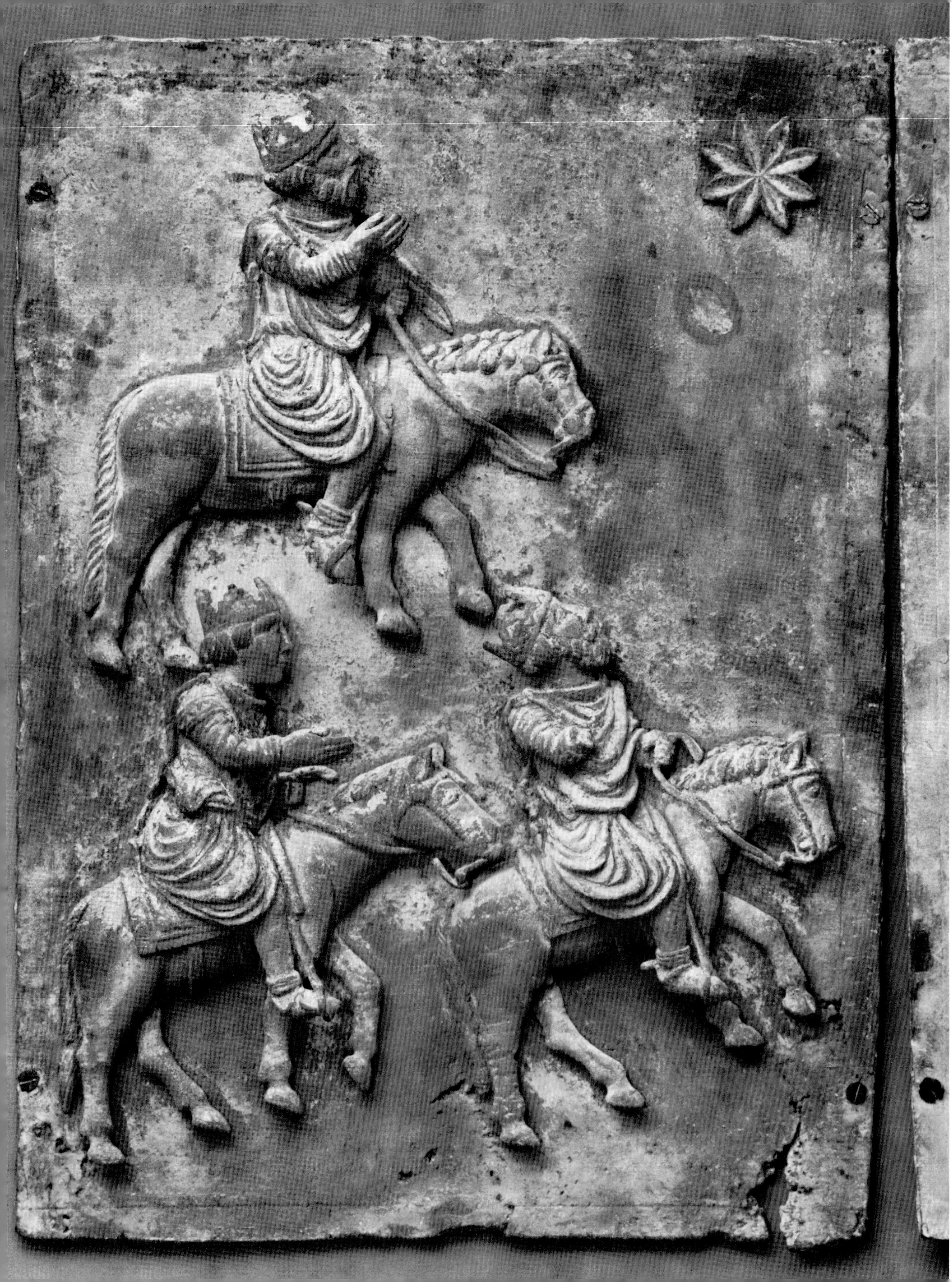

210

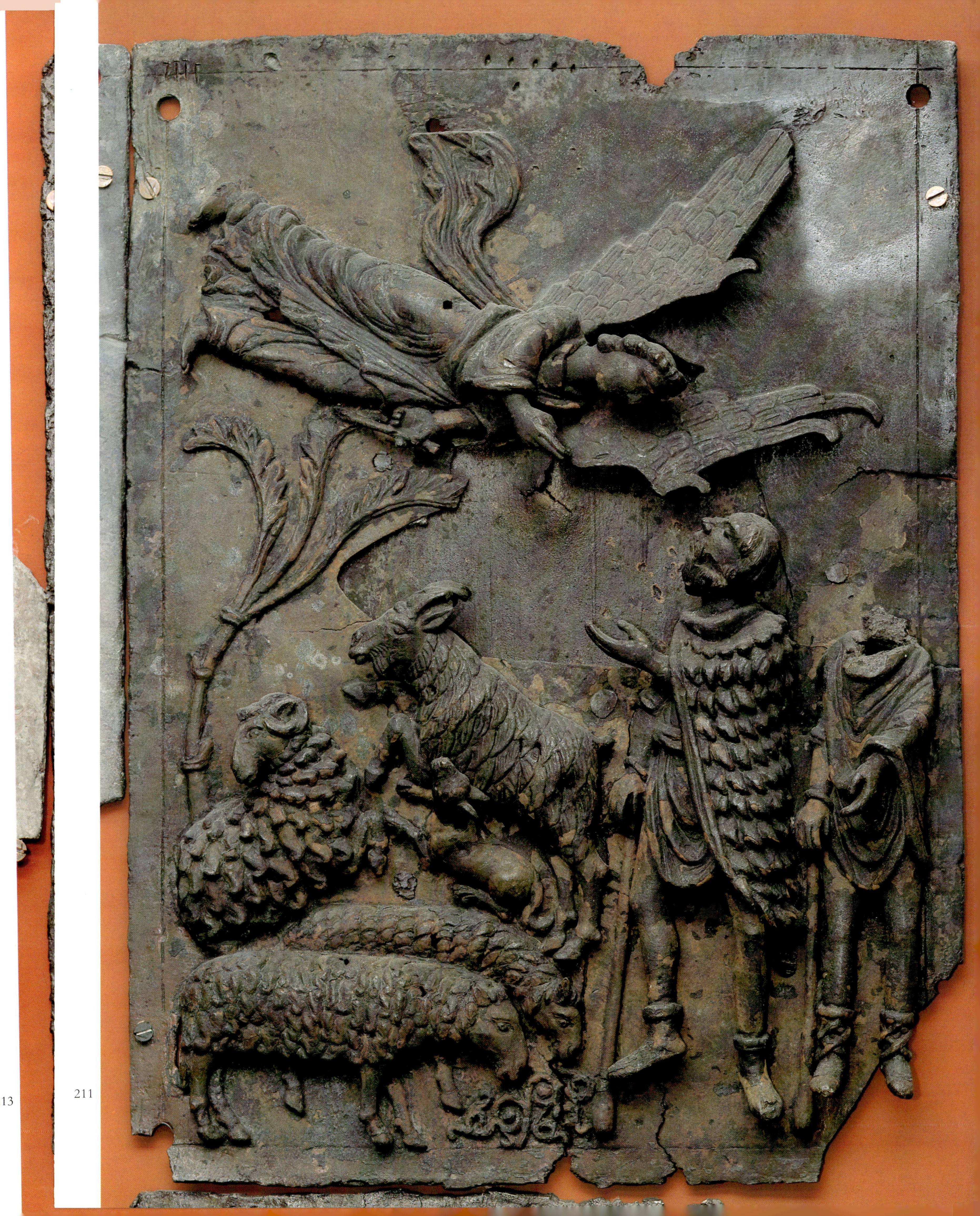

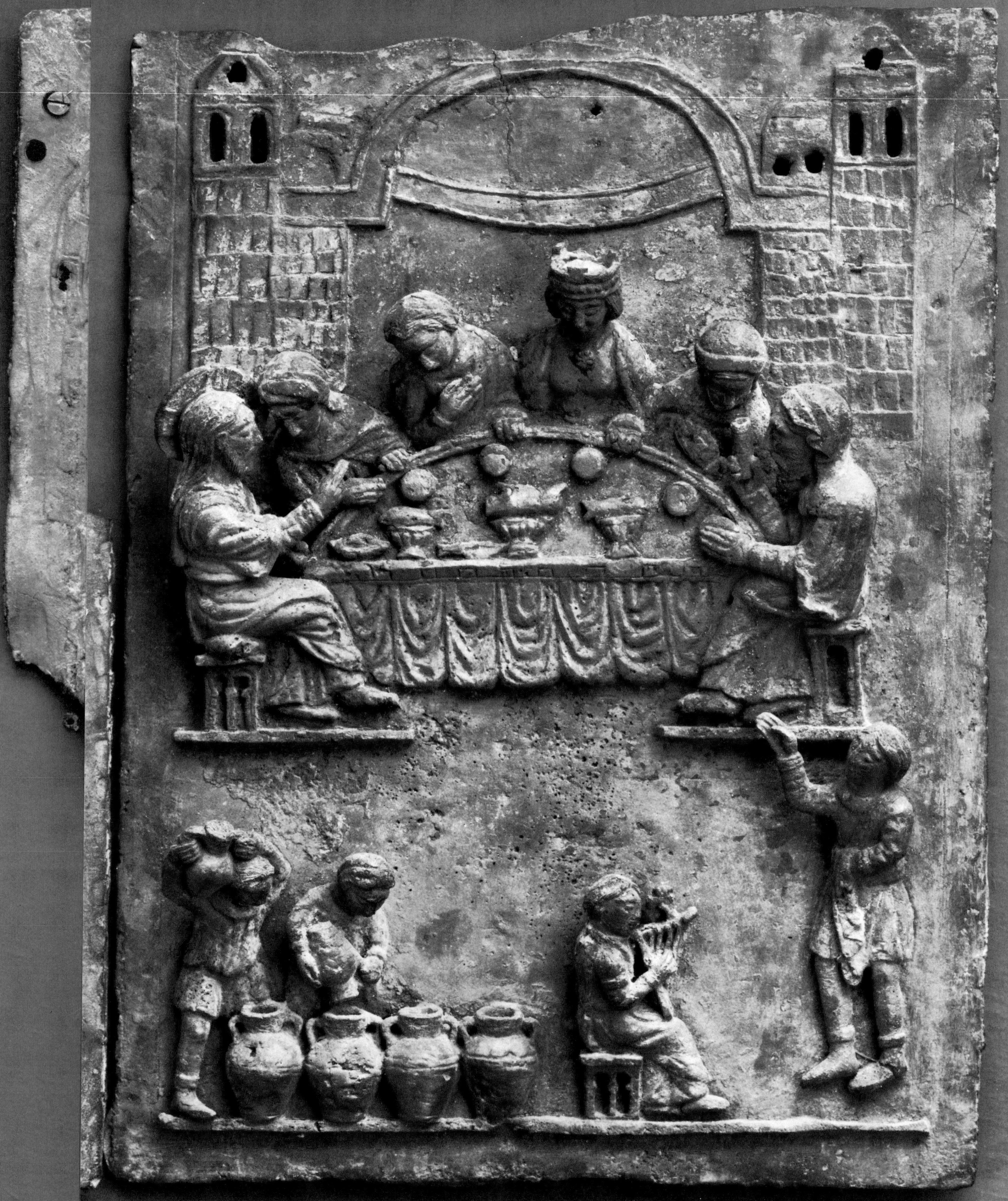

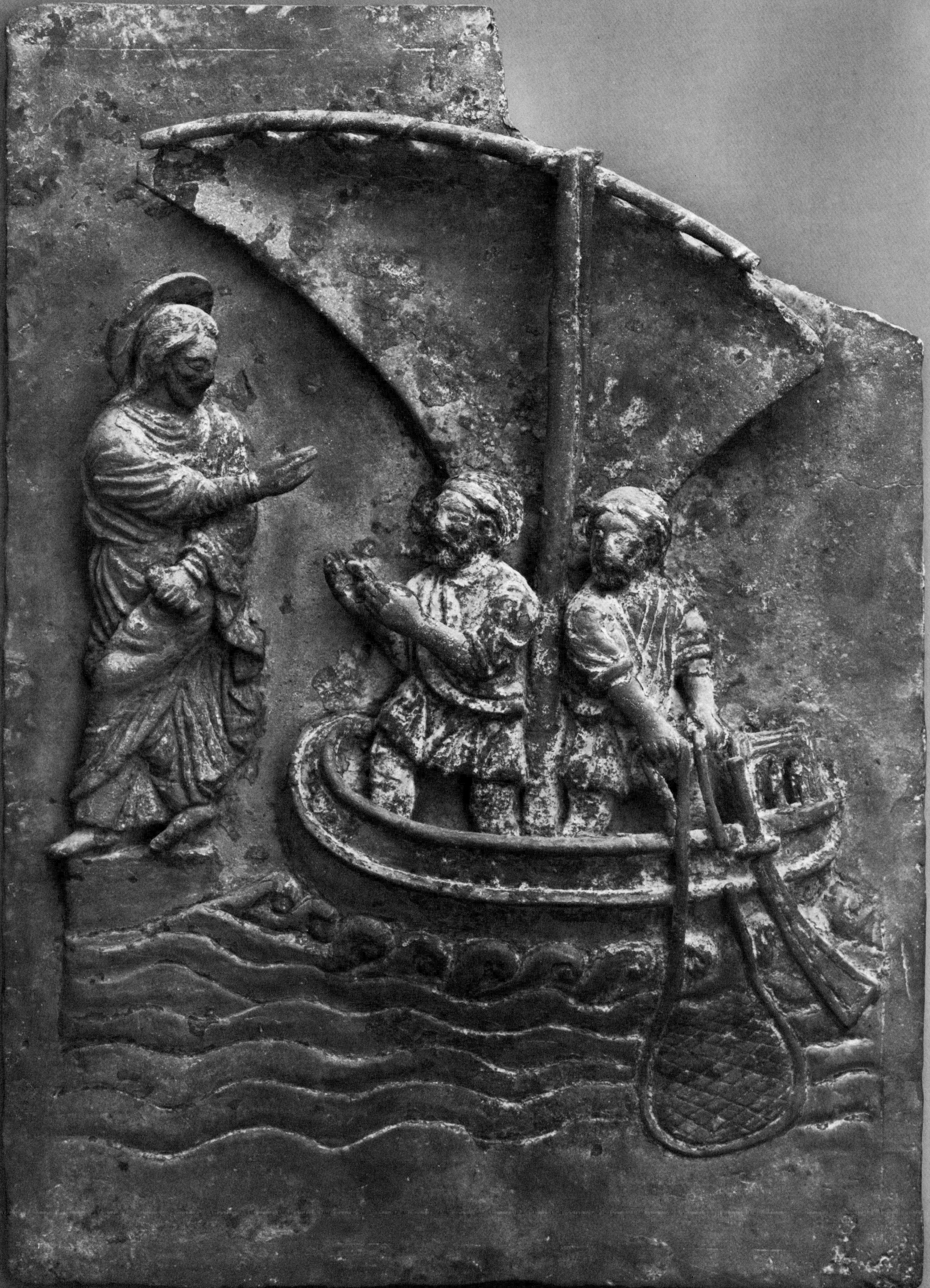

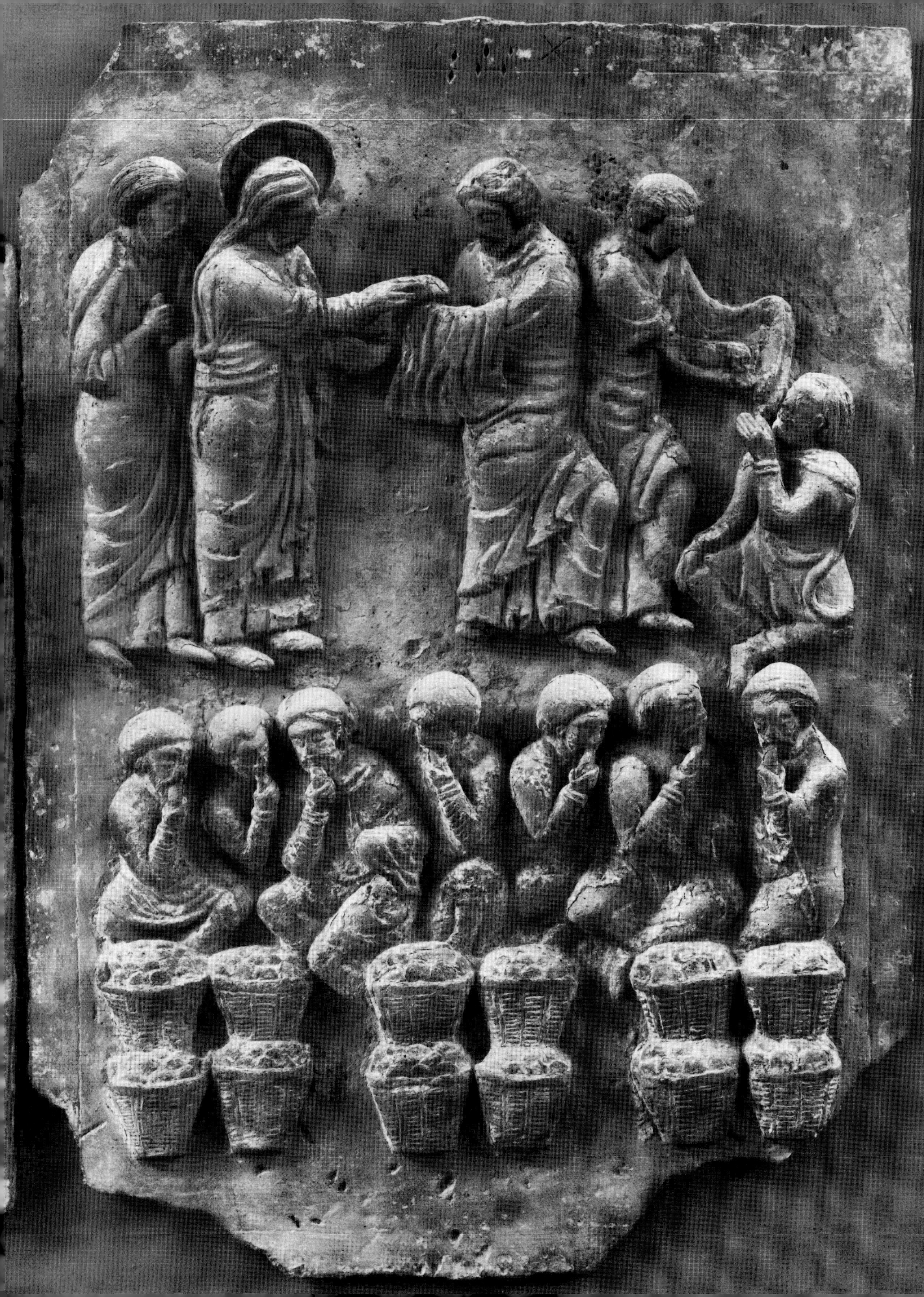

216

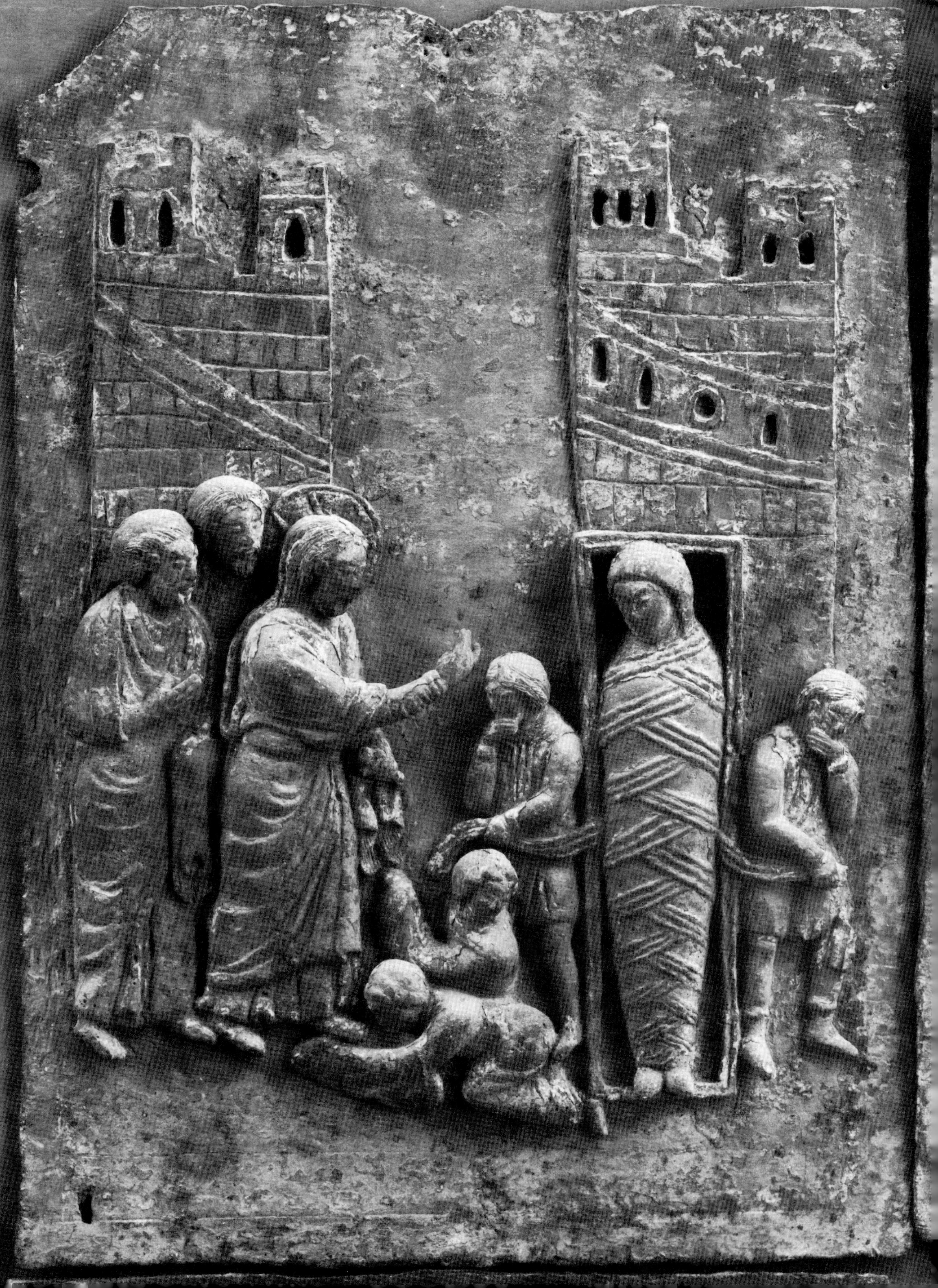

217

210–223 Benevent. 210, 211 Reise der Drei Könige vom rechten Türflügel (F 5). Verkündigung an die Hirten vom linken Türflügel (F 4).
212, 213 Vom linken Türflügel: Kindermord (F 11). Darbringung im Tempel (F 12).
214, 215 Vom rechten Türflügel: Hochzeit zu Kanaan (F 15). Berufung von Petrus und Andreas (F 16).
216, 217 Speisung der Fünftausend vom linken Türflügel (F 18). Auferweckung des Lazarus vom rechten Türflügel (F 21).
218, 219 Heilung des Blindgeborenen vom rechten Türflügel (F 22). Gebet am Ölberg vom linken Türflügel (F 25).
220, 221 Gefangennahme Christi vom linken Türflügel (F 28). Christus vor Pilatus vom rechten Türflügel (F 29).
222, 223 Verleugnung Petri vom rechten Türflügel (F 32). Handwaschung des Pilatus vom linken Türflügel (F 33)

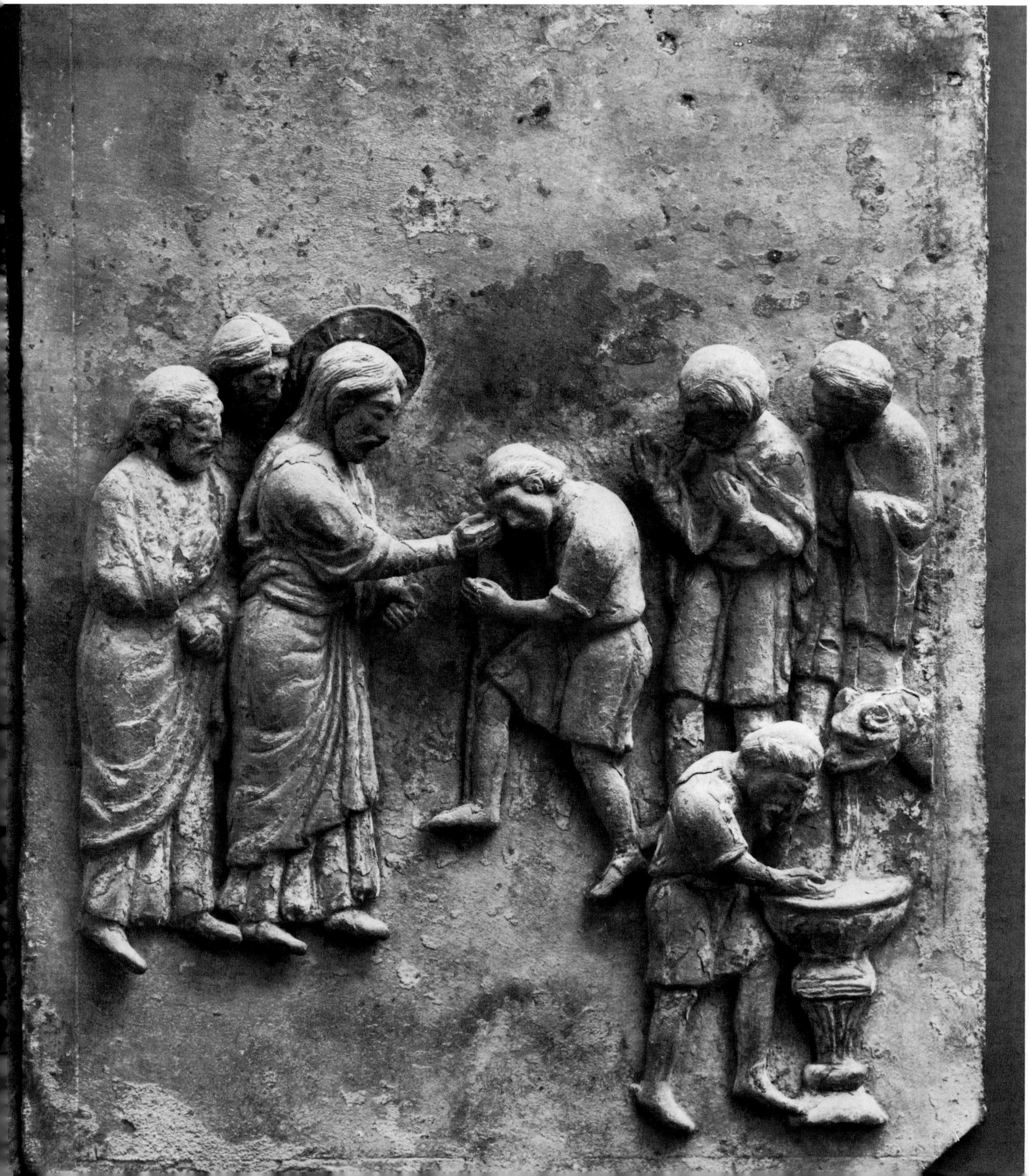

218

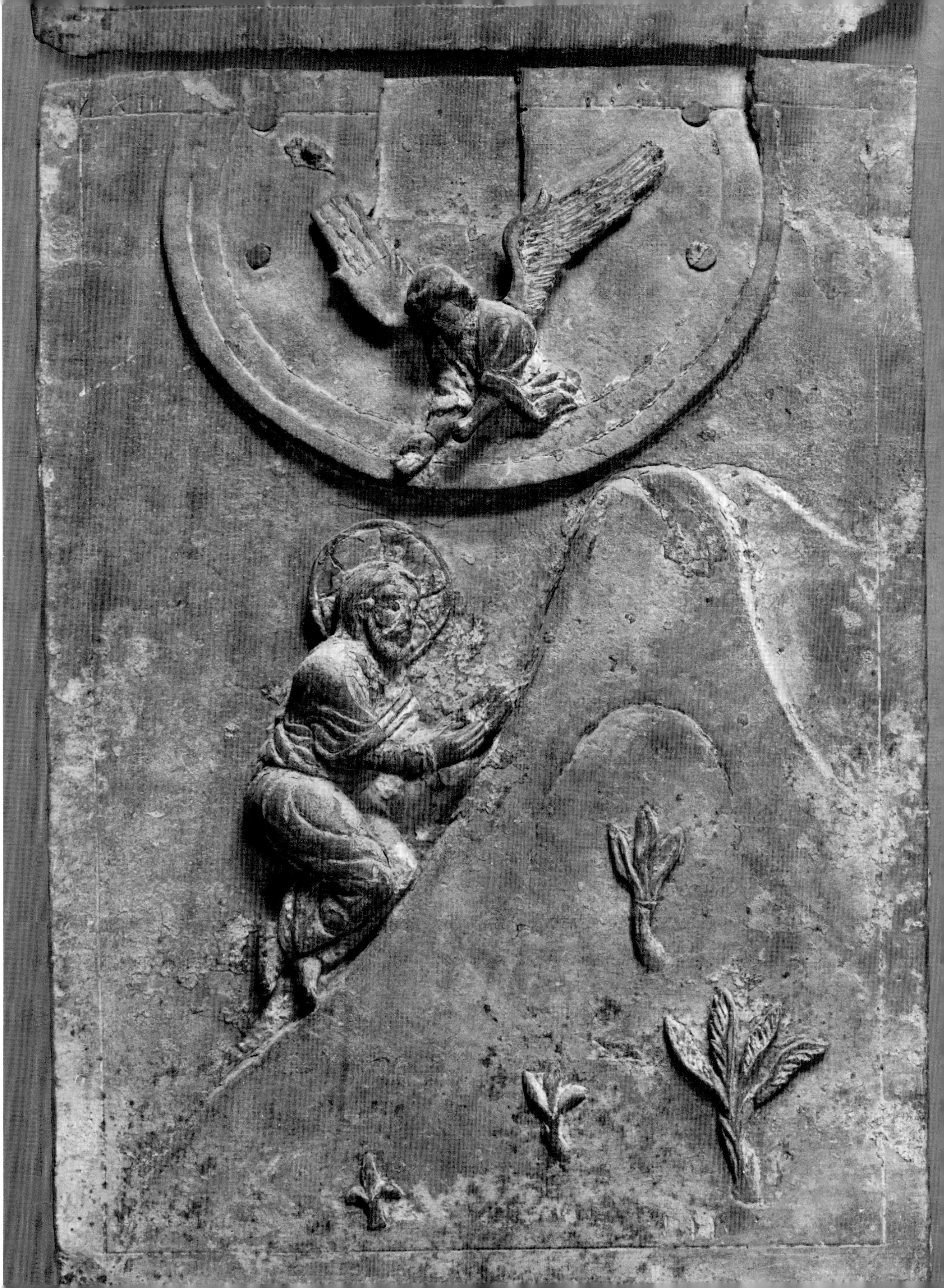
XIII

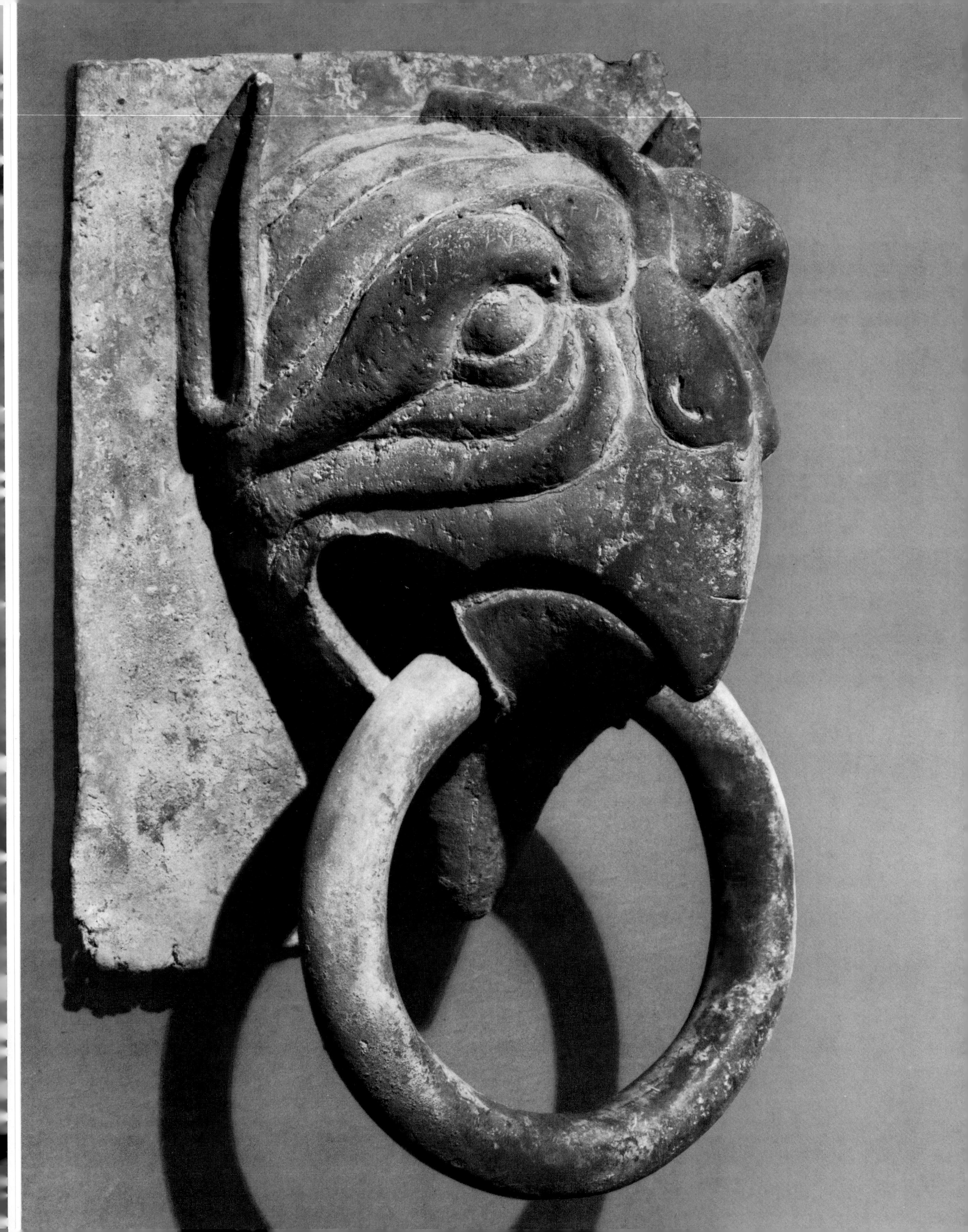

Dokumentation

Aachen

Tafel 1, 2

DOM, AUSSENPORTAL DER VORHALLE IM WESTEN, SOGENANNTE WOLFSTÜR

Zweiflügelige Tür ohne Bildschmuck
Aachen, um 800

Ein Gliederungsschema aus Rahmenleisten und glatten Flächen bildet 16 gleich große, hochrechteckige Kompartimente, auf jedem Türflügel acht, paarweise in vier Reihen übereinander angeordnet. Dabei besitzt jedes einzelne Feld eine eigene umlaufende Rahmung aus feinteiligen Ornamentmotiven antiker Herkunft; in der Abfolge von innen nach außen sind dies ein feiner Perlstab, ein Blattzungenfries und ein breiter Perlstab. Nach innen zu folgt abrupt ein scharfer Schnitt zu den erheblich eingetieften glatten Flächen der Türfüllungen. Durch Schattenbildungen werden hier Flächen und Rahmungen in besonderer Härte gegeneinander abgesetzt, wobei die graphisch wirkende Feingliedrigkeit der Rahmenornamentik spannungsvoll mit den ebenen, leicht unregelmäßigen Türflächen kontrastiert.
Jeder Türflügel mit seinen gerahmten Kassetten, die durch eine feine Hohlkehle gegeneinander und nach außen hin abgesetzt sind, besitzt als Gesamtrahmung eine äußere Ornamentleiste aus Eierstab und Perlstab. Sie ist kaum breiter als die beschriebenen Einzelrahmungen, bildet jedoch mit ihrem kräftigen Eierstab einen gewissen Akzent.
Einziger plastischer Schmuck der Türflächen sind zwei Löwenkopf-Appliken: Das Tiergesicht abwärts gerichtet, naturnah empfunden, beruhigt im Ausdruck, dabei konzentriert auf die großen Augen. Es wird umschlossen von einem zartgliedrigen Rahmenornament aus radial gestellten Palmetten, dessen graphischer Charakter mit den Rahmenleisten der Tür korrespondiert. Beide Löwenköpfe unterscheiden sich in der Feinheit der plastischen Formgebung: auf dem rechten Türflügel sind Tiergesicht und Mähnenzotteln lebendiger modelliert.

Die Ausstattung der Pfalzkapelle mit Bronzetüren auf Veranlassung Karls des Großen ist durch schriftliche Quellen belegt (Vita Karoli Magni, Chronik von Moissac, auch Inschrift der Bronzetür in Mainz). Die Türen sind nicht nachträglich, sondern im Verlauf der Arbeiten am aufgehenden Mauerwerk aufgestellt worden, wie aus dem Baubefund hervorgeht, aus den besonderen Vorrichtungen in Türsturz (langer Drehzapfen) und Türschwelle (eine Art Kugellager). Das beduetet für alle Aachener Türen eine Entstehung in der Zeit nach 787 oder 794 (Baubeginn) und um 800. Daß sich aus den unterschiedlichen Formen der Wolfstür einerseits und der kleinen Aachener Türen andererseits eine chronologische Abfolge innerhalb dieser kurzen Zeitspanne ablesen läßt, muß bezweifelt werden.
Die Wolfstür bildet seit jeher den Haupteingang, sie befindet sich jedoch nicht mehr am ursprünglichen Platz. 1788 wurde die bis dahin offene Vorhalle im Westen des Domes durch einen dreiseitig gebrochenen Vorbau nach außen hin abgeschlossen und in dessen großes mittleres Portal diese Tür versetzt. Der ursprüngliche Standort war weiter östlich, in der Tiefe der Vorhalle, als Eingang von der Vorhalle in den Kirchenraum. Seit dem 14. Jahrhundert als „porta lupi“ nachweisbar, trägt die Wolfstür ihren Namen vermutlich von der in der Nähe des Hauptportals aufgestellten, heute in der Vorhalle befindlichen Bronze einer Bärin, die früher als Wölfin galt.
Beide Türflügel jeweils in einem Stück gegossen; nur die Löwenmasken mit ihren Rahmungen gesondert gegossen und mit Nieten befestigt. Griffringe verloren. Eine umfassende Restaurierung der Tür wurde 1924 vorgenommen.

Linker Flügel 85,9% Kupfer, 9,5% Zinn, 3,6% Blei, 0,6% Eisen; rechter Flügel 85,6% Kupfer, 8,97% Zinn, 4,5% Blei, 0,4% Eisen (J. Buchkremer 1924 S. 12; A. Goldschmidt 1926 S. 10–11; s. dort auch weitere Proben).

Linker Flügel: Höhe 3,93 m, Breite 1,35 m; rechter Flügel: Höhe 3,92 m, Breite 1,34 m. Wandungsstärke 4,2 bis 5,9 cm.

Literatur für alle Aachener Türen: W. Schmitz 1905 S. 7–9, Taf. 1–2. – Karl Faymonville: Die Kunstdenkmäler der Stadt Aachen. Das Münster zu Aachen. Düsseldorf 1916 (Die Kunstdenkmäler der Rheinprovinz. Bd. 10, 1.) S. 130–133, Abb. 86–90. – J. Buchkremer 1924. – A. Goldschmidt 1926 S. 9–11, Taf. 1–8 (dazu Besprechung von Joseph Buchkremer, in: Zeitschrift des Aachener Geschichtsvereins. 46. 1924 S. 296–298). – Hermann Schnitzler: Der Dom zu Aachen. Düsseldorf 1950 S. 11–13, Abb. 34–37, 39. – Albert Boeckler: Malerei und Plastik im ostfränkischen Reich. In: I problemi della civiltà carolingia. Settimane di studio del Centro Italiano di Studi sull' Alto Medioevo. 1. Spoleto 1954 S. 172–173, Abb. 7. – Felix Kreusch: Über Pfalzkapelle und Atrium zur Zeit Karls des Großen. Aachen 1958 (Dom zu Aachen. Beiträge zur Baugeschichte. Bd. 4.) S. 104. – R. Hiepe 1958 Kat. S. 203–204, Text S. 31–33. – Percy Ernst Schramm u. Florentine Mütherich: Denkmale der deutschen Könige und Kaiser. München 1962 (Veröffentlichungen des Zentralinstituts für Kunstgeschichte in München. 2.) Nr. 4, Abb. S. 206–209. – C. Beutler 1964 S. 61–65, Abb. 23–24. – Ausstellung Aachen 1965 Nr. 4. – W. Braunfels 1965. – Wolfgang Braunfels: Die Welt der Karolinger und ihre Kunst. München 1968 S. 135–137, Abb. 149–150. – U. Götz 1971 S. 47–49, 400. – U. Mende 1981 S. 16–19, 133, Kat. Nr. 1–4, 207, Abb. 1–8. – C. Beutler 1982 S. 77–78, 91–95.

Tafel 3, 4

DOM, TÜR DER KARLSKAPELLE

(Nordseite des karolingischen Zentralbaus, Obergeschoß)
Zweiflügelige Tür ohne Bildschmuck
Aachen, um 800

Die Tür ist in sechs Felder unterteilt, drei übereinander angeordnet auf jedem Flügel, das untere und das obere jeweils quadratisch, das mittlere hochrechteckig und damit größer. Das Verhältnis von Türfläche und Rahmenleisten entspricht dem der Wolfstür: Jedes einzelne Türfeld bildet eine Kassette mit eigener umlaufender Rahmung, eine zusätzliche äußere Rahmenleiste umfaßt die Gesamtfläche des Türflügels. Rahmenprofil und Ornamentik der Einzelrahmungen sind von besonderer Feinheit und leiten von außen nach innen allmählich zur tieferen Ebene der Türfläche über. Das beginnt außen mit einem kräftigen Karnies mit breitem stilisierten Blattfries (lesbisches Kymation), es folgen ein Perlstab, ein breiter und schließlich ein feiner Rundstab, der das jeweilige Türfeld unmittelbar einfaßt. Ein gleichartiger Perlstab verläuft horizontal zwischen den Einzelrahmungen und bildet, nun verdoppelt und mit einem Rundstab dazwischen, die äußere Ornamentrahmung des Türflügels, die jedoch optisch neben den kräftigeren inneren Rahmenmotiven kaum wirksam wird.
Im mittleren Feld jedes Türflügels befindet sich, leicht zum Türschluß hin versetzt, eine Löwenmaske mit beweglich im Maul hängendem Ring. Die Tiergesichter mit großen Augen, einer Querfalte über den Backen und mit kleinteiligem, bewegten Mähnengelock sind in ihrem plastischen Volumen unterschiedlich. Das Exemplar auf dem rechten Flügel ist eine flache Maske mit breit gebleckten Maul. Es deutet die Tendenz zu den stilisierten Tierköpfen des frühen Mittelalters stärker an als das Exemplar auf dem linken Türflügel, das in der Form des schmaleren, zur Schnauze hin verjüngten Schädels antiken Tierköpfen sichtbar näher steht.
Nur in den Maßen unterschiedlich, stimmen die kleinen Aachener Türen in ihrer Flächengliederung und in den Einzelformen von Rahmenornamentik und Löwenmasken weitgehend überein.
Die Tür ist die am besten erhaltene in dieser Gruppe der kleinen Türen, die an der Nord- und an der Südseite der Pfalzkapelle, jeweils in zwei Geschossen, die Verbindung zu den einst hier befindlichen Annexbauten bildeten (jetzt Türen der Karls-, Hubertus- und Annakapelle; die vierte Tür vom Untergeschoß Süd verloren). Die heute den Eingang der gotischen Karlskapelle bildende Tür befindet sich am alten Standort, war hier ursprünglich jedoch Zugang vom Obergeschoß des nördlichen Annexbaus in das Obergeschoß der Pfalzkapelle. Vorübergehend war sie 1788 bis 1879 in den Barockvorbau der Vorhalle im Westen der Kirche versetzt worden, in eines der kleinen seitlichen Portale. Ihr guter Erhaltungszustand erklärt sich daraus, daß sie – bis auf jene relativ kurze Zeitspanne – immer im Innern des Baus, also an sehr geschützter Stelle gestanden hat.

Zur Entstehungszeit s. Aachen, Wolfstür.

Jeder Flügel in einem Stück gegossen, die Löwenköpfe gesondert gegossen und von der Rückseite her – in der Vorderansicht unsichtbar – mit Nieten befestigt.

Linker Flügel: Höhe 2,24 m, Breite 0,70 m; rechter Flügel: Höhe 2,23 m, Breite 0,73 m. Wandungsstärke bis zu 3,75 cm.

Literatur: s. Aachen, Wolfstür.

DOM, TÜR DER HUBERTUSKAPELLE

(Nordseite des karolingischen Zentralbaus, Untergeschoß)
Zweiflügelige Tür ohne Bildschmuck
Aachen, um 800

Diese Tür ist die einzige der kleinen Aachener Bronzetüren, die nie versetzt worden ist. Jetzt Eingang zur spätgotischen, unterhalb der Karlskapelle gelegenen Hubertuskapelle, bildete sie ursprünglich den Zugang vom Untergeschoß des nördlichen Annexbaus in das Untergeschoß der Pfalzkapelle. In Größe, Gliederung und Rahmenornamentik entspricht sie der Tür der Karlskapelle. Die Löwenköpfe sind leicht vereinfachte Varianten der Maske auf dem rechten Flügel jener Tür. Mit denen auf der Tür der Annakapelle stimmen sie hingegen so weit überein, daß der Gebrauch einer gemeinsamen Model anzunehmen ist.

Zum Typus der Tür und zur Entstehungszeit s. Dokumentation zur Wolfstür.

Jeder Flügel in einem Stück gegossen, die Löwenköpfe gesondert gegossen und mit Nieten befestigt, ihre Ringe verloren. Teile der Rahmung wie auch die Löwenköpfe außerordentlich stark abgegriffen.

Linker Flügel: Höhe 2,22 m, Breite 0,70 m; rechter Flügel: Höhe 2,23 m, Breite 0,70 m. Wandungsstärke bis zu 3,6 cm.

Literatur: s. Aachen, Wolfstür.

Tafel 5

DOM, EHEMALIGE TÜR DER ANNAKAPELLE

(Südseite des karolingischen Zentralbaus, Obergeschoß)
Zweiflügelige Tür ohne Bildschmuck
Aachen, um 800

Gliederung, Rahmenleisten und Löwenköpfe (flacher Maskentypus) entsprechen den beiden oben genannten kleinen Aachener Türen. Diese Tür ist jedoch höher. Bei gleicher Breite und bei übereinstimmender Komposition mit einem quadratischen Feld jeweils oben und unten bedeutet das eine Streckung des mittleren Türfeldes, mithin insgesamt schlankere Proportionen.
Die Tür ist vielfach versetzt worden. Ursprünglich befand sie sich im Obergeschoß der Pfalzkapelle auf der Südseite und bildete den Zugang zum südlichen Annexbau, später an gleicher Stelle den Zugang zur gotischen Annakapelle. 1788 wurde sie als Nebentür in das barocke Westportal übernom-

men, 1879 an ihren alten Standort verbracht, 1897 wiederum an die westliche Außenfront versetzt als Eingang zum nördlichen Treppenturm. 1973 dort ausgebaut, soll sie wieder am alten Platz, als Tür der Annakapelle, Aufstellung finden (gegenwärtig ist sie im Innern der Karlskapelle provisorisch aufgestellt). Die im Untergeschoß der Pfalzkapelle in derselben Achse anzunehmende vierte der kleinen Bronzetüren ist verloren, vermutlich bereits seit dem 15. Jahrhundert.

Jeder Flügel in einem Stück gegossen, die Löwenköpfe gesondert gegossen und mit Nieten befestigt. Starke Korrosionsschäden im unteren Bereich.

Höhe 2,38 m; Breite des linken Flügels 0,71 m, des rechten Flügels 0,69 m. Wandungsstärke bis 3,6 cm.

LITERATUR s. Aachen, Wolfstür. Darüberhinaus: Felix Kreusch: Wiederherstellungsarbeiten und baugeschichtliche Beobachtungen am Dom 1973–31. 3. 1974. In: Bericht. Karlsverein zur Wiederherstellung des Aachener Domes. 1973/74 S. 23.

Mainz

Tafel 6, 7; Abb. 10

DOM, MARKTPORTAL (NÖRDLICHES SEITENSCHIFFPORTAL)

Zweiflügelige Tür ohne Bildschmuck
Mainz, um 1000

Ein Rahmenleistenkreuz untergliedert die Tür und bildet vier gleich große Füllungen. Die glatten Rahmenleisten selbst sind nur in den Horizontalen stärker ausgebildet – wohl mit Rücksicht auf die Inschrift –, an den Außenseiten bleiben sie schmal, am Türschluß sind sie optisch wirksam allein durch die Verdoppelung. Ein feines Profil aus Kehle und Plättchen rahmt die Türfüllungen. In den beiden unteren befinden sich die Löwenkopf-Türzieher, kraftvoll modellierte Tierköpfe, grimmig im Ausdruck, mit energisch aufgerissenem Rachen und mit einem streng geordneten doppelreihigen Mähnenkranz. Dessen gelockte Zotteln enden frei auf der Türfläche und umspielen eine feine Wulstrahmung, die nur im unteren Teil, wo die Mähnenlocken kürzer sind, die Funktion einer äußeren Begrenzung hat. Auf den horizontalen Rahmenleisten, in drei Zeilen und jeweils über beide Türflügel hinwegreichend, befindet sich die Inschrift, mit Nennung des Stifter- und des Meisternamens: + POSTQVA(M) MAGNV(S) IMP(ERATOR) KAROLVS / SVV(M) ESSE IVRI DEDIT NATVRAE / + WILLIGISVS ARCHIEP(ISCOPV)S EX METALLI SPECIE / VALVAS EFFECERAT PRIMVS / BERENGERVS HVIVS OPERIS ARTIFEX LECTOR / VT P(RO) EO D(EV)M ROGES POSTVLAT SVPPLEX. Übersetzung nach Falck 1972 S. 103 (eine leicht abweichende Fassung bei Arens-Bauer 1958 S. 7): *Nachdem der große Kaiser Karl sein Leben der Natur zurückgegeben hatte, war Erzbischof Willigis der erste, der aus Metall hat Türflügel machen lassen. Berenger, der Künstler dieses Werkes, bittet inständig, o Leser, du mögest zu Gott für ihn beten.*

Nach der Inschrift war Erzbischof Willigis (975–1011) der Auftraggeber der Tür, damit unmittelbar anknüpfend an die Bronzetüren der Pfalzkapelle Karls des Großen in Aachen. Vom genannten Meister Berenger sind weitere bezeichnete Werke oder auch schriftliche Nachrichten nicht bekannt. Die Ausführung der Gußarbeiten geschah mit Sicherheit am Ort selbst, und zwar im Zusammenhang des 1009 geweihten Domneubaues unter Willigis. Der ursprüngliche Standort ist nicht bekannt; seit dem späten 13. Jahrhundert ist die Tür in der dem Dom benachbarten Liebfrauenkirche bezeugt und wurde von dort erst 1804 an den Dom versetzt (zurückversetzt?).

Die auf den oberen Türfüllungen eingravierte Inschrift ist eine spätere Zutat. Es handelt sich um eine Urkundeninschrift: Privileg des Erzbischofs Adalbert I. für die Bürger von Mainz aus der Zeit 1119/22, im Jahre 1135 erneuert, damals auf die Tür übertragen (Ausführung 1136/37). Der Text in 41 Zeilen jeweils über beide Türflügel reichend, über die senkrechten Rahmenleisten des Türschlusses hinweg. Die Majuskelschrift ist sorgfältig in der Ausführung, aufwendig und variantenreich in der Verwendung unterschiedlicher Buchstabenformen. Die wechselnd enge und weiträumige Anordnung ist inhaltlich bedingt und hebt damit einzelne Teile besonders hervor. Text-Unregelmäßigkeiten bestehen insofern, als stellenweise die Schrift bis ins Rahmenprofil reicht und auch einzelne Passagen wiederholt sind. Text und deutsche Übersetzung nach Arens-Bauer 1958 (dort, wie auch bei Kraus 1892 zusätzlich genaue Wiedergabe des Schriftbildes):

In nomine sancte et individue trinitatis. / Adelbertus, Moguntine aecclesiae archiepiscopus et // apostolice sedis legatus. Quia huius mundi cursus / et gloria mutabilitati assidue subiecta sunt, multorum // exemplo didicimus; sed ne prospera extollant vel adversa deiciant, / cuiusdam sapientis consolatione admonemur dicentis, // quod viri sit prudentis privilegium nil magni ducere transitorium. / Novit utique tam preteritorum quam presentium conscientia, que vel // quanta in me Dei fecerit misericordia, cognoscat etiam, queso, futurorum / per me successio, quantus ex alto prosperitatem comitetur // casus et deicetio; In medio etenim meae prosperitatis cursu / Heinricus quintus ut nostis imperator post multa beneficia non // nisi propter Roma(a)ne ecclesie obedientiam carceris etiam mihi captivo / tenebras intulit et latibula; Ibi profecto longo // manens tempore, primi pastoris omnium consolationem dicentis, „si quid / patimini propter iusticiam, beati«, reduxi memorie; Memini // etiam in merore Ysaiam incarceratum insectionis serre servatum, / Danihelem etiam innocentem de lacu leonum liberatum. // Denique post multas tribulaciones contritos corde visitans / ex alto corda fidelium Moguntine metropolis ad hoc // promovit, ut suum liberare conarentur captivum. Tamdiu itaque videlicet / clerus, comites, liberi cum civibus et familia prefato imperatori // Heinrico insistentes elaboraverunt, donec me tandem datis / obsidibus caris filiis et propinquis corpore ex toto attenu- // atum vix semivivum sicut (fideles) fideles filii patrem in sua rece- / perunt. Sed quam caute, quam honeste, quam iuste obsides // haberentur, sine merore loqui nemo poterit; nam alii membris / (truncati redierunt alii fame, alii exilio deputati alii nuditate et corporis) / truncati redierunt, alii fame, alii exilio deputati, alii nudi- // tate et corporis egritudine preocupati perierunt; haec et his / similia fideles Moguntine civitatis cives pro iusticia // passi sunt. Que vero in defensione civitatis suique honoris pertule- / rint, satis omni regno patet. Michi igitur cogitanti, quid // eorum bonis et tantis recompensarem meritis, / occurrit, ut, sicut ipsi pariter meo commu- // nicaverant labori, sic omnium aliquid conferrem ho- / nori et utilitati; Communicato ergo // primorum consilio, clericorum dico, comi- / tum, liberorum, familiae et civium, habi- // tantes infra ambitum muri praefatae civi- / tatis et manere volentes hoc iure // donavi: ut nullius advovati placita vel / exactiones extra murum expete- // rent, sed infra sui nativi iuris esset sine / exactoris violentia, quia, cui // tributum, tributum, cui vectigal vecti- / gal gratis nullo exigente persolverent. // Ut autem hec donacio rata et inconvulsa ad / posteros transeat, sigillo nostro con- // firmantes subscriptis testibus signari ius- / simus. Huic quidem prime traditioni interfue- // runt viri venerabiles videlicet Bruno Spirensis Episcopus / Bocco Wormaciensis, Embricho Erbipolensis, // Anshelmus maioris ecclesiae prepositus, Ceizolfus decanus, / Richardus cantor, Arnolt prefectus civitatis, Fride- // rich comes de Arnesberc, Hereman de Winzeburc, / Sigbreth et Frith(th)erich comites de Sarebruchen, // comes Gozwinus de Staelechae, comes Bertoldus de Nurinc, / comes Gyso de Udenesberc, Udelricus de Hetechensten, // Reginboldus et Gerlaus de Ysenburc, Folcolt de Nithae, Wiger / de Haselesten, Weltere de Husen. Ministeriales: // Embricho et filius eius Embricho vicedominus, (Embricho vicedominus), Rut- / hart de Waldafo, Lutfridus, Orto, Reinhart, Dudo, // Hertwicus, Emmecho, Dudo, Ernost villicus, Ruthart Wal- / podo. Secunde autem confirmacioni interfuerunt Heinricus // maioris aecclesie et sancti Victoris prepositus, Adelbertus prepositus, Heinricus / custos, Hartmannus decanus, Govsbertus prepositus, Willehelm // comes de Luzelenburc, dux Frithericus, item prefectus civitatis Ar- / noldus, Arnoldus comes, et frater eius Rupertus de Lurenburc, // comes Heriman de Salmi, et frater eius Otto de Rineche, Emmecho comes / et frater eius Gerlaus, comes Gerhardus et frater eius Heinricus de // Berebah, Heinricus de Caceneleboge, Dammo et Sigebodo de / Bucho; ministeriales: Embricho vicedominus de Giseneheim, // Meingoz camerarius civitatis, Dudo frater ipsius, camerarii, Dudo / scultetus, Obret, Richelm, Arnolt, item Arnolt, Helpheric, // Hereman; offitiales: Folprecht, Ebo, frater eius Ruthardus, / Wernherus, Egilwart, Dudo; Facta sunt // haec anno dominice incarnationis M C XX X V indictione / XII et confirmata regnante domino Lothario // imperatore eiusdem nominis III, anno regni eius VIIII, / imperii vero secundo feliciter amen.

Im Namen der heiligen und unteilbaren Dreifaltigkeit, Adelbert, der Mainzer Kirche Erzbischof und des apostolischen Stuhles Legat. Daß der Lauf und die Herrlichkeit dieser Welt immerwährendem Wandel unterliegen, haben wir durch das Beispiel vieler erfahren; allein, daß uns weder das Glück überheblich mache, noch das Mißgeschick niederschlage, mahnt uns die Tröstung eines Weisen, der da sagt, es sei das Vorrecht des klugen Mannes, nichts Vergängliches groß zu achten. Die Vergangenen wie die Gegenwärtigen wissen ja, was und wie Großes Gottes Barmherzigkeit an mir getan hat; so ist auch mein Wunsch, daß auch das kommende Geschlecht aus meinem Schicksal lernen möge, welch tiefer Sturz, welche Demütigung dem Glücke folgt. Denn mitten in der Bahn meines glücklichen Lebens hat Kaiser Heinrich der Fünfte, wie ihr wißt, dem ich viele Dienste getan, mich gefangen genommen und sogar in einen finsteren, verborgenen Kerker geworfen und das allein, weil ich der römischen Kirche gehorsam war. Als ich dort wahrlich lange genug weilte, habe ich mir den Trost des höchsten aller Hirten wieder ins Gedächtnis gerufen, der da sagt: Selig seid ihr, die ihr um der Gerechtigkeit willen leidet. Und ich dachte in meinem Schmerz auch an Jesaias, der obzwar eingekerkert, doch vor den Zähnen der Säge bewahrt blieb, und an den unschuldigen Daniel, der aus der Löwengrube errettet ward. Endlich, nach vielen Drangsalen, hat er, der aus der Höhe zu den im Herzen Zerknirschten kommt, die getreuen Gemüter der erzbischöflichen Stadt Mainz dazu gebracht, daß sie es unternahmen, die Befreiung ihres Gefangenen zu erwirken. Daher haben sie, die Geistlichen, die Grafen und die Freien, zusammen mit den Bürgern und den Hörigen, dem genannten Kaiser so lange und so beharrlich zugesetzt, bis sie mich endlich, wie treue Söhne ihren Vater wieder zu sich nahmen. Am ganzen Körper war ich abgezehrt und kaum noch halb am Leben. Geliebte Söhne und Anverwandte hatten sich als Geiseln gestellt; aber wie schonend, wie ehrenhaft und wie gerecht diese Geiseln behandelt wurden, davon wird niemand ohne Schmerz berichten können, denn etliche kehrten mit verstümmelten Gliedern zurück, andere gingen zugrunde durch Hunger, andere durch das Elend der Verbannung, andere erschöpft durch Blöße und Krankheit des Leibes. Dies und Ähnliches haben die getreuen Bürger der Stadt Mainz um der Gerechtigkeit willen gelitten; was sie vollends bei der Verteidigung der Stadt und ihrer Ehre ertrugen, das ist dem ganzen Reiche wohl bekannt. Als ich nun erwog, auf welche Weise ich diese trefflichen und so großen Verdienste belohnen könne, da kam mir der Gedanke, etwas zu ihrer aller Ehre und Nutzen darzubringen, gleich wie sie an meinem Leiden ihr Teil getragen. Und nachdem ich also mit den Vornehmsten Rat gepflogen, nämlich mit den Geistlichen, den Grafen, den Freien, mit den Hausgenossen und den Bürgern, habe ich allen, die innerhalb der Mauern der gedachten Stadt wohnen und dort bleiben wollen, dieses Recht verliehen: Daß sie außerhalb der Mauern den Geboten und der Besteuerung keines Vogtes ausgesetzt, sondern innerhalb (derselben) ihres angeborenen Rechtes sein sollen, denn sie sollen Steuern bezahlen, wem Steuern gebühren, freiwillig und ohne daß sie jemand einfordert. Und damit diese Vergabung rechtskräftig und unangetastet auf die Nachfahren komme, haben wir sie mit unserem Siegel bekräftigt und von den unterschriebenen Zeugen unterzeichnen lassen.

Bei der ersten Ausfertigung waren zugegen: Bruno, der Bischof von Speyer (1107–23). Bocco, der Bischof von Worms (1120?–1149). Embricho, der Bischof von Würzburg (1127–46). Anselm, der (Mainzer) Dompropst (1112–1122). Dekan Zeizolf. Kantor Richard. Stadtpräfekt Arnold. Friedrich Graf von Arnsberg. Herrmann von Winzenburg. Siegbrecht und Friedrich, Grafen von Saarbrücken. Graf Goswin von Stahleck. Graf Berthold von Nürings. Graf Gyso von Gudensberg. Ulrich von Idstein. Reimbold und Gerlach von Isenburg. Folkolt von Nidda. Wicher von Haselstein. Walter von Hausen. Als Ministerialen: Embricho und sein Sohn Embricho, der Vicedominus, Ruthart von Waldafo. Lutfried. Orto. Reinhart. Dudo. Hertwich. Emicho. Dudo. Ernst, der Schultheiß. Ruthard, der Gewaltsbote. Bei der zweiten Bestätigung waren anwesend: Heinrich, Propst am Dom und St. Viktor. Propst Adalbert. Kustos Heinrich. Dekan Hartmann. Propst Gozbert. Wilhelm, Graf von Luxemburg. Herzog Friedrich (von Schwaben). Ebenso der Stadtpräfekt Arnold. Graf Arnold und sein Bruder Rupert von Laurenburg. Graf Hermann von Salm und sein Bruder Otto von Rieneck. Graf Emicho und sein Bruder Gerlach (Wildgrafen). Graf Gerhard und sein Bruder Heinrich von Berebach. Heinrich von Katzenellenbogen. Dammo und Sigebodo von Buchen. Als Ministerialen: Embricho, Vizedominus von Geisenheim. Meingoz, Stadtkämmerer und sein Bruder Dudo, Kämmerer. Schultheiß Dudo. Obret. Richelm. Arnold. Nochmals Arnold. Helferich. Hermann. Als Offizialen: Folprecht. Ebo und sein Bruder Ruthard. Werner. Egilwart. Dudo.

So geschehen im Jahre der Fleischwerdung des Herrn 1135 in der 12. Indiktion und bestätigt unter der Herrschaft des Herrn Lothar, dritten Kaisers dieses Namens, im neunten Jahre seines Königtums und im zweiten seines Kaisertums Amen.

Jeder Türflügel in einem Stück gegossen, die Löwenköpfe gesondert gegossen. Ihre Montierung – von außen unsichtbar – geschieht mittels Klammern vom Innern der Köpfe her. Seitlich vom Kopf des linken Flügels ein Riß, hier auch eine Mähnenlocke abgebrochen. – Der Türgriff modern.

Linker Flügel 74,18% Kupfer, 16,62% Zinn, 2,27% Zink, 7,02% Blei; rechter Flügel 78,89% Kupfer, 14,34% Zinn, 1,65% Zink, 5,12% Blei (F. Dibelius 1907 S. 133–134, dort insgesamt die Werte von 7 Proben dieser Tür).

Höhe 3,70 m; Breite des linken Flügels 1,07 m, des rechten Flügels 1,02 m. Wandungsstärke der Rahmenleisten 5 bis 7 cm, der Türfüllungen 2 bis 4,5 cm.

LITERATUR: Franz Xaver Kraus: Die christlichen Inschriften der Rheinlande. Bd. 2. Freiburg i. Br. 1892 S. 106–112 Nr. 239. – W. Schmitz 1905 S. 8–9, Taf. 3, 10. – Rudolf Kautzsch u. Ernst Neeb: Der Dom zu Mainz. Darmstadt 1919 (Die Kunstdenkmäler im Freistaat Hessen. Stadt und Kreis Mainz. Bd. 2, 1.) S. 58–59, Taf. 11. – A. Goldschmidt 1926 S. 12–13, Taf. 9–11. – Fritz Viktor Arens u. Konrad Friedrich Bauer: Die Inschriften der Stadt Mainz von frühmittelalterlicher Zeit bis 1650. Stuttgart 1958 (Die deutschen Inschriften. Bd. 2.) S. 7 Nr. 5, S. 10–16 Nr. 10. – R. Hiepe 1958 S. 33–34, Kat. S. 205. – U. Götz 1971 S. 49–50. – Ludwig Falck: Mainz im frühen und hohen Mittelalter. Düsseldorf 1972 (Geschichte der Stadt Mainz. Bd. 2.) S. 102–103, 143–145. – Ausstellung Mainz 1975 S. 45, 52–53, 145–146 (Wilhelm Jung). – Ottmar Kerber: Denkmäler des Domes zu Mainz. In: Willigis und sein Dom. Festschrift zur Jahrtausendfeier des Mainzer Domes. Mainz 1975 S. 393–395. – Wolfgang Müller: Urkundeninschriften des deutschen Mittelalters. Kallmünz 1975 (Münchener Historische Studien. Abt. Historische Hilfswissenschaften. Bd. 13.) S. 52–61 Nr. 5. – U. Mende 1981 S. 20–22, Kat. Nr. 6, Abb. 11–13.

Hildesheim

Tafel 8–27; Abb. 15, 16

DOM, WESTPORTAL

Zweiflügelige Tür mit Reliefdarstellungen aus dem Alten und Neuen Testament
Hildesheim, vollendet 1015

Die Tür ist durch ein Rahmengerüst zurückhaltend gegliedert: Umlaufende glatte Leisten und eine ebenso breite mittlere Horizontale mit der Tür-Inschrift bilden vier große Kompartimente mit jeweils vier Bildfeldern; diese sind durch schmalere Horizontalbänder voneinander abgesetzt und mit einem zart abgestuften Profil nach innen eingetieft, allerdings unregelmäßig umlaufend. Über diese Innengliederung hinweg sind in der unteren Hälfte die Löwenkopf-Türzieher plaziert, von einem ins nächste Bildfeld reichend.
Die auf der Querleiste der Tür eingegrabene Inschrift: AN(NO) DOM(INICE) INC(ARNATIONIS) M XV B(ERNVVARDVS) EP(ISCOPVS) DIVE MEM(ORIE) HAS VALVAS FVSILES IN FACIE(M) ANGELICI TE(M)PLI OB MONIM(EN)T(VM) SVI FEC(IT) SVSPENDI (nach Wesenberg 1955 S. 65, mit der Übersetzung: *Im Jahre des Herrn 1015 ließ Bischof Bernward – seligen Angedenkens – diese gegossenen Türflügel an der Fassade des Engelstempels zu seinem Gedächtnis aufhängen.* – Zur Inschrift erneut W. Berges 1983).

Die hohen und schmalen Türflügel enthalten in vertikaler Abfolge jeweils acht Bildfelder. Auf dem linken Flügel Szenen aus dem Alten Testament (Genesis), beginnend oben mit der Erschaffung Adams bis zur Ermordung Abels durch Kain unten; auf dem rechten Flügel Szenen des Neuen Testaments (Marienleben und Passion Christi) in umgekehrter Abfolge von unten nach oben. Dabei sind die Bildfelder so angeordnet, daß auf gleicher Höhe befindliche Bildpaare aus dem Alten und dem Neuen Testament inhaltlich miteinander in Beziehung stehen, im Sinne der Concordatio veteris et novi testamenti.

1 *Erschaffung Adams.* Gottvater steht tiefgebeugt über der liegenden Figur Adams, die er mit festem Zugriff an Arm und Schulter hält. Rechts ist der bereits erschaffene Adam noch einmal dargestellt, im Anbetungsgestus gegenüber dem Schöpfungswerk, ebenso wie der links oben heranfliegende Engel.

2 *Zuführung Evas.* Mit ausgestreckten Armen geht das erste Menschenpaar aufeinander zu, links die von Gottvater an der Schulter geführte Eva, rechts selbständig ausschreitend Adam.

3 *Sündenfall.* Die Schlange am Baum der Erkenntnis rechts hat Eva die Frucht gereicht, die sie, sich umwendend, an Adam weitergibt. Der Teufel als der eigentliche Urheber der Sünde ist anwesend in Gestalt des Drachens links oben.

4 *Verhör und Verurteilung.* Gottvater dringt mit ausgestreckter Hand und mit der Richtung seines ganzen Körpers auf das Menschenpaar ein, das sich schuldbeladen krümmt und mit dem Feigenblatt zu bedecken sucht. Dabei wird die Verantwortung für die Tat gestenreich von einem zum anderen geschoben, von Adam zu Eva und von Eva zum feuerspeienden Drachen.

5 *Vertreibung aus dem Paradies.* Mit hocherhobenem Schwert weist der Erzengel Uriel das Menschenpaar zum Ausgang des Paradieses. Adam faßt bereits nach der Tür, Eva wendet sich trauernd noch einmal um.

6 *Erdenleben von Adam und Eva.* Die Löwenmaske bestimmt die Reliefkomposition, die in zwei Hälften zerfällt. Links ist

1 Erschaffung Adams	16 Noli me tangere und Himmelfahrt
2 Zuführung Evas	15 Die Frauen am Grabe
3 Sündenfall	14 Kreuzigung Christi
4 Verhör und Verurteilung	13 Christus vor Pilatus-Herodes
5 Vertreibung aus dem Paradies	12 Darbringung im Tempel
6 Erdenleben von Adam und Eva	11 Anbetung der Könige
7 Opfer Kains und Abels	10 Geburt Christi
8 Brudermord	9 Verkündigung

Adam, in Arbeitskleid und mit hocherhobener Hacke, mit der Feldarbeit beschäftigt und wird dabei vom Erzengel Michael unterwiesen. Rechts zwischen zwei Bäumen mit aufgespanntem Sonnensegel sitzt Eva als Mutter, ihren erstgeborenen Sohn stillend.

7 *Opfer Kains und Abels*. Links bringt Abel mit verhüllten Händen sein Lamm als Opfer dar, rechts naht Kain in bewegt auffliegendo Mantel mit seiner Garbe. Die Hand Gottes im Feuerkreis wendet sich Abel zu.

8 *Brudermord*. Der tödlich getroffene Abel fällt kopfüber zu Boden, während Kain beim ausholenden Schlag mit der Keule dargestellt ist. Links ist Kain wiederholt, fest in seinen Mantel gewickelt und vom Fluch Gottes getroffen.

9 *Verkündigung*. Vor architektonischer Kulisse der Stadt Nazareth erscheint der Engel und überbringt seine Botschaft von der Geburt Christi an die vor ihm zurückweichende Maria, die den Palmzweig als Zeichen der Jungfräulichkeit trägt. Hinter ihr die Andeutung ihres Hauses mit einem Faltstuhl vor der geöffneten Tür.

10 *Geburt Christi*. Maria, mit einem aufgeschlagenen Buch auf ihrem Lager, wendet sich einer Frauengestalt zu, die wegen der deutlich vorgewiesenen Hand als die apokryphe Hebamme Salome gedeutet werden kann, der ihrer Ungläubigkeit wegen die Hand verdorrte, dann auf ihr Beten hin, durch Berührung des Christkindes, jedoch wieder geheilt wurde. Zu Füßen des Lagers sitzt Josef in nachdenklicher Haltung; darüber im Feld die Krippe mit dem gewickelten Kind und den Köpfen von Ochs und Esel. Die Andeutung der Stadt Bethlehem mit Haus, Mauerzug und Turm bildet den Hintergrund.

11 *Anbetung der Könige*. Der weit ins Blickfeld hineinreichende Löwenkopf teilt eine schmale Zone links mit der thronenden Maria, die sich den Königen zuwendet, von einer breiteren rechts, in der die drei Könige mit ihren Gaben heranschreiten. Der mittlere der Könige weist auf den Stern. Zwischen zwei Säulen ist über der Szene baldachinartig ein Mauerzug geführt.

12 *Darbringung im Tempel*. Vor der Tempelfront nimmt Simeon das Kind von Maria entgegen; Josef, der das Taubenopfer mit ausgestreckten Händen darbringt, steht abseits.

13 *Christus vor Pilatus/Herodes*. Zwei Schergen führen Christus in gestenreicher Anklage zu einem gekrönten Herrscher, der inmitten einer Architekturkulisse thront. Als Urheber von dessen Urteil ist ein Teufelsfigürchen erkennbar, während der Bewaffnete rechts außen in seiner Bewegtheit ebenfalls seine Beteiligung am Bildgeschehen ausdrückt. Die Benennung des Thronenden als Pilatus oder Herodes ist strittig; möglicherweise sind beide Szenen hier zusammengeführt worden.

14 *Kreuzigung*. Christus hängt mit bereits geschlossenen Augen am Kreuz, das durch seine Astansätze als arbor vitae gekennzeichnet ist. Zu seinen Seiten Longinus und Stephaton mit Lanze und kelchartigem Essigtrank, außen die Trauernden Maria und Johannes, beide ein Buch in Händen haltend.

15 *Die Frauen am Grabe*. Vor dem tempelartigen Grabbau empfängt der Engel die drei Frauen mit der Botschaft von der Auferstehung Christi.

16 *Noli me tangere und Himmelfahrt*. Die Christusfigur mit Kreuzstab und in nachdrücklich aufsteigender Bewegung deutet die Szene der Himmelfahrt an, auf die auch die von Weinranken auffliegenden Adler hinweisen, vielleicht auch der als Himmelspforte deutbare Torbau. Zu Füßen Christi, am Boden, Maria Magdalena. Damit ist zugleich die Szene Noli me tangere dargestellt (die Erscheinung des Auferstandenen vor Maria Magdalena), in der Christus das bevorstehende Ereignis der Himmelfahrt ankündigt.

Auftraggeber war – gemäß der Türinschrift – Bischof Bernward von Hildesheim (993–1022). Die Tür wurde 1015 aufgestellt, und zwar entweder in der von Bernward gegründeten Kirche St. Michael in Hildesheim, von wo sie nachträglich durch Bischof Godehard (1022–1038) in den Dom übertragen wurde, oder bereits ursprünglich für den Dom selbst (Westwerk). Nach Godehards Umbau von Westwerk und Portal wurde sie im Dom wiederaufgerichtet und erhielt als nachträgliche Zutat die Inschrift.

Jeder Türflügel mit seiner Abfolge von acht Reliefs ist in einem Stück gegossen. Das bedeutet eine gußtechnische Leistung besonderer Qualität, bedenkt man die monumentalen Ausmaße und die komplizierte Oberflächenstruktur der Reliefs mit stellenweise vollplastischen Details.
Der linke Flügel im Guß insgesamt leicht verzogen, Gußfehler und Risse ausgebessert durch Reparaturguß und Flickstellen in mehreren Bildfeldern. Im Bildfeld 5 (Vertreibung) die Hand des Engels mit einem Teil des Schwertes weggebrochen. – Moderne Montierung auf der Innenseite der Kupfertür im Westportal.

Linker Flügel 76,56% Kupfer, 11,25% Blei, 7,33% Zinn, 4,30% Zink, 0,21% Eisen, 0,15% Arsen, 0,12% Nickel; rechter Flügel 77,22% Kupfer, 8,64% Blei, 8,50% Zinn, 5,04% Zink, 0,28% Eisen, 0,18% Arsen, 0,08% Nickel (Dibelius 1907 S. 134; Goldschmidt 1926 S. 15; Wesenberg 1955 S. 172).

Höhe 4,72 m; Breite des linken Flügels 1,12 m, des rechten Flügels 1,14 m.

LITERATUR: F. Dibelius 1907. – H. Beenken 1924 S. 4–11. – E. Panofsky 1924 S. 74–77, Taf. 3–5. – A. Goldschmidt 1926 S. 14–25, Taf. 12–62. – F. J. Tschan 1942–1952, Bd. 2, S. 141–270, Taf.-Bd. Taf. 115–136. – R. Wesenberg 1955 S. 65–116, 172–181, Abb. 156–255. – R. Hiepe 1958 Kat. S. 206–210, Text S. 34–35. – K. Algermissen 1960. – U. Storm 1966. – U. Götz 1971 S. 102–116. – R. Wesenberg 1972 S. 22, 25–26. – H. J. Adamski 1977. – M. Fehr 1978. – G. Bauer 1980. – U. Mende 1981 S. 20–21, Kat. Nr. 10, Abb. 22–24. – G. Nowak 1981. – Wilhelm Berges: Die älteren Hildesheimer Inschriften bis zum Tode Hezilos († 1079). Hrsg. und mit Nachtr. versehen von Hans Jürgen Rieckenberg. Göttingen 1983 (Abhandlungen der Akademie der Wissenschaften zu Göttingen. Phil. hist. Klasse. 3. F. 131.) S. 109–116, Taf. 20.

Augsburg

Tafel 28–39; Abb. 22

DOM, BRAUTPORTAL
(SÜDLICHES SEITENSCHIFFPORTAL)

Zweiflügelige Tür mit symbolischen und alttestamentlichen Darstellungen
Augsburg (?), frühes 11. Jahrhundert

Die Tür ist durch ein System sich kreuzender Rahmenleisten vielteilig gegliedert und enthält 35 Bildfelder. Die Flügel sind von unterschiedlicher Breite, mit zwei senkrechten Bildreihen auf dem rechten und zwei gleichartigen mit einer dritten, eingeschobenen schmaleren Reihe auf dem linken Flügel. Dargestellt sind überwiegend Einzelfiguren, selten szenische Zusammenhänge, alle jedoch erscheinen isoliert vor neutralem Grund und in einem äußerst zarten Reliefstil. Die Rahmenleisten sind breit, mit schlichtem Profil, dabei sehr flach, so daß sich zusammen mit der geringen Plastizität der Bildfelder ein sehr flächiger Gesamteindruck ergibt. Die Rahmenkonstruktion besteht aus einer breiten umlaufenden Leiste jedes Türflügels und schmalen, sich kreuzenden Leisten im Innern; bei diesen werden die Horizontalen von den Vertikalen überschnitten. Appliken in Form von menschlichen Köpfen und von Lilien markieren die Kreuzungspunkte und verdecken dabei zugleich die Fugen der in kurzen Teilstücken gegossenen Leisten (entsprechend jeweils der Höhe und Breite der Bildfelder): menschliche Köpfe auf den inneren Rahmenkreuzungen und Lilien auf den Außenleisten, dabei die größeren Eck-Lilien diagonal gestellt.

1 Mann mit Flasche	2 Moses mit Schlange	3 Mann	4 Baum mit Bär und Vögeln	5 Löwe,ein Rind schlagend
6 Samson bezwingt den Löwen	7 Aaron mit blühendem Stab	8 Baum mit Bär und Vögeln	9 Samson bezwingt den Löwen	10 Samson bezwingt die Philister
11 Kentaur	12 Moses mit aussätziger Hand	13 Löwe	14 König (David?)	15 Mann
16 Samson bezwingt die Philister	17 Aaron mit Schlangen	18 König (David?)	19 Kentaur	20 Löwe
21 Mann mit Schild	22 Mann	23 Türzieher	24 Türzieher	25 Moses, vor der Schlange zurück-weichend
26 Traubenesser	27 Er-schaffung Evas	28 Baum der Erkenntnis	29 Mann mit Flasche	30 Traubenesser
31 Moses, vor der Schlange zurück-weichend	32 Beseelung Adams	33 Hühner-fütternde Frau	34 Hühner-fütternde Frau	35 Mann mit Schild

Die Darstellungen haben zumeist symbolische Bedeutung, die im einzelnen jedoch nicht völlig geklärt ist. Insgesamt handelt es sich bei der Thematik um eine Gegenüberstellung von Gut und Böse, von Erlösung und Verdammnis. Die meisten Bilder kommen doppelt vor, oder aber zwei in der Grundform ähnliche bilden ein Paar. Einzelstücke sind die schmalen Bildplatten auf dem linken Flügel und einige wenige breite Platten. Die heutige Anordnung ist von erheblicher Unregelmäßigkeit, also sicher nicht ursprünglich. Die Darstellungen im einzelnen, in waagerechter Abfolge jeweils von links nach rechts über beide Flügel hinweg, links oben beginnend:

1 *Männliche Figur* mit einer Flasche in den hoch erhobenen und verhüllten Händen; inhaltlich ungeklärt. Darstellung wie Nr. 29.

2 *Moses-Wunder mit der Schlange* (nach 2. Moses 4, 4). Moses' Stab, auf die Erde geworfen, hat sich in eine Schlange verwandelt (vgl. Bildfelder Nr. 25, 31); Moses packt sie – hier dargestellt mit der Schlange in Händen –, und sie wird sich in den Stab zurückverwandeln. Das Schlangen-Wunder galt als alttestamentliche Präfiguration von Menschwerdung und Erlösungswerk Christi.

3 *Männliche Figur*, ungeklärt.

4 *Baum mit zwei auffliegenden Vögeln und einem aufrecht stehenden und hoch gereckten Bären* (wie Nr. 8). Der Bär ist als Sinnbild für das Böse zu deuten, das die in den Vögeln dargestellten Seelen der Gläubigen bedroht.

5 *Löwe, ein Rind schlagend*. Der Löwe mit Beutetier ist häufig vorkommende Verkörperung des Bösen, entsprechend zahlreicher Bibelstellen, z.B. 1. Brief Petri 5, 8: Seid nüchtern und wachet, denn euer Widersacher, der Teufel, geht wie ein brüllender Löwe umher und suchet, wen er verschlinge.

6 *Samson bezwingt den Löwen*, dem er einen Fuß auf den

Rücken gesetzt hat und ihm den Rachen auseinanderreißt. Die Szene (nach Richter 14, 6) gilt als Präfiguration für Christus als Sieger. Darstellung wie Nr. 9.

7 *Aaron mit dem blühenden Stab* (nach 4. Moses 17, 6–8), als alttestamentliche Entsprechung zur Menschwerdung Christi.

8 *Baum mit Bär und Vögeln*, wie Nr. 4.

9 *Samson*, wie Nr. 6.

10 *Samson als Sieger über die Philister*, dargestellt zum Schlag ausholend mit dem Eselskinnbacken, vor einem am Boden liegenden Krieger und vor dem Hintergrund eines Stadtturmes mit weiteren Kriegern (nach Richter 15, 15). Auch hier steht Samson als Vorläufer für Christus. Darstellung wie Nr. 16.

11 *Bogenschießender Kentaur*, nach rückwärts gewandt, möglicherweise auf den Löwen in Bildfeld Nr. 13 bezogen (wie bei den benachbarten Feldern Nr. 19–20). Beide Tierbilder wohl für dämonische Kräfte stehend.

12 *Männliche Figur*, mit der rechten Hand auf die ausgestreckte linke hinweisend. Vermutlich das Hand-Wunder des Moses (nach 2. Moses, 4, 6–8): Die unter das Gewand gesteckte Hand erscheint als aussätzig und wird sogleich in eine unversehrte zurückverwandelt. In diesem Zusammenhang wohl als Hinweis auf die gewandelte Natur Christi, auf seine Menschwerdung.

13 *Schreitender Löwe*, wie Nr. 20; zur Deutung vgl. Nr. 11.

14 *Gekrönte männliche Gestalt*, bekleidet mit einem kurzen Mantel über dem sonst nackten Körper, ausgerüstet mit Schild und bewimpelter Lanze. Dargestellt ist einer der Könige des Alten Testaments, möglicherweise David, als Vorfahre und auch als siegreicher Streiter in Beziehung zu Christus. Vgl. auch den König in Bildfeld Nr. 18.

15 *Männliche Figur mit Redegestus*, eventuell auf den nebenstehenden König bezogen, z. B. als Prophet Nathan, der David zur Buße mahnt.

16 *Samson*, wie Nr. 10.

17 *Männliche Figur mit hoch erhobenem Stab;* eine Schlange und ein weiteres Reptil am Boden. Möglicherweise das Stab-Wunder des Aaron (nach 2. Moses 7, 10–12): Aaron und die ägyptischen Zauberer warfen ihre Stäbe auf den Boden, wo sie sich in Schlangen verwandelten; die Schlange aus Aarons Stab aber verschlang alle übrigen. Aarons Stab wurde interpretiert als Hinweis auf das Kreuz Christi und seinen Sieg über Sünde und Tod.

18 *Gekrönte männliche Gestalt mit Schwert und Schild*, bekleidet mit einem kurzen Mantel. Wie in Bildfeld Nr. 14 vermutlich David als Vorläufer Christi.

19 *Kentaur*, wie Nr. 11.

20 *Löwe*, wie Nr. 13.

21 *Männliche Figur mit Schild* und einem ungedeuteten Gegenstand. Darstellung wie Nr. 35.

22 *Männliche Figur*, auf einen runden Gegenstand in seiner linken Hand weisend.

23 *Dämonische Maske als Türzieher* (anscheinend Nachguß von 1593 nach dem Türzieher Nr. 24).

24 *Dämonische Maske als Türzieher.*

25 *Moses weicht vor der Schlange zurück*, in die sich sein Stab verwandelt hat (nach 2. Moses 4,3). Die Szene geht zeitlich der in Bildfeld Nr. 2 dargestellten unmittelbar voraus und gehört mit ihr inhaltlich zusammen. Nochmals dargestellt in Bildfeld Nr. 31.

26 *Männliche Figur, eine Weintraube zum Munde führend;* am Boden ein Weinstock. Im Zusammenhang mit dem Weinstock als Sinnbild Christi hier möglicherweise eine Allegorie auf die Errettung durch die christliche Lehre von Sünde und Tod. Nochmals dargestellt in Feld Nr. 30.

27 *Erschaffung der Eva.* Gottvater steht über den am Boden liegenden Adam gebeugt und zieht Eva am Arm empor. Zusammen mit den Bildfeldern Nr. 32 und 28 stehen im Bildprogramm der Tür die Erschaffung des Menschenpaares und der Sündenfall als Gegenüberstellung zu den Bildfeldern, die auf den Kreuzestod und das Erlösungswerk Christi hinweisen.

28 *Baum* mit einer im Geäst hängenden, züngelnden Schlange rechts und einem menschlichen Kopf, der einer zweiten Schlange links zugewandt ist. Zweifellos handelt es sich um eine symbolische Darstellung des Sündenfalls, mit dem Baum der Erkenntnis und dem nicht näher deutbaren zweifachen Abbild der Schlange. Ungeklärt auch der menschliche Kopf (Teufel, verführerische Stimme der Schlange, Stimme Gottvaters?). Thematisch zusammenhängend mit den Schöpfungsszenen Nr. 27 und 32.

29 *Mann mit Flasche*, wie Nr. 1.

30 *Traubenesser*, wie Nr. 26.

31 *Moses mit der Schlange*, wie Nr. 25.

32 *Beseelung Adams* (nicht eigentlich die Erschaffung Adams). Gottvater hält den unsicher vor ihm stehenden Adam an der Schulter gefaßt. Die inhaltliche Bedeutung innerhalb des Türprogramms zusammen mit Bildfeld Nr. 27.

33 *Hühnerfütternde Frau*, Körner streuend für einen Hahn und ein Huhn. Gedeutet als Symbol für die Kirche, die mit geistiger Speise für die Gläubigen sorgt. Darstellung wie Nr. 34.

34 *Hühnerfütternde Frau*, wie Nr. 33.

35 *Mann mit Schild*, wie Nr. 21.

Schriftliche Quellen zur Entstehung der Tür existieren nicht. Die stilgeschichtliche Einordnung ist schwierig, die Formgebung zeigt sich beeinflußt durch karolingische und byzantinische Vorbilder. Eine Datierung ins frühe 11. Jahrhundert erscheint wahrscheinlicher als der zeitliche Zusammenhang mit dem Weihedatum des Domes von 1065.
Die asymmetrische Komposition mit der auf dem linken Flügel eingefügten dritten Bildreihe ist Zeichen einer Veränderung; diese Tafeln sind auch stilistisch abweichend, jedoch nur im Sinne einer anderen persönlichen Handschrift, nicht als stilgeschichtlich jüngere Arbeiten. Erster Plan der Tür,

Guß der breiten Platten, Planänderung und Guß der schmalen Platten – dieser Ablauf ist innerhalb eines relativ kurzen Zeitraumes zu denken; es handelt sich nicht um nachträgliche Veränderungen.
Der ursprüngliche Standort im Augsburger Dom (Neubau seit 995) ist nicht bekannt. Zu Beginn des 19. Jahrhunderts befand sich die Tür im Dominneren, auf der Südseite. 1863 wurde sie im neugotischen Brautportal aufgestellt.

Die Reliefplatten sind einzeln gegossen, ebenso die Türzieher (in zwei Teilen: Grundplatte mit Rahmenwulst, Maske), die Köpfe auf den Rahmenkreuzungen, die Lilien, die Rahmenleisten (in kurzen Teilstücken). Für die Bilddoubletten sind Modeln benutzt worden, d.h. das Wachsmodell wurde mechanisch wiederholt und – noch vor dem Guß – individuell überarbeitet. Die meisten Platten sind rückseitig völlig plan, nur wenige, z.B. alle Schmalplatten, zeigen sich konkav ausgehöhlt, sind also hohl gegossen. Die Bronzeteile sind auf einen Holzträger aufgenagelt, der gegenwärtig erhaltene (Pappelholz) stammt aus der Zeit einer umfänglichen Reparatur der Tür von 1593 (aus zeitgenössischen Quellen zitiert Placidus Braun: Die Domkirche und der hohe und niedere Clerus an derselben. Augsburg 1829 S. 33–34; die Quellen selbst nicht mehr nachweisbar). Die jüngste Restaurierung von 1975/76 mit umfassender technischer Untersuchung hat auch die Frage nach den Ergänzungen von 1593 gestellt und kam zu folgendem Ergebnis (T. Droste 1980): Neu sind die Holzrückwand, die gesamte Vernagelung, einzelne – jedoch nicht genauer bestimmbare – Teile der Rahmenleisten, der Türzieher auf dem linken Flügel (Nr. 23; nur der Kopf selbst, die Grundplatte ursprünglich) und die Bildfelder Nr. 8 (Baum mit Bär) und Nr. 16 (Samson bezwingt die Philister). Bei den beiden letztgenannten ist das von der Oberfläche her zu bezweifeln, in technischen Einzelheiten unterscheiden sie sich jedoch von den sonstigen Platten (Rückseiten konkav ausgehöhlt, abweichende Analysewerte). Ergänzt (1593?) sind auch vier Kopf-Appliken des Rahmenwerks, und zwar die drei Exemplare in der untersten Reihe auf beiden Flügeln und der nächsthöhere auf dem rechten Flügel. Sowohl auf den Bildplatten wie auf einigen Rahmenteilen sind rückseitig Markierungen aus Punkten, Strichen und römischen Ziffern zu beobachten. Es könnte sich hierbei um Versatzmarken handeln, deren System jedoch derzeit nicht auflösbar ist.

Eine große Anzahl von Proben ist im Zusammenhang mit der Restaurierung von 1975/76 untersucht worden (T. Droste 1980 S. 59–60). Das Bild ist von verwirrender Unregelmäßigkeit. Soviel läßt sich jedoch generell sagen, daß für die Platten im Normalformat eine Bronzelegierung benutzt worden ist mit hohem Blei-, geringem Zinn- und noch geringerem Zink-Anteil; bei den schmalen Platten ist der Zink-Anteil wesentlich höher, der Blei-Anteil geringer. Hier folgend einige typische Werte:
Bildfeld Nr. 25: 1,09% Zinn, 18,64% Blei, 0,67% Zink; Bildfeld Nr. 14: 3,07% Zinn, 18,37% Blei, 0,59% Zink; Bildfeld Nr. 16: 1,24% Zinn, 9,60% Blei, 1,24% Zink; Bildfeld Nr. 22: 4,98% Zinn, 1,50% Blei, 10,54% Zink; Bildfeld Nr. 32: 4,84% Zinn, 4,43% Blei, 5,84% Zink (der Rest jeweils Kupfer, hier nicht angegeben).

Höhe 4,22 m; Breite des linken Flügels 1,33 m, des rechten Flügels 1,09 m. Größe der Bildplatten ca. 46 × 36 cm, bzw. 46 × 19 cm.

LITERATUR: F. J. v. Allioli 1853. – J. Merz 1885. – R. Domm 1925. – A. Goldschmidt 1926 S. 26–38, Taf. 63–103. – H. Leisinger 1956 Taf. 36–57. – R. Hiepe 1958 Kat. S. 211–216. – D.W. Laging 1967. – U. Götz 1971 S. 262–274. – Ausstellung Augsburg 1973 Nr. 74 (Hermann Fillitz). – C. D. Sheppard 1974. – T. Droste 1980/81. – A. Legner 1982 S. 66–67, 178, Taf. 289–290.

Canosa

Tafel 40, 43; Abb. 26, 30

GRABBAU DES FÜRSTEN BOEMUND I. AN DER SÜDSEITE DES DOMES SAN SABINO

Zweiflügelige Tür mit reliefierten islamischen Ornamentmotiven und gravierten Darstellungen historischer Personen

Linker Flügel Apulien, 11. Jahrhundert (?), rechter Flügel Roger von Melfi, um 1111–1118

Die Tür ist asymmetrisch. Beide Flügel sind unterschiedlich gegliedert, der linke bildet eine durchgehende Fläche (1), der rechte ist durch horizontale Leisten viergeteilt (2–5).

1 LINKER TÜRFLÜGEL: Im glatten Grund befinden sich übereinander angeordnet drei Rundscheiben mit jeweils unterschiedlichem zentralen Motiv, aber übereinstimmender breiter pseudokufischer Rahmung. Diese zeigt in ganz flachem Relief zwei kufische Schriftzeichen in steter ornamentaler Wiederholung. Vom gleichen Reliefcharakter und als Motiv ebenfalls islamisch ist die sechsblättrige Rosette im untersten Rund. Oben war das zentrale Motiv gesondert gefertigt und aufgeheftet, ist aber verloren. Die Umrisse und die Spuren von drei Nieten deuten auf eine Halbfigur der Muttergottes mit Kind (Relief?), zu der auch die im Rund eingravierte Inschrift gehört, links MARIA MATER D(OMI)NI, rechts IH(ESV)S FILIVS MARI(A)E *(Maria die Mutter des Herrn, Jesus Mariens Sohn)*. Das mittlere Rund füllt ein stilisierter plastischer Löwenkopf, ebenfalls gesondert gegossen und mit Nieten befestigt. Eine umfangreiche gravierte Inschrift ist um die beiden oberen Medaillons angeordnet, unregelmäßig in Schriftgröße und Verteilung auf der Fläche. In Form von Distichen verherrlicht sie die Person Boemunds und bildet die Fortsetzung der Ruhm-Distichen, die den Kuppeltambour des Mausoleums außen umziehen. Beide Teile sind hier folgend wiedergegeben, dabei Zeile 1 bis 6 die Tambourinschrift, ab Zeile 7 die Türinschrift (lateinische Textfassung und deutsche Übersetzung Hardo Hilg, München):

MAGNANIMUS SIRI(A)E IACET HIC SUB TEGMINE PRINCEPS.
QUO NULLUS MELIOR NASCETUR IN ORBE DEINCEPS.
GR(A)ECIA VICTA QUATER, PARS MAXIMA PARTIA MUNDI.
INGENIUM ET VIRES SENSERE DIU BUAMUNDI.
HIC ACIE IN DENA VICIT VIRTUTIS ARENA
AGMINA MILLENA, QUOD ET URBS SAPIT ANTIOCHENA.

VNDE BOAT MUNDUS QUANTI FVERIT BOAMVNDVS,
GR(A)ECIA TESTATUR, SYRIA DINUMERAT.
HANC EXPUGNAUIT, ILLAM PROTEXIT AB HOSTE;
HINC RIDENT GR(A)ECI, SYRIA, DAMPNA TUA.
QVOD GR(A)ECUS RIDET, QUOD SYRUS LUGET. UTERQUE
IVSTE, UERA TIBI SIT, BOAMVNDE, SALVS.

VICIT OPES REGUM BOAMUNDVS OPVSQUE POTENTVM
ET MERVIT DICI NOMINE IVRE SVO:
INTONVIT TERRIS. CVI CVM SVCCVMBERET ORBIS,
NON HOMINEM POSSVM DICERE, NOLO DEVM.

QVI UIUENS STUDVIT VT PRO CHRISTO MORERETVR,
PROMERVIT QVOD EI MORIENTI VITA DARETVR.
HOC ERGO CHRISTI CLEMENTIA CONFERAT ISTI,
MILITET VT C(A)ELIS SVVS HIC ADLETA FIDELIS.

INTRANS CERNE FORES; UIDEAS QVID SCRIBITUR; ORES
VT C(A)ELO DETUR BOAMUNDUS IBIQUE LOCETVR.

Hier liegt bestattet der hochherzige Fürst von Syrien;
Kein Besserer wird künftig auf der Welt geboren (werden) als er.
Griechenland, viermal besiegt, (und) Parthien, der größte Teil der Welt,
Verspürten lange das Genie und die Stärke Bohemunds.
Dieser besiegte in offener Feldschlacht auf dem Kampfplatz der Tapferkeit
Zehntausend Heere, was auch die Stadt Antiochia weiß.

So hallt die Welt davon wider, wie groß Bohemund gewesen,
Von Griechenland wird es bezeugt, Syrien zählt es auf.
Dieses hat er erobert, jenes vor dem Feinde beschützt;
Daher lachen über deine Niederlagen, Syrien, die Griechen.
Was der Grieche belacht, was der Syrer betrauert, beide
Zu Recht, das gereiche dir, Bohemund, zu wirklichem Heil.

Besiegt hat Bohemund die Macht von Königen und das Werk von Mächtigen
Und hat verdient, zu Recht mit seinem Namen genannt zu werden:
Es donnerte auf Erden. Ihn, dem der Erdkreis zu Füßen lag,
Kann ich nicht einen Menschen, will ich nicht einen Gott nennen.

Der im Leben danach trachtete, für Christus zu sterben,
Hat verdient, daß im Tod ihm das Leben gegeben werde.
Das also möge die Milde Christi ihm verleihen,
Daß dieser sein treuer Glaubenskämpfer im Himmel Lehnsdienste leiste.

Beachte beim Eintritt die Türen; sieh', was geschrieben ist; bete,
Daß Bohemund dem Himmel gegeben werde und er dort einen Platz erhalte.

RECHTER TÜRFLÜGEL:

2 *Tondo mit Arabesken-Ornament.* In Flachrelief ausgeführt, zeigt das Rund ein engmaschiges Flechtwerk, dessen Grundgerüst aus zwei übereck gestellten Quadraten besteht, mit einem Stern im Zentrum. Eingestreut sind Tiere, Blattwerk und Ranken.

3 *Zwei Kniende mit betend erhobenen Händen.* Sie sind durch ihre Kleidung als Angehörige des weltlichen Standes gekennzeichnet: Tunika mit über der rechten Schulter geschlossenem Mantel. Die Darstellung ist graviert; Gesichter, Hände und Füße waren wohl in Silber eingelegt. Der Gegenstand ihrer Anbetung ist verloren. Vermutet wird eine Christus-Darstellung, die als Relief gesondert gegossen und mit zwei Nieten befestigt war, wovon die noch vorhandenen Löcher zeugen. Die Identifizierung der Personen ist unsicher. Wegen der Kleidung scheidet die Möglichkeit einer biblischen Szene aus (ehemals benannt als Verklärung Christi). Vermutet werden deshalb der Verstorbene, Boemund I., Graf von Tarent, einer der bedeutendsten Führer des ersten Kreuzzuges und Fürst des von ihm errichteten Staates Antiochien (bald nach 1050–1111), und sein jüngerer Bruder Roger Borsa, Herzog von Apulien (gest. 1111).

4 *Drei stehende männliche Figuren.* Ihrem Köstüm nach gehören sie demselben Stand an wie die beiden Knienden und gelten als weitere Angehörige des normannischen Hauses Altavilla: Boemund II., Sohn und später Nachfolger des Verstorbenen als Fürst von Antiochien (1109–1131); Tankred, Neffe des Verstorbenen und zusammen mit diesem Heerführer des ersten Kreuzzuges, zudem Regent in Antiochien für Boemund II. (gest. 1112); Wilhelm, Sohn und Nachfolger des Roger Borsa als Herzog von Apulien. Die beiden links Stehenden haben sich die Hand gereicht und zeigen darin besondere Verbundenheit. Wie im Feld darüber sind die Figuren graviert, mit ehemals in Silber eingelegten Gesichtern, Händen und Füßen.

5 *Ornament-Tondo.* Weitgehend übereinstimmend mit dem oberen Türfeld (Nr. 2). Darüber eingraviert die Meisterinschrift: S(AN)C(T)I SABINI CANVSII ROGERIUS / MELFIE CAMPANARVM FECIT HAS / IANVAS E(T) CANDELA/BRUM. Übersetzung durch Hardo Hilg, München: *Der Glockengießer Roger von Melfi hat diese Türen und den Leuchter des heiligen Sabinus* (d. h. des Domes San Sabino) *in Canosa gemacht.* – Die Herkunftsangabe ist nicht eindeutig, ist mehrfach diskutiert worden. Es könnte auch Amalfi in Campanien gemeint sein, doch wird in der jüngeren Fachliteratur Melfi für wahrscheinlicher gehalten. »Campanarum« wird dann auf den Glockenguß bezogen.

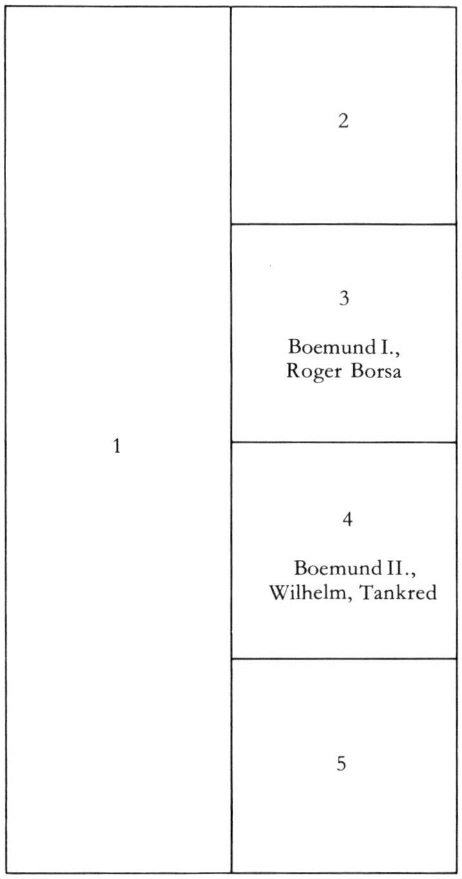

RAHMENLEISTEN: Die flach reliefierten Ornamentleisten sind von unterschiedlicher Breite, als äußere Rahmung an Gewände, Türsturz und Schwelle breiter, am Türschluß und als Innengliederung des rechten Flügels schmaler. Rechts sind dadurch die obere und untere Türfüllung (mit den Ornament-Tondi) kleiner – etwa quadratisch –, gegenüber den größeren hochrechteckigen Füllungen in der Mitte (mit den Figuren). Den beiden Leistenformen entsprechen unterschiedliche Ornamentmotive, auf den schmalen Leisten doppelte Wellenranken, auf den breiten Außenleisten ein arabisierendes Kettenmuster mit eingestellten Bäumchen. Die Ornamentik ist grundsätzlich auf beiden Flügeln gleich, zeigt jedoch unterschiedliche Lösungen beim Anschluß von Horizontal- und Vertikalleisten und ist auch in der Ausführung geringfügig unterschiedlich: Sie weisen rechts in stärkerem Maße feine ziselierte Binnenzeichnung auf. Die Ansätze der Quersprossen sind hier durch flache Tiermasken markiert, kleinere auf der schmalen Türschlußleiste, größere auf der Außenleiste. Zwei plastische Tiermasken unterschiedlicher Form befinden sich auf engem Raum, nur auf die Leisten beschränkt, am Türschluß, beide vielleicht ehemals mit Griffringen versehen. Links ist es ein langgestreckter anthropomorpher Kopf, der mitgegossen ist (oder aufgelötet?), rechts ein mit einem mittleren Stift befestigter runder Tierkopf.

RÜCKSEITE: Nur der rechte Flügel ist rückseitig mit ornamentalem Schmuck versehen. Er zeigt in flachem Relief symmetrisch angeordnete großflächige Palmetten, auf jedem der vier Kompartimente übereinstimmend.

Durch die Zugehörigkeit zum Grabbau Boemunds gibt es für die Tür zwei zeitliche Anhaltspunkte, den Tod Boemunds 1111 und die erste Erwähnung dieses Baues 1118. Die figürlichen Darstellungen auf dem rechten Flügel scheinen mit der Darstellung des Verstorbenen und seiner Familie auf die besondere Zweckbestimmung als Grabtür ausgerichtet. Formal und technisch befinden sich diese Bildfelder in der Nachfolge byzantinischer Bronzetüren. Der rechte Flügel trägt die Meistersignatur des Roger von Melfi. Der linke Flügel ist wahrscheinlich älter und läßt sich in seiner Formensprache, auch in der Kombination byzantinischer und islamischer Elemente, mit apulischer Plastik des 11. Jahrhunderts verbinden. Ergänzungen aus der Zeit des Roger von Melfi wären dann die Ruhminschrift, vielleicht auch die verlorene Muttergottes und der große Löwenkopf.

Die Flügel sind massiv gegossen, dabei der linke in einem Stück, der rechte in vier Teilen. Mitgegossen ist das feine Relief der Rahmenleisten beider Flügel und der ornamentalen Rundschreiben. Auf dem rechten Flügel verdecken die Quersprossen, die einschließlich ihrer Tiermasken zum jeweils oberen Feld gehören, auf sinnvolle Weise den Ansatz des darunterliegenden Feldes. Für die Verbindung der vier Teile befinden sich rückseitig Laschen für senkrecht durchzusteckende Stäbe. Gesondert gegossene und mit Nieten befestigte plastische Teile sind der große Tierkopf in der Mitte des linken Flügels und der kleine auf der Türschlußleiste rechts. Sie sind jetzt, wie auch der mitgegossene (oder aufgelötete) dritte plastische Kopf, ohne Ringe. Verloren sind die Relief(?)-Darstellungen Mariä vom linken und Christi vom rechten Flügel. Verloren ist auch die Silber-Tauschierung von Gesichtern, Händen und Füßen der figürlichen Bildfelder. Ob die übrige Zeichnung der Figuren ebenfalls einst mit Silberfäden eingelegt war, wie allgemein angenommen, ist wegen der Feinheit der Linienführung zu bezweifeln. Dasselbe gilt für die Inschriften.

Ein großes Fehlstück des linken Flügels unten ist grob ergänzt, die Oberfläche der unteren Platte rechts erheblich beschädigt. Wesentliche Schäden sind weiterhin ein in Höhe des großen Löwenkopfes – der selbst jedoch nicht betroffen ist – verlaufender Riß quer über den Flügel und ein Ausbruch im Leistenstück rechts oben.

Linker Flügel: Höhe 2,02 m, Breite 0,56 m; rechter Flügel: Höhe 2,00 m, Breite 0,58 m.

LITERATUR: E. Bertaux 1904 Bd. 2 S. 314–316, 409–414; Aggiornamento... 1978 Bd. 5 S. 631–632 (Antonio Thiery). – H. Leisinger 1956 Taf. 151–152. – R. Hiepe 1958 Kat. S. 223–227. – R. A. Jairazbhoy: Oriental influences in western art. London 1965 S. 69–70, Abb. 15–16. – U. Götz 1971 S. 348–355, 391, 413. – G. Matthiae 1971 S. 47–48, 109, Abb. 136–139 (dazu P. Schreiner, in: Byzantinische Zeitschrift. 69. 1976 S. 122). – R. Jurlaro 1972. – Ausstellung Bari 1975 Kat. Nr. 114. – U. Mende 1981 S. 40–43, Kat. Nr. 46, Abb. 77–78, 333.

Tróia

Tafel 44–49

DOM, WESTPORTAL

Zweiflügelige Bronzetür mit gravierten und tauschierten Einzelfiguren (Christus, Heilige, Stifter), reliefierten Lebensbaum-Kreuzen und Löwenkopf- und Drachen-Appliken
Oderisius von Benevent, 1119

Das Erscheinungsbild wird wesentlich bestimmt durch die große Zahl der vorhandenen Appliken. Plastisches Element von aufwendiger Gestaltung ist auch das Rahmenwerk, gegenüber den völlig flächigen oder nur flach reliefierten Türfüllungen. Das engmaschige Netz der Rahmenleisten bildet 28 Felder, in sieben Zeilen zu jeweils vier Feldern. Die Darstellungen und Motive sind waagerecht, über beide Türflügel hinweg, abzulesen.

1 *Oderisius und Berardus* (Bernardus), zwei Männer in vornehmen Kleidern weltlichen Standes, inschriftlich bezeichnet ODERISIVS BERARDVS. Der erste reicht dem anderen einen nicht mehr erkennbaren Gegenstand. Dem Kostüm nach muß es sich um fürstliche Personen handeln, nicht also um Künstler, sondern wohl um Stifter, die für die Tür (neben Bischof Wilhelm, s. Feld Nr. 3) oder für den Kathedralneubau (1093 bis um 1120) von Bedeutung waren. Vermutet werden zwei derartige Namensträger des Grafengeschlechtes Sangro, Oderisius und sein Sohn Bernardus.

2 *Christus als Weltenrichter*, in der Mandorla und auf dem Regenbogen thronend, die Rechte segnend erhoben, mit der Linken das aufgeschlagene Buch haltend. Mit dem griechischen Christus-Monogramm IC XC.

3 *Bischof Wilhelm II. von Tróia* (Amtszeit um 1106 bis 1141), zwischen zwei Pflanzen stehend, im bischöflichen Ornat, inschriftlich bezeichnet WILHELMVS EP(ISCOPV)S. Er ist der Stifter der Bronzetür (vgl. Inschrift Felder Nr. 25–28).

4 *Die Apostel Petrus und Paulus*, inschriftlich bezeichnet S(AN)C(TV)S PETRVS, S(AN)C(TV)S PAVLVS, die Patrone der Stadt Tróia.

5–8 *Je ein großer stilisierter Löwenkopf mit Ring*, in durchbrochener Blattwerk-Rahmung. Vervielfältigung des Motivs des Löwenkopf-Türziehers, dessen apotropäische Komponente dadurch deutlich wird. Vgl. Nr. 17–20.

9 *Wappen und Inschrift des Bischofs Antonio de Sangro* (1675 bis 1694), mit Datum der Wiederherstellung von Kirche und Tür 1691 (s. auch Nr. 12).

10 *Wappen und Inschrift des Scipio Rebiba*, Bischof von Tróia (bis 1560) und Kardinal; Platte aus der Zeit der Restaurierung der Tür 1573.

11 *Wappen und Inschrift des Prosper Rebiba*, Bischof von Tróia (ab 1560); Platte von der Restaurierung der Tür 1573.

12 *Wappen und Inschrift*, wie Feld Nr. 9, von 1691.

13 *Großes Kreuz in flachem Relief*, mit am Kreuzstamm und am Ansatz der Querarme hervorwachsenden Blättern. Die letzteren sind zwischen den Rahmenleisten der Kreuzarme hindurchgesteckt und hängen bis zur Standfläche lang herab. Typus des Lebensbaum-Kreuzes, als Symbol der Erlösung. Ebenso Nr. 16.

14 *Türklopfer*. Ein vollplastisch gebildeter und mit Nägeln befestigter Drache, mit dreifach gewundenem geschuppten Schlangenleib. Er ist mit Flügeln und mit schmächtigen Vorderbeinen ausgestattet; sein Kopf ähnelt den Löwenköpfen der Tür. Im Rachen hängt an langem Bügel das Klopfgewicht, als Schelle gebildet. Dieses ist Ergänzung von der Restaurierung 1573 (mit Rebiba-Wappen). Der Drache als Symbol des Bösen hat apotropäische Bedeutung wie die Löwenkopf-Appliken, ist zugleich als Gegenüberstellung zum nebenstehenden Erlösungssymbol (Nr. 13) zu verstehen. Vgl. Nr. 15.

15 *Türklopfer-Drache*, von ähnlicher Form wie Nr. 14. Erhalten hier auch die originale Schelle mit dreieckigen Schallöchern und einer Kugel im Innern.

16 *Lebensbaum-Kreuz*, wie Nr. 13.

17–20 *Löwenköpfe*, wie Nr. 5–8.

21 *Der hl. Secundinus*, frühchristlicher Bischof von Aecae, dem antiken Vorgänger der Stadt Tróia, SANCTVS SECVNDINVS EPISCOPVS. Die Platte mit der auf hohem, getrepptem Sockel stehenden Figur stammt wie die drei folgenden (Nr. 22–24) von der Hand des Cola Donato aus Mascella, aus der Zeit der Restaurierung 1573. Vermutet werden als Vorgänger Darstellungen derselben Heiligen aus der Entstehungszeit der Tür.

1 Oderisius, Berardus	2 Christus Pantokrator	3 Bischof Wilhelm II.	4 Hll. Petrus und Paulus
5 Türzieher	6 Türzieher	7 Türzieher	8 Türzieher
9 Wappen Bischof Antonio Sangro	10 Wappen Kardinal Scipio Rebiba	11 Wappen Bischof Prosper Rebiba	12 Wappen Bischof Antonio Sangro
13 Lebensbaum-Kreuz	14 Türklopfer	15 Türklopfer	16 Lebensbaum-Kreuz
17 Türzieher	18 Türzieher	19 Türzieher	20 Türzieher
21 Hl. Secundinus	22 Hl. Anastasius	23 Hl. Pontianus	24 Hl. Eleutherius
25 Stifterinschrift	26 Stifterinschrift	27 Stifterinschrift	28 Stifterinschrift

22 *Der hl. Anastasius, der Bekenner*, von dem die Kathedrale in Tróia Reliquien bewahrt. SANCTVS ANASTASIVS CONFESSOR. Ergänzung von 1573 (vgl. Nr. 21).

23 *Der hl. Papst Pontianus* (230–235), dessen Reliquien ebenfalls in Tróia verehrt werden. SANCTVS PONTIANVS PAPA ET MARTYR. Ergänzung von 1573 (vgl. Nr. 21).

24 *Der hl. Eleutherius, Bischof von Tróia* (bzw. vom antiken Aecae), dessen Reliquien hier verehrt werden. SANCTVS ELEVTHERIVS EPISCOPVS ET MARTYR. Von der Restaurierung 1573 (vgl. Nr. 21) mit Signatur: M(AGISTER) COLA DONATVS MASCELLA INCIDEBAT MDLXXIII.

25 *Stifter-Inschrift Bischof Wilhelms II.* (vgl. seine Darstellung in Feld Nr. 3), fortgesetzt auf den folgenden Platten Nr. 26–28, dabei Nr. 28 eine Ergänzung von 1573: AN(N)O AB INCARNATIO(N)E / D(OMI)NI N(OST)RI IH(ES)V XPI (= CHRISTI) MIL(LE)SIMO / CENTESIMO NONO DECIMO / INDICTIONE DVODECIMA

26 ANNO PONTIFICAT(VS) D(OMI)NI / KALISTI P(A)P(AE) SECVNDI P(RI)MO / ANN(O) DVCAT(VS) W(ILLELMI) ROGERI(I) / GL(ORI)OSI DVCIS FILII NONO

27 WILLELMVS SECVND(VS) / HVI(VS) TROIAN(AE) SEDIS E(PISCO)P(VS) / E(PISCO)PAT(VS) SVI AN(N)O XII HAS / PORTAS FIERI FECIT

28 DE PROPRIO ECCL(ES)IAE / (A)ERARIO IPSAM QVOQ(VE) / FABRICA(M) A FV(N)DAME(N)TIS / FERE EREXIT / ET PROSPER E(PISCO)P(V)S TROIAN(VS) / ET P(AT)RIARCHA CO(N)STA(N)TINOP (OLITANVS) / HAS PORTAS PENE COLLAPSAS INSTAVRAVIT MDLXXIII.

Im Jahr 1119 nach Christi Geburt, im zwölften Jahr der Indiction, im ersten Pontifikatsjahr des Papstes, Herrn Kalixtus II., im neunten Jahr der Herrschaft Wilhelms, des Sohnes des ruhmreichen Herzogs Roger, ließ Wilhelm II., Bischof von Tróia, im zwölften Jahr seines Episkopats, diese Türen errichten. Er hat auch auf eigene Kosten den Bau der Kirche selbst, fast von Grund auf, errichtet. Und Prosper, Bischof von Tróia und Patriarch von Konstantinopel, erneuerte diese nahezu verfallenen Türen 1573. (Übersetzung durch Hardo Hilg, München.)

DAS RAHMENWERK: Die Rahmenleisten sind ein kunstvolles Gefüge, von erheblichem plastischen Eigenwert. Als äußere Rahmung der Türflügel oder der ganzen Tür haben sie allerdings keine Funktion, da an den Außenseiten schmale und zumeist ornamentierte Bronzeplatten den Abschluß bilden. Die Leisten sind als zartes Gitterwerk, zur inneren Gliederung, der Türfläche aufgelegt. Sie sind schmal, fein profiliert, besitzen an den Kreuzungsstellen große Rosetten und in der Mitte jedes Leistenstücks einen vierseitigen Knauf. Die Konstruktion besteht aus Teilstücken in folgender Weise: Jede Waagerechte in voller Türflügelbreite bildet ein Gußstück, einschließlich der drei Rosetten. Deren nach oben und nach unten gerichtete Blätter sind freiplastisch gebildet, so daß die dazwischengeschobenen kurzen senkrechten Rahmenstücke mit ihren Ansätzen unter diesen Rosettenblättern unsichtbar bleiben. Die Senkrechten in der untersten Reihe zeigen zusätzliche Blattansätze. Die Fixierung der Leisten auf der Tür geschieht durch Nägel, deren Köpfe jene vierseitigen Knäufe bilden, und für die jeweils in der Mitte der Leistenstücke eine kleine viereckige Fläche ausgespart ist. Die Rosetten dagegen täuschen Nagelköpfe nur vor. Die außerhalb des Gitterwerks befindlichen schmalen Randplatten sind mit ganz zarter und flächiger Reliefornamentik versehen, zumeist mit Wellenranken unterschiedlicher Form. Die plastischen Rahmenleisten greifen zum Teil auf diese Ornamentplatten über und sind hier mit zusätzlichen Nägeln befestigt. Ganz oben sind die Randplatten schmucklos; die Profilleiste ist hier verdoppelt und mit zwei kleinen ringtragenden Tierköpfen besetzt.

Die Tür ist inschriftlich datiert. Sie kann derselben Werkstatt zugeschrieben werden wie die von Meister Oderisius signierte Südtür in Tróia, wobei unterschiedliche Modelleure für die plastischen Teile und auch unterschiedliche Hände für die gravierten figürlichen Darstellungen anzunehmen sind. Bindeglied bildet eine ehemals in Capua befindliche, nur noch von der Abbildung bekannte Bronzetür von 1122, mit Oderisius-Signatur wie die Tróianer Südtür, aber in der Ausstattung weitgehend mit der Westtür verwandt. Unter den erhaltenen mittelalterlichen Bronzetüren sind Reichtum und Art der aufgelegten plastischen Teile der Westtür einmalig. Die sonstige Beschränkung auf die Fläche, die figürlichen Elemente, auch das Bildprogramm schließen an byzantinische Bronzetüren des 11. Jahrhunderts an.

Die Tür besteht aus folgenden einzeln gearbeiteten Bronzeteilen, die auf einem Holzträger montiert sind: Hochrechteckige Felder mit Darstellung in Flachrelief oder Gravierung, Rahmenleisten (ihre Konstruktion s. o.), schmale ornamentierte Randstücke, Tierkopf-Appliken, vollplastische Drachen. Die figürlichen Darstellungen Nr. 1–4 sind graviert, dabei die Gesichter, Hände und Füße mit Silber (auch mit anderen Metallen?) eingelegt, das teilweise verloren ist. Graviert ist die Inschrift in den Feldern Nr. 25–28. In Flachrelief mitgegossen sind die Lebensbaum-Kreuze (Nr. 13, 16) und von den ergänzten Teilen die Wappen (Nr. 9–12) und – in außerordentlich zartem Relief – die Heiligenfiguren (Nr. 21–24). Mit der Grundfläche mitgegossen wurden auch die schmalen ringförmigen Randleisten, in die die Löwenkopf-Appliken eingesetzt sind. Ausgenommen davon sind die beiden mittleren Exemplare (Nr. 18–19), bei denen Randstreifen, Tierkopf und Blattwerk ein Gußstück bilden. Hier sind jedoch vier diagonal angeordnete vollplastische Aktanthusblätter fest mit der Grundfläche verbunden (mitgegossen oder aufgelötet). Die Tierköpfe gehen in durchbrochen gegossene Blattornamentik über, bei jedem Exemplar variierend. Jedes Stück ist einzeln modelliert. Die Befestigung geschieht mit vier Nägeln, mit mächtigen Köpfen. Die vollplastischen Drachen besitzen mitgegossene Nagel-Ösen. Alle plastischen Teile der Tür (aus der Entstehungszeit) zeigen eine merkwürdige Art graphischer Binnenzeichnung in Form von dicht gereihten Punkt-Punzen. Das betrifft außer den Löwenköpfen und den Drachen auch die Lebensbaum-Kreuze, die Rosetten und die Ornamentik der äußeren Randstreifen.
Die Tür enthält Ergänzungen aus der Zeit zweier Restaurierungen. Platten von 1573 sind Nr. 10–11, die Schelle vom Drachen Nr. 14, die Platten Nr. 21–24, 28 (mit Restaurierungsinschrift). Platten von 1691 sind Nr. 9 und 12. Darüber hinaus sind auch Teile des Rahmenwerks und der Nagelung erneuert, teilweise wohl erst in späterer Zeit.

Höhe 3,66 m, Breite 2,05 m.

LITERATUR: H. W. Schulz 1860 Bd. 1 S. 187–191, Taf. 36–37. – A. Meomartini 1903. – E. Bertaux 1904 Bd. 2 S. 414–418; Aggiornamento ... 1978 Bd. 5 S. 632–633 (Antonio Thiery). – H. Leisinger 1956 Taf. 137–140. – Mario de Santis: L'anima eroica della Cattedrale di Troia. Benevent 1958 S. 124–129; 2. Aufl. unter dem Titel: La »Civitas Troiana« e la sua Cattedrale. Foggia 1967 S. 73–77. – U. Götz 1971 S. 230–238 Kat. Nr. 20, S. 379. – U. Mende 1981 S. 47–49, Kat. Nr. 53, Abb. 89–94, 97–98, 355.

Tafel 50–53

DOM, SÜDPORTAL

Zweiflügelige Bronzetür mit gravierten und tauschierten Einzelfiguren (Apostel, Bischöfe von Tróia) und Löwenkopf-Appliken
Oderisius von Benevent, 1127

Ein schlichtes Rahmengerüst gliedert die Tür in 24 Felder, je vier Felder in sechs Reihen übereinander. Die Darstellungen sind waagerecht, über beide Türflügel hinweg, abzulesen; eine andere Reihenfolge jedoch bei den Inschrift-Platten Nr. 17ff. (entsprechend der hier angegebenen Zählung). Unterhalb der Löwenköpfe auf der Querleiste die eingravierte Meister-Inschrift: FACTOR PORTARVM / FVIT ODERISIVS / HARVM / BENEVENTANVS. *(Schöpfer dieser Türen war Oderisius von Benevent.)*

1 *Inschrift:* PRINCEPS PATRONV(M) / PETRE TROIA(M) SVSCIPE / DONV(M) QVA(M) L(A)ETA/BVNDUS GVILIELM(VS) / DONO SECVNDVS. Übersetzung durch Hardo Hilg, München: *Petrus, erster Patron, empfange als Geschenk Tróia, das ich, Wilhelm II., frohgemut stifte.*

2 *Bischof Wilhelm II.* (Amtszeit um 1106–1141), in bischöflichem Ornat und mit Nimbus. Er ist der Stadt Tróia zugewandt, die als hoher Mauerring mit einem Kirchenbau in der Mitte dargestellt und im geöffneten Stadttor bezeichnet ist: TROIANA CIVITAS. Auf der Rahmenleiste darüber Namensnennung des Bischofs: DOM(I)NVS EPISCOPVS GVILIELM(VS) SECVND(VS); darunter als neunter Bischof von Tróia: HIC NONVS.

3 *Der Apostel Petrus*, bezeichnet S(ANCTVS) PETRVS APOSTOLVS.

4 *Der Apostel Paulus*, bezeichnet S(ANCTVS) PAVLVS APOSTOLVS.

5–12 *Acht Bischöfe von Tróia*, in einer Folge von Einzelfiguren, die Amtsvorgänger Wilhelm II., jeweils mit gravierter Namensnennung und auf der Querleiste darunter ihrer Abfolge. Diese ist von unten nach oben abzulesen: der erste bis vierte Bischof in den Feldern 9–12, der fünfte bis achte in den Feldern 5–8, so daß oben (Nr. 2) Bischof Wilhelm II. als neunter Bischof anschließt. – Die Namensbeischriften, in Majuskeln ausgeführt wie die übrigen Inschriften dieser Tür, sind hier zitiert nach H. W. Schulz 1860:

5 Guilielmus primus; hic octavus (Amtszeit bis ca. 1107)
6 Ubbertus; hic septimus (bis 1101)
7 Girardus; hic sextus (um 1085 geweiht)
8 Gualterius; hic quintus (um 1080 geweiht)
9 Orianus; hic fuit Novae Troiae primus episcopus
10 Angelus; hic secundus (bis 1041)
11 Johannes; hic tertius (ab 1041)
12 Stephanus; hic quartus (gest. um 1080)

13–16 *Vier Löwenkopf-Türzieher*, in der Vielzahl den apotropäischen Bedeutungsgehalt zum Ausdruck bringend. Stilisierte schmale Tierköpfe in durchbrochener Blattwerkrahmung. Am Ring der beiden mittleren Köpfe (Nr. 14–15) hängt zusätzlich ein kleiner Tierkopf.

17 *Stifterinschrift Bischof Wilhelms II.* (vgl. die Darstellung Nr. 2), fortgesetzt auf den folgenden Tafeln 18–24: DEI GRATIA / VENERABILIS / HVIVS TROIANAE / SEDIS EP(ISCOPV)S / NONUS

18 (A)EQVITATES / MODERATOR / LIBERATOR PATRIAE / DOM(I)NVS GVI/LLELMVS SECV(N)D(VS)

19 HAS ETIAM / PORTAS AENEAS / DE PROPRIO AERA/RIO LARG(VS) DISPEN/SATOR FIERI IVSSIT

1 Inschrift	2 Bischof Wilhelm II. mit der Stadt Tróia	3 Hl. Petrus	4 Hl. Paulus
5 Bischof Wilhelm I.	6 Bischof Ubbertus	7 Bischof Girardus	8 Bischof Gualterius
9 Bischof Orianus	10 Bischof Angelus	11 Bischof Johannes	12 Bischof Stephanus
13 Türzieher	14 Türzieher	15 Türzieher	16 Türzieher
17 Stifterinschrift	19 Stifterinschrift	21 Stifterinschrift	23 Stifterinschrift
18 Stifterinschrift	20 Stifterinschrift	22 Stifterinschrift	24 Stifterinschrift

20 ANNO INCAR/NATIO(N)IS D(OMI)NICAE / M° C° ET XX°VII° / A CIVITATIS HV/IVS FONDATIONE

21 ANNO C ATQ(VE) VIII / PONTIFICAT(O) VERO / D(OMI)NI HONORII P(A)P(AE) / SEC(VN)DI III° ITEM / PONTIFICATVS D(OMI)NI

22 GVILLELMI EP(ISCOPI) / SEC(VN)DI XXI / INDIC(TIONE) V^A ANNO / [QVO GVILELMUS / DVX]

23 SALERNI OBIIT / MORTE COM(M)VNI / T(VN)C TROIANVS / POP(V)L(V)S PRO LIBER/(T)ATE TVENDA

24 ARCEM SVB/VERTIT ET VR/BEM VALLO / MVRISQ(VE) / MVNIVIT.

Der ehrwürdige neunte Bischof von Gottes Gnaden auf diesem Bischofssitz von Tróia, Förderer der Gerechtigkeit und Befreier des Vaterlandes, Herr Wilhelm II., ließ auch diese ehernen Türen als freigebiger Spender auf eigene Kosten herstellen, im 1127. Jahr der Geburt des Herrn, im 108. Jahr nach der Gründung dieser Stadt, das war im dritten Pontifikatsjahr des Papstes, Herrn Honorius II., ebenso im 21. Amtsjahr des Bischofs, Herrn Wilhelm II., im fünften Jahr der Indiction, als Herzog Wilhelm eines natürlichen Todes in Salerno starb. Gleich darauf zerstörte das Volk von Tróia, um seine Freiheit zu schützen, die Burg und befestigte die Stadt mit einem Wall und mit Mauern. (Übersetzung durch Hardo Hilg, München.)

Die auf Feld Nr. 22 zerstörten (absichtlich getilgten) Teile der Inschrift lassen sich ergänzen nach dem Chronicon Troianum, in dem die Anfertigung dieser Bronzetür vermerkt ist (nach H. W. Schulz 1860 Bd. 1 S. 194): Hoc anno supra dictus episcopus Troianus obtulit portas parvas aeneas sanctae Mariae. Eodem anno mortuus est Guiglielmus dux Salerni.

Die Tür ist inschriftlich bezeichnet als Werk des Oderisius von Benevent aus dem Jahre 1127. Als Nebentür ist sie schlichter als die demselben Meister zugeschriebene Westtür der Kathedrale. Figurenstil und auch Modellierung der Löwenköpfe sind verändert und wohl von anderer Hand. – Bedeutend ist diese Tür vor allem als historisches Denkmal, durch Bildprogramm und Inschriften: Bischof Wilhelm II., als neunter in der Reihe der Bischöfe seit Wiederbegründung Tróias zu Anfang des 11. Jahrhunderts, unterstellt die Stadt Tróia dem Schutz des Papstes zum Zwecke der Befreiung von der Normannenherrschaft.

Die einzeln gearbeiteten Bronzeplatten der Türfüllungen und die Rahmen-Teilstücke sind auf einem Holzträger montiert. Die figürlichen Darstellungen mit ihren Namensinschriften in den drei oberen Bildzeilen sind graviert und teilweise eingelegt (die Konturen in Silber oder Niello, die Gesichter, Hände und Füße in Silber). Graviert sind auch die übrigen Inschriften in den Füllungen und auf den Rahmenleisten, ebenso die schlichten Ornamentmusterungen dort. Die Leisten bestehen aus kräftigen kantigen Stäben, mit regelmäßig verteilten Nagelköpfen. Das Rahmenwerk ist aus größeren Teilstücken mit jeweils mehreren Längs- und Quersprossen zusammengesetzt. Aus kurzen Teilstücken besteht die Türschlußleiste, wobei jeweils unten ein kleiner plastischer Tierkopf mitgegossen ist, unter dem der Ansatz des folgenden Teilstückes verdeckt bleibt. Von diesen kleinen Köpfen abgesehen, bilden die Löwenkopf-Türzieher das einzige plastische Element auf der Tür. Sie sind gesondert gegossen, mit durchbrochener Blattrahmung, und mit Nägeln befestigt.
Die Silber- und Niello-Einlagen sind teilweise verloren, die Blattrahmung des Türziehers Nr. 13, auch weitere Gußteile und die Holzrückwand ergänzt (Restaurierung 1951. Istituto Centrale del Restauro, Rom).

Höhe 2,84 m, Breite 1,58 m.

LITERATUR: H. W. Schulz 1860 Bd. 1 S. 193–196, Taf. 35, 2–3. – E. Bertaux 1904 Bd. 2 S. 414–415; Aggiornamento ... 1978 Bd. 5 S. 632–633 (Antonio Thiery). – Ausstellung Paris 1952 Kat. Nr. 119. – M. Cagiano de Azevedo 1952 S. 26–31. – M. Cagiano de Azevedo 1952–54. – M. Cagiano de Azevedo 1954 S. 87–88. – H. Leisinger 1956 Taf. 141, 142. – Mario de Santis: L'anima eroica della cattedrale di Troia. Benevent 1958 S. 150–154; 2. Aufl. unter dem Titel: La „Civitas Troiana" e la sua Cattedrale. Foggia 1967 S. 86–88. – U. Götz 1971 S. 309–315 Kat. Nr. 32, S. 386. – G. Matthiae 1971 S. 25, 48–49, Abb. 14. – U. Mende 1981 S. 47–48, Kat. Nr. 54, Abb. 95–96, 99, 102, 336.

Palermo

Tafel 54, 55; Abb. 35, 36

PALAZZO REALE, CAPPELLA PALATINA, ZWEI PORTALE DER WESTVORHALLE

Zweiflügelige Bronzetüren mit Akanthus-Rahmung, Rosetten- und Löwenkopf-Appliken
Palermo, um 1140

Die Türen führen von der Vorhalle in das nördliche und südliche Seitenschiff des Kirchenraumes. Sie sind als Gegenstücke gleichartig gestaltet. Die Gliederung geschieht durch ein Rahmengerüst von besonders aufwendiger Form. Es unterteilt jeden Flügel in vier Felder, zwei größere hochrechteckige in der Mitte und je ein kleineres, fast quadratisches oben und unten. Anstelle von Stabwerk bestehen die Rahmenleisten aus reliefiertem Akanthus, aus großen schlanken Einzelblättern, die in strenger Reihung aneinandergefügt sind. Die kräftigere Außenrahmung hat die Breite von zwei Blättern. Aneinandergereihte Blattpaare mit reduzierten Blütenformen in den Zwickeln bilden die senkrechten und – nun querliegend – bei der nördlichen Tür auch die waagerechten Außenleisten; die südliche Tür zeigt stattdessen hier aufrecht stehende Blätter. Die Innenleisten sind von einfacher Blattbreite. Als Quersprossen dienen jeweils zwei Blätter, die zur Mitte gerichtet sind, als Türschlußleiste eine aufsteigende Blattreihe. Beide Türschlußleisten zusammen erreichen wieder die Breite der Außenleisten. Die Türfüllungen sind auf der südlichen Tür einfach eingetiefte Felder, auf der nördlichen Tür besitzen sie – mit Ausnahme der beiden Felder ganz oben – zusätzliche Rahmungen durch umlaufende, ganz flache Leisten. Die Türfüllungen bleiben ohne figürliche Darstellungen. Sie sind in den oberen Teilen der Türen mit Appliken reichlich besetzt, mit Rosetten und ringtragenden Löwenköpfen. Die Ausstattung war sicherlich auf beiden Türen gleich, relativ vollständig ist sie nur auf der südlichen Tür erhalten: eine mächtige sechsblättrige Rosette in den beiden obersten Feldern; in den Feldern darunter je ein größerer und zwei kleinere Löwenköpfe, wobei letztere ganz weit nach oben versetzt sind, auf der nördlichen Tür direkt auf die flachen Rahmenstreifen; nochmals zwei solcher Löwenköpfe in gleichartiger Plazierung auch in den beiden Feldern darunter. Die untersten Felder sind leergelassen.
Im plastischen Schmuck der Türen sind antike Elemente aufgegriffen – Akanthus, ein spezieller Löwenkopf-Typus –, dies jedoch noch mit einem gewissen Mangel an Verständnis für antikes Formengut. Es muß sich um eine frühe Stufe der Antiken-Nachahmung handeln, die zeitlich in den Zusammenhang mit Bau und Ausstattung der Cappella Palatina zu gehören scheint (Weihe 1140). Das Löwenmasken-Motiv in

mehrfacher Wiederholung ist apotropäisch zu verstehen, wobei auch hierfür antike Türen anregend gewesen sein könnten, jedoch auch byzantinische Vorbilder. Fraglich ist, ob für die Rosetten, die durch ihre Größe besonders betont sind, ebenfalls eine bestimmte Bedeutungskomponente anzunehmen ist, oder ob sie ausschließlich dekorative Funktion haben.

Die Türen sind massiv gegossen. Jeder Türflügel besteht aus vier Teilstücken, entsprechend der Gliederung der Vorderseiten. Die Anschlüsse sind geschickt gelöst: Die drei oberen Platten enden jeweils mit einer Quersprosse, die rückwärts so ausgearbeitet ist, daß sie den Ansatz der nächstfolgenden Platte verdeckt. Die Verbindung aller Teile geschieht durch senkrechte Eisenstangen, die rückseitig durch Laschen hindurchgesteckt sind. Die Rückseite der Nordtür ist mit schlichter gravierter Rautenmusterung versehen.

Das Relief der Blattwerkrahmung ist mitgegossen. Die Blätter sind in ihrer Grundform von solcher Regelmäßigkeit, daß sie nur mit Hilfe einer Model geformt sein können, einer Negativmodel für die Blattauflagen des Gußmodells. Die Ausführung der Blattreliefs differiert auf beiden Türen. Bei der Südtür sind die Formen kräftiger, die Blattspitzen lösen sich aus der Fläche und sind vorgewölbt, bei der Nordtür dagegen sind die Blätter gleichmäßig flach aufgelegt. Möglicherweise wurde für diese Tür bereits eine Model von reduzierter Form – nach Abformung der Original-Model – benutzt. Die Rosetten und Löwenköpfe sind gesondert gegossen und – mit weitgehend unsichtbar bleibenden Stiften – auf der Türfläche befestigt. Auch hier haben Modeln zur Vervielfältigung der Motive gedient: je eine Model für die großen Löwenköpfe, für die kleinen Löwenköpfe und vermutlich auch für die Rosetten-Blätter.

Die Türen sind jetzt mit der Schauseite nach innen gerichtet, also nicht in ursprünglicher Aufstellung. Die Beschläge der Nordtür sind bis auf vier kleine Löwenköpfe verloren. Auch auf der Südtür fehlen ein kleiner Kopf und die meisten der zwischen den Löwenzähnen gehaltenen Ringe.

Nordtür: Höhe 2,52 m, Breite 1,10 m;
Südtür: Höhe 2,50 m, Breite 1,18 m.

LITERATUR: Theodor Kutschmann: Meisterwerke saracenisch-normannischer Kunst in Sizilien und Unteritalien. Berlin 1900 S. 33. – R. Hiepe 1958 Kat. S. 228–231. – U. Mende 1981 S. 43–44, Kat. Nr. 48–49, Abb. 80–81, 334.

Verona

Tafel 56–99; Abb. 41–47, 51, 55, 56, 60–62, 65, 66

SAN ZENO, WESTPORTAL

Zweiflügelige Tür mit Reliefdarstellungen:
Neues Testament, Altes Testament, Tod Johannes des Täufers, Legende des hl. Zeno, allegorische Darstellungen, einzelne Heilige, einzelne historische Personen
Verona, vor und um 1138

Die außergewöhnlich breite Tür besteht aus 48 quadratischen Bildfeldern, auf jedem Flügel 24, angeordnet in acht horizontalen Reihen (Bildfelder 1–48). Auf dem linken Türflügel neutestamentlicher Bildzyklus, ergänzt in den beiden unteren Reihen durch Darstellungen Johannes des Täufers, des ersten Menschenpaares und durch ein allegorisches Bildfeld; auf dem rechten Flügel Darstellungen aus dem Alten Testament und in den drei unteren Reihen Szenen des hl. Zeno, sowie weitere – z.T. wiederholte – alttestamentliche Darstellungen. Kräftige Halbrundstäbe, durchbrochen gearbeitet, von unterschiedlicher Ornamentik, mit Menschen- und Löwenköpfen an den Kreuzungsstellen, bilden das Rahmenwerk. Zusätzlich befinden sich entlang der Vertikalseiten der Türflügel, außerhalb des Rahmenwerks und auf beiden Flügeln in unterschiedlicher Anordnung, weitere figürliche und ornamentale Platten: Auf dem linken Flügel am Gewände eine Plattenfolge mit durchbrochen gearbeiteten Säulen und mit Ornamentmotiven (Platten a–g), am Türschluß eine Folge kleiner quadratischer Platten mit Vorfahren Christi und mit Tugend-Allegorien (Platten h–x); auf dem rechten Flügel am Türschluß schmale Platten mit einzelnen Heiligen und mit historischen Personen (Platten A–G).

Die großen quadratischen Bildplatten, auch die kleineren Rand-Platten und die Rahmenleisten mit ihren Kopf-Appliken sind stilistisch uneinheitlich. Sie lassen sich in zwei Gruppen unterteilen, als *Stil 1* (älterer Bestand) und *Stil 2* (jüngerer Bestand) bezeichnet. Sie sind auf den Flügeln folgendermaßen verteilt: Linker Flügel Stil 1 mit Ausnahme der Platte 7, der seitlichen Säulenplatten b–f und der seitlichen kleinen Quadratplatten i–q. Rechter Flügel Stil 2 mit Ausnahme der Platten 40, 43 und 46–48.

DIE BILDFELDER 1–48, beginnend mit dem linken Flügel in waagerechten Zeilen von oben nach unten, dann folgend der rechte in derselben Reihenfolge:

1 *Verkündigung an Maria*. Der Engel mit der Botschaft schreitet auf Maria zu, die die Hände abwehrend erhoben hat. Ein Bogen deutet den Innenraum an, eine Turm-Architektur rechts mit geschlossener Tür nimmt Bezug auf die Prophezeihung Ezechiels: »Dies Tor soll verschlossen bleiben, es wird nicht geöffnet werden, und niemand soll durch dasselbe eintreten; denn der Herr, der Gott Israels, ist durch dasselbe eingezogen, und darum soll es geschlossen bleiben« (Ezechiel 44,2). Stil 1.

2 *Geburt Christi*, *Verkündigung an die Hirten und Anbetung der Könige*. Ohne räumliche Trennungsmotive sind diese Szenen auf dem Bildfeld vereinigt. Oben links die Krippe mit dem gewickelten Kind und den Köpfen von Ochs und Esel, darunter Maria auf dem Lager, unter einer lang herabhängenden und mit breiten Musterstreifen versehenen Decke. Zu

	1 Verkündigung an Maria	2 Geburt Christi; Verkündigung an die Hirten; Anbetung der Könige	3 Flucht nach Ägypten	
a b	4 Vertreibung der Händler und Wechsler aus dem Tempel	5 Taufe Christi; Christus und die Ehebrecherin	6 Der zwölfjährige Christus im Tempel	h
c	7 Einzug in Jerusalem	8 Fußwaschung	9 Abendmahl	i j
d	10 Gefangennahme Christi	11 Kreuztragung	12 Christus vor Pilatus	k l m
e	13 Geißelung Christi	14 Kreuzabnahme	15 Die Frauen am Grabe	n o p
f	16 Höllenfahrt Christi	17 Christus als Weltenrichter	18 Türzieher: Menschenkopf	q r s
g	19 Enthauptung Johannes des Täufers	20 Gastmahl des Herodes, Tanz der Salome	21 Übergabe des Hauptes an Herodias	t u v
	22 Allegorische Darstellung: Baum der Tugenden, Baum der Laster	23 Vertreibung aus dem Paradies	24 Erdenleben und Brudermord	w x

	25 Erschaffung Evas; Sündenfall	26 Verhör Gottes	27 Vertreibung aus dem Paradies
A Petrus B Paulus	28 Opfer Kains und Abels; Brudermord	29 Arche Noah	30 Schande Noahs
C Bischof (Erzbischof)	31 Gottvater heißt Abraham die Sterne zählen	32 Abraham und die drei Engel; Verstoßung der Hagar	33 Opferung Isaaks
D Helena E Margaretha	34 Gesetzesübergabe auf dem Sinai; Aarons grünender Stab	35 Die letzte der ägyptischen Plagen Moses bei Pharao	36 Aufrichtung der Ehernen Schlange
F Männl. Gestalt	37 Der Prophet Bileam	38 Wurzel Jesse	39 Reitender Prophet
y z	40 Türzieher Löwenkopf	41 Der hl. Zeno fischend	42 Heilung der Prinzessin
G Meister (Bildhauer)	43 Ungeklärte Darstellung	44 Rettung des besessenen Fuhrmanns	45 Galienus und der hl. Zeno
	46 Opferung Isaaks	47 Arche Noah	48 Michaels Drachenkampf

Die Ornamentplatten a–g
a–g Jeweils eine Säule und Randornamentik

Die quadratischen Platten h–z
h–n Thronende, teils gekrönt
o Temperantia
p Justitia
q Fortitudo
r–z Thronende Könige

ihren Füßen sitzend Joseph, den Kopf nachdenklich in die Hand gestützt. – Die beiden Hirten empfangen mit hochgereckten Gesichtern und mit vor Furcht gesträubten Haaren die Botschaft des Engels. Einer steht dabei auf seinen Hirtenstock gestützt, der andere hält die Hände gefaltet und hat am Gürtel ein Hifthorn hängen. Zu ihnen gehören zwei Hunde, über ihnen der Stern von Bethlehem. – Unten in ganzer Bildfeldbreite die Heiligen Drei Könige, die mit ihren

Gaben auf die thronende Maria mit dem Kind zuschreiten, wobei der erste in die Knie sinkt. Stil 1.

3 *Flucht nach Ägypten.* Auf dem Rücken des Esels sitzen Mutter und Kind frontal wie auf einem Thron, das Kind mit aufgeschlagenem Buch und mit segnend erhobener Rechten. Joseph führt den Esel am Zügel und schreitet mit seinem Wanderstab energisch voran. Stil 1.

4 *Vertreibung der Händler und Wechsler aus dem Tempel.* Die Architektur des Tempels ist durch seitliche schlanke Türme und durch das Dach gekennzeichnet, der ganze Bildgrund jedoch besteht aus durchbrochenem Rankenwerk. Rechts die hoch aufgerichtete Gestalt Christi, eine Geißel schwingend, während drei Personen in Eile sich anschicken, ihre Besitztümer in Sicherheit zu bringen. Einer, der sich zu Christus umwendet, zieht ein widerstrebendes Rind am Horn mit sich. Ein anderer bemüht sich um zwei Tiere, die er an ihren Hörnern gepackt hält. Ein dritter mit umgehängter Tasche und einer geschulterten Truhe (ein Wechsler) hat den Ausgang fast erreicht, der mit der Unterbrechung des linken Türmchens angedeutet ist. Stil 1.

5 *Taufe Christi; Christus und die Ehebrecherin.* Ein Wasserstrahl deutet den Jordan an, der in das Becken fließt, in dem Christus die Taufe empfängt. Dem in ein Fellgewand gekleideten Täufer assistieren links ein Engel und rechts zwei schwer zu benennende Frauengestalten. – Durch eine Architekturrahmung im Innern des Tempels dargestellt, die Klage gegen die Ehebrecherin. Der thronende Christus wendet sich der Frau und dem Anklage führenden Mann rechts zu. Die beiden Pharisäer links halten Steine in den Händen, sie streben aber beschämt und mit nachdenklicher Geste dem Ausgang zu, entsprechend der Textstelle Johannes 8,7: Wer unter euch ohne Sünde ist, der werfe den ersten Stein auf sie. Stil 1.

6 *Der zwölfjährige Christus im Tempel.* Unter den Schriftgelehrten, jugendlich gekennzeichnet und ohne Bart, sitzt Christus, auf sein aufgeschlagenes Buch weisend. Die Schriftgelehrten dagegen tragen ihre Argumente aus Schriftrollen vor, lebhaft dabei gestikulierend. Die Formen des Tempels sind mit Bogenreihen und Türmchen angedeutet. Stil 1.

7 *Einzug Christi in Jerusalem.* Oben rechts Christus auf dem Esel reitend, von zwei Jüngern gefolgt. Ein jugendlicher Mann schlägt Palmzweige vom Baum, ein zweiter steht mit Palmzweig bereits zum Empfang Christi gerüstet, ein dritter breitet mit ausholender Bewegung seinen Mantel aus. Stil 2.

8 *Fußwaschung.* In ungewöhnlicher Perspektive, vom Rücken her gesehen, kniet Christus vor den aufgereiht sitzenden Jüngern, faßt den Fuß des ersten und hält mit der anderen Hand ein Becken darunter. Dieser – es ist Petrus – beugt sich herab und faßt das Gewand am Knie, um es anzuheben. Mit differenzierten Gesten begleiten die übrigen Jünger das Geschehen; einer von ihnen im Vordergrund scheint aktiv behilflich zu sein. Ein Rahmenwulst als sparsame Kennzeichnung des Innenraums. Stil 1.

9 *Abendmahl.* In dem von Gewölbebogen und Türmchen überdachten Innenraum sitzt Christus in der Mitte hinter der Tafel, Johannes an seiner Brust ruhend, weitere Jünger mit lebhaften Bewegungen zu beiden Seiten. Vor der Tafel erscheint allein Judas, der sich an die Kehle greift, während Christus ihm das Brot reicht. Stil 1.

10 *Gefangennahme.* Christus, in der Mitte stehend, wird von zwei Häschern ergriffen, zwei weitere halten Fackeln in die Höhe. Stil 1.

11 *Kreuztragung.* Christus schleppt schwer gebeugt das – allerdings nur klein dargestellte – Kreuz, während drei Schergen ihn vorwärtstreiben. Zwei von ihnen halten Hammer und Nägel für die Kreuzigung. Die Architekturkulisse weist auf die Stadt oder das Stadttor von Jerusalem. Stil 1.

12 *Christus vor Pilatus.* Links thronend Pilatus, schwer seine Hand auf das Knie stützend und von einem Schwertträger begleitet. In der Mitte Christus, der sich zu zwei Männern umwendet, die im Gespräch sind. Stil 1.

13 *Geißelung Christi.* In Seitenansicht dargestellt, ist Christus an eine Säule gefesselt. Ein Scherge trifft seinen entblößten Rücken mit der Geißel, ein zweiter holt zum Schlage aus. Zwei Männer wenden sich mit unterschiedlichem Ausdruck von Betroffenheit ab: einer führt beredt die Hand zum Gesicht, der andere rafft seinen Mantel fest um sich. Ein Thronender, begleitet von einem Schwertträger, weist auf die Geißelungsszene hin und greift sich mit der anderen Hand ans Kinn. Er scheint etwas von der zwiespältigen Haltung des Pilatus auszudrücken, der Christus den Schergen auslieferte, obwohl er ihn nicht für schuldig befand. Stil 1.

14 *Kreuzigung.* Christus am Kreuz, mit geschlossenen Augen und zur Seite geneigtem, gekröntem Haupt, wird von Joseph von Arimathia umfangen. Rechts ist Nikodemus dargestellt, mit der Zange als Werkzeug der Kreuzabnahme. Als trauernde Figuren am Rande Maria und Johannes, über den Kreuzarmen Sol und Luna (Sonne und Mond). Die Figur Christi ist gesondert gegossen, vollrund, zwischen die Arme Josephs gesteckt und am Kreuz mit Nägeln befestigt. Stil 1.

15 *Die Frauen am Grabe.* Der Reliefgrund ist vollständig in durchbrochenes Rankenwerk aufgelöst. Alle Figuren sind gesondert gegossen, mit Nägeln befestigt, aber leider nicht vollzählig erhalten. Auf dem leeren Grab mit dem Faltenbausch des herabhängenden Grabtuchs sitzt der Engel, der den mit Spezereien zum Grabe kommenden Frauen von der Auferstehung berichtet. Nur eine von ihnen ist gegenwärtig noch sichtbar; eine zweite ist zwar erhalten, aber deponiert, eine dritte verloren. Möglicherweise verloren sind auch weitere Figuren unterhalb des Grabes (Wächter), worauf mehrere Nagellöcher hindeuten. Stil 1.

16 *Höllenfahrt Christi (Limbus).* Die Vorhölle, die als befestigter, mit Mauern und Türmen bewehrter Bezirk dargestellt ist, betritt Christus durch eine Tür und führt Adam und Eva heraus. Auch eine weitere Figur strebt dem Ausgang zu, wird jedoch von einem Teufelchen attackiert (nur in Resten erhalten), wie auch Eva ein solches abzuwehren sucht. Kopfüber stürzt ein anderer Teufel in den unteren

Teil der Hölle (Pluteus). Der maßstäblich größer dargestellte Satan ist in einen Stock eingespannt, gefesselt auch mit einer Halsschlinge, und hält seinen »Lieblingssünder« auf dem Schoß. Stil 1.

17 *Christus als Weltenrichter.* Christus mit Segensgestus und mit aufgeschlagenem Buch, von zwei Cherubim flankiert, die mit zwei Flügelpaaren ausgestattet sind, Rauchfässer schwingen und Leidenswerkzeuge tragen. Zwei weitere Cherubim, mit drei Flügelpaaren und auf Flügelrädern stehend, präsentieren das Kreuz in Gestalt des lebenverheißenden Astkreuzes (arbor vitae). Stil 1.

18 *Türzieher.* Ein bärtiger Menschenkopf, aus dessen geöffnetem Mund ein Tierkopf hervorschaut. Dieser diente als Halterung für den verlorenen Griffring. Zwei Schlangen umkreisen den Kopf und haben sich in den Ohren verbissen. Entsprechend dem Text von 4. Moses 21,8 ist dieses Bildfeld wohl ein Symbol für den in Sünde gefallenen Menschen (vgl. Bildfeld 36), dem Löwenkopf-Türzieher auf dem rechten Türflügel (Nr. 40) inhaltlich gegenübergestellt.

19 *Enthauptung Johannes des Täufers.* In der Mitte die noch aufrecht stehende, aber bereits enthauptete Figur des Täufers, darüber der Henker mit dem Schwert, während ein Dritter mit dem abgeschlagenen Haupt davoneilt. Links der Gefängnisturm mit dem betend heraustretenden Johannes, zeitlich der Enthauptungsszene voraufgehend. Stil 1.

20 *Gastmahl des Herodes, Tanz der Salome.* Herodes und zwei Begleiter sitzen hinter der Tafel, während vor ihnen Salome in der akrobatischen Pose einer Gauklerin ihren Tanz vorführt. Die betroffene Geste des Herodes bezieht sich jedoch auf das Haupt des Johannes, das links zur Tafel gebracht und rechts weitergetragen wird. Stil 1.

21 *Übergabe des Hauptes an Herodias.* Salome selbst (?) bringt das Haupt des Täufers zu Herodias, die ebenfalls an einer Tafel sitzend und mit zwei Begleiterinnen dargestellt ist. Dieses Bildfeld als einziges vollständig ohne Binnenzeichnung durch Ziselierung. Stil 1.

22 *Allegorische Darstellung.* Baum der Tugenden und Baum der Laster. Vor durchbrochenem Rankengrund sitzen zwei als Mütter charakterisierte Frauengestalten, aus denen Bäume aufwachsen. Die Figur links nährt an ihrem Busen zwei Drachen (eigentlich Drache und Fisch), im Blattwerk ihres Baumes drei weitere Drachen (Drache, Schlange). Die rechte Figur nährt zwei auf ihrem Schoß sitzende Kinder; in den Zweigen ihres Baumes befinden sich drei Vögel. Die Darstellung wird bisher als Terra und Mare gedeutet (Personifikationen der Erde und des Meeres), entweder hinweisend auf den Schöpfungsakt Gottes (im Zusammenhang mit den Adam- und Eva-Szenen der Tür) oder auf das Erlösungswerk Christi in seiner kosmischen Bedeutung. Der Bildinhalt gehört aber eher in einen anderen thematischen Bereich: Beide Figuren sind deutlich einander gegenübergestellt durch ihre Attribute, die auf der rechten Seite positiv sind (Kinder, Vögel), auf der linken Seite negativ (Drachen, auch in fischähnlicher Form oder als Schlange). Die Deutung erschließt sich vor dem Hintergrund zweier theologischer Schriften, des »Speculum virginum« und des von Hugo von St. Victor stammenden »Liber de fructu carnis et spiritus«. Illustrierte Handschriften beider, deren älteste Exemplare dem zweiten Viertel des 12. Jahrhunderts angehören, enthalten ein Bildpaar, auf dem links der Baum der Laster dargestellt ist – mit der Halbfigur der Superbia als Wurzel (Personifikation des Hochmuts) und den inschriftlich als weitere Laster gekennzeichneten Ästen und Blättern –, und rechts der Baum der Tugenden – mit der Halbfigur der Humilitas (Personifikation der Demut) und weiteren Tugenden als Äste und Blätter. Parallel dazu läßt sich auch das Bildfeld der Bronzetür erklären, links mit dem Baum der Laster, aus der Superbia hervorwachsend, rechts mit dem Baum der Tugenden, aus der Humilitas hervorwachsend. Die jeweils drei Äste beider Bäume mögen Haupt-Laster bzw. -Tugenden darstellen, im letzteren Falle die drei theologischen Tugenden Fides, Spes und Caritas (Glaube, Hoffnung, Liebe). In der seit dem 12. Jahrhundert geläufigen allegorischen Formel des Tugendbaumes – gegenübergestellt dem Lasterbaum – sind vielfache Bezüge auf die Geburt und das Erlösungswerk Christi enthalten. Dabei klingt in den mütterlichen Figuren der Bronzetür anscheinend das Motiv der Gegenüberstellung von Eva und Maria an, entsprechend etwa der Auslegung des Hohenliedes durch Rupert von Deutz: Die Superbia als der Ausgangspunkt der Erbsünde, und dagegen die Humilitas der Maria, aus der der »Neue Adam«, nämlich Christus hervorwächst. Mit diesem komplexen heilsgeschichtlichen Inhalt hat die allegorische Bildplatte einen sinnvollen Platz im ikonographischen Gesamtprogramm der Bronzetür, möglicherweise als Gegenstück zum Drachenkampf Michaels (Nr. 48), der anderen Einzelplatte mit einer Gegenüberstellung von Gut und Böse. Auch der (ursprüngliche?) Platz beider Platten ganz unten, jeweils am Türgewände, deutet auf eine solche Zusammengehörigkeit hin. Stil 1.

23 *Vertreibung aus dem Paradies.* Aus dem mit Bäumen unterschiedlicher Größe gekennzeichneten Paradies werden Adam und Eva vom Erzengel Uriel hinausgedrängt, wohl einst mit erhobenem Schwert, das mit der Rechten Uriels weggebrochen ist. Adam schaut unsicher rückwärts, Eva schreitet mit klagender Gebärde voran. Beide bedecken mit Blattbuschen ihre Scham. – Das Ereignis nochmals dargestellt in Bildfeld Nr. 27. Stil 1.

24 *Erdenleben und Brudermord.* Die Stammeltern sind bei ihrer Arbeit dargestellt, oben links Eva beim Spinnen (der Spinnrocken weggebrochen), unten Adam hinter dem Pflug hergehend, wobei er die Pflugschar in den Boden stemmt. Der Pflug wird von Kain gezogen. Die Figur oben rechts, leblos erscheinend und nackt, ist der getötete Abel. Unklar dagegen die Männergestalt, die diesen am Arm hält (durch die Luft wirbelt?) und mit in die Hüfte gestemmter Hand heranschreitet. Es könnte sich wiederum um Kain handeln, dessen heftiges Temperament im Bewegungsmotiv zum Ausdruck käme (die Szene des Brudermordes nochmals dargestellt in Bildfeld Nr. 28). Wegen der sonst nicht deutbaren Ansätze am Kopf, in denen der Rest eines Kreuznimbus vermutet wurde, ist hier auch die Darstellung Gottvaters gesehen worden, der den toten Abel seinen Eltern vorweist. Stil 1.

25 *Erschaffung Evas, Sündenfall.* In der oberen Bildhälfte ersteht Eva auf Gottes Geheiß aus Adam, der mit übergeschlagenen Beinen unter einem Baum ruht. Darunter Adam und Eva zu seiten des Baumes der Erkenntnis, um dessen Stamm sich die Schlange windet, mit einer Frucht im Maul und Eva zugekehrt. Auch beide Menschen führen eine Frucht zum Munde. Stil 2.

26 *Verhör Gottes.* Unter einer Arkade, die von der schönen Ornamentform einer Baumkrone gefüllt ist, steht links Gottvater, anklagend mit ausgreifender Gebärde und mit einem Spruchband. Ihm gegenüber das Menschenpaar, das in unterschiedlichen Gesten Betroffenheit ausdrückt. Stil 2.

27 *Vertreibung aus dem Paradies.* Der Erzengel Uriel hat das Schwert erhoben und faßt Adams Schulter. Adam und Eva haben sich zum Gehen gewandt, beide mit klagenden Gebärden und bereits bekleidet. Zwei Kuppeln über der Szene. – Vgl. auch Bildfeld Nr. 23. Stil 2.

28 *Opfer Kains und Abels, Brudermord.* Oben die Opferszene, wobei die Brüder einander den Rücken zukehren und zusätzlich durch einen Baum getrennt sind. Abel bringt mit verhüllten Händen sein Lamm dar, vor einem Altar, über dem die segnende Hand Gottes erscheint. In bewegter Schrittstellung bietet Kain sein Ährenbündel, das als Opfer nicht angenommen wird. – Unten dringt Kain heftig auf den zu Boden gesunkenen Abel ein und trifft ihn mit der Keule am Kopf, während Abel mit schwach abwehrender Bewegung und mit Staunen reagiert. – Vgl. auch Bildfeld Nr. 24. Stil 2.

29 *Arche Noah.* Noah schaut aus einem Fenster der Arche, die als ein kunstvolles architektonisches Gebilde auf den Wellen schwankt. Er empfängt die Taube, die vom trockenen Land einen Ölzweig bringt. – Bau und Beladen der Arche sind dargestellt auf Bildfeld Nr. 47. Stil 2.

30 *Schande Noahs.* Der trunkene und teilweise entblößte Noah schläft unter einem Weinstock, was sein Sohn Ham den beiden Brüdern Sem und Japhet zeigt und dabei das Gewand noch mehr wegzieht. Die Brüder – einer vor, der andere hinter ihm –zeigen Entsetzen. In der Szene darunter führen sie Ham anklagend zu Noah selbst, der ihn verflucht. Stil 2.

31 *Gottvater heißt Abraham die Sterne zählen.* Abraham wird reiche Nachkommenschaft vorausgesagt, zahlreich wie die Sterne am Himmel (1. Moses 15,5). Er schaut staunend, auf seinen Stock gestützt, zu dem von Sternen dicht besetzten Himmelsrund, auf das Gottvater weist. Stil 2.

32 *Abraham und die drei Engel, Verstoßung der Hagar.* Oben empfängt Abraham, der einen spitzen Judenhut trägt, die drei Engel, die ihm die Geburt Isaaks – von seinem betagten Weibe Sarah – verkünden (1. Moses 18,1–15). Unten tritt derselbe Abraham zu einem Haus, in dessen geöffneter Tür die junge Hagar steht, reich gekleidet, mit weiten, bis zum Boden fallenden Ärmeln, einem langen Gürtel und einem Reif im Haar. Sie antwortet mit abwehrender Geste und hält sich am Türring fest. Zusammen mit ihrem Sohn Ismael wird sie des Hauses verwiesen (1. Moses 21,8–14). Das Haus mit seinen Bogenstellungen ist durchbrochen gearbeitet; zwischen zwei Stützen erscheint eine weitere Frauengestalt, wohl Sarah. Stil 2.

33 *Opferung Isaaks.* Abraham will nach dem Geheiß Gottes seinen Sohn Isaak zum Opfer darbringen, hat auf dem Altar Feuerholz aufgeschichtet und holt mit dem Schwert aus. Der Engel greift in die Spitze des Schwertes und verhindert die Tat. Hinter Abraham im Gesträuch der Widder, der stattdessen zum Opfer bestimmt ist (1. Moses 22,1–14). – Dieselbe Szene nochmals auf Bildfeld Nr. 46. Stil 2.

34 *Gesetzesübergabe auf dem Sinai, Aarons grünender Stab.* In der oberen Bildhälfte empfängt der zum Berge eilende Moses von Gottvater die Gesetzestafeln (2. Moses 24,12; 31,18; 34,1–28). – Unten verkündet Moses, der links vom Altar steht, das Stabwunder Aarons. Dieser erscheint rechts, in Bischofstracht und mit staunend erhobenen Händen. Von den zwölf Stäben der Stammesfürsten hat allein seiner ausgeschlagen, wodurch er als Auserwählter Gottes bestätigt wird (4. Moses 17,6–8). Stil 2.

35 *Die letzte der ägyptischen Plagen, Moses beim Pharao.* Oben tötet ein Engel den mit einer Krone gekennzeichneten Sohn des Pharao, während ein Jude auf das mit dem Blut des Passah-Lammes geschriebene Tau-Zeichen über seiner Haustür weist, das nach dem Willen Gottes sein Haus schützt (2. Moses 12,7–29). – Unter zwei Arkaden der thronende Pharao und Moses im Gespräch, wohl auf die Gewährung des Auszuges der Kinder Israels aus Ägypten zu beziehen (2. Moses 12,31). Stil 2.

36 *Aufrichtung der Ehernen Schlange.* Im Zentrum das Tauförmige Kreuz mit der Ehernen Schlange, das Moses auf Geheiß Gottes, der über der Szene schwebend erscheint, aufgerichtet hat. Es ist das Zeichen der Rettung für die als Strafe Gottes von feurigen Schlangen angefallenen Kinder Israels, deren Gruppe links dargestellt ist. Wer von den Schlangen gebissen ist und dieses Kreuz sieht, wird am Leben bleiben (4. Moses 21,4–9). Eine Bogenstellung als Rahmung der Darstellung, mit menschlichen Köpfen als Kapitelle. Stil 2.

37 *Der Prophet Bileam.* Unter einer Architekturform mit flachem Giebel der Prophet Bileam auf seiner störrischen Eselin, die er mit dem Stock schlägt (4. Moses 22,23–34). Sein Spruchband weist ihn als Prophet aus und zwar in Beziehung zur Darstellung der Wurzel Jesse im benachbarten Bildfeld Nr. 38. – In gleicher Funktion der reitende Prophet in Bildfeld Nr. 39. Nach 4. Moses 24,17–19 weissagt Bileam die Ankunft Christi als König aus dem Stamme Jakob. Stil 2.

38 *Wurzel Jesse.* Auf einem Lager mit feinen und reich gefalteten Tüchern ruht Jesse, aus dem ein Rankenbaum aufwächst mit dem thronenden Christus an der Spitze, entsprechend der Weissagung Jesaias' von der Herkunft Christi (Jesaias 11,1–10). In den Windungen der Zweige seitlich die Halbfiguren von Propheten und einer Sibylle (oder Vorfahren Christi). Die am Lager aufgestellte große Kerze bezieht sich auf Christus als das kommende Licht (Jesaias 60,1–3). Stil 2.

39 *Reitender Prophet.* Unter einer Arkade ein König auf heransprengendem Roß mit einem Spruchband in der Hand. Dargestellt ist entweder König David oder König Salomo als Prophet, zugleich als Vorfahr Christi. Auch die beiden ihre

Spruchbänder vorweisenden Gestalten in den Zwickeln seitlich des Bogens sind als Propheten zu deuten. Das Bildfeld ist Gegenstück zum Bileam (Nr. 37) und auf die von beiden Tafeln flankierte Wurzel Jesse bezogen (Nr. 38). Stil 2.

40 *Türzieher*. Ein Löwenkopf mit kurzen, auf die Türfläche überleitenden Haarzotteln. Der Ring in seinem Rachen verloren. Als Gegenstück zum Türzieher des linken Türflügels (Nr. 18; vgl. auch Nr. 36) stellt der Löwenkopf wohl ein Christus-Symbol dar und ist damit Zeichen der Erlösung. Stil 1.

41 *Der hl. Zeno fischend*. Der Heilige am Ufer der Etsch sitzend mit der Angel und im Gespräch mit zwei Abgesandten des Kaisers Galienus, die ihn zu der von Dämonen besessenen Kaisertochter rufen. Oben hängend ein Gefäß mit Fischen, vielleicht auf den Fischdiebstahl der Abgesandten hinweisend. Sie hatten zwei Fische als Gastgeschenk erhalten, stahlen aber noch einen dritten, den ihnen der Heilige wieder entzog. Stil 2.

42 *Heilung der Prinzessin durch den hl. Zeno*. Der Heilige in Bischofstracht faßt die besessene Tochter des Galienus am Handgelenk und hebt beschwörend die Rechte. Daraufhin entweicht ein Teufelchen aus ihrem Mund. Ein Diakon ist helfend zugegen und hält Kopf und Arm des Mädchens. Eine schlichte Arkade als Rahmenmotiv. Stil 2.

43 *Ungeklärte Darstellung*. Der Bildgrund ist vollständig in durchbrochenes Rankenwerk aufgelöst. Die Szene spielt in einem Innenraum oder zumindest in einem ummauerten Bereich mit einem Ausgang links. Drei Gekrönte sitzen nebeneinander auf Thronen, wobei der mittlere in seiner Größe und durch Klauenfüße und Tierköpfe des Thrones besonders betont ist. Löcher in Knie und Brust und sein weggebrochener linker Arm zeugen von einem größeren Gegenstand, den er einst gehalten hat. Alle drei sind in Wendung und Gesten auf das Geschehen in der unteren Bildhälfte ausgerichtet. Dort wird eine männliche Gestalt in ein niedriges rundliches Gehäuse (Ofen?) getrieben, und zwar von einer zweiten, dahinterstehenden Gestalt und wohl mit Hilfe einer verlorenen Lanze (?); das Opfer bückt sich, faßt den Rand des Gebildes und verschwindet mit dem Kopf darin. Alle bisherigen Deutungsvorschläge scheinen den Bildinhalt nicht zu treffen: Der Mönch Benedikt, von Totila in einen brennenden Ofen gestoßen; Nebukadnezar und die drei Männer im Feuerofen; Joseph wird in den Brunnen gestoßen; die drei Jünglinge im Feuerofen. Stil 1.

44 *Rettung des besessenen Fuhrmanns durch den hl. Zeno*. Der Fuhrmann, rückwärts auf seinem Leiterwagen balancierend, anstelle der Zügel den Schwanz eines Ochsen benutzend und mit dem Stock weit ausholend, treibt sein Ochsengespann ins Wasser der Etsch. Der rechte Teil des Bildfeldes ist verloren. Er muß die Figur des hl. Zeno enthalten haben, der den Fuhrmann errettet, indem er den in ihn gefahrenen Teufel beschwört. Stil 2.

45 *Galienus und der hl. Zeno*. Der Kaiser Galienus hat seine Krone vom Haupt genommen und bietet sie als Dank für die Heilung seiner Tochter dem Heiligen an. Dieser, in bischöflichem Ornat dargestellt, wird – der Zeno-Legende nach – die Krone annehmen, sie jedoch zerbrechen und die Stücke an die Armen verteilen. Stil 2.

46 *Opferung Isaaks*. Rechts als ein Aufbau aus Bäumen und Rundungen wohl die Andeutung des Berges, auf dem das Geschehen sich abspielt (1. Moses 22,1–14). Abraham hat auf dem Altar die überaus kleine Gestalt seines Sohnes Isaak liegen und holt mit dem Schwert aus (dieses und ein Teil des Armes weggebrochen), während der hinzueilende Engel ihm ins Schwert fällt (auch dessen Rechte verloren) und stattdessen auf den am Baum weidenden Widder als Opfertier weist (dargestellt eigentlich ein Esel). Unten wohl der Esel Abrahams. – Diese Szene nochmals in Bildfeld Nr. 33 dargestellt. Stil 1.

47 *Arche Noah*. Dargestellt sind der Bau der Arche und das Einladen der Tiere (vgl. die Arche in Bildfeld Nr. 29). Links unten die kleine Gestalt Noahs, der mit der Axt ein Brett bearbeitet. Das inzwischen fertige Werk mit mächtigem Schiffsrumpf hat einen Haus-ähnlichen Aufbau und läuft vorn in einen Tierkopf aus. Auf steiler Rampe führt Noah am Horn ein Rind empor, wobei er sich selbst am Schiffsrumpf festhält und sich dem anscheinend widerstrebenden Tier zuwendet. Ein zweites Rind wartet unten. In der geöffneten Tür der Arche, wie auch daneben vor der glatten Wand, waren weitere Personen und Tiere zu sehen, von denen nur noch Nagellöcher zeugen. Sie waren gesondert gegossen und befestigt und sind sämtlich verlorengegangen. Stil 1.

48 *Michaels Drachenkampf*. Vor durchbrochenem Rankengrund steht der Erzengel Michael triumphierend auf dem Rücken des höllischen Drachen und vernichtet ihn mit Hilfe der – verlorengegangenen – Lanze. Die Darstellung ist Zeichen des Sieges der Mächte des Lichts über die Mächte der Finsternis. Als Konfrontation von Gut und Böse bildet sie auf der Tür wohl ein Gegenstück zur Bildtafel mit den Bäumen der Tugenden und Laster (Nr. 22). Stil 1.

Die schmalen Ornamentplatten a–g:

Sieben dieser Platten, die sich alle auf dem linken Türflügel befinden, und zwar unmittelbar am Türgewände, sind erhalten. Sie sind hier zu einem schmalen Streifen übereinander montiert, ohne Rahmenleisten dazwischen. In der Höhe entsprechen die einzelnen Platten etwa den Bildplatten 1–48. Vollständig durchbrochen gearbeitet, zeigen sie jeweils rechts in Relieferhebung eine einzelne Säule mit ornamentiertem Schaft, links im Reliefgrund gleichartige Ornamentmotive (Ausnahme Platte g: die Säule links).

a Der Säulenschaft mit Arkadenreihen, auf dem Grund seitlich eine Wellenranke, zwischen Zickzackbändern oben und unten. Stil 1.

b–f Die Säulenschäfte und die Randstücke mit Lilien-Muster (Ausnahme: seitlich eine Wellenranke auf Platte b), stellenweise Zickzackreihen. Ohne jede gravierte Binnenzeichnung. Stil 2.

g Die Säule links, die ganze Platte deshalb auf dem Kopf stehend versetzt. Wellenranken auf dem Säulenschaft und auf dem seitlichen Plattengrund, ein breites Zickzackband darüber. Stil 1.

Die kleinen quadratischen Platten h–z:

Erhalten haben sich 17 Platten (h–x), alle auf dem linken Türflügel befindlich, zu einem schmalen Randstreifen übereinander montiert, direkt am Türschluß. Zwischen ihnen gibt es Lücken, die mindestens auf drei verlorene Stücke schließen lassen; unvollständig ist die Reihe auch nach oben und nach unten. Dargestellt ist jeweils eine einzelne Figur, die zu zwei Themenbereichen gehört: Vorfahren Christi (zumeist als thronende Könige mit Insignien oder Musikinstrumenten) und Tugend-Personifikationen. Die Figuren sind auf jeder Tafel zur Seite versetzt – bald nach rechts, bald nach links –, der verbleibende Plattengrund besteht aus durchbrochenem Rankenwerk. Viele der Platten sind seitlich beschnitten, waren für ihren jetzigen Standort in der Breitenausdehnung also zu groß.
Zwei zugehörige Stücke y und z befanden sich auch am Türschluß des rechten Flügels, zwischen den größeren Platten F und G (so abgebildet noch bei G. Orti-Manara: Dell'antica basilica di S. Zeno-Maggiore. Verona 1839 Taf. 5). Sie gelangten im Jahre 1900 in die Staatlichen Museen zu Berlin, Kaiser Friedrich Museum, und gehören inzwischen leider zu den Verlusten des Zweiten Weltkrieges.

h *Thronender König mit Harfe.* Stil 1.

i–l *Jeweils ein Thronender mit Reichsapfel.* Stil 2.

m *Thronender ohne Attribut.* Stil 2.

n *Thronender König mit Zepter.* Stil 2.

o *Temperantia* (Mäßigkeit), als Frauengestalt, die den Inhalt eines Gefäßes in ein zweites gießt. Stil 2.

p *Justitia* (Gerechtigkeit), als Frauengestalt mit Waage (diese zur Hälfte verloren). Stil 2.

q *Fortitudo* (Stärke), als Jüngling, der rücklings auf einem Löwen sitzt und dessen Rachen auseinanderreißt. Stil 2.

r *Thronender König mit Harfe.* Stil 1 (derzeit deponiert).

s *Thronender König*, ehemals mit einem Blasinstrument (?). Stil 1.

t *Thronender König mit Harfe.* Stil 1 (derzeit deponiert).

u *Thronender König* mit verlorenem Attribut. Stil 1.

v *Thronender König mit Harfe.* Stil 1.

w *Thronender König* mit verlorenem Attribut. Stil 1.

x *Thronender König mit Harfe.* Stil 1.

y *Thronender König*, ehemals mit einem Blasinstrument (?). Stil 1. (Vom rechten Türflügel. Seit 1900 im Kaiser Friedrich Museum in Berlin, Inv. Nr. 5934, dort während des Zweiten Weltkrieges verlorengegangen.)

z *Thronender König mit Harfe.* Stil 1. (Vom rechten Flügel, dann in Berlin unter derselben Inv. Nr. wie Platte y, gleichfalls nicht erhalten.)

Die schmalen Platten mit Einzelfiguren A–G:

Sieben Platten mit Einzelfiguren, die jeweils von einer schlichten Arkade gerahmt werden, bilden eine Randleiste am Türschluß des rechten Flügels. Die Höhe der einzelnen Platten stimmt etwa mit der Höhe der großen Bildplatten überein. Ohne dazwischenliegende Rahmenleisten sind hier die Platten jedoch dicht übereinandergesetzt. Die Folge ist sicherlich nicht vollständig. Diese Platten gehören ausnahmslos dem Stil 2 an.

A *Der Apostel Petrus*, mit zwei Schlüsseln in der Rechten, die Linke anbetend erhoben.

B *Der Apostel Paulus*, auf seinem Spruchband ungelenk eingraviert sein Name S(AN)C(TV)S PAVLVS.

C *Ein Bischof bzw. Erzbischof*, da mit dem Pallium dargestellt. Entweder der Titelheilige der Kirche, der hl. Zeno, oder ein bischöflicher Stifter.

D *Die hl. Helena*, gekrönt und mit dem Kreuz.

E *Die hl. Margaretha*, auf einem Drachen stehend, dem sie ihren Stab in den Rachen stößt.

F *Männliche Gestalt in weltlichem Kostüm*, mit betend erhobenen Händen. Möglicherweise die Darstellung eines Stifters, entweder der Tür oder des Kirchenbaus.

G *Ein Meister (Bildhauer)*, mit Hammer und Meißel einen Block bearbeitend. Dieses Künstler-Bildnis (oder -Selbstbildnis) bezieht sich vermutlich auf den maßgeblichen Modelleur der Bronzetür (2. Werkstatt). Sein Stil ist den Portalskulpturen von San Zeno so nah verwandt, daß er selbst als Bildhauer der Portalwerkstatt des Meisters Nicolaus angehört haben muß. Deshalb wohl auch seine Darstellung als Steinbildhauer. Vielleicht war eine weitere, jetzt verlorene Platte zugehörig mit der Darstellung eines Gußmeisters.

Das Rahmenwerk:

Es bildet ein regelmäßiges Gerüst für die Reliefplatten 1–48, ohne besonders betonte Randleisten an den Außenseiten der Türflügel. Dort – außerhalb des Rahmenwerks – befinden sich im heutigen Zustand der Tür die dicht aneinandergereihten Ornamentplatten a–g und die figürlichen Platten h–x und A–G. Die Rahmenleisten sind durchbrochen gearbeitete Halbrundstäbe mit seitlichen glatten Randstreifen für die Befestigung. Sie bestehen aus kurzen Teilstücken, jeweils von der Höhe und Breite der Bildplatten (88 Teilstücke erhalten). Wo sie zusammentreffen, verdeckt eine Kopf-Applike die Nahtstelle. Die Rahmenstücke und die Köpfe gehören zum geringeren Teil dem 1. Stil an, zum größeren Teil dem 2. Stil.
Die Rahmenleisten-Ornamentik des 1. Stils besteht vor allem aus Wellenranken und Zickzackbändern, selten auch Flechtwerk und Rosettenmustern; alle diese Rahmenstücke besitzen eine reiche graphische Binnenzeichnung und gleichen darin den durchbrochenen Gründen der Bildplatten Nr. 4, 15, 22, 43 und 48. Die Köpfe über den Rahmenkreuzungen, die zum Bestand des 1. Stils gehören, sind verkleinerte Varianten der beiden Türzieher-Platten Nr. 18 und 40, nämlich zwei Menschenkopf-Typen (mit und ohne Bart) und zwei Löwenkopf-Typen (mit Mähnenzotteln und mit einer merkwürdigen glatten Haarkappe). Die Köpfe besitzen jeweils vier seitliche Zungen für die Nägel, mit denen sie

über den Rahmenkreuzungen montiert werden. Die Rahmenteile des 1. Stils sind im oberen Teil des linken Flügels konzentriert, die Rahmenleisten um die beiden ersten Plattenreihen, die Köpfe bis in Höhe des Türziehers; ein einzelner Kopf befindet sich auch auf dem rechten Flügel, in der oberen rechten Ecke.
Alle anderen Rahmenteile gehören dem 2. Stil an. Diese sind ohne graphische Binnenzeichnung, oder nur mit ganz zarten Gravuren versehen, vor allem auf den Randstreifen. Die Ornamentik ist wegen der fehlenden Binnenzeichnung oft verunklärt, die Leistenstücke sind von insgesamt derberer Form. Folgende Ornament-Motive kommen vor: Lilien, Rauten, undeutliche Volutenschwünge und Zangenformen, vor allem jedoch Zickzackbänder (so z.B. auf dem ganzen rechten Flügel). Zwei abweichende, wesentlich feiner gearbeitete Rahmenstücke mit Ranken und Rosetten befinden sich seitlich des Bildfeldes mit der Herodias (Nr. 21). Die Kopf-Appliken zeigen ausschließlich menschliche Köpfe, einen Typus mit, den anderen ohne Bart. Sie sind nah verwandt den Figuren auf den schmalen Bildplatten A–G. Auch diese Köpfe sind mit jeweils vier Zungen für die Befestigung ausgestattet.
Schriftliche Quellen zur Entstehung der Tür existieren nicht. Der stilistisch uneinheitliche Bestand und vor allem der große formale Abstand zwischen den Platten von Stil 1 und Stil 2 haben immer eine besondere Schwierigkeit bedeutet für die zeitliche Einordnung dieser Bronzetür und für die Klärung ihrer Entstehungsgeschichte. Zwischen dem älteren und dem jüngeren Bestand wurde stets eine erhebliche Zeitdifferenz angenommen; seit Albert Boeckler 1931 galt im wesentlichen für Stil 1 eine Datierung um 1100, während Stil 2 unterschiedlich zwischen dem zweiten Viertel des 12. und dem Beginn des 13. Jahrhunderts angesetzt wurde. Auch die Fragen nach den Gründen für die Kombination zweier Werkkomplexe für diese Tür wurden verschieden beantwortet. Es gibt Rekonstruktionsversuche für eine ursprüngliche Tür oder für zwei getrennte Türen. Nachträgliche Veränderungen eines ersten Planes wurden auch in Zusammenhang gesehen mit bestimmten Unstimmigkeiten in der Architektur und Skulptur des Westportals von San Zeno, die ebenfalls als eine Abfolge nachträglicher Eingriffe erklärt wurden.
Eine erneute Prüfung beider Reliefstile der Tür ergibt jedoch, daß sie innerhalb eines relativ geschlossenen Zeitraumes geschaffen worden sind, allerdings von zwei Gußwerkstätten mit sehr unterschiedlichen Voraussetzungen. Die gesamte Bronzetür entstand für die neue Westfassade, die um 1138 im Bau oder in ihren unteren Teilen sogar vollendet war, und deren Baubeginn – Wiederherstellung und Vergrößerung der Kirche – auf jeden Fall nach dem Erdbeben von 1117 anzusetzen ist. Zuerst wurden die Platten des 1. Stils gegossen, von einer Werkstatt, die virtuos im Ornamentalen, aber von einer gewissen Unbeholfenheit im Figürlichen war. An einigen Details ist trotzdem erkennbar, daß der Figurenstil des Meisters Wiligelmus von Modena als bereits bekannt vorauszusetzen ist. Die Skulpturenwerkstatt des Nicolaus jedoch war vermutlich zu diesem Zeitpunkt noch nicht in Verona tätig. Stattdessen scheinen bestimmte Einflüsse aus Deutschland gekommen zu sein, wie umgekehrt auch einige Kräfte dieser Werkstatt später in der Magdeburger Gußhütte ihre Spuren hinterlassen haben, als dort um 1152/56 die Novgoroder Bronzetür entstand. Aus unbekannter Ursache ließ diese erste Werkstatt die Tür von San Zeno unvollendet. Gleichzeitig oder unmittelbar anschließend an die Portalskulpturen des Westportals von San Zeno, durch Meister Nicolaus und seine Werkstatt um 1138, müssen die Arbeiten für die Tür wiederaufgenommen und zu Ende geführt worden sein. Dabei kam der wichtigste Modelleur aus dem Nicolaus-Kreis selbst. Die Tür wurde offenbar weitgehend nach dem ursprünglichen Plan fertiggestellt, in ihrem Gefüge aus Bildplatten und Rahmenwerk und wohl auch ohne wesentliche Veränderungen im Bildprogramm. Der 2. Stil ist parallel zur Portalskulptur der Nicolaus-Werkstatt um 1138 zu datieren, der 1. Stil als zeitlich vorausgehend, also vor 1138.

Die Tür ist in Einzelteilen gegossen – Reliefplatten, Rahmenteile, Kopf-Appliken – und auf einem Holzträger montiert (dieser erneuert). Gelegentlich sind auch einzelne Figuren als Bestandteile der Reliefkompositionen gesondert gegossen und montiert, allerdings zum Teil verlorengegangen (Bildfelder Nr. 14, 15, 47). Stellenweise vollplastische Köpfe, Gliedmaßen, Attribute und durchbrochen gearbeitete Einzelheiten zeugen von einem hohen gußtechnischen Niveau, und zwar sowohl der Teile von Stil 1 wie der von Stil 2 (Durchbruchsarbeit besonders bei Stil 1, aber auch Stil 2: Haus der Hagar in Feld Nr. 32). Wesentlich unterschiedlich ist die Relieftechnik von Stil 1 und Stil 2, nämlich das Verhältnis von modellierter Form und zusätzlicher graphischer Oberflächenbehandlung: Bei Stil 1 blockhaft geschlossene Formen, nur selten differenzierte plastische Einzelheiten, dafür aber reicher Einsatz von Gravur für die Binnenzeichnung (überwiegend nach dem Guß ausgeführt); bei Stil 2 plastisch fein differenzierende Modellierung und nur gelegentlich zarte Gravuren für Musterungen, diese so zurückhaltend, daß nahezu unsichtbar.
Die Bronzeteile sind mit Nägeln befestigt, und zwar entlang der Randstreifen der Rahmenleisten, die die Bildplatten übergreifen, und in den seitlichen Zungen der Kopf-Appliken; in unregelmäßiger Anordnung sind Nägel auch in den Bildplatten selbst verteilt. Die wenigen noch vorhandenen bronzegegossenen Nagelköpfe in Kegelstumpf-Form und mit feinen konzentrischen Gravuren scheinen zum alten Bestand zu gehören; die große Zahl der Eisennägel ist spätere Ergänzung. Die Reihenfolge der Platten ist mehrfach gestört, die thematische Anordnung auf der Tür im wesentlichen aber wohl erhalten geblieben.
Viele vollplastische Einzelheiten der Bildtafeln (Köpfe, Arme, Attribute) sind weggebrochen, die Türzieher-Griffe verloren. Die Platten selbst zeigen zahlreiche Brüche, auch Beschädigungen an den Rändern, wobei es sich teilweise um Gußfehler handeln wird. Das Bildfeld mit dem besessenen Fuhrmann (Nr. 44) ist etwa zur Hälfte verloren. Wieweit die seitlichen Plattenreihen a–g, h–x und A–G einst die volle Höhe der Türflügel ausfüllten, ist nicht sicher; zumindest der Verlust der beiden nach Berlin gelangten Platten y–z ist bekannt, ihr ursprünglicher Platz auf der Tür aber sicherlich nicht der, den sie vor Entfernung innehatten. Verloren sind

viele Teile des Rahmenwerks (Leisten und Köpfe), insbesondere im unteren Bereich beider Türflügel und auf dem rechten Flügel rechts außen.

Analyse der Platten y–z: 90,17% Kupfer, 6,99% Zinn, 2,77% Blei, 0,06% Eisen.

Höhe 4,80 m; Breite 3,60 m. Bildplatten 1–48: Höhe ca. 44 bis 49 cm; Breite ca. 40 bis 45 cm. Ornamentplatten a–g: Höhe ca. 47 cm; Breite ca. 16,5 cm. Platten h–z: Höhe ca. 15,2 bis 16,5 cm; Breite ca. 16 bis 17 cm. Platten A–G: Höhe ca. 44,5 cm; Breite ca. 22,5 cm. Rahmenleisten: Höhe ca. 45 bis 50 cm; Breite ca. 12 bis 13 cm.

Literatur: A. Boeckler 1931. – E. Arslan 1943 S. 71–82, 131–138, Abb. 78–87, 157–167. – A. da Lisca 1956 S. 165–195, Abb. 102–109; 1. Aufl. 1941. – P. Gazzola 1956. – H. Leisinger 1956 Taf. 58–87. – F. Winzinger 1958. – A. M. Romanini 1964 S. 693–705, 728–732. – P. Gazzola 1965. – G. Trecca 1968 S. 49–93. – U. Götz 1971 S. 117–134. – R. Fasanari 1975. – W. Neumann 1979. – U. Mende 1981 S. 51–53, Kat. Nr. 59, Abb. 112–115, 360–361.

Novgorod

Tafel 100–121; Abb. 54, 57–59, 70, 73, 75

SOPHIEN-KATHEDRALE, WESTPORTAL

Zweiflügelige Tür mit Reliefdarstellungen: Szenen aus dem Leben Christi, ergänzt durch alttestamentliche und allegorische Darstellungen; dazu einzelne Heilige und historische Personen
Magdeburg, Mitte 12. Jahrhundert (um 1152/1156)

Die Tür ist vielteilig gegliedert durch ein Rahmengerüst aus voluminösen, ornamentierten Rundstäben. Dieses bildet insgesamt 26 Füllungen, auf jedem Flügel 13, wobei ein queroblonges Feld oben die ganze Flügelbreite einnimmt, während die übrigen darunter in zwei Bildachsen angeordnet und von etwa quadratischer Form sind. Nur in wenigen Fällen nimmt dabei die Darstellung die ganze Breite eines solchen Quadratfeldes ein; in der Regel sind ein Hochrechteck und eine ganz schmale Platte mit Einzelfigur oder mit ganz gedrängter Figurengruppe kombiniert (insgesamt 47 Szenen oder Einzelfiguren). Die thematische Gliederung geschieht in der Weise, daß die Szenen der Jugendgeschichte Christi sich auf dem linken Flügel befinden, die Szenen von Passion und Auferstehung auf dem rechten Flügel. Die alttestamentlichen und allegorischen Darstellungen, die Heiligen und die auf die Entstehungsgeschichte der Tür bezogenen historischen Personen (Stifter, Meister) sind auf beiden Flügeln in den unteren Zonen angeordnet. Die Darstellungen sind einheitlich in Hochrelief ausgeführt, überwiegend vielfigurig und dabei gedrängt auf knappem Raum. Eine wesentliche Rolle spielt als Ergänzung der plastischen Form die graphische Oberflächenbehandlung. Lateinische Inschriften in romanischer Majuskel bezeichnen viele der dargestellten Personen und Szenen; spätere Ergänzungen sind entsprechende russische Inschriften (die letzteren hier folgend nur in Übersetzung wiedergegeben; russisch zitiert bei A. Goldschmidt 1932 und F. Adelung 1823, der zudem Taf. 2–6 Faksimile-Wiedergaben aller – der lateinischen und der russischen – Inschriften enthält, auf der Grundlage von Papier-Abdrucken).

Die Bildfelder 1–47, beginnend mit dem linken Flügel waagerecht von oben nach unten, dann folgend der rechte Flügel in derselben Reihenfolge:

1–3 *Schlüsselübergabe und Gesetzesübergabe (Traditio clavis, traditio legis), mit den Aposteln als Zeugen.* Querrechteckiges Bildfeld in ganzer Türflügelbreite, aus drei Teilstücken zusammengesetzt. In der Mitte (Nr. 2) Christus thronend mit Buch und mit segnend erhobener rechter Hand, rechts Petrus mit dem Schlüssel, links Paulus mit einer Schriftrolle und auf Christus weisend. Die linke dicht gedrängte Gruppe der Apostel wird von Maria angeführt (Nr. 1), die rechte von dem nochmals erscheinenden Petrus, der seinen Schlüssel schultert (Nr. 3). Über dieser Gruppe die Inschrift +DV(O)DECIM AP(OSTO)LI (zwölf Apostel), über dem Thronenden Alpha und Omega und das russische (eigentlich griechische) Christus-Monogramm. Die linke Apostelgruppe mit Maria ist russisch bezeichnet: Die Apostel und die Allerreinste. – Die Verknüpfung beider Bildinhalte, der Schlüsselübergabe an Petrus (d. h. der Einsetzung Petri in das höchste Hirtenamt) und der Gesetzesübergabe an Paulus, in der Bildformel mit dem thronenden Christus zwischen Petrus und Paulus, bedeutet die Vergegenwärtigung der ganzen christlichen Kirche. Als Repräsentationsbild Christi, außerhalb der eigentlichen Bilderzählung zum Leben Christi auf der Tür, bildet diese Tafel eine Gegenüberstellung zu der Majestas Domini auf dem rechten Flügel (Nr. 24). Beide sind in ihrer Größe hervorgehoben. Gelegentlich ist die Traditio-Darstellung erweitert um die Apostel als Zuschauer des Ereignisses. In diesem Sinne sind die beiden Apostelgruppen zu verstehen, die hier allerdings – mit Maria an der Spitze und mit dem nochmals dargestellten Petrus – auf eine Bildvorlage der Himmelfahrt Christi zurückgehen. Diese Szene, ohne die Apostel, kommt als Einzeltafel auf der Tür vor (Nr. 43).

4 *Taufe Christi.* Eng zusammengedrängt Christus im Wellenberg des Jordans stehend, mit Johannes dem Täufer, der ihm die Hand auf den Scheitel legt. Die Taube fliegt von oben hinzu. Inschrift +IH(ESV)C BABTIZATVR (Christus wird getauft). – Die Tafel ist falsch versetzt, sie müßte den Abschluß der Darstellungen aus Kindheit und Jugend Christi bilden.

5 *Verkündigung an Maria.* Maria ist am Spinnrocken sitzend dargestellt, wo sie die Purpurwolle für den Tempelvorhang spinnt (Protoevangelium des Jacobus 19). Eine Taube fliegt zu ihrem Haupt, links verkündet der Erzengel Gabriel die Botschaft. Er steht mit gekreuzten Beinen auf einem Drachen und deutet damit die Überwindung des Bösen durch Christus an. Inschrift + AUE MARIA GRACIA PLENA D(OMI)N(V)S TECVM + GABRIEL (der Engelsgruß nach Lukas 1,28: Gegrüßet seist du, Maria, der Gnaden voll, der Herr ist mit dir).

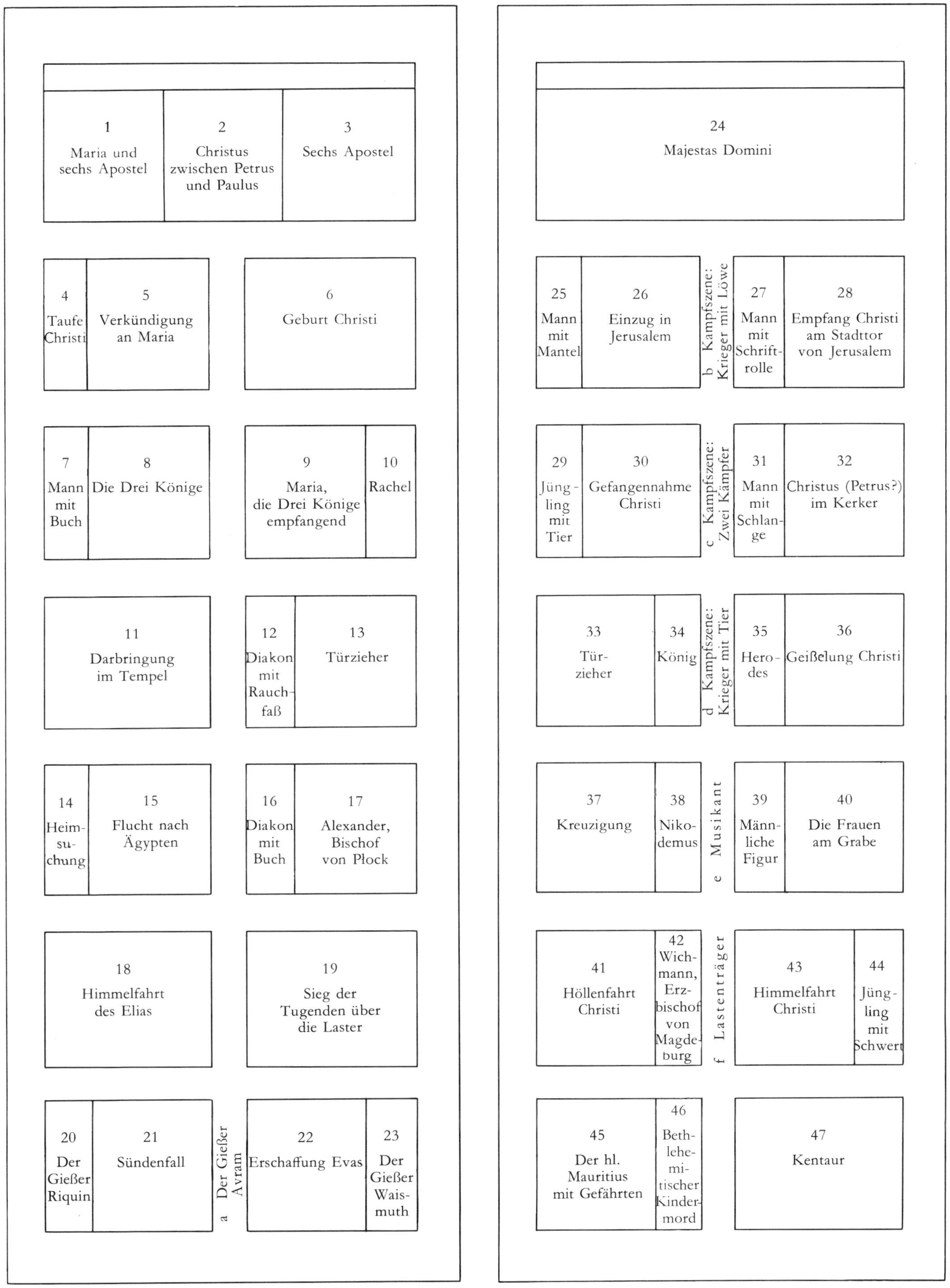
1 Maria und sechs Apostel
2 Christus zwischen Petrus und Paulus
3 Sechs Apostel
4 Taufe Christi
5 Verkündigung an Maria
6 Geburt Christi
7 Mann mit Buch
8 Die Drei Könige
9 Maria, die Drei Könige empfangend
10 Rachel
11 Darbringung im Tempel
12 Diakon mit Rauchfaß
13 Türzieher
14 Heimsuchung
15 Flucht nach Ägypten
16 Diakon mit Buch
17 Alexander, Bischof von Płock
18 Himmelfahrt des Elias
19 Sieg der Tugenden über die Laster
20 Der Gießer Riquin
21 Sündenfall
a Der Gießer Avram
22 Erschaffung Evas
23 Der Gießer Waismuth
24 Majestas Domini
25 Mann mit Mantel
26 Einzug in Jerusalem
b Kampfszene: Krieger mit Löwe
27 Mann mit Schriftrolle
28 Empfang Christi am Stadttor von Jerusalem
29 Jüngling mit Tier
30 Gefangennahme Christi
c Kampfszene: Zwei Kämpfer
31 Mann mit Schlange
32 Christus (Petrus?) im Kerker
33 Türzieher
34 König
d Kampfszene: Krieger mit Tier
35 Herodes
36 Geißelung Christi
37 Kreuzigung
38 Nikodemus
e Musikant
39 Männliche Figur
40 Die Frauen am Grabe
41 Höllenfahrt Christi
42 Wichmann, Erzbischof von Magdeburg
f Lastenträger
43 Himmelfahrt Christi
44 Jüngling mit Schwert
45 Der hl. Mauritius mit Gefährten
46 Bethlehemitischer Kindermord
47 Kentaur

6 *Geburt Christi.* In einer Architekturrahmung aus Mauern, Zinnen und Türmen, die Stadt Bethlehem darstellend, liegt Maria auf einem Lager mit reich gemusterter und in Falten gelegter Decke. Am Kopfende sitzt Joseph, das Kinn in die Hand stützend. Rechts oben die Krippe mit dem gewickelten Kind und mit den Köpfen von Ochs und Esel; sie wird von einem im Luftstrom gebauschten Vorhang geschützt. Der Bogen hinter Joseph wird für eine Andeutung der Geburtshöhle gehalten.

7 *Mann mit aufgeschlagenem Buch* (von unbekannter Bedeutung). Mit seinem aufwendig gemusterten halblangen Rock und den ebenfalls gemusterten Schuhen ist er als vornehmer Vertreter des weltlichen Standes gekennzeichnet.

8 *Die drei Könige aus dem Morgenland.* Gaben in den Händen tragend und barhäuptig, die beiden äußeren auf Tieren stehend (Löwe und Drache, vgl. Bildfeld Nr. 24), sind sie auf die rechts anschließende Mariendarstellung bezogen (Nr. 9). In russischer Inschrift: Die persischen Magier schreiten zu Christus mit Gaben.

9 *Maria thronend mit dem Kind auf dem Schoß.* Beide frontal, dabei leicht nach links zum Nachbarfeld (Nr. 8) gewandt und damit den Empfang der Könige darstellend. Links oben der Stern, der diesen den Weg gewiesen hat. Die Darstellung völlig von den Mauern und Türmen der Stadt Bethlehem umschlossen. Rechts tritt ein Engel mit Spruchband hinzu, der vor der Architekturkulisse steht, da er sie überschneidet, und der auf den Stern hinweist. In russischer Inschrift das Christus-Monogramm und die Bezeichnung für Maria: Die Allerreinste.

10 *Frauengestalt.* Mit beiden Armen ein nacktes Kind an sich drückend, inschriftlich bezeichnet als RACHEL (russisch wiederholt). Nach Matth. 2,18 handelt es sich um ein Motiv aus dem bethlehemitischen Kindermord: Rachel, die ihre getöteten Kinder beweint. Die Abfolge der Bildfelder ist hier gestört, eine zugehörige Darstellung befindet sich auf dem rechten Flügel (Nr. 46 Kindermord. Vielleicht zugehörig auch Nr. 35 Herodes).

11 *Darbringung Christi im Tempel.* Der fromme Greis Simeon empfängt aus den Armen Mariä das Kind, in dem er den Messias erkennt. Die Szene ist im Innern des mit Kuppeln und Türmen ausgestatteten Tempels dargestellt, rechts vom Altar. Links trägt eine Begleiterin der Maria die Opfergaben hinzu, zwei Tauben. Ein Engel schwebt hoch oben in der Mittelkuppel. Russische Inschriften: Begegnung des Herrn (über dem Altar), das Allerheiligste (links von der Tempelkuppel), die Allerreinste, und das Christus-Monogramm (über der Gruppe mit Maria).

12 *Diakon*, das Rauchfaß schwingend und mit einem Spruchband. Russisch bezeichnet: Diakon.

13 *Türzieher*, in Form eines phantastischen, grimmigen Löwenkopfes, dem fünf kleine menschliche Köpfe zwischen den Zähnen stecken. Der mittlere ist durch eine Mitra als Angehöriger des geistlichen Standes gekennzeichnet. Der Türzieher-Griff wird aus zwei Drachen gebildet (Gegenstück ist Nr. 33). Russische Inschrift: Die Hölle verschlingt die Sünder. Zur Darstellung kommt hier die im Mittelalter geläufige Vorstellung von Hölle und Tod als ein überdimensionaler und menschenverschlingender Tierkopf, wie ebenfalls in der Szene der Höllenfahrt (Nr. 41).

14 *Heimsuchung.* Auf schmalem Bildfeld die beiden Frauen Maria und Elisabeth, die sich umfassen. Inschrift MARIA (ET) ELISABET, und russisch erläutert: Maria und Elisabeth umarmen sich.

15 *Flucht nach Ägypten.* Maria in kultbildhafter Majestät, wie auf einem Thron, auf dem Rücken des Esels sitzend. Sie hält mit beiden Händen das Kind, auch dieses ist frontal, steil aufgerichtet, mit einem Buch und mit segnend erhobener rechter Hand. Der voranschreitende Joseph führt den Esel am Zügel und ist mit Hut, Stab und einem über den Stab gelegten Mantel für die Reise gerüstet. Im Hintergrund graviert ein stilisierter Baum mit langstieligen Blättern. Inschrift + MARIA MATER IH(ES)V DESC(E)NDIT I(N) EGIBTV(M) CU(M) IOSE(P)H (Maria, die Mutter Jesu, steigt hinunter nach Ägypten mit Joseph); dasselbe russisch wiederholt.

16 *Diakon mit aufgeschlagenen Buch.* Er gehört vielleicht als Begleiter zur Bischofsfigur im nächsten Bildfeld (Nr. 17).

17 *Bischof Alexander von P*łock zwischen zwei Diakonen. Der Bischof in der Mitte ist größer dargestellt, er hat die Rechte segnend erhoben und hält in der Linken den Bischofsstab. Der Diakon rechts mit Kelch und Tuch, derjenige links weist auf den Bischof und hält eine Schriftrolle. Inschrift + ALEXANDER EP(ISCOPV)C DE BLVCICH (Alexander Bischof von Płock. – Deutsche Namensform: Plozk). Russische Inschrift: Bischof Alexander, Diakone. Zugehörig vielleicht auch der Diakon Nr. 16.

18 *Himmelfahrt des Elias.* Im Wagen, von zwei Pferden gezogen, wird der Prophet Elias gen Himmel entführt; »im Wetter«, wie hier angedeutet durch die mächtige Luftbewegung der Hand Gottes und durch das Wolkenband mit Spiralgravuren darüber (4. Buch der Könige 2,11–13). Elias, in Blick und Gesten aufwärts gerichtet, hat über dem rechten Arm den Mantel hängen, den er seinem zurückbleibenden Sohn Elisäus überlassen wird. Dieser wirft sich in einer Geste der Verzweiflung zu Boden. Russische Inschrift: Auffahrt des Propheten Elias von der Erde zum Paradies. – Die Himmelfahrt des Elias galt in der typologischen Gegenüberstellung von Ereignissen des Alten und des Neuen Testaments als Präfiguration für die Himmelfahrt Christi. Beide Darstellungen sind auf der Novgoroder Tür in gleicher Höhe und jeweils am Türgewände plaziert (vermutlich ursprünglich, vgl. Nr. 43), scheinen also deutlich aufeinander bezogen.

19 *Siegreicher Kampf der Tugenden gegen die Laster.* Allegorische Darstellung zweier Krieger, mit Schild und Lanze, bzw. Schild und Schwert, jeder von ihnen über einem besiegten, am Boden liegenden und ebenfalls bewaffneten Feind stehend. Die Besiegten bezeichnet PAVPERTAS (Armut), mit russischer Übersetzung: Armseligkeit; die Sieger nur mit russischer Inschrift: Stärke. – Dargestellt ist die Dualität Gut-Böse, der ständige Kampf zwischen den Kräften des Guten und des Bösen, dem nach mittelalterlichem Verständnis auch der Christ in seinem irdischen Leben ausgeliefert

war, und der schließlich mit dem Sieg des Guten endet. Dieser Kampf konnte in allegorischer Form durch Zweikämpfe zwischen den Personifikationen der Tugenden und der Laster dargestellt werden, zurückgehend auf eine literarische Quelle, die Psychomachia des frühchristlichen Dichters Aurelius Prudentius. – Vermutlich besteht ein inhaltlicher Zusammenhang mit der benachbarten Bildtafel auf dem rechten Türflügel, der Kampfszene Christi gegen den Höllenrachen (Nr. 41).

20 *Der Gießer Riquin*, mit zwei Gerätschaften seines Handwerks, der Metallwaage und der Zange, und in einen aufwendig gemusterten halblangen Rock gekleidet. Als Umschrift um sein Haupt die Meistersignatur der Bronzetür: RIQVIN ME FEC(IT) (Riquin hat mich gemacht; ebenso die russische Übersetzung, dabei der Name verändert zu Nikvin). – Durch die Signatur und auch durch Einzelheiten der Darstellung (Alter, Kleidung, Geräte) ist diese Figur gegenüber den anderen Meisterdarstellungen (vgl. Nr. 23 und a) herausgehoben und stellt zweifellos die maßgebliche Kraft in der Gießhütte dar.

21 *Sündenfall*. Adam und Eva, beide mit der Frucht in der Hand und mit einem Blattbuschen ihre Scham bedeckend, zu seiten des Baumes, um dessen Stamm sich die Schlange windet. Auch sie hält eine Frucht. Die Figuren bezeichnet + ADAM, + EVA. Die Namen sind russisch wiederholt, mit dem Zusatz: aßen von der Frucht des Baumes. – Diese und die folgende Darstellung (Erschaffung Evas, Nr. 22), zwei isoliert scheinende Teile der Schöpfungsgeschichte auf dieser Tür, stehen in einem sinnvollen Zusammenhang mit dem Christus-Zyklus. Sie markieren den Beginn der Heilsgeschichte und bilden einen Bestandteil der Gegenüberstellung von Sündenfall und Erlösung.

22 *Erschaffung Evas*. Der aufrecht dargestellte Adam hat die Augen geschlossen, ist also schlafend und liegend zu verstehen. Aus seiner Seite zieht Gottvater Eva hervor. Zwei Engel, davon einer mit Spruchband, fliegen kopfüber von oben herzu. Russische Inschrift: Erschaffung Adams und Evas. – Zur Deutung s. Nr. 21.

23 *Der Gießer Waismuth*. Ein Jüngling mit lang über die Schulter herabhängendem Haar und mit einem halblangen, im unteren Teil in Falten gelegten Rock. Er hält mit beiden Händen an langer Zange ein Gefäß für flüssiges Erz. Neben ihm ein weiteres Gerät dargestellt, das nicht zu identifizieren ist. Beschriftet VVAISMVTH, russisch wiederholt.

24 *Majestas Domini*. Oberstes Feld des rechten Türflügels, diesen in ganzer Breite ausfüllend. Christus in der Mandorla, thronend auf dem Regenbogen, mit Buch und segnend erhobener Rechten. Unter seinen Füßen Löwe und Drache. Die Inschrift zweigeteilt, im oberen Teil der Mandorla DOMINVS VIRTVTVM und im Grund unterhalb der Mandorla IPSE EST REX GL(ORIA)E (Der Herr der Heerscharen ist der König der Herrlichkeit; aus Psalm 23,10). Die Mandorla wird von vier fliegenden Engeln getragen; sie zeigt Sternmusterung in ihrem unteren Teil, ebenso wie der Regenbogen. Links und rechts Sonne und Mond sowie in den Grund eingravierte Sterne. In den Ecken die vier Evangelistensymbole, oben der Adler des Johannes und der Engel des Matthäus, beide mit aufgeschlagenem Buch, unten der Löwe des Markus und der Stier des Lukas. Die beiden oberen mit Inschriften in ihren Büchern IOHANNES und S(AN)C(TV)S MATHEVS, die beiden unteren mit Beischriften im Grund MARC(VS) und S(ANCTVS) LVCAS. – Der geläufige Bildtypus des thronenden Christus in der Mandrola, auf dem Regenbogen und umgeben von den vier »Wesen«, den Evangelistensymbolen, geht auf die Vision des Johannes zurück (Apokalypse 4,2–9). Die Darstellung des Herrschers und Triumphators ist auf diesem Bildfeld ergänzt durch die Motive der Himmelsgestirne, die auf Christus als den Pantokrator hinweisen, und durch die unter den Füßen Christi liegenden, von ihm zertretenen Tiere, die Symbole des Bösen (gemäß dem Psalmvers 90,13). Löwe und Drache kommen in gleicher Bedeutung mehrfach auf dieser Tür vor (Nr. 5, 8, 45). – Die Majestas Domini, die gerade im Portalbereich mittelalterlicher Kirchen, besonders im Tympanon, häufig dargestellt ist, kennzeichnet die Kirche als das Haus Gottes, als himmlisches Paradies, und speziell die Kirchentür als Eingang ins himmlische Paradies. Das ist im vorliegenden Fall zusätzlich durch die aus Psalm 23 entnommene Inschrift ausgedrückt, die sich auf den feierlichen Einzug Christi in den Tempel bezieht. Als repräsentative Darstellung Christi, auch mit der doppelten Bildfeldgröße, bildet die Majestas Domini ein Bildpaar mit der Traditio-Darstellung mit Aposteln auf dem linken Türflügel (Nr. 1–3).

25 *Mann mit ausgebreitetem Mantel*. Er gehört zur Darstellung des Einzuges in Jerusalem und ist im Begriff, zum Empfang Christi seinen Mantel auf dem Boden auszubreiten. Die Platte ist falsch versetzt, sie gehört (anstelle von Nr. 27) unmittelbar vor die Darstellung des Stadttores von Jerusalem. Die Inschrift SIGERE (Sieger) bezieht sich auf die dann benachbarte Kämpfergruppe auf der mittleren Rahmenleiste (b, s. unten).

26 *Einzug in Jerusalem*. Christus auf einer Eselin reitend, segnend und mit einem Palmzweig, von drei Jüngern gefolgt, diese ebenfalls mit Palmzweigen. Ein Eselsfüllen zwischen den Vorderbeinen des Muttertieres. Inschrift auf der Konsole: IN ASINO XPC (= CHRISTVS) VEH(ITVR) (Christus reitet ein auf dem Esel). Die zweite Hälfte der Szene bildet Bildfeld Nr. 28 mit Nr. 25.

27 *Ein Mann im Laien-Gewand*, auf sein Schriftband weisend.

28 *Empfang Christi am Stadttor von Jerusalem*. Fortsetzung der Darstellung von Bildfeld Nr. 26. Das Stadttor mit Zinnen, einem Turm rechts und einer Schrifttafel IHERVZALEM ist geöffnet (der Türflügel mit Angelbändern nur graviert), ein Palmbaum steht davor, und mit Palmzweigen in Händen tritt eine Gruppe von vier Männern heraus. Der erste mit seinem gemusterten Rock ist besonders hervorgehoben, er trägt ein Tuch rückwärts über die Schulter gelegt (einen Mantel?). Zwei weitere Personen schauen über den Zinnen hervor. Zum Empfang Christi auch der Mann mit ausgebreitetem Mantel (Nr. 25) gehörig.

29 *Jüngling mit einem Tier unter dem Arm* (Hund?), auf das er mit lang ausgestrecktem Finger weist, so daß dieser im geöffneten Rachen zu stecken scheint. Zu deuten vielleicht

als ein gezähmtes Tier, d.h. zugehörig zur Thematik des siegreichen Kampfes zwischen Gut und Böse (vgl. Nr. 19).

30 *Gefangennahme Christi.* Dicht gedrängte Personengruppe unter einer Bogenstellung. Christus erscheint bereits mit gefesselten Händen, den Strick hält einer der beiden Kriegsknechte mit Judenhüten und mit kurzen Röcken. Judas umfängt Christus, der den Blick von ihm abgewandt hat. Als Vertreter der anderen Jünger ist nur Petrus dargestellt, der die Hand an die Wange legt. Im Torbogen ist die Szene benannt: PETRVS + IVDAS TRADIDIT XPM (= CHRISTVM) (Petrus. Judas liefert Christus aus).

31 *Mann mit Schlange.* Er hält Kopf und Schwanz des Tieres gepackt, das sich um seinen Körper windet. Wohl eine allegorische Darstellung der Überwindung des Bösen (vgl. Nr. 19).

32 *Petrus (Christus?) im Kerker.* Im niedrigen Gewölbe eines befestigten Kerkers (Zinnen, Türme) sitzt zusammengekrümmt eine männliche Gestalt, kurzhaarig und bärtig, die Hände an der Mittelsäule gefesselt. Ein Engel ist bei ihm und weist auf die ebenfalls gefesselten Füße. Über den Zinnen drei schwer bewaffnete Krieger mit Schwertern und Schilden, zwei von ihnen mit Helmen, der mittlere mit einem über den Kopf reichenden Kettenpanzer. Der Engel, der Kopftypus des Gefesselten, die Kriegsleute und die ebenfalls dargestellte Kerkertür legen eine Deutung der Szene als Befreiung Petri aus dem Gefängnis nahe (Apostelgeschichte 12,3–11). Als Petrus-Thema ist diese Platte allerdings isoliert auf der Tür (zu vergleichen ist allenfalls Bildfeld Nr. 2). Möglich ist auch, daß eine derartige Bildvorlage für die Darstellung der Szene Christi im Kerker gedient hat, die zwar nicht in den kanonischen Texten der Evangelisten vorkommt, literarisch jedoch seit dem 12. Jahrhundert nachweisbar ist. – Irrtümlich auf jeden Fall die russische Inschrift: Geißelung Christi an der Säule (vgl. Bildfeld Nr. 36).

33 *Türzieher als Löwenkopf*, mit einem menschlichen Köpfchen zwischen den Zähnen und mit einem aus Schlangen gebildeten Griff. Gegenstück zu Nr. 13.

34 *Stehender König*, gekrönt und mit einem Schwert, das er aus der Scheide gezogen hat. Russisch bezeichnet: König. Genaue Bedeutung unbekannt (vgl. auch den Mann mit Schwert Nr. 44).

35 *Herodes*, auf dem Thron sitzend, mit Krone und Zepter. Bezeichnet HIERODES IMP(ERATOR). – Der Zusammenhang dieser Figur ist nicht eindeutig. Sie könnte zusammen mit der Bildvorlage für Feld Nr. 32 aus einem Petrus-Zyklus übernommen sein (als Herodes Agrippa I.), sie könnte aber auch zu den Heiligen Drei Königen und zum Bethlehemitischen Kindermord gehören (als Herodes d. Gr.; vgl. Bildfelder Nr. 8, 10, 46).

36 *Geißelung Christi.* Zwischen zwei Schergen, die mit beiden Händen zum Schlag ausholen (die Geißeln verloren), steht Christus halb entblößt an der Geißelsäule, in bewegter Schrittstellung, das Haupt erhoben. Ein fliegender Engel hält einen Gegenstand, der vielleicht als Tuch zum Trocknen der Wunden zu deuten ist. Die Geißelsäule ist gewunden, vom römischen Adler bekrönt und aufwachsend aus dem Rachen eines Tierkopfes. Die beiden Schergen sind fremdartig gekleidet; der linke trägt unter einem geschlitzten gemusterten Rock lange Hosen, dazu einen Judenhut, der rechte einen langen engen und gemusterten Rock und eine gemusterte Kappe. Neben dem Haupt des Gegeißelten das Christus-Monogramm + IHC.

37 *Kreuzigung.* Christus hängt mit geöffneten Augen am Astkreuz, dem arbor vitae; zu beiden Seiten die Trauernden, Maria und Johannes. Maria hat die Hand des rechten, bereits vom Kreuz gelösten Armes ergriffen, womit ein Hinweis auf die – auf der Tür sonst nicht dargestellte – Szene der Kreuzabnahme gegeben ist. Der Kreuz-Titulus RNE mißverstanden (eigentlich INRI: IESVS NAZARENVS REX IVDEORVM. Jesus von Nazareth, König der Juden). Über den waagerechten Kreuzbalken zwei klagende Engel.

38 *Reich gekleideter Mann*, mit gemustertem Rock über langem Untergewand, ein Deckelgefäß tragend. Gedeutet als Nikodemus, der Spezereien für die Bergung und Bestattung des Leichnams Christi bringt (Joh. 19,39–40).

39 *Männliche Figur*, von überlangen Proportionen. Es handelt sich um eine Nachahmung des Nikodemus (Feld Nr. 38), vermutlich eine russische Ergänzung des 15. Jahrhunderts (vgl. auch Nr. 47 und a).

40 *Die Frauen am Grabe.* Im Innern des mit Kuppeln und seitlichen Türmen ausgestatteten Grabbaus steht der geöffnete Sarkophag; dahinter erscheinen die drei Frauen mit Salbgefäßen in ihren Händen, diejenige rechts auch mit einem Rauchfaß. Das Unverständliche des geöffneten Grabes und des verschwundenen Leichnams Christi kommt in der Geste der mittleren Frau zum Ausdruck. Seitlich sitzend der Engel, der von der Auferstehung berichtet.

41 *Höllenfahrt Christi.* Christus schwebt herab, schräg abwärts gerichtet und mit gekreuzter Schrittstellung; er stößt mit mächtiger Gebärde seine Lanze (deren unterer Teil abgebrochen ist) in den Höllenrachen, einen Tierkopf, zwischen dessen Zähnen sich drei menschliche Figürchen winden. Die Vorstellung von der Hölle als einem menschenverschlingenden Untier wird auch in den Türziehern (Nr. 13 und 33) bildlich ausgedrückt. Inschrift + DESCE(N)DIT AD I(N)FEROS (Er steigt hinab zu den Höllen). – Als allegorische Darstellung ist wohl die Kampfszene Nr. 19, symmetrisch auf dem linken Türflügel befindlich, auf die Höllenfahrt bezogen.

42 *Wichmann, Erzbischof von Magdeburg*, im Ornat, mit Mitra und Stab und mit segnend erhobener Hand. Das ihm als Erzbischof zustehende Pallium ist sinnwidrig gemustert, mit einer Punktreihe des um die Schultern liegenden Bandes und einer Zickzacklinie am vorn lang herunterhängenden Teil (eigentlich eine mißverstandene Mischung aus Pallium und Kaselkreuz). Um sein Haupt die Umschrift WICMANNVS MEGIDEBVRGE(N)SIS EP(ISCOPV)C (Wichmann von Magdeburg, Bischof). Thematisch wohl zusammengehörig mit Bildtafel Nr. 45.

43 *Himmelfahrt Christi.* Zwischen zwei Engeln – der eine mit Buch, der andere ein Rauchfaß schwingend – die größer dargestellte, die Höhe des Bildfeldes vollständig ausfüllende

Figur Christi, in leichtem Schwung aufwärts schwebend, mit Kreuzstab und mit segnend erhobener Hand. In russischer Inschrift das Christus-Monogramm und über beiden Engeln jeweils: Erzengel. – Auf dem linken Türflügel befindet sich in symmetrischer Anordnung die Himmelfahrt des Elias (Nr. 18), ein alttestamentlicher Vorläufer der Himmelfahrt Christi. Diese selbst war als Abschluß des historischen Christus-Zyklus sicherlich als Einzeltafel konzipiert und nicht – wie zumeist angenommen – ursprünglich als Mittelfeld zusammen mit den Apostelgruppen Nr. 1 und 3, und dann vorgesehen als Repräsentationsbild ganz oben auf einem der Türflügel.

44 *Jüngling*, mit einem aus der Scheide gezogenen Schwert (vgl. Nr. 34).

45 *Drei Krieger*, in vollständigem Kettenpanzer, die beiden seitlichen mit Helm, der mittlere durch einen Nimbus hervorgehoben. Von der Bewaffnung sind nur die großen Schilde sichtbar, die Waffen in der jeweils rechten Hand sind verloren. Unter den Füßen der Gruppe ein Drache, als Symbol für das überwundene Böse. – Die mittlere Figur wird als Darstellung des heiligen Mauritius gedeutet, des Anführers der Thebäischen Legion, die um das Jahr 300 unter Kaiser Maximian wegen ihres christlichen Glaubens das Martyrium erlitt. Die beiden begleitenden Krieger stehen stellvertretend für die Legion. Der Magdeburger Dom trägt das Mauritius-Patrozinium, und dieser Heilige genoß im ganzen Erzbistum besondere Verehrung. Diese Darstellung wird deshalb thematisch in Verbindung gebracht mit der Bildtafel des Magdeburger Erzbischofs (Nr. 42), d.h. beide waren ursprünglich wohl benachbart.

46 *Bethlehemitischer Kindermord*. Auf engem Raum ein Sitzender, der mit dem Schwert weit ausholt und einem nackten Kind den Kopf abschlägt. Unter seinen Füßen zwei bereits leblose Kinder sowie ein abgetrennter Kopf. Innerhalb der Tür ist diese Tafel falsch versetzt; sie gehört zu den Kindheitsszenen auf dem linken Flügel und muß mit der trauernden Rachel auf Feld Nr. 10 kombiniert werden (zugehörig vielleicht auch Nr. 35 Herodes).

47 *Bogenschießender Kentaur*, im Sprung auf der Hinterhand stehend und dabei rückwärts gewandt. Formal und auch inhaltlich ist diese Darstellung nicht mit den übrigen verwandt. Sie ist eine russische Ergänzung, und zwar anscheinend aus späterer Zeit als die Figuren des Abraham und der Nikodemus-Kopie (a und 39). Nicht in Relieftechnik ausgeführt, sondern gesondert gegossen und mit Nieten auf der glatten Rückwand befestigt. Seit dem Zweiten Weltkrieg verloren, 1974 durch eine Kopie ersetzt. Der Bogen mit einem Teil des linken Armes und der Schweif fehlten bereits zu Anfang des 19. Jh. (vgl. Adelung 1823 S. 56 und Taf. 1); Arm und Schweif wurden im 19. Jh. ergänzt.

Die Rahmenwerk-Teile mit figürlichen Darstellungen a–f:

a *Der Gießer Abraham*. Bildtafel anstelle eines senkrechten Rahmenstücks. Im gemusterten Rock und – wie sonst auf dieser Tür nicht vorkommend – mit einem Brustkreuz und mit hohen Stiefeln an den Füßen. Rechts trägt er einen Hammer über der Schulter, links an langer Zange einen Gußtiegel. Russisch bezeichnet: Meister Avram (= Abraham). – In Kopftypus und Tracht und mit den Attributen des Gußhandwerks sind die Meisterdarstellungen Riquin und Waismuth (Nr. 20, 23) z.T. sehr genau nachgeahmt, die Ausführung selbst ist jedoch unzweifelhaft von anderer Art. Vermutlich handelt es sich um eine russische Ergänzung aus der Zeit der Aufstellung der Türen in Novgorod, gleichzeitig mit den russischen Inschriften (vgl. auch Nr. 39, nicht zugehörig jedoch Nr. 47). Dargestellt ist demnach der Meister, der damals für gußhandwerkliche Ergänzungen und für die Neumontierung und Aufstellung der Tür verantwortlich war.

b *Kampfszene*. Figürliches Rahmenstück. Ein Krieger in Kettenpanzer, mit Helm, Schild und Lanze, gegen einen Löwen. Als siegreicher Kampf gegen das Böse zu deuten (vgl. Nr. 19), das hier durch den Löwen verkörpert wird. – Als Reliefdarstellung auf dem im Querschnitt halbrunden Rahmenstück ausgeführt, dessen Grund hier ungemustert bleibt. Gleichartig gebildet auch die Rahmenstücke c und d.

c *Kampfszene*. Figürliches Rahmenstück. Ein mit Schild und Lanze bewaffneter Mann (die Lanze im unteren Teil weggebrochen) gegen einen kopfüber stehenden und anscheinend unbewaffneten Mann, der ein Spruchband hält; dessen Kopf steckt jetzt unsichtbar im anschließenden Rahmenkreuz. Auch hier vermutlich eine Kampfszene zwischen den Mächten des Guten und des Bösen (vgl. b). Der Grund des Rahmenwulstes hier gemustert, von einem gedrehten Tau dicht umwickelt.

d *Kampfszene*. Figürliches Rahmenstück. Ein Mann mit Lanze gegen ein von unten angreifendes Untier mit borstigem Rückenkamm und langen spitzen Ohren. Der Reliefgrund des Rahmenwulstes ungemustert. Allegorisch zu deuten wie b.

e *Rahmenkreuz-Figürchen*, anstelle eines Knaufes: Ein Musikant mit einem Streichinstrument (Fidel?).

f *Rahmenkreuz-Figürchen*, anstelle eines Knaufes: Ein Mann, der anscheinend eine Last auf dem Rücken trägt und mit beiden Händen den dafür über die Schulter gelegten Strick hält.

Das Rahmenwerk:

Es bildet ein wesentliches Element im plastischen Gesamtbild der Tür. Gleichartig für Außenrahmung und Innengliederung, bestehend aus mächtigen Rundwülsten mit reliefierter Rankenornamentik. Diese ist flächig und wird vor allem aus längsgerippten Stengeln und Blättern von gleichmäßig schmaler, bandartiger Form gebildet. Zu unterscheiden sind zwei Ornamentformen:

Typus A: Wellenranken mit alternierend abzweigenden Dreiblättern oder Vierblättern. Jeweils zwei solcher Wellenranken sind auf einem Rahmenwulst symmetrisch gegeneinander geführt und an den Berührungspunkten mit Rosetten besetzt.

Typus B: Dreiblättrige Palmetten, die jeweils von einem Rankenstück halbkreisförmig umschlossen sind. Zwei sol-

cher Palmettenreihen symmetrisch entlang des Rahmenstücks, mit Rosetten an den Schnittpunkten.
Das aus Teilstücken bestehende Rahmengerüst ist sinnvoll konstruiert und zusammengefügt. Wo zwei Teile aufeinander treffen, ist an einem von ihnen eine aus Blattformen gebildete Manschette mitgegossen, in der der Ansatz des zweiten verschwindet. Mitgegossen sind auch die Knäufe, die an fast allen Kreuzungspunkten von senkrechten und waagerechten Leisten vorkommen und die Form von vierteiligen Rosetten haben; sie täuschen also große Nagelköpfe nur vor. Das Rahmenwerk ist aus folgenden Teilstücken zusammengesetzt:
Jeweils fünf Einzelstücke der senkrechten Leisten an Türschluß und Gewände, mit Blattmanschetten für die waagerechten Leisten. Jede waagerechte Leiste als Einzelstück mit mittlerer Manschette für die senkrechten Teilstücke. Jeweils ein Einzelstück auch die waagerechten Außenleisten der Flügel, um die Ecken herumgeführt (nur oben erhalten, unten verändert ergänzt). Kurze Teilstücke schließlich für die senkrechte Innengliederung jedes Flügels.
Die Ornamenttypen A und B sind mit wenigen Ausnahmen regelmäßig für bestimmte Rahmenteile verwandt worden: Typus A für die senkrechten Flügel-Außenleisten (an Türschluß und Gewände), Typus B vor allem für die waagerechten Außenleisten und für alle inneren Leisten der Türflügel. Im unteren Bereich sind einzelne, wohl beschädigte Rahmenstücke ausgewechselt worden. Es handelt sich dabei um die waagerechte Außenleiste beider Flügel sowie um ein anschließendes senkrechtes Teilstück, auf dem linken Flügel am Gewände, auf dem rechten Flügel am Türschluß. Die ergänzten Teile sind in der Grundform den ursprünglichen angeglichen worden, als Rundstäbe mit Rankenrelief, mit schmalen Randstreifen und teilweise auch mit den Blattmanschetten für die Anschlüsse. Die Rankenformen jedoch sind abweichend, in drei verschiedenen Motiven:
Zwei unterschiedliche, die Fläche dicht füllende und ineinander verflochtene Rankenwindungen von stärkerer Plastizität, mit gliedernden Ringen und mit Blütenkelchen; eine aufsteigende Folge von Blütenkelchen und Blattpalmetten.

Die ungefähre Datierung der Tür ergibt sich aus den inschriftlich bezeichneten Darstellungen des Bischofs Alexander von Płock (1129–1156) und des Erzbischofs Wichmann von Magdeburg (1152–1192). Vollendet sicherlich vor 1156, könnte die Tür noch zu Lebzeiten des voraufgehenden Magdeburger Erzbischofs, Friedrich von Wettin (1134–1152) begonnen worden sein. Bestimmt war sie für den Dom in Płock, ausgeführt wurde sie jedoch in Magdeburg, wie aus vergleichbaren Bronzen zu schließen ist, insbesondere mit dem Grabmal Friedrichs von Wettin im Magdeburger Dom. Zeitpunkt und Umstände der Entfernung aus Płock und der neuen Aufstellung in der Sophien-Kathedrale von Novgorod sind unbekannt; einen Anhaltspunkt bieten die in die Zeit 1435–1460 zu datierenden nachträglich eingravierten russischen Inschriften.

Die Bronzeteile – Relieftafeln und Rahmenleisten – sind gesondert gegossen und auf einem Holzträger befestigt (insgesamt 47 Bildtafeln, 46 Rahmenteile). Abgesehen von den Bildtafeln mit Geburt Christi, Darbringung im Tempel, Himmelfahrt des Elias, Tugenden und Lastern und mit der Majestas Domini (Nr. 6, 11, 18, 19, 24), sind jeweils zwei Einzeltafeln unterschiedlicher Breite in den Türfüllungen nebeneinander gesetzt, eine breitere und eine ganz schmale, letztere überwiegend mit nur einer Einzelfigur. Die Darstellungen sind in Hochrelief ausgeführt, mit zahlreichen vollplastischen Einzelheiten (Köpfe, Gliedmaßen, Attribute) und mit reicher graphischer Binnenzeichnung (Faltengebung und Musterung der Gewänder, Frisuren, Mauerwerk u.a.). Die Gravuren stammen z. T. bereits vom Wachsmodell und wurden nach dem Guß übergangen, vorwiegend scheinen sie jedoch erst nach dem Guß ausgeführt worden zu sein. Das gilt auch für das Flachrelief der Rankenornamentik auf den Rahmenleisten, die zudem in allen Teilen frei modelliert, nicht etwa mit Hilfe von Modeln ausgeführt ist. Selten sind Gravuren als Hintergrund-Motive auf dem Reliefgrund (Flucht nach Ägypten, Stadttor von Jerusalem, Nr. 15, 28). Die lateinischen Inschriften sind überwiegend bereits vor dem Guß, im Wachsmodell ausgeführt; auf folgenden Tafeln sind sie unregelmäßig und weniger flüssig, also nachträglich graviert, jedoch zeitgenössisch und sogar von gleicher Hand: Nr. 14 Heimsuchung, Nr. 19 Tugenden und Laster, Nr. 24 Majestas Domini (teilweise), Nr. 26 und 28 Einzug in Jerusalem, Nr. 30 Gefangennahme und Nr. 42 Wichmann (Untersuchung durch Władysław Semkowicz: Paleografia łacińska. Kraków 1951 S. 547–550). Die russischen Inschriften sind nachträglich graviert und eine Zutat der Zeit ca. 1435–1460 (Poppe 1976).
Die Montierung der Bronzeteile auf der Holzrückwand geschieht folgendermaßen: Die Platten sind mit unregelmäßig verteilten Nieten befestigt, zusätzlich werden sie von den Rahmenleisten gehalten, die durch Nägel in ihren Randstreifen fixiert sind. Die originalen Nagelköpfe haben schlichte vierblättrige Rosettenform. Das Rahmenwerk besteht aus Einzelstücken, die nach einem sinnvollen System ineinandergesteckt sind (vgl. oben Beschreibung des Rahmenwerks).

Veränderungen und Ergänzungen: Bereits während der Gußarbeiten, vor Aufstellung der Tür, muß eine Planänderung erfolgt sein, die auf eine Verbreiterung der Türfüllungen hinzielte und die schmalen, zusätzlichen Bildtafeln notwendig machte. Bei nachträglichen Aktionen ist die Reihenfolge von Bildszenen und Einzelfiguren stellenweise verändert worden, vermutlich zuerst beim Versetzen der Tür von Płock nach Novgorod, zuletzt im 19. Jahrhundert (nach 1823, vgl. den Zustand bei Adelung 1823 Taf. 1). Mehrere Systeme von Versetzungsmarken (Punktreihen, Strichelungen) sind zu beobachten, lassen sich jedoch nicht auswerten zur Gewinnung des ursprünglichen Zustandes. Ergänzungen sind die Figur des Avram (a) und die Nikodemus-Kopie (Nr. 39), beide in enger Anlehnung an den originalen Bestand, vermutlich gleichzeitig mit den russischen Inschriften der Zeit ca. 1435–1460 (Poppe 1976); damals möglicherweise die Verbringung der Tür nach Novgorod. Die Darstellung des Kentauren (Nr. 47) wohl erst eine spätere und freie Ergänzung, ohne Beziehung zum alten Bestand (15./16. Jahrhundert? Gesondert gegossen und aufgenietet, inzwischen verloren und 1974 durch eine Kopie ersetzt). Die ergänzten Rahmenleisten unten auf beiden Flügeln sowie einige erneuerte Anschlußstellen (Schemazeichnung der Ergänzungen bei Goldschmidt 1932 S. 10) sind ebenfalls eigenständig in der Ornamentik, vielleicht gleichzeitig mit dem Kentauren ausgeführt; damals auch die Schlangengriffe der Türzieher. Aus dem 19. Jahrhundert stammt die jetzige Holzrückwand, modern sind auch die Türschlußleiste und jeweils ein senkrechter Streifen am Gewände, ebenfalls die zahlreichen Schrauben anstelle der ursprünglichen Rosetten-Nägel.

Höhe 3,60 m; gesamte Breite 2,40 m. Größe der einzelnen Türfüllungen ca. 40 × 40 cm.

Literatur: F. Adelung 1823. – J. Lelewel 1857 S. 6–32, 2 Taf. – M. Gębarowicz 1923. – A. Goldschmidt 1932, mit Bespr. von E. Meyer 1933 Sp. 843–846. – H. Leisinger 1956 Taf. 1–7. – E. Meyer 1959. – W. Sauerländer, Bronzetür 1963. – H.-J. Krause–E. Schubert 1968. – K. Askanas 1971. – U. Götz 1971 S. 135–148. – Sztuka polska 1971, Bd. 1 Abb. 1144–1164, 1167–1174, Bd. 2 S. 743–744. – M. Gosebruch 1975 S. 111–126, Abb. 9–21. – A.V. Poppe 1976. – W. Neumann 1979 S. 193–198. – U. Mende 1981 S. 63–64, 151, Kat. Nr. 78, Abb. 145–146, 150–153. – A.V. Poppe 1981.

Gnesen

Tafel 122–135; Abb. 78–80, 82, 85, 86

DOM, SÜDPORTAL

Zweiflügelige Tür mit Reliefzyklus zum Leben des hl. Adalbert
Gnesen, zweite Hälfte (letztes Viertel?) 12. Jahrhundert

Jeder Türflügel zeigt neun Bildfelder in vertikaler Abfolge, die durch schmale Streifen voneinander getrennt sind und die als Ganzes eine gleichmäßig umlaufende breite Ornamentrahmung besitzen. Bildfelder und Rahmenornamentik sind in Flachrelief ausgeführt; mit stärkerer Plastizität heben sich allein die beiden Löwenkopf-Türzieher ab. Der Bildzyklus verläuft in chronologischer Folge auf dem linken Flügel von unten nach oben und auf dem rechten Flügel gegenläufig von oben nach unten. Links sind die Kindheit des hl. Adalbert, seine Einsetzung zum Bischof von Prag, Wunder und öffentliches Wirken dargestellt, rechts seine Missionstätigkeit bei den Preußen, Martyrium, Bergung des Leichnams und Grablegung in Gnesen. – Auf dem linken Türflügel, ganz links am Gewände, befinden sich Fragmente von Meistersignaturen; der Rest einer Inschrift wohl auch am Löwenkopf in Bildfeld 4.

1 *Geburt des hl. Adalbert.* Unter einer Doppelarkade ist links die Mutter auf ihrem Lager dargestellt, von einer Dienerin betreut; rechts der Neugeborene in einem kelchartigen Bassin, der von zwei Frauen gebadet wird.

2 *Weihe des kranken Kindes an die Gottesmutter.* Der Vater, gefolgt von zwei Frauengestalten mit lebhaften Gesten, hebt den Knaben auf den Altar der Gottesmutter. Die frommen Eltern geloben das kranke Kind als Opfer dem Herrn, d. h. sie bestimmen es für den geistlichen Stand, worauf das Kind gesund wird. Hinter dem Altar ein Priester und die angedeutete Architektur des Kirchenbaues.

3 *Eintritt in die Domschule von Magdeburg.* Die Szene ist durch eine Bogenstellung zweigeteilt, rechts in den Bereich der Domschule mit dem Lehrer Octricus, einem Begleiter und der weit offen stehenden Tür eines kirchlichen Gebäudes, und links in den Raum, in dem die Eltern den Knaben heranführen. Genau vor der mittleren Säule ergreift der Lehrer dessen Hand, die vom Vater geführt wird.

4 *Der Heilige im Gebet.* Die Legende berichtet von der besonderen Frömmigkeit des Knaben, der immer wieder die Stätten der Märtyrer zum Gebet aufsuchte. Er ist kniend dargestellt, vor einem zierlichen und von einer Kuppel bekrönten Kapellenbau. Dieser ist vermutlich als Reliquiar zu verstehen, das sich auf einem mit Rankenornament geschmückten Unterbau erhebt. Im rechts freigelassenen Raum der Löwenkopf-Türzieher, schief sitzend und mit breiter Gußnaht, unter der ein Inschrift-Fragment noch sichtbar ist, wohl Teil eines Monogramms, das bei einer Reparatur zerstört wurde (Wiliński, in: Drzwi gnieźnieńskie 1956, vermutete das Monogramm eines Stifters und bezog es auf den Gnesener Erzbischof Petrus, um 1187).

5 *Investitur des Heiligen als Bischof von Prag.* Rechts, auf einem Faltstuhl mit Löwenköpfen und Klauenfüßen thronend und begleitet von einem Schwertträger, Kaiser Otto II., von dem Adalbert den Bischofsstab in Empfang nimmt. Hinter ihm eine Gruppe von vier Geistlichen.

6 *Heilung eines Besessenen.* Der Heilige im bischöflichen Ornat, gefolgt von zwei Begleitern geistlichen Standes, bewirkt die Heilung eines Besessenen, der halbnackt und gefesselt ihm zugeführt wird und aus dessen Mund ein geflügelter Dämon entweicht. Rechts wohnen die Eltern mit klagenden oder verwunderten Gebärden der Szene bei.

7 *Traum des Heiligen.* Er liegt schlafend auf seinem Lager, unter fein gefältelter Decke, den Kopf in die Hand geschmiegt. Im Traum erscheint ihm Christus, der mit lebhafter Gebärde aus dem Himmelsrund herniederfährt, während der Vorhang über dem Lager sich hebt. Rechts eine Kirchenarchitektur mit hohem Sockelgeschoß, mit Säulenreihen und Kuppeln.

8 *Verhandlung zur Befreiung von Christen.* Der Heilige im bischöflichen Ornat steht im Gespräch vor einem thronenden und von einem Schwertträger begleiteten Herrscher; im Hintergrund wird ein hoher Mauerring mit Zinnen sichtbar. Der Thronende ist ähnlich dem Kaiser in Bildfeld 5 dargestellt, es muß jedoch der Herzog von Böhmen gemeint sein, Boleslav II. (967–999). Links werden von zwei Juden – durch Judenhüte gekennzeichnet – zwei Gefangene mit Hals- und Handfesseln herangeführt. Die Darstellung bezieht sich auf die in der Legende geschilderten Schwierigkeiten des Bischofs von Prag mit den noch heidnischen Bräuchen der böhmischen Bevölkerung. Dabei ist die Rede

von Gefangenschaft und Sklaverei von Christen, die ein jüdischer Kaufmann gekauft hatte, und zwar in solcher Anzahl, daß der Bischof sie nicht auslösen konnte. Von einer Unterredung mit dem Böhmenherzog darüber – wie im Bildfeld dargestellt – ist allerdings nichts bekannt. Die Traumerscheinung in Bildfeld 7 gehört in denselben Zusammenhang, durch Christi Worte an den Heiligen: Ich bin Jesus Christus, der verkauft ward. Siehe, abermals werde ich den Juden verkauft, und du schläfst noch?

9 *Weinkrug-Wunder.* Der Heilige hat sich von seinem Bischofssitz Prag entfernt und lebt in Rom im Kloster der hll. Alexius und Bonifatius auf dem Aventin. Während er aus christlicher Demut die Mönche an der Tafel bedient, läßt er durch Einwirken des Teufels mehrfach die irdenen Gefäße fallen. Dabei nimmt ein heftig zu Boden gefallener Weinkrug keinen Schaden, und der Wein kann ohne jeden Verlust aufgetragen werden. Links auf dem Bildfeld ist das Mißgeschick dargestellt, in der Mitte trägt der Heilige – selbst im Mönchshabit dargestellt – das unversehrte Gefäß, und rechts verwundern sich die Mitbrüder an der Tafel über das Geschehen.

10 *Ankunft als Missionar bei den Preußen.* Mit dem Schiff landet der hl. Adalbert zusammen mit drei Begleitern bei den heidnischen Preußen, die mit Schwertern, Lanzen und Schilden bewaffnet am Ufer stehen.

11 *Taufe der Heiden.* Der Heilige, gefolgt von seinen Begleitern, tauft einen heidnischen Preußen, während eine dabeistehende Gruppe in demutsvoller Gebärde sich ihm entgegen neigt.

12 *Disput mit den Heiden.* Der Heilige steht einer Gruppe von Preußen gegenüber, die in ihren lebhaften Gesten ihre ablehnende Haltung zum Ausdruck bringen. Links, in geistlicher Gewandung und auch im Kopftypus deutlich unterschieden, die drei Begleiter Adalberts.

13 *Der Heilige zelebriert die Messe.* Er steht vor dem Altar mit einem großen Kelch. Der erste seiner Begleiter hält den Bischofsstab und ein Buch, die beiden anderen sind als Diakone gekleidet. Die Preußen rechts nehmen nicht an der Messe teil; sie sind bewaffnet und weisen auf den Bischof hin.

14 *Tod des Heiligen.* Kniend und betend empfängt der hl. Adalbert den Märtyrertod. Einer der Heiden hält ihn von rückwärts nieder und holt mit der Axt aus, um ihm das Haupt abzuschlagen; ein anderer stößt ihm die Lanze in den Rücken. Rechts auf dem Bildfeld wenden sich die geistlichen Begleiter ab.

15 *Aussetzung des Leichnams.* Das abgeschlagene Haupt des hl. Adalbert ist auf einen kahlen Stamm gesteckt, den Vögeln zum Fraß. Es wird jedoch von einem Adler bewacht. Die übrigen sterblichen Reste befinden sich auf einer Bahre zwischen Baumstämmen, unterhalb einer prachtvollen Baumkrone. Links im freien Raum der Löwenkopf-Türzieher.

16 *Freikauf des Leichnams.* Der Herzog von Polen, Bolesław Chrobry, mit seinem Gefolge verhandelt mit den bewaffneten Preußen über den Freikauf des Leichnams. Einer der Preußen hält die Waage, auf die der Herzog das Lösegeld legen läßt. Darunter in einem großen Gefäß die wohl bereits eingesetzte Summe.

17 *Überführung des Leichnams nach Gnesen.* Zwei Trägern mit der Bahre geht der Gnesener Bischof Unger voraus, ein Weihrauchfaß schwingend, während das polnische Herzogspaar folgt. Unterhalb der Bahre zwei Krüppel, die Heilung durch die Wunderkraft der Reliquien erwarten.

18 *Bestattung im Dom von Gnesen.* Der Bischof nimmt die feierliche Zeremonie vor, im Beisein des trauernden Herzogs links und einer weiteren trauernden Person. Zwei Geistliche betten den Leichnam des Heiligen ins Grab, zwei weitere halten Kreuz, Rauchfaß und Weihwassergefäß. Ein Torbogen rechts deutet die Stadt oder den Dom von Gnesen an.

Das Rahmenwerk: Es fehlt eine eigentliche Gliederung in Rahmenwerk und Füllungen; die Tür besitzt kein einheitliches Gerüst aus Längs- und Quersprossen. Jeder Türflügel bildet eine durchgehende Tafel, deren Innenfeld horizontal – durch glatte Streifen – unterteilt ist, und das von einer umlaufenden Ornamentbordüre umrahmt wird. An den Außenseiten der Türflügel – am Gewände, an Türschwelle und Türsturz – schließen schmale Randstreifen mit schlichtem Profil an; innen, am Türschluß, besitzt der rechte Flügel als Schlagleiste einen Rundstab mit schlichter reliefierter Wellenranke. Auf dem linken Türflügel befinden sich im äußeren Randstreifen, in Höhe der Bildfelder 7 bis 9, die Reste einer flüchtig und nachlässig eingravierten Inschrift. Eindeutig lesbar ist lediglich ... ME FECIT ... L .. TINVS ME ... Es handelt sich offenbar um eine bzw. mehrere Signaturen, wohl um die Nennung von drei Namen, wie aus der ganzen Länge der lesbaren und unlesbaren Zeichen und Spuren zu schließen ist.

Ornamentmotiv der Rahmenbordüre ist eine Wellenranke mit unterschiedlichem Blattwerk und mit eingestellten Tieren, Menschen und Kampfszenen. Auf dem linken Flügel rechts unten bildet ein Kentaur mit einer Schlange den Ausgangspunkt, von dem aufsteigend Rankenwindungen mit feingliedrigem Blattwerk, zum Teil mit Trauben, ausgehen. Die figürlichen Motive sind (von unten): Jäger, Hund, Hase, Vogel an Traube pickend, Bogenschütze, von einem Pfeil getroffenes Eichhörnchen, Vogel, Ziegenbock, Weinbau, Traubenernte, Weinkelter, Wolf, Hirsch, Drache, Vogel an Traube pickend, krähender Hahn und in der oberen Ecke ein Fabelwesen. Anschließend folgt in der Horizontale und dann links abwärts laufend bis in Höhe des Bildfeldes Nr. 7 (Traum des Heiligen) eine Wellenranke ohne figürliches Beiwerk, mit größeren, flächigen, dabei derb durchgebildeten Blättern. Bis hierher läuft von unten, von dem zuerst genannten Kentauren aus, eine wieder anders gebildete Wellenranke in großen und spannungsreichen Windungen, mit feinem Blattwerk und teilweise mit figürlichen Elementen: Drachen und Drachenköpfe, ein Affe, zwei Löwen, ein Pfau. – Auf dem rechten Flügel besteht das Blattwerk zumeist aus aufwendigen Palmettenformen. Die figürlichen Motive im senkrechten Rahmenstreifen am Türschluß sind folgende (von oben): Schwertkämpfer gegen einen riesigen Drachen, kleinerer Drache, Affe, phantastischer Vogel, mehrere Vögel, mehrere Drachen, ein Vierfüßler, ein Löwe, ein Schwertkämpfer gegen zwei hochbeinige Vögel. Der senkrechte Rahmenstreifen am Gewände fällt im oberen Drittel durch besonders kraftvolle und üppige Bildung der figürlichen und vegetabilischen Formen auf; die figürlichen Motive sind hier (von oben): ein Greif im Kampf mit einem kleinen Drachen, ein phantastischer Vierfüßler, ein nackter Mann mit einem Löwen kämpfend, mehrere Vögel, ein hornblasender Kentaur, eine Sirene, mehrere Drachen, ein Hund, ein Kentaur und in der Ecke rechts unten eine Gruppe aus Löwe, Drache und Schlange.

Die Tür ist sicherlich am Ort selbst gegossen worden, da ein Transport der massiven und monumentalen Gußstücke unwahrscheinlich ist. Schriftliche Quellen oder Inschriften geben darüber keine Auskunft. Eine künstlerische Tradition fehlte in Gnesen jedoch. Als stilistische Voraussetzungen für die Ornamentik der Rahmenbordüre dieser Tür, aber auch für Komposition und Figurenstil ihrer Reliefs ist vor allem die Kunst des Maaslandes, speziell der Diözese Lüttich im dritten Viertel des 12. Jahrhunderts erkannt worden. Das Formengut der Hauptwerke monumentaler Plastik, der Goldschmiede- und Emailkunst, insbesondere der Buchmalerei muß den Modelleuren der Tür geläufig gewesen sein. Diese – zumindest ein Hauptmeister – könnten selbst aus dem Westen nach Gnesen gekommen sein, oder aber polnische Meister haben die Gußmodelle nach maasländischen Vorlagen ausgeführt (maasländische Handschriften in Polen erhalten, u. a. in Płock); nicht undenkbar ist schließlich auch ein Transport plastischer Modelle, eventuell eines Teiles der Gußmodelle, aus dem Maasgebiet nach Gnesen. An der Ausführung der Wachsmodelle waren mehrere und dabei unterschiedlich begabte Kräfte beteiligt; uneinheitlich in der Formgebung sind sowohl die Bildfelder als auch die Ornamentrahmung. Die künstlerische Qualität ist stellenweise außerordentlich, in großen Teilen scheinen die plastischen Formen jedoch verdorben zu sein. Die Einzelheiten erscheinen dort verwaschen, die Binnenzeichnung zu derb. Die Ausführung des Gusses bereitete offenbar Schwierigkeiten. Die speziellen Eigenheiten der Gnesener Gußwerkstatt sind sonst aus keinem anderen Gußwerk bekannt.

Die Tür wurde für den romanischen Dombau in Gnesen geschaffen (Weihedaten 1064 und 1097, Vollendung zweite Hälfte 12. Jahrhundert); sie ist später in den gotischen Neubau übernommen worden (Baubeginn 1342).

Die Türflügel sind massiv gegossen, dabei der linke Flügel wohl in einem Stück (möglicherweise die äußeren Randleisten zunächst gesondert gegossen). Der rechte Flügel ist in Teilstücken gegossen, die nachträglich durch Lötung verbunden wurden (neun Bildfelder, zwölf Teilstücke der Ornamentleiste, drei Randleisten-Stücke). Gesondert gegossen und aufgelötet sind beide Löwenkopf-Türzieher; der Ring des rechten ist festgeschmolzen, damit unbeweglich.
Zunächst waren die Bronzeteile anscheinend auf einer Holzrückwand befestigt, mit Hilfe von Bronzedübeln, von deren Resten sich regelmäßig zwei pro Bildfeld auf dem rechten Flügel befinden, nur wenige und unregelmäßig verteilte auf dem linken. Offenbar erst nach Entfernung dieser Rückwand sind die Einzelstücke des rechten Flügels verlötet worden, zugleich erhielten beide Flügel rückseitig eine aufgeschmolzene Metallschicht zur Verstärkung.
Beide Flügel sind durch vertikale Risse beschädigt, deren Verlauf auf die Löwenköpfe zuführt. Es wird angenommen, daß sie von einem Sturz der ganzen Tür auf ihre Bildseite herrühren, daß dabei auch der linke Löwenkopf sich löste, der durch Löten erneut befestigt wurde, leicht schräg verschoben. Eine vorher hier umlaufende Inschrift wurde dabei teils abgearbeitet, teils verdeckt, so daß nur geringe Reste noch sichtbar sind (Bildfeld Nr. 4). Auch die Risse wurden durch Löten und – eventuell später – teilweise mit Hilfe von Eisenklammern (auf dem rechten Flügel) repariert; damit in Zusammenhang stehen auf dem rechten Flügel ein

9 Weinkrug-Wunder	10 Ankunft als Missionar bei den Preußen
8 Verhandlung zur Befreiung von Christen	11 Taufe der Heiden
7 Traum des Heiligen	12 Disput mit den Heiden
6 Heilung eines Besessenen	13 Der Heilige zelebriert die Messe
5 Investitur des Heiligen als Bischof von Prag	14 Tod des Heiligen
4 Der Heilige im Gebet	15 Aussetzung des Leichnams
3 Eintritt in die Domschule von Magdeburg	16 Freikauf des Leichnams
2 Weihe des kranken Kindes an die Gottesmutter	17 Überführung des Leichnams nach Gnesen
1 Geburt des hl. Adalbert	18 Bestattung im Dom von Gnesen

Ausbruch an der Unterkante und eine mit Eisen unterlegte Fehlstelle in der Ornamentleiste links.
Beeinträchtigt ist das Relief beider Türflügel durch fehlerhaften Guß. Manche Einzelheiten sind verdrückt, viele unpräzis und wie verschliffen, die Oberfläche ist stellenweise unregelmäßig, gewellt und löchrig. Betroffen sind davon vor allem die Bildfelder, in geringerem Maße die Ornamentik der Randstreifen. Technische Schwierigkeiten gab es anscheinend bereits bei der Modellierung der Wachsmodelle, mehr aber noch bei Fertigung der Gußform und Ausführung des Gusses selbst. Die Binnenzeichnung der plastischen Form ist bereits weitgehend im Wachsmodell ausgeführt worden, dabei jedoch oft schon mißverstanden; weitere Binnenzeichnung nach dem Guß ist durch Ziselierung in unterschiedlicher Feinheit erfolgt, stellenweise ist sie auch ganz unterblieben.

Auswahl von vier typischen Analyse-Werten aus der Tabelle untersuchter Proben, die in Drzwi gnieźnieńskie 1956 S. 161 veröffentlicht wurde: Linker Flügel, Randstreifen: 90,12% Kupfer, 7,23% Zinn, 2,51% Blei, 0,08% Silber, Spuren von Eisen, Nickel und Zink. Linker Flügel, Löwenkopf: 92,25% Kupfer, 5,70% Zinn, 1,87% Blei. Rechter Flügel, Randstreifen: 86,82% Kupfer, 12,20% Zinn, 0,87% Blei, Spuren von Silber. Rechter Flügel, Löwenkopf: 86,31% Kupfer, 9,47% Zinn, 4,08% Blei.

Linker Flügel: Höhe 3,28 m, Breite 0,84 m; rechter Flügel: Höhe 3,23 m, Breite 0,83 m. Wandungsstärke 1,5 bis 2,5 cm.

LITERATUR: J. Lelewel 1857 S. 32–65 m. Taf. – A. Goldschmidt 1932 S. 27–38, Taf. 71–101. – M. Morelowski 1935. – P. Francastel 1953. – T. Dobrzeniecki 1954. – Drzwi gnieźnieńskie 1956–1959. – J. Stiennon 1961 S. 467–473. – J. I. Daniec 1966. – Katedra gnieźnieńska 1968–1970 Bd. 1 S. 187–193, Taf. 83, Bd. 2 Abb. 120–134 (Zygmunt Świechowski). – Sztuka polska 1971 Bd. 1 Taf. 11, Abb. 1175–1195, Bd. 2 S. 690–691. – U. Götz 1971 S. 335–345, Kat. Nr. 35. – S. Mossakowski 1980. – J. St. Pasierb 1980. – P. Skubiszewski 1981 S. 39–46. – U. Mende 1981 S. 37–38, 178, Kat. Nr. 42, Abb. 74–76, 352.

Ravello

Tafel 136–154; Abb. 90, 92

DOM, WESTPORTAL

Zweiflügelige Tür mit Reliefdarstellungen zum Neuen Testament, mit Aposteln, Heiligen und symbolischen Darstellungen
Barisanus von Trani, 1179

Die Tür ist durch ein kräftiges Rahmengerüst engmaschig gegliedert und enthält in neun waagerechten Reihen je sechs Füllungen mit den Reliefdarstellungen (drei Bildachsen auf jedem Flügel). Außen umlaufend eine weitere Reihe schmaler ornamentierter Füllungen. Auch die Rahmenleisten sind in feinteiligem Relief ornamentiert. Die in Flachrelief ausgeführten Bildfelder enthalten zumeist Einzelfiguren, in den oberen Teilen der Tür Darstellungen zum Erlösungswerk Christi, in den unteren Teilen ergänzende symbolische Darstellungen. Die Motive sind weitgehend auf beiden Türflügeln wiederholt, die damit jeder für sich eine thematische Einheit bilden, symmetrisch aufeinander Bezug nehmen (die Reihenfolge jetzt teilweise gestört) und jeweils oben in einer Bogenform abschließen.

DIE BILDFELDER, in horizontaler Abfolge, oben und jeweils links beginnend:

1 *Anbetender Engel und Medaillon mit Halbfigur der Maria.* Zusammen mit seinem Gegenstück Nr. 3 auf das zentrale Motiv der Majestas Domini ausgerichtet (Nr. 2). In beiden Fällen teilt ein Segmentbogen das Bildfeld, schließt die Engelsfigur ein und deutet über die ganze Breite des Türflügels hin eine Bogenform an. Im freien Raum jeweils ein Medaillon mit Halbfigur. – Die Darstellung wiederholt in Nr. 4. – Vgl. Trani Nr. 1.

2 *Majestas Domini.* In der Mandorla Christus auf der Thronbank sitzend, die Rechte segnend erhoben, mit der Linken das aufgeschlagene Buch haltend, in dem die Worte aus Johannes 14, 6 zu lesen sind: EGO SVM VIA (ET) VERITAS (ET) VITA (Ich bin der Weg und die Wahrheit und das Leben). Zu seiten der Figur das griechische Christus-Monogramm sowie die Symbole Alpha und Omega. In den Zwickeln die Evangelisten-Symbole Engel, Adler, Löwe und Stier, jeweils ein Buch haltend. – Die Darstellung wiederholt in Bildfeld Nr. 5. – Die anbetenden Engel und auch die Halbfiguren von Maria und Johannes in den Medaillons (Nr. 1, 3) gehören als Assistenzfiguren zu diesem Repräsentationsbild Christi, das den oberen Abschluß des Türflügels bildet (ebenso auf dem rechten Flügel Nr. 4–6). – Vgl. Trani Nr. 2 und 3; Monreale Nr. 2 und 3.

3 *Anbetender Engel und Medaillon mit Halbfigur Johannes des Täufers.* Gegenstück zu Nr. 1. – Darstellung wiederholt in Bildfeld Nr. 6. – Vgl. Trani Nr. 4.

4 *Anbetender Engel* (wie Nr. 1) *und Medaillon mit Halbfigur eines Engels.*

5 *Majestas Domini*, wie Nr. 2.

6 *Anbetender Engel* (wie Nr. 3) *und Medaillon mit Halbfigur des segnenden Christus.*

7 *Apostel Thomas*, beschriftet SANCT(VS) THOMAS. Wiederholt in Nr. 19. – Vgl. Trani Nr. 10; Monreale Nr. 21.

8 *Kreuzabnahme.* Joseph von Arimathia steht auf der Leiter und hält den Körper des toten Christus, der weit zur Seite geneigt ist, wo die trauernde Maria steht, die seinen Arm ergreift. Auf der Gegenseite Johannes mit zwei trauernden Frauengestalten. Unten löst Nikodemus den Nagel vom Fuß Christi. Auf dem waagerechten Kreuzbalken in griechischer Inschrift die Bezeichnung der Darstellung, darüber zwei klagende Engel. – Für die Darstellung des Todes Christi erscheint hier anstelle der Kreuzigung die Szene der Kreuzabnahme, wie dies in der byzantinischen Kunst vorkommt. – Die Darstellung wiederholt in Bildfeld Nr. 11. – Vgl. Trani Nr. 20; Monreale Nr. 5.

9 *Apostel Johannes.* SANCTV(S) IOHANNES. – Vgl. Trani Nr. 9; Monreale Nr. 9.

1 Engel	2 Majestas Domini	3 Engel	4 Engel	5 Majestas Domini	6 Engel
7 Thomas	8 Kreuz-abnahme	9 Johannes Ev.	10 Jacobus Major	11 Kreuz-abnahme	12 Simon
13 Thad-däus	14 Höllen-fahrt	15 Petrus	16 Philippus	17 Höllen-fahrt	18 Matthäus
19 Thomas	20 Bartho-lomäus	21 Nicolaus mit Stifter	22 Nicolaus mit Stifter	23 Jacobus Minor	24 Andreas
25 Johannes Bapt.	26 Tür-zieher	27 Maria mit Kind	28 Maria mit Kind	29 Tür-zieher	30 Elias
31 Eusta-chius	32 Elias	33 Georg	34 Georg	35 Paulus	36 Eusta-chius
37 Bogen-schütze	38 Stifter-inschrift	39 Zwei-kampf	40 Bogen-schütze	41 Zwei-kampf	42 Bogen-schütze
43 Lebens-baum	44 Lebens-baum	45 Lebens-baum	46 Lebens-baum	47 Lebens-baum	48 Lebens-baum
49 Lebens-baum	50 Lebens-baum	51 Lebens-baum	52 Lebens-baum	53 Lebens-baum	54 Lebens-baum

10 *Apostel Jacobus Major*, mit gekreuzten Beinen sitzend. SANCTV(S) IAKOBV(S). – Vgl. Trani Nr. 5; Monreale Nr. 16.

11 *Kreuzabnahme*, wie Nr. 8.

12 *Apostel Simon*. SANCTV(S) SIMON. – Vgl. Trani Nr. 11; Monreale Nr. 23.

13 *Apostel Thaddäus*. SANCTV(S) TATDEV(S). – Vgl. Trani Nr. 15; Monreale Nr. 24.

14 *Höllenfahrt Christi (Anastasis)*. Christus mit dem Kreuzstab als Siegeszeichen und über den zerbrochenen Pforten der Hölle, die als zwei gekreuzte Türflügel dargestellt sind, faßt den aus seinem Grab aufsteigenden Adam bei der Hand. Rechts entsteigen dem Grab zwei mit Diadem und mit Nimbus versehene Figuren; es sind die alttestamentlichen Könige David und Salomo. Maria und Johannes der Täufer sind als Fürbitter zugegen. Am oberen Rand der griechische Bildtitel. – In der byzantinischen Kunst steht diese Szene für die Überwindung des Todes und die Errettung der Menschheit; das Bildpaar Kreuzabnahme und Höllenfahrt – so wie auf dieser Tür vorkommend – stellt Tod und Auferstehung Christi einander gegenüber. – Die Darstellung wiederholt in Bildfeld Nr. 17. – Vgl. Trani Nr. 12; Monreale Nr. 6.

15 *Apostel Petrus*. SANCTVS PETRVS. – Vgl. Trani Nr. 7; Monreale Nr. 11.

16 *Apostel Philippus*. SANCTV(S) FILIPPV(S). – Vgl. Trani Nr. 17; Monreale Nr. 15.

17 *Höllenfahrt Christi*, wie Nr. 14.

18 *Apostel Matthäus*. SANCTV(S) MATHEV(S). – Vgl. Monreale Nr. 10.

19 *Apostel Thomas*, wie Nr. 7.

20 *Apostel Bartholomäus*. SANCTV(S) BARTHOLOMEV(S). – Vgl. Trani Nr. 18; Monreale Nr. 13.

21 *Der hl. Nicolaus von Myra (von Bari)*, thronend und segnend, in bischöflichen Gewändern, mit Stab, jedoch ohne Mitra. Bezeichnet SANCTV(S) NIKOLAV(S). Als kleine Figur, demütig gebeugt und einen Fuß des Heiligen umfassend, ist der Stifter dargestellt, Sergius Musetula (Muscettola), Patrizier in Ravello. Über ihm die Inschrift: MEM/ENTO DO/MINE FA/MVLI / TVI/ SE/RGI(I) MV/SSETV/L(A)E DE IO/RDANE (Gedenke, o Herr, deines Knechtes Sergius Musetula »de Jordane«). – Nicolaus, Bischof von Myra (gest. um 342) genoß in Unteritalien besondere Verehrung, seit seine Gebeine 1087 nach Bari entführt wurden, das damit rasch zur bedeutenden Wallfahrtsstätte aufstieg. – Wiederholt in Bildfeld Nr. 22. – Vgl. Monreale Nr. 8.

22 *Der hl. Nicolaus von Myra*, mit Stifter und Stifterinschrift, wie Nr. 21.

23 *Apostel Jacobus Minor*. SANCTV(S) IAKOBV(S). – Vgl. Monreale Nr. 22.

24 *Apostel Andreas*. SANCTV(S) ANDREAS. – Vgl. Trani Nr. 16; Monreale Nr. 14.

25 *Johannes der Täufer*, anbetend, in demütig gebeugter Haltung. SANCTV(S) IOANNES BABTISTA. Er ist auf die Figur der Muttergottes bezogen, Gegenstück zum Propheten Elias (Nr. 32, auf dem rechten Türflügel Nr. 30). Beide galten als Vorläufer Christi, Elias als Vorläufer des Alten, der Täufer als Vorläufer des Neuen Testaments. In der ursprünglichen Bild-Anordnung auf der Tür sind diese drei Darstellungen nebeneinander zu denken, mit der Madonna im Zentrum. – Vgl. Trani Nr. 13; Monreale – hier auf die Majestas Domini bezogen – Nr. 1.

26 *Türzieher*. Löwenkopf, von zwei Vogelpaaren umgeben, die jeweils um ein Zapfen-Gewächs angeordnet sind. Oben sind es zwei Pfauen, unten zwei Adler. Das Pflanzenmotiv zwischen gegenständigen Tieren ist als Lebensbaum-Darstellung zu deuten, hinweisend auf die Auferstehung (vgl. auch die Platten Nr. 43–54). Der Löwenkopf ist dadurch wohl Symbol des auferstandenen Christus. Der

Ring auf dem linken Türflügel ist ergänzt. Von der Tür in Trani ist die ursprüngliche Form der Griffe noch bekannt (Trani Nr. 22–23), die so wohl auch in Ravello vorhanden waren: zwei langschwänzige Drachen umwinden den tordierten Griff. Die Konfrontation von Löwenmaul und Drachen – der Löwe verschlingt die Drachen – ist hier wohl ein weiterer Hinweis auf den Sieg Christi über den Tod, über die Macht des Bösen. – Ebenso Nr. 29. – Vgl. Trani Nr. 22–23; Monreale Nr. 18–19.

27 *Maria mit Kind, auf einer Thronbank sitzend.* Mutter und Kind sind in inniger Beziehung wiedergegeben, das Kind geborgen im Schoß und Arm der Mutter, zu der es aufblickt, während die Hände beider sich berühren. Bezeichnet mit dem griechischen Monogramm der Muttergottes. – Die Darstellung entspricht keinem der byzantinischen Muttergottes-Typen. Es ist eine Abwandlung der Hodegetria, ohne den Segensgestus des Kindes und stattdessen mit der Betonung der Mutter-Kind-Beziehung. Thematisch zugehörig sind die anbetenden Figuren Johannes des Täufers und des Propheten Elias (Nr. 25, 32); alle drei gehören räumlich unmittelbar nebeneinander. – Die Darstellung wiederholt in Bildfeld Nr. 28, mit dem zugehörigen Elias (Nr. 30), jedoch ohne den Täufer. – Vgl. Trani Nr. 6; Monreale Nr. 7.

28 *Maria mit Kind*, wie Nr. 27.

29 *Türzieher*, wie Nr. 26.

30 *Der Prophet Elias*, anbetend, auf die Muttergottes (Nr. 28) bezogen, jedoch auf diesem Türflügel ohne sein Gegenstück, Johannes den Täufer (vgl. auf dem linken Flügel Nr. 25 und 32). SANCTV(S) ELIAS. – Die Darstellung wiederholt in Bildfeld Nr. 32. – Vgl. Trani Nr. 8; Monreale – hier auf die Majestas Domini bezogen – Nr. 4.

31 *Der hl. Eustachius zu Pferd*, mit der ausgestreckten Hand auf das im Bild nicht dargestellte Hirschwunder hinweisend, und von einem Hund begleitet, der ihn als Jäger kennzeichnet. S(ANCTVS) EVSTASIV(S). Als Reiterfigur Gegenstück zum hl. Georg (Nr. 33), beide sind auf dem rechten Türflügel wiederholt (Eustachius Nr. 36, Georg Nr. 34). – Vgl. Trani Nr. 24; Monreale Nr. 20.

32 *Der Prophet Elias*, wie Nr. 30.

33 *Der hl. Georg als Reiter*, mit der Lanze den Drachen durchbohrend. S(ANCTVS) GEORGIVS. Gegenstück zum hl. Eustachius. – Wiederholt in Nr. 34. – Vgl. Trani Nr. 21; Monreale Nr. 17.

34 *Der hl. Georg*, wie Nr. 33.

35 *Apostel Paulus*. SANCTV(S) PAVLVS. – Vgl. Trani Nr. 14; Monreale Nr. 12.

36 *Der hl. Eustachius*, wie Nr. 31.

37 *Bogenschütze*. Wiederholt in Nr. 40. – Vgl. Trani Nr. 26.

38 *Stifterinschrift*, in Silber tauschiert: ANNO MILLESIMO / CENTESIMO SEPTVAGESI/MO NONO INCARNACIO(NIS) IESV / XPO (= Christo) D(OMI)NO N(OST)RO MEMENTO D(OMI)NE FA/MVLO TVO SERGIO MVSETVL(A)E (ET) / VXORI SV(A)E SICLIGAVD(A)E (ET) FI/LIIS SVIS MAVRO (ET) IOH(ANN)ES (ET) FI/LIA SVA ANNA Q(V)OT ISTA(M) POR/TA(M) FACERE AGIT AD HO/NOREM DEI (ET) SANCT(A)E MA/RI(A)E VIRGINIS. (Übertragung durch Hardo Hilg, München: *Im 1179. Jahr nach der Geburt unseres Herrn Jesu Christi. Gedenke, o Herr, deines Knechtes Sergius Musetula und seiner Ehefrau Sicligauda und seiner Söhne Maurus und Johannes und seiner Tochter Anna, weil er diese Tür anfertigen ließ zur Ehre Gottes und der heiligen Jungfrau Maria.*) – Klassisch-lateinisch korrekt müßte die Inschrift, die in Orthographie und grammatischer Form eigenwillig ist, folgendermaßen lauten: Anno millesimo centesimo septuagesimo nono incarnationis Iesu Christi domini nostri. Memento domine famuli tui Sergii Musetulae et uxoris suae Sicligaudae et filiorum suorum Mauri et Iohannis et filiae suae Annae quod istam portam facere egit ad honorem dei et sanctae Mariae virginis.

39 *Zweikampf*, die Kontrahenten mit Keulen und Schilden bewaffnet. Wiederholt in Bildfeld Nr. 41. – Vgl. Trani Nr. 29, 32.

40 *Bogenschütze*, wie Nr. 37.

41 *Zweikampf*, wie Nr. 39.

42 *Bogenschütze in Rückenansicht*. – Vgl. Trani Nr. 27, 31; Monreale Nr. 27.

43–54 *Lebensbaum-Motiv*. Zwischen zwei hockenden Löwen ein Blütenkelch mit zwei geflügelten Drachen, hervorwachsend aus einer Maske. Zur Bedeutung vgl. Nr. 26. – In zwölf Exemplaren auf dieser Tür, in den beiden untersten Bildreihen. – Vgl. Trani Nr. 25, 28, 30.

RAHMENLEISTEN UND ORNAMENTIK: Vom ornamentalen Motivreichtum der Barisanus-Werkstatt kommen in Ravello nur wenige Elemente vor (s. die Typen-Beschreibung bei Trani): das Kettenmuster a für alle Rahmenleisten, mit Ausnahme der äußeren Quersprossen; das Kreisrankenmuster e als breiter äußerer Ornamentfries entlang Gewände und Türsturz. Die Quersprossen dieses Frieses in einer nur auf dieser Tür vorkommenden Form: schmale Leisten von dreieckigem Querschnitt mit Blattwerk (Typus f).
Als Knäufe auf den Rahmenwerk-Kreuzungen kommen zwei Formen vor: diamantierte Knäufe mit Blattwerk-Ornament entlang der Senkrechten an Türschluß und Gewände, Rosetten im Innern der Flügel.

Zusammen mit den signierten Bronzetüren in Trani und Monreale ist diese Tür ein Werk des Barisanus von Trani, wohl in seiner Werkstatt in Trani entstanden. Als einziges Gußwerk dieser Gruppe ist sie datiert. Sie wird für die früheste der drei Türen gehalten. Das Bildprogramm liegt hier in seiner breitesten Ausprägung vor, ist in den beiden anderen Türen anscheinend reduziert. Andererseits ist der ornamentale Motivschatz dort größer. Die figürlichen und ornamentalen Motive dieser Werkstatt waren für die einzelne Tür, aber auch für die Türen untereinander durch Modeln reproduzierbar. Der Formenschatz selbst ist weitgehend von byzantinischen Vorbildern geprägt.
Die Tür besteht aus einzeln gegossenen Teilen, diese sind auf einer Holzrückwand montiert. Die Teilstücke sind folgende: Die Türfüllungen mit den Reliefdarstellungen, die kurzen Rahmenteilstücke jeweils von Höhe oder Breite der Bildfelder, die Knäufe des Rahmenwerks, die Griffe der Türzieher (diese verloren, s. Trani). Die Fugen des Rahmenwerks werden verdeckt durch die Knäufe, die zugleich die Nägel

aufnehmen; die Nagelköpfe sind als Zentrum der Knäufe sichtbar. – Die bildlichen Darstellungen und die Ornamentik in Flachrelief gegossen, die Gußmodelle mit Hilfe von Modeln geformt. Diese müssen die plastische Form bereits in sehr detaillierter Durchbildung wiedergegeben haben; eine Ziselierung nach dem Guß ist sehr zurückhaltend, kaum mit zusätzlicher graphischer Binnenzeichnung durchgeführt worden. Die Inschriften der Majestas Domini, die als einzige erhaben als Relief erscheinen, gehen bereits auf die Model zurück. Alle anderen Inschriften sind in die Fläche eingegraben; sie sind bei jedem Exemplar individuell ausgeführt (erst nach dem Guß?). Technisch abweichend ist die Stifterinschrift; sie ist Silber-tauschiert. Restaurierungen wohl des 18. Jahrhunderts und der Zeit nach 1887 haben Teile der Rahmenleisten und der Knäufe, die inzwischen verloren waren, ergänzt (Schema bei A. Boeckler 1953 S. 49–50). Verloren sind die Türzieher-Griffe (s. Trani), der Ring auf dem linken Türflügel ist ergänzt. Die Abfolge der Bildfelder ist vielfach verändert.

Gußmaterial bisher nicht analysiert. Zu vermuten ist eine gleichartige Legierung wie in Trani.

Höhe 3,78 m; Breite 2,66 m.

Literatur: W. Schulz 1860 Bd. 1 S. 125–127, Taf. 21–25. – I. M. Palmarini 1898, insbesondere S. 20–22, Taf. 2. – E. Bertaux 1904 Bd. 1 S. 420–423; Aggiornamento ... 1978 Bd. 5 S. 634–635, Taf. 104 (Antonio Thiery). – C. Angelillis 1924 S. 24–25. – A. Boeckler 1953 S. 47–70, insbesondere S. 47–50, Abb. 97–130. – H. Leisinger 1956 Taf. 130–136. – U. Götz 1971 S. 243–254 Kat. Nr. 22, S. 413. – D. A. Walsh 1974. – W. Melchzer 1979. – U. Mende 1981 S. 36–37, 145–146, 183, Kat. Nr. 38, Abb. 66–67. – D. A. Walsh 1982.

Trani

Tafel 155–159; Abb. 88

DOM, WESTPORTAL

Zweiflügelige Tür mit Reliefdarstellungen zum Neuen Testament, mit Aposteln, Heiligen und symbolischen Darstellungen
Barisanus von Trani, um 1180/90

Rundbogig abschließende Tür, durch das Rahmenwerk gegliedert in acht horizontale Reihen zu je vier Bildfeldern (zwei Bildachsen auf jedem Flügel). Am Gewände und im Bogen umlaufend als äußeres Rahmenmotiv eine Abfolge von schmaleren Ornament-Platten. Die Bild- und Ornament-Motive sind dieselben wie auf der Tür in Ravello, letztere noch vermehrt; wie dort in Flachrelief ausgeführt. Die Türfüllungen sind größer, die Bildmotive mit zusätzlichen Ornamentrahmungen versehen. Dadurch ist der Gesamtcharakter der Tür flächiger, und das zarte Relief der Ornamentik wird stärker betont. Der Bildinhalt entspricht der Tür von Ravello, ohne die Verdoppelung der Motive dort.

Die Bildfelder, in horizontaler Abfolge, oben und jeweils links beginnend:

1 *Anbetender Engel* in Segmentbogen-Feld. Gegenstück zu Nr. 4, beide auf die Majestas Domini bezogen (Nr. 2, 3). – Vgl. Ravello Nr. 1, 4.

2 *Majestas Domini.* Wiederholt in Bildfeld Nr. 3. – Vgl. Ravello Nr. 2, 5; Monreale Nr. 2–3.

3 *Majestas Domini*, wie Nr. 2.

4 *Anbetender Engel* in Segmentbogen-Feld. Gegenstück zu Nr. 1. – Vgl. Ravello Nr. 3, 6.

5 *Apostel Jacobus Major*, unbezeichnet. – Vgl. Ravello Nr. 10; Monreale Nr. 16.

6 *Maria mit Kind.* – Vgl. Ravello Nr. 27–28; Monreale Nr. 7.

7 *Apostel Petrus.* – Vgl. Ravello Nr. 15; Monreale Nr. 11.

8 *Der Prophet Elias.* – Vgl. Ravello Nr. 30, 32; Monreale Nr. 4.

9 *Apostel Johannes.* – Vgl. Ravello Nr. 9; Monreale Nr. 9.

10 *Apostel Thomas.* – Vgl. Ravello Nr. 7, 19; Monreale Nr. 21.

11 *Apostel Simon.* – Vgl. Ravello Nr. 12; Monreale Nr. 23.

12 *Höllenfahrt Christi (Anastasis).* – Vgl. Ravello Nr. 14, 17; Monreale Nr. 6.

13 *Johannes der Täufer*, unbezeichnet. – Vgl. Ravello Nr. 25; Monreale Nr. 1.

14 *Apostel Paulus.* – Vgl. Ravello Nr. 35; Monreale Nr. 12.

15 *Apostel Thaddäus*, unbezeichnet. – Vgl. Ravello Nr. 13; Monreale Nr. 24.

16 *Apostel Andreas.* – Vgl. Ravello Nr. 24; Monreale Nr. 14.

17 *Apostel Philippus.* – Vgl. Ravello Nr. 16; Monreale Nr. 15.

18 *Apostel Bartholomäus.* – Vgl. Ravello Nr. 20; Monreale Nr. 13.

19 *Der hl. Nicolaus Peregrinus (von Trani).* Als Pilger dargestellt, barfuß, mit kurzem Gewand, umgehängter Reisetasche und mit langem Handkreuz. Zu seinen Füßen kniend eine maßstäblich kleinere Figur mit der Inschrift BARISANVS TRANENSIS. Es handelt sich hierbei um den Meister, wie der längeren Inschrift auf der Tür von Monreale zu entnehmen ist, die denselben Namen nennt (Monreale Nr. 8). – Nicolaus Peregrinus war als Pilger 1094 aus Griechenland nach Trani gekommen, wo er – im jugendlichen Alter von 18 Jahren und geistesverwirrt – starb. Bereits 1098 wurde er heiliggesprochen; 1097 wurde der Neubau der Kathedrale begonnen, die zusätzlich sein Patrozinium erhielt. Er war zugleich Stadtpatron von Trani. Seine

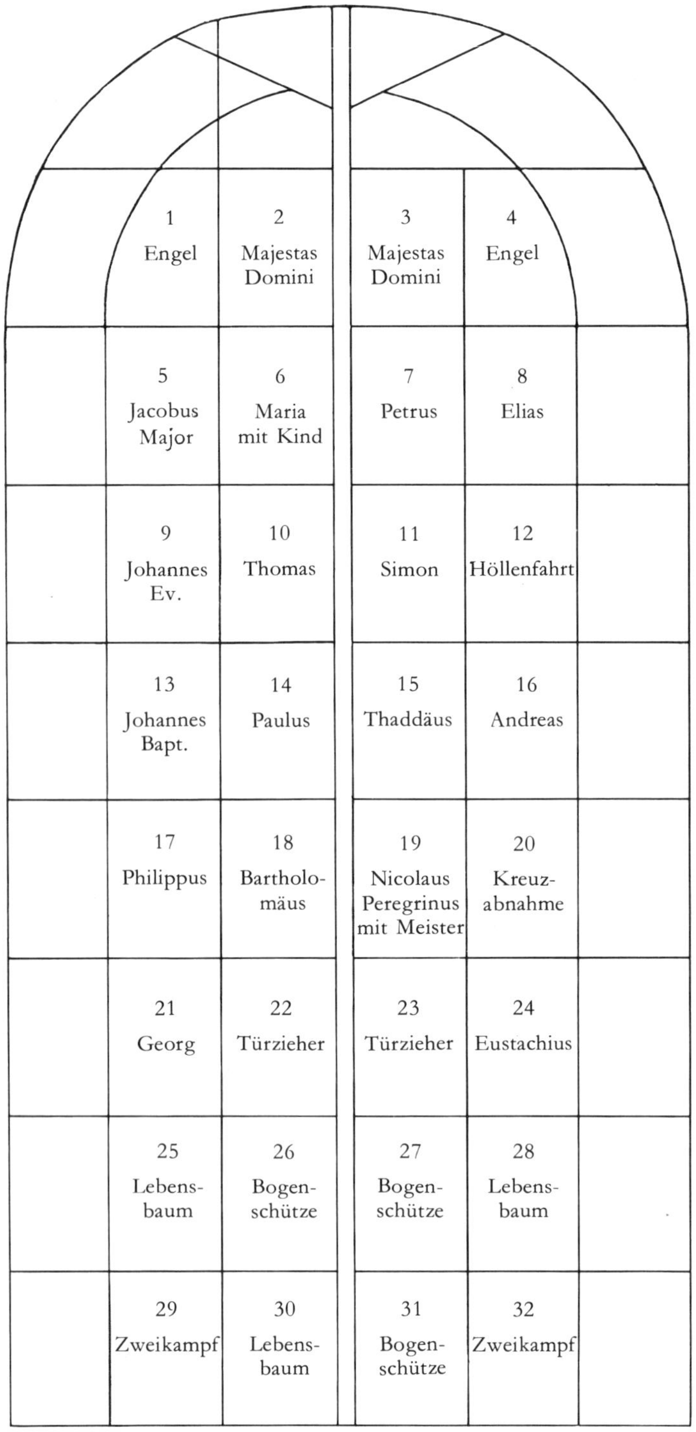

Verehrung dort wurde gefördert im Sinne einer gewissen Konkurrenz zu derjenigen des hl. Nicolaus von Myra im benachbarten Bari.

20 *Kreuzabnahme.* – Vgl. Ravello Nr. 8, 11; Monreale Nr. 5.

21 *Der hl. Georg.* – Vgl. Ravello Nr. 33, 34; Monreale Nr. 17.

22 *Türzieher*, ehemals mit Drachengriff (erst in den letzten Jahrzehnten abhanden gekommen). Das Gegenstück im nächstfolgenden Feld. – Vgl. Ravello Nr. 26, 29; Monreale Nr. 18, 19.

23 *Türzieher*, wie Nr. 22.

24 *Der hl. Eustachius.* – Vgl. Ravello Nr. 31, 36; Monreale Nr. 20.

25 *Lebensbaum-Motiv.* Wiederholt in Bildfeld Nr. 28 und 30. – Vgl. Ravello Nr. 43–54.

26 *Bogenschütze.* – Vgl. Ravello Nr. 37, 40.

27 *Bogenschütze in Rückenansicht.* Wiederholt in Nr. 31. – Vgl. Ravello Nr. 42; Monreale Nr. 27.

28 *Lebensbaum-Motiv*, wie Nr. 25.

29 *Zweikampf.* Wiederholt in 32. – Vgl. Ravello Nr. 39, 41.

30 *Lebensbaum-Motiv*, wie Nr. 25.

31 *Bogenschütze in Rückenansicht*, wie Nr. 27.

32 *Zweikampf*, wie Nr. 29.

Rahmenleisten und Ornamentik: Die Rahmenleisten sind unterschiedlich ornamentiert, wobei genau unterschieden ist zwischen senkrechten und waagerechten, äußeren und inneren Rahmenteilen. Ein eigener Ornamentstreifen rahmt die Darstellungen innerhalb der Bildfelder, mit Ausnahme derjenigen in der obersten Reihe (Nr. 1–4). Schließlich besitzt die Tür eine breite Außenrahmung, einen an Gewände und Bogenabschluß verlaufenden Fries aus Ornamentplatten, die hier zwischen die äußeren Rahmenleisten eingeschoben sind. Die Ornamentmotive sind dieselben, die auch auf den Türen in Ravello und Monreale vorkommen; sie sind hier in Trani in besonderer Vielfalt vorhanden. Es handelt sich vor allem um feinteiliges Blattwerk mit eingerollten und umgeschlagenen Blättchen, aber auch um figürliche Motive:

a Mit Blattstauden dicht gefülltes Kettenmuster. Für alle Innenrahmungen der Bildfelder verwandt.

b Wellenranke. Auf jedem Flügel als äußere Senkrechte an Türschluß und Gewände.

c Rahmenstück mit jeweils drei figürlichen Medaillons zwischen Blattwerk-Abschnitten. Für alle übrigen Senkrechten verwandt. In zwei Varianten vorkommend, zum einen mit drei unterschiedlichen Reitern, zum anderen mit einer Abfolge von Samson mit dem Löwen, einem Meerweibchen und einem bogenschießenden Kentauren.

d Rahmenstück mit einem mittleren figürlichen Medaillong zwischen Blattwerk-Abschnitten. Für alle waagerechten Leistenstücke. In den Medaillons kommen zwei unterschiedliche Motive vor, ein Tierkampf (Löwe, ein Rind oder ein anderes Opfertier schlagend) und ein Drachenpaar. – Ein größerer Motivreichtum dieser waagerechten Leisten in Monreale.

e Kreisranken in dichter, sich überlagernder Abfolge. Dies ist die Musterung der Ornamentplatten, die entlang des Außenrandes eingeschoben sind.

f (Nicht auf dieser Tür, sondern nur in Ravello vorkommend; s. dort)

Für die Knäufe auf den Rahmenwerk-Kreuzungen ausschließlich die vierseitige, diamantierte Form, mit Blattwerk-Ornamentik.

Die Tür ist als Werk des Barisanus von Trani signiert und bildet mit den Bronzetüren von Ravello und Monreale eine geschlossene Gruppe, gleichartig in Bildschmuck und Ornamentik (Verwendung derselben Modeln), variiert in der Gesamtform und in der Verteilung der Motive. Die zeitliche Abfolge unter den drei Türen ist verschieden gesehen worden. Das Exemplar in Trani ist wohl erst nach der Tür in Ravello entstanden, wird neuerdings sogar erst nach Monreale angesetzt (D. A. Walsh 1974).

Die Tür besteht aus einzeln gegossenen Teilen, die auf einem Holzträger montiert sind (der ursprüngliche noch erhalten; Lärchenholz). Anders als in Ravello und Monreale sind hier die Rahmenleisten-Abschnitte nicht einzelne Gußstücke, sondern bilden mit den Füllungen zusammen die Teilstücke. Die waagerechten Leisten sind jeweils als unteres Rahmenstück mitgegossen; bei den senkrechten gibt es zwei Lösungen: Am Türschluß und Gewände ist die äußere Leiste als seitliche Begrenzung mitgegossen, bei der dazwischen liegenden Bildreihe sind es die beiden seitlichen. – Wie in Ravello und Monreale geschah die Formgebung von bildlichen Darstellungen und Ornamentik mit Hilfe von Modeln. – Die Tür mit ihren zahlreichen Schäden an Platten und Rahmenwerk (Risse und Ausbrüche) ist 1950 einer sorgfältigen Restaurierung unterzogen worden (Istituto Centrale del Restauro, Rom; Cagiano de Azevedo 1952 und 1954). Erst anschließend gingen die aufwendigen Türzieher-Griffe verloren. Frühere Restaurierungen im 18. Jahrhundert (die Jahreszahl 1725 auf der Innenseite der Tür) und 1894. Die Platten-Abfolge ist teilweise gestört.

73,04% Kupfer, 20,47% Zinn, 2,35% Blei, 0,04% Eisen, 0,01% Nickel, 4,09% Zink (G. Secchi 1952 S. 41).

Höhe 4,92 m; Breite 2,76 m.

LITERATUR: H. W. Schulz 1860 Bd. 1 S. 116–122, Taf. 20–25. – I. M. Palmarini 1898, insbesondere S. 15–18, Taf. 1. – E. Bertaux 1904 Bd. 1 S. 419–423; Aggiornamento ... 1978 Bd. 5 S. 634–635 (Antonio Thiery). – C. Angelillis 1924 S. 24–25. – M. Cagiano de Azevedo 1952 S. 23–26. – G. Secchi 1952 S. 41. – A. Boeckler 1953 S. 47–70, insbesondere S. 51–53, Abb. 131–146. – M. Cagiano de Azevedo 1954 S. 85–86. – U. Götz 1971 S. 255–257 Kat. Nr. 23. – D. A. Walsh 1974. – U. Mende 1981 S. 36–37, 145–146, 183, Kat. Nr. 39, Abb. 68. – D. A. Walsh 1982.

Monreale

Tafel 160–163

DOM, PORTAL IM NÖRDLICHEN SEITENSCHIFF

Zweiflügelige Tür mit Reliefdarstellungen zum Neuen Testament, mit Aposteln, Heiligen und symbolischen Darstellungen
Barisanus von Trani, um 1185–1189

Die Tür ist in sieben Reihen zu je vier Bildfeldern gegliedert (zwei Bildachsen auf jedem Flügel). Die Rahmenleisten sind ornamentiert, zusätzlich besitzt jedes Bildfeld eine eigene Ornamentrahmung. Die Ausführung in Flachrelief, die Darstellungen und Ornamentmotive, auch das inhaltliche Programm entsprechen den Türen in Ravello und Trani; besonders mit der letzteren besteht Ähnlichkeit im flächenhaften Gesamteindruck. Betont ist die horizontale Gliederung der Tür mit den wichtigsten, auf Christus bezogenen Darstellungen in den beiden oberen Reihen, mit drei Reihen für die Apostel (diese mit einer besonderen Rahmenform durch Arkaden) und zwei Reihen für die ergänzenden Darstellungen.

BILDFELDER, in horizontaler Abfolge, oben und jeweils links beginnend:

1 *Johannes der Täufer*, anbetend, zusammen mit seinem Gegenstück, dem Propheten Elias (Nr. 4) auf die Majestas Domini bezogen (Nr. 2). – Vgl. Ravello Nr. 25; Trani Nr. 13.

2 *Majestas Domini*. Wiederholt in Nr. 3. – Vgl. Ravello Nr. 2, 5; Trani Nr. 2, 3.

3 *Majestas Domini*, wie Nr. 2.

4 *Der Prophet Elias*, anbetend, auf die Majestas Domini bezogen (Nr. 3). – Vgl. Ravello Nr. 30, 32; Trani Nr. 8.

5 *Kreuzabnahme*. – Vgl. Ravello Nr. 8, 11; Trani Nr. 20.

6 *Höllenfahrt Christi (Anastasis)*. – Vgl. Ravello Nr. 14, 17; Trani Nr. 12.

7 *Maria mit Kind*. – Vgl. Ravello Nr. 27, 28; Trani Nr. 6.

8 *Der hl. Nicolaus von Myra (von Bari)*. Zu seinen Füßen kniend der Meister mit Inschrift BARISANVS TRAN(ENSIS) ME FECIT (Barisanus von Trani hat mich gemacht). – Vgl. Ravello Nr. 21 und 22 mit der gleichen Darstellung des Knienden, dort jedoch als Stifter Sergius Musetula bezeichnet.

9 *Apostel Johannes*. – Vgl. Ravello Nr. 9; Trani Nr. 9.

10 *Apostel Matthäus*. – Vgl. Ravello Nr. 18.

11 *Apostel Petrus*. – Vgl. Ravello Nr. 15; Trani Nr. 7.

12 *Apostel Paulus*. – Vgl. Ravello Nr. 35; Trani Nr. 14.

13 *Apostel Bartholomäus*. – Vgl. Ravello Nr. 20; Trani Nr. 18.

14 *Apostel Andreas*. – Vgl. Ravello Nr. 24; Trani Nr. 16.

15 *Apostel Philippus*. – Vgl. Ravello Nr. 16; Trani Nr. 17.

16 *Apostel Jacobus Major*, mit gekreuzten Beinen sitzend. – Vgl. Ravello Nr. 10; Trani Nr. 5.

17 *Der hl. Georg*. – Vgl. Ravello Nr. 33, 34; Trani Nr. 21.

18 *Türzieher*. Gegenstück im nächsten Feld. – Vgl. Ravello Nr. 26, 29; Trani Nr. 22, 23.

19 *Türzieher*, wie Nr. 18.

1 Johannes Bapt.	2 Majestas Domini	3 Majestas Domini	4 Elias
5 Kreuzabnahme	6 Höllenfahrt	7 Maria mit Kind	8 Nicolaus mit Meister
9 Johannes Ev.	10 Matthäus	11 Petrus	12 Paulus
13 Bartholomäus	14 Andreas	15 Philippus	16 Jacobus Major
17 Georg	18 Türzieher	19 Türzieher	20 Eustachius
21 Thomas	22 Jacobus Minor	23 Simon	24 Thaddäus
25 Wappen Roano	26 Bacchus	27 Bogenschütze	28 Wappen Roano

20 *Der hl. Eustachius.* – Vgl. Ravello Nr. 31, 36: Trani Nr. 24.

21 *Apostel Thomas.* – Vgl. Ravello Nr. 7, 19; Trani Nr. 10.

22 *Apostel Jacobus Minor.* – Vgl. Ravello Nr. 23.

23 *Apostel Simon.* – Vgl. Ravello Nr. 12; Trani Nr. 11.

24 *Apostel Thaddäus.* – Vgl. Ravello Nr. 13; Trani Nr. 15.

25 *Wappen des Erzbischofs Giovanni da Roano* (Ruano; 1673 bis 1703). Ergänzung. Wiederholt in Nr. 28.

26 *Bacchus als Knabe, mit Weintrauben.* Ergänzung wie Nr. 25 und 28.

27 *Bogenschütze in Rückenansicht.* – Vgl. Ravello Nr. 42; Trani Nr. 27, 31.

28 *Wappen,* wie Nr. 25. Ergänzung.

Rahmenleisten und Ornamentik: Die Beschreibung der Ornament-Typen s. bei Trani.
Die senkrechten Außenleisten an Türschluß und Gewände mit der Wellenranke b; alle übrigen Senkrechten vom Typus c, mit den drei figürlichen Medaillons, in beiden Varianten. Alle Waagerechten vom Typus d, mit mittlerem Medaillon, wobei folgende Motive vorkommen: Tierkampf, Drachenpaar, ein Vogel, Halbfigur Johannes des Täufers, Halbfigur eines Engels (?) und eine nicht identifizierbare Form. Die Bordüren innerhalb der Bildfelder zeigen wie in Trani die Musterung a. Die Bildfelder mit den Aposteln (3., 4. und 6. Bildreihe von oben) sind ohne diesen Innenrahmen. Stattdessen bildet hier eine Arkade das besonders prächtige Rahmenmotiv für jede Sitzfigur, gleichartig in jedem Feld, auf Pfeilern und mit Säulenvorlagen, mit einem Palmettenfries im Bogen, einem weiteren Palmettenfries als Bodenstreifen und Engelsfiguren in den Zwickeln über den Bogen.
Die Knäufe auf den Rahmenkreuzungen kommen in zwei unterschiedlichen Formen vor, als Rundform mit stilisiertem Blattwerk und als Rosette.

Von den Bronzetüren des Barisanus von Trani ist diese Tür in ausführlichster Form signiert. Bildschmuck und Ornamentik sind dieselben wie in Ravello und Trani (Verwendung von Modeln), die Ornamentmotive hier nochmals vermehrt. Das inhaltliche Programm ist in der Anzahl der Platten zwar weniger reich als in Ravello (mit Ausnahme der Majestas Domini keine Verdoppelung der Motive wie dort), es ist jedoch vollständig und in der Verteilung auf der Türfläche sehr durchdacht. Dies ist die einzige der Barisanus-Türen, die die Bildmotive wohl in ihrer ursprünglichen Anordnung zeigt – mit Ausnahme der drei Ergänzungen unten. Verloren sind hier wohl der zweite Bogenschütze, der Zweikampf und das Lebensbaum-Motiv (vgl. Ravello Nr. 37, 39, 43). – Die zeitliche Entstehung ist nach der Tür von Ravello (1179) zu denken, vielleicht aber vor der von Trani (D. A. Walsh 1974; seit A. Boeckler 1953 galt die Tür von Monreale als späteste der Barisanus-Türen). Als Anhaltspunkt kann die andere Bronzetür des Domes von Monreale dienen, die große Westtür von Bonanus aus dem Jahre 1185. Es ist anzunehmen, daß auch die Tür des Barisanus noch zu Lebzeiten König Wilhelms II. von Sizilien (gest. 1189) entstanden ist. Der Auftrag an Barisanus, die Nebentür dieses hochbedeutenden Bauwerks zu schaffen, war von hohem Rang.

Der Guß in Einzelteilen, die Formgebung unter Verwendung von Modeln, ebenso die Montierung wie in Ravello. Die Formwiedergabe ist stellenweise weich und unpräzise (Abnutzung der Modeln?) – Hinzugefügt um 1690, in der Zeit des Erzbischofs Roano (1673–1703) sind die Platten 25, 26 und 28. Ergänzt in Nachbildung der originalen Teile sind viele Rahmenwerk-Knäufe und an Türschluß und Gewände auch die meisten senkrechten Leistenstücke (Schema der erneuerten Rahmenteile bei A. Boeckler 1953 S. 55; zur Restaurierung um 1690 W. Krönig 1966 S. 26). Die Ringe oder Griffe der Türzieher sind verloren. Die Anordnung der Bildfelder ist sinnvoll und somit wohl im ursprünglichen Zustand.

Gußmaterial bisher nicht analysiert, jedoch wohl gleichartig wie die Legierung der Tür in Trani.

Höhe 4,23 m; Breite 2,15 m.

Literatur: H.W. Schulz 1860 Bd. 1 S. 123–125. – I.M. Palmarini 1898, insbesondere S. 22, Taf. 3–4. – E. Bertaux 1904 Bd. 1 S. 418–419; Aggiornamento ... 1978 Bd. 5 S. 633 (Antonio Thiery). – C. Angelillis 1924 S. 24–25. – A. Boeckler 1953 S. 47–70, insbesondere S. 53–55, Abb. 147–170; dazu Besprechung 1954 (A. Grabar). – H. Leisinger 1956 Taf. 159–160. – R. Salvini 1962 S. 258–259 Abb. 106. – W. Krönig 1966 S. 22, 26, 31, 37–38, 53, 240–241, Abb. 26. – U. Götz 1971 S. 258–260 Kat. Nr. 24. – D. A. Walsh 1974. – U. Mende 1981 S. 36–37, 145–146, 183, Kat. Nr. 40, Abb. 69. – D. A. Walsh 1982.

Tafel 164–184; Abb. 97, 102, 105

DOM, OSTPORTAL DES SÜDLICHEN QUERSCHIFFS (PORTA DI SAN RANIERI)

Zweiflügelige Tür mit Reliefdarstellungen zum Neuen Testament, mit Propheten und zwei Repräsentationsbildern Christi und der Muttergottes
Bonanus von Pisa, um 1180

Die Tür ist von kraftvollen plastischen Formen und besonders harmonisch in ihren Proportionen. Vier Bildachsen, zwei auf jedem Flügel, werden unten und oben durch einen Querriegel – jeweils ein Bildfeld in ganzer Türflügelbreite – abgeschlossen. Den unterschiedlichen Bildformaten entspricht die inhaltliche Gliederung: In den vier Bildachsen befindet sich der erzählende Reliefzyklus zum Leben Christi, die Felder von doppelter Breite nehmen die Propheten und die thronenden Figuren Christi und der Muttergottes ein. Die Bildfelder sind durch Titel bezeichnet, durch Inschriften in romanischen Majuskeln, die erhaben, als Relief, mitgegossen wurden. Sprachlich handelt es sich dabei um eine Mischung aus Latein und Toscanisch; die Inschriften werden hier folgend wiedergegeben nach A. Boeckler 1953, S. 10–18.

DER BILDZYKLUS beginnt unten und verläuft in Horizontalen über beide Flügel hinweg, jeweils von links nach rechts:

1 *Sechs Propheten zwischen Palmen.* Sie sind paarweise einander zugekehrt und im Gespräch befindlich, dabei mit einer Hand ein Spruchband haltend, die andere Hand im Redegestus erhoben. Die Palmen sind in sanfter Biegung gleichmäßig nach außen gerichtet. Mit ihren Stämmen und Palmwedeln weitgehend vollplastisch gebildet, überdecken sie zum Teil die dahinterliegenden, auf dem Grund befindlichen Namensinschriften der Propheten: AMOS für den ersten, P(ROPHETA) ohne Namensnennung für den zweiten; es folgen SOPHONIAS P(ROPHETA), ZAHARAS P(ROPHETA), IOHEL P(ROPHETA), MICHEAS. Die Darstellung reicht über die ganze Breite des Türflügels, besteht aus zwei aneinandergesetzten Platten und wird auf dem rechten Türflügel fortgesetzt (Nr. 2). Die Propheten des Alten Testaments sagen Ankunft und Wirken Christi voraus, die im Bildzyklus der Tür dargestellt sind, beginnend mit der Verkündigung an Maria. Inhaltlich und kompositionell innerhalb des Gesamtgefüges der Tür stehen die Propheten-Platten außerhalb des erzählenden Bildzyklus, ebenso wie die einen oberen Querriegel bildenden abschließenden Darstellungen (Nr. 23–24).

2 *Sechs Propheten zwischen Palmen*, Fortsetzung der Reihe, ebenso angeordnet. Die Namensbeischriften für die ersten drei (die letzten sind unbezeichnet): ABACHVC, IONAS, ANEL (für Daniel; das D verwischt). Ebenfalls Tafel in Türflügelbreite, aus zwei Teilen.

3 *Verkündigung an Maria.* Von einem Gebäude umschlossen, das auf Säulen ruht und überkuppelt ist, hat Maria sich von ihrem Sitz erhoben und wendet sich dem außen heraneilenden Engel zu. Er kommt mit grüßender Gebärde und trägt ein langes Zepter, das teilweise weggebrochen ist. Maria hält in der erhobenen Hand eine Spindel und deutet mit der anderen Hand das Zwirnen des Fadens an, entsprechend dem Text im Protoevangelium des Jakobus, nach dem sie mit dem Spinnen der Wolle für den Tempelvorhang beschäftigt war. Mit verschlungenen Ästen wächst zwischen Dach und Kuppel des Gebäudes ein Baum hervor. Die Inschrift: AVE MARIA GRASIA PLENA (Gegrüßet seist du, Maria, voll der Gnade. – Der Engelsgruß nach Lukas 1,28). – Vgl. Monreale Nr. 23.

4 *Heimsuchung.* Die beiden Frauen bilden eine geschlossene, fast völlig symmetrische Komposition. Sie stehen beisammen, haben die Köpfe leicht einander zugeneigt, und Elisabeth rechts berührt mit zarter Geste den Leib Mariens links, die ihrerseits – wie zögernd – die Hand vorstreckt. Die Gruppe wird umschlossen von einer Architektur, die ähnlich der von der Verkündigungs-Szene ist, verbreitert und mit Nebenkuppeln versehen. Als Bildtitel SLA (Salutatio? Salve?) LIZABE. – Vgl. Monreale Nr. 24.

5 *Geburt Christi und Verkündigung an die Hirten.* Maria liegt auf ihrem Lager, vor ihr das Christkind in der Krippe, in die die Köpfe von Ochs und Esel schauen. Mit nachdenklicher Geste sitzt Joseph dabei, während zwei Frauen das Bad des Kindes bereiten; eine von ihnen füllt aus einem Wassergefäß das große Bassin. Die Szene wird bogenförmig umschlossen von einem Terrain-Streifen, der die Geburtshöhle andeutet und zugleich die Ebene abgibt für die zweite Darstellung, die Hirten-Verkündigung. Zwei Engel, ganz parallel dargestellt mit grüßenden Gebärden und langen Zeptern in den Händen, stehen den beiden Hirten gegenüber, einem älteren und bärtigen, der sich auf seinen Stab stützt, und einem schalmeiblasenden jüngeren. Beide sind in Fell gekleidet, tragen spitze Hüte und Stiefel; der ältere hat eine Tasche umgehängt, der jüngere ein Wassergefäß. Der Hirtenstab ebenso wie die Zepter der Engel sind nur noch in Resten vorhanden. NATIVITAS D(OMI)NI (Geburt des Herrn). – Vgl. Monreale Nr. 25.

6 *Die Drei Könige; Sündenfall und Vertreibung aus dem Paradies.* Auf einem ansteigenden Bodenstreifen sind die Heiligen Drei Könige zu Pferde dargestellt, auf dem Weg nach Bethlehem. Mit nur geringer Variation – vor allem bei Angabe der Gewänder – sind sie gleichartig aufgereiht, mit gleichen Bewegungen, die eine Hand am Zügel, die andere erhoben. Der den Weg weisende Stern von Bethlehem, dem diese Geste eigentlich gilt, ist nicht dargestellt; so mag sie sich hier beziehen auf die benachbarte Darstellung der Geburt Christi. Die Figuren sind bezeichnet MAGIS. – In einer unteren Ebene und mit maßstäblich viel kleineren Figuren sind drei Szenen mit den Stammeltern Adam und Eva dargestellt: In der Mitte wohl der Sündenfall neben dem Baum mit der Schlange, links Adam und Eva nach dem Sündenfall betroffen dasitzend, rechts ihre Vertreibung durch den Engel mit Schwert. Dieser isolierte Teil eines alttestamentlichen Bildzyklus ist als Gegenüberstellung zum

ganzen übrigen Bildinhalt der Tür zu verstehen, als Gegenüberstellung von Sünde und Erlösung. – Vgl. Monreale Nr. 26.

7 *Darbringung im Tempel.* Über dem Altar und unter einem Ciborium mit hängender Ampel empfängt Simeon mit verhüllten Händen das Kind, das Maria ihm reicht. Es handelt sich um eine völlig statische, symmetrische Komposition. Die seitlichen Figuren bilden links Joseph mit der Opfergabe von zwei Tauben und rechts die Prophetin Hanna mit einem Spruchband. Bildtitel: ACCEPIT SIMEON PUER (Simeon nahm das Kind in Empfang). – Vgl. Monreale Nr. 29.

8 *Flucht nach Ägypten.* Auf dem Esel sitzt Maria wie auf einem Thron, das Kind in ihrem faltenreichen Mantel geborgen. Vor ihr der Palmbaum, der sich herabneigt, um ihr seine Früchte zu bieten. Schwer auf seinen Stock gestützt trabt Joseph hinterdrein, mit den Reiseutensilien beladen; umgehängt trägt er Tasche und Wassergefäß, den Mantel an langer Stange über der Schulter. FUGE IN EGIPTUP (Flucht nach Ägypten). – Vgl. Monreale Nr. 28.

9 *Kindermord von Bethlehem.* Herodes – bezeichnet ERODI – ist thronend unter einem Baldachin dargestellt, auf zierlichem Faltstuhl und mit übergeschlagenem Bein, mit einer riesigen Krone und als Befehlsgeber für das blutige Geschehen rechts. Hier hat ein mit dem Schwert ausholender Scherge ein Kind kopfüber an den Füßen gepackt (die freiplastischen Teile sind weggebrochen), bereits geköpfte Kinder liegen am Boden, und eine klagende Mutter sucht ihr Kind zu schützen. – Vgl. Monreale Nr. 27.

10 *Taufe Christi.* Unter einer Palme stehend nimmt Johannes mit ausgreifender Bewegung die Taufzeremonie vor, während die Figur Christi im Wellenberg des Jordan fast verschwindet. Zwei Engel sind in stiller Andacht und mit bereitgehaltenen Gewändern zugegen, beide völlig übereinstimmend gebildet. BAPTIZAT(UR) (Er wird getauft). – Vgl. Monreale Nr. 30.

11 *Versuchung Christi.* Von der Höhe des Berges aus zeigt der Teufel Christus die Reiche und Herrlichkeiten der Welt. Die nackte Figur des Teufels ist mit Klauenfüßen, Flügeln und mit einem Schwanz ausgestattet. Christus ist sitzend dargestellt, mit einer Schriftrolle und sichtbar argumentierend. Das Gebäude rechts unten, von gleicher Form wie im Bildfeld der Darbringung (Nr. 7), ist wohl Hinweis auf die andere Versuchung, in der der Teufel auf den Zinnen des Tempels von Jerusalem Christus auffordert, sich herabzulassen. Das Bildfeld faßt demnach alle drei Versuchungen Christi zusammen (Matthäus 4,1–11; Lukas 4,1–13). Als Bildtitel: TEMPTAT(UR) A DIABOLO (Er wird versucht durch den Teufel). – Vgl. Monreale Nr. 31.

12 *Verklärung Christi.* Christus auf dem Berge stehend zwischen Moses und Elias (Lukas 9,28–32). Die drei Jünger Petrus, Johannes und Jacobus, denen die Erscheinung zuteil wird, sind zusammengekauert, als Schlafende dargestellt, alle drei weitgehend übereinstimmend. Auch Moses und Elias entsprechen sich symmetrisch, bis auf die unterschiedlichen Kopftypen. TRANSFIGVRATIO D(OMI)NI (Verklärung Christi). Vgl. Monreale Nr. 34.

13 *Auferweckung des Lazarus.* Die Schwestern des Lazarus beugen sich flehend – in ihrer Parallelität außerordentlich eindrucksvoll – vor Christus, der mit sprechender Geste zum Grabbau gewandt ist und Lazarus gebietet aufzustehen. Die Grabplatte ist geöffnet, der in Binden gewickelte Tote erhebt sich. Von der Kuppel des Grabbaues aus sind weitere Personen zugegen. DE. LAZARO. R(ESURRECTO) (Vom auferstandenen Lazarus). – Vgl. Monreale Nr. 32.

14 *Einzug in Jerusalem.* Christus reitet ein auf dem Esel, gefolgt von der Gruppe seiner Jünger, während ein Knabe zum Empfang sein Gewand auf dem Boden ausbreitet. Ein zweiter ist auf das Dach des Tores geklettert, wo auch die Köpfe weiterer Zuschauer sichtbar sind, zwischen den Zweigen, die hier aus dem Mauerwerk hervorwachsen. Einer davon verdeckt Teile des Bildtitels: DIES PALMARUM (Tag der Palmen). – Vgl. Monreale Nr. 33.

15 *Fußwaschung.* Die isolierte Figur Christi auf der einen Seite, durch einen Baldachin hervorgehoben, und die Jünger mit Petrus auf der anderen Seite sind deutlich voneinander geschieden. Nicht die Fußwaschung selbst, sondern der Wortwechsel zwischen Christus und Petrus ist dargestellt. Petrus sitzt auf einem hohen Faltstuhl mit Fußstütze, vor dem Wasserbecken; seine Geste mit der Hand an der Stirn bezieht sich auf seine Worte: Herr, nicht die Füße allein, sondern auch die Hände und das Haupt (Johannes 13,9). Hinter ihm stehen die anderen Jünger, zusammengedrängt und alle in gleicher Haltung zum Wasserbecken schauend, wobei einer den Arm des anderen berührt. LAVATIO PEDU(M) (Fußwaschung).

16 *Abendmahl.* Christus ist an der Schmalseite der langen und auf Säulen ruhenden Tafel dargestellt, mit redend erhobener Hand und mit dem an seiner Brust ruhenden Johannes. Die Gruppe der anderen elf Jünger ist davon abgesetzt, in zwei Reihen hintereinandergedrängt. Die hinteren schauen über den Schultern der vorderen hervor. Diese sind in stets gleicher Haltung wiedergegeben, nach den auf dem Tisch liegenden ringförmigen Broten greifend. Ihre Bewegung wirkt so gleichförmig, daß die paarweise Gliederung der Gruppe kaum auffällt. Den architektonischen Rahmen bildet ein Bau mit Säulen, Zinnen und Kuppeln, über der Tafel hängt eine Ampel. Dahinter die Inschrift CENA D(OMI)NI (Mahl des Herrn). – Vgl. Monreale Nr. 35.

17 *Gefangennahme.* In symmetrischer Komposition sind in der Mitte Christus und zu beiden Seiten die Gruppen der Häscher dargestellt, diese mit Laternen, mit Lanzen, Äxten und anderen Waffen. Rechts ist Judas der erste, dem Christi leicht abwehrende Geste gilt; links packt ein Scherge roh Christus am Mantel. Ganz am Rande links auch Petrus, der dem Malchus das Ohr abschlägt. OSCULAT(UR) EU(M) IUDAS (Judas küßt ihn). – Vgl. Monreale Nr. 36.

18 *Kreuzigung Christi.* Mit zur Seite geneigtem Haupt hängt Christus am Kreuz, zwischen den klagenden Figuren von Maria und Johannes. Rechts ist mit Schild und Schwert der Hauptmann Longinus dargestellt, auf den Gekreuzigten als den Sohn Gottes hinweisend. Über den Kreuzbalken zwei Engel, unter dem Kreuz, wo der Hügel Golgatha angedeutet

ist, der Schädel Adams. Ohne Bildtitel. – Vgl. Monreale Nr. 37.

19 *Höllenfahrt Christi (Anastasis).* In der Vorhölle steht Christus über den zerbrochenen Höllentoren und dem in Ketten gelegten Satan und führt Adam heraus, hinter dem weitere Personen und die Flammen der Hölle dargestellt sind. Rechts die Gruppe der alttestamentlichen Könige, hinter denen sich eine Palme erhebt. DESPOLIATIO INFER(I) (Beraubung der Hölle). – Vgl. Monreale Nr. 38.

20 *Die Frauen am Grabe.* Über einem Hügel steht der Grabbau als eine von Säulen getragene mächtige Kuppel. Ein Engel sitzt auf dem Sarkophag und ist den drei Frauen zugewandt, die mit Gefäßen in Händen und in gleichmäßiger, gebeugter Haltung heranschreiten. Er kündet von der Auferstehung Christi. Unter dem Grabbau, d.h. im Vordergrund dargestellt, die Gruppe der drei schlafenden Wächter. SEPULCRUM (Grab). – Vgl. Monreale Nr. 39.

21 *Himmelfahrt Christi.* In einer Mandorla und auf dem Regenbogen thronend wird Christus von zwei Engeln emporgetragen, vor den Augen der Jünger, die unten in zwei bewegten Gruppen stehen. Die Mitte zwischen ihnen bildet Maria mit anbetend erhobenen Händen. Die Buchstaben A.S. sind als Ascensio oder Ascensio Salvatoris aufzulösen (Himmelfahrt, Himmelfahrt des Erlösers). – Vgl. Monreale Nr. 42.

22 *Marientod.* Maria auf ihrem Lager ist von den in zwei Gruppen dargestellten Aposteln umgeben. Sie tragen Kerzen in Händen, einer schwingt ein Rauchfaß, ein anderer hat sich über sie gebeugt und umschlingt ihre Füße. Christus hat die Seele der Toten bereits in Empfang genommen, während ein Engel mit verhüllten Händen herbeischwebt, um sie zum Himmel zu tragen. Zwei mächtige Türme mit Kuppeln bilden den architektonischen Hintergrund. M.(ATER) G.(RATIAE) S.(ANCTA) M.(ARIA) (Mutter der Gnade, heilige Maria. Andere Auflösung: Mariae Genetricis Salvatoris Mors: Tod der Maria, der Mutter des Erlösers). – Diese isoliert scheinende Marien-Darstellung bildet einerseits den Endpunkt der neutestamentlichen Bilderzählung der Bronzetür und leitet andererseits über zum darüber befindlichen, den rechten Türflügel abschließenden Bildfeld mit der thronenden Maria (Nr. 24).

23 *Christus als Pantokrator, von Engeln verehrt.* Unter einem Baldachin thront der in der Größe alle übrigen Figuren der Tür weit überragende Christus. Er hat die rechte Hand segnend erhoben und hält in der anderen ein Buch. Hinter ihm die Worte EGO S(UM) LUX MUNDI (Ich bin das Licht der Welt), die ihn als Pantokrator kennzeichnen. Zu beiden Seiten stehen jeweils drei Engel, in Verehrung die Köpfe geneigt und die verhüllten Hände vorgestreckt. Ihr Lobgesang erscheint als Inschrift über ihnen: S(ANCTUS) S(ANCTUS) S(ANCTUS) D(OMINUS) D(EUS) SABAOT PLENI SUNT. CELI ET (T)ERRA GLOR(IA) TUA OZIANA BENEDICTUS Q(UI) VENI(T) (IN NOMI)NE DEI (Jesaias 6,3: Heilig, heilig, heilig ist der Herr, Gott Zebaoth, Himmel und Erde sind voll deiner Herrlichkeit. – Markus 11,9–10: Hosianna, gelobet sei, der da kommt im Namen Gottes). In voller Länge befindet sich die Inschrift über der Engelgruppe links; rechts ist sie bis TUA wiederholt, also lediglich den Jesaias-Text umfassend. – Die ganze Darstellung erstreckt sich über den Türflügel in voller Breite und besteht aus drei Platten (zwei Engel-Platten, Christus). Sie hebt sich schon vom Format her gegenüber dem Bildzyklus erzählenden Inhalts ab, zu dem sie auch nicht gehört, sondern sie bildet als ein Repräsentationsbild – Christus in seiner Herrlichkeit – den besonderen Abschluß des linken Türflügels. Gegenstück auf dem rechten Flügel ist die thronende Maria von gleichartiger Komposition. Beide Bildfelder korrespondieren mit denen am Fuß der Flügel, die inhaltlich ebenfalls eine Sonderstellung einnehmen. – Vgl. Monreale Nr. 44.

24 *Thronende Maria zwischen Erzengeln.* Im Zentrum sitzt Maria steil aufgerichtet und mit betend erhobenen Händen

23 Christus als Pantokrator		24 Thronende Maria	
19 Höllenfahrt	20 Die Frauen am Grabe	21 Himmelfahrt	22 Marientod
15 Fußwaschung	16 Abendmahl	17 Gefangennahme	18 Kreuzigung
11 Versuchung Christi	12 Verklärung Christi	13 Auferweckung des Lazarus	14 Einzug in Jerusalem
7 Darbringung im Tempel	8 Flucht nach Ägypten	9 Kindermord	10 Taufe Christi
3 Verkündigung	4 Heimsuchung	5 Geburt Christi und Verkündigung an die Hirten	6 Hl. Drei Könige
1 Propheten		2 Propheten	

auf dem Thron. Sie ist größer als die anderen Figuren der Tür, mit Ausnahme des Christus im Schlußbild des linken Flügels (Nr. 23). Über ihr die Inschrift IN CELU(M) (In den Himmel). Die Thronende wird flankiert von je zwei frontal und unter Bäumen stehenden Erzengeln, deren Würdezeichen ein Krummstab und ein aus vier Kugeln gebildetes Kosmos-Symbol sind. Die Bäume mit bewegten Ästen, mit großen Blättern und Früchten überdecken zum Teil die Inschrift: ASUNTA E(ST) über der linken Gruppe, über der rechten IN CELU(M) (Sie ist aufgenommen in den Himmel). Die Inschrift gibt einen Hinweis auf die Himmelfahrt der Maria, die Darstellung der Bäume auf den Bildtypus der Maria im Paradies. Als oberer Abschluß des rechten Türflügels ist diese Darstellung Pendant zum thronenden Christus und ist wie dieser in der Bedeutung und auch in der Bildfeldgröße herausgehoben (drei Platten: zwei mit den Engeln, eine mit Maria). – Vgl. Monreale Nr. 43.

DAS RAHMENWERK: Die Bildfelder sind als Füllungen eingebettet in ein Gerüst aus kräftigen glatten, mit Rosetten dicht besetzten Rahmenleisten. Innerhalb der Türflügel sind die Leisten verdoppelt, und zwar in der Vertikalen zwischen den Bildachsen und in der Horizontalen da, wo die queroblongen Bildfelder oben und unten anschließen. Hier verläuft jeweils eine Schmuckleiste in Form einer gedrehten Schnur; eine gleichartige bildet die Außenrahmung der Türflügel, mit Tierköpfen an den vier Ecken, die auch die vertikalen inneren Schnurleisten schmücken.

Die Tür kann Bonanus von Pisa zugeschrieben werden, der die nah verwandte Bronzetür des Domes in Monreale (Westportal) signiert hat. Eine gleichfalls signierte und 1179 datierte Tür vom Hauptportal des Domes in Pisa ist verloren (Brand 1595); sie wurde gelegentlich in der älteren Literatur irrtümlich mit der hier besprochenen gleichgesetzt. Auch für diese ist an eine ungefähre Entstehungszeit um 1179/80 zu denken. In Gesamtanlage und Formensprache scheint sie die Voraussetzung für die dann wenig später folgende, 1185 datierte Tür in Monreale zu sein. Die Chronologie zwischen beiden Türen war jedoch mehrfach strittig. Die Quellen für den sehr persönlichen plastischen Stil des Meisters Bonanus sind byzantinische Bildtradition und die Pisaner Skulptur nach der Mitte des 12. Jahrhunderts.

Die Tür ist zusammengesetzt aus einzeln gegossenen, auf einer Holzrückwand montierten Teilen: den Bildfeldern, den glatten Rahmenleisten, den Schnur-Leisten, den Nägeln mit Rosettenköpfen. Das Rahmenwerk besteht aus großen Teilstücken: Die Gesamtrahmung einer Bildachse aus fünf übereinanderliegenden kleinen Feldern bildet – in Art einer Leiter – auf dem rechten Türflügel nur ein Gußstück, auf dem linken zwei Stücke (sorgfältig verarbeitete waagerechte Nähte). Die Rahmung der vier queroblongen Felder ist jeweils ein Gußstück. Die Schnur-Leisten bilden die Außenkanten und verdecken im Innern der Türflügel die Fugen zwischen den doppelten Leisten. Alle horizontalen Schnur-Leisten bilden jeweils ein Teilstück, einschließlich der mitgegossenen Tierköpfe; bei den vertikalen Schnüren wurden mehrere Teilstücke aneinander gesetzt. Die Rosetten sind von gleichmäßiger Form, also wohl mit Hilfe einer Model entstanden. Die breiten Bildfelder oben und unten sind aus mehreren aneinandergeschobenen Platten zusammengesetzt (senkrechte Fugen; oben drei Platten, unten zwei). Die Darstellungen zeigen einen für die Gußtechnik außerordentlich anspruchsvollen Reliefstil mit vielen vollplastischen Einzelheiten und unterschnittenen Teilen: Köpfe, Gliedmaßen und Attribute, Baumstämme und Blattwerk, Kuppeln und Säulen. Die Modellierung ist detailliert durchgeführt. Zusätzlich sind nach dem Guß sehr zurückhaltend und in feinster Ziselierung Flächenmusterungen und weitere Durchzeichnung erfolgt, heute oft kaum noch sichtbar: Gewandmusterungen, Engelsflügel, Mauerwerk, selten auch Haarzeichnung. Die Wiederholung gleichartiger Figuren und anderer Teile läßt vermuten, daß bei der Modellierung Modeln eine Rolle gespielt haben. Modelliert und mitgegossen sind auch die Inschriften. – Die Holzrückwand wurde 1541 erneuert, einige Rosetten-Nägel fehlen, andere sind nachträglich mit Hilfe von mittleren Eisenstiften neu befestigt worden. Vollplastische Teile der Reliefs sind stellenweise weggebrochen.

Höhe 4,70 m; Breite 3,02 m.

LITERATUR: W. Biehl 1926 S. 55–57, Taf. 72–74. – M. Salmi 1928 S. 99–100, Abb. 193–194. – V. Martinelli 1946–1948. – A. Boeckler 1953 S. 9–44, insbesondere S. 10–18, Abb. 1–35; dazu Besprechung 1954 (A. Grabar) S. 19. – H. Leisinger 1956 Taf. 88–107. – H. M. von Erffa 1961. – R. Salvini 1962 S. 231–232, 247–258. – U. Götz 1971 S. 149–159 Kat. Nr. 10. – A. F. Moskowitz 1983.

Monreale

Tafel 185–207; Abb. 104, 106, 107

DOM, WESTPORTAL

Zweiflügelige Bronzetür mit Reliefdarstellungen zum Alten und Neuen Testament, mit Repräsentationsbildern Christi und der Muttergottes, mit Propheten und Tieren
Bonanus von Pisa, 1185

Die Tür von außerordentlichen Ausmaßen – die größte mittelalterliche Bronzetür – ist kleinteilig und dabei unter Betonung der Vertikalen gegliedert. Zwei Bildachsen auf jedem Flügel, insgesamt vier Achsen, enthalten je zehn Bildfelder; dazu kommen als unterer und oberer Abschluß jedes Türflügels ein queroblonges Bildfeld, beide Achsen, d.h. die ganze Flügelbreite ausfüllend (insgesamt 44 Bildfelder).
Rechts unten am Gewände, im äußeren glatten Randstreifen befinden sich Signatur und Datum: ANNO / D(OMI)NI / M.C.L/XXXVI / I(N)DICTIO(N)E / III BONA/NVS CI/VIS PIS/ANVS / ME FE/CIT. Übersetzung: Im Jahre 1186, im 3. Jahr der

Indiction, hat Bonanus, Bürger von Pisa, mich gemacht. Die angegebene Jahreszahl entspricht Pisaner Zeitrechnung (stilus Pisanus) und ist umzurechnen auf das Jahr 1185, genauer – nach F. Bartolini 1956 – auf den Zeitraum 25. März bis 23. September 1185; Lesung des Meisternamens durch Bartolini: BONA(N)NVS. Diese Inschrift wie auch die Inschriften der Bildfelder sind erhaben, also ebenfalls als Relief bereits im Guß ausgeführt worden. Sprachlich handelt es sich um ein mit toskanischen Elementen durchsetztes Latein. Die Inschriften sind hier folgend zitiert nach A. Boeckler 1953 S. 18–26, Korrekturen sind übernommen von R. Salvini 1962 S. 235–257.

Die Darstellungen auf der Tür sind so angeordnet, daß in den unteren vier Reihen der kleinen Bildfelder zuerst die alttestamentlichen Themen, dann folgend die Propheten und im größeren oberen Teil die neutestamentlichen Themen erscheinen. Eine Sonderstellung nehmen die großen queroblongen Felder ein. Die Abfolge der Tafeln, von unten nach oben in waagerechten Reihen über beide Türflügel hinweg:

1 *Löwe und Greif.* Zwei mächtige Tiere, halb aufgerichtet, dabei eine Pranke erhoben und den Kopf zurückgewandt. In einem viel größeren Maßstab als die Darstellungen auf den folgenden Bildtafeln, dazu auf einer Tafel in ganzer Breite des Türflügels und fortgesetzt auf dem rechten Flügel in einem gleichartigen Paar (Nr. 2), haben diese Tiere eine besondere Bedeutung innerhalb des Bildprogramms der Tür. Direkt über der Schwelle zum Kircheneingang sind sie in einer Wächter- und Schutzfunktion zu verstehen. – Die Bildtafeln 1 und 2 bestehen aus jeweils zwei getrennten Platten und sind ursprünglich in der Mitte mit einer unbetonten Fuge zu denken (vgl. Nr. 43–44, auch Pisa Nr. 1–2). Die Ornamentleisten auf den Fugen sind spätere Zutat und beeinträchtigen die beabsichtigte Einheit jeder queroblongen Tafel. Diese Leisten sind eine Nachbildung der Rahmenleisten von der Bronzetür des Barisanus am Nordportal des Domes und der Restaurierung beider Türen um 1690 zuzuschreiben. Auch die Anordnung der Tiere, die jetzt einheitlich zur Mitte gerichtet sind, entspricht nicht dem ursprünglichen Plan. Beide Löwen wurden vertauscht. Sie sind auf den jeweils anderen Flügel versetzt zu denken, dazu der jetzt rechts befindliche Löwe noch gedreht, damit er in der Stellung den anderen Tieren gleicht. Erst in dieser Gruppierung kommt die meisterhafte Gestaltung der Tiere zur Geltung. Sie wären adossiert, die Greifen jeweils zum Türschluß, die Löwen zum Gewände gerichtet, dabei die Köpfe einander zugekehrt.

2 *Greif und Löwe*, wie auf dem linken Türflügel (Nr. 1), der Löwe dabei fälschlich hochgestellt und mit seinem Gegenstück vertauscht.

3 *Erschaffung Adams.* Gottvater ist mit der Bildung des noch leblos an einem Hügel liegenden Adam beschäftigt und formt gerade dessen rechte Hand. Die Darstellung beschriftet D(OMI)N(U)S PLASMAVI(T) ADA(M) DE LIMO TERE (Der Herr bildete Adam aus Lehm der Erde).

4 *Erschaffung der Eva.* Gottvater zieht aus dem ruhend, mit untergeschlagenem Arm daliegenden Adam die Figur der Eva hervor. D(OMI)N(U)S DEDI(T). VXO.RE(M). ADA(M) (Der Herr gab Adam ein Weib).

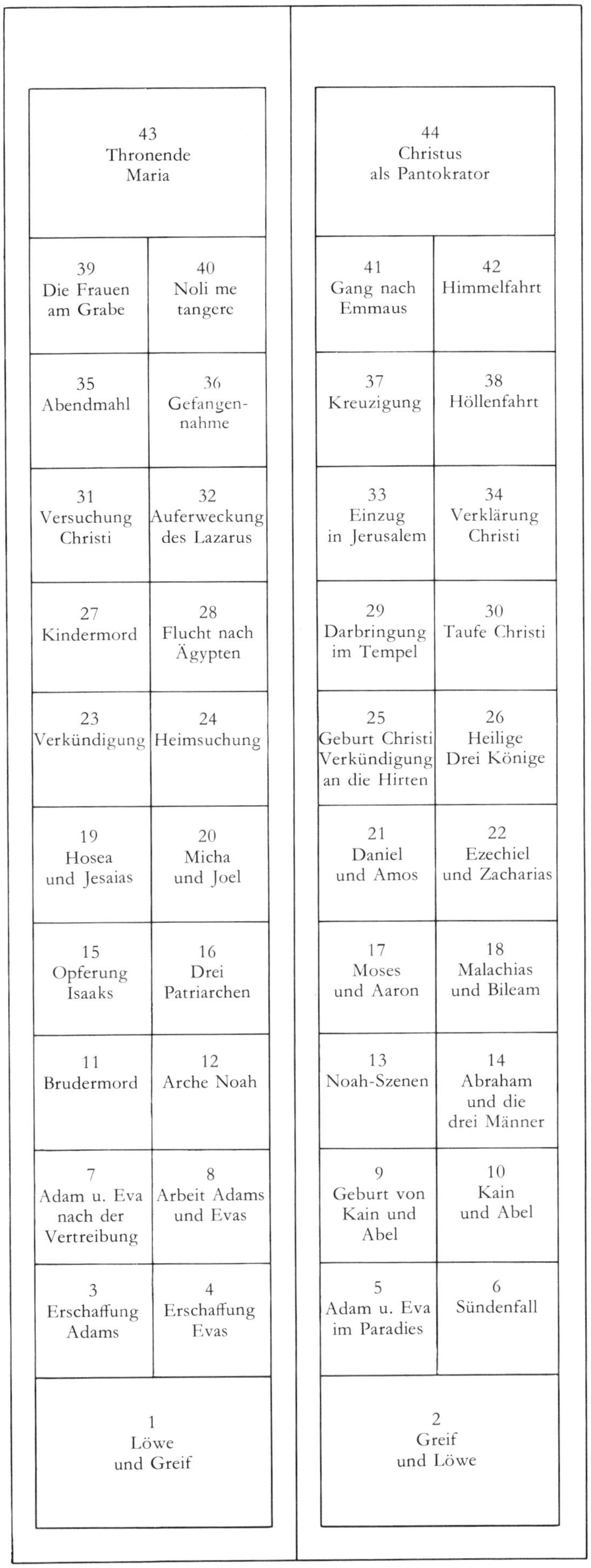

5 *Adam und Eva im Paradies.* Beide stehen mit grüßenden Gebärden einander gegenüber, von den Zweigen zweier Bäume umfangen. MISUS E(ST). ADA(M) I(N) PARADISO (Adam wurde ins Paradies gebracht).

6 *Sündenfall.* Adam und Eva, wiederum beide unter Bäumen, stehen mit der Frucht in der Hand und bedecken sich mit Blättern. PECCAVI(T). ADA(M). I(N). PARADISO (Adam sündigte im Paradies).

7 *Adam und Eva nach der Vertreibung.* Beide sitzen in zottigen Fell-Gewändern hilflos auf einem Hügel. Als Werkzeug zur Bearbeitung der Erde bringt ein herbeifliegender Engel Adam die Hacke; zugleich schwingt er das Schwert der Vertreibung. I(N) SVDORE VVLTVS TVI VISCIERE PANE(M) TVV(M). (Im Schweiße deines Angesichts sollst du dein Brot essen).

8 *Erdenleben von Adam und Eva.* Unter einer Palme ist Adam mit der Feldarbeit beschäftigt, mit einer Hacke, deren Stiel abgebrochen ist. Eva versorgt ihn, sie trägt einen Korb auf dem Kopf und eine Wasserflasche in der Hand. EVA SERVEA(T) ADA(M) (Eva soll Adam dienen).

9 *Geburt von Kain und Abel.* In einer Höhle geborgen sitzt Eva auf ihrem Lager und nährt eines der Wickelkinder, während Adam das zweite im Arm hält. Die Geburt beider Söhne, von denen Kain eigentlich der ältere ist, wurde hier zeitlich zusammengezogen. Oberhalb der Höhle ein Baum – nur in Resten noch vorhanden – und zwei grasende Schafe. EVA IENVI (= genuit) CAIM ABEL (Eva gebar Kain und Abel).

10 *Kain und Abel,* zu seiten eines Hügels mit einem Baum und grasenden Schafen. Abel links ist als Schäfer gekennzeichnet, mit Schalmei und Hirtenstab; Kain rechts ist nicht in der üblichen Weise bei der Feldarbeit dargestellt, sondern als Wanderer, der einen Stock geschultert trägt mit dem darüberhängenden Mantel. Damit wird auf sein ruheloses Dasein nach dem Brudermord angespielt. Die Namen über beiden Figuren sind vertauscht: CAIM ABEL.

11 *Brudermord.* Kain steht vor dem im Schatten eines Baumes niedergesunkenen und ergeben sein Haupt neigenden Abel und holt mit beiden Händen aus, um mit der Keule den tödlichen Schlag auszuführen. CAIM VC(I)SE FRA(T)E SUO ABEL (Kain tötete seinen Bruder Abel).

12 *Arche Noah.* ARCA NOE. Dargestellt ist das Beladen der Arche, die in Form eines Hauses bereits auf den Wellen schaukelt. Auf einem schrägen Laufbrett und von Noah fürsorglich geleitet, hält ein Tier-Paar seinen Einzug.

13 *Noah-Szenen.* Der Weinstock in der Bildmitte unterteilt das Feld in zwei Hälften. Rechts ist die Arche auf dem Berg Ararat gelandet, die Taube hat sich auf dem Dach niedergelassen, und Noah und einer seiner Söhne schauen prüfend aus dem Fenster. Links ist Noah als Weinbauer dargestellt, mit einem Becher in der Hand den Wein kostend, vor ihm eine kleinere Gestalt beim Weinkeltern. NOE PLA(N)TAVI(T) VINEA(M) (Noah pflanzte einen Weinberg. – 1. Moses 9,20).

14 *Abraham und die drei Männer.* Abraham sinkt anbetend in die Knie vor den drei Männern, die ihn besuchen und in denen er die Heilige Dreifaltigkeit erkennt (1. Moses 18,1–3). Darauf nimmt auch die Inschrift Bezug: ABRAA(M) TRES VIDI(T). UNU(M) ADORAVI(T) (Abraham sah drei und verehrte einen).

15 *Opferung Isaaks.* Abraham faßt den ergeben niederknienden Sohn, dessen Augen verbunden sind, beim Schopf und hält das Schwert erhoben. Der herbeifliegende Engel gebietet ihm Einhalt; er hält in der Hand wohl den Rest eines Spruchbandes mit der göttlichen Botschaft und weist mit der anderen auf das wirkliche Opfertier hin, den Widder. ABRAA(M). SACRIFICAVI(T). DE FILIO SUO. A(NTE) D(OMI)NO (Abraham opferte Gott seinen Sohn).

16 *Die drei Patriarchen.* In strenger Symmetrie sind die Figuren aufgereiht, in der Mitte Abraham mit einem Buch, seitlich Isaak und Jakob, die auf ihn hinweisen und Schriftrollen halten. Die Namensbeischriften in anderer Reihenfolge: ABRAA(M) YZAAHC. IACOP. Diese Darstellung der drei Erzväter, von denen das Volk Israel abstammt, leitet über von der szenischen Folge des Alten Testaments zu den anschließenden Bildtafeln mit Propheten-Paaren.

17 *Moses und Aaron,* beide mit Spruchbändern, im Gespräch einander gegenübergestellt. Die erste der Propheten-Platten (Nr. 17–22), die auf der Tür zwischen den alttestamentlichen und den neutestamentlichen Darstellungen ihren Platz haben. MOISE ARON. – Vgl. die Propheten auf der Tür in Pisa Nr. 1–2.

18 *Malachias und Bileam.* Ein ungleiches Propheten-Paar, Malachias größer als gewöhnlich (MALACHIAS), Bileam auf dem Esel reitend (BALEAM).

19 *Hosea und Jesaias,* mit Spruchbändern, das der letztere zusammengerollt hält. OSEE. YSAIAS P(RO)P(HETAE).

20 *Micha und Joel,* symmetrisch einander weitgehend entsprechend in Haltung und Gewand, das Spruchband mit beiden Händen haltend. MICHEAS. IOHEL.

21 *Daniel und Amos,* der erstere mit zusammengerolltem, der andere mit herabhängendem Spruchband. DANIEL. AMOS.

22 *Ezechiel und Zacharias.* Die letzte der Platten mit Propheten-Paaren (Nr. 17–22). Beide in annähernder Symmetrie mit gleichartig merkwürdiger Form ihrer Spruchbänder, die halb entrollt und dabei von der Seite gesehen sind. In Kopftypus und Gewand sind sie jedoch deutlich unterschiedlich. EZECHIEL ZACARIAS P(ROPHETAE).

23 *Verkündigung an Maria.* Der Engel schreitet mit grüßender Gebärde auf Maria zu, die sich von ihrem Sitz erhoben hat und eine Spindel hält. Zwischen beiden steht ein Gefäß mit einer stilisierten Palmette, hinter Maria baut sich eine vielgliedrige Architekturkulisse auf, außerordentlich fein durchgebildet und auf den glatten Flächen zusätzlich mit zarten graphischen Musterungen. AVE MARIA GRASIA PLENA D(OMINU)S TECV(M) (Gegrüßet seist du, Maria, voll der Gnade; der Herr ist mit dir. – Der Engelsgruß nach Lukas 1,28). – Vgl. Pisa Nr. 3.

24 *Heimsuchung.* Zwischen zierlichen doppelgeschossigen und von Türmchen bekrönten Säulenstellungen und unter einem weitgespannten Bogen stehen Maria und Elisabeth einander gegenüber, haben sich die rechte Hand gereicht und

heben die jeweils andere zum Gruß. SLU. (= salutatio oder salve) LIZABE. – Vgl. Pisa Nr. 4.

25 *Geburt Christi und Verkündigung an die Hirten*. Höhlenartig umschlossen erscheinen Maria auf dem Lager, darüber das gewickelte Kind mit Ochs und Esel, seitlich sitzend Joseph und im Vordergrund nochmals das Kind, das von zwei Frauen gebadet wird. Auf dem Hügel darüber findet die Hirtenverkündigung statt. Zwei Engel von gleichartiger Erscheinung grüßen die Hirten, einen bärtigen, der sich schwer auf seinen Stab stützt, und einen jüngeren, der Schalmei bläst. Zur dichtgedrängten Gruppe gehören auch zwei Schafe. Über der Szene steht der Stern von Bethlehem. Der Bildtitel ist seitenverkehrt: NATIVITAS D(OMI)NI (Geburt des Herrn). – Vgl. Pisa Nr. 5.

26 *Die Drei Könige*. Sie sind auf der Reise, zu Pferd dargestellt, folgen dem Stern von Bethlehem und reiten dabei über hügeliges Gelände. Die beiden äußeren tragen Kronen, alle drei zeigen zarte Schraffur-Musterung ihrer Gewänder. Die Namensbeischriften CARPAS (= Caspar). BALDASAR. MELCHIOR. Der Stern ist nicht modelliert, sondern besteht aus einem Nagelkopf mit gravierten Strahlen. – Vgl. Pisa Nr. 6.

27 *Kindermord von Bethlehem*. Vor dem thronenden Herodes steht ein Scherge, der kopfüber ein Kind an den Beinen gepackt hält und sein Schwert schultert. Ein anderes Kind verbirgt sich hinter der daneben stehenden klagenden Frauengestalt. Die Darstellung hat einen architektonischen Rahmen ähnlich der Heimsuchung (Nr. 24). ERODO (= Herodes). – Vgl. Pisa Nr. 9. – Die Platte ist jetzt falsch versetzt, sie gehört an die Stelle der Darbringung (Nr. 29), zeitlich folgend auf die Darstellung der Flucht.

28 *Flucht nach Ägypten*. Leicht seitwärts gewandt sitzt Maria auf dem Esel, Joseph schreitet mit Wanderstab und dem über einen Stock gelegten Mantel hinterdrein. IOSEP. MARIA. ET. PUER. FUGE IN E(G)ITTO (Joseph, Maria und das Kind. Flucht nach Ägypten). – Vgl. Pisa Nr. 8.

29 *Darbringung im Tempel*. Simeon nimmt mit verhüllten Händen das Kind aus den Händen seiner Mutter entgegen, während eine weitere Frauengestalt mit der Opfergabe der zwei Tauben folgt. Hinter Simeon befindet sich das kunstvolle Gebilde des Altarziboriums. Die Altarplatte ruht auf zierlichen Säulen und seitlichen Pfosten, darüber erheben sich die Säulen, die den Baldachin tragen, mit einem bekrönenden feingliedrigen und weitgehend freiplastisch gebildeten Tempietto. Über dem Altar hängt eine Ampel. DIES. PURGASIONIS MARIE (Tag der Reinigung Mariä). – Vgl. Pisa Nr. 7. – Das Bildfeld ist mit dem des Kindermordes (Nr. 27) vertauscht.

30 *Taufe Christi*. Bis zu den Schultern verschwindet Christus im Wellenberg des Jordan. Johannes der Täufer findet auf hohem Felsbrocken daneben Platz und beugt sich zu ihm herab. Auf der anderen Seite stehen zwei Engel mit bereitgehaltenen Gewändern, auch sie auf einem felsigen Versatzstück, dabei beide von weitgehend gleichartiger Form. BATISTERIO (Taufe). – Vgl. Pisa Nr. 10.

31 *Versuchung Christi* durch die nackte, geflügelte Gestalt des Teufels, vom hohen Berg aus, während unten eine verkleinerte Nachbildung der Tempelarchitektur vom Bildfeld der Darbringung erscheint. LA TOARENTINA oder LA Q(U)ARENTINA. – Vgl. Pisa Nr. 11.

32 *Auferweckung des Lazarus*. Christus ist den beiden Schwestern des Lazarus zugewandt, die bittend ihm zu Füßen gesunken sind. Gleichwohl richten seine Worte sich an den Toten selbst, der sich aus dem geöffneten Grab bereits erhebt: LAZARE. VENI FORE (Lazarus, komm heraus. – Johannes 11,43). Der Grabbau trägt keine Kuppel, sondern schließt oben mit einem Zinnenkranz über einer Stützenreihe ab. Seitlich des Grabbaues stehen zwei weitere Frauengestalten von besonders schlanken Proportionen, eng hintereinandergestaffelt und in hohem Maße eindrucksvoll in ihrer Anteilnahme. – Vgl. Pisa Nr. 13.

33 *Einzug in Jerusalem*. Auf dem Esel reitet Christus auf das Stadttor von Jerusalem zu, eine feingliedrige, von Säulen getragene und einer Kuppel bekrönte Architektur. Ein Knabe breitet zum Empfang auf dem Boden sein Gewand aus, ein weiterer sitzt in den Ästen des Palmbaumes, der aus dem Stadttor hervorwächst. CXE (= Christe?) INTRAVI(T) GERVZALE(M) (Christus zog ein in Jerusalem). – Vgl. Pisa Nr. 14.

34 *Verklärung Christi*. Das Visionäre, Geheimnisvolle des Geschehens ist betont; Christus ist von einer Mandorla umschlossen, Moses und Elias auf beiden Seiten erscheinen wie freischwebend im Raum. Im Gegensatz zur Entrücktheit und Strenge dieser Gruppe sind die am Boden sitzenden Jünger Petrus, Johannes und Jacobus dargestellt, in einer geradezu lässigen Pose, von der schönen Bogenform ihres faltigen Mantels umhüllt und den Kopf in die Hand gestützt. Dieselbe Figur ist dreimal wiederholt, davon einmal im Gegensinn. Sie ist nach dem Vorbild einer antiken Sitzfigur geschaffen. Der Bildtitel: TRA(N)SFIGVRACIO. – Die Darstellung ist innerhalb des Bildzyklus falsch versetzt; der richtige Platz wäre zwischen der Versuchung Christi und der Auferweckung des Lazarus. – Vgl. Pisa Nr. 12.

35 *Abendmahl*. In einem Gehäuse sitzen die Jünger eng aufgereiht und hintereinander gestaffelt an der Tafel; Judas löst sich aus ihrer Reihe und beugt sich weit über den Tisch zu Christus hin, der mit dem ruhenden Johannes von den anderen abgesetzt sitzt, an der Schmalseite. Auf der Tafel, die von Säulen getragen wird, sind verschiedene Gefäße und auch Brote zu sehen, darüber hängt eine Ampel. Der Bau wird von einer zierlichen Kuppel bekrönt. CENA D(OMI)NI (Mahl des Herrn). – Vgl. Pisa Nr. 16.

36 *Gefangennahme*. Um Christus drängen sich die vielfach bewaffneten Kriegsknechte. Einer bedroht ihn links mit einem Messer, rechts umfaßt ihn Judas. Malchus, dem Petrus ein Ohr abschneidet, ist mit klagender Gebärde in die Knie gesunken. IVDA TRADIT. XCO (= Christo) (Judas verriet Christus). – Vgl. Pisa Nr. 17.

37 *Kreuzigung Christi*, zwischen Maria und Johannes, mit Longinus und zwei klagenden Engeln. Der Titulus lautet: GESV NAZARENVS REX IVDORVM (Jesus von Nazareth, König der Juden). Unter dem Kreuz der Schädel Adams. – Vgl. Pisa Nr. 18.

38 *Höllenfahrt Christi (Anastasis)*. Die auf den gesprengten Höllentoren und dem angeketteten Satan stehende Figur Christi faßt die Hand Adams, hinter dem zwei weitere Gestalten erscheinen. PRINCE(P)S MUNDI IVDICATVS E(ST) (Der Fürst der Welt ist gerichtet). – Vgl. Pisa Nr. 19.

39 *Die Frauen am Grabe*. Die drei Frauen schreiten mit Salbgefäßen zum Grabe. Unten sind schlafend, dabei jedoch stehend, die Wächter dargestellt, darüber der von einem Baldachin überfangene Sarkophag, auf dem ein Engel sitzt. SEPVLCRV(M) (Grab). – Vgl. Pisa Nr. 20.

40 *Noli me tangere* (Die Erscheinung des Auferstandenen vor Maria Magdalena). Maria Magdalena wirft sich vor Christus zu Boden, der ihr mit abwehrender Geste begegnet. Ein prachtvoller Baum weist wohl auf den Ort des Geschehens hin, an dem Christus die Gestalt eines Gärtners angenommen hatte. MARIA NOLI ME TA(N)GERE (Maria, rühre mich nicht an).

41 *Gang nach Emmaus*. Christus als Pilger – in zottiges Fell gekleidet, mit Wanderstab und umgehängter Tasche – begrüßt auf dem Wege die beiden Jünger, die ihn nicht erkennen. Die ausgestreckte Hand des ersten ist als einladende Geste zu verstehen; der zweite ist mit seinem kurzen Rock und dem über einem Stock hängenden Mantel als Reisender dargestellt. Rechts deutet ein Tor den Ort Emmaus an. CLEOFAS. IBAT A CASTELV(M) MAGO I(N)VENI PELEGRINVS I(N) VIA (Cleophas ging zu einem Flecken – gemeint ist Emmaus – und traf auf dem Weg einen Fremden).

42 *Himmelfahrt Christi*, in der Mandorla von zwei Engeln emporgetragen. Unten verfolgen die Jünger mit lebhaften Gesten das Geschehen; zwischen ihnen Maria. ASENSIO D(OMI)NI (Himmelfahrt des Herrn). – Vgl. Pisa Nr. 21.

43 *Thronende Maria zwischen Erzengeln*. Die Thronende ist maßstäblich größer dargestellt und mit betend erhobenen Händen. Die in strenger Frontalität sie flankierenden Erzengel – zwei auf jeder Seite – halten Krummstab (Pedum) und Reichsapfel. Von besonderer Größe ist auch die Inschrift: ASVTA (= asumpta) E(ST) MARIA I(N) CELV(M) (Maria ist aufgenommen in den Himmel). Die Darstellung Mariä als Himmelskönigin bildet den oberen Abschluß des linken Türflügels (Gegenstück zu Nr. 44), als ein Bildfeld in voller Breite des Flügels (aus drei Platten zusammengesetzt, die Figur der Maria außerdem gesondert gegossen). – Vgl. Pisa Nr. 24.

44 *Christus als Pantokrator, von Engeln verehrt*. Die Bedeutung dieser Figur, Höhepunkt des Bildprogramms, wird schon durch ihre enorme Größe zum Ausdruck gebracht. Als Sitzfigur nimmt sie die volle Höhe des Bildfeldes ein, ist dabei schmal, von außerordentlich gestreckten Proportionen, auf einem feingliedrigen gedrechselten Thron. Die Rechte hat Christus segnend erhoben, mit der Linken hält er das Buch. Zu beiden Seiten neigen sich vor dem Thron drei Engel mit huldigend vorgestreckten Händen; darüber befinden sich jeweils zwei Cherubim. Die Inschrift in besonders großen Lettern: EGO SV(M) LVX M(VN)DI (Ich bin das Licht der Welt). In gleicher Höhe befanden sich seitlich des Kopfes Christi zwei Appliken von runder Form, wohl Sonne und Mond. Das Bildfeld ist Abschluß des rechten Türflügels, den es in voller Breite ausfüllt (aus drei Platten zusammengesetzt, einzeln gegossen auch die Figur Christi). – Vgl. Pisa Nr. 23.

DAS RAHMENWERK: Die Rahmung besteht aus starken glatten Leisten, die durch Rosetten in dichter Folge und durch zusätzliche Blattwerkleisten dekorativ bereichert sind. Die Blattwerkleiste zeigt eine Girlandenform aus großen kreisenden Akanthusblättern mit kleinen Blüten dazwischen. Diese Leisten befinden sich als Außenrahmung der Türflügel unten und an Türschluß und Gewände, auch in der mittleren Vertikale jedes Flügels, wo die Rosettenleisten verdoppelt sind. Verdoppelt sind diese schließlich auch am Gewände, durch einen etwas breiteren rosettenbesetzten Randstreifen. Ein breites Rahmenband aus wechselnden Leisten mit Rosetten und Blattwerk schließt oben über den Bildfeldern an, um hier die spitzbogige Portalöffnung zu füllen; die Türflügel selbst, dahinter zum Teil unsichtbar, sind rechtwinklig. Ein mächtiger mittlerer Türschlußbalken, mit dem linken Türflügel verbunden, zeigt eine abweichende Ornamentik; es sind hier unterschiedliche, teilweise durchbrochene Blatt- und Flechtwerkmotive in stetem Wechsel aneinandergefügt und mit Rosetten – auf der Vorderseite als aufwendige Knäufe – besetzt.

Meister und Entstehungszeit sind durch die Inschrift gesichert. Die Ausführung ist sicherlich nicht am Ort, sondern in Pisa erfolgt. Der größte Teil der neutestamentlichen Darstellungen variiert die entsprechenden Bildfelder der Bronzetür des Bonanus am Dom von Pisa, die zeitlich wohl vorausging. Der Bildzyklus ist erweitert um die Darstellungen zum Alten Testament und in seinem umfassenden heilsgeschichtlichen Programm vergleichbar mit der Tür von San Zeno in Verona.

Die Tür ist in Einzelteilen gegossen, diese sind auf einer Holzrückwand zusammengefügt und mit Nägeln befestigt. Dabei bieten die Rosettenformen des Rahmenwerks – die Rosetten-Appliken der glatten Leisten, auch die kleinen Rosetten der Blattwerkleisten – den Nägeln Platz. Einzeln gegossen sind die Bildfelder, von denen die größeren, queroblongen unten aus zwei, oben aus drei Teilstücken bestehen. Einzeln gegossene Figuren sind in den beiden Bildfeldern oben (Nr. 43, 44) die Thronenden Maria und Christus; zu seiten Christi waren zwei weitere aufgesetzte Teilstücke vorhanden (Sonne und Mond?). Das Rahmenwerk ist folgendermaßen konstruiert: Für die queroblongen Felder ist die Rahmung aus kurzen Teilstücken zusammengesetzt. Die Rahmung der vier Bildachsen besteht aus wenigen großen Teilstücken, jeweils leiterartig aus den glatten Rahmenleisten gebildet und sorgfältig übereinander montiert. Ihre Außenränder werden von den senkrechten Blattleisten verdeckt. Diese bestehen aus Teilstücken unterschiedlicher Länge. Die Blattleiste im Innern der Flügel, die die Nahtstelle zwischen den glatten Leisten verdeckt, endete oben und unten (?) in einer einzeln gearbeiteten Palmettenform, von der nur noch ein Exemplar vorhanden ist. Aus Teilstücken bestehen ebenfalls der äußere Randstreifen am Gewände, die Rahmenelemente ganz oben und die Verkleidung des Türschlußbalkens.
Die Bildfelder sind in Hochrelief ausgeführt, die Formen von

kräftiger Plastizität, die Modellierung bis ins Einzelne gehend, dabei mit vielen vollplastischen und unterschnittenen Teilen; alles ist im Guß vorzüglich wiedergegeben. Zusätzlich sind nach dem Guß weitere Durchzeichnung und Musterung durch behutsame und feinteilige Ziselierung erfolgt, intensiver als in Pisa, etwa bei Gewändern, Haaren, Engelsflügeln, Tierfellen, Architekturteilen, auch bei Stämmen und Ästen der Bäume. Gelegentliche Gleichartigkeit der Figuren läßt vermuten, daß auch hier Modeln benutzt worden sind; ganz sicher ist das der Fall für die einzelnen Buchstaben der ebenfalls in Relief gegossenen Inschriften und für Teile des Rahmenwerks, die Rosetten, die Akanthusleisten und auch die Ornamentik des Türschlußbalkens.

Die Tür ist offenbar mehrfach neu montiert worden. Die Reihenfolge der Tafeln ist jedoch bis auf die vertauschten Löwen (Nr. 1, 2) und die falsche Stellung von Darbringung im Tempel (Nr. 29) und Verklärung (Nr. 34) korrekt. Der in den Formen der Ornamentik abweichende, sicher nicht aus der Bonanus-Werkstatt stammende Türschlußbalken könnte bereits bei Aufstellung der Tür hinzugefügt worden sein, als eine süditalienische (sizilianische?) Arbeit der Zeit. Die Ornamentleisten der Tier-Platten unten sind auf die um 1690, unter Erzbischof Giovanni da Roano ausgeführte Restaurierung zurückzuführen, die beide Bronzetüren des Domes betraf (A. Boeckler 1953 S. 27–28; W. Krönig 1966 S. 26). Weitere Ergänzungen unterschiedlicher Feinheit zeugen von mehrfachen Reparaturen. Sehr sorgfältig ist die Löwen-Platte links (Nr. 1) in der unteren Hälfte ihrer Grundfläche ergänzt, die Löwenbeine sind darauf mit Nägeln befestigt (die rechte Vorderpranke deshalb später abgebrochen; die Nägel Eisen, also vielleicht eine nochmals spätere Reparatur). Weitere abgebrochene und verlorene Teile sind vor allem mehrere Rosetten-Appliken, die genannten Palmetten-Enden der Blattleisten, die Appliken seitlich des Pantokrators und aus den Bildfeldern mehrfach das feingliedrige Ast- und Blattwerk der Bäume.

Höhe 7,80 m; Breite 3,70 m.

Literatur: W. Biehl 1926 S. 56–57, Taf. 75–77. – M. Salmi 1928 S. 100, Abb. 195–196. – V. Martinelli 1946–1948. – A. Boeckler 1953 S. 9–44, insbesondere S. 18–26, Abb. 36–96; dazu Besprechung 1954 (A. Grabar) S. 19. – F. Bartolini 1956. – R. Salvini 1962 S. 231–258, Taf. 49–50, Abb. 101–102, 104–105. – W. Krönig 1966 S. 17, 22, 26, 31, 240–241, Taf. 4, Abb. 22. – U. Götz 1971 S. 160–168 Kat. Nr. 11.

Benevent

Tafel 208–226; Abb. 112–124

EHEMALS DOM, WESTPORTAL

Zweiflügelige Bronzetür mit Reliefzyklus zum Leben Christi und mit Bischofs-Darstellungen (Erzbischof von Benevent und 24 Suffragan-Bischöfe)
Campanien (Benevent?), Anfang 13. Jahrhundert

Nach Kriegszerstörung ist die Tür nur in Fragmenten erhalten. Mit einer Anzahl von 72 Bildfeldern übertraf sie alle übrigen mittelalterlichen Bronzetüren. Die ehemalige Gestalt: engmaschige Gliederung durch das Rahmenwerk, die Leisten von gleichmäßiger Form mit kräftigem Eierstab-Ornament, auf den Kreuzungen Rosetten-Appliken. Die Bildfelder in acht Bildachsen angeordnet – vier auf jedem Flügel – und in neun horizontalen Reihen. Der untere Bereich der Tür bildet eine Art Sockelzone mit den Bischofsdarstellungen, einer Aufreihung gleichartiger Einzelfiguren; hier auch, in der dritten Reihe von unten, die vier Türzieher eingefügt: zwei Löwen- und zwei Greifenköpfe. Die oberen zwei Drittel der Bilderwand gehören dem christologischen Zyklus, einer Folge vielteiliger Kompositionen mit voluminösen und lebhaften Figuren. Die Abfolge beginnt links oben und verläuft waagerecht über beide Türflügel hinweg:

1 *Verkündigung.* Unter einer Ädikula ist Maria frontal sitzend und mit zwei Spindeln in der Hand dargestellt, neben ihr von kleinerer Gestalt eine Dienerin, die den Vorhang rafft. Links schreitet grüßend der Engel hinzu, während auf einem Lichtstrahl aus dem sternenbesetzten Himmelsrund eine Taube zu Maria herabfliegt. Zwei Engel mit Zeptern in Händen füllen den Raum über den Giebelschrägen.

2 *Heimsuchung.* Die beiden Frauen gehen mit ausgestreckten Händen und geneigtem Haupt aufeinander zu, links Maria und rechts Elisabeth, hinter der eine Dienerin steht. Als Hintergrund eine Architekturkulisse mit islamischen Formelementen. – Fragment.

3 *Geburt Christi.* Von einem Oval umschlossen, das als Andeutung der Geburtshöhle zu verstehen ist, sind Maria auf ihrem Lager und darüber das gewickelte Kind dargestellt, bei der Krippe Ochs und Esel, die mit ausgestreckter Zunge fürsorglich das Kind zu betreuen scheinen. Vier Engel neigen sich mit Gesten der Verehrung der Krippe zu. Die Frau mit ausgestreckten Händen rechts ist die Hebamme Salome, deren Hand ihrer Ungläubigkeit wegen verdorrte, bei Berührung des Kindes aber wieder geheilt wurde. Unten sitzt Joseph auf einem Faltstuhl, nachdenklich abgewandt; daneben nochmals das Kind dargestellt, von zwei Frauen gebadet. – Stark beschädigt.

4 *Verkündigung an die Hirten.* Der Engel mit seiner Botschaft überrascht die Hirten, die mit fragenden Gesten zu ihm aufblicken; er stürzt quasi – ohne jede Verkürzung – aus der Höhe herab. Neben den Hirten drängen sich die Tiere, drei Schafe, ein Ziegenbock und ein Hund.

5 *Reise der Heiligen Drei Könige*, zu Pferde, alle in weitgehend gleichartiger Gestalt und übereinander angeordnet. Der Stern weist ihnen den Weg.

6 *Die Könige bei Herodes.* In ihren kurzgeschürzten Gewändern stehen sie nach dem neugeborenen König fragend vor Herodes, der sie nach Bethlehem sendet. Herodes sitzt auf einem überdimensional proportionierten und reich mit Schmuckelementen besetzten Thron. – Stark beschädigt.

7 *Anbetung der Könige.* Unter einer Ädikula ist Maria frontal thronend dargestellt, das Kind seitlich den Königen zugewandt, denen auch Marias grüßend ausgestreckte Hand gilt. Die Könige sind kleiner dargestellt, auch im Vergleich zum voranstehenden Feld; sie bringen in Verehrung ihre Geschenke dar, wobei der erste in die Knie gesunken ist. In Verehrung des Kindes sind auch die drei um die Giebelform angeordneten Engelgestalten zu verstehen.

8 *Traum der Könige.* Den auf einer gemeinsamen Bettstatt schlafenden Königen erscheint der Engel, der sie warnt, zu Herodes zurückzukehren. Die Szene ist vollständig umschlossen von einer zart reliefierten Darstellung einer befestigten Stadt mit Mauern, Türmen und einem verschlossenen Tor. – Fragment.

9 *Traum Josephs.* Der Engel bringt dem schlafenden Joseph die Weisung, vor Herodes nach Ägypten zu fliehen. Eine reiche Stadtkulisse in zartem Relief bildet den Grund. – Verloren.

10 *Flucht nach Ägypten.* Joseph trägt das Kind auf der Schulter und führt am Zügel den Esel, auf dem Maria sitzt. Dahinter folgt ein Begleiter mit dem Reisegepäck, der zugleich den Esel antreibt. Im Hintergrund bleibt die Stadt zurück, die freie Landschaft ist gekennzeichnet durch einen Baum. – Fragment.

11 *Kindermord.* Der unter einem Bogen thronenden Herodes weist zwei Schergen an, die den klagenden Frauen ihre Kinder entrissen haben und gegen diese brutal mit Schwertern vorgehen. Andere Kinder liegen bereits leblos am Boden. Daneben sitzt Rachel trauernd, mit dem Leichnam eines Kindes auf dem Schoß. – Stark beschädigt.

12 *Darbringung im Tempel.* Über dem Altar reicht Maria das Kind dem Greis Simeon, der sich ihm entgegen neigt. Hinter Simeon die Prophetin Hanna, hinter Maria folgt Joseph mit vier Tauben als Opfergabe. Der Altar ist mit einem Kreuz und zwei Rosetten geschmückt. Die Szene wird von einer zartgliedrigen Architektur umschlossen, einer von vier Säulen getragenen Kuppel. Im Innern ist diese überaus reich mit fünf Ampeln ausgestattet.

13 *Der zwölfjährige Christus im Tempel.* Er sitzt mit aufgeschlagenem Buch inmitten von sechs Schriftgelehrten. Im Vordergrund tritt Maria hinzu. In hohen und schlanken Bogenstellungen ist die Architektur des Tempels angedeutet. Fragment.

14 *Taufe Christi.* Vor dem Wellenberg des Jordan ist Christus als Aktfigur dargestellt. Die Hand Gottes sendet einen Lichtstrahl mit der Taube des Heiligen Geistes zu seinem Haupt, das zugleich Johannes der Täufer berührt. Rechts assistieren drei Engel, zusätzlich sind links hinter einem Hügel zwei Halbfiguren sichtbar, die zukünftigen Jünger Andreas und Johannes. – Stark beschädigt.

15 *Hochzeit zu Kanaan.* Die Darstellung des ersten Wunders Christi, der links an der mit Speisen und Geräten reich gedeckten Tafel sitzt. Unten, im Vordergrund, steht eine Reihe großer Krüge, in die zwei Diener Wasser füllen, das durch Christus in Wein verwandelt wird. Eine Harfenspielerin kennzeichnet die festliche Atmosphäre.

16 *Berufung der Jünger Petrus und Andreas* (Matthäus 4, 18–20). Die beiden Fischer stehen im Boot mit aufgespanntem Segel, Andreas hält mit beiden Händen das ins Wasser gelassene Netz. Petrus scheint bereits mit ausgestreckten Armen dem Ruf Christi zu folgen, der sich vom Ufer aus mit auffordernden Gesten den beiden zuwendet. Die Darstellung ist in vielen Einzelheiten übereinstimmend, jedoch gegengleich, im folgenden Bildfeld wiederholt.

17 *Der wunderbare Fischzug* (Erscheinung des Auferstandenen am See Genezareth. Johannes 21, 1–23). Im Boot drei der Jünger, einer am Ruder, der zweite hält das mit Fischen gefüllte Netz, der dritte – wohl Petrus – schreitet auf den direkt auf den Wellen stehenden Christus zu. Weitgehend übereinstimmend mit dem vorangehenden Bildfeld, jedoch nicht etwa die zeitlich unmittelbar folgende Berufungsszene der Jünger Jakobus und Johannes darstellend (Matthäus 4, 21–22), auch nicht den Gang Christi auf dem Meer (Markus 6, 45–52). Vielmehr gehört das Bildfeld ans Ende des Reliefzyklus, unmittelbar vor die Himmelfahrt (Nr. 46), entsprechend den großen christologischen Bildfolgen des Paliotto von Salerno und der Mosaiken im Dom von Monreale. Zwischen Auferstehung und Himmelfahrt ist dies eine der Erscheinungen Christi vor seinen Jüngern, bei der zudem Petrus in sein Hirtenamt berufen wird, durch den Auftrag Christi: Weide meine Schafe.

18 *Speisung der Fünftausend.* Christus reicht seinen Jüngern Brot und Fisch, die sich so vermehren, daß sie zur Speisung der fünftausend Versammelten ausreichen und die übriggebliebenen Brocken noch zwölf Körbe füllen (Johannes 6, 5–13). Diese Körbe sind unten dargestellt, darüber sitzen in einer Reihe die Essenden.

19 *Die Samariterin am Brunnen.* Christus, links sitzend und von zwei Jüngern begleitet, kündet der Frau und den anderen Bewohnern der Stadt Sichar in Samaria von seiner Sendung und seiner Lehre (Johannes 4, 5–30). Detailliert ist der Brunnen dargestellt, mit einem über dem Brunnentrog hängenden Eimer, von der Samariterin am Seil gehalten. Vor ihr steht ein Wasserkrug. – Fragment.

20 *Einzug in Jerusalem.* Auf dem Esel reitet Christus, von seinen Jüngern begleitet und empfangen von den Bewohnern und den Kindern Jerusalems, die Palmblätter und ihre Gewänder auf dem Boden ausbreiten. – In der chronologischen Abfolge der Ereignisse dürfte erst nach den Bildfeldern mit Heilung des Blindgeborenen und Auferweckung des Lazarus der Einzug in Jerusalem stehen (Nr. 20–22). – Fragment.

21 *Auferweckung des Lazarus.* Dieser ist aufrecht in seinem Sarkophag dargestellt; zwei Männer haben bereits begonnen, die Binden zu lösen, wobei sie sich wegen des Leichengeruchs mit deutlichen Gesten abwenden. Zu Füßen Christi die Schwestern des Lazarus, die sich flehend niedergeworfen haben. – Zur Anordnung vgl. Nr. 20.

22 *Heilung des Blindgeborenen.* Als kontinuierliche Darstellung ist die Szene in zwei Folgen wiedergegeben. Gebeugt und am Stock kommt der Blinde zu Christus, der ihm Erde und Speichel auf die Augen streicht und ihm befiehlt, die Augen im Teich Siloah zu waschen (Johannes 9, 1–7). Das ist

1 Verkündigung	2 Heimsuchung	3 Geburt Christi	4 Verkündigung an die Hirten	5 Reise der Drei Könige	6 Die Könige bei Herodes	7 Anbetung der Könige	8 Traum der Könige
9 Traum Josephs	10 Flucht nach Ägypten	11 Kindermord	12 Darbringung im Tempel	13 Der zwölfjährige Christus im Tempel	14 Taufe Christi	15 Hochzeit zu Kanaan	16 Berufung von Petrus und Andreas
17 Der wunderbare Fischzug	18 Speisung der Fünftausend	19 Samariterin am Brunnen	20 Einzug in Jerusalem	21 Auferweckung des Lazarus	22 Heilung des Blindgeborenen	23 Abendmahl	24 Fußwaschung
25 Gebet am Ölberg	26 Die Jünger am Ölberg	27 Die zögernden Häscher vor der Gefangennahme	28 Gefangennahme	29 Christus vor Pilatus	30 Rückgabe der 30 Silberlinge	31 Selbstmord des Judas	32 Verleugnung Petri
33 Handwaschung des Pilatus	34 Geißelung	35 Verspottung	36 Kreuztragung	37 Kreuzigung	38 Grablegung	39 Höllenfahrt	40 Die Frauen am Grabe
41 Bischof von Montecorvino	42 Mahl in Emmaus	43 Der ungläubige Thomas	44 Bischof von Larino	45 Bischof von Avellino	46 Himmelfahrt	47 Erzbischof von Benevent	48 Bischof von S. Agata
49 Türzieher Greifenkopf	50 Bischof von Limosani	51 Bischof von Telese	52 Türzieher Löwenkopf	53 Türzieher Löwenkopf	54 Bischof von Monte Marano	55 Bischof von Vulturara	56 Türzieher Greifenkopf
57 Bischof von Lesina	58 Bischof von Alife	59 Bischof von Boiano	60 Bischof von Trivento	61 Bischof von Frigento	62 Bischof von Ariano	63 Bischof von Ascoli	64 Bischof von Bovino
65 Bischof von Guardia Alferia	66 Bischof von Dragonara	67 Bischof von Civitate	68 Bischof von Termoli	69 Bischof von Lucera	70 Bischof von Fiorentino	71 Bischof von Tortivoli	72 Bischof von Monte di Vico

stattdessen an einem zierlichen Brunnen dargestellt, in dessen Becken Wasser aus einer Tiermaske fließt. – Zur Anordnung vgl. Nr. 20.

23 *Abendmahl.* Um eine halbrunde Tafel sind die Jünger versammelt, Johannes an der Brust Christi ruhend, der ganz links und in größerem Maßstab erscheint. Ihm gegenüber, als einziger an der Vorderseite der Tafel und mit ausgestreckter Hand, sitzt Judas. Im Hintergrund eine Palastfassade und auf hoher kannelierter Säule eine Lampe. – Fragment.

24 *Fußwaschung.* Christus ist vor Petrus kniend und beim

Vorgang des Waschens dargestellt. Er hält einen Fuß Petri über dem Becken, die Geste der anderen Hand deutet das Gespräch mit Petrus an. Dieser, verwundert über die Fußwaschung, weist auf Hände und Haupt hin. Die anderen Jünger, von denen die beiden vorderen ihre Schuhe binden, sind als dicht gedrängte Gruppe gegeben. Hinter Christus eine Magd mit Wasserkrug, darüber die Fassade eines Palastes.

25 *Gebet am Ölberg*. Einsam kniet und betet Christus an dem steil ansteigenden und mit einzelnen Pflanzen besetzten Hügel. Aus dem Himmelsbogen darüber wendet sich die Halbfigur eines Engels ihm zu.

26 *Die schlafenden Jünger am Ölberg*. Christus steht mit mahnender Geste vor der Gruppe der Jünger, die schlafend und in ihre Mäntel gehüllt am Boden sitzen. Eine Ausnahme bildet allein Petrus, den Christus mit seiner Mahnung zur Wachsamkeit direkt anspricht. – Fragment.

27 *Die zögernden Häscher vor der Gefangennahme*. Sie weichen vor Christus zurück, fallen rückwärts zu Boden und lassen ihre Waffen fallen. Durch diese äußerst selten dargestellte Szene (Johannes 18, 6) ist die Gefangennahme auf zwei Bildfelder ausgeweitet. – Fragment.

28 *Gefangennahme*. Christus wird von Judas umfangen, um beide drängen sich die Häscher mit ihren lang aufragenden Waffen, angeführt von einem Laternenträger. Links schneidet Petrus dem klagend zu Boden gesunkenen Malchus ein Ohr ab.

29 *Christus vor Pilatus*. Von den bewaffneten Häschern wird Christus dem thronenden Pilatus zugeführt, der ihn über die Schuld, die die Juden ihm vorwerfen, und über die Art seines Königtums befragt. Beide argumentieren mit deutlichen Gesten. Am Thron des Landpflegers ein Bewaffneter mit Schild und Schwert.

30 *Rückgabe der dreißig Silberlinge*. Judas, betroffen über seinen Verrat, der Christus dem Tode ausliefert, zahlt das Blutgeld zurück. Im Tempel und vor zwei Hohenpriestern hat er die Münzen auf einem Tisch niedergelegt und wendet sich abrupt und mit klagender Geste zum Gehen. – Fragment.

31 *Selbstmord des Judas*. Er hat sich an einem Baum erhängt, die Gedärme treten aus dem Leib (dieses Motiv nach der Apostelgeschichte 1, 18), und ein geflügelter Dämon hält den Leichnam besitzergreifend umfangen. – Fragment.

32 *Verleugnung Petri*. Kontinuierliche Darstellung in zwei Stufen. Unter einem Torbogen hält die Magd Petrus am Arm fest und befragt ihn nach seiner Zugehörigkeit zu Christus, was er mit abwehrender Bewegung beantwortet. Rechts entfernt er sich weinend, nachdem der Hahn gekräht hat, der über ihm auf dem Gesims sitzt. – Die Platte ist falsch versetzt, ihr richtiger Platz wäre nach der Pilatus-Szene (Nr. 29) und vor den Judas-Szenen (Nr. 30–31). – Stark beschädigt.

33 *Handwaschung des Pilatus*, zum Zeichen seiner Unschuld an der Verurteilung Christi. Ein Diener hält ihm die Schale und gießt aus einer Kanne Wasser hinein. Über den Figuren die Restaurierungsinschrift der Tür: RESTAVRATA MENSE SEPT(EMBRIS) A(NNO) D(OMINI) / MDCXCIII A CARD(INALI) VRSINO ARCHIEP(ISCOPO) / POST CONCILIVM PROVINCIALE / AB EODEM HABITVM MENSE APR(ILI). Übersetzung: Restauriert im September 1693 durch Kardinal Orsini, Erzbischof (von Benevent), nach dem von ihm im April abgehaltenen Provinzial-Konzil. – Auftraggeber war Vincenzo Maria Kardinal Orsini, seit 1686 Erzbischof von Benevent. – Stark beschädigt.

34 *Geißelung*. Christus steht an einen Pfeiler gefesselt und wird zusätzlich von zwei Schergen an den Händen festgehalten. Zwei andere holen mit Stöcken in Händen zum Schlage aus. – Stark beschädigt.

35 *Verspottung Christi*. Eine völlig symmetrische Komposition, mit der frontal stehenden Figur Christi in der Mitte, die wie ein König ausgestattet ist, mit Purpurmantel, Dornenkrone und einem Stab in der Hand. Vier Schergen treiben ihr wildes Spiel mit ihm, zwei beugen in vorgetäuschter Verehrung die Knie, die beiden anderen holen zum Schlage aus. – Fragment.

36 *Kreuztragung*. Simon von Kyrene schreitet voran mit dem Kreuz. Christus wird von zwei Schergen geführt. – Fragment.

37 *Kreuzigung*. Christus hängt aufrecht am Kreuz. Auf der linken Seite stehen Maria und Johannes, trauernd einander zugeneigt. Die Dreiergruppe auf der rechten Seite besteht aus Stephaton mit dem Essigeimer und zwei zum Gekreuzigten aufschauenden Kriegern, dem bekehrten Hauptmann und Longinus. Über den Kreuzarmen die Halbfiguren zweier klagender Engel.

38 *Grablegung*. Unter der Kuppel des Grabbaues haben Joseph von Arimathia und Nikodemus den Leichnam Christi in den Sarkophag gelegt und schicken sich an, diesen mit dem Deckel zu verschließen. Er hat die Form eines antiken Riefelsarkophages. Der Leichnam ist sorgfältig in Binden gewickelt. – Stark beschädigt.

39 *Höllenfahrt (Anastasis)*. Christus mit dem Kreuzstab und vor einer Glorie schreitet über die zerbrochenen Höllentore hinweg und faßt Adam bei der Hand, um ihn emporzuführen. Hinter ihm die Könige David und Salomo. Die Figur des Satan liegt gefesselt und mit einer starken Kette an ein turmartiges Gestell geschmiedet, in dem Flammen lodern. – Stark beschädigt.

40 *Die Frauen am Grabe*. Im Grabbau, der der Grablegungs-Darstellung entspricht und zusätzlich mit einer Ampel ausgestattet ist, sitzt ein Engel auf dem offenen Sarkophag und berichtet den drei herankommenden Frauen von der Auferstehung Christi. – Stark beschädigt.

41 *Bischof von Montecorvino*, mit der Inschrift EP(ISCOPV)S MONTIS CORVINI. Beginn der Folge der 24 Suffragan-Bistümer Benevents, dargestellt in Form von Bischofsfiguren und mit jeweiliger Nennung des Bistums. Die Figuren sind mit geringen Varianten gleichartig gebildet, in Bischofstracht – mit Kasel, Dalmatika, Pallium und Mitra –, die Arme seitlich ausgebreitet, dabei die Rechte im griechischen Segensgestus, die Linke mit dem Bischofsstab. Jede Figur steht unter einer Ädikula. Ihre Tituli befinden sich in den Giebelschrägen oder im Grund darüber (die Inschriften werden hier zitiert nach X. Barbier de Montault 1883 S. 29–

30). Ob die 1943, vor der teilweisen Zerstörung der Tür, vorliegende Anordnung der Bischöfe ursprünglich ist (Nr. 41, 44, 45, 48, 50–51, 54–55, 57–72), oder ob diese geschlossen die drei untersten Bildreihen füllten, ist nicht sicher. In einem gesonderten Bildfeld ist der Erzbischof von Benevent dargestellt (Nr. 47). – Verloren.

42 *Mahl in Emmaus.* Vor der Kulisse der Stadt oder des Stadttores von Emmaus sitzt Christus rechts – mit Nimbus und Wanderstab – zusammen mit den beiden Jüngern am halbrunden Tisch. Er bricht das Brot, woran ihn die Jünger erkennen. – Verloren.

43 *Der ungläubige Thomas.* In einem geschlossenen Raum, unter mächtigen Türmen und hinter einer mit großem Schloß ausgestatteten Tür, erscheint Christus den Jüngern und weist seine Wundmale Thomas, der die Seitenwunde berührt. – Stark beschädigt.

44 *Bischof von Larino.* EP(ISCOPV)S ALARINI.

45 *Bischof von Avellino.* EPISCOPVS AVELLINI. – Stark beschädigt.

46 *Himmelfahrt.* In einer Mandorla und auf dem Regenbogen thronend wird Christus von vier Engeln emporgetragen. Unten stehen Maria mit betend erhobenen Händen, Petrus mit dem Schlüssel und drei weitere Apostel.

47 *Erzbischof von Benevent.* Er ist auf einem Thron sitzend und bei der Bischofsweihe dargestellt, genauer bei der Opferung, die die Handlung der Bischofsweihe abschließt. Der Bischof, der die Weihe empfängt, ist rechts dargestellt mit einer Binde oder einem Kranz um das Haupt; er trägt zwei Kerzen als Opfergabe, die der Erzbischof entgegennehmen wird. Dieser trägt zu seinen Pontifikalgewändern als Kopfbedeckung das Camelaucrum, eine hohe Mütze, die von den Päpsten getragen und als besonderes Privileg den Erzbischöfen von Benevent verliehen worden war. Seitlich des Erzbischofs stehen zwei Diakone, derjenige links mit dem Krummstab, der rechte mit Buch. – Stark beschädigt.

48 *Bischof von S. Agata dei Goti.* EP(ISCOPV)S S(AN)C(TA)E AGATH(A)E. – Stark beschädigt.

49 *Türzieher, Greifenkopf.* Zusammen mit seinem Gegenstück Nr. 56 und den beiden Löwenköpfen Nr. 52–53 bildet er eine Reihe von vier großen Türzieher-Tierköpfen auf dieser Tür. Vergleichbar mit Löwen- und Greifendarstellungen an der Schwelle der Bronzetüren von Monreale (Westtür, Nr. 1–2) und Venedig, San Marco (byzantinische Tür der Porta San Clemente) sind beide Tiere hier wohl in Wächterfunktion und apotropäischer Bedeutung zu verstehen. Beide sind jedoch auch Christus-Symbol. Die Tierköpfe werden von einer gesonderten vierseitigen Rahmenform umschlossen, die auf kurzen gedrungenen Säulen ruht. – Fragment, ohne Ring.

50 *Bischof von Limosani.* EP(ISCOPV)S LIMOSANI. – Fragment.

51 *Bischof von Telese.* EP(ISCOPV)S TELESIE. – Stark beschädigt.

52 *Türzieher, Löwenkopf.* Gegenstück zum Löwenkopf Nr. 53, zugehörig auch die Greifenköpfe Nr. 49 und 56. – Ergänzung von 1693 (vgl. die Restaurierungsinschrift von Nr. 33) nach dem Vorbild des Originals Nr. 53. – Fragment (der Tierkopf verloren, erhalten nur die Rahmenform).

53 *Türzieher, Löwenkopf.* Vgl. Nr. 52.

54 *Bischof von Monte Marano.* EPISCOPVS MONTIS MARANI. – Stark beschädigt.

55 *Bischof von Vulturara.* EP(ISCOPV)S WLTVRARIENSIS. – Fragment.

56 *Türzieher, Greifenkopf.* Vgl. Nr. 49.

57 *Bischof von Lesina.* EPISCOPVS LESENE.

58 *Bischof von Alife.* EP(ISCOPV)S ALIFII.

59 *Bischof von Boiano.* EP(ISCOPV)S BOIANI. – Stark beschädigt.

60 *Bischof von Trivento.* EP(ISCOPV)S TREVENTI.

61 *Bischof von Frigento.* EP(ISCOPV)S FREQUENTI.

62 *Bischof von Ariano.* EP(ISCOPV)S ARIANI.

63 *Bischof von Ascoli.* EPISCOPVS AVSCULI.

64 *Bischof von Bovino.* EP(ISCOPV)S BIVINI. – Verloren.

65 *Bischof von Guardia Alferia.* EP(ISCOPV)S GVARDIE.

66 *Bischof von Dragonara.* EP(ISCOPV)S DRACONARIE.

67 *Bischof von Civitate.* EP(ISCOPV)S CIUITATIS.

68 *Bischof von Termoli.* EP(ISCOPV)S TERMVLI.

69 *Bischof von Lucera.* EPISCOPVS LUCERIE.

70 *Bischof von Fiorentino.* EPISCOPVS FLORENTINI.

71 *Bischof von Tortivoli.* EPISCOPVS TORTIBVLI.

72 *Bischof von Monte di Vico.* EP(ISCOPV)S VICI.

Ikonographisch von mittelbyzantinischen Quellen abhängig, in der Form aber von antiken und frühchristlichen Denkmälern beeinflußt, ist diese Tür im Zusammenhang campanischer Skulptur des ersten Viertels des 13. Jahrhunderts zu sehen. Die Ausführung innerhalb dieses größeren Zeitraumes ist schwer zu präzisieren, sie geschah vielleicht am Ort selbst. Unter mehreren beteiligten Modelleuren sind zwei maßgebliche Persönlichkeiten anzunehmen, denen der Bestand in zwei Komplexen zugeordnet werden kann: die Bildfelder Nr. 1 bis etwa Nr. 12; der übrige Bestand einschließlich der Türzieher und der Bischofsfiguren.

Die Tür ist in Einzelteilen gegossen: Bildfelder, Rahmenleisten und Rosetten-Appliken, die mit Nägeln auf einer Holzrückwand montiert waren. Die Rahmenleisten sind kurze Teilstücke, der Seitenlänge der Bildfelder entsprechend; ihr Ansatz an den Rahmenwerk-Kreuzungen blieb unter den Rosetten-Appliken verborgen.
Die szenischen Darstellungen und Einzelmotive sind in Hochrelief ausgeführt, sehr differenziert modelliert, bis in die feine Schichtung und Faltenbildung der Gewänder hinein, und mit vielen vollplastisch gebildeten Einzelheiten, die eine vollendete Gußtechnik erforderten. Die Ziselierung nach dem Guß beschränkte sich auf sorgfältige Herausarbeitung der plastischen Form. Zusätzliche Gravierung kommt ganz zurückhaltend und dann in feinster Ausführung vor (Haar-

zeichnung, Mauerwerk, selten auch bei Gewandteilen). Nach dem Guß graviert sind die Inschriften der Bischofsplatten. Für die Rahmenleisten und die Rosetten sind anscheinend Modeln benutzt worden, nicht jedoch für die figürlichen Teile; auch die gleichartigen Bischofsfiguren sind einzeln modelliert.

Die Reihenfolge der Bildfelder im Zustand bis 1943 war nur geringfügig gestört. Die Darbringung im Tempel (Nr. 12) erst nach Flucht und Kindermord kann ursprünglich sein. Die Abfolge Nr. 20–22 war jedoch eher: Heilung des Blindgeborenen, Auferweckung des Lazarus, Einzug in Jerusalem. Die Verleugnung Petri (Nr. 32) stand wohl vor den Judas-Szenen (Nr. 30–31). Die zweite Fischerdarstellung (Nr. 17) in der Bedeutung des Wunderbaren Fischzuges würde ihren richtigen Platz erst zwischen Nr. 43 und Nr. 46 haben. Wieweit die dritte und vierte Bildreihe von unten in ihrer Kombination aus szenischen Darstellungen, Bischofsfiguren und Türziehern der ursprünglichen Absicht entspricht, ist nicht sicher; vor der Restaurierung 1890/1905 war die Himmelfahrt vertauscht mit der nebenstehenden Bischofsplatte (Nr. 45–46).

Restauriert wurde die Tür bereits 1693 durch Erzbischof Orsini. Auskunft geben die Restaurierungs-Inschrift im Bildfeld mit der Handwaschung des Pilatus (Nr. 33) sowie Aufzeichnungen über die Kosten (X. Barbier de Montault 1883 S. 42–45; L. R. Cielo 1975 S. 355–358). Danach wurden damals 18 Rahmenstücke, 24 Rosetten und ein Löwenkopf (Nr. 52) neu gegossen sowie der Holzträger erneuert. Für den Materialbedarf sollen die Reste der 1688 zerstörten zweiten Beneventaner Bronzetür eingeschmolzen worden sein, der Kirchentür von S. Bartolomeo, 1150–1151 durch Oderisius geschaffen. Möglicherweise sind bei der Restaurierung 1693 auch Ergänzungen an den Inschriften der Bischofsplatten vorgenommen worden.
Eine weitere Restaurierung wurde zwischen 1890 und 1905 durchgeführt. Damals verschwanden drei in der Form abweichende, besonders reiche Rahmenstücke aus durchbrochenem Rankenwerk (diese noch abgebildet bei X. Barbier de Montault 1883 Taf. 1; A. Meomartini 1889 Abb. 15).
Bei Zerstörung des Domes von Benevent 1943 wurde die Tür schwer beschädigt, der Holzträger verbrannte, fünf Bildfelder gingen verloren (aus dem Christus-Zyklus Nr. 9 und Nr. 42, von den Bischofsplatten Nr. 41 und Nr. 64, von den Türziehern – bis auf ein Rahmenmotiv – der Löwenkopf Nr. 52); die übrigen überlebten als Fragmente oder mit unterschiedlichen Schäden. Vom Rahmenwerk sind nur noch Reste erhalten. Eine Rekonstruktion der Bronzetür war wegen der insgesamt schlechten Beschaffenheit der Metallteile nach dem Brand nicht möglich. – Die Einzelstücke werden gegenwärtig in der Biblioteca Capitolare in Benevent aufbewahrt.

Höhe ehemals 4,50 m Breite 3,10 m. Bildplatte Nr. 29: Höhe 44,2 cm; Breite 31,5 cm.

Literatur: H. W. Schulz 1860 Bd. 2 S. 314–323, Taf. 80. – X. Barbier de Montault 1883. – A. Meomartini 1889 S. 434–445, Taf. 61. – E. Bertaux 1904 Bd. 1 S. 423–429; Aggiornamento . . . 1978 Bd. 5 S. 635–636, Taf. 106 (Antonio Thiery). – P. Della Pergola 1937. – H. Leisinger 1956 Taf. 108–123. – R. Hiepe 1958 Kat. S. 261–268. – G. Marra 1959. – Ausstellung Barcelona 1961 Nr. 380 (Carlo Bertelli). – K. Hoffmann-Curtius: Das Programm der Fontana Maggiore in Perugia. Düsseldorf 1968 (Bonner Beiträge zur Kunstwissenschaft. 10) S. 66–68, Abb. 80. – U. Götz 1971 S. 177–189 Kat. Nr. 13. – L. R. Cielo 1975–1976. – F. Grassi 1977. – V. Pace 1980 S. 317–318, Abb. 28. – U. Mende 1981 S. 46–47, Kat. Nr. 51, Abb. 85–88.

Literatur

Zusammengestellt ist hier die wichtigste Literatur zum Thema, weitere ist in den Anmerkungen und in der Dokumentation zitiert. – Die Abfolge der Titel alphabetisch nach Verfassern. Ausstellungskataloge sind eingeordnet unter dem Schlagwort Ausstellung und nachfolgend mit Ausstellungs-Ort und -Jahr.

Adamski, Heinz-Josef: Bernwardstür am Dom zu Hildesheim. Hildesheim 1977.

Adelung, Friedrich: Die Korssunschen Thüren in der Kathedralkirche zur Heiligen Sophia in Nowgorod. Berlin 1823. – Russ. Ausg., übersetzt v. Petr Artemov. Moskva 1834.

Algermissen, Konrad: Der künstlerische und religiöse Gehalt der Erztüren St. Bernwards. In: Bernward und Godehard von Hildesheim. Hildesheim 1960 S. 151–190.

Allioli, Franz Joseph von: Die Bronce-Thüre des Domes zu Augsburg. Augsburg 1853.

Angelillis, Ciro: Le porte di bronzo bizantine nelle chiese d'Italia. Le imposte della Basilica di Monte S. Angelo. Arezzo 1924. – 2. Aufl. Arezzo 1968.

Arslan, Edoardo: La pittura e la scultura veronese dal secolo VIII al secolo XIII. Milano 1943 (Pubblicazioni della Facoltà di Lettere e Filosofia della R. Università di Pavia. 2.).

Askanas, Kazimierz: Brązowe drzwi Płockie w Nowogrodzie Wielkim. Płock 1971 (Die Bronzetüren von Płock in Groß-Novgorod.).

Ausstellung Aachen 1965. – Karl der Große. Werk und Wirkung. Katalog der Ausstellung Aachen, Rathaus u. Kreuzgang des Domes 1965.

Ausstellung Augsburg 1973. – Suevia sacra. Frühe Kunst in Schwaben. Katalog der Ausstellung Augsburg, Rathaus 1973.

Ausstellung Barcelona 1961. – El arte románico. Katalog der Ausstellung Barcelona u. Santiago de Compostela 1961.

Ausstellung Bari 1975. – Belli d'Elia, Pina: Alle sorgenti del Romanico. Puglia XI secolo. Katalog der Ausstellung Bari, Pinacoteca Provinciale 1975.

Ausstellung Köln 1972. – Rhein und Maas. Kunst und Kultur 800–1400. Ausstellung Köln, Kunsthalle 1972. Bd. 1. Katalog, 1972. Bd. 2. Berichte, Beiträge und Forschungen zum Themenkreis der Ausstellung und des Kataloges, 1973.

Ausstellung Lilienfeld 1976. – 1000 Jahre Babenberger in Österreich. Katalog der Ausstellung Stift Lilienfeld 1976.

Ausstellung Mainz 1975. – 1000 Jahre Mainzer Dom. 975–1975. Werden und Wandel. Katalog der Ausstellung Mainz, Bischöfliches Dom- und Diözesanmuseum 1975.

Ausstellung New York 1970. – Hoffmann, Konrad: The year 1200. Katalog der Ausstellung New York, Metropolitan Museum 1970.

Ausstellung New York 1977. – Age of spiritualism. Late antique and early christian art, third to seventh century. Ed.: Kurt Weitzmann. Katalog der Ausstellung New York, Metropolitan Museum 1977–1978.

Ausstellung Paris 1952. – Trésors d'art du moyen-âge en Italie. Katalog der Ausstellung Paris, Petit Palais 1952.

Ausstellung Stuttgart 1977. – Die Zeit der Staufer. Geschichte, Kunst, Kultur. Katalog der Ausstellung Stuttgart, Württembergisches Landesmuseum 1977.

Bandmann, Günter: Mittelalterliche Architektur als Bedeutungsträger. Berlin 1951. – Nachdruck Berlin 1959.

Barbier de Montault, Xavier: Les portes de bronze de Benevent. In: Revue de l'art chrétien. 26. 1883 S. 11–53, Taf. 1.

Bartolini, Franco: La data del portale di Bonanno nel duomo di Monreale. In: Studi medievali in onore di Antonio De Stefano. Palermo 1956 S. 39–41.

Bauch, Kurt: Das mittelalterliche Grabbild. Figürliche Grabmäler des 11. bis 15. Jahrhunderts in Europa. Berlin, New York 1976.

Bauer, Gerd: Bemerkungen zur Bernwardstür. In: Niederdeutsche Beiträge zur Kunstgeschichte. 19. 1980 S. 9–35.

Beenken, Hermann: Romanische Skulptur in Deutschland. Leipzig 1924.

Bergman, Robert P.: The Salerno ivories. Ars sacra from medieval Amalfi. Cambridge/Mass., London 1980.

Bertaux, Émile: L'art dans l'Italie méridionale. T. 1–3. Paris 1904. – Reprint Paris 1968. – Aggiornamento dell'opera di Émile Bertaux sotto la direzione di Adriano Prandi. T. 4–7. Rome 1978.

Bertelli, Carlo, u. Salvatore Liberti: Notizia preliminare sul restauro di alcune porte di S. Sofia a Istanbul. In: Bollettino dell'Istituto Centrale del Restauro. 34–35. 1958 S. 95–115.

Beutler, Christian: Bildwerke zwischen Antike und Mittelalter. Düsseldorf 1964.

Beutler, Christian: Statua. Die Entstehung der nachantiken Statue und der europäische Individualismus. München 1982.

Biehl, Walther: Toskanische Plastik des frühen und hohen Mittelalters. Leipzig 1926 (Italienische Forschungen. N.F. 2.).

Blankoff, Jean: Les »Portes d'or« de la cathédrale de Suzdal'. In: Annuaire de l'Institut de Philologie et d'Histoire Orientales. 23. 1979 S. 31–37, Taf. 1–10.

Bloch, Herbert: L'ordine dei pannelli nella porta della Basilica di S. Paolo. In: Atti della Pontificia Accademia Romana di Archeologia. Rendiconti. 43. 1970–1971 S. 267–281.

Bloch, Peter: Der siebenarmige Leuchter in Klosterneuburg. In: Jahrbuch des Stiftes Klosterneuburg. N.F. 2. 1962 S. 162–173.

Boeckler, Albert: Die Bronzetür von Verona. Marburg a.L. 1931 (Die frühmittelalterlichen Bronzetüren. 3.).

Boeckler, Albert: Die Bronzetüren des Bonanus von Pisa und des Barisanus von Trani. Berlin 1953 (Die frühmittelalterlichen Bronzetüren. 4.). – Besprechung: Kunstchronik. 7. 1954 S. 10–20 (André Grabar).

Bouras, Charalambos: The Byzantine bronze doors of the Great Lavra Monastery on Mount Athos. In: Jahrbuch der österreichischen Byzantinistik. 24. 1975 S. 229–250.

Braunfels, Wolfgang: Karls des Großen Bronzewerkstatt. In: Karl der Große. Bd. 3: Karolingische Kunst. Düsseldorf 1965 S. 168–202.

Bréhier, Louis: La sculpture et les arts mineurs byzantins. Paris 1936 (Histoire de l'art byzantin. 3.).

Buchkremer, Joseph: Die Wolfstür der Aachener Münsterkirche. Sonderabdruck aus dem Echo der Gegenwart. Aachen 1924.

Budde, Rainer: Deutsche romanische Skulptur. 1050–1250. Aufnahmen Albert Hirmer und Irmgard Ernstmeier-Hirmer. München 1979.

Büll, Reinhard: Bronze- und Feinguß nach dem Wachsausschmelzverfahren. Frankfurt a.M. – Hoechst 1959 (Vom Wachs. Hoechster Beiträge zur Kenntnis der Wachse. 1,3.).

Cagiano de Azevedo, Michelangelo: La porta di Desiderio a Montecassino. In: Bollettino dell'Istituto Centrale del Restauro. 5–6. 1951 S. 93–97.

Cagiano de Azevedo, Michelangelo: Restauri a porte di bronzo. In: Bollettino dell'Istituto Centrale del Restauro. 9–10. 1952 S. 23–40.

Cagiano de Azevedo, Michelangelo: La eroica avventura di Guglielmo II Vescovo di Troia. In: Atti del Pontificia Accademia Romana di Archeologia. Rendiconti. N.S. 3. 27. 1952–1954 S. 275–282.

Cagiano de Azevedo, Michelangelo: Die Bronzetüren von Monte Cassino, Troia und Trani und ihre Wiederherstellung. In: Mitteilungen der Gesellschaft für Vergleichende Kunstforschung in Wien. 6. 1954 S. 85–91.

Cagiano de Azevedo, Michelangelo: La porta bronzea della Basilica Desideriana di Montecassino. In: Felix Ravenna. 3. S. 44. 1967 S. 69–87.

Cielo, Luigi R.: La porta bronzea del Duomo di Benevento. In: Studi meridionali. 8. 1975 S. 349–359; 9. 1976 S. 379–402.

Crichton, George Henderson: Romanesque sculpture in Italy. London 1954.

Daniec, Jadwiga Irena: The bronze door of the Gniezno Cathedral in Poland. In: The Polish Review. 11. 1966 (Nr. 4) S. 10–65.

Della Pergola, Paola: La porta di bronzo del Duomo di Benevento. In: L'arte. 40. 1937 S. 90–109.

Dibelius, Franz: Die Bernwardstür zu Hildesheim. Straßburg 1907 (Studien zur deutschen Kunstgeschichte. 81.).

Dobrzeniecki, Tadeusz: Die Bronzetür von Gniezno. Warszawa 1954. – Polnische Ausg. Warszawa 1953.

Domm, Robert: Das Bronzetor des Augsburger Domes. Augsburg 1925.

Droste, Thorsten: Die Bronzetür des Augsburger Domes. In: Jahrbuch des Vereins für Augsburger Bistumsgeschichte. 14. 1980 S. 7–76; 15. 1981 S. 169–213.

Drzwi Gnieźnieńskie. Praca zbiorowa. Red.: Michał Walicki. T. 1–3. Wrocław 1956–1959 (Mit russ. u. franz. Zusammenfassung. – Die Bronzetür von Gnesen. Gesammelte Aufsätze.)
Darin in Bd. 1, 1956:
Gieysztor, Aleksander: Drzwi Gnieźnieńskie jako wyraz polskiej świadomości narodowościowej XII wieku (Die Gnesener Tür als Ausdruck des polnischen Nationalbewußtseins im 12. Jahrhundert) S. 1–19.
Karwasińska, Jadwiga: Drzwi Gnieźnieńskie a rozwój legendy o biskupie Wojciechu (Die Gnesener Tür und die Entwicklung der Legende über den Bischof Adalbert) S. 20–41.
Morelowski, Marian: Drzwi Gnieźnieńskie, ich związki ze sztuką obcą a problem rodzimości (Die Gnesener Tür, ihre Beziehungen zur Kunst des Auslandes und das Problem der Herkunft) S. 42–100.
Wiliński, Stanisław: Nad monogramem Drzwi Gnieźnieńskich (Über das Monogramm der Gnesener Tür) S. 101–123
Dziekoński, Tadeusz, u. Kornel Wesołowski: Charakterystyka metaloznawczo-technologiczna Drzwi Gnieźnieńskich (Metallkundlich-technologische Charakteristik der Gnesener Tür) S. 124–187.
Darin in Bd. 2, 1959:
Kalinowski, Lech: Treści ideowe i estetyczne Drzwi Gnieźnieńskich (Der ideologische und aesthetische Gehalt der Gnesener Tür) S. 7–160
Kępiński, Zdzisław: Symbolika Drzwi Gnieźnieńskich (Die Symbolik der Gnesener Tür) S. 161–381.
Zagadnienie sygnatur (Das Problem der Signatur) S. 385–422.

Erffa, Hans Martin von: Die Domtür zu Pisa. München 1961 (Piper-Bücherei 155.).

Erffa, Hans Martin von: Das Programm der Westportale des Pisaner Domes. In: Mitteilungen des Kunsthistorisches Institutes in Florenz. 12. 1965–1966 S. 55–106.

Falk, Ilse, u. Jenö Lanyi: The genesis of Andrea Pisano's bronze doors. In: The Art Bulletin. 25. 1943 S. 132–153.

Falke, Otto von: Romanisches Bronzegerät aus Verona. In: Pantheon. 9. 1932 S. 165–167.

Falke, Otto von, u. Erich Meyer: Romanische Leuchter und Gefäße, Gießgefäße der Gotik. Berlin 1935 (Bronzegeräte des Mittelalters. 1.).

Fasanari, Raffaele: I bronzi del portale di San Zeno. Verona 1975 (Collana Le Guide. 36.).

Fehr, Michael: Exemplarische Untersuchungen zur Ikonographie und Erzählstruktur der Hildesheimer Bronzetür. Phil. Diss. Bochum 1978. Bochum 1978.

Forlati, Bruna, Ferdinando Forlati u. Vittorio Federici: Le porte bizantine di S. Marco. Venezia 1969.

Francastel, Pierre: La porte de bronze de Gniezno. In: L'art mosan. Recueil de travaux. Paris 1953 (Bibliothèque Générale de l'École Pratique des Hautes Études. 6ᵉ section. Journées d'Études, Paris, Février 1952.) S. 203–212.

Frazer, Margaret English: Church doors and the gates of paradise: Byzantine bronze doors in Italy. In: Dumbarton Oaks Papers. 27. 1973 S. 147–162.

Gaborit-Chopin, Danielle: Elfenbeinkunst im Mittelalter. Berlin 1978. – Franz. Ausg. Fribourg 1978.

Gazzola, Piero: San Zeno, bible des pauvres. Porte de bronze de Vérone. Lausanne 1956.

Gazzola, Pierro: La porta bronzea di S. Zeno a Verona. Milano 1965.

Gębarowicz, Mieczysław: Drzwi kościelne t. zw. płockie w Nowogrodzie Wielkim. In: Sprawozdania Towarzystwa Naukowego we Lwowie. 3. 1923 S. 65–68 (Die sogenannte Płocker Kirchentür in Groß-Novgorod.).

Götz, Ute: Die Bildprogramme der Kirchentüren des 11. und 12. Jahrhunderts. Phil. Diss. Tübingen 1969. Bamberg 1971.

Goldschmidt, Adolph: Die Kirchentür des Heiligen Ambrosius in Mailand. Straßburg 1902 (Zur Kunstgesch. d. Auslandes 7.).

Goldschmidt, Adolph: Die Elfenbeinskulpturen aus der Zeit der karolingischen und sächsischen Kaiser. 8.–11. Jahrhundert. Berlin 1914 (Elfenbeinskulpturen. 1.).

Goldschmidt, Adolph: Die deutschen Bronzetüren des frühen Mittelalters. Marburg a. L. 1926 (Die frühmittelalterlichen Bronzetüren. 1.).

Goldschmidt, Adolph, u. Kurt Weitzmann: Die byzantinischen Elfenbeinskulpturen des 10.–13. Jahrhunderts. Bd. 1–2. Berlin 1930–1934.

Goldschmidt, Adolph: Die Bronzetüren von Nowgorod und Gnesen. Marburg a. L. 1932 (Die frühmittelalterlichen Bronzetüren. 2.) – Besprechung: Deutsche Literaturzeitung. 54. 1933 Sp. 843–847 (Erich Meyer).

Gosebruch, Martin: Die Magdeburger Seligpreisungen. In: Zeitschrift für Kunstgeschichte. 38. 1975 S. 97–126.

Grabar, André: La porte de bronze byzantine du Monte-Gargan et le cycle de l'Ange. In: Millénaire monastique du Mont-Saint-Michel. T. 3. Paris 1971 S. 355–368.

Grassi, Ferdinando: I frammenti della porta di bronzo beneventana. Napoli 1977.

Hassel, Franz Josef: Die Bronzetür von der Albansschanze in Mainz. In: Jahrbuch des Römisch-Germanischen Zentralmuseums Mainz. 22. 1975 S. 141–152, Taf. 69–75.

Hiepe, Richard: Prinzipien der Gesamtgestaltung monumentaler Türen von der Antike bis zur Romanik. Phil. Diss. Hamburg 1958 (Maschinenschrift).

Jaeger, Roland: Die Bronzetüren von Bethlehem. In: Jahrbuch des Deutschen Archäologischen Instituts. 45. 1930 S. 91–115.

Jantzen, Hans: Ottonische Kunst. München 1947.

Jeremias, Gisela: Die Holztür der Basilika S. Sabina in Rom. Tübingen 1980 (Bilderhefte des Deutschen Archäologischen Instituts Rom. 7.).

Josi, Enrico, Vittorio Federici u. Egisto Ercadi: La porta bizantina di San Paolo. Roma 1967.

Jurlaro, Rosario: La porta di bronzo del Mausoleo di Boemondo a Canosa. In: Studi di storia pugliese in onore di Giuseppe Chiarelli. Galatina 1972 Bd. 1 S. 439–462.

Katedra Gnieźnieńska. Red.: Aleksandra Świechowska. T. 1–2. Poznań, Warszawa, Lublin 1968–1970

Klenk, Heinrich: Die antike Tür. Phil. Diss. Gießen 1921. Gießen 1924.

Krause, Hans-Joachim, u. Ernst Schubert: Die Bronzetür der Sophienkathedrale in Nowgorod. Leipzig 1968. – 2. Aufl. 1976 (Insel-Bücherei. 910.).

Krönig, Wolfgang: The cathedral of Monreale and Norman architecture in Sicily. Palermo 1966. – Ital. Ausg. Palermo 1965.

Laging, Duard W.: The methods used in making the bronze doors of Augsburg Cathedral. In: The Art Bulletin. 49. 1967 S. 129–136.

Lazarev, Vladimir Nikolaevič: Vasil'evskie vrata 1336 g. In: Sovetskaja Archeologija. 18. 1953 S. 386–442 (Die Vasilij-Tür vom Jahre 1336.).

Legner, Anton: Deutsche Kunst der Romanik. Aufnahmen Albert Hirmer und Irmgard Ernstmeier-Hirmer. München 1982.

Leisinger, Hermann: Romanische Bronzen. Kirchentüren im mittelalterlichen Europa. Zürich 1956. – Ital. Ausg. Milano 1956.

Lelewel, Joachim: Drzwi kościelne Płockie i Gnieźnieńskie z lat 1133, 1155. Poznań 1857 (Die Kirchentüren von Płock und Gnesen aus den Jahren 1133 und 1155.).

Lisca, Alessandro da: La Basilica di San Zenone in Verona. Verona 1941. – 2. Aufl. 1956.

Lüer, Hermann: Technik der Bronzeplastik. Leipzig 1902 (Monographien des Kunstgewerbes. 4.).

Lutze, Eberhard: Bronzebildwerke in Italien und Deutschland. Aufn. v. Hans Retzlaff. Stuttgart 1963 (Die Sammlung Parthenon.).

Marra, Giulia: Precisazione della data della porta di bronzo del Duomo di Benevento. In: Samnium. 32. 1959 S. 209–212.

Martinelli, Valentino: Bonanno Pisano scultore. In: Belle Arti. 1. 1946–1948 S. 272–297.

Matthiae, Guglielmo: Le porte bronzee bizantine in Italia. Roma 1971.

Melchzer, William: Originalità iconografica della porta di Barisano a Ravello. In: Cronaca di un anno. 1979. Celebrazione commemorativa ottavo centenario delle porte bronzee del Duomo di Ravello. Ravello 1979 S. 13–27.

Mende, Ursula: Die Türzieher des Mittelalters. Berlin 1981 (Bronzegeräte des Mittelalters. 2.).

Meomartini, Almerico: I monumenti e le opere d'arte della città di Benevento. Benevento 1889.

Meomartini, Almerico: Imposte bronzee del duomo di Troia e la distrutta basilica di Sa. Bartolomeo in Benevento. In: Arte e Storia. 22. 1903 S. 62–63.

Merz, Johannes: Die Bildwerke an der Erzthüre des Augsburger Domes. Stuttgart 1885.

Meyer, Erich: Romanische Bronzen der Magdeburger Gießhütte. In: Festschrift Friedrich Winkler. Berlin 1959 S. 22–28.

Meyer, Erich: Mittelalterliche Bronzen. Hamburg 1960 (Bilderhefte des Museums für Kunst und Gewerbe Hamburg. 3.).

Montesquiou-Fezensac, Blaise de: Les portes de bronze de Saint-Denis. In: Bulletin de la Société Nationale des Antiquaires de France. 1945–1947 S. 128–140.

Morelowski, Marian: Płaskorzeźby ewangeliarza t.zw. Anastazji a sztuka leodyjsko-mozańska XII w. In: Prace i materiały sprawozdawcze Sekcji Historii Sztuki. Towarzystwo Przyjaciół Nauk w Wilnie. 2. 1935 S. 265–296, Abb. 1–19 (Mit franz. Zusammenfassung S. 476–480. – Die Reliefs des sogenannten Anastasia-Evangeliars und die Lütticher und maasländische Kunst des 12. Jahrhunderts.).

Morelowski, Marian: Perikopae lubińskie, ewangeliarz płocki i drzwi gnieźnieńskie a sztuka leodyjsko-mozańska XII wieku. In: Prace i materiały sprawozdawcze Sekcji Historii Sztuki. Towarzystwo Przyjaciół Nauk w Wilnie. 2. 1935 S. 346–361, Abb. 1–69 (Mit franz. Zusammenfassung S. 485–491. – Das Perikopenbuch von Lubin, das Evangeliar von Płock und die Gnesener Tür und die Lütticher und maasländische Kunst des 12. Jahrhunderts.).

Morelowski, Marian: Drzwi gnieźnieńskie a minjatury rękopisów leodyjskich w Brukseli i Berlinie. In: Prace i materiały sprawozdawcze Sekcji Historii Sztuki. Towarzystwo Przyjaciół Nauk w Wilnie. 2. 1935 S. 407–465, Abb. 1–69 (Mit franz. Zusammenfassung S. 485–491. – Die Gnesener Tür und die Miniaturen Lütticher Handschriften in Brüssel und Berlin.).

Moskowitz, Anita Fiderer: The framework of Andrea Pisano's bronze doors. Some possible non-Tuscan sources. In: Source. Notes in the History of Art. 2. 1983 (Nr. 2) S. 1–4.

Mossakowski, Stanisław: La porte de bronze de Gniezno et la »Chronique polonaise« de maître Vincent. In: Polish Art Studies. 2. 1980 S. 11–29.

Mroczko, Teresa: Pierwotny program cyklu Dawida na drzwiach z S. Ambrogio. In: Ars auro prior. Studia Ioanni Białostocki sexagenario dicata. Warszawa 1981 S. 95–104 (Das ursprüngliche Programm des David-Zyklus auf der Tür von S. Ambrogio.).

Neumann, Waltraud: Die Hamerslebener Seligpreisungskapitelle und ihre magdeburgische Abstammung. In: Niederdeutsche Beiträge zur Kunstgeschichte. 17. 1978 S. 9–24.

Neumann, Waltraud: Studien zu den Bildfeldern der Bronzetür von San Zeno in Verona. Frankfurt a. M. 1979.

Nickel, Ernst: Ein romanisches Gießgefäß aus Magdeburg. In: Varia archaeologica. Wilhelm Unverzagt zum 70. Geburtstag dargebracht. Berlin 1964 S. 347–349.

Nowak, Gisela: Studien zur Bernwardstür in Hildesheim. In: Die

Diözese Hildesheim in Vergangenheit und Gegenwart. 49. 1981 S. 7–17.
Ovčinnikov, Adol'f Nikolaevič: Suzdal'skie zlatnye vrata. Golden gates in Suzdal. Moskva 1978.
Pace, Valentino: Aspetti della scultura in Campania. In: Federico II e l'arte del duecento italiano. Atti del settimana di storia dell'arte medievale dell'Università di Roma. 15–20 Maggio 1978. Roma 1980 Vol. 1 S. 301–324.
Palmarini, I. M.: Barisano da Trani e le sue porte in bronzo. In: L'Arte. 1. 1898 S. 15–26.
Panofsky, Erwin: Die deutsche Plastik des 11. bis 13. Jahrhunderts. München 1924.
Panofsky, Erwin (Hrsg.): Abbot Suger on the Abbey Church of St. Denis and its art treasures. Ed., transl. and annot. by Erwin Panofsky. 2nd ed. by Gerda Panofsky-Soergel. Princeton 1979.
Pasierb, Janusz St.: Le programme iconographique et iconologique de la Porte de Gniezno. In: Polish Art Studies. 2. 1980 S. 31–49.
Poppe, Andrzej: K istorii romanskich dverej Sofii Novgorodskoj. In: Srednevekovaja Rus'. Moskva 1976 S. 191–200 (Zur Geschichte der Tür der Sophienkirche in Novgorod.).
Poppe, Andrzej: Some observations on the bronze doors of the St. Sophia in Novgorod. In: Le Pays du Nord et Byzance. (Scandinavie et Byzance.) Actes du Colloque Nordique à Upsal 20–22 avril 1979. Uppsala 1981 (Acta Universitatis Upsaliensis. Figura. N. S. 19.) S. 407–418.
Prosdocimi, Alessandro: Le porte antiche dell'atrio di San Marco a Venezia. In: Atti della Accademia Nazionale dei Lincei. Rendiconti. Classe di Scienze morali, storiche e filologiche. Ser. 8. 2. 1947 S. 529–539.
Rice, David Talbot: Kunst aus Byzanz. Fotos Max Hirmer. München 1959.
Romanini, Angiola Maria: L'arte romanico. In: Verona e il suo territorio. Bd. 2. Verona 1964 S. 585–771.
Salmi, Mario: La scultura romanica in Toscana. Firenze 1928.
Salvini, Roberto: Il chiostro di Monreale e la scultura romanica in Sicilia. Palermo 1962. – Engl. Ausg. Palermo 1964.
Sauer, Joseph: Symbolik des Kirchengebäudes und seiner Ausstattung in der Auffassung des Mittelalters. 2. verm. Aufl. Freiburg i. Br. 1924.
Sauerländer, Willibald: Die Bronzetür von Nowgorod. München 1963 (Piper-Bücherei. 185.).
Sauerländer, Willibald: Die Skulptur des Mittelalters. Frankfurt, Berlin (Ullstein Kunstgeschichte. 11.).
Schadendorf, Wulf: Die Bernwardstür in Hildesheim. München 1956 (Piper-Bücherei. 91.).
Schäfer-Schuchardt, Horst: Die Kanzeln des 11. bis 13. Jahrhunderts in Apulien. Phil. Diss. Würzburg 1974. Würzburg 1972.
Schmitz, Wilhelm: Die mittelalterlichen Metall- und Holztüren Deutschlands. Ihr Bildwerk und ihre Technik. Trier 1905.
Schubert, Dietrich: Von Halberstadt nach Meißen. Bildwerke des 13. Jahrhunderts in Thüringen, Sachsen und Anhalt. Köln 1974 (DuMont Dokumente: Reihe Kunstgeschichte, Wissenschaft.).
Schulz, Heinrich Wilhelm: Denkmäler der Kunst in Unteritalien. Bd. 1–5, Atlas. Dresden 1860.
Secchi, Giovanna: Analisi di bronzi, leghe di argento e leghe metalliche eseguite sulle porte di Trani e Montecassino. In: Bollettino dell'Istituto Centrale del Restauro. 9–10. 1952 S. 41–47.
Sheppard, Carl D.: The bronze doors of Augsburg Cathedral. In: Hortus imaginum. Studies in Western art. Lawrence 1974 (University of Kansas publications. Humanistic studies. 45.) S. 21–27, Abb. 15–16.
Skubiszewski, Piotr: L'art mosan et la Pologne à l'époque romane. Problématique des recherches. In: Rapports historiques et artistiques entre le Pays mosan et la Pologne, du XIe au début du XIIIe siècle. Liège 1981 S. 27–81.
Steigerwald, Frank: Der Meister des Grabmals Friedrichs von Wettin (1152f.) und sein Braunschweiger Löwendenkmal (»1166«). In: Argo. Festschrift für Kurt Badt zu seinem 80. Geburtstag. Köln 1970 S. 128–141, Abb. 13–22.
Stiennon, Jacques: La Pologne et le Pays mosan au moyen-âge. A propos d'un ouvrage sur la porte de Gniezno. In: Cahiers de civilisation médiévale. 4. 1961 S. 457–473.
Storm, Ursula: Die Bronzetüren Bernwards zu Hildesheim. Phil. Diss. Berlin 1966. Berlin 1966.
Swift, Emerson Howland: The bronze doors of the Gate of Horologium. In: The Art Bulletin. 19. 1937 S. 137–147.
Sztuka polska przedromańska i romańska do schyłku XIII wieku. Red.: Michał Walicki. Bd. 1–2. Warszawa 1971 (Dzieje Sztuki Polskiej. 1.). (Die polnische vorromanische und romanische Kunst bis zum Ende des 13. Jahrhunderts.).
Theophilus. – Technik des Kunsthandwerks im zehnten Jahrhundert. Des Theophilus Presbyter Diversarium artium schedula. In Auswahl neu hrsg., übers. u. erl. v. Wilhelm Theobald. Berlin 1933.
Trecca, Guiseppe: La facciata della basilica di S. Zeno. Verona 1968 (Monografie d'arte. 9.).
Tschan, Francis J.: Saint Bernward of Hildesheim. Bd. 1–3. Notre Dame, Indiana 1942–1952 (Publications in mediaeval studies. 6. 12. 13.).
Volbach, Wolfgang Fritz: Frühchristliche Kunst. Aufnahmen von Max Hirmer. München 1958.
Walsh, David Albert: The bronze doors of Barisanus of Trani. Ph.Diss. University of Minnesota 1974.
Walsh, David Albert: The iconography of the bronze doors of Barisanus of Trani. In: Gesta. 21. 1982 S. 91–106.
Werner, Otto: Analysen mittelalterlicher Bronzen und Messinge. 1–3. In: Archäologie und Naturwissenschaften. 1. 1977 S. 144–220; 2. 1981 S. 106–170.
Werner, Otto: Analysen mittelalterlicher Bronzen und Messinge. 4. In: Berliner Beiträge zur Archäometrie. 7. 1982 S. 35–174.
Wesenberg, Rudolf: Bernwardinische Plastik. Zur ottonischen Kunst unter Bischof Bernward von Hildesheim. Berlin 1955.
Wesenberg, Rudolf: Frühe mittelalterliche Bildwerke. Die Schulen rheinischer Skulptur und ihre Ausstrahlung. Düsseldorf 1972.
Winzinger, Franz: Das Tor von San Zeno in Verona. München 1958 (Piper-Bücherei. 118.).

Register

F = Bildfeld, T = Tafel im Buch, Abb. = Abbildung im Text

Personen

Orts- und Sachregister

Ikonographisches Register

Für die dargestellten historischen Personen siehe auch Personenregister

Abbildungsnachweis

Die Aufnahmen der Bildautoren wurden ergänzt durch Vorlagen folgender Personen, Archive und Publikationen:

TAFELTEIL:

Aachen, Ann Münchow: 1–5
Marburg, Bildarchiv Foto Marburg: 100, 116, 118 rechts, 119, 164
Moskau, Institut Istorii Iskusstv SSSR: 102–115, 117, 118 links, 120, 121
Nach Adolph Goldschmidt, Die Bronzetüren von Nowgorod und Gnesen. Marburg a. L. 1932 (Die frühmittelalterlichen Bronzetüren. 2.): 101

TEXTABBILDUNGEN:

Aachen, Ann Münchow: 14, 18, 20
Aachen, Sepp Schüler: 8
Bari, Soprintendenza per i Beni Ambientali, Architettonici, Artistici e Storici della Puglia: 27
Berlin, Karl H. Paulmann: 34
Berlin, Staatliche Museen Preußischer Kulturbesitz, Museum für Islamische Kunst (Foto W. Steinkopf): 32
Braunschweig, Herzog Anton Ulrich-Museum (Foto B. P. Keiser): 52
Brüssel, Bibliothèque Royale Albert Ier: 84
Città del Vaticano, Musei Vaticani, Archivio Fotografico: 37, 89, 99
Florenz, Archivi Alinari/Anderson: 2, 11, 109, 110, 126
Hamburg, Museum für Kunst und Gewerbe: 53
Köln, Rheinisches Bildarchiv: 74, 77, 81
L'Aquila, Soprintendenza per i Beni Ambientali, Architettonici, Artistici e Storici per l'Abruzzo: 95, 96
London, Sotheby's: 49
London, The British Library: 94
London, The British Museum: 24
Marburg, Bildarchiv Foto Marburg: 1, 3, 4, 5, 9, 33, 48, 54, 57, 60, 75, 87, 88, 113–123
Moskau, Institut Istorii Iskusstv SSSR: 58, 59, 70, 73
München, Bayerisches Nationalmuseum: 19
Nürnberg, Octavian Catrici: 22, 104
Paris, Lauros-Giraudon: 83
Vicenza, Museo Civico: 69
Warschau, Polska Akademia Nauk, Instytut Sztuki (Foto Jerzy Langda): 76
Wien, Meisterklasse für Restaurierung und Konservierung, Hochschule für Angewandte Kunst: 50
Wiesbaden, Landeskonservator von Hessen: 13
Wolfenbüttel, Herzog August Bibliothek: 17
Würzburg, Hermann P. Lockner: 12

Aus Publikationen:

Karl der Große. Bd. 3. Aachen 1965: 6
Franz Josef Hassel, Die Bronzetür von der Albansschanze in Mainz. In: Jahrbuch des Römisch-Germanischen Zentralmuseums Mainz. 22. 1975: 7
Matthiae, Guglielmo, Le porte bronzee bizantine in Italia. Roma 1971: 28, 29
Albert Boeckler, Die Bronzetür von Verona. Marburg a. L. 1931: 41, 42
David Talbot Rice, Kunst aus Byzanz. München 1959: 91, 93, 125
Robert P. Bergman, The Salerno Ivories. Ars sacra from medieval Amalfi. Cambridge, London 1980: 98
Wolfgang Fritz Volbach, Frühchristliche Kunst. München 1958: 103, 111